D1574720

HERZLICHEN GLÜCKWUNSCH

Und Dankeschön für den Kauf dieses Buches. Als besonderes Schmankerl* finden Sie unten Ihren persönlichen Code, mit dem Sie das Buch exklusiv und kostenlos als eBook erhalten.

Beachten Sie bitte die Systemvoraussetzungen auf der letzten Umschlagseite!

80180-trv6p-
56rad-d019i

Registrieren Sie sich einfach in nur zwei Schritten unter **www.hanser.de/ciando** und laden Sie Ihr eBook direkt auf Ihren Rechner.

KOMPETENZ · HANSER · GEWINNT

*Bayrisch für eine leckere Kleinigkeit; ein Leckerbissen

Fischer/Liesenfeld

Unified Communication
Praxisleitfaden

Bleiben Sie einfach auf dem Laufenden:
www.hanser.de/newsletter
Sofort anmelden und Monat für Monat
die neuesten Infos und Updates erhalten.

Jörg Fischer
André Liesenfeld

Unified Communication
Praxisleitfaden

Vereinigte Kommunikationsdienste
planen, implementieren und erfolgreich
einsetzen

HANSER

Dr. Jörg Fischer, Berlin, joerg.fischer@ucinfo.de
André Liesenfeld, Bochum, andre.liesenfeld@ucinfo.de

Alle in diesem Buch enthaltenen Informationen, Verfahren und Darstellungen wurden nach bestem Wissen zusammengestellt und mit Sorgfalt getestet. Dennoch sind Fehler nicht ganz auszuschließen. Aus diesem Grund sind die im vorliegenden Buch enthaltenen Informationen mit keiner Verpflichtung oder Garantie irgendeiner Art verbunden. Autor und Verlag übernehmen infolgedessen keine juristische Verantwortung und werden keine daraus folgende oder sonstige Haftung übernehmen, die auf irgendeine Art aus der Benutzung dieser Informationen – oder Teilen davon – entsteht.

Ebenso übernehmen Autor und Verlag keine Gewähr dafür, dass beschriebene Verfahren usw. frei von Schutzrechten Dritter sind. Die Wiedergabe von Gebrauchsnamen, Handelsnamen, Warenbezeichnungen usw. in diesem Buch berechtigt deshalb auch ohne besondere Kennzeichnung nicht zu der Annahme, dass solche Namen im Sinne der Warenzeichen- und Markenschutz-Gesetzgebung als frei zu betrachten wären und daher von jedermann benutzt werden dürften.

Bibliografische Information der Deutschen Nationalbibliothek:
Die Deutsche Nationalbibliothek verzeichnet diese Publikation in der Deutschen Nationalbibliografie; detaillierte bibliografische Daten sind im Internet über http://dnb.d-nb.de abrufbar.

Dieses Werk ist urheberrechtlich geschützt.
Alle Rechte, auch die der Übersetzung, des Nachdruckes und der Vervielfältigung des Buches, oder Teilen daraus, vorbehalten. Kein Teil des Werkes darf ohne schriftliche Genehmigung des Verlages in irgendeiner Form (Fotokopie, Mikrofilm oder ein anderes Verfahren) – auch nicht für Zwecke der Unterrichtsgestaltung – reproduziert oder unter Verwendung elektronischer Systeme verarbeitet, vervielfältigt oder verbreitet werden.

© 2010 Carl Hanser Verlag München (www.hanser.de)
Lektorat: Margarete Metzger
Herstellung: Irene Weilhart
Copy editing: Jürgen Dubau, Freiburg
Umschlagdesign: Marc Müller-Bremer, www.rebranding.de, München
Umschlagrealisation: Stephan Rönigk
Datenbelichtung, Druck und Bindung: Kösel, Krugzell
Ausstattung patentrechtlich geschützt. Kösel FD 351, Patent-Nr. 0748702
Printed in Germany

ISBN 978-3-446-41834-9

Inhalt

Vorwort .... **XIII**

1		**Einleitung**	**1**
1.1		Ein Leitfaden zum Buch	1
1.2		Unified Communication im Sinne dieses Buches	4
	1.2.1	UC – Eine Killerapplikation für VoIP?	4
	1.2.2	UC bedeutet „Ungeahnte Chancen"	5
	1.2.3	Rechnet sich Unified Communication?	6
	1.2.4	„Einfach kommunizieren"	6
	1.2.5	Begriffe machen begreifbar	7
	1.2.6	Vereinigung auf allen Ebenen	9
	1.2.7	Unified Communication – Ist wirklich alles vereinigt?	11
1.3		Essenz	12
2		**Unified Communication kompakt**	**13**
2.1		Kommunikation – Gestern und heute	13
	2.1.1	Was ist Kommunikation?	13
	2.1.2	Wer erfand die Telefonie?	14
	2.1.3	Als Bilder telefonieren lernten	15
	2.1.4	Gibt es einen Erfinder von Unified Communication?	16
	2.1.5	Alles hat seinen Preis	17
2.2		Thesen zu den Erwartungen der Anwender von UC	18
	2.2.1	These 1: Effektivität und Effizienz	19
	2.2.2	These 2: Die fünf „S" der Anwendererwartungen	20
	2.2.3	These 3: Profile für Prozesse, Dienste und Anwender	22
	2.2.4	These 4: Intelligente, individuelle Büroumgebungen	24
	2.2.5	These 5: IP-Transformation der Kommunikation	25
	2.2.6	These 6: Konvergenz der Kommunikation	26
	2.2.7	These 7: Unified Communication – Keiner braucht es	27
2.3		Unified Communication im praktischen Einsatz	28
	2.3.1	Einsatzgebiete für Unified Communication	28
	2.3.2	Unified Communication ist „billig"	31

2.4	IP-Transformation der Kommunikation	34
	2.4.1 Wozu eine ganzheitliche Betrachtung?	35
	2.4.2 Die IKT-Landkarte	36
2.5	Essenz	47

3 Der Unified Communication-Markt 49

3.1	Was passiert da am Markt?	49
	3.1.1 Bewertungsaspekte für UC-Architekturen	50
	3.1.2 Aastra	56
	3.1.3 Alcatel-Lucent	56
	3.1.4 Avaya	57
	3.1.5 Cisco	57
	3.1.6 Google	58
	3.1.7 Hewlett-Packard	59
	3.1.8 IBM	60
	3.1.9 Interactive Intelligence	60
	3.1.10 Microsoft	61
	3.1.11 Mitel	61
	3.1.12 NEC	62
	3.1.13 Nortel	62
	3.1.14 Oracle	62
	3.1.15 SAP	63
	3.1.16 ShoreTel	64
	3.1.17 Siemens Enterprise Communications	64
	3.1.18 TeleWare	65
	3.1.19 Toshiba	65
	3.1.20 Weitere Hersteller	65
3.2	Essenz	67

4 UC-Readyness-Analyse 69

4.1	Warum gut vorbereiten?	69
	4.1.1 Brauchen wir UC?	70
	4.1.2 Was bringt UC? – ROI für den Kopf und den Bauch	71
	4.1.3 Wie ist das technische Umfeld für UC?	72
4.2	Die vier Phasen des UC-Projektes	73
	4.2.1 Orientierung – Zielfindung	73
	4.2.2 Klärung – Situation und Rahmenbedingungen	76
	4.2.3 Veränderung – Wege finden und sich entscheiden	77
	4.2.4 Umsetzung – Es tun und sich am Erfolg erfreuen	78
4.3	Ist das Umfeld „ready for UC"?	79
	4.3.1 Netzwerk und Infrastruktur	81
	4.3.2 Kommunikationssysteme	83
	4.3.3 Applikationen	85
	4.3.4 Management	87
	4.3.5 Sicherheit	89
	4.3.6 Betrieb und Service	91

	4.3.7	Partnerschaften	92
	4.3.8	Die Anwender sind die wichtigsten UC-Kunden	93
4.4	Essenz		98

5 Kommunikationsdienste mit UC ... 99

5.1	Grundfunktionen und -dienste		99
5.2	Unified Communication und CTI		101
	5.2.1	Korrekte Rufnummernformate für CTI	102
	5.2.2	Aktionsaufruf mittels CTI	103
	5.2.3	Steuern von Endgeräten und Softphones mittels CTI	105
	5.2.4	CTI mit dem Web-Browser	107
	5.2.5	Der richtige Standort des CTI-Servers	108
	5.2.6	Redundanz der CTI-Umgebung	111
5.3	Präsenz und Erreichbarkeitsstatus		112
	5.3.1	Präsenz und Erreichbarkeit im Alltag	113
	5.3.2	Telefonpräsenz	114
	5.3.3	Onlinepräsenz	115
	5.3.4	Videopräsenz	117
	5.3.5	Dateiinformationen und Präsenz	117
	5.3.6	Standortpräsenz	118
5.4	UC-Präsenzinformationssysteme		119
	5.4.1	Präsenz mit mehreren Geräten	119
	5.4.2	Präsenz- und Zeitangaben	120
	5.4.3	Benachrichtigung der Präsenz	121
5.5	Unified Messaging System (UMS)		121
	5.5.1	Nur noch einen Briefkasten	122
	5.5.2	Faxnachrichten	123
	5.5.3	Abhören und Lesen der UC-Nachrichten	125
5.6	Audio- und Videokonferenzen		128
	5.6.1	Varianten für Audio- und Videokonferenzen	128
	5.6.2	Verhalten in der Konferenz	130
5.7	Web-Konferenzsysteme		131
	5.7.1	Das Prinzip der Web-Konferenzen	131
	5.7.2	Die Funktionsweise von Web-Konferenzen	131
5.8	UC als Alarmierungs- und Evakuierungssystem		133
	5.8.1	Alarmierung	133
	5.8.2	Automatische Mitteilungsverteilungen	135
	5.8.3	Evakuierung	136
5.9	Applikationsbearbeitung		137
5.10	Essenz		139

6 Protokolle und Sprachen bei UC ... 141

6.1	Grundlegende Protokolle, Sprachen und Dienste		141
6.2	SIP – Die Zukunft der Kommunikation		143
	6.2.1	Ist SIP das UC-Protokoll der Zukunft?	143
	6.2.2	Wozu dient SIP?	143

	6.2.3	Was unterscheidet SIP von anderen Protokollen?	144
	6.2.4	Wie funktioniert SIP?	145
	6.2.5	SIP als Protokoll zu den Endgeräten	149
	6.2.6	SIP als Trunk-Anschluss (Privat/Public)	151
	6.2.7	SIP und Sicherheit	153
6.3	H.xxx-Steuerung und Signalisierung		157
	6.3.1	H.323 zum Teilnehmer	159
	6.3.2	H.323 zur UC-Vernetzung	161
6.4	Weitere Steuerungs- und Signalisierungsprotokolle		162
	6.4.1	Synchronisierungsprotokolle	162
	6.4.2	MGCP und Megaco	163
	6.4.3	CSTA und Unified Communication	165
	6.4.4	TAPI	166
	6.4.5	Das Open Source-Protokoll IAX	167
6.5	SMTP, IMAP und POP3		168
6.6	Jabber/XMPP – Instant Messaging netzübergreifend		171
	6.6.1	Jabber – Funktionen und Anwendungen	171
	6.6.2	Jabber-Transports	173
	6.6.3	Jabber-Sicherheit	174
	6.6.4	Spezielle Protokolle und Dienste für IM	175
6.7	SIMPLE – Eine Kombination aus SIP und IM		176
6.8	Protokolle für Sprache und Fax über IP		177
	6.8.1	Protokolle für Sprache im UC-Umfeld	178
	6.8.2	Protokolle für Fax- und Modemdienste über IP	181
6.9	Codecs für Audio, Video und Sprache		185
	6.9.1	Videocodecs	185
	6.9.2	Audiocodecs	186
	6.9.3	Sprachcodecs	188
6.10	Management und Konfigurationsprotokolle		193
	6.10.1	Ungesicherte Managementprotokolle	193
	6.10.2	Gesicherte Managementprotokolle	195
6.11	Protokoll zum Management mobiler Geräte		196
6.12	XML – Für effiziente Adaption		198
	6.12.1	Von HTTP zu XML	198
	6.12.2	Offene Gestaltung von Web-Inhalten	199
	6.12.3	Unterstützung für XML-Entwickler	199
	6.12.4	XML-Applikationen	200
6.13	AJAX – JavaScript + XML = Web 2.0		203
	6.13.1	JavaScript für dynamische Webseiten	203
	6.13.2	AJAX – Die Kombination macht's	203
	6.13.3	AJAX und kein „Zurück"	206
	6.13.4	AJAX und kein „Lesezeichen"	207
6.14	SOAP – Einfacher Applikationszugang		208
	6.14.1	SOAP ist XML	208
	6.14.2	Anwendung von SOAP im UC-Umfeld	209
6.15	Mobile Mitteilungsdienste (SMS, MMS und EMS)		210

6.16	Twitter, Yammer und Co.	212
	6.16.1 Twitter – Das „Zwitschern" im Netz	212
	6.16.2 Yammern statt Zwitschern	214
6.17	Essenz	215

7 Unified Communication macht mobil 217

7.1	Mobil oder morbid – Für und Wider der Mobilität	217
	7.1.1 Vorteile der Mobilität	217
	7.1.2 „Schattenseiten" der Mobilität	218
	7.1.3 Alles wird mobiler	219
7.2	Mobile Arbeitsplatzumgebungen	221
7.3	Free Seating und Shared Desk?	223
	7.3.1 Virtuelle Vernetzung als Grundlage	223
	7.3.2 Zuordnung der Dienste und Funktionen	225
	7.3.3 Technische Ausstattung eines Arbeitsplatzes	225
	7.3.4 Free Seating – da bin ich	226
7.4	Grundbausteine der Mobilität	227
7.5	Besonderheit der Kommunikation über Mobilfunknetze	230
	7.5.1 Grundlegende Betrachtungen	232
	7.5.2 Die „Thin Client"-Architektur	233
	7.5.3 Die „Fat Client"-Architektur	235
	7.5.4 Übertragungsgeschwindigkeiten	236
7.6	Femtozellen	238
7.7	Lokalisierung	239
	7.7.1 Lokalisierung über WLAN	240
	7.7.2 Dienste per Lokalisierung	243
7.8	Mobile Sicherheit	244
	7.8.1 Vertraulichkeit, Integrität und Verfügbarkeit	244
	7.8.2 Endgerätesicherheit	247
7.9	Notruf und seine praktische Umsetzung	249
	7.9.1 Rechtliche und regulatorische Aspekte des Notrufs	250
	7.9.2 Notruf und Standortinformationen	250
	7.9.3 Notruf im UC-Umfeld	251
	7.9.4 Notruf und GSM	252
	7.9.5 Notruf mit Rufnummerportabilität	252
	7.9.6 Notruf mit einheitlicher Rufnummer – leider nein	253
7.10	Fixed Mobile Convergence	254
7.11	Funktionen und Möglichkeiten im mobilen UC	256
	7.11.1 Das mobile Internet	256
	7.11.2 Mobiler Sprach- und Nachrichtenspeicher	257
7.12	Adressbücher und Mobilität	260
	7.12.1 Das Adressbuch	260
	7.12.2 Das mobile Adressbuch	261
	7.12.3 EMUM – Das Adressbuch der Zukunft	263
	7.12.4 ENUM-Umsetzung im UC	265
7.13	Mobile Dienste – OneNumber	268

	7.13.1	OneNumber-Gateways	268
	7.13.2	OneNumber-Dienste vom Provider	270
7.14		UC-Software für mobile Endgeräte	271
	7.14.1	Bedieneroberflächen und Bedienkomfort	272
	7.14.2	Seamless Roaming	272
	7.14.3	Die Wahl des Kommunikationsmediums	275
	7.14.4	Betriebssysteme für Mobile UC	276
7.15		Essenz	278

8 UC und Kundeninteraktion ... 281

8.1		Wer sind die Kunden?	281
8.2		Die Vermittlung	282
	8.2.1	Das Fräulein vom Amt	283
	8.2.2	Der moderne Vermittlungsplatz	283
	8.2.3	Die automatische Vermittlung	284
	8.2.4	Vom Belegtlampenfeld zum Präsenzinformationssystem	285
	8.2.5	Persönlicher Assistent	286
	8.2.6	Vermittlungsplatz im CallCenter	288
8.3		Applikationen für die Kundeninteraktion	288
	8.3.1	Von der Vermittlung zum CallCenter	288
	8.3.2	Das Vier-Phasen-Modell	289
	8.3.3	ACD – Automatische Anrufverteilung	291
	8.3.4	CallCenter auf der Basis von VoIP	295
	8.3.5	Multimediale CallCenter	296
	8.3.6	Interne Interaktion	297
	8.3.7	Vom KIZ zur intelligenten Geschäftsprozessflusssteuerung	298
	8.3.8	Der direkte Weg zum Kunden	299
	8.3.9	Schneller zum richtigen Kontakt	301
8.4		Praxisbeispiel	303
8.5		Essenz	304

9 UC – aber mit Sicherheit ... 305

9.1		Verständnis für Sicherheit	305
9.2		Sicherheit	306
	9.2.1	Das Gefühl von Sicherheit	307
	9.2.2	Die Technik ist nur das Mittel	308
	9.2.3	Die drei Sicherheitsbereiche	308
9.3		Gefahren kennen und erkennen	310
9.4		Risiko – Das „Einhandeln" von Gefahren	311
9.5		Bedrohung	312
9.6		Sicherer Betrieb	314
9.7		Ausfall und Zuverlässigkeit	314
	9.7.1	Ausfall und Ausfallzeit	315
	9.7.2	Zuverlässigkeit	315
	9.7.3	Verfahren zur Zuverlässigkeitsbetrachtung	317
	9.7.4	Berechnung der Zuverlässigkeit	318

	9.7.5	Bewertung der Zuverlässigkeit eines Gesamtsystems	320
9.8	Betriebsdauer und Lebenszyklus		321
	9.8.1	Lebenszyklus der Software	321
	9.8.2	Lebenszyklus der Hardware	323
9.9	Warum Sicherheit für UC?		323
	9.9.1	Baseler Beschlüsse	324
	9.9.2	Kontroll- und Transparenz-Gesetz	325
	9.9.3	Bundesdatenschutzgesetz (BDSG)	326
9.10	IT-Grundschutzkatalog des BSI		327
9.11	BSI – VoIPSec-Studie		328
	9.11.1	Zu Grundlagen und Protokollen von VoIP	328
	9.11.2	Protokolle zur Medienübertragung	331
	9.11.3	Routing – Wegefindung und Weitervermittlung im IP	332
	9.11.4	Angriffe auf Namen und Nummern	333
	9.11.5	Sicherung der Kodierung	334
	9.11.6	Angriffspotentiale auf und im IP-Netz	336
9.12	Essenz		337

10 UC – Service und Betrieb ... 339

10.1	Service- und Betriebsmodelle		340
	10.1.1	Eigenbetrieb	340
	10.1.2	Managed Services	342
	10.1.3	Hosted Services	343
	10.1.4	Outsourcing	345
	10.1.5	Outtasking	348
	10.1.6	Das SaaS-Modell	349
10.2	Technologische Betriebsvarianten		351
	10.2.1	Klassische Vernetzung	351
	10.2.2	Host-Terminal-Betrieb	352
	10.2.3	Client-Server-Betrieb	354
	10.2.4	Vernetzung der Netze – Cloud Computing	355
	10.2.5	Virtuelle Netze und virtuelle Maschinen	356
10.3	Unified Communication aus der Cloud		359
10.4	Essenz		361

11 Management von UC ... 363

11.1	Die Managementpyramide		364
11.2	Basismanagement		367
	11.2.1	Management der Netze	368
	11.2.2	Management der Vermittlungsplattform	376
	11.2.3	Fehler- und Alarmmanagement	390
	11.2.4	Berechtigungen – Wer darf was?	395
	11.2.5	Applikationsmanagement	399
	11.2.6	Management der VoIP-Funktionen	404
	11.2.7	UC- und VoIP-Statistiken	410
11.3	„Umbrella"-Management		412

11.4	SNMP-Management	413
	11.4.1 Herstellerübergreifendes Management	413
	11.4.2 SNMP – Ein einfaches Managementprotokoll	415
	11.4.3 SNMP im UC-Umfeld	416
11.5	Vereinheitlichtes Ressourcenmanagement	418
11.6	IKT-Qualitäts- und Servicemanagement	420
	11.6.1 Service als Dienst und Dienstleistung	420
	11.6.2 Aktives und proaktives Performancemanagement	421
11.7	Essenz	423

12 Dokumentation von UC — 425

12.1	Was man nicht im Kopf hat …	425
	12.1.1 Dokumentationsmedien	426
	12.1.2 Dokumentationsstrukturen	427
12.2	Dokumentationsinhalte	429
	12.2.1 Dokumentation der Netze und Infrastrukturen	430
	12.2.2 Dokumentation der Kommunikationssysteme und -dienste	432
	12.2.3 Dokumentation der Applikationen	433
	12.2.4 Dokumentation der Sicherheit	434
	12.2.5 Dokumentation des Managements	435
	12.2.6 Dokumentation des Services und des Betriebs	436
	12.2.7 Dokumentation der Partnerschaften	438
12.3	Konzepte	439
	12.3.1 IKT-Sicherheitskonzept	439
	12.3.2 IKT-Servicekonzept	440
	12.3.3 IKT-Betriebskonzept	441
12.4	Dokumentationsnormen und -empfehlungen	441
12.5	Dokumentationsmanagementsysteme	443
12.6	Essenz	444

Anhang — 445
Verzeichnis der Abkürzungen — 445
Literatur — 458

Register — 459

Vorwort

Ein Lei(d)tfaden für Unified Communication

Zwei wesentliche Aspekte waren Inspiration und Grundlage für dieses Buch: zum einen die Weiterentwicklung des Marktes immer weiter in Richtung Kommunikationsapplikationen und zum zweiten der Vorgänger [Fischer 2008] „VoIP Praxisleitfaden". Dieses Buch stellt eine konsequente Fortsetzung praktischer Betrachtungen, Meinungen und Tipps rund um die modernen Kommunikationstechnologien dar. „Unified Communication" (UC) ist zweifelsohne ein Begriff, der bei den Anwendern unterschiedliche Gefühle auslöst. Einige empfinden diesen Begriff als bedrohlich – schon wieder so etwas Neues („so'n neumodischer Kram"). Das sind vor allem Menschen, denen nach wie vor ein klassisches Telefon und ein PC (für normale und elektronische Post) ausreichen, um ihren Arbeits- und Lebensalltag erfolgreich zu meistern. Doch da kommt die „@-Generation" – die Generation, für die moderne Kommunikationsmittel wie beispielsweise Internet, Chat, Multimedia-Handy (einschließlich Echtzeittext für Karaoke), Musik hören und Video anschauen über den PC, etwas ganz Normales darstellen. Diese Generation ist es gewohnt, mehrere Stunden am Tag (manche auch ganze Nächte hindurch) vor ihrem Multimedia-PC mit Superbildschirm zu sitzen und durch virtuelle Welten zu surfen. Man trifft sich in virtuellen Netzwerken, sogenannten „Communities". Hier wird stundenlang über „ganz Wichtiges" kommuniziert. Eine der besonders wichtigen Fragen ist die nach dem Wetter, gleich nach der Frage: „Was machst Du gerade?". Insbesondere dann, wenn man von seinem virtuellen Gegenüber ca. 300 Meter Luftlinie entfernt sitzt, sind das wichtige und dringend zu klärende Themen. Aber was soll's – der Kommunikationsbranche tut das gut, denn genau das ist die Generation, die „angeblich" auf solche modernen Dinge wie UC kaum noch verzichten kann. Diese Generation geht den Her- und Bereitstellern moderner Kommunikationstechnologien und -dienste im sprichwörtlichen Sinne „ins Netz" – oder besser in die Netze?!?! Das Buch wird Licht in dieses Dunkel bringen.

Vielleicht ist es nur eine Nuance und mag sogar spitzfindig klingen: Heißt es nun „Communication" oder „Communications"? Die deutsche Sprache kennt zwar das Wort „Kommunikationen", doch in Kombination mit „vereinheitlicht" macht das Ganze einen unpassenden Eindruck. Wir halten daher die Variante „Unified Communication" als „Vereinheitlichte Kommunikation" für treffender und verwenden diese.

Wir wurden und werden von den Anwendern und Nutzern der modernen Kommunikationstechnologien sehr oft gefragt: „Was ist eigentlich *die* Killeranwendung für Voice over IP?" Die Antwort darauf lautet: „Das könnte Unified Communication sein oder zumindest werden."

Wir, die beiden Autoren, sind seit fast 15 bzw. 20 Jahren in den Bereichen Netzwerkinfrastrukturen, Telekommunikation, Voice over IP (VoIP) und Kommunikationsanwendungen tätig. Dem Grunde nach können wir sogar sagen, dass wir uns bereits seit damals mit dem Thema Unified Communication beschäftigen. Wieso? Das werden Sie, liebe Leserin, lieber Leser, spätestens in der Einleitung und den Thesen zum Thema erfahren.

Unified Communication ist in aller Munde, und die vielen Berater, Techniker, Anwender und Verkäufer verbreiten mindestens ebenso viele Meinungen, Beschreibungen und sogar Definitionen darüber, was es bedeutet, wie es einst beim Aufkommen von VoIP der Fall war. Sie alle haben Recht. In erster Linie bedeutet es eine neue Ära an zu meisternden technologischen, aber insbesondere auch menschlichen und organisatorischen Herausforderungen. Unified Communication eröffnet uns neue Möglichkeiten und Chancen der Kommunikation, bringt jedoch ebenso eine völlig neue Stufe der Komplexität in dieses Thema. Noch mehr als bei VoIP bedarf es eines umfangreichen technologischen Grundwissens sowie weitreichender praktischer Erfahrungen über das gesamte Spektrum der Kommunikationstechnik. Und das alleine reicht schon heute nicht mehr aus. Vielmehr geht es um die hautnahe Integration der Kommunikationsdienste und -funktionen in die Geschäftsabläufe und -prozesse eines Unternehmens. Dies wiederum erfordert unabdingbar ein gutes Verständnis für diese Abläufe und Prozesse. Praktisches Prozessdenken ist gefragt – ebenso wie ganzheitliches Analysieren, Strukturieren und Bewerten aller benötigten Kommunikationsdienste für die Absicherung effektiver und effizienter Geschäftsprozesse.

Mit diesem Buch wollen wir Ihnen einen Leitfaden in die Hand geben, der Ihnen die Praxis von Unified Communication nahe bringt. Es spiegelt viele Erfahrungen aus der Praxis wider, die wir in den letzten Jahren sammelten und teilweise auch erlitten. Gerne lassen wir Sie daran partizipieren, damit Ihnen das eine oder andere Leid mit der modernen Kommunikationstechnologie und insbesondere Unified Communication erspart bleibt. Gespickt mit unzähligen Praxistipps wird der vorliegende Praxisleitfaden seinem Thema und Anliegen gerecht. Er vereinigt Fachbuch, Nachschlagewerk und Leitfaden.

Sehr gerne teilen wir mit Ihnen, liebe Leserin, lieber Leser, unsere über viele Jahre gesammelten Praxiserfahrungen. Gehen Sie mit unseren Gedanken und Meinungen in einen kritischen Disput und lassen Sie uns wissen, wo Ihnen dieser Leitfaden half. Sie erreichen uns unter *joerg.fischer@ucinfo.de* und *andre.liesenfeld@ucinfo.de*.

Unified Communication von Menschen für Menschen

Mit diesem Buch wenden wir uns an alle, die sich mit dem Thema „Unified Communication" beschäftigen wollen, müssen oder sollen, angefangen vom Anwender, über den Berater bis hin zum Betreiber und Administrator. In den vielen Jahren des praktischen Umgangs mit VoIP, Kommunikationsanwendungen und Unified Communication stellten wir fest, dass sich mit zunehmender Komplexität der Technologien die Probleme bei deren praktischem Einsatz vergrößern. Die Zeitspannen zwischen den technologischen Innovationszyklen werden immer kürzer, die Menschen, so hat es vielfach den Anschein, können (und wollen) oftmals den Innovationen kaum noch folgen. Kaum haben sich die Planer, Installateure und Anwender an die Funktionsweise einer neuen Kommunikationstechnologie gewöhnt und fühlen sich mit ihr sicher, da kommt auch schon der nächste „Innovations-Tsunami". Es liegt an uns selbst, wie wir mit Unified Communication umgehen, ob es für uns Fluch oder Segen darstellt und ob es unsere Erwartungen und Wünsche für ein angenehmes, effektives, effizientes, sicheres und ökologisches Kommunizieren erfüllt.

Liebe Leserin, lieber Leser, lassen Sie sich inspirieren und erleben Sie die Welt der UC-Implementierungen aus praktischer und teils pragmatischer Sicht mit allen seinen schönen, anstrengenden und herausfordernden Facetten. Bei aller Innovation gilt es, immer den Menschen im Mittelpunkt der Betrachtungen, des Tuns und der Überlegungen zu behalten. Die Einführung, das Bekanntwerden mit einer neuen modernen Technik/Technologie, Arbeitsweise, Organisation usw. hat für die betroffenen Menschen immer etwas zu tun mit Veränderung – Veränderungen sind oftmals unbequem, unbeliebt, manchmal sogar schmerzhaft. Es ist unsere Aufgabe, diese Veränderungsprozesse so angenehm, so erträglich und so erfolgreich wie möglich zu gestalten.

Verwenden und nutzen Sie diesen Praxisleitfaden für Unified Communication als guten Wegbegleiter durch die fundierte Planung und Konzeption, den zuverlässigen Betrieb und die komfortable Nutzung, bis hin zur sicheren Administration und Dokumentation.

Viel Erfolg beim praktischen Einsatz von Unified Communication!

Ihr

Dr. Jörg Fischer und *André Liesenfeld*

Vorwort

Danke ...

... sagt Jörg Fischer:

Zuallererst bedanke ich mich für das Verständnis meiner Frau Manuela und meiner Tochter Jenny. Sie gaben mir erneut die Freiheit (doppeltes Verständnis ...) und den Raum, nach dem „VoIP-Praxisleitfaden" ein weiteres Buch zu schreiben.

Es gab wieder viele Freunde und Kollegen, die mit ihren Inspirationen, Ideen und Feedbacks dazu beitrugen, das Buch mit Vielseitigkeit und Praxisnähe zu spicken. Stellvertretend für alle Helfer bedanke ich mich insbesondere bei Dr. Christof Horn und Norbert Riedl, die uns mit ihrem fundierten Sachverstand besonders zur Seite standen.

Mit dem Wissen und den sehr positiven Erfahrungen aus dem vorherigen Buchprojekt und den verständnisvollen Redakteuren des Carl Hanser Verlages machte die Erstellung dieses Buches noch mehr Freude als das erste. Daher gilt unser besonderer Dank dem Carl Hanser Verlag für dessen Hilfe bei der Umsetzung dieses besonderen Buchprojekts.

... sagt André Liesenfeld:

Es ist schon bemerkenswert, wie viel „schöne" Arbeit das Schreiben eines Buches bereitet. Wenn man, so wie ich, eine Familie hat, die einem den Rücken stärkt, dann macht es Spaß und Freude, unzählige Abende und Wochenenden mit dem Schreiben zu verbringen. Als ich meiner Frau von dem Vorhaben mit diesem Buch erzählte, hatte sie ein wunderbaren und verständnisvoll ausgesprochenen Kommentar: „Mach doch." Daher bedanke ich mich in erster Linie bei meiner Frau Daniela und meiner kleinen Tochter Chiara. Ohne sie hätte ich wahrscheinlich niemals angefangen.

Meinen besonderen Dank richte ich an alle Freunde und Kollegen, die mich immer wieder ermutigten, mit Informationen versorgten und Beispiele aus ihrer praktischen Erfahrung mitteilten. Allen voran Jens Born für den richtigen Ausdruck und die weiteren Ideen. Ich schließe mich dem oben ausgesprochenen Dank an Dr. Christof Horn und Norbert Riedl sowie den Carl Hanser Verlag an.

1 Einleitung

1.1 Ein Leitfaden zum Buch

Nutzen Sie das vorliegende Buch als einen klar strukturierten Praxisleitfaden mit fundiertem Hintergrundwissen. Es spannt einen Bogen von den praktischen und technologischen Grundlagen über Architekturen und Zusammenwirken mit unterschiedlichen Applikationen bis hin zu den Themen Sicherheit, Dokumentation und zuverlässiger Betrieb. Von besonderem Interesse für viele Anwender, insbesondere aus dem Umfeld der Dienstleister, ist die immer enger werdende funktionale Verflechtung von Unified Communication (UC) mit CallCenter-Lösungen sowie das Erstellen völlig neuer Anwendungen auf dieser Basis. Auch darauf geht das Buch ein.

Somit beleuchtet das Buch in umfassender Weise sehr viele praktische Themen für die erfolgreiche Implementierung und Nutzung von Unified Communication. Die Struktur des Buches so ist angelegt, dass Sie sich schnell orientieren, gezielt Themen aufgreifen und nachschlagen können:

- Den Beginn macht dieses Kapitel mit einführenden Informationen über das Buch und grundlegenden Ausführungen zum Thema Unified Communication und Kommunikationsanwendungen im Allgemeinen.

- Das zweite Kapitel *„Unified Communication kompakt"* hat eine besondere Funktion. Es bietet einen verdichteten Überblick über alle Aspekte von Unified Communication. Die zentralen Bereiche bilden einige Informationen über die Entwicklung von UC, Thesen rund um UC und den praktischen Nutzen bzw. Einsatz von UC.

- Unified Communication ist ein neuer, hoch innovativer und von daher für viele Hersteller interessanter Markt. Fast täglich kommen neue Hersteller hinzu, die diesen Markt für sich entdecken und ihn mit Lösungen „beglücken". Damit man sich auf diesem Markt besser zurechtfindet und einen guten Überblick bekommt, welcher Hersteller was tut und sich wie positioniert, widmet sich das dritte Kapitel sehr ausführlich dem Thema *„Der Unified Communication-Markt"*.

1 Einleitung

- Ausgestattet mit guter Marktkenntnis kann es direkt an die Planung und Konzeption des Einsatzes von Unified Communication gehen. Doch halt! Sind Sie, Ihre Anwender, Administratoren und letztlich auch Entscheidungsträger sowie das gesamte Umfeld der IKT (Informations- und Kommunikationstechnologie) wirklich bereit für Unified Communication – sozusagen „UC-ready"? Eine spannende Frage, die viele weitere Aspekte und Diskussionen aufwirft. Weil die Beantwortung dieser Frage für den erfolgreichen Einsatz von Unified Communication essenziell ist, gibt es mit Kapitel 4 *„UC-Readyness-Analyse"* einen ausführlichen Abschnitt.

- Danach folgen detaillierte Betrachtungen, was Unified Communication so alles sein kann und in welchen funktionalen Zusammenhängen es mit anderen Kommunikationstechnologien zunehmend eine Rolle spielt. So lautet auch der Titel von Kapitel 5 *„Kommunikationsdienste mit UC"*. Es stellt dar, welche Kommunikationsdienste in vereinheitlichter Weise zu einer individuellen UC-Architektur zusammenwachsen.

- Anschließend an diese mehr allgemeinen Darstellungen folgen einige technische Grundlagen, die für das funktionale Verständnis von Unified Communication wichtig sind. Hierbei geht es um Aspekte wie Protokolle, Dienste, Plattformen, Sprachen (insbesondere Programmiersprachen) sowie deren Bedeutung für Unified Communication. Das Kapitel 6 *„Protokolle und Sprachen bei UC"* widmet sich genau diesen Themen.

- Eine ganz besondere Blickrichtung ist das Zusammenspiel von Unified Communication und Mobilität. Unsere tägliche Geschäfts-, Arbeits- und Privatwelt wird ständig mobiler. Der Trend geht klar zum „Viert- und Fünfthandy". Mobile Unerreichbarkeit gilt fast schon als Sünde. Unsere kleinen mobilen Kommunikationsbegleiter haben einen technologischen Stand erreicht, dass es kaum noch Funktionen und Anwendungen gibt, die einem Nutzer nicht zur Verfügung stehen. Erreichbarkeit zu jeder Zeit, an jedem Ort – daran möchte die moderne Menschheit sich messen lassen – doch ist das wirklich so? Die passenden Antworten auf diese und viele weitere Fragen liefert Kapitel 7 *„Unified Communication macht mobil"*.

- Vor allem in der jüngsten Zeit wurde und wird das Thema Unified Communication in Verbindung und Interaktion mit CallCenter-Technologien immer aktueller. In CallCentern geht es darum, den Anrufenden möglichst schnell und kompetent zu bedienen. Immer öfter ist dafür die Unterstützung der Fachkräfte aus den verschiedensten Bereichen des Unternehmens bzw. der Verwaltung (des sogenannten Back-Office) nötig. Wie diese Back-Office-Erreichbarkeit als funktionaler Bestandteil moderner Call- und ContactCenter in der Praxis funktioniert und umgesetzt wird, ist Gegenstand von Kapitel 8 *„UC und Kundeninteraktion"*.

- Alles, was neu ist, löst bei den meisten Menschen Unbehagen, ggf. sogar Unsicherheit oder gar Angst aus. „Was passiert da mit meinen Daten, vor allem persönlichen Daten, in diesem offenen Internet?", hört man sie oft fragen. „Wie ist das mit dem Mithören, Mitlesen, Verändern usw. von Informationen?" „Wenn alle Funktionen auf einer Plattform vereinheitlicht werden, was ist da mit der Zuverlässigkeit?" „Wenn Unified Communication ausfällt, kann ich dann gar nicht mehr kommunizieren?" Sicherheit ist und bleibt eines der spannendsten Themen, vor allem wenn es um Innovationen geht. Die Aussage „Sicherheit ist ein Gefühl" drückt nachhaltig aus, dass eine der größten Herausforderungen darin besteht, den Anwendern, Betreibern und Nutzern von Unified Communication ein gutes Gefühl zu verschaffen. In einem speziellen Kapitel 9 „*UC – aber mit Sicherheit*" ist zu lesen, wie, womit und wodurch diese gefühlte Sicherheit vermittelt werden kann.

- Ein weiterer markanter Punkt ist „Unified Communication und die nächsten Schritte". Wo geht die Reise hin? Unified Communication als ein Service? Bereits bei VoIP kamen Diskussionen und die Frage auf: „Muss man das als Anwender alles selber tun, haben und betreiben?" Die Antwort ist ein klares: „Jein". Eine UC-Architektur besteht in wesentlichen Bereichen aus Applikationen. Das Bereitstellen von Applikationen über das Internet (das sogenannte Application Service Providing, ASP) ist eigentlich ein „alter Hut". Die erste ASP-Welle (vor über 10 Jahren) ebbte recht schnell wieder ab, weil die meist auf dezidierten Applikationen beruhenden Geschäftsmodelle für den Verbraucher oftmals schlichtweg wirtschaftlich unattraktiv waren. Unter dem Gesichtspunkt der „vereinheitlichten Kommunikationsdienste" erlebt ASP nun eine Renaissance. Unified Communication als gemanagter Kommunikationsdienst aus dem Netz – ein brisantes Thema, dem das Kapitel 10 „*UC – Service und Betrieb*" gewidmet ist.

- Gemanagte Kommunikationsdienste – das ist die passende Überleitung zum nächsten Abschnitt. Was gehört alles dazu, eine UC-Architektur zuverlässig zu administrieren und zu managen? Welches Potenzial an Effektivitätsgewinn steckt vor allem im Management von Unified Communication? Der Endanwender möchte Unified Communication lediglich nutzen, d.h. bei ihm kommt es mit einer für ihn wahrnehmbaren Qualität an – wie kann man diese Qualität sichern, überwachen und planen? Oft wird über Standardisierung gesprochen, z.B. von offenen Standardprotokollen und deren „enormen" Vorteil für Unified Communication. Ein viel wichtigerer Aspekt ist die Standardisierung der Nutzeranforderungen bezüglich ihrer geschäftsprozessorientierten Kommunikationsbedürfnisse – die Profilbildung (User Profiling). In Kapitel 11 des Buches über das Management von UC spielt das „User Profiling" eine wichtige Rolle. Wie lässt sich Unified Communication als komplexe Kommunikationsarchitektur effektiv, effizient und sicher managen? Das Kapitel 11 „Management von UC" gibt Antworten darauf.

- Menschen tun sich im Umgang mit neuen Technologien wesentlich leichter, wenn sie etwas Dokumentiertes haben. Die Dokumentation der UC-Umgebung, ihrer systemischen und funktionalen Zusammenhänge, bis hin zur Dokumentation der Sicherheits- und Betriebsaspekte sowie der Beschreibung aller Services rund um die UC-Implementierung ist im wahrsten Sinne des Wortes eine „never ending story". Klar muss es immer so etwas wie eine Grunddokumentation geben, doch zum einen haben moderne Kommunikationsarchitekturen die Eigenschaft, sich ständig zu verändern (das bringt die technisch-technologische Innovation so mit sich), und zum anderen verändern sich auch die Einsatz- und Umgebungsbedingungen, Geschäftsanforderungen und -prozesses, die Märkte und natürlich auch die Menschen. Das erfordert ein kontinuierliches Fortschreiben und Aktualisieren der Dokumentation über die implementierten UC-Architekturen. Mit diesem sehr wichtigen Thema und dem Kapitel 12 „*Dokumentation von UC*" endet das Buch.

Die meisten Anwender und Nutzer von Kommunikationsanwendungen verbinden Unified Communication erstinstanzlich mit der An- und Einbindung in ihre Büro- und Geschäftsapplikationen. Da entstehen viele solcher sehr praxisnaher Fragen wie: „Wie kann ich aus meinem Adressbuch heraus eine Telefonnummer wählen?", „Kann mein Terminkalender auch automatisch meine Rufum- bzw. -weiterleitung steuern, und wenn ja, wie geht das?" usw. Dieses Buch gibt darauf die Antworten.

An vielen Stellen enthält das Buch deutlich markierte Praxistipps, anschauliche Situationsberichte, Praxisbeispiele und kleine „Geschichten, die das Leben schrieb". Genau diese Praxistipps unterscheiden das vorliegende Buch von einem reinen Fach- oder Lehrbuch. Jedes Kapitel wird durch eine Zusammenstellung der Kernaussagen abgeschlossen. Damit eröffnen sich dem Leser Möglichkeiten, das Gelesene Revue passieren zu lassen oder sich einen Kompaktüberblick über einzelne Kapitel zu verschaffen.

1.2 Unified Communication im Sinne dieses Buches

1.2.1 UC – Eine Killerapplikation für VoIP?

Der Wandel in Richtung IP-Kommunikation ist in vollem Gange. Die Frage: „VoIP – Ja oder Nein?" hat ausgedient. Die richtige Frage lautet: „Wann?" Die Weichen sind längst gestellt, der IP-Zug ist in voller Fahrt. Nun geht es darum, was dieser IP-Zug geladen hat, was er für wen bringt und wohin dieser Zug fährt. Auf der Fahrtrichtungsanzeige des Zuges ist in ganz großen Buchstaben das nächste Ziel zu lesen: „Nächste Station Unified Communication". Sodann erschallt die Stimme des Marktes: „UC bitte einsteigen!" Und wer auf diesen Zug plötzlich alles aufspringt, ist erstaunlich. Natürlich hat jeder Zug sogenannte „Trittbrettfahrer", die entweder nicht wirklich auf diesen Zug gehören oder ihn nicht richtig zu fassen bekommen. Viel interessanter sind die echten Mitfahrer: Firmen, die vorher niemals etwas mit „Kommunikation" im klassischen Sinne zu tun hatten, die sich bisher vorrangig um Geschäftsprozesse, Dokumentenmanagement usw. kümmerten. Sie alle erkennen, dass dieser Zug unterwegs ist in die Zukunft der Kommunikation, in die Welt nach Telefon und VoIP.

In [Fischer 2008] wurde die Aussage getroffen, dass VoIP für die Verbesserung der Sprachkommunikation allein gesehen unwirtschaftlich und technologisch wenig sinnvoll ist. Erst mit Unified Communication werden die in VoIP steckenden Möglichkeiten wirklich ausgeschöpft. UC selber ist noch recht jung und steht am Anfang ihrer Entwicklung. Anders als bei VoIP steht uns hier also mit Sicherheit noch das eine oder andere technologische Tal der Tränen und Desillusionierungen bevor. Wir erleben, wie Hersteller in Technologiebereiche eindringen und diese mit Riesenschritten erobern, die bis dato niemals etwas mit Kommunikation zu tun hatten, z.B. die Softwarehersteller. Auf der anderen Seite drängen die sogenannten „klassischen Teleföner" (Hersteller der bekannten „Tele"-Kommunikationstechnologie) immer tiefer die Geschäftsanwendungen und -prozesse der Unternehmen ein und kommen ihrerseits mit Kommunikationsapplikationen auf den Markt. Was hier entsteht, bezeichnet das Marktforschungsunternehmen Gartner als „Communication Enabled Business Processes" (CEBP), also durch Kommunikationstechnologien angereicherte/befähigte Geschäftsprozesse.

Ein anderes sehr spannendes Schlagwort ist SOA, es steht für „Service Oriented Architecture". Hier wird nur noch über Architekturen bzw. Architekturmodelle von Kommunikationsdiensten gesprochen. Der Markt hat sogar schon einige Abwandlungen dieser Abkürzung geboren wie z.B. „Software Oriented Architecture, SIP (Session Initialisation Protocol) Oriented Architecture". Diese Situation zeigt einmal mehr wie „standardisiert" die IKT-Branche in der Praxis ist. Solche und ähnliche Schlagworte bestimmen das Vokabular der gesamten modernen Kommunikationstechnologie. Im Umgang mit ihnen werden wir mehr und mehr zu „Verwirrtuosen".

Unified Communication ist eine dieser modernen Technologien im „Schlepptau" von VoIP und gibt ihm einen technologischen, wirtschaftlichen und aus Anwendersicht Nutzen bringenden Sinn. Andererseits funktioniert Unified Communication prinzipiell auch ohne VoIP. Solche Dinge wie die Integration von Computertelefonie (Computer Telephony Integration, CTI) und Computer Supported Telecommunications Applications (CSTA) – manche sagen auch „Computer Sieht TelefonAnlage" – gab es schon deutlich vor der Einführung von VoIP. Dennoch steht zweifelsfrei fest, dass die Integration von Kommunikationsdiensten mit Büro- und Geschäftsanwendungen auf Basis von IP-Infrastrukturen und IP-Kommunikationsdiensten wie VoIP deutlich effektiver und effizienter zu realisieren ist als über die herkömmlichen Wege mit CTI und CSTA. Bei modernen Kommunikationsapplikationen werden diese klassischen Protokolle in SIP (Session Initialisation Protocol) eingepackt und über das IP-Netz übertragen. VoIP und UC sind wie zwei Geschwister im realen Leben – sie mögen sich, sie brauchen sich, und manchmal haben sie Krach miteinander.

1.2.2 UC bedeutet „Ungeahnte Chancen"

Wie es für VoIP den Begriff „Vieles über (over) IP" gibt, so steht UC zweifelsohne für „Ungeahnte Chancen" – englisch „Unexpected Chances". Unified Communication …

- ■ … gibt den Anwendern völlig neue Möglichkeiten der Interaktion – Interaktion zwischen Mensch und Mensch, Mensch und Information (Wissen), Mensch und Prozessen sowie sogar zwischen Maschinen und Maschinen;
- ■ … ist eine sehr gute Basis für direkte Prozessintegration und -automatisierung;
- ■ … macht Prozessabläufe oftmals klarer und erleichtert ihre Durchführung;
- ■ … gestaltet das tägliche Kommunizieren komfortabler, einfacher und in gewisser Hinsicht auch sicherer, zumindest zuverlässiger;
- ■ … steigert die Effektivität unserer täglichen Arbeits- und Geschäftsabläufe;

- … trägt dazu bei, dem wachsenden ökonomischen und ökologischen Druck in unserer Wirtschaft sowie in den öffentlichen Verwaltungen gerecht zu werden;
- … hilft, Ressourcen (Zeit, Geld, Nerven, Systeme, Energie usw.) zu sparen, und trägt dadurch gleichzeitig zum Umweltschutz bei;
- … bietet uns Chancen, für unsere Kunden neue Dienstleistungen zu kreieren und bereitzustellen sowie neue Geschäftsmodelle zu entwickeln, die uns näher an unsere Kunden bringen und uns besser im Wettbewerb zu platzieren;

Unified Communication findet zuerst in den Köpfen der Menschen statt. Sie brauchen die Begeisterung und den für sie nachvollziehbaren Nutzen, damit UC bei ihnen ankommt. Für die gesamte IKT-Branche besteht eine der wichtigsten Herausforderungen darin, den Menschen UC – die „Ungeahnten Chancen" – nahezubringen.

1.2.3 Rechnet sich Unified Communication?

Vielen Menschen drängt sich die Frage auf: „Rechnet sich UC?" Die Antwort darauf findet sich in einem der meistgelesenen Bücher der Welt: „Der kleine Prinz" ([Saint-Exupéry 1943], Kap. 28), und zwar in der Geschichte mit dem Händler und seinen den Durst stillenden Pillen. Die Menschen brauchen immer etwas zum Nachrechnen, einen kalkulierbaren ROI (Return On Investment). Der ROI soll den Entscheidungsträgern eine nervenberuhigende Antwort darauf geben, ob es sich rechnet, einen bestimmten Geldbetrag zu investieren, und welcher Gewinn zu erwarten ist.

Manche Dinge wie Komfort, Erleichterung, Qualitätssteigerung, Zufriedenheit usw. sind zwar in keiner Währung der Welt erfassbar, aber auch sie sind ein ROI – dieser bedeutet allerdings *„Release of Impact"*, die „Erlösung von negativen Auswirkungen". Mit UC kann es uns einfach besser gehen. Das ist der ROI für den Bauch. Wer sich ernsthaft mit dem Gedanken trägt, UC zu implementieren, der sollte sich die beiden ROI genau ansehen und dann entscheiden, ob und was ihm Unified Communication in der täglichen Praxis nützt. Mehr dazu in Kapitel 4 des Buches, „UC-Readyness – Bereit für UC?".

1.2.4 „Einfach kommunizieren"

Die ersten Abschnitte haben bereits andeutungsweise die Breite des Spektrums und vor allem die Themenvielfalt von Unified Communication verdeutlicht. Der Begriff „unified" bedeutet u.a. „vereinheitlicht, vereinigt, zusammengeführt, normiert". Wie passt das mit dem Wort „Communication" zusammen? Die Antwort ist so naheliegend wie einleuchtend: Es bedeutet „einfach kommunizieren". Die Kommunikation soll einfacher, komfortabler, bequemer, sicherer und mobiler werden.

Was bedeutet das genau, und vor allem was haben wir davon? Wie lassen sich alle diese Eigenschaften vereinen und vereinheitlichen? Will ich das überhaupt, dieses überall, von jedem Menschen zu jeder Zeit erreichbar sein? Sicher fallen Ihnen spontan noch viele ähnliche Fragen ein. Viele dieser Fragen begegnen uns in der Praxis immer wieder. Auf der

Basis unserer Erfahrungen wollen wir Ihnen Hilfestellungen zum eigenständigen Finden von Antworten geben.

Im modernen Alltag geht es nicht mehr nur um das reine Kommunizieren, das Telefonieren und das Austauschen von Daten über das Internet. Vielmehr geht es um die Vereinigung der unterschiedlichen Kommunikationstechnologien zu einer Kommunikationslösung und um die Standardisierung (Normierung) der dafür genutzten Kommunikationsmittel und -dienste. Und genau wie die Technologien müssen auch die Organisationen, Prozesse und Strukturen in den Unternehmen eine Vereinheitlichung erfahren. Was bedeutet das? Eine Antwort auf diese Frage ist die Normierung der kommunikativen Nutzeranforderungen in Nutzer- und Anwenderprofilen.

Die Anwender brauchen und benutzen einerseits immer vielfältigere Kommunikationsmittel, andererseits erwarten sie eine möglichst einfache und sichere Handhabung. Am liebsten wäre den Anwendern die Möglichkeit, alle Kommunikationsdienste und -netze mit nur einem Endgerät nutzen zu können. Das ist ein schöner Traum. Wir stehen vor der großen Herausforderung, diesen und die vielen anderen Nutzerwünsche bezüglich einfacherer Kommunikation Realität werden zu lassen.

1.2.5 Begriffe machen begreifbar

In der Fachwelt wurden schon viele Definitionen zu Unified Communication entworfen und verbreitet. Je nachdem, aus welcher technologischen Richtung und mit welchem technischen Hintergrund Personen kommen, so fallen auch ihre Interpretationen des Begriffs „Unified Communication" aus. Die Verfechter moderner Kommunikationsinfrastrukturen sprechen von der Vereinheitlichung der Netze und aller darauf laufenden Dienste. Die meisten Vertreter der Kommunikationstechnologien (von der klassischen Telekommunikation bis hin zu VoIP) legen ihren Fokus auf das standardisierte Einbringen von Kommunikationsfunktionen in die Geschäftsprozesse (siehe CEBP). Demgegenüber sehen die Entwickler und Hersteller von Applikationen die Kommunikation als eine Applikation und haben daher das Vereinheitlichen und Zusammenfügen der Büro- und Geschäftsapplikationen mit Kommunikationsanwendungen im Blick. All diese Ansichten sind aus der jeweiligen Sicht absolut verständlich und richtig. Doch nun drängen ganz neue Herausforderer auf den Kommunikationsmarkt für Unternehmen und Verwaltungen: die „Web-Zwei-Null"- oder „-Drei-Null"-Internetler und die Mobilisten. Sie alle propagieren, dass alle zukünftigen Kommunikationswünsche der Menschen am besten über das Web zu erfüllen sind und nur das Web die völlige Freiheit und Mobilität ermöglicht – ihre Botschaft lautet „Unified Communication ist das Web". Diese Betrachtungsweise gewinnt vor allem dadurch an Brisanz, dass der Druck auf die Weiterentwicklung von Unified Communication durch die riesige Menge der Privatanwender aufgebaut wird. Die Privatnutzer erwarten einfach, dass Kommunikation im Unternehmen und der Verwaltung ebenso einfach und komfortabel funktioniert wie bei ihnen zu Hause – Kommunikation kommt aus der Dose mit der Aufschrift „Internet". Selbst Entertainment gehört dazu, IP-TV ist „state of the art".

1 Einleitung

Eine wirklich umfängliche und zugleich einfache Begriffsbestimmung für Unified Communication gibt es bisher nicht. Diese Lücke wollen wir schließen und definieren Unified Communication folgendermaßen:

> *„Unified Communication ist eine individuelle Basisarchitektur aus standardisierten Kommunikationsdiensten. Sie dient dem effektiven, effizienten und sicheren Suchen, Finden und Erreichen von Personen (Menschen), Informationen (Wissen) und Prozessen auf der Grundlage moderner Netze."*

Damit ist Unified Communication, funktional und technologisch gesehen, eine Architektur. Aus Sicht der Anwender und der Umsetzung ist es ein Nutzungs- und Anwendungskonzept. Es gibt nicht *die* Unified Communication. UC-Umgebungen können in jeder Organisation und letztlich bei jedem Anwender anders aussehen – *Unified Communication ist individuell*.

Die Abbildung 1.1 zeigt eine schematische Übersicht von Unified Communication. Sie besteht aus sieben Bereichen, fünf horizontalen und zwei vertikale. Letztere, die Sicherheit und das Management, betreffen alle fünf horizontalen Bereiche, angefangen bei der Infrastruktur, über Zugänge, Dienste und Steuerungen bis zu den Endgeräten.

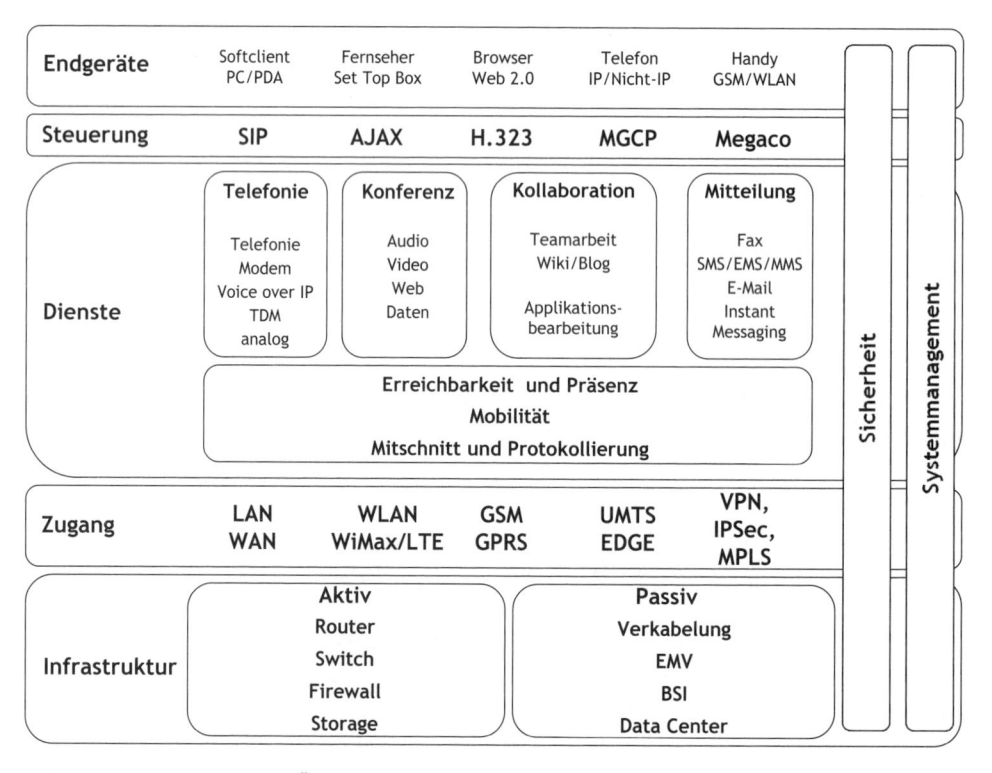

Abbildung 1.1 Schematische Übersicht von Unified Communication

Der größte Nutzen von Unified Communication besteht unseres Erachtens darin, dass man sich aus der *Vielzahl der bereits existierenden standardisierten Kommunikationsdienste und -funktionen* sein individuelles Unified Communication zusammenstellen und sich so seine individuelle Kommunikationsumgebung, sein individuelles Kommunikationsgefühl (ver)schaffen kann. Diese standardisierten Kommunikationsdienste sind nicht wirklich neu. CTI (Computer Telephony Integration), CSTA (Computer Supported Telecommunications Applications), UMS (Unified Messaging Services), IM (Instant Messaging), Video usw. gibt es schon seit Jahren. Wahr ist allerdings, dass sie bisher ihr Dasein mehr oder weniger als alleinstehende Implementierungen fristen. Genau das ist das Neue an Unified Communication – sie werden vereinigt.

Und warum macht man das? Ganz einfach: Es geht um das sicherere (zuverlässigere), effektivere und effizientere *Suchen, Finden* und vor allem *Erreichen* von:

- *Menschen* untereinander
- *Informationen* durch die Menschen
- Informationen für die *Prozesse*
- *Prozessen* untereinander

UC macht Schluss mit Themen wie: „Schon siebenmal angerufen, auf unterschiedlichen Wegen und Anschlüssen – aber doch niemanden erreicht." „Das dauerte so lange, weil die Informationen nicht kamen." „Den richtigen Ansprechpartner zu finden und zu erreichen, ist nahezu unmöglich."

1.2.6 Vereinigung auf allen Ebenen

Manche behaupten, Unified Communication sei ausschließlich eine Applikation. Das trifft für gewisse Bereiche sicher zu, denn oftmals spielen Anwendungen eine große Rolle. Aber Unified Communication ist mehr. Es ist eine Vereinheitlichung von Applikationen und Diensten – also die Konvergenz von Applikationen und Diensten. Ein gutes Beispiel dafür ist das Zusammenwachsen von CTI und CRM (Customer Relationship Management) und deren Vereinigung mit CallCenter-Applikationen.

Andere wiederum sind der Meinung, Unified Communication sei eine Technologie. Auch das ist richtig, denn sie braucht Kommunikationstechnologien, -mittel und -dienste, um zu funktionieren. Mehr noch, sie bringt diese Kommunikationsdienste, -plattformen, -mittel usw. zusammen. Eines der markantesten Beispiele für diese Konvergenz ist Voice over IP. Sprache wird zu einem Datendienst, übertragen mittels IP.

Eine weitere, häufig anzutreffende Sichtweise ist: „Unified Communication kommt aus dem Netz". Natürlich, denn für Unified Communication braucht man ein Netz, oder besser: Netze. Sie nutzt sowohl die vielen vorhandenen Festnetze und deren Technologien wie IP-Netze, Breitbandnetze, ISDN (Integrated Services Digital Network) usw. als auch die Mobilnetze wie GSM (Global System for Mobile Communication), UMTS (Universal Mobile Telecommunications System), WLAN (Wireless LAN) usw. Diese Netze wachsen immer weiter zusammen. Dieses Zusammengehen wird oft als Fixed Mobile Convergence (FMC) bezeichnet.

Dieser Konvergenzansatz setzt sich weiter fort bis hin zu den Endgeräten. Handys waren früher (noch vor wenigen Jahren) nur zum Telefonieren da. Heute dienen sie einer echten multimedialen Kommunikation. Selbst Echtzeitanwendungen wie Video und Echtzeittext sind für ein Handy keine Herausforderungen mehr. „Echtzeittext" – was ist das? Ganz einfach: mobiles Karaoke. Karaoke auf dem Handy, immer und überall – das ist vor allem für die Jugend toll.

Unified Communication erleichtert uns Menschen aber auch den Zugriff auf Informationen und Prozesse. Gleichzeitig werden innerhalb des Prozessablaufs automatisch relevante Informationen zur Verfügung gestellt, Prozesse können miteinander verknüpft werden.

Wir bedienen uns dabei einer Menge bereits vorhandener und über Jahre gewohnter Techniken und Technologien und schalten diese funktional mit modernen Applikationen und Diensten zusammen. So gesehen ist Unified Communication eher eine Architektur als eine Lösung. Unified Communication ist ein vereinheitlichtes Zusammenwirken, das Zusammengehen, die *Konvergenz* einer Vielzahl von Technologien, Applikationen und Netzen.

Selbstverständlich braucht Unified Communication für den Transport der Inhalte (Sprache, Daten und Video) und die Steuerungen zwischen den Applikationen moderne multimediale Kommunikationsnetze. Unangefochten stehen dort die IP-Netze an der Spitze. IP, das Internet-Protokoll, ist das wichtigste Kommunikationsprotokoll für Unified Communication. Alle Kommunikationsdienste laufen irgendwann doch auf irgendeinem IP-Netz zusammen, deswegen spricht man von der „*IP-Transformation* und Konvergenz". Unified Communication braucht somit als zweiten Aspekt die Transformation in Richtung IP. Diese wiederum funktioniert am besten auf der Basis konvergenter Netze, Dienste, Applikationen und Endgeräte. So einfach schließt sich der Kreis zwischen Konvergenz und Transformation. Beide Begriffe werden in den Thesen zu diesem Buch noch deutlicher herausgearbeitet.

> **Praxistipp:**
> Nur wenn wir Menschen eine einfachere, vereinheitlichte Kommunikation wollen und auch konsequent umsetzen, dann wird es Unified Communication geben.
>
> **Empfehlung:** Lassen Sie sich die vorgeschlagene Definition von Unified Communication in Ruhe durch den Kopf gehen und überlegen Sie, welche Menschen, Informationen und Prozesse von der kommenden UC-Implementierung betroffen sind. Betrachten Sie dazu bereits vor der detaillierten Planung eingehend die besprochenen Themen. Bereiten Sie sich, Ihr Unternehmen und die existierende IKT-Landschaft auf die zu erwartende Transformation und Konvergenz vor.

1.2.7 Unified Communication – Ist wirklich alles vereinigt?

Viele glauben, dass mit der Einführung von UC alles vereinheitlicht und natürlich einfacher wird. Doch der Schein trügt. Eine vereinheitlichte Kommunikationsumgebung alleine bringt noch nicht die erwünschte Vereinfachung und den anvisierten Komfort in der Kommunikation. Wie das? An vielen Stellen fehlt uns, den Anwendern, selbst das organisatorische Verständnis für die vereinheitlichte Kommunikation. Die nachfolgenden Beispiele belegen diesen Aspekt sehr deutlich:

- Alle Namen, Adressen und Rufnummer sind in einem Verzeichnis gespeichert. ... Wirklich nur in *einem* Verzeichnis? Ups. Da ist ein Verzeichnis auf dem PC, natürlich gibt es auch ein Verzeichnis auf dem Handy (manchmal sogar zwei, eines direkt auf dem Handy, das andere auf der SIM-Karte (Subscriber Identity Module) im Handy), und da gibt es ja noch die Telefonanlage, die natürlich auch ein elektronisches Telefonbuch hat. Damit noch nicht genug. Offensichtlich ist das Arbeiten mit den vielen Verzeichnissen unkomfortabel, deswegen fangen die Nutzer an, sich persönliche Kurzwahltasten einzurichten. Am besten, man ist glücklicher Besitzer eines Komforttelefons, dann lassen sich hier weitere 100 und mehr Namen und Rufnummern als Direktwahlverzeichnis einrichten.

> **Das tägliche Drama der Erreichbarkeit**
>
> Ich sitze in meinem Auto und muss dringend eine dieser ganz wichtigen Personen erreichen. Ich wähle die erste Nummer: das Büro. Keiner da. Okay, ich hinterlasse eine Nachricht auf dem Anrufbeantworter. Ich wähle die Nummer des Mobiltelefons. Eine zarte, aber bestimmte Ansage gibt mir zu verstehen: „Der von Ihnen gewählte Teilnehmer ist vorübergehend nicht erreichbar." Toll. Was bedeutet „vorübergehend"? Zur Beruhigung darf man eine Taste drücken und wird per SMS (Short Message Service) benachrichtigt, wenn der Teilnehmer wieder erreichbar ist. Das hilft wirklich ... Danke. Oh, da ist doch noch die Nummer des Autotelefons, und die private Telefonnummer habe ich ja auch noch ... aber mir ist die Lust vergangen. Es war dann wohl doch nicht so wichtig.

- Ein besonderes Thema ist die Darstellung und auch die Speicherung der Rufnummern. Wie oft ist auf den Visitenkarten, im Impressum auf Internetseiten und vor allem den Grußformeln bei E-Mails so etwas zu lesen wie +49 (0) 711 821-xxx. Leider werden solche Schreibweisen von unbedarften PC-Nutzern sehr häufig in genau dieser Form in die Datenbanken von Applikationen geschrieben. Diese Rufnummer ist ungültig. Richtig wäre die Schreibweise +49 (711) 821-xxx. Diese Schreibweise heißt „Normalformat" und entspricht dem Standard E.164. Unified Communication funktioniert nur so gut, wie die dafür verwendeten Daten sind. Eine Rufnummer mit der (0) ist von keiner CTI-Software wählbar. Ebenso würde eine in dieser Schreibweise gespeicherte Rufnummer niemals von einer CTI-Applikation gefunden werden können, weil die Carrier ausschließlich im E.164 übertragen.

> **Praxistipp:**
> All das ist praktische Realität. Drei oder vier Verzeichnisse, Rufnummern über Rufnummern – einfach ein UC im Sinne von „Unausstehliches Chaos". Von den Kontaktdatenbanken in den Geschäftsapplikationen, z.B. in den sogenannten CRM-Systemen (Customer Relationship Management) noch ganz zu schweigen. Wie steht es um die Konsistenz und Synchronität dieser ganzen Verzeichnisse? Vor allem Adressdaten, Namen und Telefonnummern ändern sich sehr oft. Für die Anwender wird es nahezu unmöglich, die Daten in allen Verzeichnissen aktuell zu halten.
>
> **Empfehlung:** Unified Communication lebt nicht von alleine, sondern braucht die ständige Pflege aller Daten- und Informationsquellen. Die neue Kommunikationsumgebung muss sich zudem an die Organisation und Prozesse anpassen – nicht anders herum! Sorgen Sie also frühzeitig für ein gutes Verständnis bei den Anwendern bezüglich dieser wichtigen Aspekte.

1.3 Essenz

Das Buch ist ein strukturierter Praxisleitfaden, basierend auf fundiertem Hintergrundwissen und mit vielen Praxistipps. Es umfasst alle Themenbereiche rund um Unified Communication.

Unified Communication ist ein weites technologisches Feld. „Unified" bedeutet vereinigen und vereinheitlichen. Unter Unified Communication werden sehr viele Kommunikationsdienste und -applikationen vereinigt. Die dargestellte Definition zu Unified Communication zeigt die markanten Eckpfeiler auf denen Unified Communication steht. Das sind:

- die Individualität von Unified Communication
- die standardisierten Kommunikationsdienste
- das effektive, effiziente und sichere Suchen, Finden und Erreichen
- die Menschen, Informationen und Prozesse sowie
- die modernen multimedialen Netze

Unter Unified Communication müssen viele Dinge zusammenwachsen, ergo sind „Konvergenz" und „Transformation" zwei tragende Begriffe der vereinigten Kommunikation.

2 Unified Communication kompakt

2.1 Kommunikation – Gestern und heute

2.1.1 Was ist Kommunikation?

Rein fachlich betrachtet ist Kommunikation (vom lateinischen *communicare*) der Begriff für „mitteilen, teilnehmen lassen und gemeinsam machen". Letzteres trifft vor allem für uns Menschen zu, denn bei uns hat Kommunikation immer eine soziale Komponente, und da passt das lateinische *communio*, die Gemeinschaft, besser. Kommunikation findet also immer in einer Gemeinschaft statt. Die kleinste Gemeinschaft sind zwei Personen. Heute wird unter Kommunikation landläufig so etwas wie „Austausch und Übertragung von Informationen" verstanden. Daher kommt wohl der Begriff „Informationsgesellschaft".

Menschen und Psyche sind zwei untrennbare Dinge. Kommunikation aus psychologischer Sicht ist mehr die „zwischenmenschliche Verständigung". Ein Mensch ist der Sender, der andere der Empfänger. Einer der Pioniere auf dem Gebiet der allgemeinen Psychologie der Kommunikation ist Friedemann Schulz von Thun. Von ihm stammen so interessante Aussagen und Axiome zum Thema Kommunikation [von Thun 1998] wie u.a.:

- Kommunikation hat immer vier Ebenen oder besser Aspekte: den Sach-, Beziehungs-, Selbstoffenbarungs- und Appellaspekt.
- Für eine gute Kommunikation ist immer der Sender zuständig.
- Der Empfänger trägt die Verantwortung für seine Reaktion auf das Empfangene.

Genau diese Betrachtungen finden wir heute in der modernen Kommunikationstechnologie wieder. Einer der wichtigsten Faktoren dabei, ist die Empfangsbereitschaft des Empfängers – einfacher ausgedrückt „seine Erreichbarkeit". Dieser Punkt ist deshalb so immens brisant und essenziell, weil sich die Sender und Empfänger bei der Verwendung moderner Kommunikationsmittel oftmals nicht direkt gegenüberstehen und sich sehen. Also kann der Sender im Vorhinein nicht erkennen, ob der Empfänger bereit ist, eine Kommunikation mit ihm zu starten. Die Erreichbarkeit ist das eigentliche Problem unseres modernen Kommunikationsalltages … „1000 mal probiert, 1000 mal ist nichts passiert …" Das erinnert an die ähnlich lautenden Textzeilen aus einem allbekannten Lied, denn über schlechte Erreichbarkeit kann wohl jeder von uns sprichwörtlich ein Lied singen.

Auf der anderen Seite ist Kommunikation an sich etwas sehr Natürliches. Sie findet überall um uns herum statt. Tiere und selbst Pflanzen kommunizieren mit- und untereinander. So pflegen beispielsweise Hunde und Katzen eine eindeutige und klare Kommunikation – oder besser Nichtkommunikation Sie verstehen sich einfach nicht. Beispiel Schwanz wedeln. Beim Hund: Freund, aber bei der Katze: Ankündigung eines Angriffs. Sie jagen, kratzen und beißen einander. OK, das ist weniger die übliche Kommunikationsform von uns Menschen. „Wirklich nicht?" Irgendwie aber doch, denn über 85 % der Kommunikation des Menschen verläuft nonverbal. Also, worüber reden wir eigentlich und schreiben dicke Bücher? Ganz einfach: über die restlichen 15 %. Die verbale Kommunikation wird auch „Sprache" genannt. Sie unterscheidet uns Menschen (zumindest die meisten von uns) von den Tieren. Aber sind das wirklich nur die 15 %, die wir in der heutigen Kommunikationstechnologie wiederfinden? Natürlich nicht. Wir arbeiten mit Bildern, Videos, Texten usw. Selbst haptische Kommunikation ist in unserer modernen Kommunikationswelt zu Hause. Na gut, das mit dem Geruchstelefonieren mag noch etwas weit weg sein, aber der Vibrationsalarm im Handy gehört zu unserem Kommunikationsalltag. Die modernen Kommunikationstechnologien bieten uns immer bessere, komfortablere und stärker beeindruckende Möglichkeiten des Informationsaustausches.

Die Herausforderung an moderne Kommunikationstechnologien besteht darin, alle diese eben angeführten Eigenschaften auch dann zu erhalten, wenn die Informationsflüsse eben nicht auf natürlichem Wege laufen. Also nicht durch die Luft, sondern mittels technischer und technologischer Hilfsmittel über andere Kommunikationsmedien wie Drähte und Leitungen. Die ersten diesbezüglichen Versuche stammen aus dem 17. Jahrhundert und werden übrigens noch heute eingesetzt: die Sprachrohre auf Schiffen. Vor allem, um das Problem der Entfernung zu lösen, ersannen kluge Köpfe Möglichkeiten, die Sprache so umzuwandeln, dass sie sich mittels anderer Übertragungsmedien über weite Entfernungen übertragen lässt. Das war die Geburtsstunde der Telekommunikation.

2.1.2 Wer erfand die Telefonie?

Bei der Telefonie ist die Beantwortung der Frage nach dem Erfinder „vergleichsweise" einfach. Ein Blick in die Geschichtsbücher der Technik, und es ist klar: Die Telefonie hatte mehrere Väter. Es gab nicht *den* Erfinder und schon gar nicht nur einen *der* Telefonie. Vielmehr waren es viele sehr interessante und erwähnenswerte Menschen – Forscher und „Genies", die dazu beitrugen, dass die Anwender von heute auf eine so komfortable Art und Weise miteinander kommunizieren können. Als da waren:

- **Samuel Finley Morse**, der Erfinder des nach ihm benannten Morsealphabets und des Morsetelegraphen.
- **Emil Berliner** erfand und patentierte das Mikrofon. Ohne dieses Teil dürfte es um die Telefonie im wahrsten Sinne des Wortes ziemlich ruhig sein. Er verkaufte dieses Patent an die *Bell Telephone Company*.

- **Charles Bourseul** hielt Mitte des 18. Jahrhunderts Vorträge über Technologien zur Sprachübertragung unter Benutzung elektronischer Hilfsmittel.
- **Philipp Reis**, **Elisha Gray**, **Alexander Graham Bell**, um nur einige zu nennen, entwickelten und bauten die ersten Telefonapparate. Der Letztgenannte brachte das Gerät zur Markteinführung.

Anfangs in den Städten, dann kreuz und quer durchs ganze Land, wurden und werden heute noch Telefondrähte zuerst gespannt und später in der Erde verlegt. Diese Drähte verliefen von den Endabnehmern mehr oder weniger direkt zu einem zentralen Punkt – der „Vermittlung". Hier saß das „Fräulein vom Amt", das die Kommunikationswünsche des Senders entgegennahm, den passenden Draht zum Empfänger suchte und dann beide mittels Steckverbindungen zusammenfügte. Aus dieser Zeit stammt wahrscheinlich auch die Redewendung: „Sie finden einen Draht zueinander." In gewisser Weise trifft das auch für Unified Communication zu, nur dass die Anzahl und die Unterschiedlichkeit der möglichen Drähte deutlich größer geworden sind. Eine Vermittlungsinstanz gibt es nach wie vor, allerdings heute in Silikon.

> **Praxistipp:**
> Am besten lässt man sich nicht auf eine Diskussion darüber ein, wer die Telefonie erfand, sondern antwortet einfach: „Die Telefonie macht erfinderisch und bietet uns Anwendern eine Vielzahl von Entwicklungsmöglichkeiten für die Zukunft." So etwas nennen wir echten Forscherdrang. Sie machte vor allem die Anwender erfinderisch, denn sie erfanden für sich neue Wege einer effektiven und effizienten Kommunikation. Sie vereinfachten sich das Kommunizieren und gingen somit in die Richtung von Unified Communication.

2.1.3 Als Bilder telefonieren lernten

Einige führende Unternehmen in der modernen Kommunikationstechnologie machen ein ungeheures Geschrei um das Thema Videokonferenz und vor allen darum, dass es eine Erfindung der jüngsten Zeit sei. Ist das wirklich so? Um zur Geburtsstunde der Video- bzw. der Bildtelefonie zu gelangen, muss man schon wirklich einige Jahrzehnte in den Geschichtsbüchern der Kommunikationstechnik zurückblättern.

Aus hinterlassenen Patentschriften der Herren Günther Krawinkel und Fritz Banneitz geht hervor, dass sie bereits um 1930 das erste System in Betrieb nahmen, mit dem man gleichzeitig telefonieren und sich auf einem Bildschirm gegenseitig sehen konnte. Gemäß dieser Funktionsweise trug das System die passende Bezeichnung „Gegenseheinrichtung". Eine solche Gegenseheinrichtung steht auch heute noch im Deutschen Fernsehmuseum in Wiesbaden.

In den letzten Jahrzehnten gab es noch viele Patente und Publikationen rund um die Bild- und Videotelefonie, wie z.B. die von Bernhard Dohmann mit der Nummer EP19890117195 und EP19890115653 von Andreas Behrens, beide aus dem Jahr 1989. Sie beschreiben die verschiedenen Technologien und Funktionsweisen eines Videofonie-Systems. So gesehen ist Videofonie eine deutsche Erfindung.

Heute hat sich die Videotelefonie längst etabliert und dabei eine Qualität und Leistungsstärke erreicht, die in keiner Weise mit der von vor rund 80 Jahren zu vergleichen ist. Die Bild- und Tonqualität, die Anzahl der gleichzeitigen Teilnehmer und vor allem das Sichtfeld sowie die adaptive Aufnahmedynamik oder 360°-Aufnahmespektren, das sind die Charaktereigenschaften modernster Videokonferenzsysteme. Umfänglichere Erklärungen zum Thema Konferenzen erfolgen in Kapitel 5.

2.1.4   Gibt es einen Erfinder von Unified Communication?

Was bei der Tele- und Videofonie relativ klar zu sein schien, das ist bei Unified Communication deutlich schwieriger. Hier hilft kein Blick in irgendwelche Geschichtsbücher. Es gab ihn einfach nicht, *den* Erfinder von Unified Communication. Aus unserer Sicht sind es die Anwender und Nutzer moderner Kommunikationsmittel und -technologien, die für sich Unified Communication „erfanden". Sie hatten ein Telefon auf dem Tisch (meist ist das auch heute noch so, denn so ein Stück Hörer in der Hand hat doch einfach etwas „Beruhigendes"), daneben steht ein PC, das Handy liegt ebenfalls auf dem Arbeitsplatz. Irgendwo stehen ein Faxgerät und natürlich ein Drucker. „Telefonnummern merken", das gehört der Historie an.

Der eine oder andere Hersteller von Kommunikationstechnologien, aber auch Hersteller von Büro- und Geschäftsapplikationen behauptet zwar, der Begriff „Unified Communication" sei von ihnen „erfunden", doch ist das weder belegt noch verbrieft. Fakt ist allerdings, dass viele der klassischen Hersteller von Kommunikationslösungen (z.B. Alcatel-Lucent, Avaya, Cisco, Nortel, Siemens usw.), aber auch Hersteller reiner Applikationsumgebungen (wie Microsoft, IBM, SAP, Oracle usw.) sowie eine Vielzahl spezieller Applikationsentwickler sich intensiv mit dem Thema Unified Communication beschäftigen.

Ergo hat der Nutzer eine riesengroße Auswahl zwischen unzähligen UC-Lösungen. Für welche dieser UC-Lösungen er sich letztlich entscheidet, hängt oftmals davon ab, wie gut der Anbieter einer UC-Lösung den tatsächlichen Bedarf und Wunsch des Kunden erkennt und daraus eine passende UC-Umgebung entwickelt.

> **Praxistipp:**
> Unified Communication hat keinen speziellen Erfinder. Sie ist vielmehr eine Antwort, die sich die Nutzer und Anwender moderner IT und Kommunikationstechnik auf die Frage nach der Erfüllung ihrer Bedürfnisse hinsichtlich eines einfachen, effektiven, effizienten und sicheren Informationsaustauschs gaben. Natürlich nutzten die führenden Hersteller im IKT- und Applikationsumfeld die Gunst der Stunde und nahmen diesen Ball auf. Die Väter von Unified Communication als Kommunikationskonzept sind also die Menschen selbst, den Begriff „Unified Communication" erschufen einige der IKT- und Applikationshersteller.

> **Empfehlung:** Beschäftigen Sie sich in erster Linie mit Herstellern, bei denen Unified Communication eine klare strategische Ausrichtung im Unternehmen darstellt. Versichern Sie sich der Tatsache, dass Unified Communication bei diesem Hersteller auch in den folgenden Jahren eine Zukunft und einen hohen Stellenwert für das Unternehmen hat.

2.1.5 Alles hat seinen Preis

Warum macht man überhaupt Unified Communication? Eine der immer wieder genannten Triebkräfte sind die Kommunikationskosten. Die Teilnehmer bekommen eine Rechnung für das Telefonieren im Festnetz, eine für den Anschluss zum Internet, die für das mobile Kommunizieren usw. Eine wirkliche Kostentransparenz und -kontrolle ist nur noch schwer möglich. Dazu kommen dann noch die teilweise sehr fragwürdigen Geschäftspraktiken einiger Unternehmen insbesondere im Bereich der Mobilkommunikation. Eigentlich hat der Nutzer lediglich ein Handy zum Telefonieren beauftragt. Was bekommt er, quasi als kleines „Geschenk" mit dazu? Einige tolle Sonderdienste. Ein grandioses Geschenk, das zu einer echten Überraschung werden kann. Plötzlich erscheinen auf der Rechnung Positionen mit mehreren Hundert Euro für irgendwelche Sonderdienste. Die hat der Anwender niemals gewollt oder gar beauftragt. Platte Ausrede dieser Firmen: „Na, das ist immer automatisch mit dabei." Dem sogenannten „Dummenfang" – etwas harmloser ausgedrückt: „dem Geschäft mit der Unerfahrenheit und Leichtgläubigkeit der Anwender" – sind nahezu keine Grenzen gesetzt.

Natürlich war das Fernsprechen damals, vor fast 100 Jahren, genau wie heute nicht kostenlos. Es war ähnlich wie heute: pauschal. Die in Mode gekommenen „Flatrates" sind also keine „Erfindung" der modernen Telefonie, sondern etwas, das es schon vor über 100 Jahren gab. Damals kostete beispielsweise ein Telefonanschluss 200 Reichsmark pro Jahr. Dafür konnte der Teilnehmer fernsprechen, so oft und so lange er wollte. Dieser Preis galt allerdings nur bis zu einer Länge der Telefonanschlussleitung von 2 km bis zur Vermittlung. Jeder weitere Längenkilometer kostete 50 Reichsmark im Jahr mehr. Viele der Leser werden sich gewiss noch an die Zeit erinnern, als der Preis eines Ferngesprächs von der Distanz zwischen Sender und Empfänger abhing. Das ist noch nicht allzu lange her.

Wie ist das heute, und insbesondere in Bezug auf Unified Communication? Sind es die Kommunikationskosten an sich, die Unified Communication so attraktiv machen? Letztere Frage ist eindeutig zu verneinen: Auch Unified Communication hat seinen Preis. Ob und in wie weit dieser in einer Relation zum erwarteten und eintretenden Nutzen für die Anwender steht, hängt vor allem davon ab, was die Anwender für sich selbst als Nutzen definieren. Gerade bei Unified Communication sind es in den wenigsten Fällen die Kommunikationskosten und deren vermeintliche Reduktion, woran sich die Wirtschaftlichkeit von Unified Communication zu messen hat. Vielmehr richtet sich der Blick auf die Senkung der Prozess- und Organisationskosten. Hauptargument in den meisten Wirtschaftlichkeitsbetrachtungen ist der Aspekt „Reisekostensubstitution". Die Welt wird globaler, die Menschen müssen sehr effektiv und vor allem effizient über die Grenzen von Gebieten, Ländern und Kontinenten hinweg in Teams zusammenarbeiten. Die eine Variante der Zusammenarbeit sind ständige Treffen, und das bedeutet viele Dienstreisen. Durch leistungsstarke und multimediale Konferenz- und Kollaborationsmöglichkeiten können die Anzahl und damit die Kosten von Dienstreisen deutlich reduziert werden. Eine erste grundsätzliche Diskussion über Effizienz und Effektivität findet bereits im nachfolgenden Abschnitt, den Thesen zum Buch, statt. In Kapitel 4 wird das Thema „Unified Communication und Wirtschaftlichkeit" sehr eingehend be- und durchleuchtet.

> **Praxistipp:**
> Auch Pauschalpreismodelle sind nicht umsonst. Sie ersparen lediglich dem Netz- bzw. dem Dienstanbieter die sekundengenaue Be- und Abrechnung der Vermittlungsgebühren oder das aufwendige Messen der verbrauchten Bandbreite. Da ist es wohl nicht mehr als gerecht, wenn die Anwender an den wirtschaftlichen Vorteilen dieser Geschäftsidee partizipieren.
>
> **Empfehlung:** Verschaffen Sie sich, noch bevor Sie sich Gedanken über mögliche Einsparungspotenziale machen, eine Transparenz und einen Überblick über die aktuelle Kostensituation. Führen Sie eine genaue Analyse und Bewertung durch, ob und inwieweit sich speziell für Sie Pauschalpreismodelle rechnen. Dabei darf auf keinen Fall vernachlässigt werden, dass Sie sich unter Umständen mit derartigen Modellen selbst den Weg in zukunftsweisende Technologien verbauen. Also bitte nicht pauschal um jeden Preis.

2.2 Thesen zu den Erwartungen der Anwender von UC

Unified Communication und Individualität, das sind zwei zusammengehörige Dinge. Die Anwender erwarten auf der einen Seite eine Vereinigung und Vereinheitlichung der vielen Kommunikationsmöglichkeiten, aber auf der anderen Seite wollen sie sich diese jedoch selber individuell zusammenstellen. Sie wollen nur das, was sie wirklich brauchen. Ergo muss es eines der wesentlichen Anliegen derer sein, die sich mit der Planung, Konzeption und Implementierung von Unified Communication beschäftigen, genau zu hinterfragen: „Worum geht es den Anwendern?" Sie bestimmen mit ihren Anforderungen den Weg und treiben die Entwicklungen im Bereich von Unified Communication voran. Die Kernfragen an dieser Stelle lauten: Was sind die Anforderungen der Anwender? Wie sind ihre Erwartungen, und was brauchen sie? Welche Aspekte, Argumente und Fakten sind ihnen besonders wichtig? Mit welchen Schwierigkeiten, Unzulänglichkeiten, Unzufriedenheiten und Problemen schlagen sie sich herum? Was sind ihre Sichtweisen auf moderne Kommunikationsformen und -mittel?

Um Antworten auf diese und die vielen weiteren Fragen der Anwender zu finden, stellen wir einige Thesen auf. Diese Thesen dienen dazu, Unified Communication selbst und UC-Projekte aus verschiedenen Blickwinkeln zu betrachten, Diskussionen über den Sinn und

Unsinn bestimmter Anwendungsbereiche anzustoßen und Möglichkeiten zu eröffnen, sich selbst die Antworten auf die obigen Fragen zu geben.

2.2.1 These 1: Effektivität und Effizienz

Die erste Frage der Anwender ist meist „Was bringt's?". Einer der wesentlichen Aspekte unsere Begriffsbestimmung über Unified Communication lautete „...effektives und effizientes...". *Effektivität steht für Wirksamkeit, Güte und Qualität einer Zielerreichung.* In gewisser Weise könnte man Effektivität als einen Nutzenfaktor sehen. Das passt bei Unified Communication sehr gut, denn die Ziele von Unified Communication sind Suchen, Finden und Erreichen – und bei diesen Tätigkeiten spielt Effektivität eine große Rolle.

Zusätzlich zu betrachten ist die *Effizienz als Maß der Wirtschaftlichkeit*, mit der die Zielerreichung erfolgt. Sie ist die Relation zwischen Kosten und Nutzen. Hohe Güte und Qualität sowie eine hohe Wirksamkeit (also ein hoher Nutzen) erfordern auf der anderen Seite meist einen hohen Einsatz an Ressourcen, Geld, Zeit usw. – kurz: hohe Kosten. Beides hoch, Kosten und Nutzen, mag im ungünstigsten Fall noch akzeptabel erscheinen. Je kleiner der Nutzen, desto größer die Kosten und desto schlechter die Effizienz. Recht platt betrachtet interessieren und begeistern die Anwender im Wesentlichen nur drei Dinge:

- **Geld verdienen** – auf das eigentliche Geschäft fokussieren.

  Die Anwender wollen und können sich nicht darum kümmern, ob, wie und wodurch die genutzten Kommunikationstechnologien funktionieren. Sie wollen einfach nur Anwender sein und schätzen die angenehmere Arbeits- und Kommunikationsweise.

  Dafür benötigen sie komfortablere und effektivere Kommunikationsmöglichkeiten für bessere Erreichbarkeit, mehr Mobilität und Flexibilität. Sie erwarten einen hohen Nutzen, hier jedoch eher einen subjektiv orientierten Nutzen.

- **Geld sparen** – bei dem, was und wie man es tut.
  - Besonders durch die Einsparung von Zeit, Ressourcen und Nerven. Anwender wollen auf die für sie notwendigen Informationen dort Zugriff haben, wo sie sich gerade befinden, und zu dem Zeitpunkt, an dem sie sie brauchen.
  - Deutliche Reduktion der Aufwendungen zur Erhaltung der Datenkonsistenz, z.B. Kontaktdatenbanken und Kalender nur noch an einer Stelle pflegen.
  - Einsparung von Betriebskosten durch die Standardisierung von Kommunikationsdiensten, z.B. die Einführung von geschäftsprozessorientierten Profilen für die Kommunikationsdienste (Business Profiled Communication Services).
  - Mehr Kostensensibilität, -transparenz und -verständnis.
  - Bessere Ausnutzung der Einsparpotenziale in den Vermittlungs-, Netzbereitstellungs- und Anschlusskosten.
  - Effizientere Verwaltung der genutzten Kommunikationslösungen durch Zentralisierung des Systemmanagements, der Kommunikationsapplikationen und der Dienstleistungen.

- **Geld finden** – mit dem, was man mehr, besser oder neu tun kann.
  - Neue oder attraktivere Dienstleistungen für die Kunden bereitstellen.

- Neue Geschäftsfelder erschließen.
- Das Unternehmen besser im Wettbewerb positionieren, z.B. weil man für den Kunden besser erreichbar ist.

> **Praxistipp:**
> Wenn man den Anwendern eindeutig nachweist, dass sie mittels moderner Kommunikationstechnologien in der Lage sind, besser, einfacher oder komfortabler Geld zu verdienen, zu sparen und zu finden, ist der wesentliche Grundstein für die Einführung, die erfolgreiche praktische Nutzung und insbesondere die Akzeptanz von Unified Communication gelegt.
>
> **Empfehlung:** Finden Sie heraus, welcher der drei Aspekte in Ihrem speziellen Fall die Hauptrolle spielt. Wohin geht das wesentliche Bedürfnis Ihre Anwender, Entscheidungsträger und Betreiber? Wie das funktioniert? Warum das insbesondere in der Vorbereitung eines UC-Projektes von essenzieller Bedeutung ist? Die Antworten darauf gibt das Kapitel 4.

2.2.2 These 2: Die fünf „S" der Anwendererwartungen

- **Skalierbarkeit**, gepaart mit bestmöglicher Flexibilität. Warum gerade dieser Punkt? Ganz einfach: Vorher existierten die Kommunikationssysteme, Applikationen, Prozesse usw. sehr verteilt und autark. Unified Communication vereinigt sie und führt sie zusammen. Würde man diese vielen Instanzen lediglich mit- und untereinander verschalten, ergäbe sich daraus ein nahezu unlösbares Problem an Schnittstellen. Das bedeutet in der Konsequenz eine zunehmende Zentralisierung. Infolgedessen müssen die zentralisierten Systeme größer und leistungsstärker werden, und das bei gleichzeitiger Beibehaltung der Flexibilität in ihrer Funktions- und Arbeitsweise. Das führt zur zweiten Richtung der Skalierbarkeit, nämlich der nach unten. Von modernen UC-Architekturen wird erwartet, dass sie sowohl für zehn als auch für mehrere Tausend Nutzer einsetzbar sind. Beide Punkte, Skalierbarkeit und Flexibilität, bestimmen maßgeblich die Themen des Kapitels 10.

- **Standardkonformität**: Das Wort „Standard" steckt bereits in unserer UC-Begriffsbestimmung. Unified Communication funktioniert als Vereinigung von Kommunikationsdiensten nur dann, wenn diese Dienste und Funktionen mit- und untereinander interagieren können. Das bedeutet weitestgehende Offenheit der Schnittstellen und Interoperabilität auf allen funktionalen Ebenen, angefangen von der Physik des Übertragungsweges bis hin zur Bedieneroberfläche der Kommunikationsanwendungen. Diese Sichtweise betrifft nur die technisch-technologische Standardkonformität. Ein ganz anderer und besonders wichtiger Aspekt der Standardisierung ist die organisatorische Standardisierung und Normierung. Die Rede ist von geschäftsprozessorientierten Nutzerprofilen für die Kommunikationsdienste der UC-Architektur. Jedem Anwender seine eigene UC-Umgebung zu designen, zu betreiben und zu administrieren, ist wirtschaftlich und technologisch Unsinn. An dieser Stelle wird die Standardisierung eine echte Gratwanderung, sie heißt „Standards vs. Individualisierung".

- **SIP** (etwas doppeldeutig, denn die Kommunikationstechnologie geht natürlich klar in Richtung IP und zudem eindeutig in Richtung SIP): SIP ist das Signalisierungs- und Steuerprotokoll in der modernen IP-Kommunikation. Natürlich ist SIP selbst auch ein Thema der Standardisierung. Doch einerseits hat es SIP auch nach über 10 Jahren seines Bestehens noch nicht geschafft, sich als anerkannter und eindeutig definierter Standard zu etablieren, und andererseits ist SIP von so großer Bedeutung für Unified Communication, dass es oftmals als eigenständiges Thema von den Anwendern angesprochen und behandelt werden will. SIP ist eines der Hauptthemen in Kapitel 6.

- **Sicherheit**: Ohne die Spannung auf Kapitel 9 vorwegzunehmen, in dem es unter anderem auch um die Aspekte „Sicherheit, Gefahren, Bedrohungen und Risiken" geht, lautet eine der grundlegendsten Aussagen zu diesem Thema: „Sicherheit ist ein Gefühl". Die Anwender erwarten, dass sie sich bei der Verwendung und dem Einsatz von Unified Communication sicher fühlen können. Sicherheit besteht aus den drei Bereichen Vertraulichkeit, Integrität und Verfügbarkeit. Steht die UC-Architektur oder eine ihrer Komponenten nicht zur Verfügung, sind Dinge wie Funktionalität, Bedienkomfort usw. sehr schnell obsolet. Selbstverständlich erwarten die Anwender den Schutz ihrer Informationen vor Veränderung (Manipulation) und unberechtigtem Zugriff. Mehr zur Sicherheit, Gefahren und Risiken in Kapitel 9.

- **Service**: Beim Stichwort Service geht es um wirtschaftlichen Betrieb und Nutzbarkeit sowie einfache Bedienbarkeit. Erst im Betrieb wird sich zeigen, ob eine UC-Architektur in der Lage ist, die sich ständig wandelnden Anforderungen der Anwender zu erfüllen. Moderne Geschäftskunden und Verwaltungen sind charakterisiert durch eine hohe Dynamik. Dieser Dynamik mit der modernen Kommunikationstechnologie zu folgen, dabei spielt der Service eine immens wichtige Rolle. Service hat ein breites Spektrum: von Planung und Beratung über Implementierung und Anpassung, Dokumentation, Wartung, Pflege und Erweiterung bis hin zur abschließenden Außerbetriebnahme und ordnungsgemäßen Entsorgung. Ein durchgängiger und gut funktionierender Service ist für den erfolgreichen, effektiven und effizienten Einsatz von Unified Communication unabdingbar. Die hier angeschnittenen Themen finden sich in den Kapiteln 10, 11 und 12 detailliert beschrieben wieder.

> **Praxistipp:**
> Wenn man sich ernsthaft mit der praktischen Einführung und Nutzung von Unified Communication beschäftigt, muss man die Wichtigkeit der in dieser These beschriebenen fünf großen „S" kennen, beachten und für sich adaptieren. Natürlich kann die Reihen- und Rangfolge der beschriebenen Anwenderanforderungen von Projekt zu Projekt durchaus differieren.
>
> **Empfehlung:** Nehmen Sie diese fünf Punkte sehr ernst und erstellen Sie für jeden der Punkte eine detaillierte Anforderungsbeschreibung der Anwender.

2.2.3 These 3: Profile für Prozesse, Dienste und Anwender

Im Punkt Standardisierung der 2. These klang das Thema dieser These bereits an. Die Vielfalt der Anforderungen und Bedürfnisse hinsichtlich der in Unified Communication enthaltenen Kommunikationsdienste ist nur noch mittels Profilbildungen effizient und effektiv zu realisieren. Einerseits erfolgt die Profilbildung nach den Geschäftsprozessen und den zugeordneten Rollen, in denen die Anwender tätig sind. Andererseits werden die zur Verfügung stehenden Kommunikationsdienste in Profile eingeordnet. Insgesamt bedeutet das eine strukturierte Zuordnung der Anwender zu geschäftsprozessorientierten Profilen von Kommunikationsdiensten.

Die Bezeichnung dafür ist BPCS (Business Profiled Communication Services). Das Ziel von BPCS besteht darin, den Anwendern genau die Kommunikationsdienste zur Verfügung zu stellen, die sie für die effiziente und effektive Erfüllung ihrer Geschäftsaufgaben benötigen. Wie aus Tabelle 2.1 ersichtlich wird, besteht das Ziel des Modells darin, ein passgenaues, individuelles Profil mit Kommunikationsdiensten und Funktionen zu erstellen. In der Beispieltabelle wurden nur die wesentlichen und am häufigsten verwendeten Bereiche mit deren Diensten dargestellt. In der Praxis kann eine solche Tabelle deutlich umfangreicher und noch viel feingliedriger sein. Ist die Tabelle der grundsätzlichen Kommunikationsdienste erstellt, lassen sich diese gemäß den individuellen Bedürfnissen in Profile einordnen.

Bei vielen praktischen Untersuchungen und Profilanalysen in unterschiedlichen Branchen traten mindestens die folgenden Profilierungen immer wieder zum Vorschein:

- Das Profil für leitende Angestellte – die CxOs
- Vertrieblich oder technisch tätige Außendienste – Verkäufer, Berater
- Auf dem gesamtem Unternehmensgelände tätiges Personal
- Teamarbeiter mit notwendiger gegenseitiger Ersetzbarkeit und Vertretung
- Personal im Büro, die klassischen CallCenter, Serviceabteilungen im internen Verkauf

Tabelle 2.1 Muster für geschäftsprozessorientierte Profile von Kommunikationsdiensten

Unified Communication	Mobilität	Sicherheit	Telefonie
Kollaboration	DECT	Authentisierung	Basis
Audiokonferenz	WLAN	Verschlüsselung	Business
Videokonferenz	GSM	Verfügbarkeit	Chef/Sekretär/in
Präsenz	UMTS	Integritätsschutz	Teamschaltung
WEB-Konferenz	Bluetooth		CallCenter
UMS	Free Seating*		Heranholung
CTI			Sammelgruppe

* eine Funktion bei der sich die Menschen an einen beliebigen Arbeitsplatz setzen können, meistens im CallCenter

2.2 Thesen zu den Erwartungen der Anwender von UC

Um ein solches Profil zu erstellen, ist natürlich insbesondere wichtig, die verschiedenen Charakteristiken der Geschäftsaufgaben genauer zu betrachten. Tabelle 2.2 bietet eine Übersicht mit Beispielen, welche Geschäftsaufgaben anteilig welche Mobilitätscharakteristik aufweisen und daher dezidierte Kommunikationsbedürfnisse mit sich bringen.

Tabelle 2.2 Beispiele für Geschäftsaufgaben und deren Mobilitätscharakteristiken

Aufgabe	Beispiele	Charakteristik
Manager	Vorstände, Geschäftsführung, CxOs, Abteilungsleiter usw.	Am Platz: 40 % Im Haus: 30 % Außer Haus: 30 %
Mobiler Außendienst	Kundenbetreuer, technischer Außendienst, Berater usw.	Am Platz: 40 % Im Haus: 10 % Außer Haus: 50 %
Mobiler Inhaus-Dienst	Internes IKT-Personal, Sicherheitspersonal, Hausmeister usw.	Am Platz: 10 % Im Haus: 80 % Außer Haus: 10 %
Bürodienst	Vermittlungen, Sekretäre, Help-Desk, Finanzwesen, Rechtsabteilung	Am Platz: 80 % Im Haus: 15 % Außer Haus: 5 %

Wenn man konstatiert, dass die verschiedenen Profile von Geschäftsprozessen bezüglich ihrer Profile von Kommunikationsdiensten letztendlich funktional absolut identische Anforderungen stellen, kann es sinnvoll sein, die anfängliche Struktur zu glätten.

In der zweiten Ebene stehen die Profile der Kommunikationsdienste. In der Praxis bewährte sich eine funktionale Untergliederung in folgende Bereiche:

- Klassische Telefoniedienste wie Sammel- und andere Gruppenfunktionen, Basis- bzw. Businessfunktionen usw.
- Sonderkommunikationsdienste wie Vermittlungen, Chef/Sekretär usw.
- Call- und ContactCenter
- Mobilitätsdienste, wie DECT (Digital Enhanced Cordless TeleCommunication), GSM, UMTS, WLAN usw.
- Sicherheitsfunktionen und -dienste wie Authentisierung, Verschlüsselung usw.
- Last but not least die UC-Kommunikationsdienste und -anwendungen wie Kollaboration, Konferenz, Präsenz, Mitteilungsdienste, Instant Messaging, E-Mail usw.

> **Praxistipp:**
> Eine Unterteilung nach zu benutzenden Endgeräten und Komponenten erwies sich in der Praxis als wenig hilfreich. Zum einen sollten insbesondere die Kommunikationsanwendungen möglichst endgeräteunabhängig sein. Zum anderen leben wir im Zeitalter der Konvergenz, was wiederum die Verwendbarkeit ein und desselben Endgerätes

> für unterschiedliche Kommunikationsdienste bedeutet. Also muss man sinnvoller- und notwendigerweise eine Profilierung der Prozesse und Dienste durchführen.
>
> **Empfehlung:** Überprüfen Sie in Ihrer Umgebung, ob Sie Ihre Anwender in klassischer Weise (jeden Nutzer einzeln) administrieren wollen und können, oder ob es sinnvoll ist, die beschriebene Profilbildung für die Anwender einzuführen.

2.2.4 These 4: Intelligente, individuelle Büroumgebungen

Jedem Anwender müssen genau die Informationen und Kommunikationsmöglichkeiten zur Verfügung stehen, mit denen er seinen Arbeitsablauf effektiv gestalten kann und die seinen individuellen Gewohnheiten entsprechen. Genau das bieten intelligente und individuelle Büroumgebungen. Die Individualität der Anwenderumgebung wurde bereits hinreichend beschrieben und diskutiert. Intelligent sollten Büro- und Anwenderumgebungen vor allem deswegen sein, damit sich jeder Anwender seine Kommunikationsumgebung so einstellen kann, wie sie für ihn persönlich am besten passt. Das Ganze allerdings, ohne dass er damit gegen unternehmensinterne Richtlinien für Gestaltung, Konfiguration und Organisation der Arbeitsplatzumgebungen verstößt bzw. verstoßen kann. Selbstadministration hat mehrere positive Aspekte und Auswirkungen:

- Die Anwender fühlen sich wohler.
- Sie besitzen mehr Einfluss auf ihre eigene individuelle Arbeitsplatzgestaltung.
- Die Administratoren erfahren eine deutliche Entlastung von individuellen Sonderwünschen der einzelnen Anwender.
- Es geht um Standardisierung, aber nicht die der Arbeitsplatzumgebungen, sondern insbesondere um die der Prozesse und Verfahren.

Die Voraussetzungen dafür sind ein verteiltes Dienstmanagement, personalisierte Komponenten und Funktionen, kontextsensitive Informationsbereitstellung für die einfache Bedienbarkeit sowie neuartige Sicherheitslösungen. All diese Gesichtspunkte spielen eine bedeutende Rolle und finden sich in verschiedenen Bereichen dieses Buches wieder.

> **Praxistipp:**
>
> Mit der Artikulierung des Wunsches nach einer intelligenten und individuellen Büroumgebung drückt die vierte These klar und deutlich den Drang der Anwender nach mehr Selbstverwaltung und Selbstadministrierbarkeit aus. Diesem essenziellen Wunsch vieler Anwender muss man unbedingt entsprechen. Einerseits bringt und sichert ihm das seine Individualität. Andererseits ist genau das die Basis für eine effiziente und effektive Bereitstellung der Kommunikationsdienste.
>
> **Empfehlung:** Setzen Sie bereits in der Konzeption und Planung auf ein möglichst hohes Maß an Möglichkeiten zur Selbstadministration – allerdings, und das ist essenziell, unter Beachtung und Einhaltung unternehmensinterner Richtlinien für Gestaltung, Konfiguration und Organisation der Arbeitsplatzumgebungen.

2.2.5 These 5: IP-Transformation der Kommunikation

Unified Communication vereinigt die Kommunikationsdienste und wandelt bzw. transformiert sie in Richtung IP. Daher spricht man von der „IP-Transformation". Die Umsetzung von Sprache, Video, Mobilität und Daten in IP, also die Realisierung von echter, auf einer Plattform vereinheitlichter Kommunikation, basiert auf einer Vielzahl von Komponenten, Funktionen und Diensten in den verschiedenen technischen, technologischen sowie organisatorischen Ebenen und Bereichen der IKT-Landkarte:

- Die Infrastrukturen und Netze – immer mehr Netze setzen auf IP.
- Kommunikationsdienste für alle Arten und Varianten der Kommunikation, die auf diese Infrastrukturen und Netze aufsetzen – VoIP ist der markanteste Transformationsprozess von der klassischen Telekommunikation in die IP-Welt.
- Applikationen für die mehr nach innen gerichtete Mitarbeiterinteraktion – diese Applikationen interagieren heute sehr viel funktionaler über IP.
- Anwendungen für die nach innen und außen gerichtete Interaktion mit Kunden, Partnern usw. IP-Contact- bzw. IP-CallCenter sind die modernen Interaktionsplattformen, sie vereinen u.a. auch die Telekommunikation mit dem Internet.
- Ein Rahmen für Sicherheit und Management, beides ermöglicht einen effektiven, effizienten und vor allem zuverlässigen Betrieb der vier vorgenannten Punkte. Wenn alle eben aufgezählten Dienste, Systeme, Funktionen usw. in Richtung IP transformiert werden, dann erfahren die Aspekte Sicherheit und Management eine völlig neue und stärkere Bedeutung.
- Die alle fünf Bereiche umschließenden Dienstleistungen von „A" wie Anforderungsanalyse über „B" wie Beratung und Betrieb bis hin zu „Z" wie Zusammenarbeit mit Partnern und anderen Dienstleistungsunternehmen.
- Die partnerschaftlichen Beziehungen, denn kaum ein Hersteller oder Systemintegrator ist in der Lage, alle Bereiche der IKT-Landkarte mit eigenen Technologien und Services zu bedienen.

Um diese IP-Transformation in einer strukturierten Form zu beschreiben, entwickelten die Autoren das Modell der IKT-Landkarte, das in Abschnitt 2.3, „IP-Transformation der Kommunikation", eingehender betrachtet wird.

> **Praxistipp:**
>
> Mit Unified Communication halten Sprache, Video, Mobilität und vieles mehr Einzug in die IP-Welt. Wenn wir über VoIP reden, meinen wir „Vieles über IP". VoIP ist ein Konglomerat aus einer Vielzahl von Komponenten, Funktionen und Diensten. Die nächste Stufe der IKT-Evolution ist die Vereinigung der Kommunikationsdienste zu Unified Communication.
>
> **Empfehlung:** Verdeutlichen Sie sich die Strukturen, Zusammenhänge und Interaktionen über alle Bereiche der IKT-Landkarte. Analysieren Sie diese und lassen Sie sie

> in Ihr Lösungsdesign einfließen. So sind die Chancen für eine erfolgreiche UC-Implementierung gegeben.

2.2.6 These 6: Konvergenz der Kommunikation

Neben der Transformation spielt die Konvergenz der Kommunikationsdienste bei Unified Communication eine der wesentlichsten Rollen. Genau genommen ist Konvergenz quasi das Markenzeichen von Unified Communication. Egal ob Komponenten, Dienste, Funktionen oder Applikationen, überall ist zu erkennen, wie die aus verschiedenen Kommunikations-„Welten" stammenden Technologien und Techniken zusammenwachsen. Einige Beispiele dafür sind:

- Das funktionale Zusammenwachsen der Festnetze mit den Mobilnetzen, als FMC (Fixed Mobile Convergence) bezeichnet. Möglichst viele Kommunikationsdienste werden über nur einen Netzanschluss genutzt. Der Anwender muss nur einen Netzzugang besitzen. Ein schönes und vor allem sehr praxisnahes Beispiel dafür sind die sogenannten Hotspots. Die Anwender arbeiten drahtlos, doch die Netze dahinter sind über leistungsstarke Kabel- und Leitungsinfrastrukturen miteinander verbunden.

- Büro- und Geschäftsanwendungen verwachsen zunehmend mit Kommunikationsapplikationen. Direktes Wählen aus Geschäftsanwendungen sowie das automatisierte Heraussuchen und Anzeigen von Daten aus einer Kundendatenbank über die Rufnummer des Anrufenden sind nur zwei der vielen Beispiele für diesen Technologietrend.

- Die genutzten Endgeräte werden immer multifunktionaler, IP-Telefone benehmen sich wie kleine PCs und Handys wie Festnetztelefone. Der vorrangige Wunsch lautet: „Nutzung beliebiger Anwendungen auf einem Endgerät und nicht die Verwendung mehrerer – *beliebiger* – Endgeräte für die gleichen Dienste."

- Selbst das klassische rein datenorientierte Web wird zunehmend multimedial. In Web-Portale werden immer öfter Kommunikationsfunktionen wie Telefonanwahl, Präsenzinformationen, sogenannte „Videostreams", „Podcast" usw. eingebettet.

- Daraus ergibt sich konsequenterweise die Konvergenz im notwendigen Wissen und den Dienstleistungen für derart komplexe Kommunikationslösungen. Unified Communication selbst ist dafür das beste Beispiel. Für die erfolgreiche Umsetzung von UC-Projekten bedarf es umfangreichen Wissens und Erfahrungen aus den Bereichen Infrastruktur und Netze, Kommunikation sowie Applikationen, Management, Sicherheit und Services.

- Zu beobachten ist auch die stetige Annäherung der Kommunikationstechnologien aus dem klassischen Unternehmensbereich an die der Netzbetreiber (Carrier). Das Konvergenzstichwort dafür lautet „carrier class for enterprises". So bekommen beispielsweise die Datenkomponenten für den klassischen Unternehmensbereich immer mehr Funktionalitäten und Eigenschaften, wie sie bisher nur in den Betreibernetzen gefordert waren: höchste Robustheit, Selbstheilungsfunktionen, Redundanzen für Komponenten, Module und Funktionen usw.

- Nicht zuletzt Unified Communication und VoIP selbst, als Zusammenschluss der klassischen Telekommunikation mit IP-Übertragungstechnik und den vielen Kommunikationsdiensten.

> **Praxistipp:**
> Konvergenz ist das „Markenzeichen" und die Triebkraft von Unified Communication. Natürlich drücken und ziehen diese Kräfte aus teilweise sehr unterschiedlichen Richtungen, von denen jede ihre Berechtigung hat.
>
> **Empfehlung:** Sorgen Sie dafür, dass sich die Anwender nicht zwischen den Trends und Bewegungen in der Konvergenz hin- und hergerissen fühlen. Analysieren und bewerten Sie als umsichtiger Planer und Installateur von UC-Architekturen genauestens das vorhandene IKT-Umfeld. Machen Sie sich vor allem Gedanken über sanfte Migrations- bzw. Evolutionsschritte für den Eintritt in die moderne UC-Welt.

2.2.7 These 7: Unified Communication – Keiner braucht es

Brauchen wir Unified Communication? Und wenn ja, wofür? Wer braucht Unified Communication und warum? Durchaus berechtigte Fragen.

Wie schon eingangs festgestellt, ist Unified Communication keine explizite Technologie und schon gar kein Stück Software, sondern eine individuelle Zusammenstellung aus vielen Kommunikationsdiensten. Auch der Wunsch der Menschen, besser und effizienter kommunizieren zu können, ist nicht wirklich neu, sondern so alt wie der Informationsaustausch, die Kommunikation selbst. Die Menschen brauchen Kommunikation.

Dass wir nach Möglichkeit ständig das allerneueste Kommunikationsmittel benötigen, wird uns täglich durch geschickte Werbung suggeriert. Sie zeigt uns immer wieder auf, wie schlecht es uns eigentlich geht. Gescheiterte Kontaktversuche, Kunden, die entnervt auflegen, Mitarbeiter, die nicht erreichbar sind, fehlende Informationen – all diese vermeintlichen Kommunikations-„Notstände" sollen den Einsatz von Unified Communication rechtfertigen. Das geht sogar so weit, dass einige Unternehmen ihr komplettes Lösungs- und Applikationsportfolio mit dem Namenszusatz „Unified Communication" versehen, um diesen Begriff als Kernkomponente des Unternehmens zu verankern und damit ihre Wichtigkeit zu unterstreichen.

Die Frage nach dem tatsächlichen Bedarf können nur die Nutzer selbst beantworten. Manch ein Nutzer braucht Kommunikation so, der andere wieder so. An jedem Ort und zu jeder Zeit erreichbar sein – der eine braucht es, der andere nicht. Hin und wieder wollen wir uns einfach mal „Nicht stören" lassen. Eine ständige Erreichbarkeit, ein ständig drängendes Kommunikationsgefühl, hier ein Blog, dort ein Newsletter, Wikis überall, synchrones „Twittern" und „Yammern" usw. halten uns unter Umständen mehr von unseren eigentlichen Arbeitsaufgaben ab, als dass sie dafür förderlich sind. Das Ziel von Unified Communication ist nicht die Verbesserung der Kommunikation an sich, sondern die Erleichterung unseres geschäftlichen und alltäglichen Lebens. Wir brauchen mehr und bessere Lebens-, Arbeits- und Kommunikationsgefühle – Unified Communication kann uns dabei unterstützen. Jeder hat seinen individuellen Kommunikationsbedarf, und um uns den möglichst einfach, sicher und komfortabel zu erfüllen, dafür brauchen wir Unified Communication.

> **Praxistipp:**
> Wie jede neue Technologie bringt auch Unified Communication sowohl positive als auch negative Auswirkungen für die Anwender mit sich.
>
> **Empfehlung:** Sorgen Sie dafür, dass Unified Communication zur fühlbaren Unterstützung der Nutzer führt. Unterbinden Sie jegliche Überflutung und Überfrachtung der Anwender mit Informationen und Diensten. Jeder Mensch muss auch mal „abschalten" können und dürfen.

2.3 Unified Communication im praktischen Einsatz

2.3.1 Einsatzgebiete für Unified Communication

Im vorangegangenen Abschnitt wurden schon viele Fragen in Bezug auf die Einsatzgebiete von UC angesprochen und diskutiert. Die wichtigste Frage jedoch: „Unified Communication – ja oder nein?" steht noch unbeantwortet im Raum. Basierend auf den vielen Jahren praktischer Erfahrungen im Umfeld von Unified Communication, haben wir eine Liste mit Gedanken und Anregungen für die Beantwortung dieser wichtigen Frage zusammengestellt:

- Grundsätzlich funktioniert Unified Communication auch ohne VoIP. Viele der Kommunikationsdienste einer UC-Architektur existieren in der klassischen Kommunikationstechnologie ebenso wie in VoIP.
- Unabhängig vom vorherigen Punkt steht jedoch ebenso fest, dass ein gemeinsames Agieren aller Kommunikationsfunktionen und -applikationen einer UC-Architektur auf einer vereinigten Infrastruktur, einem Netz (dem IP-Netz) weniger komplex und daher sehr vorteilhaft ist. Für die vereinigte Kommunikation sind deutlich weniger Infrastrukturschnittstellen, Netzübergänge und Medienbrüche nötig.
- „Wichtige" UC-Funktionen wie z.B. E-Mail, IM (Instant Messaging), Chat usw. sind hingegen nur auf Basis von IP möglich
- Das vereinigende Kommunikationsprotokoll der Zukunft wird SIP (Session Initiation Protocol) sein. Es steht vor allem für Mobilität und Multimedia.
- Dennoch werden die wenigsten Implementierungen von Unified Communication echte sogenannte „Grüne Wiese"-Projekte sein. Gerade bei sehr weiträumigen Gebäuden und Geländen gilt es häufig, sehr lange Kabelwege zu überbrücken. IP-Netze auf Basis von Infrastrukturen mit Kupferkabeln bringen im LAN, mit maximal 90 Metern zwischen

der Verteilertechnik und dem Anschluss, eine harte Längenrestriktion mit. Vor dem Einsatz von IP-basierter Kommunikation ist das infrastrukturelle Umfeld vor allem bezüglich derartiger Anforderungen zu untersuchen.

- Von moderner Kommunikation erwartet man neben positiven technisch-technologischen vor allem ökologische Effekte. Nach wie vor benötigen VoIP-Endgeräte im Betrieb deutlich mehr Strom als klassische Telefone. Über den Ansatz „Alles wird IP" alleine ist die ökologische Effektivität von Unified Communication nur bedingt zu betrachten und zu belegen. Die ökologische Relevanz von Unified Communication ist viel besser über solche Aspekte wie die CO_2-Einsparungen durch deutliche Verringerung der Reisetätigkeit, die Zentralisierung und Virtualisierung von Kommunikationsdiensten und Applikationen auf einigen wenigen Hardwareplattformen und das gepaart mit energieeffizienten IP-Infrastrukturen und -Komponenten darzustellen und zu beweisen.

- Unified Communication ist eine äußerst komplexe Technologie, ihr Einsatz bedarf eines breitgefächerten Wissens bei allen Beteiligten (d.h. Planer, Lösungsdesigner, Installateure, Betreiber und in gewisser Weise auch Anwender). Nur wenn der gesamte aufgeführte Personenkreis die Fähigkeiten für die Konzeption, den Einsatz und Betrieb von komplexen UC-Architekturen besitzt, kann ein UC-Projekt erfolgreich verlaufen.

- Unified Communication ist eine individuelle Architektur, sie ist bei jedem Unternehmen und Anwender unterschiedlich. Die Kunst besteht darin, genau diese benötigte und erwartete Individualität abzubilden.

- Diese individuelle Architektur basiert auf standardisierten Kommunikationsdiensten und -funktionen. Die Herausforderung dahinter ist, sie möglichst nahtlos in das bestehende Umfeld der Geschäftsprozesse und -applikationen zu integrieren. Gefragt sind Integrations-Know-how und umfangreiche praktische Erfahrung in der Adaptierung von Applikationen.

- Unified Communication ist nicht gleich Unified Communication. Die Basisfunktionen der Kommunikation werden natürlich von allen UC-Architekturen bereitgestellt, doch die Tücke liegt wie immer im Detail. Bereits im Vorfeld einer UC-Implementierung ist genau zu untersuchen, welche der Kommunikationsdienste und -funktionen von den Anwendern benötigt und erwartet werden. Dann gilt es, diese Erwartungen auf die jeweiligen Lösungen zu spiegeln und danach zu entscheiden, welche der Lösungen zum Einsatz kommen sollte. Dabei kann die kleine Bewertungsmatrix helfen, die in Kapitel 3 vorgestellt wird.

- Die Einführung von Unified Communication alleine bringt in den seltensten Fällen den gewünschten Gewinn an Effektivität und Effizienz. Vielmehr sind es die mit der UC-Einführung einhergehenden Veränderungen der Prozesse und Organisationsstrukturen. Das Ziel von UC ist nicht die Einführung einer neuen Technologie, sondern das effektivere, effizientere und sicherere (zuverlässigere) Suchen, Finden und Erreichen von Menschen, Informationen und Prozessen. Unified Communication ist keine Technologie, vielmehr ist es ein Kommunikationsgefühl.

- Unified Communication bedeutet Vereinigen von Kommunikation – das Stichwort dafür lautet „Konvergenz". Die Anwender erwarten, dass diese Vereinigung auf allen Ebenen stattfindet – angefangen von den Endgeräten über die Applikationen und die Netze bis hin zur Betreuung und zum Support.

- „Der IP-Backbone ist das Koppelfeld moderner Kommunikationssysteme." Diese Feststellung traf einer der Autoren bereits Ende der 90er Jahre. Unified Communication setzt voraus, dass eine UC-fähige Infrastruktur und ein UC-fähiges IP-Netz vorhanden sind. Genau das erfordert eine entsprechende Untersuchung – eine sogenannte „UC-Readyness-Analyse". Je nach Projektumfang kann diese Analyse mehr oder weniger aufwendig sein. Ohne eine solche Betrachtung darf man als verantwortlich handelnder Projektleiter, Planer und Installateur kein UC-Projekt durchführen. Stellt sich als Ergebnis der UC-Analyse heraus, dass die Umgebung den Einsatz von Unified Communication nicht oder nur bedingt zulässt, werden entweder die entsprechenden Voraussetzungen für Unified Communication geschaffen oder das UC-Projekt findet nicht statt.

- Applikationen erleichtern in der Regel das Leben, dazu sind sie ja meistens da. Ein Großteil der Büro- und Geschäftsapplikationen wird auf Serverplattformen im IP-Netz bereitgestellt und betrieben. Je umfangreicher die Integration zwischen diesen Anwendungen und den Kommunikationsdiensten ist, desto mehr Schnittstellen werden benötigt. Über den Einsatz von Unified Communication besteht die Möglichkeit, trotz steigender Anzahl der zu verschaltenden Applikationen die Anzahl dafür benötigter Schnittstellen drastisch zu reduzieren. Ein Beispiel dafür sind die modernen, applikationsübergreifenden Protokolle und Dienste SIP und XML. Die Zukunft der modernen Kommunikation liegt eindeutig im Web, denn die dafür benötigten Netze sind ausreichend leistungsstark. Kommunikation ist eine Wolke – der Begriff „Cloud Computing" wird mehr und mehr zu „Cloud Communication".

Die Liste erhebt keinen Anspruch auf Vollständigkeit und ließe sich erweitern. Das Ziel des Buches besteht darin, praktische Anregungen zu vermitteln. Daher sei es gestattet, Ihnen an dieser Stelle noch einen (vielleicht auch provokanten) Praxistipp mit auf den Weg zu geben.

> **Praxistipp:**
>
> Unified Communication nur aus Prestigegründen einzuführen, ist blauäugig. Auf der anderen Seite ist es ebenso wenig zielführend und sinnvoll, wenn nicht sogar töricht, den geplanten Einsatz von Unified Communication über die zusätzlichen Investitionskosten gegenüber einem isolierten klassischen Telekommunikationssystem, einem Videokonferenzsystem oder einem E-Mail-System totzurechnen. Erst Unified Communication bringt den wirklichen Ansatz für Effektivität und Effizienz in den Kommunikations- und Geschäftsprozessen. So gesehen ist Unified Communication als die Killerapplikation für VoIP zu betrachten.

> **Empfehlung:** Machen Sie sich eine UC-Strategie. Der Einsatz von Unified Communication bedarf einer soliden Konzeption auf Grundlage klar definierter wirtschaftlicher, ökologischer und organisatorischer Ziele mit einer eindeutigen Ausrichtung an der optimalen Unterstützung der Geschäftsprozesse durch geeignete standardisierte Kommunikationstechnologien bei größtmöglicher Individualität.

2.3.2 Unified Communication ist „billig"

Die Frage könnte noch konkreter lauten: Ist Unified Communication billiger als die klassischen Kommunikationsdienste? Die Beantwortung dieser Frage erfordert eine umfassende Betrachtung aller Kosten und Aufwendungen.

Wie im letzten Praxistipp bereits angesprochen, spielen bei einem UC-Projekt natürlich auch die Investitionskosten eine wesentliche Rolle. Die Betonung liegt aber klar auf dem „auch". Aus praktischer Sicht ist eine UC-Implementierung immer als Gesamtlösung zu betrachten. Dazu gehören eine ganze Anzahl weiterer und detaillierter zu betrachtender Kostenblöcke.

- Bei nahezu allen UC-Projekten stellen vor allem die Endgeräte und Nutzerlizenzen einen massiven Kostenblock dar. Bezogen auf dieselben Basisleistungsmerkmale sind gleichwertig ausgestattete IP-Telefone nach wie vor ca. 10–15 % teurer als ihre analogen und digitalen Pendants. Noch deutlichere Preisunterschiede ergeben sich bei den IP-Telefonen mit Zusatzausstattungen, z.B. aufwendigen Farbdisplays, integrierten Web-Clientfunktionen oder Sonderschnittstellen wie USB (Universal Serial Bus) oder Bluetooth. Je nach Ausstattungsgrad liegen die Preise für solche Endgeräte durchaus noch im Bereich zwischen 200 und 500 Euro und vereinzelt sogar darüber.

- Was bei den klassischen digitalen Endgeräten an Kosten einzusparen ist, wird in der Praxis durch die in den Telekommunikationsanlagen speziell notwendige Anschlusstechnik häufig wieder aufgebraucht. Natürlich müssen auch die IP-Telefone an einem IP-Netz angeschaltet werden, doch besteht hier die Möglichkeit, ein IP-Telefon und den PC gemeinsam über den Miniswitch im IP-Telefon an nur einem Anschluss des IP-Netzes zu betreiben. Also sind in der Regel keine zusätzlichen Datenanschlüsse erforderlich.

- Einen wesentlichen Kostenblock machen die Lizenzen für die UC-Applikationen aus. Natürlich gehören dazu auch die Anschaffungskosten für die Teilnehmerlizenzen auf den VoIP-Anlagen. Sie unterscheiden sich kaum noch von den Teilnehmerlizenzen für die klassischen Telekommunikationsdienste. Allerdings kommen nun noch die Lizenzen für die vielen UC-Applikationen dazu. Hier unterscheiden sich die Modelle der Hersteller deutlich. Einige Hersteller stellen die Modularität ihrer UC-Architektur heraus und gehen mit vielen Einzellizenzen auf den Markt. Der Kunde hat die Auswahl und erwirbt nur das, was er braucht. Der Nachtteil dieser Vermarktungsvariante besteht darin, dass die Lizenzierungsmodelle oftmals sehr komplex und unübersichtlich sind. Einzeln erworbene Lizenzen sind in der Anschaffungssumme meist deutlich teurer als der zweite Ansatz. Dieser Ansatz ist die Vermarktung von sogenannten „Bundle-Lizenzen". Die Hersteller bündeln einige Kommunikationsdienste und -applikationen zu technologisch und vor allem kommerziell „sinnvollen" Paketen. Man sollte im Einzelfall genau abwägen, welche der beiden Varianten für das eigene Unternehmen günstiger ist. Paketlizenzen können sich auch nachteilig auswirken, wenn in der Praxis nur ein geringer Umfang bzw. Anteil der Lizenzen in den Paketen genutzt wird.

- Der Wettbewerbsdruck zwischen den Herstellern reiner UC-Architekturen ist sehr hart. Ständig drängen neue Anbieter auf den Markt. Die Innovationszyklen werden immer kürzer. All das führt zu einem starken Preiskampf. Noch dazu kommen solche Phänomene wie „Es ist doch nur Software, so teuer kann es doch gar nicht sein" oder „Laden Sie sich Ihre Telefonanlage, Konferenzplattform und komplette UC-Software kostenlos aus dem Netz". Aber vor allem Software ist in der Entwicklung, Qualitätssicherung und Pflege sehr aufwendig. Das muss sich im Preis dafür niederschlagen – wenn nicht, dann sollten sich Anwender und Administratoren auch nicht über halbfertige, instabile und unsichere Applikationen wundern.

- Ein großes Thema sind die Kosten für den Betriebsstrom. In diesem Punkt schließen UC-Systeme deutlich ungünstiger ab als klassische Kommunikationssysteme. Einige Endgeräte (IP-Telefone, Konferenzstationen, Videosysteme usw.) verbrauchen je nach Ausstattung das Mehrfache des Stroms funktional gleichwertiger klassischer Endgeräte. Auch beim Vergleich des Stromverbrauchs der Anschlusssysteme stellen sich die UC-Umgebungen häufig deutlich schlechter dar. Allein der Punkt Notstromversorgung für die vielen abzusichernden Kommunikationsdienste, vor allem die Serverplattformen, bedeutet insbesondere bei sehr umfangreichen UC-Architekturen einen enormen Aufwand. Bei Unified Communication muss die Notstromversorgung überall dort erfolgen, wo die dezentralen Anschlusskomponenten und Endgeräte stehen. Das ist in der Praxis häufig deutlich kostenintensiver als eine zentrale Stromversorgung und -absicherung. Das können Argumente für Softphones sein, die anstelle der klassischen Endgeräte zum Einsatz kommen. Der Gedanke „Mein PC ist doch eh da" macht deren Einsatz interessant und spart die Strom- und Betriebskosten der Endgeräte.

- Nach den Anschaffungs- und Installationskosten kommen die Aufwendungen für den laufenden Betrieb. Der physikalische Anschluss klassischer digitaler und analoger Telekommunikationsendgeräte ist fest mit der Steuerung verdrahtet. Jeder Umzug zieht unweigerlich Aufwendungen für Veränderungen an der Verdrahtung nach sich. Anders bei VoIP, wo man über technische eindeutige Merkmale, z.B. MAC-Adresse des IP-Telefons, die physikalische Anschaltung quasi mit umzieht. Die Praxis zeigt, dass die Aufwendungen für Umzüge von Teilnehmern bei VoIP geringer sind als in der klassischen Telekommunikationswelt. Von riesigen Einsparungen kann jedoch keine Rede sein, zumal das Betriebspersonal sehr oft in die Rubrik „Eh da"-Kosten eingeordnet wird.

- Der Betriebsaufwand für die UC-Architektur hängt natürlich in erster Linie von deren Komplexität ab. Die Komplexität wird allerdings maßgeblich bestimmt durch den Grad der Standardisierung, sowohl in der Technik und Technologie als auch in Interoperabilität und einfacher Administrierbarkeit. Eine besondere Rolle spielen vor allem die Profile für Nutzer.

- Ebenso ist die Nutzung vorhandener Systeme bares Geld wert. In der Welt der Software kann durch geschicktes Hinzunehmen und Ergänzen von UC-Applikationen zu den bereits installierten Applikationen eine wirtschaftlich durchaus interessante Situation entstehen. Auch gleichzeitige Upgrades oder Updates bei allen vorhandenen Plattformen wie dem E-Mail-System, der Telefonanlage oder auch dem Videokonferenzsystem sollten und müssen vorab immer genau geprüft werden. Hierfür sind, wie schon mehrfach erwähnt, beim IKT-Personal eine gute Marktsicht und sehr viel Know-how vonnöten.

- Auf keinen Fall sollte man die Aufwendungen für notwendige Schulungen und Qualifizierungen unterschätzen. Oft benötigt das IKT-Personal zusätzliches Wissen über die verwendeten UC-Funktionen. Auf der einen Seite brauchen die TK-ler Verständnis für die IP-Netze und die Applikationswelt. Auf der anderen Seite kennen die wenigsten IP-Netzbetreuer Dinge wie Erlang-Berechnungen oder die wirkliche Funktionsweise einer Chef-Sekretär-Schaltung usw. Unified Communication vereinigt die Kommunikationswelten, und das bedeutet auch die Vereinigung der Denkweisen und des Verständnisses in den Köpfen des IKT-Personals. Das zieht zusätzliche Qualifizierungs- und Schulungsaufwendungen nach sich.

- In der klassischen Kommunikationswelt dachte kaum ein Standardanwender über das Thema Sicherheit nach. Sicherlich gab und gibt es durchaus sensitive Bereiche, in denen Sprachverschlüsselung zum Einsatz kommt. Das wurde bereits mit dem ersten Schwenk in Richtung VoIP deutlich anders. Jetzt kommen alle vereinigten Kommunikationsdienste über ein IP-Netz, was zu einer völlig neuen Dimension in der Sicherheitsbetrachtung führt. Zum einen ist es die Einfachheit, mit der man „angeblich" den Datenverkehr belauschen kann, und zum anderen sind es vor allem das Neue, das Unbekannte an Unified Communication und die daraus erwachsenden Bedenken, mit denen sich die Anwender von Unified Communication herumschlagen. Das Gefühl der Unsicherheit ist bei Unified Communication deutlich größer als bei der bisher verwendeten klassischen Kommunikation. Die Schaffung eines sicheren Gefühls bei der Verwendung von Unified Communication bedeutet wiederum zusätzliche Aufwendungen. 100%ige Sicherheit und Gefahrenfreiheit gibt es nicht. Aber wie viel Sicherheit und Gefahrenabwehr sein kann, sollte und muss, ist von UC-Projekt zu UC-Projekt sehr unterschiedlich. Doch in einem sind alle UC-Projekte gleich: Man braucht ein Sicherheitskonzept einschließlich eines Budgets für dessen Umsetzung.

- Bei einem klassischen Kommunikationssystem ist der Anteil der Hardware gegenüber der Software um ein Mehrfaches größer. Die Software wurde einmal eingespielt, und es gab kaum drastische Veränderungen. Der hauptsächliche Kostenblock für die Pflege und Wartung waren die vielen Hardwarekomponenten. Mit zunehmendem Einsatz von Soft-PCXen und SoftSwitches und vor allem den vielen UC-Applikationen verschiebt sich dieses Verhältnis mehr als deutlich in Richtung Software. Die meisten Hersteller von UC-Lösungen bringen im Rhythmus von 6-18 Monaten neue Softwareversionen auf den Markt. Dazwischen erfolgen noch mehrere Softwareupdates und Fehlerbeseitigungen. Die in den Softwarelösungen steckenden Funktionalitäten werden immer umfangreicher und komplexer – das Gleiche muss man oftmals leider auch von den Fehlern in diesen Softwareprodukten sagen. Das ist der Grund, warum UC-Architekturen wartungs- und pflegeintensiver sind als klassische Kommunikationssysteme. Dieser Aufwand steigt nochmals, je funktionaler und intelligenter die Endgeräte werden. SIP-Endgeräte sind intelligente Clients. Unbestritten ist der Pflege- und Wartungsaufwand für diese Geräte um ein Vielfaches höher als der für quasi dumme, terminalartige IP-Endgeräte.

> **Praxistipp:**
> Im Ergebnis der Betrachtung all dieser Kostenblöcke wird deutlich, dass die Frage „UC – ja oder nein?" nicht pauschal beantwortet werden kann. Die Kosten für die Systeme sind die eine Seite. Vor alle sind es die vielen Lizenzen, die durch den Multiplikationsfaktor – Teilnehmeranzahl – einen besonders starken Einfluss auf die Gesamtkosten haben. Es gibt eine breite Palette von Realisierungsbedingungen und Anforderungsprofilen, bei denen sich der Einsatz von Unified Communication gegenüber dem einer klassischen Kommunikationslösung als wirtschaftlicher erweist und umgekehrt.
>
> **Empfehlung:** Schauen Sie sich alle Kostenblöcke der zu implementierenden UC-Architektur genau an. Reduzieren Sie die Komplexität der UC-Architektur; damit verringern Sie die Kosten für deren Betrieb und Service.

2.4 IP-Transformation der Kommunikation

Die Hauptantriebskraft für die Entwicklung von Unified Communication als tatsächlich „vereinheitlichte Kommunikation" ist die Transformation hin zu den Anforderungen und Bedürfnissen der Anwender. Betrachtet man die zurückliegenden 3-5 Jahre, wird deutlich, dass sich die Anzahl der bei der Arbeit und privat benutzten Kommunikationsmittel, -geräte und -applikationen vervielfacht hat. Der Trend geht klar zum „Fünfthandy", wir benutzen PCs, Notebooks, Videokameras, Telefone, Softphones, Fax, E-Mail usw. – ein Wust (teilweise Chaos) an Geräten und Funktionen. Das alles noch dazu mit ständig wachsenden Kompatibilitätsproblemen und zunehmender Inkonsistenz der Daten auf diesen vielen Systemen. Dieser Zustand ist sowohl für die Anwender als auch die Betreiber der Kommunikationsdienste unerträglich. Das Ziel kann nur die Vereinheitlichung und das Zusammenführen der Kommunikationsdienste und -funktionen auf einer gemeinsamen Plattform sein. Diese gemeinsame Plattform heißt IP – das Internet-Protokoll. Das bedeutet die ganzheitliche Überführung, sprich „Transformation", der Kommunikation in diese Richtung.

2.4.1 Wozu eine ganzheitliche Betrachtung?

Mit dem Fokus auf „vereinheitlichte Kommunikation" hat diese Frage schon fast den Charakter einer rhetorischen Floskel. Unified Communication als vereinheitlichte Kommunikation ...

- ... umfasst und beeinflusst die Transformation in Richtung IP aller Bereiche der Kommunikationslösungen.
- ... ist ein Konglomerat aus einer Vielzahl von teilweise sehr unterschiedlichen, bisher sehr autark existierenden Technologien, Techniken und Applikationen.
- ... führt die vielen standardisierten Kommunikationsdienste und -applikationen zu einer ganzheitlichen, individuell gestaltbaren UC-Architektur zusammen.

Gerade deswegen muss die IP-Transformation von Unified Communication ganzheitlich betrachtet werden, denn:

- Für die Realisierung eines UC-Projektes benötigt man die richtigen technologischen und technischen Lösungen. „Richtig" bedeutet insbesondere solche, die funktional gut interagieren, d.h. möglichst weitreichend auf Standards beruhen. Dieser Aspekt steckt bereits in der Begriffsbestimmung zu Unified Communication. Das bedeutet, sich die richtigen Hersteller solcher Technologien auszuwählen.
- Damit die Auswahl der richtigen Lösungen auf fundiertem, praxisnahem Wissen fußt, benötigt man die entsprechenden planerischen Kompetenzen. Klassische Kommunikationssysteme werden in der Regel nicht jedes Jahr neu beschafft, sondern vielmehr etwa alle 5 bis 10 Jahre (die aktiven IP-Netzstrukturen alle 3 bis 5 Jahre), die passiven Infrastrukturen (also die Verkabelungen) sogar nur alle 15 bis 20 Jahre. Mit seinen Geschäftsprozessen beschäftigt man sich hingegen täglich. Ergo: Die praktischen Erfahrungen mit einer Vielzahl an Möglichkeiten aller am Markt befindlichen Kommunikationstechnologien, -applikationen und -dienste können im Unternehmen gar nicht in der notwendigen Breite und Tiefe vorhanden sein. Fazit: Externe Hilfe bei der Planung und Konzeption derart komplexer Lösungen wie UC-Architekturen ist nahezu ein Muss.
- Zum Auswahlprozess gehört neben der Technologieauswahl die Selektion der oder des richtigen Implementierungspartners. Dieser Partner sollte natürlich über ein ganzheitliches und idealerweise zertifiziertes Praxiswissen bezüglich der einzelnen Technologiebereiche in der IKT-Landkarte (nachfolgender Abschnitt) verfügen. Leider ist dies in der Praxis selten der Fall, da es zwar viele hoch spezialisierte Installations- und Implementierungsfirmen gibt, die jedoch oft stark auf einige wenige technologische Bereiche fokussiert sind. Bei komplexen UC-Implementierungen hat es sich in der Praxis bewährt, einen Generalisten einzusetzen, der sich die entsprechenden Spezialisten an Bord holt und so die Umsetzung gesamtverantwortlich steuert.
- Last but not least stellt sich die Frage nach dem Betrieb der implementierten UC-Architektur. Hier sollten dieselben Maßstäbe angelegt werden. Für den zuverlässigen und vorausschauend agierenden Betrieb bedarf es der nötigen Praxiserfahrungen auf dem Gebiet des Betreibens komplexer IKT-Umfelder. Entweder gibt es diese Kompe-

tenzen, Fähigkeiten und Voraussetzungen im eigenen Unternehmen bzw. man kann sie schaffen oder man lässt bestimmte Bereiche der UC-Architektur von einem Betreiberpartner betreuen. Genau aus diesem Grund erfährt das Modell der gemanagten Kommunikationsdienste, der sogenannten Managed Communication Services (MCS), also von einem Partner betreute Kommunikationsdienste und erbrachte Dienstleistungen, am Markt eine immer stärkere Beachtung. MCS ist deutlich mehr als Outsourcing, Outtasking usw. Genauer ist das in Kapitel 10 nachzulesen.

2.4.2 Die IKT-Landkarte

Aus der Notwendigkeit der ganzheitlichen und vor allem praxisbezogenen Betrachtung von IKT-Projekten ist das Modell der IKT-Landkarte entstanden. Sie umfasst, wie in Abbildung 2.1 dargestellt, in einfacher Form alle Bereiche der IKT, die für ganzheitliche IKT-Betrachtungen und -Projekte sinnvoll und notwendig sind. Die offene, realistische und reelle Betrachtung und Bewertung aller Systeme, Funktionen, und Aufgaben des Modells bilden die Basis für erfolgreiche Umsetzungen von IKT-Projekten – vor allem, wenn sie eine solche Komplexität aufweisen wie UC-Projekte.

Wie jede Landkarte dient auch diese Karte der Orientierung. Sie schafft einen Überblick und zeigt die Richtungen auf, die für eine ganzheitliche Betrachtung einer IKT sinnvoll und notwendig sind. Somit bietet dieses einfache Modell einer IKT-Landschaft eine strukturierte, systematische Basis, um damit eine UC-Implementierung ganzheitlich planen und durchführen zu können.

Partnerschaften
Kundenprogramme, Business-, Applikations- und strategische Partner
XML-Entwicklerforen

Pre-, Implementierungs-, Operative und Post Sales Service
Beratung, Konzeption, Installation, Montage, Betrieb, Wartung und Pflege

Sicherheit und Management-Rahmen
FireWall, VPN, Verschlüsselung, Authentisierung
Performance (SLA) und IP-Ressourcen-Management, Verzeichnisdienste

Mitarbeiter-interaktionsdienste
Instant Communication, IM, Echtzeitkollaboration, Mobilität, Erreichbarkeit, Profile

Kundeninteraktions-dienste
CallCenter, ContactCenter
IVR, ServiceCenter,
Automatisierte Dienste

Business-Kommunikationsdienste
TDM, VoIP, IP-PCX, SoftSwitch, GSM, UMTS

Netzwerkdienste/Infrastrukturen
IP-LAN, WAN, TDM-Netze, xDSL, Optik, Breitband, WLAN, WiMAX

Abbildung 2.1 Das Modell der IKT-Landkarte

Das Modell ist sehr einfach, daher leicht zu verstehen und in der Praxis umzusetzen. Es umfasst sieben Bereiche, von denen die fünf inneren Gebiete eine technologische Ausrichtung haben und in der Regel im Verantwortungsbereich des CTO (Chief Technical Officer) liegen. Die beiden äußeren Rahmen zielen eher auf organisatorische und prozessorientierte Themen und werden oftmals durch die CIOs (Chief Information Officer) gesteuert und bestimmt. Innovationen, Technologien und Prozesse liegen sehr nah an der Organisation und Organisationsstruktur der Unternehmen, daher sollte in die Gesamtplanung und Konzeption einer UC-Architektur immer der COO (Chief Organization Officer) mit einbezogen werden.

Egal, von welchem Punkt dieses Modells aus die Betrachtung erfolgt, man kann sich sehr einfach und schnell in jeden angrenzenden Bereich hineindenken. Ein weiterer Vorteil dieses Modells besteht darin, dass sich auf einfache Weise alle Gebiete zielgerichtet hinterfragen lassen. Geht es z.B. um die Verbesserung der Mitarbeiterinteraktionsmöglichkeiten, stellen sich umgehend Fragen wie:

- Welche Kommunikationsdienste werden benötigt?
- Welche Sicherheitsfunktionen gilt es bereitzustellen?
- Wie und womit kann, soll und/oder muss Administration erfolgen?

Zur Erläuterung und zum Verständnis der IKT-Landkarte ist es am günstigsten, mit der Betrachtung von unten her zu beginnen und die einzelnen Bereiche genauer zu beschreiben.

2.4.2.1 Die Netz- und Infrastrukturdienste

Sie bilden die Basis des gesamten Modells, auf der alle anderen Dienste, Funktionen und Anwendungen aufbauen. Zur Infrastruktur zählt natürlich die gesamte Verkabelung, angefangen von den Kabeln und Leitungen bis hin zu den Anschlussschränken und -dosen. Direkt damit im Zusammenhang steht die Stromversorgung. Es geht also nicht allein um die Infrastruktur der Kommunikationstechnik, sondern vor allem auch um die der Stromversorgung, die hier ebenfalls ein wichtiges Thema darstellt. Und es bedarf intensiver Betrachtungen der Interaktion beider Infrastrukturen. Die Stichworte hier heißen „Erdung" und „Potenzialunterschied". Eine schlechte erdungs- oder potenzialtechnische Abstimmung zwischen diesen beiden Infrastrukturen kann zu drastischen Störungen im gesamten IKT-Umfeld führen.

> **Praxistipp:**
> Oftmals ist die Stromversorgung zwar strukturell in ausreichendem Umfang vorhanden, doch gerade die Interaktion und vor allem die Wechselwirkungen mit der Kommunikationsinfrastruktur haben ihre Tücken. Kommunikationskabel direkt neben Stromleitungen von Fahrstühlen richten, bedingt durch die Wechselwirkungen zwischen den Starkstromkabeln und den Datenleitungen, gerne mal dasselbe Auf und Ab in der Verfügbarkeit der Kommunikationsdienste an wie im Fahrstuhl selbst. Schlecht und gar nicht geerdete Datennetzdosen führen nicht selten zu Potenzialproblemen zwi-

> schen dem Kommunikations- und dem Stromnetz. Die Folge sind Störungen und Ausfälle von Systemen, Komponenten und Funktionen der IKT.
>
> **Empfehlung:** Lassen Sie die vorhandenen Infrastrukturen zur Stromversorgung in allen Punkten überprüfen. Schließen Sie Potenzialunterschiede und andere aus der Stromversorgung kommenden Störungsquellen aus. Wenn Sie unklare Störungsbilder, stochastische Fehlfunktionen usw. in der IKT beobachten, dann lassen Sie auf jeden Fall die gesamte Infrastruktur überprüfen und nicht alleine das passive und aktive Datennetz.

Natürlich gehören in diesen Block neben der Infrastruktur auch die Kommunikationsnetze und deren Komponenten. Da es um IP-Kommunikation geht, könnte man annehmen, dass es sich nur um das IP-Netz dreht. Weit gefehlt! Selbstredend spielen nach wie vor die fundamentalen klassischen digitalen und analogen Kommunikationsnetze eine wichtige Rolle. Ebenso wird IP nicht nur mit klassischen Datennetzen übertragen. Oftmals haben große Unternehmen und öffentliche Einrichtungen auf ihren sehr weitflächigen Geländen beim Aufbau ihrer Infrastrukturen über Jahre hinweg sehr umfangreiche „Kupferbergwerke" angelegt. Dies bedeutet, dass sie über nahezu unzählige Zweidraht(Doppelader)-Kupferleitungen verfügen. Daher wundert sich niemand über das weiterhin anhaltende und sogar gestiegene Interesse dieser Institutionen an Breitbandtechnologien, sowohl für die Doppeladerverkabelung auf Basis von DSL (Digital Subscriber Line) als auch auf der vorhandenen Koaxialverkabelung mittels HF(High Frequency)-Technik.

Kupferkabel sind die eine Sache, Lichtwellenleiter (LWL) die andere. LWL gibt es schon sehr lange und in den unterschiedlichsten Ausprägungen. Als diese Leitungen vergraben wurden, glaubte man fest daran, eine Infrastruktur zu besitzen, die allen zukünftigen Kommunikationsanforderungen standhalten würde. Die heutige Praxis belehrt uns eines Besseren. Selbst die vorhandenen LWL-Infrastrukturen reichen an vielen Stellen nicht mehr aus.

Der Bedarf an technologischen Lösungen für dieses Problem ist dringender denn je. Technologien der optischen Übertragungstechnik wie WDM (Wavelength Division Multiplexing), zu Deutsch die Aufteilung des „weißen" Lichtes in verschiedene Farben und deren getrennte Übertragung über LWL, halten auch in Unternehmensnetze Einzug. In der Schule wurde und wird auch heute noch etwas von 3, 5 oder 8 Grundfarben gelehrt, je nachdem, an welcher Farbenlehre man sich orientiert. 8 Farben in LWL, darüber schmunzeln die WDM-Technologen. Sie ermöglichen die Aufspaltung des Lichtes in 160 und mehr Spektral(Farb)bereiche und übertragen in jedem dieser Bereiche die nahezu volle Übertragungskapazität von mehreren 10 Gigabyte, und das teilweise über einige hundert Kilometer. Zusammenfassend gehören zu dem Bereich Infrastrukturen und Netze folgende Elemente, Komponenten und Systeme:

- Kabel, Leitungen, Stecker, Kupplungen, Verteiler, Muffen usw.
- Komponenten und Funktionen der optischen Übertragungstechnologien
- LAN- und WAN-Komponenten wie Switches, Router usw.

- Breitbandtechnologien wie die unterschiedlichen xDSL- (Digital Subscriber Line) und HF(Hochfrequenz)-Techniken
- Die aktiven Elemente und Komponenten von WLAN, WiMAX (Worldwide Interoperability for Microwave Access), LTE (Long Term Evolution) usw.

Das waren bisher lediglich die Aspekte und Technologien der leitungs- und drahtgebundenen (wireline) Infrastrukturen und Netze. Neben diesen existiert eine Vielzahl von drahtlosen (wireless) Infrastrukturen und Netzen. Doch weil Luft an sich nicht als Infrastruktur oder Netz begriffen werden kann, befinden sich die Beschreibungen der unterschiedlichen Wireless-Technologien in der nächsten Ebene der IKT-Landschaft: bei den Kommunikationsdiensten.

Eine besondere Form von Netzen sind die sogenannten SANs (Storage Area Network). Dabei handelt es sich um Netze für die effiziente und effektive Speicherung und Sicherung von Daten. Kernelemente solcher Netze bilden die Speichersysteme (Storage Systems). SANs spielen für Unified Communication keine direkte Rolle. Aber sie sind sinnvoll als Unter- und insbesondere Abstützung von UC-Architekturen.

UC-Architekturen bestehen aus sehr vielen Komponenten, Diensten, Funktionen und Elementen. Sie alle haben Konfigurationen. Viele von ihnen erzeugen und verarbeiten Informationen und Daten, allen voran UMS (Unified Messaging Services) und Kollaborationsplattformen. Die zuverlässige Sicherung dieser Informationen ist nicht nur erwünscht, sondern in vielen Fällen sogar gesetzlich vorgeschrieben. Das erfordert ein enges und nahtloses Interagieren zwischen den Elementen der UC-Architektur und den SAN-Systemen. Im Rahmen dieses Buches werden die SANs selbst jedoch nicht detaillierter betrachtet.

2.4.2.2 Die Kommunikationsdienste

Auf die eben beschriebenen Infrastrukturen und Netzdienste setzen die Kommunikationsdienste auf. Da es in diesem Buch um den praktischen Einsatz von Unified Communication im Geschäftsumfeld geht, ist hier die Rede von geschäftsprozessorientierten, also Businesskommunikationsdiensten. Die IKT-Branche spricht in diesem Zusammenhang gerne von „kommunikationsfähigen Geschäftsprozessen" mit der Abkürzung CEBP (Communication Enabled Business Processes). Das ist die direkte Einbettung von Kommunikationsdiensten in die Geschäftsprozesse und Arbeitsabläufe.

Natürlich gibt es nach wie vor die klassischen analogen und digitalen Kommunikationsdienste wie ISDN, Fax, Modem usw. Sie werden jedoch zunehmend verdrängt durch IP-basierte Kommunikationsdienste, allen voran die VoIP-Systeme. Im quasi privaten Unternehmensumfeld spricht man von VoIP-Telekommunikationsanlagen bzw. VoIP-PCXen (Privat Communication Exchange). Bei den Anbietern öffentlicher Kommunikationsdienste werden diese Systeme als SoftSwitches bezeichnet. Wer den aktuellen Trend genau verfolgt, wird feststellen, dass selbst diese reinen IP-Sprachvermittlungs- und Kommunikationssysteme Stück für Stück verschwinden. VoIP wird mehr und mehr ein integraler Bestandteil von Unified Communication. Das ist echte vereinigte Kommunikation. Die Vermittlungsfunktion der Sprache ist eine von vielen Kommunikationsdiensten, die auf den

UC-Plattformen laufen. Seit 2008 macht die Virtualisierung von Kommunikationsdiensten immer stärker von sich reden. Alle (oder zumindest möglichst viele) Kommunikationsdienste werden auf einer Hardwareplattform mittels einer sogenannten virtuellen Maschine (Virtual Machine, VM) vereinigt. Eine VM ist quasi ein virtueller Computer, also kein eigener physikalischer Rechner, keine eigene Hardware, sondern eine Applikation, eine Software, die einen eigenen physikalischen Rechner emuliert und dieselbe Funktionalität hat. In oder besser auf einer physikalischen Hardwareplattform können gleichzeitig mehrere solcher VMs laufen. Dafür benötigt die Plattform natürlich auch ein Betriebssystem, die sogenannte VM-Laufzeitumgebung. Mehr dazu in Kapitel 5.

Der Gegenstand dieses Buches ist Unified Communication, daher gilt diesem Thema das Hauptaugenmerk. Dennoch braucht es für den erfolgreichen Praxiseinsatz eine Vielzahl grundlegender IP-Kommunikationsdienste, wozu DNS (Dynamic Name Service), DHCP (Dynamic Host Control Protocol) usw. gehören. Die Hintergründe, ihre Funktionsweise und Notwendigkeit bezüglich Unified Communication wird an mehreren Stellen des Buches besprochen. Sie spielen vor allem in Kapitel 6 und Kapitel 9 eine wesentliche Rolle.

Wie im vorigen Abschnitt angedeutet, zählen auch die drahtlosen Übertragungstechnologien zu den Businesskommunikationsdiensten. Die Konvergenz zwischen drahtgebundenen und drahtlosen Kommunikationsdiensten wird immer deutlicher.

- So rückt schon seit mehreren Jahren GSM immer näher an die klassische Telekommunikation heran. GSM wird auch als sogenannte „2. Generation im Mobilfunk" bezeichnet.
- VoIP hält immer mehr Einzug in die WLAN-Welt. VoWLAN (Voice over WLAN) macht zunehmend von sich reden.
- UMTS hat sich, dank hoher Datenraten im Senden (High Speed Upstream Packet Access, HSUPA) und Empfangen (High Speed Downstream Packet Access, HSDPA), als moderne 3G-Technologie (Mobilfunktechnologie der 3. Generation) selbst für multimediale Echtzeitanforderungen längst etabliert.
- Und schon stehen auch hier die Nachfolger, das sogenannte „Super3G" oder „4G" – also die 4. Generation der Mobilfunktechnologien vor der Tür. Die Rede ist von den Technologien WiMAX (Worldwide Interoperability for Microwave Access) und LTE (Long Term Evolution). LTE soll 100 MBit/s und mehr ermöglichen, und vielleicht hat es WiMAX sogar schon überholt, ohne es je eingeholt zu haben.

Gerade diese noch recht jungen Mobilnetztechnologien bergen eine Vielzahl von Herausforderungen und Tücken in Bezug auf den erfolgreichen Einsatz in UC-Architekturen. Im speziellen Kapitel 7 wird dieses Thema „Integration von GSM, WLAN usw. in die UC-Welt" ausführlich besprochen.

> **Praxistipp:**
> Unified Communication lebt schon per Definition von der Konvergenz aller Kommunikationsdienste aus allen Richtungen. Genau dieser Aspekt ist sehr praxisrelevant. Denn wenn man sich mit dem Einsatz von UC beschäftigt, ist das Wissen um die mit

> ihr in Interaktion stehenden Kommunikationsdienste unabdingbar. Man braucht Spezialisten aus allen Bereichen der Kommunikationsdienste, die im Rahmen der ganzheitlichen Betrachtung eines UC-Projekts zum Tragen kommen.
>
> **Empfehlung:** Holen Sie bereits in der Planungs- und Konzeptionsphase die richtigen Spezialisten aus allen Bereichen der Kommunikationsdienste zusammen, die in der zu schaffenden UC-Architektur mit- und untereinander interagieren sollen.

Den dritten Block bilden zwei Bereiche, die funktional auf derselben Ebene stehen. Es sind die beiden Säulen der Interaktionsdienste: die Kundeninteraktionsdienste und die Mitarbeiterinteraktionsdienste. Wie sehen diese beiden Bereiche im Einzelnen aus?

2.4.2.3 Mitarbeiterinteraktionsdienste

Zu den Diensten für die Mitarbeiterinteraktion gehören neben den klassischen CTI-, CSTA- und TAPI-Funktionen vor allem die modernen Dienste wie multimediale Konferenzen und Kollaboration, universelle Mitteilungsdienste und vor allem die multifunktionale und multimediale Erreichbarkeit. Die Ziele der Mitarbeiterinteraktionsdienste sind:

- Mehr und besserer Bedienkomfort der Kommunikationsdienste
- Bessere, multimediale und vor allem die tatsächliche Erreichbarkeit
- Höhere Flexibilität und Mobilität der Kommunikationsmöglichkeiten – getreu dem Motto: „Zu jeder Zeit, an jedem Ort"
- Neue und innovative, vor allem multimediale Kommunikations- und Interaktionsdienste wie Information über den Erreichbarkeitsstatus (Präsenz), Konferenz für Daten, Sprache und Video sowie Kollaboration

Die Anzahl und vor allem die Vielfalt der Mitarbeiterinteraktionsanwendungen nahmen und nehmen besonders durch den Einsatz der IP-basierten Kommunikationsdienste und -applikationen ständig zu. Den richtigen Anstoß für die Applikationsorientierung der IKT brachte allerdings erst der Einsatz von Web-Technologien. Anwender und vor allem PC-Administratoren wollen keine große Zahl von Anwendungen auf dem PC installieren und pflegen. Sie erwarten, dass die modernen Applikationen für die Mitarbeiterinteraktionen über den Web-Browser funktionieren. Eine besondere Rolle spielen in diesem Zusammenhang XML (eXtensible Markup Language) als Beschreibungs- und Darstellungssprache im Web sowie SIP (Session Initiation Protocol) als das modernste Signalisierungs- und Steuerprotokoll für mobile, multimediale Kommunikationsdienste. Außerdem werden in Zukunft Themen wie SOA (Service Oriented Architecture) und Web 2.0 respektive Web 3.0 eine immer größere Bedeutung bekommen.

> **Praxistipp:**
> Die Erfahrungen aus vielen UC-Projekten zeigen, dass das treibende Moment für Unified Communication in den meisten Fällen die Verbesserung der Mitarbeiterinteraktion war. Sehr oft drücken und drängen die gestiegenen Kommunikationsanforderungen

> der Anwender und ihrer Geschäftsprozesse derart auf die Abteilungen der CIOs und CTOs, dass diese gar nicht umhin können, sich mit innovativen und modernen, die Effizienz und Effektivität steigernden Kommunikationsmöglichkeiten und -diensten zu beschäftigen. Daher kommt wohl die neue Bezeichnung für den CIO als „Chief Innovation Officer".
>
> Wer sich erfolgreich behaupten will, der muss sowohl das Verständnis für die „alten" klassischen Welten als auch die neuen und modernen, vor allem webbasierten Technologien mitbringen. Dieser Anspruch ist sehr hoch, nur die Allerwenigsten werden ihm gerecht.
>
> **Empfehlung:** Der Bereich der Mitarbeiterinteraktionsdienste stellt den Hauptteil in den UC-Architekturen. Widmen Sie ihm Ihre besondere Aufmerksamkeit.

2.4.2.4 Dienste für die Kundeninteraktion

Einerseits ist das effiziente und effektive Interagieren der Mitarbeiter untereinander eine der wesentlichen Voraussetzungen für wirtschaftlich erfolgreiche Geschäftsprozesse. Andererseits brauchen die Unternehmen ihre Kunden und Partner, um zu existieren. Ergo müssen sie mit diesen Kunden und Partnern interagieren, ebenso wie die Behörden mit den Bürgern. Es bedarf effektiver und effizienter Möglichkeiten und Lösungen für die Kundeninteraktion. Solche Lösungen sind etwas anders orientiert und fokussiert als die für die Mitarbeiterinteraktion. Man möchte seine Kunden besser und fester an das Unternehmen binden, mit bestehenden Kunden neue Geschäfte machen und natürlich auch neue Kunden gewinnen. Dafür muss man sie schnell und wirksam ansprechen, mit ihnen sehr effektiv und effizient interagieren und sie zufriedenstellen. Das beginnt bei den Vermittlungsfunktionen, geht über CallCenter und endet bei multimedialen und UC-gestützten ContactCentern.

In diesen Bereich wird Kapitel 8 tiefer einsteigen. Dort werden folgende Fragen detaillierter diskutiert:

- Welche Kunden gibt es?
- Was bedeutet Kundeninteraktion und wie kann sie stattfinden?
- Wie funktionieren effektive CallCenter?
- Was unterscheidet CallCenter von ContactCentern?
- Wie funktioniert das Zusammenspiel von UC- mit CallCenter-Applikationen?
- Was bringt die Integration von Erreichbarkeitsfunktionen aller Geschäftsbereiche (Back-Office) in die CallCenter?
- Wie erfolgt die Verteilung von Kontaktanforderungen auf der Basis von Datenbankabfragen und Erreichbarkeiten?
- An welchen Stellen passen die Applikationen zur Mitarbeiterinteraktion sehr gut zu denen der Kundeninteraktion?

> **Praxistipp:**
> Die Bereiche Mitarbeiter- und Kundeninteraktion wachsen immer enger zusammen. Immer seltener werden reine CallCenter betrieben, und immer öfter bilden multimediale Funktionen die grundsätzliche Arbeitsweise moderner Dienstleistungs- und Service-Center.
>
> **Empfehlung:** Schauen Sie sich genau an, an welchen Stellen die Mitarbeiter- und Kundeninteraktion in Ihrem IKT-Umfeld bereits vorhanden ist. Nutzen Sie vor allem die Möglichkeiten der Effizienz- und Effektivitätssteigerung durch das Zusammenführen und Vereinigen dieser Anwendungsbereiche.

2.4.2.5 Sicherheits- und Managementrahmen

Alle vier innen liegenden Dienstebereiche der IKT-Landkarte bedürfen einer ganzheitlichen Absicherung und übergreifenden Administration, d.h. Konfiguration, Betrieb, Steuerung, Wartung usw. Daher umrahmen die beiden Themen Sicherheit und Management sowohl die Infrastruktur und Netze als auch die Kommunikationsdienste und beide Interaktionsbereiche. Die Aufgaben bezüglich der Sicherheit als auch die des Managements sind derart umfänglich und weitreichend, dass sie in jeweils einem eigenen Kapitel behandelt werden (Kapitel 9 und 11).

Der Sicherheitsrahmen

Es gibt genau drei maßgebliche Sicherheitsaspekte, auf die sich sämtliche Sicherheitsanforderungen der vier inneren Bereiche (Infrastruktur/Netze, Kommunikation und Applikationen) reduzieren lassen:

- **Vertraulichkeit bzw. Identität:** Schutz der Informationen vor unbefugter Preisgabe. Nur Personen und Systeme, die zur Verwendung, zum Zugang, zur Weitergabe usw. von Informationen berechtigt sind, haben bzw. bekommen einen Zugang zu den Informationen.
- **Richtigkeit bzw. Integrität:** Schutz der Informationen vor unbefugter Veränderung. Leistungsstarke und robuste Verschlüsselungsfunktionen für alle Kommunikationsdienste und Informationsflüsse. Datenintegrität ist einer der komplexesten Sicherheitsanforderungen, denn sie betrifft Nutzdaten ebenso wie Konfigurationsdaten von Systemen und Komponenten.
- **Verfügbarkeit:** Schutz der Informationen vor unbefugter Vorenthaltung. Im Fokus dieses Sicherheitsbereiches stehen Systemstabilität, interne und externe Redundanzen, Backup-Funktionalitäten usw.

Wenn man das Ganze in die englische Fachsprache übersetzt, lauten die Begrifflichkeiten dafür „Confidentiality, Integrity, Availability". Die Anfangsbuchstaben ergeben die einprägsame Abkürzung „CIA", die von den Experten für IKT-Sicherheit sehr oft in diesem Zusammenhang verwendet wird.

> **Praxistipp:**
>
> An dieser Stelle passen unsere Thesen zum Thema Sicherheit:
>
> - Sicherheit ist eine Philosophie – die Technik nur das Mittel zum Zweck.
> - Sicherheit ist ein Gefühl – Gefahren und Risiken sind Realität.
>
> Das bedeutet: Sicherheit muss man leben und erleben können. Gefahren und Risiken sind einfach immer da. Die Anwender brauchen jedoch ein Gefühl der Sicherheit bei der Nutzung der modernen Kommunikationsdienste.
>
> **Empfehlung:** Betrachten Sie bei einer ganzheitlichen Analyse und Bewertung der Sicherheit alle drei Sicherheitsaspekte. Angriffe auf die Sicherheit erfolgen in der Regel sowohl über die Vertraulichkeit als auch über die Integrität und die Verfügbarkeit.

Der Managementrahmen

Das Management von UC-Architekturen ist eine ganz besondere Herausforderung. Derartige Architekturen sind in ihrem Aufbau, ihrer Funktionsweise deutlich komplexer als die reiner Telefonanlagen oder eines E-Mail-Systems. Gleiches gilt für die erforderlichen Management- und Administrationsaufwendungen. Management, Steuerung, Konfiguration und Überwachung der einzelnen Systeme, Komponenten, Funktionen und Dienste einer UC-Architektur sowie das Berichtswesen, die Dokumentation und Abrechnung der Leistungen erfordern oftmals dezidierte Werkzeuge und spezielle Anwendungen. Je nachdem, auf welcher Ebene (Infrastruktur, Kommunikation, Applikation) das Management und die Administration erfolgen sollen, kommen entweder herstellereigene oder funktional systemübergreifende Managementwerkzeuge zum Einsatz. Die Aufgaben reichen von den mehr operativen Managementaspekten bezüglich der Infrastruktur über das Management der Komponenten und Funktionen, das Fehler- und Alarmmanagement bis hin zum strategischen Ressourcen- und Performancemanagement.

> **Praxistipp:**
>
> Vor allem bei besonders komplexen UC-Architekturen können die Management- und Administrationsaufwendungen schnell ausufern. Diese Gefahr besteht vor allem dann, wenn Dienste, Systeme, Komponenten und Funktionen vieler unterschiedlicher Hersteller zum Einsatz kommen. Genau diesen Punkt sollte man bei der Planung und Implementierung einer UC-Architektur sehr intensiv überdenken und ggf. von vorneherein einkalkulieren. Noch besser ist es jedoch, die Anzahl der unterschiedlichen Systeme, die der verschiedenen Hersteller und letztlich die der benötigten Managementwerkzeuge so gering wie möglich zu halten.
>
> **Empfehlung:** Planen, konzipieren und schaffen Sie für die UC-Architektur ein vereinheitlichtes und ganzheitliches Managementumfeld.

2.4.2.6 Serviceleistungen rund um Unified Communication

Die fünf bisher angeführten Bereiche der IKT-Landkarte betrachten die vielen technologischen Aspekte des Wandels und des Hineinwachsens der multimedialen und mobilen vereinheitlichten Kommunikationsdienste in die IP-Welt. Natürlich hat jeder der angeführten Bereiche auch eine Reihe organisatorischer Komponenten, da alle dort genannten Dinge in der Praxis umgesetzt und gelebt werden müssen. Konkret bedeutet das die Notwendigkeit von Dienstleistungen in den verschiedenen Phasen eines UC-Projektes über dessen gesamten Lebenszyklus hinweg. Ein sehr einfaches Modell dafür ist das sogenannte „Plan-Build-Run"-Modell (Planung-Aufbau-Betrieb). Unseres Erachtens ist dieses Modell zwar grundlegend korrekt, aber dennoch zu einfach, um die Komplexität von UC-Projekten widerzuspiegeln.

Das Servicemodell sollte wenigstens die folgenden Phasen umfassen:

- Eine fundierte und umfassende *UC-Readyness-Analyse*, wie in Kapitel 4 des Buches detailliert beschrieben, entsprechende ROI-Betrachtungen (für den Kopf „Return On Invest" und den Bauch „Release Of Impact"), Zieldefinitionen, die *SMART, PURE* und *CLEAR* sind, grundlegende Klärung der Situation und des Umfelds, sowie konkrete Handlungspläne und Umsetzungsvereinbarungen.

- Die *Analyse der Geschäftsprozesse* und des vorhandenen organisatorischen sowie personalstrukturellen Implementierungsumfeldes, im Fachjargon als „business analysis" bezeichnet. Das Ergebnis der Prozessanalyse kann dabei ergeben, dass der Prozess selbst noch an der einen oder anderen Stelle optimiert wird.

- Darauf aufbauend eine *Bewertung der möglichen Auswirkungen* des Einsatzes von Unified Communication für die analysierten Geschäftsprozesse (in die englische Fachsprache übersetzt: „auditing and impact assessment"). Hierdurch wird die mögliche Automatisierung der Geschäftsprozesse ebenso beleuchtet wie die Frage nach den bereitzustellenden Informationen. Nach unserer Auffassung gehören in diesen Abschnitt auch so wichtige Punkte wie *Teststellungen und Pilotierungen.*

- Es folgt die Phase der konkreten *Planungen und des Lösungsdesigns*, in der Praxis auch als „planning and solution design" bezeichnet. Sie dient der konkreten Vorbereitung auf die technologische und organisatorische Umsetzung des UC-Projektes.

- Die eigentliche *Umsetzung* des UC-Projektes, die sogenannte „execution"; diese Phase ist in der Praxis mit umfänglichen Aufgaben verbunden. Darunter fallen:
  - das Projektmanagement;
  - die Projektkoordination, vor allem die Koordination der Lieferungen;
  - die hoch spezialisierte Implementierung der individuellen UC-Architektur selbst;
  - die in den meisten Fällen erforderlichen Adaptionen an andere Systeme, Funktionen und Applikationen;
  - die Schulung der Administratoren und der Anwender;
  - die abschließende Übergabe der funktions- und betriebsbereiten UC-Architektur;

- nicht zu vergessen: die ordnungsgemäße Abrechnung der erbrachten Implementierungsleistungen.
- Nach der Übergabe geht die neue UC-Architektur in den regulären *Betrieb*. Ziel des Betriebes, als „operation" bezeichnet, ist die kontinuierliche und zuverlässige Sicherstellung der Systemverfügbarkeit;
- In einigen Servicemodellen bilden der Betrieb sowie die beiden Punkte *Instandhaltung und Pflege*, die „maintenance" also, einen gemeinsamen Prozessblock. Aus Sicht der strategisch bedeutsamen Komponente namens *Kontinuitätsplanung* und vor allem aufgrund des wichtigen Themas *Dokumentation* erscheint es uns sinnvoll, diesen Block separat zu betrachten.

„Jeder Service kann nur so gut sein, wie er beschrieben ist." Diese These gilt besonders auch für alle Serviceprozesse rings um UC-Projekte. Daher findet sich, abgesehen vom ersten der sechs genannten Phasen, diese Struktur adäquat in ITIL (IT Infrastructure Library) wieder, einer der wichtigsten Richtlinien zur Beschreibung von IT-Services. Dieses Leitwerk ist mittlerweile in seiner 3. Version verfügbar. Es besteht aus einer Reihe (daher die Bezeichnung „Library", also „Bibliothek") von Büchern, genau genommen fünf (siehe nachfolgende Aufzählung). Diese Bücher beschäftigen sich ausschließlich damit, die in einem Unternehmen anfallenden IT-Dienstleistungen als ganzheitlichen Prozess zu betrachten, zu verstehen und zu dokumentieren. ITIL V3 benennt die oben beschriebenen Phasen so:

- Dienstleistungsstrategien, -analysen und -bewertungen (service strategies)
- Dienstleistungsdesign und -planung (service design)
- Überführung der Dienstleistungen in der Praxis (service transition)
- Operative Dienstleistungen, also der Betrieb (service operations)
- Kontinuierliche Verbesserung der Dienstleistungen (continual service improvement)

Das sind die heutigen fünf Bücher von ITIL Version 3. Mit der Zusammenfassung der ehemals sieben auf jetzt fünf Bücher wurde ITIL noch deutlicher, konkreter und strukturierter als in den Vorversionen. In den jeweiligen Kapiteln und Abschnitten von ITIL wird sehr klar darauf hingewiesen, welche Aspekte, Inhalte und Fakten die Bestandteile der Dokumentation, sowie Service- und Prozessbeschreibung einer UC-Umgebung umfassen sollte.

2.4.2.7 Der Partnerschaftsrahmen

In der Praxis sind derart komplexe Projekte, wie sie im UC-Umfeld vorliegen, ohne leistungsstarke Partnerschaften kaum noch erfolgreich umzusetzen. Wirkliche Fachleute erweitern daher das Schichtenmodell der ISO (International Standards Organization) um eine achte Schicht. Diese achte Schicht bilden die Politik, juristische Rahmenbedingungen, Beziehungen usw. Viele Entscheidungen, die sich auf die Planung, die Umsetzung und den Betrieb komplexer UC-Architekturen beziehen, sind durch „politische" Zusammenhänge, teils sogar Zwänge, motiviert.

Wer ein Unternehmen mit seinen Geschäftsprozessen versteht, dem vertraut man auch hinsichtlich der Planungen, Analysen und Entwicklung von Lösungsvorschlägen. Oftmals verfügen die eigenen internen IT-Abteilungen gar nicht über ausreichend umfängliche praktische Erfahrung für die Implementierung und Adaption von UC-Architekturen. Systemintegratoren, die jährlich mehrere solcher Systeme aufbauen, in Betrieb nehmen und im Service betreuen, haben dieses Wissen und diese Erfahrung. Nicht zuletzt konzentrieren sich die IT-Abteilungen vieler Unternehmen immer intensiver auf die Absicherung und Organisation der konkreten, unternehmensinternen Kommunikationsdienste und -prozesse und lassen zunehmend dezidierte IT-Dienstleistungen von externen Firmen erbringen. Hier macht in jüngster Zeit der Begriff „gemanagte Kommunikationsdienste" (Managed Communication Services, MCS) von sich reden. Er ersetzt die etwas verkrusteten „Out-..." Begriffe. „..." steht hier als Platzhalter. Zum einen für die Auslagerung einzelner Aufgabenbereiche (Tasks), bezeichnet als „Outtasking", bzw. ganzer Prozesse nebst den dafür benötigten Technologien, bekannt als „Outsourcing". Leider wurde der Begriff „Out" in der Praxis oftmals zu wörtlich übersetzt. „Out", gleichbedeutend mit *raus* und *weg*", konnte und kann nicht die Lösung der Probleme sein, da damit schlichtweg häufig notwendiges Wissen und Kompetenzen das Unternehmen verlassen. Im Gegensatz dazu verspricht das MCS-Modell, seinen wesentlich partnerschaftlichen Charakter in die erfolgreiche Umsetzung von UC-Projekten mit einzubringen.

> **Praxistipp:**
> „Drum prüfe, wer sich ewig bindet, ob sich noch was Bess'res findet." Dieser volkstümliche Ausspruch ist in der Kommunikationsbranche aktueller denn je. Partnerschaft bedeutet nicht „Der eine ist Partner, und der andere schafft". Partnerschaften können, sollten und müssen gelebt werden. Gute Partnerschaften haben Bestand, weniger gute eher nicht. All das ist legitim und aus praktischer Sicht sehr sinnvoll.
>
> **Empfehlung:** Da sich komplexe UC-Architekturen nur selten ohne Partnerschaften planen, implementieren und betreiben lassen, suchen Sie sich *einen* Hauptpartner, der dann die weiteren notwendigen Partnerschaften dahinter für Sie steuert.

2.5 Essenz

Den *einen* Erfinder von Unified Communication gibt es nicht. Die Thesen zeigen auf, dass vor allem die Erwartungen der Anwender als die Triebkraft für Unified Communication gesehen werden kann. Der Überblick über die Einsatzkriterien von Unified Communication zeigt in kompakter Form auf, welche praktischen Möglichkeiten sich dem UC-Anwender bieten. Unter Unified Communication müssen viele Dinge zusammenwachsen, ergo sind „Konvergenz" und „Transformation" zwei tragende Begriffe der vereinigten Kommunikation. Die IKT-Landkarte dient zur Orientierung und strukturierten Vorgehensweise bei der Planung und Implementierung von UC-Architekturen.

Welche UC-Architektur letztlich für welchen Anwendungsbereich am sinnvollsten geeignet erscheint, diese Fragestellung ist nur durch detaillierte Betrachtungen und Bewertungen der eigenen Bedürfnisse und der aktuellen Marktsituation zu beantworten. Die im folgenden Kapitel dargestellte Bewertungsmatrix sowie die dort aufgeführte Übersicht einiger der wichtigsten Hersteller von UC-Lösungen können dabei unterstützen.

3 Der Unified Communication-Markt

3.1 Was passiert da am Markt?

Das Internet und die IP-Technologien eröffnen immer vielseitigere, multimedialere, effizientere, effektivere und komfortablere Möglichkeiten zum Informationsaustausch. Der Grund dafür sind die ständig leistungsstärker und offener werdenden Kommunikationslösungen und -anwendungen. An fast jedem Ort und zu beinahe jeder Zeit können sich die Menschen von irgendwoher die nötigen Informationen beschaffen und ihrerseits Informationen fast überall hin weitergeben. Der moderne Geschäftsalltag lebt von schneller Informationsbeschaffung und -weitergabe. Aus diesem Grund spricht man in der modernen Kommunikationsbranche gerne von der sogenannten „Real Time Communication" – also der Kommunikation in „Echtzeit". Doch was bedeutet „in Echtzeit kommunizieren"? Und ist es wirklich so, dass die Anwender generell und immer erwarten, in „Echtzeit" kommunizieren und Informationen austauschen zu können?

Wenn es nach den Sinnen und Wünschen der Hersteller von Kommunikationslösungen und -anwendungen sowie den Bereitstellern von Kommunikationsdiensten ginge, dann ganz bestimmt. Sie bringen immer neue Ideen und Innovationen auf den Markt, die ein noch einfacheres, besseres und flexibleres Kommunizieren offerieren. Welcher Anwender und Nutzer soll da noch den Über- oder gar Durchblick über das behalten, was da auf dem Markt alles passiert? Die Innovationsspirale dreht sich immer schneller. Auf der einen Seite werden die Lösungen immer komplexer, d.h. auch der Entwicklungsaufwand immer größer, und auf der anderen Seite verkürzen sich die Innovationszyklen. Alle 12 bis 18 Monate kommt die nächste Stufe der Innovation – ein „Hamsterrad", in dem sich der Markt selbst immer schneller antreibt. Diese hohe Innovationsgeschwindigkeit fordert ihre Opfer. Das Wichtigste von ihnen ist ganz offensichtlich die Qualität. Dann spricht der Markt gerne etwas ironisch z.B. von „Bananen"-Software, sie „reift" erst beim Kunden. „Ironie des Schicksals", könnte man sagen, Qualität und Schnelligkeit sind Antagonismen.

Die folgenden Betrachtungen (in alphabetischer Reihenfolge) geben einen kleinen Ein- und Überblick in die Geschehnisse des Marktes. Welche Hersteller positionieren sich wie?

Wo haben sie bezogen auf Unified Communication Stärken und Schwächen? Gegenstand der Betrachtungen sind rein technisch-technologische Aspekte, nicht die wirtschaftliche Situation der Unternehmen.

> **Praxistipp:**
> Bei der Entscheidung, sich eine UC-Architektur anzuschaffen, ist ein Blick darauf, welche Hersteller es gibt und wie sie an die Umsetzung des Themas Unified Communication herangehen, von immenser Bedeutung. Unified Communication ist, wie in den vorherigen Abschnitten diskutiert, eine ganzheitliche Konvergenztechnologie – sie vereinheitlicht eine Vielzahl moderner Kommunikationstechnologien und -dienste. Es liegt nahe, dass Hersteller mit einem durchgängigen und umfänglichen UC-Architekturmodell eine optimale Voraussetzung für die erfolgreiche Implementierung bieten.
>
> **Empfehlung:** Betrachten und bewerten Sie die Hersteller einerseits nach ihrer technisch-technologischen Innovationskraft, aber andererseits auch nach deren Ganzheitlichkeit im Verständnis und in den Lösungen, mit der sie UC-Architekturen offerieren.

3.1.1 Bewertungsaspekte für UC-Architekturen

Vor der Detailbetrachtung einiger Hersteller und deren UC-Fähigkeit steht noch die Klärung der Frage: „Wie lassen sich UC-Architekturen selbst bewerten und einordnen?" Das ist eine sehr anspruchsvolle Frage. Bisher gibt es weder in der Fachliteratur noch den einschlägigen Analystenberichten eine allumfassende, allgemeingültige Antwort darauf. Es kann sie eigentlich auch nicht geben. Denn wenn Unified Communication eine individuelle Architektur ist, die der Erfüllung der individuellen Kommunikationsbedürfnisse dient, dann kann es dafür schwerlich ein allgemeingültiges Bewertungsmodell geben. Allerdings gibt es grundlegende Kommunikationsanforderungen der Anwender sowie wesentliche technisch-technologische Eigenschaften der UC-Architekturen. Aus beidem lässt sich eine Matrix mit Bewertungskriterien ableiten.

In vielen Gesprächen mit Anwendern, Beratern, Planern, Administratoren und Entscheidungsträgern wurden uns immer wieder ähnliche lautende Aspekte genannt. Wir fassten sie in einer allgemeinen Bewertungsübersicht zusammen. Diese kann jeder für sich selbst adaptieren, mit seinen eigenen Wertigkeiten belegen und daraus das eigene Bewertungsschema ableiten. Die folgende kleine Auflistung von Diensten, Funktionen und Eigenschaften zeigt die wesentlichen Kommunikationsanforderungen für die Bewertung auf:

- **Allgemeine Telekommunikationsdienste**
  Auch wenn es einige Hersteller nur ungern hören, auch die einfache Telefonie ist ein Bestandteil von Unified Communication. In vielen Fällen geht es sogar um mehr als einfache Telefonie. Gefragt ist hochfunktionale Büro- und Geschäftstelefonie mit Teamfunktionen, multifunktionalen Heranhol- und Sammelanschlüssen usw. Telefonie ist nach wie vor ein wichtiger und wesentlicher Bestandteil der Kommunikation – die anteilige Größe am Kommunikations- und Funktionsbedarf ist sehr individuell.

■ **Konferenzdienste**
Auch hier stehen nach wie vor Telefonkonferenzen klar im Vordergrund – ob als einfache 3er- bzw. 6er-Konferenz oder in Konferenzen mit 20 bis 30 und mehr Teilnehmern. Die Telefonkonferenz ist eine zunehmend attraktiver werdende Kommunikationsvariante. Natürlich hält die Videokonferenz immer mehr Einzug in den geschäftlichen Kommunikationsalltag. Allerdings findet hier gerade ein Paradigmenwechsel statt. Die meisten Anwender wollen keine dezidierten Videokonferenzräume mit Supertechnik. Am liebsten bleiben sie an ihren Arbeitsplätzen, in ihrer gewohnten Umgebung und wollen sich von dort mit mehreren anderen Anwendern per Video verschalten. Weg vom aufwendigen Vorplanen und Vorausbuchen von Konferenzen und hin zu den sogenannten „multimedialen Ad-hoc-Konferenzen". Aber dennoch mit sehr gute Qualität, also mindestens in HDV1 (High Definition Video Version 1 – 1024 x 720 Punkte), die Zukunft wird HDV2 sein (1440 x 1080 Punkte).

■ **Kollaborationsdienste**
Kollaboration bedeutet miteinander arbeiten (*co* – mit, *laborare* – arbeiten). Das ist die nächste Stufe der Interaktion, die konsequente Weiterentwicklung vom reinen Informationsaustausch (Kommunikation) zum gemeinsamen Agieren. Entwickelt und etabliert hat sich der Begriff „Kollaboration" in der IKT-Welt über den Zwischenschritt der sogenannten „Datenkonferenz". Die Anwender bauten eine Konferenz auf und stellten z.B. in den Konferenzraum ein gemeinsam zu bearbeitendes Dokument ein oder einer der Anwender startete eine Applikationen, in der jeder andere Teilnehmer ebenfalls arbeiten konnte. Heutzutage heißt das „Kollaboration" und ist ein wesentlicher Bestandteil moderner Teamarbeit geworden. Kollaborationsdienste sind neben den Konferenzdiensten die UC-Funktionen mit der größten Effizienzwirkung. Dokumente werden viel schneller bearbeitet, Menschen sparen sich zeitraubende und kostspielige Dienstreisen usw.

■ **Erreichbarkeitsdienste**
In vielen Fällen wird hier das Wort „Präsenzdienste" verwendet. Da die beiden Begriffe „Präsenzdienst und -information" einen Beigeschmack von Überwachung haben, hat es sich in der Praxis als vorteilhafter erwiesen, von „Erreichbarkeit und Erreichbarkeitsstatus" zu sprechen. Gegen eine gute und zuverlässige Erreichbarkeit kann niemand etwas einwenden. Früher war es lediglich die telefonische Erreichbarkeit. Besetztanzeigen, Besetztzeichen auf den Telefonendgeräten usw. begleiteten und begleiten uns täglich. Doch was ist mit der Erreichbarkeit über modernere Kommunikationsmedien wie IM (Instant Messaging), Chat und mobile Kommunikation? Dieser Bereich lässt den Begriff „Vereinheitlichte Kommunikation" besonders deutlich werden. Moderne Erreichbarkeitsdienste fassen die Status auf vielen Systemen zusammen, die persönliche Erreichbarkeit aus dem Kalender, die IT-Erreichbarkeit darüber, ob der Teilnehmer sich am Datennetz und dem Erreichbarkeitsdienst angemeldet hat, sowie die telefonische Erreichbarkeit aus dem Telekommunikationssystem. Eine weitere sehr spannende Funktion hilft, die Erreichbarkeit noch effektiver und effizienter zu machen: die sogenannte „OneNumber"-Funktion. Alle Kommunikationsdienste eines Nutzers sind über lediglich eine Rufnummer zusammengeführt. Sicher wirft es dem einen oder anderen

Fragezeichen in die Augen, wenn er auf einer Visitenkarte eine postalische Adresse in Berlin erkennt, unter der eine Telefonnummer mit Stuttgarter Vorwahl steht. Doch so ist das moderne Kommunikationsumfeld, es erwartet die zuverlässige Erreichbarkeit der Menschen unter einer Rufnummer. Ebenso interessant wie OneNumber ist die Erreichbarkeit unter einem Namen. Moderne Kommunikationsapplikationen übersetzen den Namen in die dazugehörige OneNumber und versuchen, das gewünschte Gerät über den Erreichbarkeitsstatus anzusprechen. Einen „Namen" wählen? Unified Communication macht es möglich.

▪ Mitteilungsdienste

Eine Mitteilung ist kein direkter Informationsaustausch, sondern das Hinterlegen von Informationen in einer bestimmten Form an einer Informationssammelstelle. Die ersten Mitteilungen stammen aus der Steinzeit und waren Wandmalereien. Moderne Mitteilungsdienste verwenden moderne IKT-Systeme. Im Gegensatz zu den „echten" Kommunikationsdiensten sind Mitteilungsdienste durch eine asynchrone Funktionsweise charakterisiert (auch wenn der eine oder andere Anwender mittlerweile dem Trugschluss erliegt, E-Mail sei ein synchrones Kommunikationsmittel). Es gibt vielerlei Mitteilungen: schriftliche wie z.B. Brief, E-Mail, SMS (Short Message Service) und Fax oder auch multimediale wie z.B. Sprachnachrichten (Voice Mails), Videonachrichten sowie MMS (Multimedia Messaging Service) von Handys. Letztendlich sind auch Dienste wie Twitter oder Yammer „nur" große asynchrone Mitteilungsdienste über das Internet. Eine Nachricht wird hinterlassen oder besser eingetippt, und meine Verfolger (die sogenannten „Follower") werden darüber informiert. IM (Instant Messaging) ist da hingegen schon interaktiver, weil man eine quasi synchrone Kommunikation führt und das Gegenüber sofort die Nachricht empfängt und lesen kann.

Eine von uns oft gestellte Frage lautet: „Wie viele Sprachnachrichtenspeicher (Anrufbeantworter) verwenden Sie?" Die wenigsten von uns haben zu Hause drei oder vier Briefkästen hängen, einen für Briefe, einen für Zeitungen, einen für usw. Warum dann dieser Unsinn mit diesen vielen Mitteilungsdiensten und Mitteilungsspeichern? Eine der ersten Applikationen im UC-Umfeld war UMS (Unified Messaging System). UMS vereinigt die unterschiedlichen Mitteilungsdienste und bringt diese in einer Benutzeroberfläche zusammen, vorzugsweise in einem E-Mail-Client.

▪ Mobilität

Unified Communication und Mobilität bilden zunehmend eine Einheit. Vor allem die nahtlose Integration mobiler Anwender bringt die besondere Effizienz einer UC-Umgebung. Bei Mobilität denken die meisten Anwender lediglich an Handys, ggf. noch an WLAN. Natürlich sind diese beiden Punkte sehr wesentlich. Doch Mobilität geht deutlich weiter. Ein besonders wichtiger Aspekt ist die innerbetriebliche Mobilität. Immer mehr setzen sich solche Arbeitsweisen wie „Free Seating" und „Shared-Desk" durch. Mehrere Anwender teilen sich einen Arbeitsplatz oder die Anwender sitzen und arbeiten heute hier und morgen dort. Begriffe wie „Homeworker" (Heimarbeiter) oder „Teleworker" (Mitarbeiter mit wechselnden Wirkungsstätten) sind feste Bestandteile moderner Arbeitsplatzgestaltungen. Mobilität prägt unseren Arbeitsalltag. Eine moderne UC-

Architektur muss dem ganzheitlichen mobilen Kommunikationsbedarf gerecht werden. Mobilität wird immer multimedialer.

■ **Mitschnitt- und Protokollierungsdienste**
Das klingt nach Überwachung und Abhören. Für einige Branchen trifft diese Aussage zu, denn sie müssen Kommunikationsvorgänge mitschneiden und sind teilweise sogar gesetzlich dazu verpflichtet. Dies gilt üblicherweise für Banken, Versicherungen und einige Behörden. Hin und wieder setzen Dienstleistungsunternehmen Aufzeichnungssysteme ein und informieren vorab darüber: „Zur Sicherung der Servicequalität und für Ausbildungszwecke können einzelne Gespräche aufgezeichnet werden. Wenn Sie das nicht wünschen, dann teilen Sie uns dies bei Beginn des Gespräches mit."

Diese Formen der Aufzeichnung sind bekannt und schon lange im Einsatz. Bei den neuen Möglichkeiten, die Unified Communication mitbringt, erhält das Thema Mitschnitt und Aufzeichnung eine völlig neue Dimension. Auch bei virtueller Teamarbeit ist es wie im richtigen Leben: Nicht immer sind alle Teilnehmer bei den virtuellen Teamtreffen – Web-Konferenzen, Web-Seminaren usw. – dabei. Damit auch die Abwesenden schnell und zuverlässig alle Informationen aus solchen virtuellen Treffen erhalten, sind der Mitschnitt und die Aufzeichnung solcher Konferenz- und Kollaborationssitzungen das Mittel der Wahl. Diese modernen Systeme sind in der Lage, alle während solcher Sitzungen verwendeten Kommunikationsdienste mitzuschneiden, die Sprache und Video, das Präsentierte und Diskutierte, die Fragen und Antworten über Chat bzw. IM. Die gesamte Aufzeichnung ist auf dem Kollaborations- oder Konferenzserver gespeichert. Am Ende der virtuellen Sitzung erhalten alle Teilnehmer per E-Mail einen Link zugesendet oder werden anderweitig informiert, wie und wo sie sich den Mitschnitt erneut anhören und ansehen können. Solche Funktionen erhöhen die Effektivität und Effizienz der Informationsverteilung und -bereitstellung immens.

■ **Schnittstellen und Interoperabilitätsdienste**
Unified Communication dient keinem Selbstzweck, seine Stärke liegt vor allem in der Interaktion mit anderen Systemen, Applikationen und Diensten. Dafür braucht die UC-Architektur Schnittstellen und Interoperabilitätsfunktionen. Diese Schnittstellen sollten möglichst standardkonform und offen gelegt sein, damit eine einfache Integration und Adaption gewährleistet ist. Somit spielt dieser Aspekt besonders dann eine Rolle, wenn eine tiefe Integration von Unified Communication in die Geschäftsprozesse angestrebt wird.

■ **Administrations- und Managementfunktionen**
Dazu gehört natürlich ein über alle Kommunikationsdienste, Systeme und Komponenten hinweg vereinheitlichtes Management der gesamten UC-Architektur. Darüber hinaus sollten die UC-Managementwerkzeuge entsprechende Schnittstellen in übergeordnete Managementsysteme wie z.B. SNMP (Simple Network Management Protocol), Verzeichnisdienste, AAA-Dienste (Authentication, Authorization, Accounting), IP-Dienste (DHCP, DNS …) usw. bieten. In diesen Bereich der Administration und des Managements fallen ebenso die Funktionalitäten für das Management von Nutzer-, Dienste- und Geräteprofilen.

- **Adaptierbare, individuell gestaltbare Benutzeroberflächen**
  Das sogenannte „User Interface", also die Benutzerschnittstelle oder -oberfläche, ist der Punkt, an dem der Anwender tatsächlich mit Unified Communication in Berührung kommt. Die Anwender erwarten eine an ihre individuellen Bedürfnisse adaptierbare Benutzerumgebung. Diese Umgebung sollte dann am besten noch selbst administrierbar sein. Gefragt sind konsistente, alle benötigten Kommunikationsdienste integrierende Benutzeroberflächen, die selbst auf unterschiedlichen Endgeräten eine gleiche Funktions- und Arbeitsweise ermöglichen.

- **Einfachheit der Implementierung/Modifizierung**
  z.B. das Vorhandensein von sogenannten „Wizards", also automatisierte bzw. teilautomatisierte Werkzeuge zur Unterstützung von Implementierungs- und Modifizierungsaufgaben. Vor allem kleine Unternehmen, die selbst kein qualifiziertes Administrations- und Managementpersonal haben, legen einen starken Fokus auf diesen Aspekt.

- **Skalierbarkeit**
  Skalierbarkeit hat einen doppelten Aspekt. Auf der einen Seite brauchen große Unternehmen und Organisationen UC-Architekturen, die gleichzeitig mehrere Tausend Nutzer bedienen können. Solche UC-Architekturen sollen mehr und mehr sehr zentralistisch installiert und betrieben werden. Das Ziel: Unified Communication als ein zentral bereitgestellter Dienst. Das geht in Richtung sogenannter „Betreibermodelle" mit dem Motto: „Unified Communication ist ein Service". Hier fallen immer wieder Begriffe wie: SaaS (Software as a Service) und ASP (Application Service Providing). Auf der anderen Seite wollen und brauchen auch kleinere und mittelständische Unternehmen und Organisationen selbst betriebene UC-Umgebungen. Das bedeutet, die UC-Architekturen sollten und müssen ebenso gut nach unten skalierbar und so auch für Nutzergruppen kleiner 100 Teilnehmer technologisch und wirtschaftlich sinnvoll einsetzbar sein. Letzterer Aspekt kann insbesondere dann von Bedeutung sein, wenn die UC-Implementierung in einem Umfeld von sehr vielen kleinen, aber dennoch sehr autarken Außenstellen erfolgt.

Diese Bewertungsaspekte, ggf. ergänzt durch weitere, für die Anwender, Administratoren und Entscheidungsträger wichtige Punkte werden in Bewertungstabellen eingetragen. Eine Bewertungstabelle betrachtet die von den Anwendern gewünschten, benötigten Funktionalitäten. Eine weitere Bewertungstabelle beinhaltet die gewünschten technisch-technologischen Eigenschaften der auszuwählenden UC-Architektur und dient zum Vergleich unterschiedlicher Lösungen.

Für eine erste grobe und allgemeine Betrachtung der Funktionalitäten reicht eine Spalte aus. Die praktische Anwendung dieser Bewertungsmatrix zeigte jedoch, dass eine detaillierte Betrachtung dieser Bewertungsaspekte nach Benutzergruppen oder auch Geschäftsprofilen viel aussagekräftiger und entscheidungsrelevanter ist. Die nachfolgende Tabelle 3.1 zeigt diese Aufstellung exemplarisch.

Tabelle 3.1 Beispiel einer Bewertungsmatrix: Funktionen und Anwenderprofile

Bewertungsaspekt	Allgemein	Innendienste	Außendienste	Manager
Telefonie	20	35	10	10
Konferenz	20	20	10	20
Kollaboration	15	10	20	20
Erreichbarkeit	20	10	30	20
Mitteilungsdienste	5	10	5	5
Mobilität	15	5	20	20
Mitschnitt	5	10	5	5
Summe:	100 %	100 %	100 %	100 %

In einer einfachen Übersicht (Tabelle 3.2) wird eine Bewertungsmatrix aufgestellt, in der man einerseits die gewünschten Funktionen und andererseits den Erfüllungsgrad durch die jeweiligen Lösungen darstellt.

Tabelle 3.2 Beispiel einer Bewertungsmatrix: Funktionen und Lösungen

Bewertungsaspekt	Lösung 1	Lösung 2	Lösung 3
Telefonie			
Konferenz			
Kollaboration			
Erreichbarkeit			
Mitteilungsdienste			
Mobilität			
Mitschnitt			
Schnittstellen			
Administration			
Benutzeroberfläche			
Einfachheit			
Skalierbarkeit			
Summe:			

Lösungen mit- und gegeneinander zu vergleichen und deren Funktionalität zu bewerten, ist ein recht aufwendiger Schritt – zumal man in den meisten Fällen im eigenen Unternehmen kein Personal hat, das über den entsprechend aktuellen Überblick über die am Markt vorhandenen UC-Lösungen verfügt. Hier helfen externe Beratungsunternehmen und eventuell die folgenden Abschnitte über die Lösungen einiger marktrelevanter Hersteller. Die Auflistung erfolgt in alphabetischer Reihenfolge und ohne Wertung. Da sich die Bezeichnungen und Namen der Produkte ebenso schnell ändern wie die Innovationen selbst, wird auf die Nennung der Produktnamen bewusst verzichtet. Sicher sind hierzu in den meisten Internetauftritten der aufgeführten Hersteller weitere und tiefer gehende Informationen zu finden.

3.1.2 Aastra

Ein Unternehmen mit einer langen und bewegten Historie. Als Einzelunternehmen spielte es nur sehr regional und in spezifischen Bereichen bzw. Branchen eine Rolle. Da das Unternehmen in den letzten Jahren einige Hersteller und deren Technologien wie z.B. Ericson und DeTeWe übernahm, ist es nun wesentlich breiter aufgestellt. Allerdings liegt der Fokus nach wie vor insbesondere auf Kommunikationssystemen und UC-Applikationen. In den Bereichen Infrastruktur, Management und Sicherheit hat das Unternehmen keine oder nur sehr punktuell eigene Lösungen. Hier ist das Unternehmen auf Partnerschaften angewiesen, wie es z.B. eine mit Hewlett-Packard pflegt. Kommunikations- und UC-Applikationen werden auf Netzwerkplattformen von Hewlett-Packard implementiert. Leider ist, bedingt durch die vielen Zukäufe anderer Technologien, das Produkt- und Lösungsportfolio noch sehr inhomogen, was vor allem einen Einfluss auf die Aspekte Interoperabilität, Betrieb und Management hat. (Mehr Informationen unter www.aastra.com)

3.1.3 Alcatel-Lucent

Ein Hersteller, der nach der Zusammenlegung dieser beiden „Urväter der Kommunikationstechnologie" sein Augenmerk sehr stark auf Konvergenz und IP-Transformation legt. Das Unternehmen bietet über das gesamte Spektrum der IKT-Landkarte hinweg ein ganzheitliches Portfolio für Carrier und Geschäftskunden. Damit ist das Unternehmen eines der wenigen, die dem Kunden weltweit ein umfassendes Lösungs- und Produktportfolio bereitstellen. Vor allem die Lösungen für zentralisiertes IP-Ressourcen und –Dienstemanagement sowie das IKT-Qualitäts- und -Servicemanagement adressieren in gleicher Weise die Carrier und das obere Segment der Geschäftskunden. Lösungen für die kleinsten, kleinen und mittelgroßen Unternehmen runden das Portfolio ab. Das Unternehmen ist in einigen Bereichen einer der Weltmarktführer, wie z.B. bei Voice over IP und ContactCenter.

Das Unternehmen verfügt über eine breit aufgestellte sehr hoch qualifizierte Partnerlandschaft und hält strategische Partnerschaften zu anderen marktführenden Herstellern wie z.B. IBM, Hewlett-Packard, Microsoft usw.

Die Philosophie der Lösungen orientiert sich daran, sowohl die klassischen als auch die modernen Kommunikationsdienste auf einer einheitlichen und möglichst einfachen und standardkonformen Architektur abzubilden. Die Kommunikations- und UC-Applikationen des Unternehmens laufen auch auf virtuellen Maschinen. Mit diesem Vorgehen ist Alcatel-Lucent eines der wenigen global agierenden Unternehmen, das nahezu alle Bereiche der Kommunikationstechnologien abdeckt. Im Bereich der Kommunikation setzt das Unternehmen vor allem auf Migration der vorhandenen und bereits implementierten IKT-Technologien und -Techniken. Mit den weltbekannten „Bell Labs" – den Forschungslaboren des Unternehmens – verfügt das Unternehmen, weltweit gesehen, über die traditionsreichste und zugleich eine der leistungsstärksten Forschungseinrichtungen.

Eine der wesentlichen Schwächen des Unternehmens ist Marketing. Ebenso macht der Bereich der Lösungen für Firmenkunden und Behörden lediglich ca. 10 % des Gesamtgeschäftes aus. Durch Zusammenlegung der einzelnen Applikationssegmente des Unternehmens wurde die Basis für eine durchgängige UC-Architektur vom kleinsten Geschäftskunden bis hin zum Carrier geschaffen. (Mehr Informationen unter www.alcatel-lucent.com)

3.1.4 Avaya

Das Unternehmen entstand durch die Ausgründung des Geschäftskundenbereiches aus dem ehemaligen Lucent-Konzern. Der Fokus des Unternehmens liegt auch weiterhin ganz klar auf diesem Geschäftsbereich. Um auf dem europäischen Markt Fuß zu fassen, übernahm das Unternehmen den Telekommunikationshersteller Tenovis. Damit stand das Unternehmen vor der schwierigen Aufgabe, die sich technologisch in vielen Bereichen überschneidenden Lösungen zu harmonisieren. Dieser Prozess ist bis heute noch nicht abgeschlossen. Nach wie vor werden sowohl die Lösungen des eigenen Unternehmens als auch die der ehemaligen Tenovis vermarktet. Durch die erst jüngst erfolgte Übernahme der Geschäftskundensparte des Technologiekonzerns Nortel steht das Unternehmen vor der nächsten großen Integrationsherausforderung. Allerdings stärkte es durch diese Akquisition seine Präsenz im Bereich Infrastruktur und Netze. In den Bereichen Management und Sicherheit ist das Unternehmen kaum oder gar nicht vertreten. Das Unternehmen hält strategische Partnerschaften zu anderen führenden Herstellern. Allerdings ist das Partnernetz für den Endkundenbereich noch zu gering ausgebaut, denn das Unternehmen agiert sowohl selbst (direkt) als auch über Partner (indirekt) am Markt.

Die Stärken des Unternehmens sind Kommunikationssysteme und Applikationen im Bereich Unified Communication und CallCenter. Auch eine virtualisierte UC-Lösung für kleine und mittlere Unternehmen wird angeboten. Leider sind einige dieser Module und Funktionen, bedingt durch die Übernahmen fremder Technologien, noch nicht so homogen, wie es die Kunden erwarten. Dennoch zählt auch dieses Unternehmen zu den führenden am Markt. (Mehr Informationen unter www.avaya.com)

3.1.5 Cisco

Das Unternehmen kommt aus dem Bereich Infrastruktur und Netze und stellt ein umfassendes IKT-Portfolio zur Verfügung. Dieser Historie ist das Unternehmen treu. In den letzten Jahren entwickelte das Unternehmen mehr und mehr auch Lösungen in den Bereichen VoIP und Unified Communication. Bei Unified Communication fokussiert sich das Unternehmen vor allem auf Video- und Web-Konferenzsysteme. Aus seiner übermächtigen Präsenz im Bereich von Netzwerken heraus forciert das Unternehmen seine Entwicklungen hinein in die Rechenzentren und Applikationen.

Ciscos schnelles Wachstum erfolgte und erfolgt heute noch vor allem auf der Basis sehr vieler Übernahmen anderer Hersteller und Technologien. Genau das bringt eines der massivsten Probleme des Unternehmens mit sich: die mangelnde Interoperabilität, in weiten Bereichen sogar der eigenen Lösungen untereinander, aber vor allem auch mit Lösungen von anderen Herstellern. Die gesamte Technologie der Firma ist ausgerichtet auf das Netz und IP. Dieser Umstand macht es dem Unternehmen schwer, die Kundenbedürfnisse hinsichtlich der Nutzungen klassischer Kommunikationstechnologien und -dienste zu bedienen. Die sogenannten „Hybrid-Technologien" bereiten dem Unternehmen deutliche Schwierigkeiten.

Als Marktführer in einigen wichtigen technisch-technologischen Bereichen pflegt das Unternehmen strategische Partnerschaften zu anderen Herstellern, allerdings sieht man sich ob der eigenen Marktpräsenz sehr oft im Wettbewerb mit den anderen marktführenden Herstellern. Das Unternehmen agiert bei den Endkunden vorrangig über qualifizierte Partnerschaften.

Bedingt durch das Zusammenfügen der Technologien unterschiedlicher Hersteller hat das Unternehmen ein sehr komplexes und umfangreiches Lösungs- und Produktportfolio. Die Planung, Implementierung und Betreuung von UC-Architekturen mit Komponenten dieses Unternehmens erfordern sehr hoch spezialisiertes und qualifiziertes Personal. All diese Dinge sind haben einen negativen Einfluss auf die Effektivität und vor allem Effizienz von UC-Architekturen. Teilweise wird sogar gesagt, dass die sogenannte „Cost of Ownership", d.h. die Kosten für den Betrieb von UC-Architekturen des Unternehmens, meistens als sehr ungünstig zu bewerten ist. Der Hintergrund für diese Einschätzung liegt vor allem in dem sehr intransparenten und unhandlichen Lizenzierungsmodell des Unternehmens für Dienste und Applikationen. (Mehr Informationen unter www.cisco.com)

3.1.6 Google

Die Macht von Google sollte niemand unterschätzen, da sind sich viele Analysten einig. Mit der Philosophie: „Alles kommt aus dem Internet" steht das Unternehmen ganz vorne an. Doch wie schnell diese Firma den Markt verändern wird, das ist noch unklar. Sieht man allerdings die Entwicklungsgeschwindigkeit des 1998 als reine Internet-Suchmaschine gegründeten Unternehmens und die heutige wirtschaftliche Machtstellung, dann ist dem Unternehmen noch vieles zuzutrauen.

Statistiken zeigen das Unternehmen mit seinen Marktanteilen von mehr als 80 Prozent aller weltweiten Suchanfragen als Marktführer unter den Internet-Suchmaschinen. Die Suchplattform ist nach wie vor der Kernbereich des Geschäfts. Der Erfolg des Unternehmens hat heute jedoch deutlich mehr Standbeine: kontextsensitive Werbung (siehe Google AdSense), globale geographische Such- und Lokalisierungsdienste und vor allem gehostete multimediale Kommunikationsdienste und -applikationen. In jüngster Zeit baut das Unternehmen sein Geschäftsfeld deutlich in Richtung Mobilität und Unified Communication aus. Durch ein eigenentwickeltes Betriebssystem für mobile Endgeräte und Netz-PCs namens „Android" wagte das Unternehmen sogar den Einstieg in die Handybranche.

Über mehrere Zukäufe in der Telekommunikationsbranche ist zu erwarten, dass das Unternehmen eine eigene internetbasierte UC-Plattform anbieten wird. Bereits heute schon sind viele Funktionen wie z.B. UMS, IM, Blogs, Video, E-Mail oder VoIP integrale Bestandteile des Web-Angebotes.

Google betreibt weltweit eine Reihe von Rechenzentren, die jeweils die komplette Funktionalität der Suchmaschine enthalten. Jedes Rechenzentrum besteht aus einem Computercluster. Ähnliche Architekturen findet man auch bei einer Virtualisierungsplattform. Durch diese Voraussetzungen erreicht das Unternehmen eine immens große Nutzbreite. Die Autoren sind der Meinung, dass sich das Unternehmen zu einem der führenden Anbieter von Unified Communication entwickeln wird. (Mehr Informationen unter www.google.com)

3.1.7 Hewlett-Packard

Eines der Unternehmen mit langer Historie und vielschichtigen Wandlungen. Am bekanntesten ist das Unternehmen durch Drucker, Scanner und Kopierer. Viele Menschen kennen natürlich auch die Server, PCs und Notebooks sowie PDAs (Personal Digital Assistant – Mini-Computer) und Smartphones. Ebenso ist das Unternehmen auch im Bereich Datennetzinfrastrukturen unterwegs. Das Unternehmen verfolgt vor allem im Bereich der Netzwerkinfrastruktur klar den Trend „Kommunikation ist im Netz". Dafür werden in den zentralen Datenkomponenten hochleistungsfähige Serverplattformen als Einschübe verwendet, auf denen dann wiederum Kommunikations- und UC-Applikationen laufen. Vor allem bei den Administratoren und Betreibern von Netzwerk-, Kommunikations- und Servertechnik stehen die SNMP-Managementlösungen dieses Unternehmens hoch im Kurs. In den letzten Jahren legte Hewlett-Packard seinen Fokus mehr und mehr auf die Erbringung von Dienstleistungen. In diesem Zusammenhang übernahm das Unternehmen die Firma EDS. So etablierte man sich als weltweit größter IKT-Dienstleister.

Bei all dem Gesagten wird eines recht schnell deutlich: Diese Firma hat keine oder nur sehr wenige Produkte und Lösungen für die Bereiche Kommunikationsdienste und Applikationen. Besonders hier setzt das Unternehmen auf strategische Partnerschaften, vor allem und insbesondere mit den in diesen Abschnitten aufgeführten Firmen. Am Markt agiert das Unternehmen sowohl indirekt mit Geschäftspartnern als auch direkt. Dieser gemischte Marktangang führt bei Kunden und Partnern hin und wieder zu Verwirrungen. Besonders im Bereich Unified Communication tritt HP (Stand 2009) noch gar nicht in Erscheinung. Das mag sich jedoch recht schnell ändern, denn der Trend zu Unified Communication as a Service ist deutlich erkennbar. Das Unternehmen wird sich als größter Serviceanbieter diesem Markt mit hoher Wahrscheinlichkeit deutlich nähern, beste Voraussetzungen dafür sind vorhanden. (Mehr Informationen unter www.hp.com)

3.1.8 IBM

Die Historie dieses Unternehmens liest sich wie das Buch der Wandlungen. Bekannt und groß geworden als einer *der* führenden Hersteller von Großrechnern und Terminals, als sogenannter „Big Blue" (der große Blaue – abgeleitet von Blau des Unternehmenslogos), wandelte sich das Unternehmen seit Ende der 90er immer mehr zu einem Applikations- und Serviceanbieter. Den größten Schritt in diese Richtung machte die Firma mit der Übernahme von Lotus. Heute hat IBM mit seinen Hochleistungsrechnern nach wie vor eine sehr hohe Präsenz in den Rechenzentren. Von hier aus stellt man den Kunden eine Vielzahl von UC-Applikationen zu Verfügung. Vor allem in jüngster Zeit dringt das Unternehmen von den klassischen Lotus-Funktionen immer aktiver in den Bereich der Kommunikationsdienste vor. So enthalten neuesten Versionen der Applikationsplattform des Unternehmens eine Reihe von Telefonie-, Konferenz- und Kollaborationsfunktionen. Dennoch ersetzt diese Kommunikationsumgebung bei Weitem noch nicht die existierenden Telekommunikationssysteme. Einer der größten Vorteile des Unternehmens ist zweifelsohne seine Stärke als Systemintegrator und Serviceanbieter. Das Unternehmen setzt sehr stark auf Applikationspartner.

Den Bereich Infrastruktur und Netze hat IBM vor einigen Jahren nahezu vollständig eingestellt und setzt seither auf Partnerschaften. Ebenso ist man bisher nur sehr eingeschränkt bei den Themen Management und Sicherheit unterwegs. Die Interoperabilität mit den Telefoniediensten und -applikationen des Unternehmens mit den Kommunikationsdiensten und -systemen anderer Hersteller lässt noch deutlich zu wünschen übrig. In gewisser Weise sieht das Unternehmen diese Hersteller sogar mehr oder weniger als Wettbewerber denn als Partner. Allerdings steht zweifelsohne fest, dass das Unternehmen mit seiner wirtschaftlichen Kraft und sehr hohen Marktdurchdringung vor allem in speziellen Branchen den UC-Markt noch deutlich mit bestimmen wird. (Mehr Informationen unter www.ibm.com)

3.1.9 Interactive Intelligence

Die meisten anderen Hersteller hatten diese Firma bezüglich Unified Communication bisher wenig bis gar nicht im Blick. Ursprünglich eher aus dem CallCenter-Umfeld kommend, stellt das Unternehmen jetzt ebenfalls eine sehr leistungsstarke UC-Lösung zur Verfügung. Diese „all-in-one" UC-Architektur ist offen für die Interaktion mit einer Vielzahl von Kommunikationssystemen und mit den Applikationen von Microsoft. Durch die Historie im CallCenter-Umfeld besteht eine der wesentlichen Stärken der UC-Architektur dieses Unternehmens in der engen Integration von UC-Funktionen mit und in CallCenter-Plattformen.

Das Unternehmen selbst ist weder in den Bereichen Infrastruktur und Netze noch den Kommunikations- und Managementsystemen bzw. Sicherheit tätig. Für diese Bereiche setzt das Unternehmen auf Partnerschaften.

Das Unternehmen ist vor allem auf dem amerikanischen Markt bekannt. In Europa fehlt noch Marktdurchdringung, hier zählt man eher zu den sogenannten „Nischenanbietern" mit Spezialisierung auf bestimmte Branchen. Bedingt durch den starken Fokus auf Prozesse hat das Unternehmen in den IT-Abteilungen der Kunden bisher wenig Sichtbarkeit. (Mehr Informationen unter www.inin.com)

3.1.10 Microsoft

Dieses Unternehmen zählt absolut zu den Schwergewichten im Applikations- und UC-Umfeld. Mit seiner fast übermächtigen Marktpräsenz bei Server- und PC-Betriebssystemen, Büroanwendungen, Verzeichnisdiensten usw. hat das Unternehmen die besten Chancen, ihre UC-Applikationen dort zu integrieren. Auch diese Firma bettet immer mehr Kommunikationsdienste und -funktionen direkt in ihr Applikationsumfeld ein. Damit verfolgt man das Ziel, perspektivisch die Kommunikationssysteme aus dem Markt zu verdrängen. Das Unternehmen agiert am Markt sehr offensiv. Dabei stützt es sich auf ein umfangreiches, vielschichtiges und hoch qualifiziertes Partnerumfeld. Mit dieser Marktmacht drückt man in den Kommunikationsbereich und setzt vor allem auf Kollaborations-, Präsenz- und multimediale Konferenzdienste. Viele Kunden setzen bereits E-Mail- und Verzeichnissysteme dieses Unternehmens ein. Damit ist beispielsweise der Schritt zu UM (Unified Messaging) auf dieser Basis nahezu vorgezeichnet.

Dem Unternehmen wird es schwer fallen, die über 100 Jahre alten Entwicklungen der Telekommunikation innerhalb weniger Jahre auf- oder zu überholen. Daher setzt man auch weiterhin auf strategische Partnerschaften mit Herstellern von Kommunikationssystemen. In den Bereichen Infrastruktur und Netze, CallCenter, Management und Sicherheit ist das Unternehmen komplett auf Partner angewiesen. Das Unternehmen bringt immer wieder sehr proprietäre Protokolle und Funktionen auf den Markt, womit es sich selbst und den anderen Herstellern das Leben sehr schwer macht. Die Lizenzpolitik für die Vielzahl der Applikationen des Unternehmens ist für die Endkunden sehr unüberschaubar, unhandlich und intransparent. Vor allem seine Audio- und Videokonferenzlösungen sind bezüglich der nutzbaren Endgeräte noch sehr eingeschränkt, die Interoperabilität lässt noch deutlich zu wünschen übrig. Für die Interaktion mit klassischen Kommunikationssystemen wie z.B. ISDN sind zusätzliche Komponenten anderer Hersteller erforderlich. Das wiederum macht die UC-Architekturen dieses Herstellers sehr komplex und erfordert umfangreiche Kenntnisse für die Implementierung sowie den Betrieb. (Mehr Informationen unter www.microsoft.com)

3.1.11 Mitel

Das Unternehmen kommt wie viele andere aus der Telekommunikation. Mit diesem Verständnis für Kommunikation entwickelte das Unternehmen eine eigene UC-Plattform, die auf dem eigenen Kommunikationssystem zum Einsatz kommt. Das Unternehmen ist vorrangig auf dem englischen Markt tätig. Die UC-Lösungen der Firma lassen sich auf virtuellen Maschinen implementieren und mit den Applikationsumgebungen anderer Hersteller (z.B. IBM und Microsoft) integrieren. Der Zielmarkt für die Kommunikations- und UC-Applikationen des Unternehmens sind vor allem mittelgroße Kunden.

Dem Unternehmen fehlen eigene Lösungen in den Bereichen Infrastruktur und Netze, Management und Sicherheit. Als Privatunternehmen agiert es vorzugsweise direkt. Es hat kein bzw. ein nur sehr kleines Partnerumfeld. Das macht es dem Unternehmen schwer, sich auf dem Markt stärker zu etablieren. (Mehr Informationen unter www.mitel.com)

3.1.12 NEC

Dieses Unternehmen hat genau wie einige andere „Urväter" dieser Branche" eine bewegte Geschichte hinter sich. Groß geworden mit leistungsstarken Server- und Großrechnerarchitekturen stieg das Unternehmen vor einigen Jahren auch ins Kommunikations- und Applikationsgeschäft ein. Das Unternehmen hat zwei UC-Strategien: eine für kleine und kleinste Kunden, die andere eine hoch skalierbare UC-Plattform für Großkunden. Beide Lösungen haben eher den Charakter einer sogenannten „Middleware", also einer Schicht zwischen den Kommunikationssystemen und den UC-Funktionen. In vielen Ländern ist das Unternehmen vor allem auch als Systemintegrator und Serviceanbieter unterwegs. Mit diesem Hintergrund erfolgt der Einstieg bei den Kunden häufig über Dienstleistungs- und Integrationsaufträge.

Die Firma hat keine eigenen Lösungen in den Bereichen Infrastruktur und Netze, Management und Sicherheit und ist hier stark von Partnerschaften abhängig. Am Markt tritt man sowohl direkt als auch indirekt (über Partnerschaften) in Aktion. In solchen Fällen muss – vor allem bezüglich der Serviceleistungen – deutlich die Rollenverteilung geklärt werden. Außerdem ist die Strategie, welches der Kommunikationssysteme mit welcher der oben angesprochenen UC-Plattformen zum Einsatz kommt, noch sehr inkonsistent. Das Unternehmen ist mit seinen UC-Lösungen am Markt noch weitgehend unbekannt. (Mehr Informationen unter www.nec.com)

3.1.13 Nortel

Nach der Übernahme der Kommunikationsparte dieses Unternehmens durch Avaya ist es schwer abzuschätzen, was mit den existierenden Lösungen des Unternehmens geschehen wird. Das Unternehmen hat eigene Lösungen in den Bereichen Infrastruktur und Netze sowie Kommunikation und Unified Communication. Die UC-Applikationen des Unternehmens sind recht weit entwickelt und können mit einer Reihe von Systemen, Endgeräten und Applikationen anderer Hersteller interagieren. Die nahe Zukunft wird zeigen, wie die existierenden Lösungen des Unternehmens jetzt, unter der Führung und Weiterentwicklung eines neuen Eigentümers, überleben oder auch untergehen. (Mehr Informationen unter www.nortel.com)

3.1.14 Oracle

Ein Unternehmen, das groß geworden ist mit Software- und vor allem Datenbankentwicklungen. Dessen besondere Fähigkeit liegt in der Bereitstellung und Adaption von datenbankorientierten Geschäftsapplikationen. Genau mit diesen Technologien ist man bereits bei sehr vielen Geschäftskunden vertreten. Mit dieser Expertise für Applikationsentwicklung und der Tatsache, dass Kommunikationsdienste und Unified Communication im weitesten Sinne auch nur Applikationen sind, ist das Unternehmen nahezu prädestiniert dafür, sich auch mit Kommunikations- und UC-Applikationen zu beschäftigen. Genau das findet zunehmend statt. Durch Zukäufe und Übernahmen von kleineren Firmen im Bereich UC- und CallCenter-Applikationen drängt das Unternehmen immer stärker auch in dieses Marktsegment. Dabei kommen ihm vor allem die sehr umfangreichen Erfahrungen im Bereitstellen und Bedienen offener standardisierter Schnittstellen zugute. Mit der Übernahme von SUN hat das Unternehmen ein sehr gutes Entree in die Serverplattformen und damit die Rechenzentren.

In den Bereichen Infrastruktur und Netze, Kommunikationsdienste, Management und Sicherheit ist das Unternehmen eher weniger oder gar nicht unterwegs. Bisher tritt man im UC-Umfeld noch sehr wenig in Erscheinung. Das kann und wird sich sicher ändern, wenn das Unternehmen den richtigen und wirkungsvollen Einstieg in diesen Bereich findet. (Mehr Informationen unter www.oracle.com)

3.1.15 SAP

Ein Unternehmen, das seit den letzten Jahren vor allem mit seinen Applikationen aus dem Geschäftsumfeld kaum mehr wegzudenken ist. Seine besondere Stärke liegt im Bereich der Entwicklung und Bereitstellung von Applikationen für Geschäftsprozesse. Mit dieser Expertise begann man vor einigen Jahren den Einstieg in den Bereich von Unified Communication – zuerst über die Bereitstellung von Programmierschnittstellen, sogenannter APIs (Application Programming Interface), jetzt sogar mit einer Reihe eigens entwickelter UC-Funktionen in ihren Applikationen. Das Unternehmen ist bei den Firmen und Verwaltungen sehr prozessnah unterwegs, daher liegt der Schritt zur Prozessunterstützung mittels Unified Communication ebenso nahe. Selbst kleinere Telefon- und CallCenter-Funktionalitäten sind Bestandteil der Softwarearchitektur des Unternehmens.

Das Unternehmen stützt sich weltweit auf eine sehr große Anzahl von Partnern. Das ermöglicht eine sehr starke Präsenz vor allem bei anderen Großunternehmen und Organisationen.

Die Firma ist rein auf Applikationen fokussiert. Weder in den Bereichen Infrastruktur und Netze noch bei Kommunikationsdiensten, Management und Sicherheit ist man vertreten. Da die in ihre eigenen Lösungen eingebetteten UC-Funktionen im Vergleich zu denen reiner UC-Architekturen deutlich eingeschränkt sind, ist man sehr häufig auf Partnerschaften mit den hier aufgeführten Herstellern angewiesen. Das Unternehmen wird am Markt noch nicht oder nur wenig als Entwickler, Hersteller oder Lieferant von Unified Communication gesehen. (Mehr Informationen unter www.sap.com)

3.1.16 ShoreTel

Einer der sogenannten „Newcomer" in dieser Branche. Das Unternehmen ist mit einer Kommunikationsplattform auf den Markt gestoßen, dessen Fokus vor allem verteilte Strukturen und Organisationen von Firmen und Verwaltungen adressiert. Genau in dieser Funktionsweise entwickelt und vermarktet man die firmeneigene UC-Plattform und verfolgt damit einen völlig anderen Ansatz als die meisten anderen Hersteller: Man setzt auf verteilte statt zentralistische Architekturen. Verteilte Intelligenzen ermöglichen eine N+1 Redundanz. Jede Applikation arbeitet autark und wird lediglich über eine zentrale Steuerinstanz administriert. Das System unterstützt sowohl eigene Endgeräte als auch SIP-Endgeräte anderer Hersteller und SIP-Trunks. Ein wesentlicher Vorteil dieser Architektur ist der vergleichsweise geringe Installationsaufwand dieser gebündelten Lösung. Damit ist dieses Unternehmen vor allem dann interessant und kosteneffektiv, wenn es um verteilte Lösungen mit überschaubarer Skalierung geht. Die Lösung interagiert mit anderen Applikationsumgebungen, z.B. von Microsoft und IBM.

Ähnlich wie bei den anderen reinen Applikationsherstellern ist diese Firma rein auf Kommunikations- und UC-Applikationen fokussiert. Weder in den Bereichen Infrastruktur und Netze noch Management und Sicherheit ist man vertreten. Die UC-Architektur dieses Unternehmens ist weniger gut geeignet für größere zentralistische Implementierungen, und man ist, bezogen auf die anderen in dieser Aufstellung genannten Unternehmen, mehr oder weniger ein Außenseiter oder Nischenspieler mit Hauptfokus auf den amerikanischen Markt. (Mehr Informationen unter www.shoretel.com)

3.1.17 Siemens Enterprise Communications

Das Unternehmen ist einer der Weltmarktführer im Bereich Kommunikationstechnologien und -dienste. Ebenso verschaffte sich man eine sehr hohe Marktpräsenz im Bereich Unified Communication und CallCenter. Seine sehr hoch skalierbare, modulare UC-Architektur basiert auf einer eigenen standardkonformen Kommunikationsplattform. Unified Communication und Kommunikationsdienste haben eine gemeinsame Managementplattform und setzen vollständig auf SIP auf. Durch diese Offenheit interagiert die UC-Architektur mit SIP-Komponenten sowie den Applikationsumgebungen anderer Hersteller. Die UC-Architektur des Unternehmens ist, ebenso wie die einiger anderer Hersteller, klar auf Virtualisierung ausgerichtet. Mit einem besonderen Fokus auf die großen Geschäftskunden und Organisationen ist die Firma auch als Dienstleistungserbringer unterwegs.

Das Unternehmen agiert am Markt sowohl direkt als auch indirekt. Dies führt hin und wieder zu der einen oder anderen Verwirrung von Kunden bzw. Partnern. Man ist in Europa sehr gut vertreten, allerdings weniger auf dem Markt in Nordamerika.

Die Stärke des Unternehmens im Bereich Kommunikationsdienste und Applikationen auf der einen Seite zeigt jedoch deutlich die Schwächen in den Bereichen Infrastruktur und Netze sowie Management und Sicherheit auf der anderen Seite. In diesen Bereichen hat man keine eigenen Lösungen und setzt daher auf Partnerschaften. (Mehr Informationen unter www.siemens.com)

3.1.18 TeleWare

Ein Unternehmen, das außerhalb des Stammmarktes in England bisher nur wenig in Erscheinung trat. Dort ist das Unternehmen seit Anfang der 90iger Jahre im Bereich von Kommunikationsapplikationen aktiv. Die firmeneigenen Lösungen setzen oft auf die vorhandenen Kommunikationsplattformen auf. Dafür kommen Technologien aller am Markt etablierten Hersteller von Kommunikationsplattformen zum Einsatz. Einen besonders starken Fokus legt man auf den Bereich der FMC (Fixed Mobile Convergence) und die Einbindung mobiler Anwender in die Firmenkommunikation. Die UC-Plattform ist sehr anpassungsfähig und hat vor allem Stärken im Zusammenwirken mit der Applikationsumgebung von Microsoft.

Die Aktivitäten des Unternehmens richten sich sehr stark auf den englischen Markt. Dies ist sicher auch bedingt durch die Tatsache, dass die FMC-Lösung auf der Mobilfunkseite spezielle Infrastruktur voraussetzt, die es nahezu ausschließlich dort gibt. Die UC-Funktionen in den Bereichen Web- und Videokonferenz sind noch recht spartanisch entwickelt. Ähnlich wie die anderen aus der Applikationsentwicklung kommenden Hersteller hat auch dieses Unternehmen keine eigenen Lösungen – weder in den Bereichen Infrastruktur und Netze noch Management und Sicherheit. Selbst bei den Kommunikationsplattformen kommen häufig Systeme anderer Hersteller zum Einsatz. (Mehr Informationen unter www.teleware.com)

3.1.19 Toshiba

Dieses Unternehmen ist weltbekannt durch PCs, Notebooks, Drucker, Scanner usw., doch es mit Unified Communication in Verbindung zu bringen, würde vielen Menschen wohl kaum einfallen. Dennoch verfügt man über eine interessante UC-Architektur, die vor allem für kleinere und mittelgroße Unternehmen (bis ca. 1.000 Teilnehmer) gut geeignet scheint. Die UC-Lösung setzt auf eine ganz spezifische und spezielle Kommunikationsplattform auf. Darüber hinaus kann sie die Kommunikationsfunktionen z.B. aus der Applikationsumgebung von Microsoft nutzen.

Vor allem aus den beiden letztgenannten Gründen ist die Funktionalität der Gesamtlösung gegenüber denen anderen Hersteller deutlich eingeschränkt. Die wesentlichen Märkte sind USA, Asien und England. Auch hier gilt das bereits bei den anderen reinen Applikationsherstellern Gesagte: „Das Unternehmen ist rein auf UC-Applikationen fokussiert". Weder in den Bereichen Infrastruktur und Netze noch Kommunikationsplattformen, Management und Sicherheit ist die Firma vertreten. Sie bietet sehr dezidierte Lösungen für spezifische Märkte und Kundenbereiche. (Mehr Informationen unter www.telecom.toshiba.com)

3.1.20 Weitere Hersteller

Diese kleine Aufzählung und Darstellung von Entwicklern und Herstellern ist bei weitem keine allumfassende Betrachtung. Vielmehr handelt es sich dabei um die Hersteller, die vor allem einen internationalen Fokus haben und von am internationalen Markt führenden Analysten wie Gartner, DelOro, Berlecon usw. wahrgenommen und bewertet werden.

Neben den oben angeführten, tatsächlich im UC-Bereich tätigen Unternehmen gibt es noch eine Vielzahl von Unternehmen, die sich auf konkrete Kommunikationsdienste im UC-Umfeld fokussieren, wie z.B. multimediale Konferenz und Kollaborationsplattformen. Die bekanntesten Entwickler und Hersteller von Videokonferenzsystemen sind Tandberg (allerdings gerade übernommen durch Cisco), Polycom und Radvision. Diese Hersteller liefern vor allem hochleistungsfähige MCUs (Multipoint oder auch Multimedia Control Unit), Videokameras, Videoclients und komplette Konferenzsysteme. MCUs dienen der Verschaltung der multimedialen Datenströme mehrerer Teilnehmer oder Systeme zu Konferenzen. So gesehen sind sie Sternkoppler. Alle diese Systeme und Komponenten arbeiten heutzutage mit modernen IP-Protokollen, multimedialen Kodierungs- und Komprimierungsverfahren (Codecs).

Bezogen auf den deutschen Markt gibt es noch eine Vielzahl weiterer Unternehmen wie z.B. die Firmen Sikom, Telesnap, Estos usw., die mit eigenen Entwicklungen aktiv sind. Viele von ihnen kommen aus ganz speziellen Anwendungsbereichen, teilweise von der Seite der CallCenter-Applikationen wie z.B. Sikom, oder aber über die Entwicklung von Schnittstellen bzw. der sogenannten Middleware, wie die beiden anderen aufgeführten Firmen. Eines ist allen diesen Firmen gleich: Sie kommen aus der Applikationswelt, d.h. sie entwickeln und vermarkten weder eigene Lösungen in den Bereichen Infrastruktur und Netze noch Kommunikationsplattformen, Management und Sicherheit. Daher sind diese Unternehmen bei der Realisierung ganzheitlicher UC-Architekturen immer auf Partnerschaften angewiesen.

> **Praxistipp:**
>
> Die Anzahl und Vielfalt von Entwicklern, Herstellern und Lieferanten für UC-Architekturen ist nahezu unüberschaubar. Fast täglich kommen Unternehmen aus den unterschiedlichsten IKT-Bereichen dazu oder verschwinden. Dieser Markt ist höchst dynamisch – genau wie die Technologie, um die es geht. Entsprechend schwer fällt die Auswahl.
>
> **Empfehlung:** UC-Architekturen erfordern ein ganzheitliches IKT-Verständnis, also richten Sie Ihre Aufmerksamkeit vor allem auf diese Unternehmen. Beraten Sie sich, oder lassen Sie sich beraten – sowohl über den aktuellen Stand als auch die strategischen Ausrichtungen der Technologien dieser Unternehmen. Rücken Sie in diesen dynamischen Zeiten der Innovation möglichst nah an die Innovationsträger (Entwickler und Hersteller) heran, denn sie sind der Rückhalt. Lassen Sie sich von ihnen glaubhaft die sogenannten „Roadmaps", also die Entwicklungspläne für die nächsten Jahre aufzeigen und erklären.

3.2 Essenz

Das Fazit und die Essenz aus diesem Abschnitt ist: „Unified Communication vereinigt nicht nur Technologien und Technik, sie bringt auch die Märkte und Hersteller immer enger zusammen." Diese Tatsache ist für die Anwender ein zweischneidiges Schwert. Zum einen haben sie eine deutlich breitere Auswahl, zum anderen haben sie die sprichwörtliche „Qual der Wahl" oder noch besser gesagt: „die Qual nach der Wahl." Letzteres trifft vor allem dann zu, wenn die Anwender der Meinung sind, sie könnten sich Unified Communication quasi vom Markt „zusammenkaufen". Von jedem Hersteller das, was dieser gerade am besten kann. So funktioniert Unified Communication nicht. Die dargestellten Möglichkeiten zur Be- und Auswertung der Leistungsfähigkeit einzelner Hersteller ist ein wichtiger Aspekt. Noch essenzieller hingegen ist die genaue Betrachtung der durch die Anwender gestellten Anforderungen. Dieser Gedanke leitet direkt über zum nächsten Thema, der Frage: „Sind Sie bereit für Unified Communication – sind Sie UC-ready?"

4 UC-Readyness-Analyse

4.1 Warum gut vorbereiten?

Projekte laufen immer nur so gut, wie sie vorbereitet sind. Das zeigt sich in der Praxis stets aufs Neue. Immer wieder ist zu hören, wie schwer es war, welche Probleme ganz plötzlich auftauchten, dass diese ‚immensen' Aufwendungen doch überhaupt nicht einkalkuliert waren usw. Solche Aussagen zeugen von einem blauäugigen – man möchte fast meinen: naiven – Vorgehen in UC-Projekten. Ein erfolgreiches UC-Projekt beginnt bei einer fundierten Vorbereitung und einer Analyse, ob das Umfeld bereit ist für Unified Communication – einer UC-Readyness-Analyse. Sie beantwortet die entscheidende Frage: „Sind Sie bereit für Unified Communication?"

Wir hatten Unified Communication als eine individuelle Basisarchitektur bezeichnet, also als etwas, das bei jedem Kunden, jeder Installation und natürlich jedem Betrieb anders aussieht – und genau darin liegt die Herausforderung. Deshalb muss auch die Vorbereitung auf eine UC-Implementierung individuell und speziell auf jeden einzelnen Kunden zugeschnitten sein.

Da drängt sich sofort die Frage auf: „Was gehört alles zu einer guten und fundierten Vorbereitung eines UC-Projektes?" Nach Ansicht der Autoren sollte ganz vorne die grundsätzliche Klärung folgender Fragen stehen:

- Was erwarten wir vom UC-Einsatz? Wir, damit sind die Nutzer, Betreiber, Administratoren und Verantwortlichen für die Geschäftsprozesse gemeint.
- Wird sich UC rechnen? Kann man eine ROI-Berechnung (Return On Invest), sozusagen „auf Euro und Cent", anstellen? Das ist der sogenannte „hard ROI".
- Welchen „gefühlten" Nutzen („soft" ROI) will man den Nutzern durch den UC-Einsatz bringen? Welche negativen Aspekte der täglichen Arbeit wird der UC-Einsatz beseitigen („Release of Impact")?

Hinter all dem steckt natürlich die alles entscheidende Frage: Welchen Bedarf, welche Bedürfnisse für die Implementierung von UC verspüren die Beteiligten, also die Nutzer, Entscheidungsträger und Betreiber?

Erst wenn ein echter, ein expliziter Bedarf vorhanden ist, sollte mit der konkreten Vorbereitung und Umsetzung eines UC-Projektes begonnen werden!

Die eigentliche Vorbereitung auf ein UC-Projekt umfasst vor allem eine Zieldefinition, die „SMART", „PURE" und „CLEAR" ist (mehr dazu in Abschnitt 4.2.1). Dazu gehört die realistische Analyse des vorhandenen IKT-Umfeldes nach dem Modell der IKT-Landkarte (siehe Kapitel 1). Die folgenden Abschnitte stellen einen fundierten und strukturierten Vorbereitungsprozess für ein erfolgversprechendes UC-Projekt vor.

4.1.1 Brauchen wir UC?

Unified Communication ist eine deutlich komplexere Architektur als ein reines Kommunikationssystem. Es bedarf einer viel breiteren und intensiveren Vorbereitung, Planung und Konzeption. Das beginnt bei der Beantwortung der Frage nach der Zielsetzung und dem Sinn. Wofür brauchen wir Unified Communication und was bringt sie uns? Wie arbeiten und kommunizieren die Menschen heute? Welche Prozesse, Abläufe usw. rund um die Kommunikation bereiten ihnen dabei Schwierigkeiten, machen sie unzufrieden oder sind sogar problematisch? Das ist wichtig zu erfahren, denn nur wenn die Menschen wegen vorhandener Unzufriedenheiten oder sogar echter Probleme das Bedürfnis entwickeln, diese Situation zu verändern, besteht die tatsächliche Chance für ein Projekt.

Alleine das Wissen um Schwierigkeiten oder Unzufriedenheit mit den vorhandenen Kommunikationsdiensten ist noch kein ausreichender Startpunkt für ein UC-Projekt. Wenn jemand von Schwierigkeiten berichtet, bedeutet das noch lange nicht, dass er auch daran denkt, etwas zu verändern – geschweige denn, dass er bereits weiß oder ahnt, wie er seine Schwierigkeiten beseitigt. Stellen sich beim Nutzer die ersten Unzufriedenheiten ein, dann kommen auch die ersten Gedanken zu Lösungsmöglichkeiten auf. Die ersten Ansätze von Bedürfnissen zeigen sich. Erwachsen dann aus den Unzufriedenheiten echte Probleme, dann wird der Wunsch nach Änderungen schon deutlich konkreter. Schwierigkeiten, Unzufriedenheiten und selbst Probleme drücken implizit einen Bedarf aus. Es ist noch nicht klar, wie der Bedarf tatsächlich aussieht. Das Bedürfnis muss sogar so stark werden, dass sich daraus ein expliziter Bedarf erkennen lässt: der Bedarf nach Lösungen. Erst wenn jemand sehr deutlich ausspricht, dass er einen Bedarf hat, ist er wirklich bereit für eine Veränderung.

In der Praxis sprechen die Menschen allerdings meistens nur von einem Bedarf und meinen, genau betrachtet, damit ihr Bedürfnis. Diese Differenzierung zwischen Bedarf und Bedürfnis sollte unbedingt geklärt sein:

- Bedarf ist der einzusetzende Aufwand für die Erreichung eines Ziels, im übertragenen Sinne also der Aufwand für die Veränderung, die Beseitigung von Unzufriedenheiten, die Lösung von Problemen.

- Das Bedürfnis ist der Wunsch, der Wille, die Notwendigkeit, den Bedarf zu erfüllen. Wenn jemand einen Bedarf hat, bedeutet dies keineswegs, dass er automatisch ein Bedürfnis hat oder verspürt, diesen Bedarf zu erfüllen.

> **Praxistipp:**
> Zu einer fundierten Vorbetrachtung gehört vor allem die Analyse des Bedarfs und des Bedürfnisses der einzelnen Anwender, Nutzergruppen, Organisationen. Sie berücksichtigt alle Struktureinheiten des Unternehmens bzw. der Verwaltung und umfasst Fakten wie z.B. die Art und Anzahl der Niederlassungen und deren Funktionen innerhalb der gesamten Organisation. Welche Menschen wann wo welche Informationen benötigen, wie sich Menschen effektiv, effizient und zuverlässig suchen, finden und erreichen.
>
> **Empfehlung:** Seien Sie konsequent und erfragen Sie die vorhandene Bedürfnislage so lange und so intensiv, bis Sie einen echten und erkennbaren expliziten Bedarf genannt bekommen.

4.1.2 Was bringt UC? – ROI für den Kopf und den Bauch

Eine noch bessere Vorbereitung geht noch einen wichtigen Schritt weiter. Sie fragt nach dem Nutzen. Danach, wie die Anwender erkennen würden, dass ihnen die Lösung etwas bringt, d.h. sich die problematische Ausgangssituation für sie spürbar verbesserte.

Das ist der Kern der Sache, der jedoch in den meisten Fällen oft als notwendiges Übel betrachtet wird. Oftmals heißt es recht platt: „Machen Sie mal eine ROI-Berechnung." Dann wird wie wild versucht, eingesparte Sekunden und Minütchen hochzurechnen, um das UC-Projekt über die Zeitersparnis „schön zu kalkulieren". Genau das klappt nicht – das ist unsere leidvolle Erfahrung aus vielen Projektansätzen. Natürlich sollen und müssen sich Projekte letztlich auch rechnen, doch nicht um jeden Preis. In diesem Zusammenhang passt die bereits im Vorwort erwähnte Geschichte aus dem Buch „Der kleine Prinz". In dieser trifft der kleine Prinz auf einen Händler. Die Durst stillenden Pillen des Händlers sparen, so rechneten es seine Experten aus, 53 Minuten in der Woche. „Was wird dann mit dieser Zeitersparnis?", fragte der kleine Prinz. Nach der Verlegenheitsantwort des Händlers „Man macht damit, was man will" gab der kleine Prinz klar zu verstehen, dass er diese Zeit nutzen würde, um gemütlich zu einem Brunnen zu gehen.

Auch Verbesserungen der Lebens- und Arbeitsqualität sind ein Nutzen. Zufriedenheit der Anwender, indem sie sich positiv über erfahrene Wertschätzung, prompte und zuverlässige Dienstleistung usw. äußern, ist ein Nutzen – nur lässt sich dieser deutlich schwerer in ROI-Kalkulationen – dem ROI für den Kopf, dem sogenannten „hard ROI" – abbilden.

Hierfür gibt es den ROI des Bauches, den sogenannten „soft ROI". Dieser heißt in unserer Interpretation „Release of Impact". Damit ist die Beseitigung der negativen Auswirkungen aus den Schwierigkeiten, Unzufriedenheiten und Problemen gemeint. Die Menschen wollen sich einfach besser fühlen – und das findet im Bauch statt.

> **Praxistipp:**
> Das Wichtigste ist und bleibt eine ehrliche Betrachtung des erwarteten Nutzens. Ist dieser Nutzen monetär fassbar, eignen sich objektive ROI-Kalkulationen. Geht es wesentlich stärker um subjektive empfundene Verbesserungen, ist es dringend angeraten, die Kriterien genau zu umschreiben, an denen festgemacht wird, dass die Implementierung von UC eine Verbesserung bringt. Wer eine solche Betrachtung unterlässt, begeht bereits in der Vorbereitung auf ein UC-Projekt die erste Todsünde – sie wird sich in den meisten Fällen in einer noch stärkeren Unzufriedenheit nach der Implementierung rächen.
>
> **Empfehlung:** Hinterfragen Sie beide ROIs: den für den Kopf und den für den Bauch. Menschen bestehen aus Kopf und Bauch. Der Bauch ist größer als der Kopf, weil dort die wesentlichen Entscheidungen fallen. Der Kopf bestätigt oder „begründet" diese dann nur noch. Also sorgen Sie für ein gutes Bauchgefühl.

4.1.3 Wie ist das technische Umfeld für UC?

Die andere Seite ist das technische Umfeld der zukünftigen UC-Umgebung, d.h. die Netze, Kommunikationssysteme, Applikationen, Datenbanken usw., in denen bzw. über die hinweg die UC-Implementierung erfolgen soll. Selbstverständlich sollte man sich bereits in der Planungsphase über solche Themen wie das später geplante Betriebsmodell sowie die Sicherheit und Administration der UC-Umgebung Gedanken machen. Unified Communication ist eine individuell für jeden Kunden zusammengestellte Basisarchitektur. Somit ergibt sich oftmals auch ein individuelles Betriebskonzept (mehr dazu in Kapitel 10).

Sicherheit ist, so wird in Kapitel 9 deutlich herausgestellt, ein Gefühl. Die Menschen fühlen sich sicher im Umgang mit UC oder eben nicht. Die Hauptursache für ein unsicheres Gefühl liegt im Unbekannten, Neuen. „Wer braucht schon diesen neumodischen Kram?", hören wir oft von den Anwendern. Dahinter liegt ein sehr ernst zu nehmendes Gefühl: die Befürchtung, mit der modernen Technologie und Funktionsweise von Unified Communication überfordert zu sein. Sicherheit hat auf der anderen Seite auch technische Aspekte, also die Vertraulichkeit, Integrität und Zuverlässigkeit der Komponenten und Dienste einer UC-Architektur. Sie sind ebenfalls Gegenstand des eben angeführten Kapitels.

Ebenso bedeutet vereinheitlichte Kommunikation konsequenterweise auch vereinheitlichtes Management (mehr dazu in Kapitel 11), ganz zu schweigen von den Applikationen. Vor allem Lotus Notes- und SAP-Umgebungen sind oftmals stark an die individuellen Kundenanforderungen angepasst – für die UC-Implementierung muss man diese Individualisierungen genau kennen.

> **Praxistipp:**
> Das „U" in UC könnte man auch gut als „umfänglich" deuten. Vereinheitlichte Kommunikation bedeutet auch die vereinheitlichte Betrachtung von Betrieb, Sicherheit, Management und Service. Daher ist jeder Planer und Vorbereiter von UC-Implemen-

> tierungen sehr gut beraten, sich das UC-Umfeld genauestens anzusehen und eine fundierte technische Vorbereitung für Unified Communication vorzunehmen. Vor allem die eingehende Betrachtung der Individualisierung auf der einen und Standardisierung auf der anderen Seite spielt eine wesentliche Rolle, um den Erwartungen bezüglich des späteren Betriebes, der Sicherheit und des Managements der UC-Umgebung gerecht zu werden.
>
> **Empfehlung:** Führen Sie eine gewissenhafte Analyse und Bewertung des vorhandenen IKT-Umfeldes und der Nutzererwartungen durch.

Verantwortungsbewusst agierende Planer und Konzeptionsentwickler legen einen besonderen Fokus darauf, alle diese Aspekte im Vorfeld eines UC-Projektes genauestens zu analysieren. Eine UC-Readyness-Analyse (UC-RA) hat viele Analogien zur VoIP-Readyness-Analyse, allerdings ist sie noch viel umfangreicher. Die folgenden Abschnitte beschreiben die grundlegenden Aspekte einer UC-RA, damit es am Ende heißen kann: „Wir sind bereit für UC".

4.2 Die vier Phasen des UC-Projektes

Insbesondere die Vorbereitungsphase eines UC-Projektes erfordert ein sehr strukturiertes und planvolles Vorgehen. Die Implementierung von UC bedeutet für die Anwender, Geschäftsprozesse und Organisationsstrukturen eine Veränderung im Umgang mit den Kommunikationsmitteln und -diensten, die bis hin zur Anpassung und Adaption von Organisationen, Abläufen und Prozessen reichen kann. Die gezielte und strukturelle, zugleich emphatische und vorbeugende Vorbereitung aller Beteiligten und des vorhandenen IKT-Umfeldes ist die wichtigste Aufgabe eines verantwortungsbewussten Planers und Konzeptentwicklers. In der Praxis bewährte sich ein Vorgehen mit den vier Phasen Orientierung, Klärung, Veränderung und Umsetzung. Dieses Vier-Phasen-Modell erinnert an einen Coachingprozess – in der Tat, hier besteht eine sehr große Ähnlichkeit, denn es geht auch um das Coaching von Veränderungsprozessen.

4.2.1 Orientierung – Zielfindung

Eine verantwortungsvolle Vorgehensweise zum Start in ein UC-Projekt beginnt immer mit einer sauberen und detaillierten Orientierung und der Beantwortung einer Reihe von Fragen. Die erste und zugleich wichtigste Frage lautet: „Wohin soll es gehen?" – Die Antwort auf diese Frage ist letztlich die Zieldefinition. Eine Zieldefinition darf auch lauten: „ … bis da hin – und erst einmal nicht weiter". Wer sich mit Zieldefinitionen auskennt, dem werden sofort die Akronyme „SMART", „PURE" und „CLEAR" einfallen, die als Leitfaden für eine sinnvolle Zieldefinition dienen. Diese Akronyme kommen fachlich aus den Bereichen Projekt- und Changemanagement sowie Sozialpädagogik und sind ursprünglich durch englische Bedeutungen belegt. Die Herkunft dieser Akronyme lässt sich nicht genau bestimmen, und es existiert eine Vielzahl von Deutungsvarianten. Wir verwenden die am meisten bekannten und treffendsten Interpretationen. SMART steht für folgende Aspekte:

- **S = Signifikant:** Signifikante und schriftlich definierte Ziele sind oftmals tiefgründiger durchdacht und meist konkreter beschrieben. Vor allem, wenn es um Ziele geht, die viele Menschen betreffen, ist etwas Aufgeschriebenes deutlich besser nachvollziehbar und glaubhafter als eine lockere mündliche Vereinbarung. Letztlich soll und muss auch der Erfolg eines Projektes nachgewiesen werden, was nur im Vergleich des erreichten Ergebnisses mit einem signifikanten, vorab schriftlich fixierten Ziel erfolgen kann.

  In einigen Projekten haben wir die leidige Erfahrung sich endlos verändernder Ziele gemacht. Das kommt immer dann vor, wenn die Ziele ursprünglich unscharf definiert sind. Dann kommen immer neue Ideen hinzu, die anfängliche Zielsetzung wird ständig erweitert, und das Projektteam kommt nie zu einem Ende. Solche „Endlosprojekte" sind für alle Beteiligten mehr als schmerzlich: Die Mitglieder des Projektteams werden um den Erfolg des zufriedenstellenden Abschlusses gebracht, die Nutzer haben ständig das Gefühl, mit halbfertigen Lösungen abgespeist zu werden, die Verantwortlichen bis hin zur Unternehmensleitung werden unruhig. In vielen Interpretationen wird das S auch als „schriftlich" aufgefasst. In gewisser Weise trifft das ebenso zu, denn eine saubere, umfassende und akkurate Zielbeschreibung ist die Grundlage für eine erfolgreiche UC-Planung, -Implementierung und -Nutzung.

- **M = Messbar** sind Ziele, wenn es ein nachvollzieh- und erkennbares Ergebnis gibt. Oftmals werden mit der Einführung von UC Effizienz- und Effektivitätssteigerungen verbunden. Zu einem guten und klaren Ziel gehört die Darstellung, woran zu erkennen ist, ob und wie gut das Ziel erreicht wurde. Ein UC-Projekt ist nur – und wirklich nur – dann erfolgreich, wenn sich der antizipierte Nutzen für alle Beteiligten nachvollziehbar einstellt. Mit einer messbaren Zieldefinition ist der wichtigste Grundstein dafür gelegt.

- **A = Attraktiv** (das „A" steht manchmal auch „achievable" bzw. „attainable", also erreichbar) ist ein Ziel, wenn es erstrebenswert ist, konsequent und mit allen Ressourcen auf dessen Erreichung hinzuarbeiten. UC als Selbstzweck oder zur Befriedigung von Innovationsgelüsten, vielleicht sogar noch gegen die eigentlichen Anforderungen und Bedürfnisse der Anwender – das ist von „attraktiv" ebenso weit weg wie ein Eisbär von einem Pinguin. Die Einführung von UC sollte für alle Beteiligten attraktiv sein, dann werden alle die richtige Motivation mitbringen.

- **R = Realistisch** betrachtet man sein Ziel vor allem dahingehend, ob es in der geplanten Art und Weise, mit den vorhandenen Ressourcen usw. zu erreichen ist. Ein besonderer Punkt der realistischen Betrachtung ist, ob und inwieweit man das gesetzte Ziel alleine erreichen kann, will oder muss – oder sich lieber Verstärkung holen sollte. Leider werden in der Praxis Ziele oftmals vor allem unter diesem Aspekt sehr realitätsfremd definiert. Am Ende werden dann äußere Bedingungen, andere Personen oder Organisationen bzw. Firmen für das eigene Scheitern verantwortlich gemacht – schade. UC-Projekte sind komplex, sie umfassen derart viele technische Bereiche, dass für einen erfolgreichen Projektverlauf Spezialisten aus allen diesen Gebieten involviert sein müssen. Schon oft sind UC-Projekte vor allem wegen der unbedarften „Selbstversuche" einiger IT-Spezialisten gescheitert, die der Meinung waren: „ ... ist doch nur ein bisschen Software ..." Eine realistische Einschätzung der eigenen Kompetenzen, Fähigkeiten und Möglichkeiten sowie die geschickte Zusammenstellung eines Projektteams aus allen erforderlichen IKT- und Fachbereichen ist das Fundament eines erfolgreichen UC-Projekts.

- **T = Terminiert** bedeutet, sich einen Zeitrahmen zu setzen, in dem das Ziel (auch Teilziele) realistisch zu erreichen ist, ggf. auch erreicht werden muss. Das klingt oftmals einfacher, als es sich in der Praxis darstellt. Zum einen soll die Umsetzung schnell erfolgen – also keine „never ending story" werden –, zum anderen möchte man seine Arbeit mit hoher Qualität durchführen. Beides macht vor allem die Terminierung komplexer Projekte recht schwierig. Nach unserer Meinung verfolgt man am besten das bewährte Prinzip „Einen Schritt nach dem anderen".

  Weil Unified Communication eine individuelle Basisarchitektur ist und Individualisierung immer ein gewisses Risiko des „ ... na, hier noch ein bisschen und dort noch etwas ..." birgt, ist es unabdingbar, das gesamte UC-Projekt und jeden Zwischenschritt klar zu terminieren.

Damit ist SMART die mehr fachliche und sachliche Seite der Zieldefinition. PURE und CLEAR hingegen beschäftigen sich mit den sozialen und emotionalen Aspekten der Zieldefinition. PURE steht für:

- **P = Positiv** ausgerichtet und definiert. Negative Zieldefinitionen haben keine motivierende Wirkung. Sie sind lediglich dazu geeignet, sich später als Misserfolg oder sogenannte „sich selbst erfüllende Prophezeiungen" darzustellen.
- **U = Unmissverständlich**, also verständlich, klar und eindeutig. Nur wenn alle beteiligten Menschen eine Zieldefinition klar verstanden haben und sich vor allem mit ihr ein*verstanden* erklären, ist die Zieldefinition für sie wirklich erstrebenswert und bedeutungsvoll.
- **R = Relevant**. Ziele müssen für die Menschen bedeutungsvoll und wesentlich sein.
- **E = Ethisch**. Wenn Menschen ein definiertes Ziel nicht mit ihren Werten und ethischen Grundsätzen vereinbaren können, werden sie kaum nach dessen Erreichung streben. Gerade wenn es um so sensible Bereiche wie Freisetzen oder Einsparen von Personal geht, gewinnt dieser Aspekt immens an Bedeutung.

Die Abkürzungen SMART und PURE lassen sich in deutscher Sprache darstellen, bei CLEAR geht das leider nicht. Diese englische Abkürzung steht für:

- **C = Challenging** – herausfordernd und anspornend.
- **L = Legal** – gemäß den juristischen, moralischen und ethischen Richtlinien.
- **E = Environmentally** – kurz: umweltverträglich. Ein Punkt, der mit „Green IT" sicher klar zum Ausdruck kommt.
- **A = Agreed** – von allen Beteiligten anerkannt.
- **R = Recorded** – verfolgt und aufgezeichnet. Ein Aspekt, der vor allem bezüglich des Erfolgs und dessen Bewertung wichtig ist.

> **Praxistipp:**
> Einfach nur zu sagen „Wir wollen UC.", ist als Ziel unzureichend. Beschreiben Sie genau, wie das Ziel für die Einführung von UC lautet. Machen Sie den Einsatz von UC messbar, denn jedes UC-Projekt ist mit Aufwendungen verbunden. Diese Aufwendungen sollen sich auszahlen oder einen anderen spürbaren Nutzen erzeugen. UC sollte vor allem den Anwendern nützen. Nur der Nutzen macht ein UC-Projekt attraktiv. Also muss UC allen Beteiligten etwas nützen, dann ist es für sie alle attraktiv und erstrebenswert. Attraktivität ist wichtig – Realismus ist (über)lebensnotwendig. Wenn der Wunsch der Vater des Gedanken ist und die Realität (vor allem die eigenen Fähigkeiten und Möglichkeiten) außer Acht gelassen wird, sind erfolgreiche Zielerreichungen eher unwahrscheinlich. Planen Sie UC-Projekte termingerecht.
>
> **Empfehlung:** Seien Sie besser ein sehr guter Terminierer als ein „Terminator". Definieren Sie die Zielstellung eines UC-Projektes SMART, PURE und CLEAR – das ist die beste Voraussetzung für einen erfolgreichen UC-Einsatz mit zufriedenen Anwendern und glücklichen Chefs.

4.2.2 Klärung – Situation und Rahmenbedingungen

Die erste Zieldefinition für die UC-Einführung ist abgeschlossen. Nun folgt als zweiter wichtiger Schritt die Klärungsphase (Standortbestimmung) mit der Hauptfrage: „Was ist alles (schon) da?".

Die Klärung ist so etwas wie ein erweiterter Realitätscheck der bestehenden Situation mit ihren Rahmenbedingungen und den vorhandenen Ressourcen. Die Klärungsphase dient der Beantwortung solcher Fragen wie: Wie sieht die vorhandene IKT-Umgebung aus? Welche Geschäftsprozesse sind von der UC-Einführung betroffen? Wodurch ist die aktuelle Situation charakterisiert? Welche Unzulänglichkeiten, Schwierigkeiten, Unzufriedenheiten (ggf. sogar Probleme) stecken in dieser Situation? Mit welchen Prioritäten gilt es, welche Dinge sinnvoll zu verändern? Genau genommen ist die Klärung die Validierung und Konkretisierung des Zieles. Nochmals darf, sollte, muss hinterfragt werden, ob das, was man möchte, wirklich *das* Ziel ist.

In der Praxis ist es ist durchaus üblich, das Ziel nochmals abzuklären, es ggf. zu überarbeiten, in Frage zu stellen und hinsichtlich der neuen Erkenntnisse zu adaptieren. Wieder einmal gilt der praxisbewährte Satz: „Und ist der Plan auch gut gelungen, selbst dann verträgt er Änderungen." Je kritischer die Zieldefinition hinterfragt wird, desto klarer und sinnhaltiger wird das Ziel werden.

Am Ende der Klärungsphase ist der wichtigste Grundstein eines erfolgreichen Projektverlaufs gelegt: Ein erreichbares Ziel ist klar definiert, und die Rahmenbedingungen für eine erfolgversprechende Zielerreichung sind geklärt. Der Weg für die praktische Umsetzung, d.h. die Veränderung der Kommunikationsumgebung und des -verhaltens, ist frei. Aber es existieren immer mehrere Wege, eine Veränderung herbeizuführen. Adaptiert auf das Ziel „Erfolgreiche Einführung von UC für die Menschen, Bereiche und Organisationen bis zum fixierten Termin" bedeutet das, dass sich die Vorgehensweise in jedem UC-Projekt unterscheidet. Jedes UC-Projekt ist individuell, auch wenn die dafür verwendeten Werkzeuge, Applikationen, Systeme, Schnittstellen usw. weitestgehend standardisiert sind.

> **Praxistipp:**
> Sicher hatten Sie das UC-Ziel bereits SMART definiert. Dennoch sollten Sie klären, wie die Einführung von UC in die aktuelle Situation passt. Beantworten Sie solche Fragen wie: Was verändert sich für wen durch das UC-Projekt? Welche Ressourcen sind nötig? Was passiert, wenn kein UC eingeführt wird? Wie dringend oder zwingend ist die Einführung von UC für was und für wen? Besonderes Augenmerk sollten Sie den vielen Fragen nach dem „Was ist bereits da?" und „Was davon gilt es zu verwenden, zu integrieren und zu adaptieren?" schenken
>
> **Empfehlung:** Führen Sie eine umfassende und detaillierte Klärung der Situation, Rahmenbedingungen und Ressourcen durch. Validieren Sie die ursprüngliche Zieldefinition und passen Sie diese, wenn erforderlich, an.

4.2.3 Veränderung – Wege finden und sich entscheiden

Ziele, Teilziele und Rahmenbedingungen sind bekannt, definiert, beschrieben und geklärt, nun kann es an die Vorbereitung der Veränderung an sich gehen. Das ist die Phase der höchsten Kreativität. Jetzt geht es darum, Wege zum Ziel zu finden, sie zu bewerten und sich letztlich für einen von ihnen zu entscheiden. Doch warum eine zeitraubende Diskussion um mehrere Wege? Ganz einfach:

- Die Veränderung eines Systems bedingt stets Veränderungen der Systeme, mit denen es interagiert. Wird UC eingeführt, so ergeben sich daraus konsequenterweise Veränderungen für jeden einzelnen Anwender in seiner individuellen Arbeitsweise. Eine Implementierung von Unified Communication bedeutet das Zusammenwachsen von Technologien. Dieses Zusammenwachsen wird Einfluss haben auf die anderen IKT-Systeme. Es werden Schnittstellen benötigt, teilweise sind Systeme zu modernisieren (Updates bzw. Upgrades) oder gar auszutauschen, Dokumentationen, Betriebs- und Sicherheitskonzepte brauchen eine Überarbeitung usw.
- Außerdem gilt der praxisbewährte Satz: „Zu einem guten Plan A gehört immer ein noch besserer Plan B." Man muss sich also auch darüber Gedanken machen, wie es weitergeht, wenn es mal nicht weitergeht.
- Der kürzeste Weg ist in den seltensten Fällen der schnellste.
- Der schnellste Weg ist ebenso selten der beste.
- Jeder Weg ist verbunden mit Aufwendungen – mal weniger, mal mehr. Eine der wichtigsten Vorbereitungsarbeiten und -aufgaben ist es, genau diese zu kennen und gegeneinander abzuwägen.

Die Kunst der Veränderung besteht darin, sich Zeit, Muße und vor allem die Chance zu geben, kreativ nach verschiedenen Wegen für die Veränderung zu suchen. Leider sieht die Praxis oft anders aus. Ein zu schnelles und unüberlegtes Vorgehen ist hochgradig gefährlich und darüber hinaus fahrlässig. Denn selten ist die erstbeste Lösung auch die beste. Gefragt sind echte Lösungen und realistisch gangbare sowie vor allem zielführende Wege.

Als Ergebnis einer guten Veränderungsphase liegt ein klarer Fahrplan vor: ein Plan, in dem die einzelnen Wege zum Ziel, zu den Teilzielen klar beschrieben sind. Dieser Plan enthält Angaben über Richtungen, Zeiten, Ressourcen und vor allem darüber, wie festgestellt werden kann, wo man sich gerade befindet – Gelegenheiten zur Positions- und Standortbestimmung. Alle diese Punkte machen einen kontrollierten Projektverlauf möglich.

> **Praxistipp:**
>
> Geben Sie sich die Chance, über alle Möglichkeiten und Varianten für die spätere Umsetzung Ihres UC-Projektes nachzudenken und diese zu beleuchten. Kreativität in der konkreten Betrachtung und Beschreibung der Veränderung zahlt sich aus. Erstellen Sie einen Fahrplan für das UC-Projekt. Planen Sie Ersatzwege. Vor allem: Kommunizieren Sie den aktuellen Fahrplan an alle Beteiligten. Denn kaum etwas ist unangenehmer und ärgerlicher als festzustellen, dass man sprichwörtlich im „falschen Zug sitzt". Die Einführung von UC ist für Menschen, Informationsflüsse, Geschäftsprozesse, Organisationen usw. eine sehr ernst zu nehmende Veränderung – daher erfordert ein UC-Projekt ein echtes Veränderungsmanagement.
>
> **Empfehlung:** Betrachten und bearbeiten Sie die Einführung von Unified Communication als einen Change-Prozess.

4.2.4 Umsetzung – Es tun und sich am Erfolg erfreuen

Bisher war es alles „nur" Theorie, nun kommt die Praxis. Die Umsetzung ist der beschwerlichste Abschnitt des Projekts. Daher sollte vor allem die Phase der Umsetzung sehr gut vorbereitet sein. Als Ergebnis der Veränderungsphase liegt ein Fahrplan vor, der nun umgesetzt werden muss. Die Umsetzung erfordert einen Handlungsplan. In diesem Plan wird zwingend festgelegt, was durch wen bis wann zu tun ist. Unterstützend dazu kann beschrieben werden, wie oder mit Hilfe von wem die einzelne Maßnahme zu erfüllen ist. Eigentlich ist das „nur" ein klassischer Maßnahmenplan, d.h. eine Auflistung, welche Dinge von wem bis wann wie zu tun sind. Das ist er solange, bis sich jeder der Beteiligten auf ein klares „Ja" für die Umsetzung dieses Maßnahmenplanes einlässt. Die Praxis zeigt, dass Maßnahmenpläne alleine kaum Erfolg versprechen – es geht um die Realisierung und Umsetzung dieser Pläne. Dafür sind klare Umsetzungsvereinbarungen verbindlicher und daher eindeutig erfolgversprechender.

Einige Beispiele für das Was und Wie bei UC-Projekten lassen die genannten Aspekte schnell plastisch werden. Sehr oft erfolgt (muss erfolgen) die Umstellung auf UC im laufenden Geschäftsbetrieb. Die Anwender brauchen eine Eingewöhnung. Sie sollte von entsprechenden Schulungen und Trainings begleitet werden. Außerdem gilt es, die UC-Architektur zu dokumentieren sowie ein schlüssiges Sicherheits- und Servicekonzept dafür zu erarbeiten. Alleine in diesen drei kurz skizzierten Aufgaben liegt ausreichend Zündstoff für ein missglücktes UC-Projekt. Eine detaillierte Umsetzungsvereinbarung über die einzelnen Handlungsschritte führt, so belegen es viele erfolgreiche Projekte, zur effektiven, effizienten und zuverlässigen Projektumsetzung.

> **Praxistipp:**
>
> Ein guter Plan ist die Voraussetzung für den Erfolg, doch geschaffen wird der Erfolg erst durch die Umsetzung der im Plan vereinbarten Maßnahmen.
>
> **Empfehlung:** Machen Sie aus dem Maßnahmenplan eine handfeste und von allen Beteiligten unterschriftlich anerkannte Umsetzungsvereinbarung.

Nur eine Umsetzung des gesamten Modells und die durchgängige Bearbeitung aller vier beschriebenen Phasen führen zu einem erfolgreichen Projektabschluss. Daher an dieser Stelle noch ein abschließender ...

> **Praxistipp:**
>
> Eine Vorbereitung auf Unified Communication mittels einer strukturierten Vorgehensweise nach dem Vier-Phasen-Modell wird Ihnen helfen, den Grundstein für die erfolgreiche Projektrealisierung zu legen. Bestehen Sie von Anfang an darauf, dass alle Beteiligten Unified Communication wirklich brauchen, und dass eine gemeinsame Orientierung auf die Zielsetzung existiert.
>
> **Empfehlung:** Klären Sie ab, wie die Rahmenbedingungen aussehen, welche Ressourcen vorhanden sind usw. Erarbeiten Sie einen aussagekräftigen und umsetzbaren Fahrplan (mit Ersatzrouten). Sorgen Sie für ein Umsetzungsbündnis mit allen Beteiligten und verschaffen Sie ihnen Transparenz darüber, was wann und wie passiert. So sind Sie für und auf ein erfolgreiches UC-Projekt bestens vorbereitet.

4.3 Ist das Umfeld „ready for UC"?

Wie im vorherigen Abschnitt dargestellt, ist einer der wichtigen Vorbereitungsaspekte die Klärung der aktuellen Situation des gesamten Umfelds für die geplante UC-Implementierung. Nun wollen wir etwas detaillierter darauf eingehen, wie und was vor allem im vorhandenen IKT-Umfeld zu klären ist. Als Basis dafür dient das Modell der IKT-Landkarte (siehe Kapitel 1).

Beginnend von unten werden im Folgenden die einzelnen Bereiche des Modells dahingehend beleuchtet, was aus praktischer Sicht sinnvoll und notwendig ist, um am Ende mit einem guten Gewissen sagen zu können: „Unser gesamtes IKT-Umfeld ist bereit für Unified Communication."

- **Netzwerk und Infrastruktur**

  Jede Kommunikation benötigt eine Infrastruktur – selbst die von den Kindern gerne gebastelten „Büchsentelefone" haben eine „Kommunikationsleitung": die Schnur. Natürlich verlegen wir heute keine Bindfäden mehr. Moderne Infrastrukturen basieren auf leistungsstarken Kupferkabeln und Lichtwellenleitern, und zunehmend nutzen sie die Luft als schnurloses Übertragungsmedium.

  Unified Communication setzt neben den IP-Netzen (LAN, WAN, WLAN usw.) auf viele weitere Netze auf wie das klassische ISDN, die Breitband- (xDSL, Koaxnetze usw.) und Mobilfunknetze (Bluetooth, Richt- und Bündelfunk, GSM, EDGE, UMTS, LTE usw.). Auf diesen Infrastrukturen und Netzen läuft die vereinheitlichte Kommunikation zusammen. Die Kunst besteht darin, dass der Anwender keinen Unterschied spürt, welche Infrastrukturen und Netze er für seine Kommunikation nutzt. Die beste Vorgehensweise für das Abbilden vereinheitlichter Kommunikationsdienste ist die Verwendung einer vereinheitlichten Kommunikationsplattform – dazu scheint IP die am besten geeignete Variante.

- **Kommunikationssysteme**

  Sie bilden (zumindest noch) das Herz der Kommunikationstechnologien. Früher oder später werden sowohl die klassische Telefonanlage als auch der sogenannte „CallServer", also die VoIP-Anlage als eigenständiges Kommunikationssystem, der Vergangenheit angehören. Zug um Zug werden ihn Applikationsserver ersetzen, die – wahrscheinlich auf der Basis virtueller Maschinen – dann alle UC-Anwendungen auf einer Plattform vereinen. Dennoch müssen die noch vorhandenen Kommunikationssysteme für eine ganze Zeit (nach unserer Meinung die nächsten fünf bis sieben Jahre) in die aufzubauenden UC-Architekturen eingebunden werden. Entscheidend ist also weniger die Leistungsstärke eines Kommunikationssystems an sich, sondern die Integrationsfähigkeit, Standardkonformität und Offenheit der bereitgestellten Schnittstellen.

- **Applikationen**

  Neben der Vereinheitlichung der Kommunikation ist das eigentliche Ziel von Unified Communication die effektive, effiziente und zuverlässige Integration und Zusammenführung der Kommunikationsdienste und -applikationen mit Büro- und Geschäftsanwendungen. Die hier zu meisternden Herausforderungen sind vielschichtig, vielseitig und vielfältig, denn die Breite der kombinierbaren Kommunikationsdienste und Applikationen reicht sehr weit.

- **Management**

  Nun wird es richtig komplex, denn es heißt: „Nun administrieren Sie mal diese vielen vereinheitlichten Kommunikationsdienste, -systeme usw." Und noch einen drauf: „Bitte ein effektives und vor allem effizientes Management über alle Bereiche der IKT-Landkarte hinweg – von der Infrastruktur bis zur Sicherheit." Dabei ist das Management der Systeme, Komponenten und Funktionen nur die eine Seite, das der Nutzer- und Konfigurationsdaten die andere. Alleine das Anlegen, Pflegen und wieder Löschen von Nutzern auf und in den verschiedenen Bereichen ist eine Herausforderung von besonderem Ausmaß. Einer der möglichen Wege, sich die Nutzeradministration deutlich zu er-

leichtern, sie zu vereinfachen und damit sicherer zu gestalten, ist deren Vereinheitlichung, also die vereinheitlichte Nutzeradministration mittels sogenannter Nutzerprofile.

- **Sicherheit**
  Wenn viele Kommunikationsdienste, -systeme, -anwendungen usw. zusammenwachsen, geht es nicht mehr nur um die Sicherheit eines Systems, sondern um die Verkettung des Sicherheitsgedankens über alle Elemente, Komponenten, Dienste, Funktionen usw. der gesamten UC-Architektur hinweg. Das erfordert vereinheitlichte Sicherheitslösungen und -konzeptionen hinsichtlich Vertraulichkeit, Integrität und Zuverlässigkeit.

- **Services**
  Das ist der Lebenszyklus einer IKT-Implementierung: von der Planung, Vorbereitung, Konzeption, Teststellung/Pilotierung über die Implementierung, Adaption bis hin zum Betrieb und Support und sogar bis zum irgendwann einmal stattfindenden ordnungsgemäßen Abbau mit der umweltgerechten Entsorgung. Nun noch diesen Bogen weitergedacht über alle bisher angerissenen Bereiche der IKT-Landkarte, und jeder Leser kann sich die Dimension der Services vorstellen, wenn es um UC geht. Wenn jeder Bereich nur seinen eigenen Teil in die Betrachtung seiner Services einbezieht, ist wahrscheinlich kaum mit der Realisierung eines ganzheitlich effektiven und effizienten Services zu rechnen. UC erwartet eine vereinheitlichte „Servicedenke", vereinheitlichte Servicekonzepte und letztlich natürlich vereinheitlichte Servicevereinbarungen.

- **Partnerschaften**
  Nur wenige Hersteller, Serviceanbieter und Systemintegratoren sind tatsächlich in der Lage, alle Bereiche der IKT-Landkarte zu bedienen. In der Praxis haben sich, vor allem in komplexen Projekten, gut funktionierende Partnerschaften bewährt. Das bedeutet jedoch nicht, dass ein Unternehmen oder eine Verwaltung sich mit einer Vielzahl von Partnern herumschlagen muss oder sollte. Vielmehr sollte das Ziel *ein* Partner sein, der sich als Generalauftragnehmer aufstellt.

Das war eine sehr grobe Übersicht. Wie das im Detail aussieht, beschreiben die folgenden Abschnitte.

4.3.1 Netzwerk und Infrastruktur

Moderne multifunktionale Netze bilden die Grundlage von Unified Communication. Noch konkreter gesagt findet UC auf modernen multimedialen Netzen statt, allen voran den IP-Netzen. So gesehen hat UC sogar bezüglich der Netze eine vereinigende Funktion: Es erfordert die Konvergenz der Netze. Fest- und Mobilnetze wachsen durch Unified Communication immer mehr zusammen. Immer öfter werden UC und FMC (Fixed Mobile Convergence) in einem Atemzug genannt. Dienste des einen Netzes sind ebenso über andere Netze verfügbar wie beispielsweise IP-Verbindungen über ISDN, Breitband- bzw. 3G-Netze (z.B. UMTS). Es soll jedoch Anwender geben, die diese Möglichkeiten übertreiben – so ist Voice over IP über UMTS oder auch über ISDN technologisch zwar möglich, funktional hingegen eher Unsinn. Einige UMTS-Carrier unterbinden derartige Funktionen rigoros. Viel hilfreicher hingegen ist die Konvergenz der Dienste und Netze auf den Endgeräten, beispielsweise nur noch ein mobiles Endgerät für GSM, UMTS, WLAN und Bluetooth – ein Gerät für die Nutzung von Kommunikationsdiensten in vier unterschiedlichen Netzen. Das ist ein echter Anwendernutzen, denn es eröffnet eine Vielzahl von Möglichkeiten vereinheitlichter Kommunikationsdienste auf einem Endgerät.

Damit derartige Vorteile und Nutzungen wirksam werden können, muss die vorhandene Netzwerkumgebung und Infrastruktur alle Kommunikationsdienste der geplanten UC-Architektur unterstützen.

Das gilt vor allem für den Einsatz von multimedialen Diensten wie Sprache und Video, insbesondere in Kombination mit Mobilität. Sprache und Video sind Dienste, die eine dezidierte Echtzeitfähigkeit und Übertragungsgüte der Netze voraussetzen. Die Netze müssen die erforderliche Qualität der Dienste – sprich QoS (Quality of Service) – bereitstellen. Für IP-Telefonie, also Sprache (Voice), müssen die IP-Netze VoIP-ready sein. Dieser Aspekt wird in [Fischer 2008] ausführlich behandelt. Bei UC kommen viele weitere Dienste wie Video, Chat, Instant Messaging, Kollaboration usw. hinzu. Alle diese Dienste benötigen Bandbreiten, erwarten klare Reaktions- und Übertragungszeiten und stellen unterschiedliche Anforderungen an die Robustheit, Stabilität, Fehlerhäufigkeit und -resistenz der Netze. Kommt beispielsweise eine IM (Instant Message) nur bruchstückhaft beim Empfänger an, wird sie vom Sender einfach noch mal geschickt. Bei Bildern einer Überwachungskamera ist diese Funktionsweise nahezu undenkbar. Eine Video- oder Sprachkonferenz wird unerträglich, wenn die Kommunikation nur unvollständig erfolgt. Das gleichzeitige gemeinsame Nutzen von Applikationen sowie Bearbeiten von Dokumenten ist unter derartigen Gegebenheiten nahezu unmöglich.

Einige Kommunikationsdienste und/oder deren dahinter liegende Applikationen verfügen über integrierte Funktionen zur Fehlerkorrektur – ansonsten müssen andere Funktions- und Arbeitsweisen diesen Missstand ausgleichen. Beispiel dafür ist T.38, eines der Protokolle für Fax over IP. Mangels einer Fehlerkorrektur im Faxdienst nutzt dieses Protokoll einfach den Trick der doppelten, drei- oder sogar vierfachen Redundanz und versendet jedes Fax-IP-Paket mehrmals. Der Empfänger verwirft die zu viel empfangenen Pakete einfach.

Die netzübergreifende Kommunikation an sich erfordert zwar gewisse technische Voraussetzungen wie z.B. klar definierte und gesicherte Netzübergänge mit entsprechenden Komponenten und Funktionen (Gateways, Firewalls, Border Controller usw.), stellt aber heutzutage keine große technologische Herausforderung mehr dar. Anders ist es mit den erweiterten UC-Funktionen wie z.B. der netzübergreifenden Statusinformation bezüglich der Anwender, Endgeräte und Dienste. Eine firmeninterne Kommunikationseinrichtung hat per se keine direkte Statusinformation von einem GSM-Handy, wenn es direkt mit einem anderen GSM-Teilnehmer kommuniziert. Ein Anwender merkt erst, wenn er das Handy anruft, dass es besetzt ist. Mobilfunk-Carrier verfügen über diese Informationen und sind so in der Lage, FMC direkt in ihren Netzen abzubilden. Einige Carrier bieten diese Funktionen bereits an. Die Hersteller von UC-Systemen lösen das Problem, indem sie die Anrufsignalisierung zu den GSM-Handys immer über ihre UC-Architektur laufen lassen. Damit verfügen auch die Anwender der UC-Architektur über eine echte FMC, d.h. die direkte

Abbildung der Erreichbarkeitsstatus in den Kommunikationsdiensten und auf den UC-Endgeräten. Vor allem das Thema FMC wird in Kapitel 7 eingehend behandelt.

> **Praxistipp:**
>
> Unified Communication heißt Vereinheitlichung und Zusammenwachsen – also Konvergenz – der Netze und Infrastrukturen. Auf der einen Seite transferieren immer mehr Dienste auf das IP-Netz, auf der anderen Seite laufen gleiche Dienste in und über unterschiedliche Netze. Eine ganz wesentliche Herausforderung in der Vorbereitung auf Unified Communication besteht darin, sich über die Anforderungen aller geplanten UC-Dienste bezüglich der zu verwendenden Netze ein Gesamtbild zu verschaffen. So gesehen ist Unified Communication eine „Kettentechnologie": eine enge Verkettung von Kommunikationsdiensten und Netzen. Diese verkettete Kommunikationsarchitektur bietet dem Nutzer derart viele Alternativen in einer mehrdimensional verketteten Funktionsweise, dass ein defektes Glied in einem Teil der UC-Kette mit gutem Design keinen Totalausfall der gesamten Kommunikation zur Folge hat. Andere Übertragungsglieder übernehmen die Funktionen des defekten Gliedes – allerdings ggf. mit einer anderen und damit auch meist vom Normalbetrieb abweichenden Leistungsfähigkeit. Die Abschätzung der Kommunikationsanforderungen sowie das Analysieren und Bewerten möglicher Auswirkungen auf die Kommunikationsdienste sind Ziel, Gegenstand und Inhalt einer fundierten Vorbereitung des Netzes und der Infrastruktur.
>
> **Empfehlung:** Sorgen Sie für eine weitestgehende Vereinheitlichung und Zusammenfassung der verwendeten Netze und Infrastrukturen. Das bedeutet vor allem die durchgängige Umsetzung der IP-Transformation und die Implementierung echter FMC-Funktionen.

4.3.2 Kommunikationssysteme

Unified Communication braucht Kommunikationssysteme, also Systeme, deren Aufgabe darin besteht, die Kommunikationsanforderungen und -dienste miteinander zu verschalten, also zwischen ihnen zu „switchen". Zu den Kommunikationssystemen zählen die klassischen Telefonanlagen ebenso wie hochmoderne SoftSwitches, SoftPCXen und CallServer. All das sind letztlich Rechnerplattformen mit Betriebssystemen, auf denen dann eine Kommunikationsvermittlungsapplikation läuft. Oftmals wird die Meinung geäußert: „UC geht nur mit Voice over IP." Diese Aussage ist schlichtweg falsch. Wenn die Telefonanlagen- und -endgerätesteuerung (wie z.B. CTI und CSTA) als Funktionen von Unified Communication zu sehen ist, dann funktioniert es auch mit einer klassischen TK-Anlage. Unified Communication funktioniert also auch ohne VoIP – geht aber mit VoIP und in einer IP-Umgebung einfacher, denn es vereinigt eine Vielzahl von Applikationen und Diensten mit der Kommunikationswelt. Dafür IP und IP-Kommunikationssysteme als vereinheitlichende Plattformen einzusetzen, ist sehr sinnvoll, effektiv und effizient.

Also sollten die vorhandenen Kommunikationssysteme IP-fähig sein bzw. gemacht werden. Doch die vorhandene TK-Anlage IP-fähig zu machen, reicht nicht aus. Vielmehr müssen die vorhandenen Kommunikationssysteme UC-ready sein. Konkret bedeutet das, diese Systeme und Komponenten mit modernsten VoIP- und zusätzlichen IP-Funktionen auszustatten und sie so zu echten IP-Kommunikationssystemen umzurüsten. Eine der wesentlichen IP-Funktionen ist SIP: SIP zu Endgeräten, SIP-Trunking für die Vernetzung mit Applikationen und anderen Kommunikationssystemen wie z.B. zu Gateways und MCUs (Multimedia/Multipoint Control Units) usw. Welche Tücken in dieser lapidar klingenden Aussage stecken, ist in Kapitel 5 beschrieben.

Sind Telefonanlagen und Kommunikationssysteme dann überhaupt noch nötig? Unserer Meinung nach ja – zumindest solche Systeme, über die ganz normale Telefonteilnehmer miteinander verschaltet werden. Wahrscheinlich sehen solche Systeme in Zukunft deutlich anders aus als die klassischen TK- und VoIP-Anlagen heute. Es werden Vermittlungsapplikationen sein, die auf Standardserverplattformen (auch auf sogenannten „Blade Centern") mit Standardbetriebssystemen bzw. unter sogenannten „virtuellen Maschinen" laufen. Sie werden in den meisten Fällen kaum noch als eigenständige Systeme agieren. Die Zukunft geht in Richtung hoch integrierter, zentralisierter, sogenannter „virtualisierter" Kommunikationsplattformen oder auch ICS-Plattformen – auch als „Integrated Communication Solutions" (Integrierte Kommunikationslösungen) bezeichnet. Zukünftig werden Vermittlungsfunktionen mehr und mehr direkt eingebettet in UC-, Geschäfts- und Büroapplikationen.

Die Hersteller klassischer TK- und VoIP-Anlagen wie z.B. Alcatel-Lucent, Avaya, Siemens usw. entwickeln auf ihren eigenen Vermittlungssystemen offene, integrierte, vereinheitlichte Kommunikationslösungen (UC-Architekturen) und bringen diese zusammen. Die aus der IP-Technologie kommenden Hersteller packen konsequenterweise IP-Netztechnologien und Unified Communication zusammen. Sie schaffen so Lösungen, bei denen Kommunikationsfunktionen aus der IP-Netzinfrastruktur heraus kommen – allen voran Cisco, Hewlett Packard und Alcatel-Lucent. (Avaya könnte durch den Zukauf einiger Infrastruktur- und Kommunikationsdienstebereiche von Nortel in diese Riege aufrücken.) Vor allem in der jüngster Zeit kommen zunehmend die Web-Diensteanbieter auf den Geschmack des Geschäfts mit Kommunikationsdiensten, allen voran solche Unternehmen wie 1&1, Amazon, Google, Skype oder YouTube. Gleiches trifft auf die vielen, wie Pilze aus dem Boden schießenden sogenannten Web 2.0 und Web 3.0 Communities und „Social Web-based Networks" zu, in denen Mitglieder schnell, effizient und bequem multimedial unter- und miteinander kommunizieren können. So bieten z.B. solche Plattformen wie Facebook und Xing zunehmend Kommunikationsfunktionen an, die sie in ihre Web-Plattformen und -Portale einbetten. Wie auch immer – Unified Communication braucht nach wie vor leistungsstarke und möglichst auf IP-Technologien vereinheitlichte Kommunikationsfunktionen und -systeme.

> **Praxistipp:**
> Unified Communication setzt auf verschiedenen Kommunikationsfunktionen und -systemen auf. Der Knackpunkt und die Herausforderung für die Konzeption und praktische Realisierung von Unified Communication bestehen darin, solche Kommunikations-

systeme auszuwählen, die die zu implementierende UC-Architektur am besten unterstützen. Diesen Punkt erfüllen IP-Kommunikationssysteme mit Standardschnittstellen und -Protokollen am besten. Das empfehlenswerteste IP-Kommunikationssystem für Unified Communication ist eine Plattform, die im Kern eine SIP-Architektur bereitstellt und nach außen hin alle Kommunikationsdienste vom klassischen Modem und Fax bis zum modernen SIP-Trunk anbietet.

Empfehlung: Überzeugen Sie sich vor der Entscheidung für ein IP-Kommunikationssystem, wie gut das System alle heutzutage relevanten Kommunikationsdienste unterstützt. Die Systeme sollten dem Anwender die Freiheit lassen, den für ihn sinnvollsten Kommunikationsdienst zu verwenden.

4.3.3 Applikationen

Einer der größten Vorteile und Nutzen bei Unified Communication liegt im Zusammenspiel der Kommunikationsdienste mit anderen Applikationen aus dem Geschäfts- und Büroumfeld. Die ersten Schritte in diese Richtung waren direkte Schnittstellen zwischen einem Telefonendgerät und dem PC. Ein Kabel verband diese beiden Geräte physikalisch, und das sogenannte TAPI (Telephony Application Program Interface, die Telefonie-Applikation-Programm-Schnittstelle) erledigte die Anbindung zwischen Telefon und der/den Applikation/en auf dem PC. Das bedeutet, gemessen an den heutigen Möglichkeiten, einen enormen Installations- und Betriebsaufwand, jede Menge Kabel und mehr oder weniger rudimentäre Interaktionsfähigkeiten, denn jede Applikation brauchte eine eigene TAPI. Die IKT-Welt entwickelte sich jedoch vor allem in Bereich der Applikationsschnittstellen sehr rasant. Allen voran brachten Microsoft, Novell und SUN die meisten und heute noch bekanntesten Schnittstellen heraus. Nur auf Interaktionsfähigkeit untereinander wurde recht wenig Augenmerk gelegt. Genau dieser Punkt ist der wohl schwärzeste in der Historie der Schnittstellenentwicklung zwischen Kommunikationsfunktionen und Applikation. Noch heute gibt es eine Vielzahl von angeblich offenen und standardisierten Schnittstellen, bei denen das Thema Interoperabilität kleingeschrieben wird. Mehr dazu in Kapitel 5.

Woher kommt das, und welche Konsequenzen haben diese Aspekte auf die Vorbereitung auf die Implementierung und den auf Einsatz von Unified Communication? Der folgende Praxistipp bringt die ersten Antworten.

Praxistipp:
Die meisten Unternehmen oder Verwaltungen betreiben entweder eine Umgebung mit Microsoft Exchange oder IBM Lotus Notes als zentrale Mail-, Nutzerverwaltungs- und Desktop-/Büroanwendungen. Der wesentliche Unterschied zwischen diesen beiden Umgebungen besteht darin, dass in den vorhandenen Microsoft-Implementierungen (bis auf wenige mehr inhaltliche Dinge) kaum spezielle Adaptionen, Individualisierungen und Anpassungen vorgenommen werden. Völlig anders bei IBM Lotus Notes. Hier sind die Individualisierung, das Anpassen von Gestaltungen der Datenbanken

und Oberflächen wesentliche Grundsätze des Architekturmodells. Von daher ist das Einbringen von Unified Communication in eine Microsoft-Umgebung deutlich anders zu sehen als bei einer Lotus-Notes-Architektur. Bei der Microsoft-Umgebung sind es eher deren Komplexität und Umfang, die eine UC-Implementierung begleiten. Es ist oftmals die Vielzahl der Microsoft-Applikationen, die eine UC-Implementierung aufwendig machen, in der Lotus-Notes-Welt hingegen vorwiegend der hohe Grad der Individualisierung. Beides ist für denjenigen, der eine UC-Implementierung plant und durchführt, eine echte Herausforderung. Nur die intensive Voruntersuchung und Vorbereitung auf die jeweilige Applikationsumgebung schont die Nerven aller Beteiligten und spart Zeit und Geld. Wie das – es kostet noch mehr Aufwand? Ja, mehr Aufwand im Vorfeld. Viel schlimmer ist die in der Praxis immer wieder zu hörende Aussage „Ja klar – das geht, und das können wir", ohne sich die vorhandene Applikationswelt genau angesehen zu haben. Eine detaillierte und tiefgründige Vorbereitung auf Unified Communication bezüglich der zu integrierenden Applikationswelt bringt deutlich mehr Zufriedenheit und damit Akzeptanz bei den Anwendern.

Empfehlung: Seien Sie sich der Aufwendungen für die Implementierung von Unified Communication in Ihr spezielles Anwendungsumfeld bewusst. Stellen Sie sicher, dass ausreichend Experten mit viel Praxiswissen und -erfahrungen in den entsprechenden Applikationsumgebungen zur Verfügung stehen, sonst droht Ihr UC-Projekt, in einem „Laborversuch" zu enden.

An dieser Stelle noch einen kleinen Blick auf eine spezielle Art von Kommunikationsanwendungen: den CallCentern und ContactCentern. Beide sind schon seit vielen Jahren fester Bestandteil in stark auf Kundenservice orientierten Unternehmen und Verwaltungen. Doch auch vor ihnen machen Anforderungen an die Kosteneffizienz keinen halt. Spezialisten sind teure Ressourcen – mit ihnen gilt es, wirtschaftlich umzugehen. Daher sitzen in den CallCentern sehr oft Mitarbeiter ohne ausgeprägtes Hintergrund- bzw. Spezialwissen. Das ist für die meisten Kundenanfragen völlig in Ordnung und wird von den Kunden akzeptiert. Die CallCenter-Mitarbeiter arbeiten nach der berühmten „80:20-Regel" den überwiegenden Anteil der Kundenservices ab. Nur im Falle von Spezialanfragen kontaktieren sie einen Spezialisten. Um das einfach, zuverlässig und effektiv zu gewährleisten, kommen zunehmend Teamworkfunktionen zum Einsatz. Jeder CallCenter-Mitarbeiter verfügt an seinem Arbeitsplatz über eine dezidierte Erreichbarkeitsinformation bezüglich der augenblicklich verfügbaren Spezialisten und kann so gezielt auf sie zugreifen. Wir erleben eine Konvergenz der CallCenter und moderner UC-Funktionen, angefangen von CTI und CSTA bis hin zur eben dargestellten effektiven Mitarbeiterinteraktion. Applikationen und Dienste für das effektive und effiziente Suchen, Finden und Erreichen von Menschen und Informationen sind der wesentliche Kern von Unified Communication.

Praxistipp:
Den eigentlichen Effekt bringen die Verschaltungen von UC-Systemen und -Applikationen mit den vorhandenen Geschäfts- und Büroapplikationen sowie das Verschmelzen von CallCentern mit UC-Funktionen.

> **Empfehlung:** Nutzen Sie diese Chancen. Bringen Sie, wo immer es passt, CallCenter mit den UC-Funktionen zusammen. Das trägt deutlich zur Steigerung der Arbeitseffektivität bei!

4.3.4 Management

Die Administration und das Management von einzelnen Systemen wie dem Datennetz, einer Telefonanlage oder auch den verschiedenen Servern mit den darauf installierten Applikationen ist in vielen Fällen schon kompliziert genug. Doch nun, wo alle diese Technologien zu einer ganzheitlichen vereinheitlichten Kommunikationsarchitektur zusammenwachsen, wird konsequenterweise auch das Management dafür deutlich komplexer. Natürlich müssen weiterhin die vielen Elemente, Funktionen und Komponenten selbst administriert werden, doch nun kommen die systemübergreifenden Dinge wie z.B. das systemweite UC-Nutzermanagement dazu. Das klingt kompliziert und aufwendig – ist es auch, wenn es auf die herkömmliche Art und Weise erfolgt. Hier bietet sich ein weiterer Vorteil, also eine zusätzliche Chance für den Nutzen von Unified Communication. Diese Chance heißt „Nutzerprofile". Vereinheitlichte Kommunikation bedeutet gleichzeitig vereinheitlichte Funktionalitäten für bestimmte Anwendergruppen. Entsprechend der Arbeitsaufgaben und Rollen im Geschäftsprozess lassen sich die Nutzer nach geschäftsprozessorientierten Profilen von Kommunikationsdiensten einordnen. In der Vorbereitung auf ein UC-Projekt kann dieser Punkt einen besonders hohen Stellenwert bekommen, vor allem bei Projekten mit sehr großen Anwenderkreisen und sehr vielen unterschiedlichen Kommunikationsprofilen. Die Bildung solcher Nutzerprofile ist eine Form der Einführung von Standards. Allerdings geht es hierbei weniger um technisch-technologische Standards, sondern vielmehr um konzeptionelle, organisatorische und insbesondere administrative Standards, die das Management komplexer IKT-Architekturen deutlich vereinfachen und sicherer machen.

Unified Communication ist nur so gut, wie sie funktioniert. Das bedeutet, die Anwender interessieren sich kaum für das Management und die Administration der UC-Architektur und deren Bestandteile, aber sehr wohl für die für sie spürbare Qualität, mit der es bei ihnen ankommt. Mit dieser Anforderung der Nutzer rücken plötzlich Managementfunktionen und -systeme in den Fokus der IKT-Abteilungen, über die bisher kaum nachgedacht wurde: zum einen ein zentralisiertes und vereinheitlichtes IP-Ressourcen- und IP-Dienstemanagement, zum anderen ein umfassendes IKT-Qualitätsmanagement über alle Komponenten, Funktionen und Systeme der IKT-Landschaft hinweg.

Zur Vorbereitung auf Unified Communication muss also dringend an die zuverlässige Bereitstellung der IP-Dienste und natürlich ausreichend IP-Adressen gedacht werden. Sicher wird mit zunehmender Nutzung von Applikationen, vor allem deren Verwendung über öffentliche Netze, der Bedarf an der Nutzung von IPv6 steigen. Mit IPv6 stehen wesentlich mehr IP-Adressen und leistungsstärkere IP-Dienste zur Verfügung als bei IPv4. Dies erfordert ein Werkzeug zum performanten, vereinheitlichten und zentralisierten Management aller IP-Ressourcen und IP-Dienste.

Die Administration der Systeme, Dienste und Funktionen bildet das fundamentale Management. Über alles hinweg formen die folgenden beiden Managementfunktionen die Spitze der in Kapitel 11 detailliert dargestellten Managementpyramide.

- *Vereinheitlichtes und zentralisiertes Management der IP-Ressourcen- und -Dienste.*

  Unified Communication vereinigt die Kommunikationsdienste in der Hauptsache auf IP. Hierzu müssen sich diese vielen Dienste, Funktionen, Systeme, Komponenten und Endgeräte über IP gegenseitig finden können – sie alle brauchen beispielsweise IP-Adressen. Das erfordert ein hoch performantes, vereinheitlichtes Management für IP-Adressen und IP-Dienste wie DHCP, DNS, ENUM usw. Gerade für die in Unified Communication steckenden Echtzeitanwendungen kommen vor allem auf die DNS- und ENUM-Dienste besondere Anforderungen bezüglich der Effektivität, Effizienz und vor allem Zuverlässigkeit zu. Damit das alles möglichst einfach funktioniert, wollen die Anwender am liebsten alle Kommunikationsdienste unter einer vereinheitlichten Adressierung verwenden – kein Nutzer merkt sich die IP-Adressen seiner Kommunikationspartner. Es fällt ja schon schwer genug, sich die vielen Rufnummern, Postadressen usw. zu merken.

  Wie immer gibt es dafür mehrere Lösungswege. Ein Weg ist die Einführung eines sogenannten „OneNumber"-Konzepts – eine der wichtigsten Funktionalitäten in Unified Communication (näheres dazu in Kapitel 5). Ein zweiter gangbarer Weg ist die Verwendung einer anderen, weltweit eindeutigen Adresse, z.B. die E-Mail-Adresse eines Nutzers. Namen lassen sich viel leichter merken als Nummern. Außerdem verraten uns E-Mail-Adressen sehr viel – in einigen Fällen den Vornamen, das vereinfacht die korrekte Anrede eines Kommunikationspartners oder einer -partnerin enorm, in vielen Fällen auch die Zugehörigkeit zu einem Unternehmen, einer Organisation usw.

- *Ein alle Bereiche der IKT-Landschaft umfassendes IKT-Qualitätsmanagement.*

  Bei Unified Communication zählt das, was beim Anwender ankommt – und vor allem, mit welcher Qualität es dort ankommt. Auf der einen Seite erwarten die Anwender zu Recht eine UC-Bereitstellung mit höchster Qualität und Zuverlässigkeit. Nur dann findet der Einsatz von Unified Communication Akzeptanz. Andererseits bedeutet Unified Communication aus technischer Sicht eine deutliche Laststeigerung für die Netze, Infrastrukturen, Kommunikationssysteme und Applikationsplattformen. Aus diesem Grund ist ein transparentes und umfassendes IKT-Qualitätsmanagement von essenzieller Bedeutung. Es liefert z.B. aktuelle und zu erwartende Performancewerte bezüglich der UC-Umgebung und der UC-Architektur selbst. Die meisten Unternehmen und Verwaltungen schließen mit ihren Dienstleistern sogenannte SLAs (Service Level Agreements, also Verträge über die Güte von Serviceleistungen) ab. Einer der Dienstleister verantwortet den Service für das Netz, ein anderer die Dienstleistungen für die Applikationen und Server, wieder ein anderer die sogenannten „Desktop-Services" (Dienstleistungen für PCs und andere Endgeräte) und noch ein anderer die Dienstleistungen für die Kommunikationssysteme. Unified Communication vereinigt alle diese Bereiche, ergo sollten auch die Dienstleistungen dafür vereinigt werden. Die UC-Einführung erfordert auch an dieser Stelle neue Denkweisen und Strategien für die Vereinheitlichung der SLAs und des IKT-Qualitätsmanagements.

> **Praxistipp:**
> Für das Thema Management gilt dem Grunde nach das, was bereits zur Vorbereitung für die anderen Instanzen der IKT-Landkarte diskutiert wurde: Es bedarf einer umfassenden Analyse über alle Bereiche hinweg mit dem Ziel eines vereinheitlichten Management- und Administrationskonzepts. Das ist die technologische Seite. Hinzu kommt der sehr wichtige Aspekt der Erstellung von Nutzerprofilen. Damit lassen sich die Nutzer der UC-Architektur effektiver, effizienter und zuverlässiger administrieren.
>
> **Empfehlung:** Setzen Sie sich im Vorfeld einer UC-Implementierung sehr genau und detailliert mit der Frage auseinander: „Wer administriert die UC-Architektur und wie?". Damit legen Sie die besten Fundamente für den der Implementierung nachfolgenden effizienten, effektiven und zuverlässigen Betrieb der UC-Architektur.

4.3.5 Sicherheit

An dieser Stelle wird der Punkt Sicherheit aus Sicht der Vorbereitung auf Unified Communication betrachtet. Sicherheit hat zwei Aspekte: einen technischen und einen emotionalen. Die meisten Menschen denken zuerst an die technischen Gesichtspunkte rund um das Thema Sicherheit. Besonders stark wird der Punkt Datensicherheit diskutiert. Denn viele Kommunikationsdienste basieren letztlich auf IP-Netzen, und die lassen sich recht einfach abhören. Damit bekommt dieser Punkt auch für Unified Communication ein besonderes Gewicht. Die emotionale Seite des Themas lautet: „Sicherheit ist ein Gefühl". Eine Meinung, die die beiden Autoren schon sehr lange in der Praxis vertreten. Die Menschen wollen sich beim Umgang mit modernen Kommunikationsmitteln und -diensten sicher fühlen, sicher sein usw.

Sicherheit ist eng verbunden mit den beiden Begriffen „Gefahren" und „Risiken" und deren Bezug auf die drei Kernaspekte der Sicherheit: Vertraulichkeit (Schutz der Informationen vor unbefugter Verwendung), Integrität (Schutz der Informationen vor unbefugter Veränderung) und Verfügbarkeit (Schutz der Informationen vor unbefugter Vorenthaltung). Es existieren vielfältige Möglichkeiten und Lösungen zur Schaffung technischer Sicherheit – angefangen vom Zugangsschutz über Verschlüsselung bis hin zu Validitätschecks der übertragenen Daten. Allerdings sind die meisten von diesen Lösungen sehr konkret auf bestimmte technologische Bereiche bezogen, daher ist die vom Anwender erwartete Ende-zu-Ende-Sicherheit nach wie vor eine technische Herausforderung. Unified Communication bedeutet die Vereinigung mehrerer unterschiedlicher Kommunikationsdienste und -technologien zu einer Architektur, und das erfordert einen technologischen Unified Security-Ansatz, eine ganzheitliche und umfängliche Sicherheitsbetrachtung, eine Gefahren- und Risikoanalyse. Mehr dazu in Kapitel 8.

Doch auch der emotionale Aspekt spielt insbesondere in der Vorbereitungsphase eine zunehmend bedeutsame Rolle. Wer muss denn alles das Gefühl der Sicherheit haben? In erster Linie die Anwender. Sie wollen und müssen sich bei der Verwendung und Nutzung von Unified Communication sicher fühlen. Die meisten Unsicherheiten entstehen durch Unwissenheit und Unkenntnis über die vielen sinnvollen Möglichkeiten einer neuen Technik oder Technologie. Oftmals kommen dazu noch Befürchtungen, damit nicht gut und sicher umgehen zu können oder etwas (was auch immer) kaputt machen zu können usw. Damit sich Anwender mit Unified Communication perspektivisch sicher fühlen, muss im Vorfeld analysiert werden, welche Unsicherheiten bei den Anwendern und Nutzen vorhanden sind bzw. entstehen könnten. Die Praxis zeigt, dass sehr viele und vor allem sehr vielfältige Vorbehalte gegenüber neuen Technologien und moderner Technik existieren. Dahinter stehen handfeste Befürchtungen. Werden diese nicht bereits in der Vorbereitungsphase ernst genommen und entsprechend gewürdigt, sind Akzeptanzprobleme und massive Abwehrhaltungen der Anwender vorprogrammiert. Für die meisten Anwender ist Unified Communication etwas Neues, Unbekanntes. Neue und vor allem unbekannte Dinge lösen bei Menschen in der Regel Gefühle des Unbehagens, der Unsicherheit aus. Selbst gestandene IKT-Anwender spüren ein gewisses Kribbeln im Bauch, wenn man sie mit der Komplexität von Unified Communication konfrontiert, vor allem bezüglich des bereits angesprochenen Punktes der Datensicherheit.

> **Praxistipp:**
> Mit dem persönlichen Sprachspeicher (Anrufbeantworter) gehen die Menschen sehr restriktiv um. Sie gewähren kaum einer anderen Person Zugang zu den darauf befindlichen Informationen. Ganz anderes bei der persönlichen E-Mail. Der Umgang mit automatischer Weiterleitung sowie der Freigabe des E-Mail-Kontos für andere Personen werden sehr freizügig gehandhabt. Jetzt kommt Unified Messaging, d.h. die Sprachnachrichten landen im E-Mail-Eingang des Anwenders. Wie sieht es nun mit dem Schutz der persönlichen Sprachnachrichten aus?
>
> **Empfehlung:** Sprechen Sie mit den Anwendern über die sicherheitsrelevanten Konsequenzen der Einführung von UC bezüglich der von ihnen eingesetzten Nachrichten- und Mitteilungsdienste. Die Anwender brauchen ein anderes Verständnis im freizügigen Umgang mit Kommunikationsdiensten und -mitteln.

In zweiter Linie brauchen natürlich die Entscheidungsträger ein sicheres Gefühl, und das besonders in dem Augenblick, in dem sie sich für die Implementierung einer neuen UC-Architektur entscheiden. Solange nur davon gesprochen wurde, was Unified Communication dem Unternehmen bzw. der Verwaltung bringen kann, ist die Welt noch völlig entspannt. Dann fällt die Entscheidung, und das UC-Projekt startet. Die Entscheidungsträger haben unserer Meinung nach gerade jetzt ein Anrecht auf ein sicheres Gefühl – ab jetzt zählen die Taten.

Letztlich haben auch die Administratoren etwas gegen Unsicherheiten beim und im Betrieb ihrer UC-Architektur. Für sie stehen selbstredend die technischen und technologischen Sicherheitsaspekte im Vordergrund. Wie können sie trotz der komplexen Architektur von Unified Communication einen zuverlässigen Betrieb garantieren? Der IKT-Grundschutz bezeichnet das als „Schutz der Informationen vor unbefugter Vorenthaltung". Wie können die Administratoren darüber hinaus die vielen, auf einer konvergenten Netz- und Infrastruktur transportierten Informationen vor unbefugter Verwendung und Veränderung schützen? Dazu sind ganzheitliche Sicherheitskonzeptionen über alle Bereiche der IKT-Landkarte, von den Netzen bis zum Management, erforderlich. Vereinheitlichte Kommunikation erfordert vereinheitlichte Sicherheitsdenke und -konzeptionen.

> **Praxistipp:**
> „Vorbeugen ist besser als Heilen." Nur in wenigen Gebieten ist das bedeutsamer als beim Thema Sicherheit. Die Durchführung einer umfassenden Sicherheitsbetrachtung über alle Bereiche der UC-Architektur, das Erkennen und Bekanntmachen möglicher Gefahren, die Abschätzung der ggf. daraus resultierenden Risiken und insbesondere die Aufklärung aller Beteiligen über den konzeptionellen Umgang mit dem Thema Sicherheit, das sind die wesentlichen Aspekte einer guten Vorbereitung – mit Sicherheit.
>
> **Empfehlung:** Eine fundierte und umfängliche Gefahren- und Risikoanalyse der technischen IKT-Bereiche ist die Grundvoraussetzung der vorbereitenden Sicherheitsbetrachtungen Die andere, ebenso wichtige Seite ist die emotionale Vorbereitung aller vom Einsatz der UC-Architektur betroffenen Personen. Tun Sie alles, um bereits im Vorfeld die bei allen oben angeführten Beteiligten ggf. auftretenden Bedenken, Unsicherheiten und Vorbehalte wertschätzend zu betrachten und auszuräumen. Denken Sie an den Spruch: „Was der Bauer nicht kennt, das isst er nicht." Was dem Anwender suspekt erscheint, das benutzt er nicht.

4.3.6 Betrieb und Service

Wenn UC-Architekturen, wie nun schon fast mahnend immer wieder angeführt, eine hohe Komplexität mitbringen, dann ist die Frage „Wer soll das betreiben?" sehr naheliegend. Bei der klassischen Telefonanlage auf der einen, den Datennetzen und Servern mit den Applikationen auf der anderen Seite ist die Antwort recht einfach – hier die TK-Abteilung, dort die IT-Abteilung. Doch nun kommt das Zeitalter der „vereinheitlichten Kommunikation". Zum Glück für die Anwender moderner IKT-Architekturen hat die Konvergenz der Technologien schon in vielen Fällen zur Konvergenz in den Betriebs- und Serviceabteilungen geführt. Die meisten Unternehmen haben ihre ehemals getrennt agierenden IT- und TK-Abteilungen schon lange zusammengeführt. Das Gleiche trifft für die Denk- und Arbeitsweise des Betriebs- und Servicepersonals zu. Nun könnte man sich gemütlich zurücklehnen und sagen: „Betrieb und Service sind gut auf UC vorbereitet." In Bezug auf die einzelnen Techniken und Technologien mag das zwar zutreffen, aber in der echten Interaktion, dem tatsächlichen Vereinigen der unterschiedlichen Kommunikationsdienste zu einer individuellen UC-Architektur und deren zuverlässigen, effektiven und effizienten Betrieb ist es noch ein ganzes Stück Weg.

Betrieb und Service dieser sehr individuellen UC-Architekturen erfordern vom Personal eine breite Kompetenz und praktische Erfahrungen, zum einen in übergreifenden Technologiebereichen der IKT-Landkarte und zum anderen in den Schnittstellen sowie den Interaktionsfunktionen zwischen den verschiedenen Technologien und Techniken der Bereiche. Das ist mehr als nur eine Herausforderung, das ist eine völlig neue Dimension von Service- und Betriebsaufgaben. Das Kapitel 10 geht umfänglich auf die Aspekte Service- und Betriebsmodelle sowie deren technische Varianten ein.

> **Praxistipp:**
> Unified Communication stellt das Betriebs- und Servicepersonal vor neue, bisher ungekannte Herausforderungen. War es früher lediglich der zuverlässige Betrieb einzelner Technologien und Systeme, so heißt es heute, einen effektiven, effizienten und sicheren Betrieb der gesamten UC-Architektur und dabei vor allem der Schnittstellen zwischen den eingesetzten Kommunikationsdiensten zu garantieren. Eine gute Vorbereitung auf Unified Communication bedeutet konsequenterweise die noch bessere Vorbereitung des Betriebs- und Servicepersonals auf diese neue Aufgabe.
>
> **Empfehlung:** Denken Sie bereits in der Vorbereitungsphase daran, Ihre Betriebs- und Servicebereiche, -aufgaben und -funktionen ebenso aufzustellen wie Unified Communication selbst – also vereinheitlicht. Vereinheitlichte Betriebskonzepte sind das Herz einer sehr gut funktionierenden, vereinheitlichten Kommunikationsarchitektur.

4.3.7 Partnerschaften

Kein IKT-Hersteller und kein Unternehmen der IKT-Branche wie z.B. die Serviceprovider kann von sich behaupten, alles zu können und in allen IKT-Bereichen sehr gut aufgestellt zu sein. Sicher existieren einige IKT-Unternehmen, die in vielen IKT-Segmenten und -Bereichen tätig sind, doch in der Regel sind auch diese Unternehmen bei der Konzeption und Realisierung komplexer und umfangreicher UC-Projekte auf externe Partner angewiesen.

Noch viel wichtiger als diese sind die internen Partnerschaften: zwischen der IKT-Abteilung und den Anwendern, zwischen den Verantwortlichen für die Applikationen und denen für die Kommunikationssysteme usw. Nur wenn alle internen und externen Partnerschaften gut funktionieren und ein tatsächliches Partnerschaftsverständnis vorhanden ist, kann ein derart umfangreiches und komplexes Projekt wie eine UC-Einführung gelingen.

Damit Partnerschaften später reibungslos funktionieren, sollten sie gut vorbereitet sein. Dabei können Fragestellungen wie z.B. die folgenden helfen: „Wer wird für die Umsetzung des UC-Projektes gebraucht? Welcher Partner kann was zum Erfolg des UC-Projektes beitragen?" usw.

Partnerschaften bedeutet Interaktion und gemeinsames Wirken. Das wiederum erfordert funktionierende Schnittstellen, klar definierte Abgrenzungen der Aufgaben und Verantwortlichkeiten, eine transparente und effektive Kommunikation zwischen den Partnern sowie gegenseitiges Vertrauen. Besonders wichtig ist die Absicherung, dass jeder Partner alle benötigten Schnittstellen so bedienen kann, wie es die Gesamtfunktionalität der aufzubauenden UC-Architektur erfordert. Eine weitere gute Frage ist die nach dem sogenannten „worst case". Was ist, wenn ein Partner ausfällt? Genau wie bei den Ersatzwegen sollte auch bereits in der Vorbereitungsphase über mögliche Ersatzpartner nachgedacht werden. Der Ausfall eines Partners kann den Gesamterfolg eines komplexen UC-Projektes gefährden. Zumindest sind in den meisten Fällen deutliche Projektverzögerungen zu erwarten – und das verzeihen Anwender und Entscheidungsträger nur selten.

Ein UC-Projekt ist kein Selbstzweck. Unified Communication wird für die Anwender eingesetzt. Sie sind die eigentlichen Kunden des UC-Projektes. Der Erfolg lässt sich daran messen, wie schnell und stark die implementierte UC-Architektur mit allen ihren neuen Funktionen von den Anwendern angenommen und genutzt wird. So klar kann man den Erfolg von IKT-Projekten nur selten messen. Um dorthin zu kommen, muss man die Anwender auf jedem Stück des Weges der UC-Einführung mitnehmen, beginnend von der Analyse der Bereitschaft für Unified Communication über die Entscheidung bis hin zur Implementierung und dem Betrieb – das ist ein Veränderungsprozess. Ein klarer und guter Ansatzpunkt für echtes Changemanagement.

> **Praxistipp:**
> Kaum eine IKT-Technologie macht die Notwendigkeit von gut funktionierenden Partnerschaften so deutlich wie die Einführung von Unified Communication. In den meisten Fällen sind so viele Bereiche davon betroffen, dass eine erfolgreiche Realisierung solcher Projekte nur in Partnerschaften möglich ist.
>
> **Empfehlung:** Verschaffen Sie sich einen detaillierten Überblick, welche externen und internen Partnerschaften Sie ganz speziell für die Umsetzung Ihres UC-Projekts benötigen. Sorgen Sie für im Notfall schnell und reibungslos zu aktivierende Ersatzpartnerschaften. Partnerschaften leben und sterben mit oder eben ohne gut funktionierende Kommunikation und Informationsflüsse. Die Vorbereitung der partnerschaftlichen Kommunikation ist für den Erfolg eines UC-Projekts essenziell.

4.3.8 Die Anwender sind die wichtigsten UC-Kunden

Über Bedarf, Bedürfnisse und Nutzen bzw. ROI ist weiter oben ausführlich gesprochen worden. Das klingt gut und schlüssig. Doch wie kommt man an diese Informationen? Welche Methoden gibt es, um eine Bedürfnislage zu erkennen und zu erfragen, was die Anwender unter Nutzen verstehen und woran sie festmachen würden, dass der erwartete Nutzen tatsächlich eintritt? Dieser Abschnitt stellt eine der möglichen Methoden dafür vor. Sie kommt aus dem klassischen Verkauf.

Wie erfährt man vom Grad der Bereitschaft von Anwendern und Entscheidungsträgern, Unified Communication zu implementieren und zu nutzen? Sicher reicht es nicht, einfach auf die Anwender zuzugehen und sie zu fragen: „Welche UC-Funktionen hätten Sie denn gerne?" oder noch platter: „Wer von Ihnen möchte gerne Unified Communication?"

Eine solche Fragestellung ist vergleichbar mit der Frage nach dem Essenswunsch in einem typischen Asia-Bistro mit der dort üblichen Speisekarte von 300 oder mehr Speisevariationen. „Hätten Sie gerne CTI mit Telefon oder ohne?" „Welches Telefon soll es denn sein, das im Büro, das zu Hause, das in anderen Büros?" „Hätten Sie die Integration gerne mit DLL (Dynamic Link Library), TAPI, CAPI oder einer anderen Beilage?" Wie soll ein Anwender bitteschön solche Fragen beantworten? Die Anwender wissen in den meisten Fällen noch gar nicht, was Unified Communication bedeutet und was es ist. Es ist die Aufgabe, besser sogar die Pflicht derjenigen, die den Einsatz von Unified Communication vorbereiten und planen, die Anwender vom Sinn und der Bedeutung, vor allem vom tatsächlichen Nutzen der vereinheitlichten Kommunikation zu überzeugen. Um Antworten auf die obigen Frage zu erhalten, muss mit den zukünftigen UC-Anwendern quasi ein „Verkaufsgespräch" durchgeführt werden, dessen Ziel darin besteht, den Bedarf zu wecken und den Anwendern Unified Communication „schmackhaft zu machen".

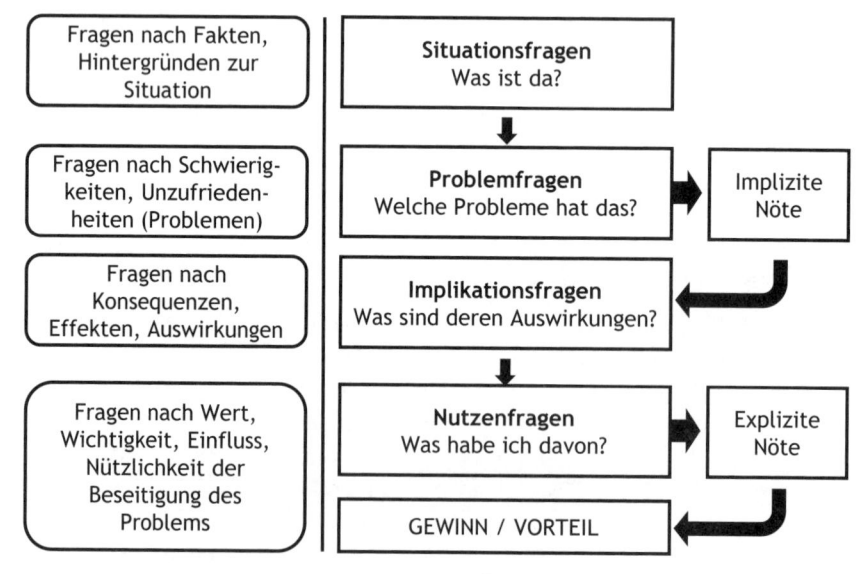

Abbildung 4.1 Schematische Darstellung des SPIN®-Modells

Nun sind die wenigsten Mitarbeiter der internen IKT-Abteilungen klassische Verkäufer. Ihr Spezialgebiet ist Darstellung technologischer Zusammenhänge und das detaillierte Erklären von Bits und Bytes. Im Gespräch mit den Anwendern kann es passieren, dass zwei unterschiedliche Verständniswelten aufeinandertreffen. Die tägliche Praxis zeigt es immer wieder, dass ein wenig „verkäuferisches" Verständnis hier Wunder bewirkt. Darum sei an dieser Stelle ein kleiner Ausflug in ein nichttechnisches Gebiet gestattet: in den strukturierten und zielgerichteten Verkauf. Eine der ältesten, unseres Erachtens einfachsten, strukturiertesten und zugleich wirkungsvollsten Strategien und Methoden für zielgerichtetes und erfolgreiches Verkaufen ist das „SPIN®"-Modell (dieses Akronym steht für die amerikanischen Begriffe Situation, Problem, Implication und Need-Payoff). Es ist in [Rackham 1996] sehr gut beschrieben. Abbildung 4.1 stellt das SPIN-Modell und seine Bestandteile in schematischer Form dar. In Kurzform auf das aktuelle Thema „Wie verkaufen wir unseren Anwender erfolgreich Unified Communication?" angewendet bedeutet das:

- **Situation** – *„Wie sehen die aktuellen Geschäfts- und Arbeitsprozesse aus?"*
Schauen Sie genau hin, wie sich die aktuelle Situation für die Anwender darstellt, und sprechen Sie mit ihnen darüber, wie sie selbst ihre Situation sehen. Fragen Sie die Anwender danach, wie es ihnen in und mit ihrer aktuellen Situation geht. Doch bitte verwenden Sie nicht solche Fragen wie „Wie oft und wie lange telefonieren Sie am Tag (und vielleicht noch mit wem)?" oder gar „Wie arbeiten Sie, mit dem PC oder dem Telefon?". Das sind Fragen, die eher dazu geeignet sind, die Anwender abzuschrecken, als von ihnen etwas darüber zu erfahren, ob der Einsatz von Unified Communication tatsächlich etwas für sie brächte. Wenn Sie etwas über die aktuelle Situation und Arbeitsweise der Anwender erfahren wollen, dann fordern Sie diese auf, darüber zu erzählen, welche Rolle ihre Arbeit, Aufgabe usw. im Gesamtkontext des Geschäftsprozesses spielt. Unsere Erfahrung in solchen Gesprächen zeigt, dass jeder, der seine Arbeit gerne verrichtet und darin erfolgreich ist, auch gerne darüber erzählt. In diesem Zusammenhang lässt sich viel besser erfragen, welche Rolle die bisher eingesetzten Kommunikationsmittel und -dienste dabei spielen und wie ihn diese bei seiner Arbeit unterstützen.

> **Praxistipp:**
> Lassen Sie den Anwender reden. Er weiß besser, was er warum und wie tut und wie es ihm dabei geht. Hören Sie einfach nur zu und stellen Sie geschickte Fragen. Und ganz wichtig: Lassen Sie die „Technikverliebtheit" in der IKT-Fachabteilung und interessieren Sie sich für die Menschen statt für die Technik.

- **Problem** – *„Wo drückt dabei der Schuh?"*
„Welche Probleme haben Sie?" ist eine Frage, die sich gut dafür eignet, die Befragten abzuschrecken. Kein Mensch hat gerne Probleme, und ein befragter Anwender schon gar nicht. Das Wort „Problem" steht stellvertretend für Begriffe wie „Unzufriedenheit, Schwierigkeit, Missfallen und Hindernis (sachliche Behinderung)".

> **Praxistipp:**
> Fragen Sie danach, aber verzichten Sie in den Fragen auf das Wort „Problem".

Wenn nun die Anwender über die oben angeführten Dinge berichten, dann ist der Schritt zur Erkenntnis möglicher Problematiken in der aktuellen Situation bereits so gut wie getan. Toll, dafür haben wir sofort eine Lösung parat, und schlagen sie ihm doch gleich mal vor ... *Nein*, auf keinen Fall!

> **Praxistipp:**
> Wenn es Ihnen wichtig, ist die wirklichen Probleme der Anwender zu ergründen und festzustellen, ob diese Probleme mit Unified Communication zu lösen sind, dann lassen Sie die Anwender ihre Probleme selber erkennen, darstellen und beschreiben, denn es sind schließlich deren und nicht Ihre Probleme.

Wie soll man das tun, nach Problemen fragen, ohne nach Problemen zu fragen? Der beste Weg ist diese Form der Frage: „Wie einfach geht das eine oder andere? Wie gut kommen Sie mit diesem oder jenem klar? Wie stellen Sie sich vor, dass das eine oder andere komfortabler, angenehmer wäre? Was würde Sie noch zufriedener machen? Wie sollte es sein, wenn ... ?" usw. Nur auf diese Weise kommen Sie hinter die tatsächlichen Anliegen der Anwender, sozusagen an die echten Bedürfnisse, die hinter den zuerst genannten, scheinbaren Bedürfnissen stehen.

> **Praxistipp:**
> Für viele Menschen ist es schwer, eine Aussage zu treffen, wie gut es ihnen aktuell geht oder wie zufrieden sie mit diesem oder jenem sind. Hier bieten sich Skalierungsfragen an, z.B.: „Auf einer Skala von 0 bis 10, wie zufrieden sind Sie mit der Erreichbarkeit Ihrer Kunden oder auch Kollegen?" – Antwort: „Mittelmäßig, fünf bis sechs ..." Aha ... „Was würde Ihnen fehlen zur sieben oder acht?"

So entwickelt sich ein Gespräch, in dem Sie sehr viel darüber erfahren, wo echtes Potenzial für die Verbesserung der Kommunikationsabläufe in den Geschäftsprozessen steckt.

- **Implikation** – *„Welche Auswirkungen, Konsequenzen stecken in den Problemen?"*
Wenn der Anwender selbst erkennen konnte, welche Probleme er selbst bei seiner täglichen Kommunikation hat, dann ist das der richtige Augenblick, um mit ihm darüber zu reden, wie sich das auf sein tägliches Tun auswirkt. Das hat einen kleinen sadistischen Anschein, so nach dem Motto: „Wo tut es denn am meisten weh?" Doch das gehört dazu, denn es ist wichtig, genau die Bereiche herauszuarbeiten, in denen die Anwender am ehesten spüren können und werden, dass ihnen der Einsatz von Unified Communication etwas bringt. Sehr hilfreich in dieser Phase ist das Antizipieren: „Wie stellt sich die Situation dar, wenn die angeführten Probleme gelöst wären?". Lassen Sie es den Anwender spüren: die Freude, die Zufriedenheit, die Genugtuung usw. So generieren Sie den Wunsch nach einer Veränderung, den Bedarf an einer Problemlösung – die Anwender wollen Unified Communication. Noch besser, die Anwender sagen: „Wir brauchen eine wirklich vereinigte Kommunikation, damit wir uns deutlich wohler fühlen, zufriedener sind, das Kommunizieren komfortabler wird usw."

> **Praxistipp:**
>
> Mit hypothetischen Fragen (z.B. „Stellen Sie sich vor, Sie würden jeden Menschen sofort erreichen und somit immer schnell zu Informationen kommen, wie wäre das für Sie?") oder auch sogenannten „Märchenfragen" (z.B. „Es kommt eine gute Fee, und Sie hätten zwei Wünsche frei, was würden Sie sagen?") kommen Sie hier sehr gut weiter. Nutzen Sie diese Fragentypen immer dann, wenn Sie möchten, dass sich die befragte Person in die angestrebte Zielsituation versetzt, also das Ziel antizipiert. Eine gute Zielantizipation weckt Motivation.

Das Ziel der Implikationsfragen besteht darin, den Anwender selber in Richtung passender Lösungsideen zu bringen, zu entwickeln. Wenn die Anwender selbst ihre Lösungsideen entwickeln konnten, dann stehen sie viel stärker dahinter, als wenn ihnen jemand einen Lösungsvorschlag unterbreitet. Dieses planvolle und strukturierte Vorgehen erzeugt bereits in der Vorbereitung eine viele höhere Akzeptanz als eine platte Befragung.

- **Need-Payoff** oder besser der **Nutzen** – *„Was hat der Anwender davon?"*

Dieser Bereich ist der schwerste, denn hier geht es darum, den Anwender danach zu fragen, was ihm die in der Implikation erarbeiteten Lösungsideen nützen würden/könnten. Sie selber können viel über möglichen Nutzen reden, der Anwender wird dies nur dann annehmen, wenn er für sich selber einen echten und nachvollziehbaren Nutzen erkennt. Von daher ist es viel effektiver, sinn- und wirkungsvoller, ihn zu fragen, welchen Nutzen er darin sähe, diese oder jene Lösungsidee umzusetzen.

> **Praxistipp:**
>
> Hier ein Beispiel: „Was brächte es Ihnen, schneller und zuverlässiger als bisher an die für Sie wichtigen Informationen zu kommen?" Fragen nach dem eigentlichen Nutzen statt Argumentation für irgendwelchen (teilweise sprichwörtlich „an den Haaren herbei gezogenen") Nutzen, das ist die hohe Kunst des Begeisterns. Begeistern Sie durch geschicktes Fragen nach dem individuellen Nutzen von Unified Communication für diese ganz konkrete Person.

Wenn die späteren Anwender von Unified Communication zu tatsächlichen Nutzern werden wollen und sich auch so verstehen, dann ist dieses Vorgehen die beste Vorbereitung für ein erfolgreiches UC-Projekt – SPINnen Sie doch einfach mal etwas mit den Anwendern in eine bessere Zukunft.

> **Praxistipp:**
>
> Das Schönste und Beste ist ein erfolgreiches und von den Anwendern sehr gut angenommenes UC-Projekt. Eine sehr intensive, verantwortungsbewusste und wertschätzende Vorbereitung Ihrer Kunden – der Anwender – ist einer der Schlüssel zu diesem Erfolg.

> **Empfehlung:** Nehmen Sie sich Zeit und Muße zusammen mit einer planvollen und strukturierten Methode wie SPIN®, und Sie werden erstaunt sein über deren positive Wirkung. Unified Communication ist etwas Faszinierendes. Bringen Sie die Menschen dazu, ihre Faszination für diese moderne Art und Weise der Kommunikation zu entdecken und sie zu erfahren. Gehen Sie methodisch an die Aufdeckung der Situation, die Ergründung der Probleme, das Durchleuchten der Auswirkungen und Konsequenzen sowie die Klärung des Nutzens. Der Erfolg wird Ihnen Recht geben.

4.4 Essenz

Die UC-Readyness-Analyse ist deutlich mehr als eine rein technologische Betrachtung der vorhandenen IKT-Landschaft. Sie ist viel komplexer, umfangreicher als z.B. eine reine VoIP-Readyness-Analyse, und sie bedarf einer noch intensiveren Berücksichtigung.

UC-Readyness herzustellen, ist eine für den Erfolg des UC-Projekts unabdingbare Dienstleistung. Nehmen Sie die UC-Readyness-Analyse ernst, und Sie werden Unified Communication mit großem Nutzen und Erfolg für alle Beteiligten einführen.

> **Praxistipp:**
> Planen Sie die Kosten, Ressourcen und Zeiträume für die UC-Readyness-Analyse ein. Tun Sie das nicht, dann besteht nicht nur die Gefahr und das Risiko des Scheiterns, sondern vor allem das der Mehrkosten, Mehraufwendungen und Zeitverzögerung. Letzteres wiederum bewirkt einen dramatischen Akzeptanzverlust bei den Anwendern. Ein gescheitertes UC-Projekt ist bereits schmerzlich genug, doch ohne Akzeptanz bei den Anwendern gibt es keine zweite Chance – das ist das eigentliche Problem.
>
> **Empfehlung:** „Sind Sie bereit für Unified Communication?" Stellen Sie diese Frage an alle Beteiligten, das Umfeld und die sonst noch Betroffenen wie z.B. Ihre Partner. Überzeugen Sie durch klare und transparente Aussagen bezüglich der UC-Readyness. Sorgen Sie während der Umsetzung für die Einhaltung der getroffenen Vereinbarungen. Wenn Sie diese Dinge beherzigen, kommen Sie dem Erfolg des UC-Projekts einen riesigen Schritt näher.

5 Kommunikationsdienste mit UC

5.1 Grundfunktionen und -dienste

Was gehört zu den grundlegenden Funktionen und Diensten von Unified Communication? Auf diese Frage haben fast alle Hersteller von IKT-Komponenten, -Systemen und -Diensten ihre eigene Antwort – zum einen bedingt durch deren Historie und zum anderen, weil jeder von ihnen seine eigene Sichtweise hat, wie eine individuelle vereinigte Kommunikationsumgebung beim Anwender aussehen soll. So fokussieren Hersteller von Kommunikationssystemen oft auf die (klassischen) Kommunikationsfunktionen. Applikationshersteller wiederum stellen ihre Applikationen in den Vordergrund. Jeder von ihnen versteht, interpretiert und vermarktet das „Grundgerüst" von Unified Communication ein bisschen anders.

Unified Communication ist nach unserem Verständnis ja eine individuelle Basisarchitektur aus standardisierten Kommunikationsdiensten. Aber was gehört zu einer individuellen Basisarchitektur? Was sind die Grundfunktionen und die Grunddienste einer UC-Architektur? Unified Communication muss einfach, simpel und pragmatisch oder besser ausgedrückt wirklich praktisch sein. Der Begriff „Unified" sollte natürlich ebenfalls bei den grundlegenden Kommunikationsdiensten gelten – nach dem von uns propagierten Motto „Alles ist vereinigt".

Alle technischen Medien und Informationsquellen gehören zur Unified Communication. Nicht nur klassische Sprache oder VoIP, sondern auch Fernsehen, Blogs, Wikis, Videos, E-Mail, Dokumente, Fax, SMS, RSS und vieles mehr. Denn nur, wenn diese Medien und Quellen in einer UC-Plattform vorhanden sind, ist ein *effektives, effizientes und sicheres Suchen, Finden und Erreichen* überhaupt erst möglich. Hieraus ergibt sich nur eine Schlussfolgerung: Wenn jemand oder etwas gesucht, gefunden und erreicht werden soll, benötigt man dazu auch das entsprechende Medium und die Informationsquelle. Die grundlegenden Kommunikationsdienste von Unified Communication dienen der Steuerung der Kommunikationsmedien und dem zuverlässigen Verfügbarmachen der Informationsquellen, z.B. mittels folgender Funktionen und Dienste:

- Ein Endgerät wählt automatisch eine Rufnummer, die der Benutzer vorher auf dem Bildschirm markiert hat *(Menschen finden/Wissen erreichen)*.
- Die Bearbeitung und Durchführung von Konferenzen via Audio, Web oder Video *(Prozess erreichen)*.
- Seine Präsenzinformationen, den Erreichbarkeitsstatus verändern – „Ich bin im Meeting" *(Menschen finden)*.
- Das Betreiben eines Dokumentenmanagementsystems *(Prozess finden)*.
- Suchvorgänge per Adressbuch zu starten, weil man einen Kollegen erreichen möchte *(Menschen/Informationen suchen)*.

Diese beispielhaft dargestellten Dienste bilden die Grundarchitektur der eigentlichen Unified Communication. In der Praxis hat es sich als sinnvoll herausgestellt, die Grunddienste in folgende Technologiegruppen bzw. -bereiche unterteilen:

- Telefonie
- Konferenz
- Kollaboration
- Mitteilung
- Erreichbarkeit und Präsenz
- Mobilität
- Mitschnitt und Protokollierung

Anhand dieser Gruppierung lassen sich die grundlegenden Kommunikationsdienste besser erläutern. Bereits in Kapitel 1 wurde die schematische Darstellung von Unified Communication abgebildet (siehe Abbildung 5.1). Wir beschäftigen uns jetzt mit den in der dritten horizontalen Schicht dargestellten Diensten, wie sie als Auszug nochmals in der Abbildung 5.1 zu sehen sind.

Dienste	Telefonie	Konferenz	Kollaboration	Mitteilung
	Telefonie Modem Voice over IP TDM analog	Audio Video Web Daten	Teamarbeit Wiki/Blog Applikations- bearbeitung	Fax SMS/EMS/MMS E-Mail Instant Messaging
	Erreichbarkeit und Präsenz Mobilität Mitschnitt und Protokollierung			

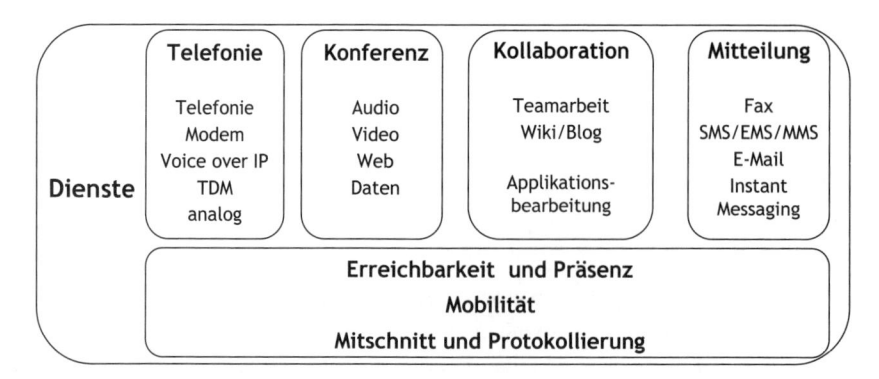

Abbildung 5.1 Diensteschicht aus dem UC-Modell

Eine wichtige Funktion und Technologie, die in jüngster Zeit immer mehr in den Vordergrund rückt, ist die Mobilität. Wir widmen diesem Thema das Kapitel 7 und erläutern dort die Möglichkeiten und Funktionalitäten einer UC-Plattform auf mobilen Endgeräten.

Die Palette der UC-Kommunikationsdienste ist sehr umfangreich. Aus diesem Grund geben wir hier einige praxisnahe Beispiele zu den vielfältigen Möglichkeiten und gehen auf die folgenden Dienste und Funktionalitäten näher ein, da sie sich in nahezu allen UC-Architekturen wiederfinden:

- Steuerung von Endgeräten
- Sprachnachrichten, IM, E-Mail und Fax
- Präsenzmanagement und Erreichbarkeitsstatus
- Audio, Video und Daten- und vor allem Web-Konferenzen
- Alarmierungsdienste

> **Praxistipp:**
> Bereits heute existiert eine Vielzahl von Kommunikationsdiensten, die jedoch in den meisten Fällen sehr autark voneinander Verwendung finden. Gefragt sind allerdings ganzheitliche, auf einer Diensteschicht vereinigte und ineinander integrierte Kommunikationsumgebungen.
>
> **Empfehlung:** Schauen Sie sich die von Ihnen verwendeten bzw. die zu verwendenden Kommunikationsdienste sorgfältig an und überprüfen Sie genau, wie sich diese Dienste funktional ineinander und miteinander verbinden lassen.

Sehr oft befinden sich grundlegende Kommunikationsdienste auf unterschiedlichen Hard- und Softwareplattformen. Eine UC-Umgebung besteht in der Regel aus einer Vielzahl unterschiedlicher Komponenten. Natürlich sind das in der Hauptsache der UC-Server mit den Basisdiensten sowie in vielen Fällen noch eine Telekommunikationskomponente. Dann kommt noch der eine oder andere Server hinzu, mit dem oder denen die vorhandenen Anwendungen, Datenbanken und Geräte interagieren. Aus dieser Auflistung wird deutlich, dass oftmals eine große Zahl verschiedener Hard- und Softwarekomponenten erforderlich ist.

In den folgenden Abschnitten werden die oben skizzierten Kommunikationsdienste vor allem im Zusammenwirken mit Unified Communication detailliert betrachtet. Den Anfang macht der „Urvater" der vereinigten Kommunikationsfunktionen zwischen der Telefonie- und Datenkommunikation: die Computer Telephony Integration (CTI).

5.2 Unified Communication und CTI

CTI bedeutet die Verschaltung von Computeranwendungen mit der Telefonie. Aus praktischer Sicht geht es darum, den Nutzern von Computern und Telefonen eine komfortablere Bedienung beider Geräte zur Verfügung zu stellen. Einer der klassischen Fälle ist das Initiieren eines Anrufs über die Anwendung auf dem Computer: Wählen aus Verzeichnissen, Markieren einer Telefonnummer auf dem Bildschirm und dann über eine „Click to dial"-Funktion das Softphone oder Telefon anweisen, einen Anruf auszuführen. Ein Beispiel dafür sind Zusatzfunktionen (sogenannte Plug-Ins) für den Web-Browser. Sie durchsuchen automatisch den gesamten Inhalt der angezeigten Webseite nach Ziffernfolgen. Entsprechen diese einer gewissen Logik und Schreibweise, lässt sich also dahinter eine Rufnummer erkennen, dann wird sie automatisch als Hyperlink (Funktionskennung bzw. -verweis als Verbindung zu anderen Webseiten bzw. zu Funktionen) markiert und eine Wahlfunktion darunter gelegt. So hat der Anwender sofort alle Rufnummern im direkten Zugriff. CTI ist also weder ein Protokoll noch eine Applikation, sondern eher ein Verfahren bzw. eine Funktionsweise und gehört definitiv zu den Grundfunktionen und -diensten von Unified Communication.

5.2.1 Korrekte Rufnummernformate für CTI

CTI kann mehrere Funktionen bereitstellen. Die einfachste ist das bereits angeführte Initiieren einer Anwahl. Dabei muss lediglich die zur Anwahl benötigte Rufnummer von der PC-Anwendung über den UC-Server zur Signalisierung des Rufes an eine Telefonanlage oder an das VoIP-System übertragen werden. Doch schon an dieser vermeintlich einfachen Funktion kann man manchmal verzweifeln. Das fängt bereits damit an, dass die zu wählende Rufnummer tatsächlich wählbar sein muss. Eine Unsitte vieler Nutzer ist diese Schreibweise von Rufnummern: +49 (0) 30 usw. Diese Zeichenkette kann man zwar als Rufnummer erkennen und markieren, doch wählbar ist sie nicht. Die „0" zwischen der Länderkennung und der Regionalkennziffer ist einfach zu viel des Guten. Mit Sonderzeichen in den Rufnummern wie z.B. Klammern, Bindestrichen, Leerzeichen und Punkten sollte eine gute CTI-Anwendung umgehen können.

Geht man mal davon aus, dass die zur Anwahl zu verwendende Zeichenkette eine wirklich wählbare und gültige Rufnummer darstellt, so folgt die nächste Hürde. Wie soll die Rufnummer gewählt werden? Über einen Amtsanschluss oder nur intern? Muss bei der Anwahl über einen Amtsanschluss eine spezielle Amtsrufnummer, die sogenannte „Amtskennung" verwendet werden, und wenn ja, welche? Wird das kanonische Rufnummernformat verwendet, und unterscheidet es sich in der Anwahl? Wie unterscheidet man möglichst automatisch zwischen einer intern und einer extern zu wählenden Rufnummer?

Genau diese Dinge muss der Anwender häufig in der CTI-Anwendung konfigurieren oder über die UC-Architektur zentral bereitstellen lassen. Meistens sind diese Einstellungen jedoch sehr individuell. Der eine Anwender speichert seine Rufnummern komplett, mit allen für die Anwahl benötigten Ziffern, z.B. 0004930, und dann die Rufnummer, also die führende Null als Amtskennung und dann die Länderkennung mit zwei Nullen statt des Pluszeichens. Ein anderer Nutzer verwendet das klassische nationale Format 0030 ohne Länderkennung. Diese Nutzer speichern interne Rufnummern dann einfach ohne vorangestellte „0" für das Amt. Der nächste Nutzer lässt die führende Amtsrufnummer grundsätzlich weg und konfiguriert seine CTI-Anwendung so, dass bei allen Rufnummern, die länger als eine bestimmte Anzahl von Ziffern sind, automatisch die Amtskennung vor die Rufnummer gestellt wird. Das Chaos ist perfekt.

> **Ein einfaches Beispiel:**
> Ein international agierendes Unternehmen verwendet wegen der hohen Anzahl der Teilnehmer an den Hauptstandorten einen internen fünfstelligen Rufnummernplan. Um die vielen Standorte weltweit direkt über das eigene Netz zu erreichen, haben die Standorte eigene Standortkennungen. Die größeren Standorte mit fünfstelligen Rufnummern haben eine dreistellige Kennung, die mit vier Stellen langen Rufnummern eine vierstellige Kennung usw. Ergo arbeitet das Unternehmen mit einem internen achtstelligen Rufnummernplan. Was ist nun, wenn ein Mitarbeiter in Berlin eine Rufnummer in Berlin anwählt? Berlin hat ebenfalls einen achtstelligen Rufnummernhaushalt. Wie soll das System unterscheiden, ob es sich um eine intern oder extern gewählte Rufnummer handelt? Moderne UC-Applikationen bieten auch hierfür Lösungen über entsprechende Filter- und Rufnummernübersetzungstabellen.

Es sollte nicht so sein, dass jeder Nutzer Nummern so speichert, wie er es für sinnvoll hält – insbesondere dann nicht, wenn alle Anwender auf eine gemeinsame Datenbasis zugreifen und diese für CTI verwenden. Hier bedarf es einer klaren und für alle Anwender verbindlichen Festlegung, in welcher Form die Rufnummern zu speichern sind.

> **Praxistipp:**
> In der Praxis hat es sich als sehr hilfreich erwiesen, das kanonische Rufnummernformat zu verwenden, also in der Form „+Länderkennung (Regionalkennung) Rufnummer". Mit dieser Form können Telefonanlagen, UC-Anwendungen und vor allem auch Handys umgehen (zumindest in Europa).
>
> **Empfehlung:** Bei der Verwendung eines einheitlichen Adressbuchs ist es wesentlich komfortabler, alle Rufnummern in derselben Weise überall einsetzen zu können. Also sorgen Sie am besten für eine einheitliche Speicherung der Rufnummern, am besten im kanonischen Format.

5.2.2 Aktionsaufruf mittels CTI

Etwas komplexer als das reine Anwählen ist die Funktion in der Gegenrichtung. Das bedeutet: Ein Ruf kommt am UC-System an, und der Server löst in einer Applikation oder auf einem anderen System eine dezidierte Aktion aus. Als klassisches Beispiel dient immer wieder gerne die Anzeige der vollständigen Kontaktdaten der anrufenden Person auf dem PC-Bildschirm. Grundvoraussetzung dafür ist natürlich die korrekte Übermittlung der Rufnummer des Anrufenden über die Infrastruktur zum UC-Server.

Wenn ein Anwender also möchte, dass er von jemandem auf eine solch komfortable Weise bei einem Anruf direkt angesprochen wird, muss er seine Rufnummer vollständig übermitteln. Die Praxis sieht (vor allem im Geschäftsumfeld) oftmals anders aus. Statt der Übermittlung der individuellen Rufnummer eines jeden Mitarbeiters wird die allgemeine Rufnummer oder die Servicerufnummer des Unternehmens übertragen. Damit ist es der UC-Anwendung auf der Seite des Angerufenen nicht mehr möglich, einen individuellen Kontakt aus der Datenbank zu selektieren.

Bei der Telefonie unterdrücken viele Menschen noch ihre Rufnummern. In manchen Fällen hat die Rufnummernunterdrückung durchaus ihre Berechtigung und ist sinnvoll, z.B. bei Serviceabteilungen oder auch bei Managern. Diese Teilnehmer sollen oder wollen nicht direkt zurückgerufen werden können. Ähnliches ist auch bei E-Mail zu finden. Im Normalfall sendet der Absender seine Mailadresse mit, und man kann direkt darauf antworten. Doch immer häufiger erfolgt die E-Mail-Versendung unter so genannten Aliasnamen oder gar der klaren Bezeichnung „No reply". Eine E-Mail mit diesem Absender kann man nicht direkt beantworten. Jeder Anwender sollte für sich selbst das Für und Wider der „verdeckten" Kommunikation abwägen.

Als Anrufender möchte man am liebsten eine bestimmte Person kontaktieren: jemanden, von dem man weiß oder vermutet, dass er oder sie das Anliegen versteht. Es sollte in der Verantwortung der angerufenen Person liegen, ihre Erreichbarkeit so zu handhaben, dass sie den Geschäftsprozess optimal unterstützt. Eine Ausnahme bilden sicher CallCenter und andere Teamfunktionen.

Vor allem für CallCenter und sonstige Dienstleister mit Telefoniediensten wie z.B. Telemarketingfirmen lüftete der Gesetzgeber den Mantel der „Verdeckung" deutlich. Im Zuge des besseren Verbraucherschutzes müssen diese Unternehmen ihre Rufnummern mitteilen und dürfen sie nicht unterdrücken. Hier muss laut einem in 2009 wirksam gewordenen Gesetz auch eine Rückrufnummer eines CallCenter-Agenten angezeigt werden. Konkret handelt es sich um den Paragraph 66j des Telekommunikationsgesetztes (TKG) mit der Bezeichnung „Rufnummernübermittlung". Die wesentlichen Aussagen dieses Gesetzes sind:

- Eine Rufnummer muss übermittelt werden.
- Die übertragene Rufnummer muss dem Dienstleister oder Auftraggeber eindeutig zugeordnet werden können.
- Die Rückrufnummer darf keine besonders teure Rufnummer sein. Für Servicenummern gelten im Übrigen auch neue Regelungen, nach denen Anrufer immer die entstehenden Gebühren vorab angesagt bekommen müssen.
- Der Gesetzgeber verlangt nicht, dass bei der Rückrufnummer ein Mensch das Gespräch annehmen muss.

Hinter einer CTI-Funktion für das Auslösen von Aktionen verbirgt sich in der Regel ein komplexer Indexmechanismus. Damit die CTI-Funktion möglichst schnell die passende Rufnummer identifizieren kann, greift sie auf einen Index der Rufnummern zurück. Gerade bei großen Rufnummernbeständen empfiehlt es sich, diesen Index für die CTI ständig aktuell bereitzustellen. Wird der Rufnummernindex immer erst bei Bedarf generiert, führt das zu einer deutlichen Einbuße bei der Reaktionsgeschwindigkeit der CTI-Anwendung.

Es versteht sich von selbst, dass unsauber gespeicherte Rufnummern für eine UC-Anwendung untauglich sind. Genau aus demselben Grund wie für das Anwählen einer Rufnummer ist es auch für das Auslösen einer Aktion nach Erkennen einer eingehenden Rufnummer unabdingbar, die Rufnummern einheitlich und standardkonform abzuspeichern.

5.2 Unified Communication und CTI

> **Praxistipp:**
> Nur „saubere" und eindeutige Rufnummern ermöglichen eine klare und gut funktionierende CTI für das Auslösen von Aktionen innerhalb der UC-Umgebung. Insbesondere bei größeren Datenbeständen ist es für die Performance immens wichtig, dass die Indizes für die Rufnummern ständig aktualisiert in der Datenbank vorliegen.
>
> **Empfehlung:** Sorgen Sie für einheitliche Richtlinien, wie in Ihren Applikationen und Datenbanken die Rufnummern zu hinterlegen sind. Ebenso sollten Sie darauf achten, dass auch bei allen Kommunikationen nach außen, also in E-Mail-Unterschriften, auf Visitenkarten usw. die korrekte Schreibweise von Rufnummern eingehalten wird.

5.2.3 Steuern von Endgeräten und Softphones mittels CTI

Immer größerer Beliebtheit erfreut sich bei den Nutzern die Möglichkeit, das eigene Endgerät über eine komfortable PC-Oberfläche steuern und einstellen zu können. Immer öfter werden hierfür Standard-Web-Browser verwendet. Nahezu alle Hersteller von UC-Applikationen werben mit einer intuitiven Bedienbarkeit – und in der Tat: Die Funktionen sind in den letzten Jahren viel komfortabler und multifunktionaler, aber vor allem offener und flexibler geworden. Viele Funktionen der Endgeräte und Applikationen erschließen sich dem Anwender intuitiv, aber eben bei weitem nicht alle.

Die Anwender möchten auf einfachste und komfortabelste Weise die verschiedenen Rufumleitungen einstellen, Anrufstatus erkennen, Präsenzinformationen erhalten, individuelle Klingeltöne einstellen usw. Alle diese Funktionen lassen sich über CTI sehr gut abbilden.

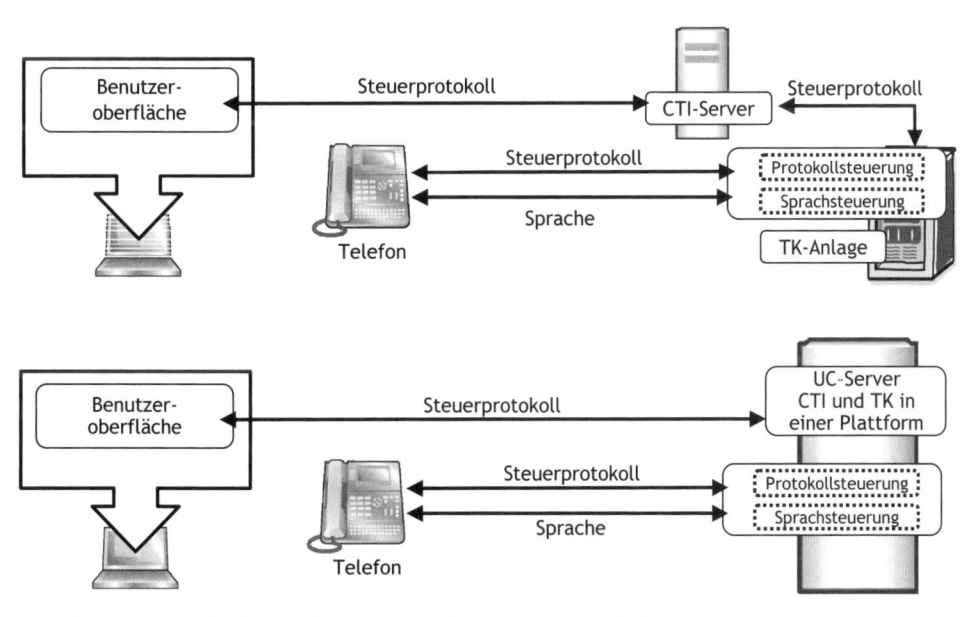

Abbildung 5.2 CTI-Funktionen in klassischer Form und als UC-Variante

Entscheidend für den Umfang der zur Verfügung gestellten Leistungen und Funktionen ist die Anbindung der UC-Umgebung an ein Telekommunikationssystem, beispielsweise mittels CSTA, XML oder SIP (siehe Kapitel 6). Alternativ kann das das eine oder andere moderne UC-System selbst die Telekommunikationsverbindungen initiieren und steuern. In Abbildung 5.2 wird die Realisierung der CTI-Funktion in zwei Varianten dargestellt. Die oberste Variante ist die „klassische" Verschaltung eines CTI-Servers mit einer TK-Anlage. Die CTI-Funktion erfordert zwei Steuerinstanzen: den CTI-Server und das TK-System. In der unteren Darstellung sind der CTI-Server und die Telekommunikationsfunktion auf einem UC-Server vereinigt. Das vereinfacht die Architektur und den Betrieb deutlich.

Es dürfte jedem sofort klar sein, dass CTI-Anwendungen auf Basis von Standardprotokollen oftmals genau nur die in diesem Standard beschriebenen Funktionen unterstützen. Je mehr Schnittstellen und Protokolle für die UC-Umgebung zum Einsatz kommen, desto komplexer gestaltet sich die Vernetzung zwischen den CTI-Diensten, der UC-Plattform und den mit ihnen zu verschaltenden Applikationsservern. Alle diese Verbindungen müssen funktional abgesichert werden.

> **Praxistipp:**
> Eine größere Vielfalt an Schnittstellen und Protokollen erfordert ein aufwendigeres Management der UC-Architektur und aller seiner Instanzen. Daher bedarf das Design einer CTI-Umgebung einer guten Planung und viel Erfahrung. Oft stecken hinter der umfangreichen Funktionalität einer UC-Umgebung proprietäre Programmierungen.
>
> **Empfehlung:** Setzen Sie auf standardisierte UC/CTI-Lösungen, da die ständige Pflege und Anpassung proprietärer Programmierungen deutlich höhere Mehrkosten verursachen.

Interessant sind auch UC-Lösungen, in denen das CTI-Programm auch gleichzeitig ein softwarebasierendes Telefon, ein so genanntes „Softphone", darstellt. Das erleichtert allein die Installation und Administration der Software erheblich, da nur ein Programm auf dem PC installiert und gepflegt wird. Die grundlegenden Anforderungen und Schwierigkeiten sind dieselben wie bei der Variante mit einer bestehenden Telefoninfrastruktur. Neben den Dingen wie Signalisierung, Bandbreite, Laufzeit, allgemeine Verfügbarkeit usw. muss hier jedoch zusätzlich beachtet werden, dass der IP-Medienstrom, der die Sprache überträgt, ebenfalls auf dem gleichen PC installiert ist und gesondert behandelt werden will. Die obere Darstellung der Abbildung 5.3 zeigt eine klassische CTI-Installation mit PC und Telefon. In der unteren Darstellung der Abbildung 5.3 ist erkennbar, dass die Benutzeroberfläche auf dem PC um ein auf Software basierendes Telefon, also ein Softphone, erweitert wird. Der Anwender hat kein Telefonendgerät mehr. Hierbei kann die CTI-Software auf dem PC von einem oder – bei entsprechenden lokalen Schnittstellen – sogar von mehreren Herstellern kommen. Die Benutzeroberfläche vom Betriebssystem- oder einem Applikationshersteller, das VoIP-Softphone von einem anderen Hersteller.

Klassische CTI mit PC und Telefonendgerät

Moderne CTI mit PC und Softphone

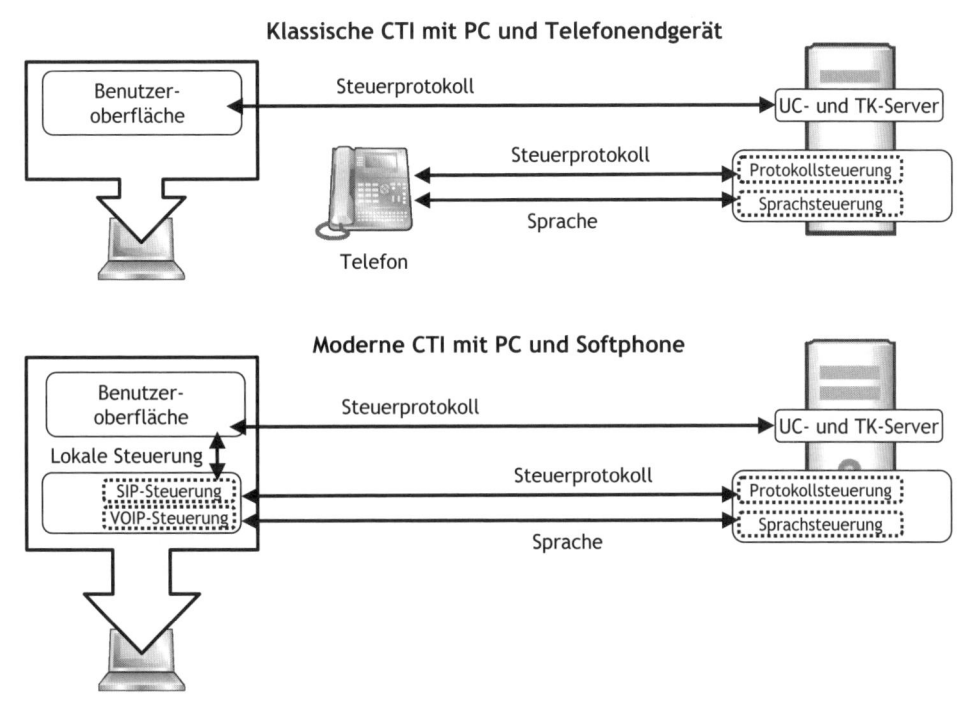

Abbildung 5.3 Klassische CTI-Funktion und moderne CTI per Softphone

Wie jede Applikation und Kommunikation benötigt natürlich auch CTI eine gewisse Bandbreite für die Übertragung der Steuerung und der Daten. Jede CTI-Steuerung alleine benötigt ca. 20 kBit/s Bandbreite. Wenn man beispielsweise nur eine 256 kBit/s-Anbindung zu einem Standort hat, dann werden z.B. 30 oder mehr Anwender gleichzeitig über diese Verbindung wenig Freude haben. Steht die Steuerung mangels Bandbreite nicht zur Verfügung, dann ist keine CTI möglich. Daher muss die Umgebung hinsichtlich der erforderlichen Signalisierungs- und Steuerbandbreite detailliert geplant und analysiert werden. CTI stellt genau dieselben Anforderungen an das IP-Netz wie die eigentliche Sprache über IP selbst – also ein Echtzeitverhalten. Es dürfte keinem Anwender gefallen, wenn er zwar die Signalisierung eines eingehenden Rufes umgehend auf dem Telefonendgerät akustisch bzw. optisch angezeigt bekommt, dann aber noch weitere 15 bis 20 Sekunden vergehen, ehe er die dazugehörige CTI-Reaktion über seinen PC bekommt.

5.2.4 CTI mit dem Web-Browser

In der klassischen CTI-Welt muss auf dem PC ein CTI-Client, also eine CTI-Anwendersoftware installiert werden, die mit dem UC-Server alle Steuerfunktionen austauscht. Das bedeutet neben der reinen Installation der UC-Software vor allem dessen Pflege auf dem PC. In größeren Umgebungen ist es nicht selten nötig, mehrere solcher UC-Clients auf den PCs zu pflegen. Was das für das Management der UC-Umgebung bedeutet, beschreibt Kapitel 11.

In modernen UC-Umgebungen gehört dies aber der Vergangenheit an. Mehr und mehr setzen die Hersteller auf webbasierte Infrastrukturen. Wie kommt man aber von einer vorhandenen klassischen CTI-Applikationsumgebung zu einer webbasierten Architektur? Ganz einfach: Wenn der Web-Server nicht bereits Bestandteil des UC-Servers ist, stellt man vor den CTI-Dienst einen Web-Server. Der Anwender benötigt dann keine spezielle CTI-Applikation auf seinem PC, sondern nutzt einfach nur den Web-Browser. Die moderne Web-Applikationen basieren auf XML (siehe Kapitel 5). Das macht sie deutlich flexibler und für den Anwender in gleicher Weise sowohl auf dem PC als auch auf dem jedem anderen Gerät einsetzbar, das einen Web-Browser besitzt, z.B. PDAs, IP-Telefone mit XML-Oberfläche usw.

Die XML-Applikation arbeitet nun direkt mit dem Web-Server. Dieser wiederum interagiert mit dem eigentlichen Applikationsserver beispielsweise über SOAP oder ein alternatives Protokoll, in das CSTA bzw. ein herstellereigenes Protokoll eingebettet ist. Der überwältigende Vorteil dieser Architektur ist nicht allein der Wegfall des Aufwandes für die Pflege einer Clientsoftware, sondern der Zugewinn an Offenheit. Mit dieser Lösung ist man in der Lage, die Wünsche des Anwenders zu erfüllen: die Nutzbarkeit beliebiger Oberflächen und Endgeräte. XML bringt nahezu jede CTI-Applikation auf den Web-Browser des PCs, auf das XML-fähige IP-Telefon, den PDA, das Web-Handy usw. Diese Variante der Web-Steuerung, also eine einheitliche Bedieneroberfläche für die verschiedensten Funktionen einschließlich CTI, wird mittlerweile sehr häufig eingesetzt. Der Trend, dass alle CTI-Funktionen über eine Web-2.0-Oberfläche arbeiten und somit die klassische CTI-Installation auf PCs ablösen, ist klar zu erkennen.

> **Praxistipp:**
> Man muss nicht gleich immer alles wegwerfen, was äußerlich „altbacken" anmutet. CTI und CSTA gab und gibt es auch ohne Unified Communication, aber beides mit und in UC-Anwendungen, vor allem in webbasierten UC-Umgebungen, das ist der Trend.
>
> **Empfehlung:** Mit Unified Communication und einer passenden Web-Plattform lassen sich die bereits implementierten und von den Benutzern akzeptierten Kommunikationsdienste mit wirtschaftlich vertretbarem Aufwand zu komfortablen Web-Applikationen umfunktionieren.

5.2.5 Der richtige Standort des CTI-Servers

CTI bedeutet das Integrieren von Geschäftsapplikationen mit Kommunikationsdiensten. Die Vereinigung dieser beiden Funktionsbereiche wirft in der Praxis immer wieder eine Vielzahl von Fragen auf, die fundierter Antworten bedürfen, wenn man eine effektive und effiziente, insbesondere betriebssichere UC-Infrastruktur mit CTI-Funktionen aufbauen will. Lassen Sie uns diese Fragen genauer betrachten:

- *Wo werden die UC-Umgebung und insbesondere die CTI-Funktion am besten aufgestellt? Etwa direkt neben einer noch vorhandenen Telefonanlage oder besser in der Nähe des Servers, mit dessen Applikation die Kommunikationsdienste der UC-Architektur interagieren soll?*

  Antwort: Oftmals ist nach wie vor die Telefonanlage das kommunikative Kernstück eines Unternehmens. Sie benötigt Anschlüsse in die öffentlichen Netze und hat auch vielfach noch intern recht starre Infrastrukturen. In diesen Fällen ist es also meistens einfacher, den CTI-Server neben der TK-Anlage zu positionieren. Bei modernen VoIP-Systemen ist das anders, diese benötigen für die abzubildenden klassischen Anschlüsse lediglich VoIP-Gateways, d.h. das eigentliche System (meist nur noch ein reiner VoIP-Server) wird dort installiert und betrieben, wo auch die anderen Server stehen: im Rechnerraum. Das ist einer der wesentlichen Vorteile von VoIP.

- *Wo sind die Amtsanschlüsse und braucht jeder CTI-Server seinen eigenen Anschluss?*

  Antwort: Der CTI-Server selbst benötigt gar keinen Amtsanschluss. Er hat eine reine Signalisierungs- und Steuerfunktion, die Sprache wird über das Kommunikationssystem, die TK-Anlage oder das VoIP-System realisiert. Allerdings kann sich durch ein deutlich komfortableres Telefonieren auch das Kommunikationsverhalten der Mitarbeiter ändern, sie telefonieren einfach lieber und damit öfter. Das kann zur Folge haben, dass mehr Amtsanschlüsse sinnvoll sind.

- *Muss bei verteilten Standorten, also typischen Filialunternehmen, an jedem Standort ein eigener UC-Server mit CTI stehen?*

  Antwort: In der klassischen Welt hat oftmals jede Filiale ihre eigene TK-Anlage. Wird nun über ein firmeninternes IP-WAN eine zentrale CTI-Funktion zur Verfügung gestellt, so muss von jeder dieser verteilten Anlagen eine Signalisierungs- und Steuerverbindung zur zentralen CTI geschaltet werden. Das ist eine technologische Herausforderung. Der CTI-Server muss z.B. die Rufnummernblöcke und Teilnehmer aller TK-Anlagen kennen und verarbeiten. Er muss in der Lage sein, gleichzeitig N (= Anzahl der TK-Anlagen) getrennte Steuerungen abzubilden. In der Praxis sieht das so aus, dass es bei vielen CTI-Servern eine klare Obergrenze für die Anzahl solcher Verschaltungen gibt (meistens maximal 20). Wie bereits in den anderen Punkten angemerkt, macht VoIP einem wiederum das Leben leichter. Die Filialen erhalten lediglich VoIP-Gateways, und das gesamte VoIP-System wird auf einer großen skalierbaren VoIP-Plattform zentralisiert, die mit einer zentralen CTI-Plattform interagiert. Das ist echte vereinigte Kommunikation und gepaart mit einem stabilen IP-Netz die wesentliche Voraussetzung für den effizienten, effektiven und zuverlässigen CTI-Betrieb für Filialen. Allerdings bedarf es dafür oft eines Neudesigns des internen Rufnummernplans.

- *Welche zusätzlichen Systeme werden für CTI benötigt?*

  Antwort: Ganz einfach die Systeme aus denen die Rufnummern kommen, die mittels CTI bedient werden sollen. Sind es Informationen aus Kontaktdatenbanken wie z.B. Outlook oder Lotus Notes, dann muss eine Verschaltung mit diesen Systemen erfolgen.

Kommen die Rufnummern aus Datenbanken von Geschäftsapplikationen wie CRM, ERP usw., dann muss die CTI-Instanz mit ihnen interagieren können. Geht es lediglich um die Anwahl einer auf dem Bildschirm des PCs dargestellten Rufnummer, dann ist das eine einfache „Click to dial"-Funktion, die neben dem CTI keine weiteren Systeme im Hintergrund erfordert.

- *Wie steht es mit der Hochverfügbarkeit des CTI-Dienstes, also mit Redundanzen usw.?*

    Antwort: Redundanz und Hochverfügbarkeit sind ein heikles Thema. Von der Telefonie ist der Anwender die absolute Hochverfügbarkeit gewöhnt, und die erwartet er natürlich auch von seiner komfortablen Telefonie mit CTI. Redundanz in einer verteilten Architektur wie im dritten Punkt dieser Aufzählung diskutiert, ist nahezu unrealistisch und technisch kaum realisierbar. In einer zentralisierten Struktur ist CTI-Redundanz kein Problem. Man benötigt redundante CTI-Systeme, aber auch – und darin liegt die eigentliche Herausforderung – redundante Verschaltungen zu den (dann hoffentlich auch) redundanten Kommunikationssystemen und den anderen mit der CTI-Umgebung verschalteten Systemen.

Die praktische Umsetzung der gegebenen Antworten könnte wie folgt aussehen: Das Zeitalter, in dem der CTI-Server über ISDN-Anschaltungen mit der Telekommunikationseinrichtung kommunizierte, ist auf jeden Fall vorbei. IP ist das Maß aller Dinge. So wie die Standorte von Unternehmen mit IP vernetzt sind, sind es auch die UC-Lösungen mit CTI-Funktionen. Mit dem Schwenk zu IP ist nicht nur das CTI-Umfeld gemeinsam mit den Applikationen auf eine einheitliche Plattform gehoben worden, sondern auch die Zentralisierung von Kommunikationsanwendungen nimmt stetig zu. Standen beispielsweise früher in einem großen Unternehmen mit vielen Filialen und mehreren Tausend Teilnehmern oftmals ebenso viele Telefonanlagen, wie es Standorte gab, so reduziert sich heute die Anzahl der benötigten Kommunikationssysteme um bis zu 95 %. Früher war an eine flächendeckende UC-Lösung gar nicht zu denken, aber heute ist das grundsätzlich kein Problem.

Angenommen, dieses Unternehmen hat nur ein Hauptrechenzentrum und ein Redundanzrechenzentrum für Backup-Szenarien, von denen alle Nutzer mit zentral bereitgestellten Geschäftsanwendungen versorgt werden. Da liegt es nahe, die UC-Anwendung ebenfalls dort zu zentralisieren. Genau wie die Steuerinformationen und Daten der anderen Applikationen zu den Nutzern in die Außenstellen gelangen, werden auch die CTI-Steuersequenzen von der Zentrale aus bereitgestellt. Jetzt bleibt nur noch zu klären, ob es neben der UC-Architektur in der Zentrale auch nur eine Telekommunikationseinrichtung gibt, oder ob eventuell sogar die UC-Architektur selbst die Telefoniefunktionen übernehmen kann. Anderenfalls müsste von diesem einen UC-Server aus eine Anschaltung zu allen vorhandenen Telefonanlagen erfolgen. In der Praxis kann man dabei sehr schnell an Grenzen stoßen, z.B. wenn ein CTI-Dienst über seine Schnittstellen nur eine bestimmte Anzahl von Telekommunikationsanlagen steuern kann. In diesem Fall müssten ggf. mehrere CTI-Server implementiert werden, was die Komplexität der UC-Umgebung erhöht.

> **Praxistipp:**
> Nach Ansicht der Autoren sollten alle Kommunikationsdienste und -applikationen immer möglichst zentral stehen. Das trifft auch für die CTI-Applikationen zu. Um diesem Ziel gerecht zu werden, sollte man auch die Kommunikationsserver mit in die Zentralisierung einbeziehen.
>
> **Empfehlung:** Je weniger Systeme und Server, desto weniger Verbindungen, Schnittstellen und Anschlüsse zwischen den Kommunikationsservern und Applikationen, und desto weniger Aufwand ist für deren betriebliche Absicherung nötig. Also optimieren Sie die UC-Architektur hinsichtlich der Komplexität und der Anzahl verwendeter Systeme und Instanzen.

5.2.6 Redundanz der CTI-Umgebung

Ein wichtiger Punkt ist die Betriebssicherheit des CTI-Dienstes besonders dann, wenn er auf einer noch vorhandenen Telekommunikationstechnik aufsetzt. Im Normalfall sollte der UC-Server abgesichert sein und somit auch die CTI-Funktion. Die meisten Unternehmen betreiben ein Haupt- und ein Redundanzrechenzentrum, und auf den ersten Blick scheint mit der Redundanz der UC-Systeme die Betriebssicherheit gewährleistet. Bei näherer Betrachtung kann das jedoch völlig anders aussehen. Ein modernes Kommunikationssystem kann nicht unbedingt immer beide Rechenzentren bedienen. Wie garantiert man in einem solchen Konstrukt die Betriebssicherheit der CTI?

Jeder UC-Server, sowohl der Haupt- als auch der Redundanzserver, braucht eine Steuerverbindung zu jeder der vorhandenen TK-Anlagen. Die meisten TK-Anlagen verbinden sich mit *einer* Verbindung zum CTI-Server bzw. zum UC-Server, nicht aber zwingend zu einem zweiten oder sogar dritten UC-System. Dieser Umstand macht die Hochverfügbarkeit des CTI-Dienstes nicht einfacher. Darüber hinaus muss jede dieser Verbindungen selbst hinsichtlich ihrer Verfügbarkeit genauestens betrachtet werden. Dabei geht es um die Beantwortung solcher Fragen wie:

- Welche Bandbreiten müssen im Normalbetrieb bereitstehen?
- Wie ist das Laufzeitverhalten im Normalbetrieb?
- Was passiert bei Umschaltung auf den Backup-Betrieb?
- Wie lange dauert das Umschalten?
- Welche Bandbreite steht dann noch zur Verfügung?

Diese Fragen lassen sich nur in enger Zusammenarbeit der TK-Abteilung mit der IT und der Infrastrukturabteilung klären. Hier ist die Konvergenz der Köpfe und des Wissens gefragt.

Einige Hersteller von Infrastruktur gehen einen anderen Weg für die Redundanz der CTI-Anwendungen: Sie lassen im Hauptbetrieb alle Steuerungen zentral ablaufen, sorgen jedoch dafür, dass im Notbetrieb lokale Mediationsgateways einen Teil der CTI-Funktionen übernehmen können. Trotzdem stellt sich die Frage der Bandbreite für CTI, denn es ist ein Dienst wie E-Mail oder Instant Messaging.

> **Praxistipp:**
> Eine der pragmatischsten und zugegebenermaßen plakativsten Lösungen ist es, im Notbetrieb die CTI nur für Hauptstandorte aufrechtzuerhalten. Das ist eine in der Praxis häufig angewandte Vorgehensweise.
>
> **Empfehlung:** Im Notbetrieb sollte man sich auf die Aufrechterhaltung der für das Geschäft notwendigen Grundfunktionen konzentrieren. CTI spielt da als reines Komfortleistungsmerkmal eine untergeordnete Rolle.

5.3 Präsenz und Erreichbarkeitsstatus

Wer kennt diese leidige Situation nicht: Man muss zwischen fünf bis sieben Mal versuchen, jemanden anzurufen, bis man ihn endlich wirklich erreicht. Ein Ansatzpunkt zur Verbesserung dieser Situation liegt in einer besseren Vorbereitung auf die Kommunikation, indem sichtbar gemacht wird, welche Teammitglieder erreichbar sind. Dieser Dienst wird als Präsenzinformations- bzw. Erreichbarkeitsdienst bezeichnet. Diese Präsenzinformationen gehören zu den grundsätzlichen Basisdiensten von Unified Communication. Diesen Dienst sehen wir uns nun in seinen Einzelheiten und im Zusammenhang mit anderen UC-Diensten genauer an.

Die Präsenzinformation ist bisher meistens nur aus IM-Systemen bekannt, indem sich der Anwender quasi „online" schaltet. Symbole oder Farben signalisieren dem Kommunikationspartner, ob man erreichbar ist oder nicht, beispielsweise Grün für erreichbar und Rot für nicht erreichbar. Diese Anzeige der Präsenz ist von zwei Seiten zu betrachten:

- Für den Anwender, welcher den Status setzt, dient die Präsenzsignalisierung meist zur Steuerung seiner Erreichbarkeit, aber auch zur Vermeidung von Störungen in seiner Arbeit: „Bitte nicht stören".
- Für die Teammitglieder bzw. Kollegen dient die Präsenzanzeige zur Abschätzung, wann und wie man wieder einen neuen Kontaktversuch unternehmen kann.

Teammitglieder untereinander bedienen sich in der Praxis mehrerer technischer Hilfsmittel, um ihre Präsenz zu kommunizieren. Die einfachste Form der Erreichbarkeitsinformation ist so alt wie die Steinkohle: Man hebt den Hörer hoch, und die Präsenzanzeige zeigt den Status „Besetzt". Die Präsenz kann aber noch auf wesentlich komplexere Arten signalisiert werden.

Den Präsenzstatus auf Geräteebene zu ermitteln und darzustellen wie beispielsweise den Besetztstatus bei einem Telefon oder den Onlinestatus am PC ist der erste, einfache Schritt. Der Präsenzstatus kann aber auch von Personen auf Gruppenebene oder auf anderen beliebigen Objekten (z.B. Dateien) in anderen Softwareanwendungen dargestellt und angehängt werden. Die Anzeige der Verfügbarkeit soll helfen, das Management und die Steuerung von Gruppen und einzelnen Personen zu verbessern.

> **Praxistipp:**
>
> Im praktischen Einsatz (vor allem in Deutschland) haben Präsenzinformationssysteme einen kleinen Haken. Bevor man solche Systeme in größeren Unternehmen bzw. Behörden implementieren will, sollte man mit dem Betriebsrat reden. Die Betriebsräte sind wichtige Instanzen, sie dienen u.a. zum Schutz der Mitarbeiterinteressen. Daher sind die Betriebsräte oftmals etwas skeptisch gegenüber allen Funktionen, die irgendwie den Anschein von Mitarbeiterüberwachung erwecken – das Thema Präsenz erzeugt Skepsis. In den meisten Fällen bedarf deren Benutzung einer entsprechenden Anpassung in den Betriebsvereinbarungen. Sogar noch einen Tick schärfer halten es die Betriebsräte mit Lokalisierungsdiensten, die bei einigen Präsenzinformationssystemen integraler Bestandteil sind.
>
> **Empfehlung:** Sie sollten daher frühzeitig alle betrieblichen Instanzen informieren und Aufklärung betreiben. Am besten verwenden Sie dabei den Terminus „Präsenzinformation" gar nicht mehr. Sprechen Sie von „Erreichbarkeitsinformation". Gegen das effektive, effiziente und zuverlässige Erreichen von Menschen und Informationen wird in der Regel nichts einzuwenden sein.

5.3.1 Präsenz und Erreichbarkeit im Alltag

Die Präsenzinformation soll helfen, die durchaus komplexen UC-Applikationen gezielt und richtig einzusetzen. Problematisch wird es, wenn der Zeitpunkt eines Kontaktversuchs zwar für einen selber (den Initiator), nicht aber für den Empfänger passend ist. Aussagen wie „Ständig klingelt das Telefon" oder „Ich habe heute schon 100 E-Mails bekommen" sind die Folge. Vor allem der Einsatz von Mobiltelefonen ist auf Seiten des Anrufers oftmals durch eine hohe Spontaneität charakterisiert: „Mal eben schnell anrufen und nachfragen". Wie häufig denkt man so?

Die Verbesserung der Erreichbarkeit hat also oft den Nachteil, dass die Konzentration des Angerufenen gestört und er aus seiner aktuellen Arbeitsaufgabe förmlich herausgerissen wird. Eine typische Reaktion darauf ist das Abschalten des Handys oder des Kommunikationskanals wie etwa das nicht Beantworten von E-Mails. Ein solches Schutzverhalten ist nur allzu menschlich, führt aber letztlich zu einer schlechteren Erreichbarkeit.

In der Konsequenz versucht der Anrufer, rein empirisch irgendwie zu kommunizieren. Man ruft versucht es über alle möglichen und bekannten Rufnummern. Meldet sich der Angerufene nicht, wird man zu den dahinter befindlichen Mailboxen geleitet und kann Nachrichten hinterlassen. Weil man sich aber nicht sicher sein kann, ob und wann der Empfänger die Möglichkeit hat, eine der vielen Mailboxen abzuhören und entsprechend zu reagieren, sendet man noch eine Nachricht mittels SMS, Instant Messaging oder per E-Mail.

Bei Teamarbeiten ist es nicht unüblich, einen Großteil der Zeit mit Tätigkeiten in gemischten Teams und an wechselnden Standorten zu verbringen. Neben der Kommunikation innerhalb dieser Teams ist dabei auch die Kontaktaufnahme mit einer Reihe von außenstehenden Personen wichtig. Hier soll die Präsenzinformation helfen.

In ihrer täglichen Praxis erleben die Autoren, dass Vertriebsmitarbeiter und Berater sie kontaktieren, um dringende Informationen zu projektrelevanten Themen und Hintergrundinformationen zu erfragen. Dokumente zu Projekten weisen meist Informationen auf, die häufig persönlich mit den Mitarbeitern besprochen werden müssen. Darüber hinaus stehen für Unterstützungsaufgaben wie etwa die Präsentationserstellung oft spezielle interne Abteilungen („Back-Office") zur Verfügung, die ebenfalls zeitnah kontaktiert werden müssen. Präsenzinformation kann hier ebenfalls helfen.

Es wird deutlich, dass ein solches Szenario viele Charakteristika eines virtuellen Teams wie räumliche Verteilung und gemischte Teams aufweist. Sie lassen den Einsatz von Präsenzinformation für die eigentliche Kommunikation als sinnvoll erscheinen. In den nächsten Abschnitten wird detailliert auf die unterschiedlichen Präsenzinformationen und -systeme näher eingegangen.

5.3.2 Telefonpräsenz

Präsenzinformation und Erreichbarkeitsstatus gibt es in der klassischen Telekommunikation schon lange. Die einfachste Information ist das Besetzt- bzw. Freizeichen. Das eine signalisiert dem Anrufer, dass der Angerufene im Augenblick nicht erreichbar ist, weil sein Telefon benutzt wird. Ein Freizeichen deutet dem Anrufer an, dass das Telefon des Angerufenen zwar klingelt, doch ob der Angerufene selbst erreichbar ist, das merkt der Anrufer erst, wenn der Angerufene den Ruf annimmt oder irgendwann das Freizeichen und damit der Ruf abgebrochen wird. In beiden Fällen muss der Anrufer überhaupt erst einen Anruf tätigen, um den Erreichbarkeitsstatus des Angerufenen zu erfahren. Dann gibt es natürlich noch die deutlich funktionaleren Präsenz- und Erreichbarkeitsinformationen, wie sie aus dem Belegtlampenfeld von Vermittlungsplätzen (siehe Kapitel 8), der Schaltung von Sammel- und Heranholgruppen sowie Team-, Partner- und Chef/Sek-Funktionen kommen. Das Ziel dieser Funktionen besteht darin, anderen Telefonteilnehmern Informationen bereitzustellen und ihnen damit zu signalisieren, wie man selber telefonisch erreichbar ist. Diese Funktionen sind so normal, dass man sich darüber kaum mehr Gedanken macht. Über Leuchtdioden oder andere Anzeigen an den Tasten kann der Nutzer sehen, wie die anderen Teammitglieder telefonisch gerade präsent sind. Das ist jedoch nur die halbe Wahrheit, denn man sieht natürlich nur die Aktivitäten der Teilnehmer, also ob die Telefone gerade benutzt werden. Man erhält leider keine sinnvolle Präsenz- oder Erreichbarkeitsinformation bei Inaktivität, also ob ein Teilnehmer telefonisch erreichbar ist, weil dessen Telefon gerade nicht benutzt wird.

Alleine schon bei der klassischen Telefonie ist die zuverlässige Telefonpräsenz nicht eindeutig gegeben – von einer durchgängigen Telefonpräsenz einschließlich der Handys ganz zu schweigen. Noch schwieriger wird die Anzeige der Präsenz und Erreichbarkeit durch die zunehmende Vielfalt der Telefonie, da die Telefonpräsenz nicht nur auf Hardwaretelefonen abgebildet wird, sondern auch auf Softwaretelefonen wie etwa Google Talk oder Skype.

> **Praxistipp:**
>
> Die Telefonpräsenz ist eine historisch gewachsene Funktion, die Nutzer haben sich an das Frei- und Besetztzeichen gewöhnt. Nun kommen jedoch zum einen mehr und mehr Varianten der Telefonie und zum anderen zunehmend die Handy-Integration zum Einsatz. Das macht die zuverlässige Telefonpräsenz einer echten Herausforderung.
>
> **Empfehlung:** Bei Einführung eines Telefonpräsenzsystems sollte man die Verhaltensweise der Unified Communication-Teilnehmer genau kennen oder durch Umfragen ermitteln. Die Akzeptanz von Unified Communication sinkt vor allem in diesem Punkt deutlich, wenn für den Nutzer keine eindeutige Telefonpräsenz erkennbar ist.

5.3.3 Onlinepräsenz

Die Anzeige der Onlinepräsenz ist in fast jedem Messagingsystem enthalten. Den Kalender in Microsoft Outlook oder IBM Lotus Notes zu führen, gehören zum Alltag vieler PC-Benutzer. Diese Informationen werden dann auf dem zentralen System gespeichert. In den meisten Fällen können diese Informationen auch vom Nutzer selbst verändert werden. Ein erheblicher Unterschied besteht allerdings darin, wie sich diese beiden Systeme verhalten, wenn sie diese Informationen mit anderen UC-Funktionen austauschen sollen. In der Microsoft-Umgebung mit Exchange und Outlook erfolgt die Integration direkt in diesen beiden Plattformen: auf Serverseite durch die Verbindung des Exchange-Servers mit dem UC-Server für die Steuerung und Signalisierung und in Outlook mittels eingebetteter Funktionen, sogenannter DLLs (Dynamic Link Library).

Im Lotus Notes-Umfeld ist das anders. Natürlich muss auch eine Verbindung zur Steuerung und Signalisierung zwischen den Servern geschaltet werden. Aber die Funktionen auf der Clientseite werden nicht in den Lotus Notes-Client integriert, sondern in die Funktionalitäten der Datenbanken. Die Lotus Notes-Datenbanken bestehen aus zwei grundlegenden Komponenten: den Dokumenten an sich und den Gestaltungselementen. Letzteres sind Formulare, Skripte, Vorlagen usw. Das bedeutet, die UC-Clientfunktionen müssen in die Gestaltungselemente integriert werden, und das erfordert Anpassungs- und Implementierungsaufwand sowie entsprechende Programmierkenntnisse.

Seine eigene Onlinepräsenz für die anderen Teilnehmern zu signalisieren und darzustellen, ist für die Verbesserung der Kommunikationsprozesse sehr hilfreich. Darüber hinaus noch weitere Informationen darzustellen, kann dem Empfänger eine bessere Entscheidungshilfe bieten, über welches Kommunikationsmedium er mit dem anderen Kommunikationspartner am besten in Verbindung tritt. Von Vorteil sind hier Präsenzinformationen, die man selbst gestalten und mit Zusatzinformationen versehen kann, z.B. die Gründe und/oder Dauer von Abwesenheiten.

Besteht keine direkte Verbindung zwischen dem persönlichen Informationsmanagement (PIM) wie Kalender, E-Mail usw. und der UC-Architektur, müssen diese Zusatzinformationen häufig noch per Hand gepflegt werden. Eine automatische Aktualisierung des Präsenzstatus über eine Verschaltung des PIM mit der UC-Plattform ist sinnvoll und vor allem hilfreich. Moderne Präsenzinformationssysteme bieten diese Funktionen. Als Signalisierung des Status können herangezogen werden:

- Der PC ist am Netzwerk und eingeschaltet, d.h. *er* ist online, aber nicht der Nutzer. In diesem Fall könnte E-Mail ein gutes Kommunikationsmedium sein, denn es ist zu erwarten, dass der Anwender bald wieder selbst online ist.
- Der PC und der Anwender sind eingeloggt, d.h. der Nutzer ist online. Eine schnelle und effektive und synchrone Kommunikationsmethode wäre IM.
- Der PC ist im Bildschirmschoner-Modus, das könnte temporäre Abwesenheit signalisieren. Auch hier wäre eine asynchrone Kommunikationsform wie E-Mail sinnvoll.
- Es erfolgt die Einstellung eines Termins im persönlichen Informationsmanagement (PIM). Mit diesem Termin sind in der Regel Erreichbarkeitsstatus (frei, besetzt, vorläufig usw.) verbunden. Diese Status können vom Präsenzinformationssystem ausgelesen und verwertet werden.

Einfache Systeme wie Instant Messaging Tools bedienen sich oftmals nur der Onlinepräsenz. Dort ist es nicht möglich, weitere Informationen zu hinterlegen. Sobald ein Chat-Fenster geöffnet wird, ist man automatisch online, was eventuell gar nicht gewünscht wird.

Nicht nur der individuelle Onlinestatus einzelner Teammitglieder, auch Informationen über eine Gruppenpräsenz kann hilfreich sein und sollte in einem UC-System nicht fehlen. Wenn ein oder mehrere Teammitglieder erreichbar, also präsent sind, könnte sich der Status der Gruppe ändern und es beispielsweise ermöglichen, PIM-Einladungen, die sonst an einzelne Personen gerichtet wären, zu akzeptieren oder abzulehnen. Diese Gruppenfunktion bedarf einer gesonderten Behandlung und geht weit über die normale Onlinepräsenz hinaus. Solche Funktionen sind beispielsweise aus einem CallCenter nicht mehr wegzudenken.

Praxistipp:

Eine der sinn- und wirkungsvollsten Funktionen ist die Integration der Präsenzinformation in ein vorhandenes Kalendersystem. Der Kalender wird von den meisten Personen recht gut gepflegt, daher sind auch die Erreichbarkeitsinformationen recht verlässlich. Der Mitarbeiter bräuchte sich keine Gedanken mehr über Abwesenheitsbenachrichtigungen via E-Mail, Rufumleitungen und andere „So kann man mich erreichen"-Mitteilungen zu machen.

Empfehlung: Nutzen Sie die vielfältigen oben beschriebenen Möglichkeiten zur automatischen Generierung und Anzeige der Onlinepräsenz.

5.3.4 Videopräsenz

Videotelefonie und Videokonferenzen gehören ebenfalls zu den synchronen Medien. Video hat einen ganz besonderen Charme, weil der Kommunikationspartner zu sehen ist. Dadurch kommen deutlich mehr Informationen an als bei Sprache oder gar nur reinem Text. Das Video transportiert Bilder, Bilder transportieren Empfindungen, ggf. auch Empfindlichkeiten. Videokommunikation ist vor allem psychologisch ein sehr komplexes Thema. Einen anderen auf dem Bildschirm zu sehen ist OK, doch wer sieht sich schon gerne selber?

In der Praxis bedeutet das, dass ein Teilnehmer zwar prinzipiell über Video erreichbar sein kann, doch er entscheidet selbst, wann er seine Videopräsenz aktiviert. Es sollte niemals so sein, dass ein Anrufer automatisch die persönliche Kamera des Angerufenen aktiviert, ausgenommen es handelt sich um eine Überwachungskamera. Da ist ein automatisches Aufschalten und Aktivieren der anderen Kamera sinnvoll.

> **Praxistipp:**
>
> Bei Telefonanrufen oder Audiokonferenzen besteht eine gewisse Distanz zwischen den Gesprächspartnern, die bei Videokonferenzen aufgehoben wird. Wenn Videoanrufe nicht generell gewollt sind, ist eine Filterfunktion in der UC-Architektur zu integrieren, um ungewollte Videoanrufe zu verhindern. Die Präsenz über Video ist also eher ein emotionales als ein technologisches Problem.
>
> **Empfehlung:** Gehen Sie mit dieser Form der Präsenz besonders sorgsam um. Die Anwender sollten niemals das Gefühl bekommen, überwacht zu werden. Präsenz und Video im Zusammenspiel könnte bei den Anwendern ein gewisses Unbehagen erzeugen. Also erklären Sie den Anwendern sehr genau den Sinn, das Ziel sowie die Art und Weise der Anwendung von Videopräsenz.

5.3.5 Dateiinformationen und Präsenz

Dateien mit zusätzlichen Informationen zu versehen, ist nicht neu. In fast jedem Dateisystem sind in den Eigenschaften der Dateien die Erstellungs- und Änderungsdaten sowie der „Besitzer" der Datei hinterlegt. Oftmals will man als Anwender mit dem Ersteller oder Eigentümer einer Datei oder demjenigen, der sie als Letzter veränderte, in Kontakt treten. Was liegt näher, als das Dateisystem mit dem Präsenzinformationssystem zu verknüpfen? Markiert ein Anwender im Dateisystem eine Datei oder fährt er mit dem Mauszeiger über den Dateieintrag, wird automatisch eine Präsenzinformation z.B. über den Eigentümer der Datei angezeigt. In diesen Informationen findet der Anwender alle Kommunikationsmedien, über die er im direkten Weg mit dem Eigentümer der Datei kommunizieren kann. Selbstverständlich lassen sich solche Funktionen auch auf Datenbanksysteme übertragen. Zum Beispiel könnten die Präsenzinformationen zum Eigentümer eines Datensatzes zur Anzeige gebracht werden. Der Funktions- und Anwendungsvielfalt dieser Art der Präsenzverknüpfungen scheinen nahezu keine Grenzen gesetzt zu sein.

> **Praxistipp:**
> Durch eine Verknüpfung von Präsenzinformationen auf Dateiebene kann man auch einem Dokument selbst den Status „Verfügbar" oder „Wird bearbeitet" geben. Mindestens ein Verfasser eines Dokuments muss erreichbar sein, damit sich der Status auf „Verfügbar" ändert.
>
> **Empfehlung:** Die Einführung einer Dateipräsenz erleichtert die Zusammenarbeit deutlich. Langwieriges Suchen des Erstellers oder Bearbeiters eines Dokuments entfällt, was zu einer wesentlichen Zeitersparnis führt. So kann man mit dem meist unbekannten Experten beispielsweise direkt über eine UC-Anwendung in Kontakt treten. Eine Dateipräsenz ist vor allem für Anwender sinnvoll, die sehr viel mit Dokumentationen, Dokumenten usw. zu tun haben.

5.3.6 Standortpräsenz

Die meisten Systeme beschäftigen sich mit der technischen Erreichbarkeit eines Nutzers, nicht aber damit, wie sich die tatsächliche physische Erreichbarkeit darstellt. Die Präsenz wird heute meistens durch die beschriebenen technischen Hilfsmittel definiert. Dabei fehlt die Sichtbarkeit traditioneller Signale wie die physische Anwesenheit von Teammitgliedern, die die Verfügbarkeit für die Kommunikation signalisieren sollen, also schlichtweg die Information: „Wo (an welchem Standort) ist der Kommunikationspartner gerade?" Eine Möglichkeit, diesen Mangel auszugleichen, wäre die Anzeige der Standortpräsenz. Sie wird im Kapitel 7 genauer behandelt.

> **Praxistipp:**
> Wenn z.B. anhand der Standorterkennung wie Heimbüro, Flughafen, Zug etc. automatisch die Präsenz umgeschaltet werden würde, könnten damit Profile aktiviert werden, die die Kommunikationsmöglichkeiten auf diese Situation abstimmen, z.B. im Büro das Handy abzuschalten und nur das Bürotelefon und E-Mail zu aktivieren. Eine Zusammenführung der technologischen und der physischen Erreichbarkeit ist eine sinnvolle Bereicherung für jedes gute Präsenzinformationssystem.
>
> **Empfehlung:** Diese Technologien sind noch sehr jung und noch in einem sehr frühen Entwicklungsstadium. Beschäftigen strategisch mit solchen Funktionen und warten Sie die Entwicklungen der nächsten 2-3 Jahre ab. Hier wird sich noch Vieles tun.

5.4 UC-Präsenzinformationssysteme

Die Präsenzinformation ist ein Basisdienst in der Unified Communication, die allen registrierten Nutzern die Möglichkeit bietet, ihre eigene Präsenz zu steuern und den anderen registrierten Teilnehmern diese Präsenzinformation anzuzeigen. Da Unified Communication eine Vielzahl von Kommunikationstechnologien unterstützen sollte, bietet es sich an, für alle Präsenzinformationen auf eine einheitliche Informationsquelle im UC-System zurückzugreifen. Für die Präsenzinformation sind die Signalisierungsfunktion und Statusverwaltung durch den Benutzer zwei wesentliche und wichtige Bestandteile.

5.4.1 Präsenz mit mehreren Geräten

Der technische Status bildet die Basis der Präsenz. Er zeigt an, ob ein Medium wie z.B. ein Telefon gerade verfügbar ist. Dabei wird dem Benutzer für jeden Medientyp (Audio, Video etc.) ein eigener Status angezeigt, um ihm die Entscheidung zu überlassen, auf welchem Medium er einen Kommunikationspartner erreichen will. Der technische Medienstatus hängt von der momentanen Verfügbarkeit der unter dem Medium zusammengefassten Systeme, Dienste und Geräte ab. So können unter dem Medientyp „Audio" ein Festnetztelefon, Handy, Heimbüro Telefon, Softphone usw. zusammengefasst werden. Ist mindestens eines der Geräte dieses Medientyps verfügbar, so zeigt das Präsenzinformationssystem den Status „Audio - verfügbar". Dabei überwacht das System sowohl den Status aller Geräte als auch den Status für die einzelnen Medientypen. Dabei werden auch Aktionen des Benutzers einbezogen, sodass z.B. beim Telefonieren über das Mobiltelefon der Verfügbarkeitsstatus der Medientypen „Video" und „Audio" für die Dauer des Gesprächs auf „Besetzt" steht. Beim Schreiben einer Instant Messaging-Nachricht könnte der Status beispielsweise auf „Kurzzeitig nicht verfügbar" eingestellt werden.

Aus den verschiedenen Präsenzinformationen kann das UC-System die Erreichbarkeit für die unterschiedlichen synchronen und asynchronen Medien ableiten und darstellen. Steht der Status beispielsweise auf „Besetzt", kann der Anwender lediglich die asynchronen Kommunikationsmedien wie z.B. E-Mail nutzen. Wird hingegen der Status „Verfügbar" angezeigt, stehen dem Anwender auch die synchronen Medien wie Telefon, Video usw. zur Verfügung. Die Summe aller Verfügbarkeitsinformationen mündet in einer Zusammenfassung zur „Gesamt"-Präsenz. Das könnte beispielsweise bedeuten, dass wenn Telefon und IM besetzt sind, der Anwender in seiner Gesamtverfügbarkeit „besetzt" sind. Bei allen Automatismen muss der Anwender natürlich selbst immer noch die Möglichkeit haben, seinen persönlichen Verfügbarkeitsstatus zu setzen, und so die einzelnen Präsenzanzeigen individuell zu beeinflussen – Erreichbarkeit und Präsenz müssen immer eigenverantwortliche Sache des Menschen selbst bleiben.

> **Praxistipp:**
> Die angezeigten Verfügbarkeitsstatus eines Anwenders sollten *nur* dann auf „Verfügbar" stehen, wenn auch mindestens eines seiner Geräte für synchrone Kommunikation (Telefon, Video oder Instant Messaging) den technischen Status „Verfügbar" hat.
>
> **Empfehlung:** Der Umgang mit der individuellen Präsenz ist und bleibt im Verantwortungsbereich des Anwenders selbst. Sorgen Sie durch entsprechende Ausbildungs- und Schulungsmaßnahmen dafür, dass die Anwender eigenverantwortlich und sicher mit den Möglichkeiten der Präsenz auf und mit mehreren Geräten umgehen können.

5.4.2 Präsenz- und Zeitangaben

Die Statusanzeigen sollten sich auf zeitliche Begriffe beziehen. Damit wird die Notwendigkeit einer exakten Festlegung der Dauer der Nichtverfügbarkeit durch den Statusverursacher vermieden. Hier folgen einige Beispiele, wie der Nutzer über den Status eine zeitliche Einschätzung wiedergeben kann:

- Bei kurzer Nichtverfügbarkeit (z.B. während eines Meetings) signalisiert er „Kurzzeitig nicht verfügbar".
- Bei Nichtverfügbarkeit für mehrere Stunden zeigt er „Mehrstündig nicht erreichbar".
- Ist der Benutzer den ganzen Tag oder mehrere Tage nicht verfügbar, so wählt er „Langfristig abwesend".

Ein solches Präsenzmanagement hat den Vorteil, dass sich die einzelnen Präsenzzeiträume nicht überschneiden, da sie nur als qualitative Angabe dargestellt werden statt in einer deterministischen, quantitativen Form. An dieser Stelle ist auch eine Kombination des Präsenzinformationssystems mit einem Unified-Messaging-Dienst (siehe Abschnitt 5.5) sinnvoll. Dieser Dienst kann je nach Präsenz eine andere Sprachnachricht aktivieren.

Die meisten UC-Systeme bieten standardmäßig nur die Auswahl zwischen wenigen Status wie „Bin gleich zurück", „In Besprechung" und „Nicht im Büro". Das lässt keine eindeutige Interpretation der Verfügbarkeit zu. Für die Anwender ist es hilfreicher, eine klare Angabe zu haben, wann ein Teilnehmer wieder verfügbar ist. Von daher sind beide Varianten für die Anwender wichtig: das einfache „Bin gleich zurück" ebenso wie das „Bin zwischen nn und mm nicht erreichbar".

> **Praxistipp:**
> Sowohl die dezidierten zeitlichen Bezeichnung der Präsenzinformationen als auch die qualitative Zeitangabe sind in der modernen Kommunikationswelt wichtig.
>
> **Empfehlung:** In beiden Fällen sollten Sie dafür Sorge tragen, dass solche Angaben verwendet werden, mit denen die anderen Anwender auch etwas anfangen können. Das beste Präsenzinformationssystem nützt nichts, wenn die darin enthaltenen Zeitangaben nicht klar dargestellt und somit nicht aussagekräftig und nicht verwertbar sind.

5.4.3 Benachrichtigung der Präsenz

Ein wichtiges Element des Basisdienstes „Präsenz" ist die automatische Benachrichtigung bei einer Statusänderung. Diese Benachrichtigung sollte sich auf externe Personen, Teammitglieder oder auch auf Dateien beziehen. Mittels der Verfügbarkeitsnotifikation kann sich dann ein Nutzer auf Wunsch automatisch benachrichtigen lassen, sobald ein gewünschtes Element wieder verfügbar ist oder sich dessen Status ändert. Die Benachrichtigung sollte sich hierbei auch auf mehrere Personen oder eine Gruppe beziehen, damit es dem UC-System möglich ist, durch ein Pop-up-Fenster am Computer oder durch einen simplen Anruf die Präsenzänderung mitzuteilen. Hierbei ist die Information zur Verfügbarkeit der synchronen Medien (Telefon, Instant Messaging usw.) von hoher Bedeutung. Beispielsweise kann das bei einer Ad-hoc-Telefon- oder Videokonferenz sehr nützlich sein, wenn Information von einem Experten benötigt werden. In der klassischen Telefoniewelt wurde das per Rückrufanfrage in der Telefonanlage geregelt. In einer UC-Präsenzlösung sollte das auch mit anderen Medien wie IM oder Video funktionieren.

> **Praxistipp:**
> Die meisten Anwender wollen ihren ganz normalen Geschäftsaufgaben nachgehen und nicht ständig auf die Präsenzinformationen und die Präsenzstatus der anderen Anwender achten. Beides ist nur dann interessant, wenn eine Kommunikation stattfinden soll. Dennoch kann es in dringenden Fällen sinnvoll und notwendig sein, den eigenen Erreichbarkeitsstatus an alle anderen Teilnehmer zu kommunizieren, z.B. wenn ein Team eine gemeinsame Überwachungsaufgabe hat und sich ein Teammitglied abmeldet – seinen Status in „Nicht verfügbar" ändert.
>
> **Empfehlung:** Führen Sie Dringlichkeitsnachrichten per SMS oder Instant Messaging ein. Wenn der Nutzer seinen Status auf „Nicht verfügbar" gesetzt hat, trotzdem aber technisch im System verfügbar ist, kann diese Nichterreichbarkeit umgangen werden. Die Dringlichkeitsnachrichten sollten aber nur in Ausnahmefall und auch nur von bestimmten Teammitgliedern genutzt werden dürfen. Es darf nicht zu einer „normalen" Funktion werden, Dringlichkeitsnachrichten zu senden, da es das komplette Präsenzsystem und die Statusmeldungen in Frage stellen und die normale Benachrichtigungseinheit aushebeln würde.

5.5 Unified Messaging System (UMS)

UMS lässt sich direkt in die deutsche Sprache als „Universales Mitteilungssystem" übersetzen. Darunter versteht man einen UC-Dienst, in dem alle Nachrichten und Mitteilungen zusammenlaufen und gespeichert sowie von dort dem Anwender zur Verfügung gestellt werden. Welche Mitteilungen und Nachrichten sind das bzw. können das sein?

- Die klassischen elektronischen Nachrichten, die E-Mails.
- Echtzeitnachrichten wie z.B. RSS-Informationen (Really Simple Syndication). RSS-Feeds werden ebenfalls immer öfter in E-Mail-Diensten integriert.
- „Unified Information" wären dann sicher die klassischen Sprachnachrichten, wie sie normalerweise auf Anrufbeantwortern oder Sprachspeichersystemen (Voice Mail System, VMS) hinterlegt und weiterverarbeitet werden.
- Ebenso schon seit vielen Jahren im Einsatz sind die Fax-Server, die das Empfangen und Versenden von Faxnachrichten über das E-Mail-System ermöglichen.
- SMS (Short Message Service), einer der beliebtesten und meistverwendeten Nachrichtendienste von mobilen Nutzern.
- MMS (Multi Media Message), also multimediale Nachrichten über Mobilfunk.
- Instant Messaging als Kurznachricht aus einem Chat-System.
- Textnachrichten, die über das Telekommunikationssystem selbst abgesetzt werden.
- Automatisch generierte Nachrichten aus Kalenderfunktionen, Datenbanken oder von anderen Systemen, die Benachrichtigungen erzeugen.

Einer der klassischen Dienste ist wohl der Sprachnachrichtendienst, also der Anrufbeantworter, der so genannt wird, obwohl er selber keine Anrufe beantworten kann. In vielen UC-Systemen gibt es diese Sprachnachrichtenfunktionen und -speicher. Je nachdem, wie die Sprachnachrichtenfunktionen mit dem UC-System verbunden sind, werden die Sprachnachrichten über das IP-Netz geleitet oder nicht. Auch die Sprachnachrichten sollten in der UC-Architektur zentralisiert werden. Damit beispielsweise eine Sprachnachricht über ein IP-Netz von einer Außenstelle auf den zentralen Sprachspeicher übertragen werden kann, wird VoIP bzw. SIP benutzt.

> **Praxistipp:**
> Bei der Planung und Konzeption von Sprachnachrichtendiensten im UC-Umfeld muss besonders darauf geachtet werden, wie diese Systeme und Dienste funktionieren.
> **Empfehlung:** Wenn solche Dienste auch über das IP-Netz laufen sollen, muss dafür gesorgt werden, dass sie in das QoS-Konzept eingebunden sind. Dazu gehört also auch eine ERLANG-Betrachtung, wie viele Anwender gleichzeitig den Dienst benutzen, denn es sollte schon für bestimmte Anzahl von Anwendern möglich sein, gleichzeitig ihre Sprachnachrichten vom UMS abzuhören bzw. auch dort welche abzulegen. Die dafür benötigten Kapazitäten (Bandbreiten und IP-Kanäle respektive IP-Ports) müssen zusätzlich im IP-Netz bereitgehalten werden.

5.5.1 Nur noch einen Briefkasten

Das Ziel des UMS besteht darin, alle diese Dienste auf ein Mitteilungssystem zu konsolidieren. Dann hat der Anwender die Möglichkeit, sehr komfortabel über dieses eine Mitteilungssystem auf alle seine Nachrichten und Mitteilungen zuzugreifen. Zusätzlich ermöglichen moderne UMS es dem Anwender, die verschiedenen Formen und Varianten der Mitteilungen und Nachrichten auf unterschiedliche Art und Weise zu benutzen. Obwohl es UMS auch ohne VoIP gibt, vereinfacht es das gesamte UMS deutlich, wenn alle Dienste über das IP-Netz konsolidiert auf das System gelegt werden.

Anfänglich wurden die UMS als eigenständige Systeme entwickelt. Man benutzte eine Datenbank, die mehr oder weniger standardkonform war, und koppelte das UMS an die entsprechenden Kommunikationssysteme wie z.B. die Telefonanlage an. Noch heute gibt es eine Vielzahl solcher Systeme. Sie wurden einerseits von den Herstellern der Telefonanlagen selber (Alcatel-Lucent, Avaya, Cisco, Siemens usw.) und andererseits von reinen Softwareentwicklungsfirmen wie Cycos oder Ferrari Elektronik erstellt. Beides hatte für den Benutzer einen Vorteil. Oftmals waren und sind die Unified Communication- und UMS-Funktionen der Telefonanlagenhersteller funktional besser in die eigenen Anlagen integriert. Im Vergleich dazu sind die UMS von Drittanbietern in der Regel offener und können mit verschiedenen Herstellern umgehen.

Die Nutzer wollen jedoch oft nicht noch eine Anlage, noch ein System und noch einen Server oder noch eine Applikation. Sie haben bereits eine Mitteilungsapplikation: ihr E-Mail-System. Was liegt also näher, als das vorhandene E-Mail-System für Unified Communication zu adaptieren und diese als „Unified Information" zu benutzen? Das bedeutet für die UC-Hersteller, sich mit ihren Anwendungen direkt an die E-Mail-Systeme z.B. von Microsoft (Exchange), Novell (GroupWise) und IBM (Lotus Notes) anzuschalten.

Und die Entwicklung geht voran. Zunehmend integrieren die Hersteller von Büro-, Arbeitsplatz- und Geschäftsanwendungen die grundlegenden Kommunikationsfunktionen direkt in ihre Applikationen. Am massivsten wird dies von Microsoft vorangetrieben. Mit OCS (Office Communication Server 2007) hat Microsoft eine Plattform entwickelt, in die bereits ein breites Spektrum an Kommunikationsdiensten integriert ist. Diese wird an den E-Mail-Dienst (Exchange) angeschlossen, und heraus kommt ein interessanter, aber leider auch proprietärer UC-Dienst.

Um das Zusammenspiel des UC-Systems mit Kommunikationsanlagen und dem E-Mail-System besser verstehen zu können, wird in den folgenden Abschnitten die Funktionalität der einzelnen Nachrichten- und Mitteilungsdienste in einer UC-Architektur näher beschrieben.

5.5.2 Faxnachrichten

Das Ziel besteht darin, Faxnachrichten statt über ein klassisches Faxgerät direkt in das E-Mail-System zu leiten. In der anderen Richtung soll es natürlich ebenfalls funktionieren, d.h. ein Fax soll auch wie eine E-Mail versendet werden können. Für beides müssen mehrere Voraussetzungen gegeben sein. Zunächst brauchen alle Nutzer, die diesen Dienst benutzen wollen, eine Faxnummer. Alle Faxnummern sollten über einen Kommunikationsweg entweder über eine Telefonanlage oder über einen direkten Amtsanschluss erreichbar sein. Es ist aber auch ein Faxdienst außerhalb des Unternehmens denkbar, also ein Faxdienst nach Anforderung. Das kann auf unterschiedliche Art und Weise geschehen. Entweder bekommt jeder Nutzer eine eigene Faxrufnummer. Oder – und das ist der administrativ charmantere Weg – man verwendet eine sogenannte Ausscheidungskennziffer für den Faxdienst, die für alle Nutzer gleich ist. Diese Variante ist immer häufiger anzutreffen. So hat ein Nutzer z.B. die Rufnummer +49 711 821 44193 und die Faxnummer +49 711 821 **99** 44193.

5.5.2.1 Anschaltung der Faxapplikation

Wenn der Dienst nicht im Netz zur Verfügung steht, muss weiterhin ein Anschluss in Richtung des Fax-Servers definiert und physikalisch geschaltet sein. Dieser Anschluss wird heutzutage eigentlich nur noch über SIP realisiert. Aber es gibt bei einigen Herstellern noch immer die Möglichkeit einer klassischen ISDN- oder eine IP-Verbindung, z.B. mittels H.323.

Der Fax-Server nimmt die Rufsignalisierung entgegen und verarbeitet den Faxempfang weiter. Er wandelt die empfangene Faxnachricht in eine Grafikdatei. Obwohl die meisten Fax-Server nahezu beliebige Grafikformate erzeugen können, benutzt man in der Regel GIF (Graphics Interchange Format). GIF ist ein Format, das es ermöglicht, Grafiken nahezu verlustfrei komprimiert zu speichern, um sie dann besser und schneller zwischen verschiedenen Systemen austauschen bzw. versenden zu können.

5.5.2.2 Empfang von Faxnachrichten

Im nächsten Schritt, und genau dafür wird die angerufene Rufnummer benötigt, muss der Fax-Server über die angerufene Faxnummer die E-Mail-Adresse des Adressaten ermitteln. Dafür muss der Fax-Server mittels der Faxrufnummer auf ein Teilnehmerverzeichnis zugreifen, in dem die E-Mail-Adresse steht. Da die meisten Unternehmen, die einen E-Mail-Server benutzen, auch einen Verzeichnisserver im Einsatz haben, verbindet man den Fax-Server direkt mit diesem Verzeichnisserver. Bestens eignen sich dafür natürlich Standardverzeichnisdienste wie LDAP-Server (Lightweight Directory Access Protocol), der Microsoft Active Directory Server, der Lotus Domino Nameserver usw. In diesen Verzeichnissen sind alle Nutzer mit ihren Namensangaben, allen Rufnummern, den E-Mail-Adressen und vielen anderen Angaben abgelegt. Der Fax-Server greift lesend auf dieses Verzeichnis zu und erfragt über die Faxnummer den dazu passenden Empfänger mit seinem Namen und vor allem der E-Mail-Adresse. Dann sendet der Fax-Server an den Empfänger der Faxnachricht eine E-Mail. Dabei setzt er in das Feld „Betreff" die Kennung „FAX" mit der Rufnummer des Absenders. Weiterhin wird die E-Mail als Nachrichtentyp „FAX" gekennzeichnet. Die GIF-Datei mit der eigentlichen Faxnachricht kommt als Dateianhang direkt in die E-Mail. So kann der Empfänger die Faxnachricht in seinem E-Mail-Programm weiterverarbeiten. Einige Fax-Server bieten die Option, die eingehende Faxnachricht nicht als Grafik umzuwandeln, sondern sie mittels einer OCR-Software (Optical Character Recognition), einer optischen Texterkennungssoftware, direkt in einen Text zu konvertieren und diesen als E-Mail zu versenden. Auch eine Vorschau des empfangenen Faxes ist den meisten Businessanwendungen möglich.

5.5.2.3 Versand von Faxnachrichten

Der Faxversand erfolgt einfacher. Im E-Mail-System erzeugt der Nutzer eine ganz normale E-Mail. Allerdings benutzt er als Adresse für den Empfänger nicht dessen E-Mail-Adresse, sondern seine Faxnummer. Nun kann ein E-Mail-System mit der Faxnummer alleine in der Regel nicht viel anfangen, z.B. weil eine Faxnummer kein „@"-Zeichen enthält. Um dennoch die Faxnummer als E-Mail-Adresse anwenden zu können, gibt es einen Trick: Die Adresse wird in einer besonderen Form geschrieben, z.B. „Empfängername_Faxrufnummer@FAX". Das ist eine besondere Versandadresse. E-Mails an die Domain „@FAX" versendet der Mail-Server nicht als E-Mail, sondern sendet diese Nachrichten an den Fax-Server.

Der Fax-Server wiederum benutzt nun die E-Mail-Adresse des Absenders, um damit beim Verzeichnisserver die vollständigen Angaben des Absenders zu erfragen. Aus diesen Angaben setzt der Fax-Server dann den vollständigen Kopf der Faxnachricht zusammen. Er wandelt den in der E-Mail enthaltenen Text in ein Faxformat und versendet dann die gesamte Faxnachricht. Dabei kann der Fax-Server entweder über eine Telefonanlage oder mittels einer eigenen Amtsanschaltung via SIP oder TDM versenden. Fax ist ein klassischer Dienst mit besonderen Eigenschaften, die den Transport von Faxnachrichten über das IP-Netz, z.B. mittels T.38, an sehr harte Bedingungen knüpfen. Man darf nicht jede Paketgröße verwenden, keine Kompression einsetzen, muss sehr stringente QoS-Parameter erfüllen usw. In Kapitel 6 werden die Voraussetzungen für die Verwendung von FAXoIP detailliert besprochen.

> **Praxistipp:**
> Fax-Server sind besonders hilfreich, wenn deren volle Integration in das E-Mail-System gegeben ist. Das Versenden von Faxnachrichten in derselben Weise wie E-Mails ist ein echter Nutzerkomfort.
>
> **Empfehlung:** Achten Sie darauf, dass diese Fax-zu-E-Mail-Integration direkt erfolgt und die Nutzer z.B. direkt eine Person auswählen und statt E-Mail einfach die Funktion Fax aufrufen können. Dann muss im Adressaten dieser Fax-Mail automatisch die entsprechende FAX@Email-Kennung generiert werden.

5.5.3 Abhören und Lesen der UC-Nachrichten

Das zentrale Nachrichtensystem ist die E-Mail. Alle Nachrichten kommen im E-Mail-Konto an. Textnachrichten kann der Anwender direkt lesen. Für Faxnachrichten setzt er gegebenenfalls eine OCR-Software ein. Sprachnachrichten liegen als Tondateien (WAV, MP3 usw.) vor und lassen sich über die Akustikausstattung des PCs abhören, RSS-Nachrichten oder Instant Messaging kommen ebenfalls dort an. Aber wie sieht es aus, wenn man die Sprach-, aber auch die anderen Nachrichten im E-Mail-Konto von einem anderen Endgerät wie beispielsweise einem Telefon oder Softphone aus abhören möchte?

5.5.3.1 Signalisierung des Nachrichteneingangs

Die Anwender sind es gewohnt, dass der Eingang einer Nachricht deutlich an ihrem Kommunikationsgerät signalisiert wird. Das gilt für das Festnetztelefon und das Softphone ebenso wie für das Handy. Nun kommt die Sprachnachricht über das UC-System im E-Mail-Konto des Nutzers an. Dennoch muss das UC-System die Nachrichtensignalisierung MWI (Message Waiting Indicator) auf dem Gerät aktivieren. Hat der Anwender die Sprachnachricht über den PC abgehört und es liegen keine nicht abgehörten Sprachnachrichten mehr vor, muss die UC-Plattform die Benachrichtigungseinrichtung auch auf allen Kommunikationskanälen korrekterweise wieder deaktivieren. Ebenso sollte eine als E-Mail vorliegende Sprachnachricht als „gelesen" gekennzeichnet werden, wenn der Anwender die Sprachnachricht beispielsweise über sein Handy abgehört hat.

> **KEIN Praxistipp:**
> In der Praxis hat es sich als wenig hilfreich und nutzerfreundlich erwiesen, den Eingang jeglicher Nachrichten auf dem mobilen Telefon zu signalisieren. Würden alle eingehenden E-Mails an der Nachrichtenlampe des Telefons zur Anzeige kommen, so würde diese Anzeige wahrscheinlich nicht mehr ausgehen. Diese Funktionsweise bringt mit Sicherheit mehr Benutzerfrust als Benutzerlust.
> **Empfehlung:** Anders sieht dies bei einem Multimedia-Endgerät aus. Hier ist aber davon auszugehen, dass E-Mails, Instant Messages usw. über eine separate Oberfläche aus erreichbar sind. Nutzen Sie diese Business-Oberflächen.

5.5.3.2 Abfragen des Nachrichteneingangs per Telefon

Das Abhören der Nachrichten kann von einem beliebigen Sprachendgerät (VoIP, Handy oder klassisches Telefon) aus erfolgen. Der Anwender ruft über die vorhandenen Leitungszugänge den UC-Dienst an. Dafür gibt es in der Regel eine spezielle virtuelle Teilnehmernummer oder einen SIP-Anschluss. Die Teilnehmernummer leitet die Anfrage auf den Anschluss des UC-Servers weiter, der wiederum anhand der gewählten Rufnummer den Nutzer erkennt. Zur Absicherung des Nachrichtenspeichers kann noch eine PIN- oder Passwortabfrage stattfinden. Ist die Authentisierung erfolgreich durchlaufen, holt der UC-Server über einen Zugriff auf den Verzeichnisdienst mittels der Rufnummer des Nutzers seine E-Mail-Adresse. Mit dieser Adresse kann der Server auf den E-Mail-Server zugreifen und dem Anwender seine E-Mails vorlesen.

Vielleicht möchte der Benutzer aber nur seine Sprachnachrichten am PC abfragen. Hierzu wird wie oben beschrieben die entsprechende E-Mail ausgewählt und per Auswahl der Tondatei der vorhandene Media Player aktiviert, um sich die Nachrichten anzuhören. Sinnvoll erscheint es, die gleiche Funktionsvielfalt zu bieten wie bei einer Abfrage per Telefon. Optionen wie Vor- und Zurückspulen, Neuaufnahme oder anderes kann auch direkt in die Oberfläche des E-Mail-Systems beim Benutzer integriert sein. Die Vorschaufenster im E-Mail-Client eignen sich hier am besten, um diese Optionen einfach darzustellen. Eine Herausforderung besteht aber darin, dem abhörenden Nutzer eine Sammelansage zu erzeugen, wie viele und welche Nachrichten sich in der jeweiligen Mailbox befinden. Das bedeutet: Der UC-Server liest dem Nutzer beispielsweise vor: „Sie haben noch insgesamt aaa ungelesene, bbb gelesene Nachrichten. Davon sind noch ccc ungelesene E-Mails, ddd ungelesene Sprachnachrichten, eee ungelesene Faxnachrichten .... usw." Dem Nutzer wird dann über eine Auswahlfunktion die Möglichkeit gegeben, auf die jeweils gewünschten Nachrichten zuzugreifen. Handelt es sich um abzuhörende Sprachnachrichten, wird einfach die in den E-Mails enthaltene Akustikdatei abgespielt.

5.5.3.3 Abhören der Nachrichten

Für das „Vorspielen" von Textdateien gibt es sogenannte TTS-Systeme (Text To Speech). Diese Systeme geben die elektronisch vorliegenden Texte mittels synthetischer Sprachgeneratoren gesprochen wieder. Moderne TTS-Systeme können sogar den wiederzugebenden Text vorher analysieren und darüber die Sprache erkennen, in der dieser Text geschrieben wurde. Dazu verwenden die TTS-Systeme z.B. die ersten 500 Zeichen des Nachrichtentextes oder einfach nur die Betreffzeile. Alleine darin liegt bereits eines der Probleme von TTS-Systemen. Gerne wird TTS auch spöttisch als „tückisches Textsystem" bezeichnet. Tückisch, weil viele TTS-Systeme natürlich Probleme damit haben, wenn der Verfasser der Nachricht ein Spezialist der „denglischen" Sprache ist. Texte, die eigentlich in deutscher Sprache geschrieben sind, dann jedoch massenhaft englische Fachbegriffe oder einfach nur englische Trendwörter enthalten, können nur bedingt gut wiedergegeben werden. Andererseits gibt es aber auch TTS-Systeme, die sogar mit den sogenannten Smilies umgehen können. Da wird aus einem :-) ein „ha, ha" oder aus einem :-(ein „oh, oh" oder ein :-| führt zu einem gut hörbaren „ups".

Dass sich das „Vorlesen lassen" von E-Mails oder von SMS-Nachrichten wirklich großer Beliebtheit erfreuen wird, ist zu bezweifeln. Denn auch wenn die Sprachqualität gut ist, so lässt die Bedienbarkeit dieser Systeme noch viele Wünsche offen. Die Steuerung des TTS-Systems erfolgt in der Regel über DTMF-Funktionen. „Wählen Sie die 3 für E-Mails, wählen Sie die 1 für Sprachnachrichten ... usw." Nur ganz selten stehen Funktionen für das Überspringen von Nachrichten, für das Stoppen sowie das Vor- und Zurückspulen beim Abhören von Nachrichten zur Verfügung. Bequemer und auch effektiver ist da, die Steuerungsmechanismen per Spracheingabe zu übernehmen. Einen Text wie „Nächste Nachricht" oder den Befehl „Nachricht löschen" in das UC-System zu sprechen, ist dort angebrachter und einfach praktischer. Diese Art von Sprachsteuerung wird in den meisten UC-Systemen nicht unterstützt und muss durch Zusatzapplikationen implementiert werden, die bisher noch nicht sehr gut mit den eigentlichen UC-Systemen zusammenarbeiten. Hier tut sich aber auch einiges, da die führenden Betriebssystemhersteller allesamt auf die Sprachsteuerung setzen, so wie Microsoft mit Windows 7. Die TTS-Steuerung erfolgt häufig auf der Basis von Standardprotokollen, die in Kapitel 6 näher beschrieben werden.

> **Praxistipp:**
> Auch wenn es sehr modern erscheinen mag, sich E-Mails über ein Handy vorlesen zu lassen, so steckt dessen Bedienerfreundlichkeit noch in den Kinderschuhen. Dort könnten Funktionen wie die Navigation durch Menüs per Sprache Abhilfe schaffen. Alle Nachrichten in einem Nachrichtenverwaltungssystem zu haben, ist ein klarer Komfortgewinn, doch sollte man sich als Anwender genau überlegen, mit welchen Mitteln man am komfortabelsten welche Nachrichten liest, abhört und anderweitig weiterverarbeitet.
>
> **Empfehlung:** Viele Handy- und UC-Hersteller gehen den Weg der „Visual Voicemail", also der grafischen Darstellung der Funktionen (Vor-und Rückspulen, Neuaufnahme, Nachricht löschen etc.). Dies ist schon ein großer Fortschritt. Achten Sie auf diese Oberflächen.

5.6 Audio- und Videokonferenzen

Die Zeiten ändern sich. Früher trafen sich die Mitarbeiter für Besprechungen an einem gemeinsamen Ort. Oftmals waren damit entsprechende Dienstreisen und Kosten verbunden. Im Zeitalter der zunehmenden Globalisierung ist diese Arbeitsweise vor allem aus finanziellen Gründen nicht mehr zu vertreten. Alle Unternehmen achten genau auf die internen Kosten.

Gerade bei größeren Unternehmen mit vielen Niederlassungen steht das Thema „Einsparung von Reisekosten" ganz oben auf der Agenda. Aber auch der Umweltschutz oder einfach Komfortfragen sind Triebkräfte und Motivatoren für Konferenzsysteme. Unified Communication hat immer auch eine Konferenzeinheit integriert. Diese kann und sollte immer an das Benutzerverhalten angepasst sein, was bei der heutigen Technik kein Problem mehr darstellt.

5.6.1 Varianten für Audio- und Videokonferenzen

Auch die Konferenzfunktion ist nicht neu. Auf Applikationen und Telefonanlagen sowie bei Providern gibt es sie in verschiedenen Ausprägungen. Die einfachste Sprachkonferenz ist die Dreierkonferenz. Zwei Teilnehmer sprechen miteinander, anschließend wird einfach ein dritter Teilnehmer angerufen und in das Gespräch mit hineingenommen. Doch spätestens dann wird es schon eng. Benötigt man jetzt noch einen vierten oder gar fünften Teilnehmer im Gespräch, funktioniert das nicht mehr so ohne Weiteres. Manche Telekommunikationseinrichtungen lassen den Aufbau von zwei miteinander verschalteten Mehrfachkonferenzen zu, doch die meisten Telekommunikationssysteme (und oftmals auch die Telekommunikationsanbieter) unterstützen derartige Funktionen in der Regel nicht. Man nennt diese Funktion „Ad-hoc-Konferenz", da sie nicht an wirkliche Konferenzfunktionen gebunden ist.

5.6 Audio- und Videokonferenzen

Telefonkonferenzen gehören zu den wichtigsten Funktionen einer UC-Plattform und erfreuen sich weiter zunehmender Beliebtheit. Die Zahl der Teilnehmer an solchen Telefonkonferenzen übersteigt immer öfter die Möglichkeiten der Ad-hoc-Konferenz. An dieser Stelle kommen die „echten" Konferenzsysteme zum Einsatz. Einige Hersteller von UC-Systemen integrieren die Konferenzfunktionen direkt in die Systeme, andere wiederum setzen auf extern angeschlossene Systeme oder auf eine Kombination aus lokaler Steuerung und Ressourcen aus dem Internet. Hier kommen Schlagworte wie „Cloud Conferencing" zum Tragen (siehe Kapitel 10).

Je nach System können über derartige Lösungen Konferenzen mit 30 und mehr Teilnehmern gleichzeitig aufgebaut werden. Diese müssen nicht immer direkt vom Konferenzleiter angewählt werden, sondern können eine Einladung bekommen. Das bedeutet: Man definiert auf dem System eine spezielle Einwahlnummer, auf der sich alle Teilnehmer einwählen. Es ist also gleichzusetzen mit einer Art „Treffpunkt". „Meet me"-Konferenzen bieten den Teilnehmern die Möglichkeit, sich dort beliebig einzuwählen sowie an- und abzumelden, darüber hinaus aber keinerlei Steuerfunktionen. Ganz anders verhält es sich mit den geplanten Konferenzen. Diese Art der Konferenzen bedingt einen Verantwortlichen, den sogenannten „Leader". Er steuert die gesamte Konferenz. Er gibt den Einwahlpunkt an, kann bestimmen, wie sich die Teilnehmer in die Konferenz einwählen müssen, z.B. mit Passwort usw., und kann die Funktionen der Teilnehmer steuern. Der Konferenzleiter kann einzelne Teilnehmer stumm und aktiv schalten, er kann weitere Teilnehmer in die Konferenz hineinholen usw. Diese Konferenzform ist sehr signalisierungsintensiv und funktional, weshalb sie nicht von jedem Konferenzsystem mit sehr hohen Teilnehmerzahlen unterstützt wird.

Videokonferenzsysteme erfahren zurzeit einen nahezu kometenhaften Aufschwung. Eine Videokonferenz fordert aber im Gegensatz zur Telefonkonferenz mehr Aufmerksamkeit der Teilnehmer, weil das Gespräch mit Bild, Ton, Bewegung und Interaktion ablaufen kann. Videokonferenzen verbreiten viel deutlicher das Gefühl, dass man direkten Kontakt mit den Gesprächspartnern hat. Die Körpersprache ist auch im Hightech-Zeitalter von entscheidender Bedeutung für die Kommunikation zwischen Menschen. Bisher ist die Videokonferenz die einzige Technik, die diese Möglichkeit der Interaktion bietet, und gehört deshalb eindeutig zur Basisfunktion von Unified Communication. Und mit der Unterstützung sogenannter Telepräsenzsysteme kann eine Videokonferenz tatsächlich zu einem „Erlebnis" werden. Hierbei sitzt man an einem halbrunden Schreibtisch in einem speziell eingerichteten Raum mit großen HD-Bildschirmen. Die gleiche Räumlichkeit hat der Gesprächspartner auch, sodass der Eindruck entsteht, in einem Raum zu sitzen. Die Videoübertragung findet in Echtzeitqualität statt, sodass man nach schon kurzer Zeit diese Kommunikation als Normalität empfindet.

> **Praxistipp:**
> Audio- und Videokonferenzen gewinnen zunehmend an Bedeutung und Komfort. Das Einladen der Teilnehmer zu den Konferenzen ist um einiges komfortabler geworden, und die Konferenzen selber lassen sich viel effizienter steuern als noch in der Vergangenheit. Man kann z.B. auch gemeinsame Teilnehmerverzeichnisse benutzen.

> **Empfehlung:** Nutzen Sie Telefon- und Videokonferenzen, da Sie hierdurch erheblich Reisekostenkosten einsparen können. Telepräsenz-Videosysteme sind ein absolutes Erlebnis und unterstützen das Gefühl des Zusammenseins deutlich.

5.6.2 Verhalten in der Konferenz

Im Gegensatz zu einem persönlichen Gespräch oder einem Treffen sind allerdings während einer Audiokonferenz und besonders bei einer Videokonferenz die Eindrücke, welche man vom Partner erhält, eingeschränkt. Beim Video sind typischerweise nur das Gesicht und ein kleiner Teil des Hintergrundes zu sehen. Das Verhalten in Videokonferenzen bedarf einer gewissen Übung und sollte auf jeden Fall vorher geprobt werden. Beim ersten Mal wirkt das Gespräch zunächst etwas unnatürlich, da die Videokonferenz für viele eine komplett neue Form des Gesprächs darstellt. Die Natürlichkeit in der Kommunikation stellt sich erst nach mehreren Konferenzen ein.

Ein sehr interessantes Verhalten erleben wir in unserem Konferenzalltag. Bei reinen Audiokonferenzen wird man schnell durch andere Aufgaben abgelenkt und schreibt schnell noch eine E-Mail zu Ende oder nimmt sogar ein zweites Gespräch an, um nur kurz den Kollegen zu informieren, dass man gerade in der Konferenz ist. Dieses Verhalten ist nicht sehr effektiv. Durch bestimmte Präsenzdienste könnte dieses Verhalten verändert und verbessert werden. Ganz anders bei einer Videokonferenz: Dadurch, dass auch Bilder übertragen werden, ist sie wesentlich effektiver als eine reine Audiokonferenz. Die Interaktion ist einer der wichtigsten Aspekte in einer Videokonferenz. Allerdings setzt die Technik hier einige Grenzen und Anforderungen. Bei der getrennten Übertragung von Audio und Video kann es zu Verzögerungen kommen. Darum sollten zusätzliche kleine Pausen eingeschoben werden, bevor man mit dem Sprechen beginnt. Es empfiehlt sich als Richtwert, die normale Reaktionszeit auf den Partner zu verdoppeln.

> **Praxistipp:**
> Man sollte vermeiden, sein eigenes lokales Bild auf dem Bildschirm anzuzeigen, man beobachtet sich in der Konferenz selbst. Jeder versucht, sich dann ganz normal zu benehmen, wodurch aber das Gegenteil bewirkt wird. Außerdem lenkt das lokale Videobild oft die Gesprächsteilnehmer vom eigentlichen Gesprächsinhalt ab.
>
> **Empfehlung:** Die eigene Audiofunktion stumm zu schalten, hat sich in der Praxis als sehr nützlich erwiesen. Vielen Konferenzteilnehmern ist nicht bewusst, dass sie „gehört" werden, wenn sie nicht auf stumm schalten. Fahrgeräusche, Lautsprecherdurchsagen, Handyklingeln und die Kollegen im Raum tragen meist nicht zu einer guten Konferenz bei. „Mute" oder „Stumm" gehört zu den wichtigsten Tasten des eigenen Gerätes. Darum gilt bei Teilnahme oder Moderation: Üben, üben, üben!

5.7 Web-Konferenzsysteme

Seit einiger Zeit macht ein besonderer Begriff von sich reden, das „Webinar". Immer wieder steht man in Unternehmen vor der Notwendigkeit, die Mitarbeiterinnen und Mitarbeiter sehr effizient und effektiv mit Informationen über bestimmte Themen zu versorgen. Teils handelt es sich um Produktschulungen, teils um Arbeitsanweisungen, aber auch um Informationsveranstaltungen für die Planung großer Veranstaltungen. Desgleichen nutzt man in zunehmendem Maße solche Webinare für eine effiziente und effektive Verteilung von Kunden- und Partnerinformationen. Online-Web-Konferenzen werden von fast jedem großem IT-Anbieter im Internet zur Verfügung gestellt.

5.7.1 Das Prinzip der Web-Konferenzen

Das Prinzip ist recht einfach und vielleicht gerade deshalb so genial. Man nutzt ein vorhandenes Präsenz- und Kollaborationssystem innerhalb einer UC-Plattform. Dieses kann gehostet sein, sich also außerhalb des eigenen Netzwerks befinden (mehr dazu in Kapitel 10) oder auch ein eigenes System darstellen. Über dieses System plant der Moderator des Webinars sein Seminar. Er bereitet die Einladungslisten mit den Teilnehmern vor, indem er die Inhalte des Seminars wie z.B. Präsentationen, Videos, Dokumente oder Tabellen auf den Konferenzserver überspielt. Dann erzeugt er mithilfe des Kollaborationsservers eine geplante Session, also eine Veranstaltung: das Webinar. Je nach Einstellung im Kollaborationssystem erhält jeder der eingeladenen Teilnehmer entweder nur eine Einladungsnachricht oder es erfolgt sogar eine Einladung über einen Terminvorschlag im Kalendersystem der Firma. Die Planung kann beispielsweise innerhalb der Oberflächen im UC-System oder aber auch in E-Mail-Clients wie Microsoft Outlook stattfinden. Im letzteren Fall kann der Eingeladene den Terminvorschlag einfach bestätigen. Dabei erfolgt automatisch ein entsprechender Eintrag in seinem Kalender. Der Moderator bekommt entweder eine Bestätigung oder ggf. eine Ablehnung von diesen Teilnehmern. Das ermöglicht dem Moderator, den eigentlichen Verlauf des Webinars noch besser vorzubereiten, denn er kennt die ungefähre Anzahl der zu erwartenden Teilnehmer.

5.7.2 Die Funktionsweise von Web-Konferenzen

In beiden Fällen, bei Erstellung einer Einladung im UC-System oder durch das präferierte Mailsystem, beinhaltet die Nachricht an die Teilnehmer alle für das Webinar notwendigen Angaben. Das sind natürlich Datum und Uhrzeit sowie weiterhin vor allem der Web-Verweis auf den Zugangspunkt zum Webinar. Es können aber auch Telefondaten, Videokonferenzinformationen oder auch schon Präsentationen als Information mitgegeben werden.

Diese Funktion ermöglicht es dem Teilnehmer, sich sehr schnell und einfach in das Webinar einzuwählen. Er aktiviert dazu nur diesen Web-Verweis, und schon öffnet sich automatisch sein Web-Browser, und der Teilnehmer gelangt auf die Anmeldeseite des Webinars.

Nach erfolgreicher Anmeldung wird der Teilnehmer vom Kollaborationssystem automatisch in das Webinar geleitet. Je nach Einstellung des Webinars können jetzt unterschiedliche Dinge passieren:

- Es wird automatisch der Präsentationsmodus gestartet, und der Teilnehmer sieht auf seinem Bildschirm die vom Moderator aktivierte Präsentation.
- Der Teilnehmer wird vom Kollaborationsserver angerufen und über die Sprache in das Webinar eingebunden. Die Sprache kann dabei über VoIP, GSM oder ein normales Telefongespräch über Festnetz laufen.
- Damit bei einer größeren Teilnehmerzahl nicht alle Teilnehmer durcheinanderreden, kann beispielsweise das Sprachendgerät eines jeden Teilnehmers automatisch auf „stumm" geschaltet werden.

Das ist eine UC-Basisfunktion, die immer häufiger genutzt wird und mittlerweile auch in Unternehmen akzeptiert ist. Dem Moderator ist es prinzipiell egal, wo und wie der Teilnehmer sich am Webinar anmeldet. Der Teilnehmer bestimmt über seine Präsenz in der Konferenz selber, wie er in das Webinar hineingeleitet wird. Die Steuerung führt der Teilnehmer über einen Web-Browser durch. Er kann z.B. angeben, dass er seinen PC mit Sprachausgabe (VoIP) benutzen möchte, und braucht daher kein zusätzliches Telefon in seiner Nähe. Weiterhin ist es in der Regel so, dass dieser Web-Konferenzdienst ein Bestandteil der Unified Communication ist und über IP bzw. SIP noch eventuell mit einer Telekommunikationsanlage verbunden ist oder das UC-System selber über Gateways eine Audio/Videoverbindung aufnehmen kann. Das bedeutet, die Aktivierung, Signalisierung und Steuerung der Telekommunikationsfunktionen für das Webinar erfolgt direkt über IP. Ein weiterer Punkt sind das Verhalten und die Möglichkeiten während des Webinars. Ein Beispiel soll das verdeutlichen:

> **Praxisbeispiel**
> Eine Firma plant eine sehr große internationale Veranstaltung. Dazu ist es notwendig, das Standpersonal und die Mitarbeiter auf diese Veranstaltung entsprechend vorzubereiten. Nun kann man schlecht 150 oder mehr Menschen aus verschiedenen Ländern einfliegen lassen, nur um diese Veranstaltung informell vorzubereiten. Die Lösung: Man plant und führt einige Webinare durch. Dazu lädt man beispielsweise jeweils bis zu 150 Teilnehmer ein. Von einem Moderator wird eine Präsentation über den Inhalt und die Ziele der Veranstaltung vermittelt. Jeder Teilnehmer kann die Präsentation an seinem PC verfolgen. Über das Telefon oder ein Softphone bzw. einen Livestream erklärt der Moderator die Inhalte der Präsentation.

Das wäre allerdings zu einseitig. Parallel zum Webinar stehen allen Teilnehmern Chat- bzw. Instant Messaging-Funktionen zur Verfügung. Hat also ein Teilnehmer eine Frage, kann er sie via Chat an den Moderator stellen. Der Moderator kann dann entweder die Stummschaltung des Mikrophons für diesen Teilnehmer aufheben und den Teilnehmer bitten, seine Fragen für alle hörbar zu stellen, oder er kann dem Teilnehmer ebenfalls über Chat antworten. Sollten die Frage und auch die Antwort von allgemeinem Interesse sein, kann der Moderator seine Antwort gemeinsam mit der Frage an alle oder ausgewählte Teilnehmer senden. Während und auch nach einer Sitzung ist es nicht unüblich, Befragungen der Teilnehmer durchzuführen. Der Moderator schreibt hierzu eine Frage und die Antwortmöglichkeiten in ein vordefiniertes Formular. Dieses Formular kann dann von jedem Teilnehmer beantwortet werden, indem er während des Webinars eine Antwort auswählt. Das UC-System führt hierzu eine Statistik, und der Moderator bekommt diese Information in Echtzeit auf einer Oberfläche angezeigt. Häufig werden Fragen nach der Zweckmäßigkeit der Informationen des Webinars gestellt, z.B. „Helfen Ihnen diese Informationen des Webinars in Ihrer täglichen Arbeit?". Teilnehmer, die das Webinar verpasst haben, können bei einer Aufzeichnung der Konferenz erneut alle Informationen über einen Web-Link abrufen. Es ist nicht unüblich, diese Aufzeichnung auch als kompletten Download inklusive aller Video-, Audio- und Datenapplikationen zur Verfügung zu stellen.

> **Praxistipp:**
> Webinare sind enorm effizient und effektiv. Durch ihre multifunktionale Arbeitsweise bieten sie dem Moderator und den Teilnehmern vielfältige Möglichkeiten des Informationsaustausches. Für Webinare ist das direkte Zusammenspiel von Kollaborations- und Präsenzfunktionen unabdingbar. Der besondere Charme von Webinaren liegt darin, dass der Teilnehmer bei den meisten Systemen lediglich einen Web-Browser benötigt und über seine Präsenz selbst bestimmen kann, über welche Medien er an dem Webinar teilnehmen kann und will. Die Erfahrungen mit der erfolgreichen Einführung einiger solcher Web-Konferenzsysteme zeigten eine schnelle und extrem gute Benutzerakzeptanz.
> **Empfehlung:** Führen Sie diese UC-Dienste schrittweise ein. So gibt man den Benutzern eine Chance, sich besser an diese moderne Art der Konferenzen und Seminare zu gewöhnen.

5.8 UC als Alarmierungs- und Evakuierungssystem

Eine ganz besondere Rolle spielen die Alarmierungs- und Evakuierungssysteme. Die Hauptfunktion dieser UC-Dienste besteht darin, wie schon der Name verrät, Nutzer zu alarmieren und Evakuierungsprozesse zu unterstützen.

5.8.1 Alarmierung

Im Prinzip lassen sich diese Systeme mit Konferenzsystemen vergleichen. Bei der Alarmierung „spricht" eine Quelle gleichzeitig mit vielen Teilnehmern. Das bedeutet, es handelt sich um den Aufbau von gleichzeitigen Verbindungen zwischen dem Alarmierungsserver und jedem einzelnen Teilnehmer. Darin besteht zugleich der hohe technologische Anspruch an solche Systeme. Der Alarmierungs- und Evakuierungsserver muss in der Lage sein, gleichzeitig 30, 60, 90 und mehr Verbindungen zu beliebigen Teilnehmern aufzubauen und diese mit einer zentralen Informationsquelle zu verbinden. Die Informationsquelle kann das Endgerät eines speziellen Teilnehmers sein, z.B. eines Notfalldispatchers, es könnte aber ebenso ein automatisches Ansagesystem sein. Herkömmlich schloss man dementsprechend solche Systeme über mehrfach geschaltete PMX-Anschlüsse mit jeweils 30 Kommunikationskanälen an die Telekommunikationseinrichtung an. Im Zeitalter von Unified Communication wird dafür SIP als Anschluss genutzt. Ein weiteres Argument für die Verwendung von Unified Communication in diesem Umfeld ist die Anschaltung potenzialfreier Kontakte für die Alarmierung. Potenzialfreie Kontakte sind Schalteinrichtungen, die selber eine Betriebsspannung benötigen, d.h. sie funktionieren immer, auch bei Stromausfall. Daher werden solche Schaltsysteme vor allem in Alarmierungs- und Evakuierungslösungen eingesetzt. Allerdings lassen sich mit solchen potenzialfreien Kontakten viele haustechnische Einrichtungen steuern, wie z.B. Heizungen, Fenster usw. Immer öfter kommen potenzialfreie Steuereinrichtungen mit IP-Anschaltungen auf den Markt. Das vereinfacht deren Anschalten an Applikationen deutlich. Um diese Signalgeber in die Alarmierung und Evakuierung einzubeziehen, ist Unified Communication nötig. Zunehmend werden solche Alarmierungs- und Evakuierungslösungen in öffentlichen Bereichen wie Bahnhöfen usw. verwendet.

Hier spielt neben der Kommunikation mittels Sprache (Durchsagen usw.) vor allem Videokommunikation eine wichtige Rolle. Als Ausgangspunkte für die Kommunikation dienen Videoüberwachungssysteme mit Kameras. Die dafür verwendeten Videokameras werden mit dem UC-System verbunden. Wurden beispielsweise über eine Videokamera verdächtige Vorgänge geortet, z.B. allein gelassene, längere Zeit nicht bewegte Gegenstände oder sehr hektische und schnelle Bewegungsabläufe, wie sie eventuell bei einer Schlägerei vorkommen, wird automatisch ein Alarmierungs- und ggf. Evakuierungsprozess aktiviert. Diese „Events" lassen sich sehr einfach in eine Prozesssteuerung übernehmen, wobei Unified Communication als zentrales Mittel eine große Rolle spielt

Ein weiterer, aus praktischer Sicht wichtiger Aspekt ist die Quittierung von Alarmierungen, die noch nicht in allen Systemen umgesetzt ist. In vielen Fällen müssen die alarmierten Personen den Erhalt der Alarmierung bestätigen, d.h. quittieren, denn nur so kann das UC-System feststellen, dass die Alarmierung erfolgreich durchgeführt wurde.

Dann ist da noch die Art und Weise der Alarmierung. Einfache Alarmierungen sind kein Problem, doch gezielte Alarmierungen, ggf. noch in Kombination mit einer Eskalationskette, Prioritäten und erfahrungsspezifischen (*skill based*) Benachrichtigungsregeln, leisten nur wenige Systeme.

> **Praxistipp:**
> Derartig komplexe Lösungen lassen sich effizient und effektiv, sicher und zuverlässig nur auf Basis von Unified Communication umsetzen.
>
> **Empfehlung:** Die erfolgreiche Implementierung von UC-Alarmierungsverfahren erfordert von den Planern und den Installateuren viel praktische Erfahrung und Umsicht. Benutzen Sie Eskalationsketten und Skill-Based-Regeln für eine erfolgreiche Alarmierung im UC-System.

5.8.2 Automatische Mitteilungsverteilungen

Eine besondere Applikation einer Unified Communication ist das automatische Mitteilungsverteilungssystem. Ziel und Aufgabe dieses Dienstes besteht darin, möglichst viele Personen unabhängig von deren Präsenz über beliebige Kommunikationswege und Technologien zu erreichen. Das Prinzip ist so einfach wie genial:

- Auf dem UC-Server läuft eine Datenbank. In diese Datenbank werden alle Personen mit ihren Erreichbarkeitseigenschaften eingetragen, die im Falle der Alarmierung eine Mitteilung bekommen sollen.
- Außerdem lassen sich spezielle Alarmierungsgruppen und -profile definieren.
- Der nächste Schritt ist die Konfiguration der Alarmierungsmitteilungen. Das können aktive Durchsagen, bereits aufgenommene Mitteilungen, Textnachrichten usw. sein.
- Die Alarmierungen können auf verschiedene Art und Weise ausgelöst bzw. initiiert werden:
  - automatisch, durch das Auslösen eines Vorganges
  - durch manuelles Auslösen
  - automatisch mittels einer Zeitsteuerung
  - präsenzbasiert
- Der UC-Server ist sogar in der Lage, automatische Konferenzschaltungen herzustellen, denn wenn ein Benachrichtigungsfall vorliegt, besteht häufig auch der Wunsch, parallel zum Benachrichtigungsprozess eine Telefonkonferenz aufzubauen oder diese sogar über eine Videokonferenz zu verschalten.

Eine Quittierung ist sehr häufig nicht vorgesehen. Dafür arbeitet das UC-System dermaßen effizient und effektiv, dass in kürzester Zeit sehr viele Personen eine Benachrichtigung bekommen. Nach dem Auslösen eines Mitteilungsversands versucht das UC-System, die Personen an allen hinterlegten Präsenzen zu erreichen. Dazu verwendet das System die SIP-Anschaltung an vorhandene Amtsanschlüsse.

> **Praxistipp:**
> Die Einsatzszenarien für Alarme mithilfe von Unified Communication sind ausgesprochen vielfältig. Es gibt Städte und Kommunen, in denen die Eltern von Schulkindern auf diese Weise informiert werden, wenn in der Schule etwas vorgefallen ist. Dienstleister im Finanzwesen informieren ihre VIP-Kunden über solche Systeme bezüglich besonderer Angebote usw. (mehr dazu im Kapitel 8).
>
> **Empfehlung:** Arbeiten Sie bei Alarmierungen am besten auf Basis der Präsenz, damit nach definierten Regeln alarmiert wird.

5.8.3 Evakuierung

Die Evakuierung geht einen Schritt weiter. Evakuierungssysteme kommen vor allem in Gebäuden zum Einsatz. Das Ziel ähnelt dem der Alarme. Nur geht es in diesem Fall um deutlich mehr als reine Alarmierung, sondern um die gleichzeitige Weitergabe zusätzlicher Informationen, z.B. über mögliche Fluchtwege. In diesem Zusammenhang kann das System sogar Fluchtwege freischalten. Welche Aspekte spielen bei Evakuierungssystemen eine Rolle? Und vor allem: Was hat das mit Unified Communication zu tun?

- Zuerst ist es sicherlich die Anzahl und ggf. die Reihenfolge der zu evakuierenden Personen. Moderne Systeme können die Evakuierung auf Grundlage örtlicher und situationsbedingter Gegebenheiten steuern. Es ist durchaus sinnvoll, zuerst jene Personen in einem Gebäude zu evakuieren, die am ehesten von einer drohenden Gefahr betroffen sind. Eines der passendsten dafür Beispiel sind Hotels. Die einfachste Präsenzinformation ist, ob das Zimmer vergeben wurde. Die zweite Information ist, ob der Schlüssel eines vergebenen Zimmers ausgegeben wurde. Ganz moderne Hotels können auch zusätzliche Informationen heranziehen wie eingeschaltetes Licht oder Fernseher, ob der Zimmerschlüssel (Karte) im Hauptschalter des Zimmers steckt usw. Auf Basis solcher Informationen kann abgeschätzt werden, ob sich ein Gast im Zimmer befindet. Eine Alarmierung wird dann zuerst in genau diese Zimmer erfolgen, wo davon auszugehen ist, dass sich darin Menschen befinden.

- Danach sollte die weitere Evakuierung so erfolgen, dass keine Panik entsteht und die Fluchtwege nicht überlastet werden. Dazu braucht der Evakuierungsdienst die entsprechenden Informationen des Alarmierungssystems. Die Prozesssteuerung kann sich hierbei sehr komplex gestalten.

- Natürlich muss ein solcher Evakuierungsdienst vollen Zugriff auf das UC-System haben. Eventuelle Verbindungen oder Anrufe müssen initiiert werden.

- Genau das Thema Unified Communication ist für solche Systeme essenziell. Moderne Endgeräte sind XML-fähig – was liegt da näher, als den Personen die Gefahrensituation und die möglichen Fluchtwege auf dem Bildschirm des Endgerätes darzustellen?

- In der Regel geht mit der Evakuierung eine gezielte Konferenzschaltung einher.

> **Praxistipp:**
>
> In der Praxis werden oftmals alle drei Dienste kombiniert eingesetzt. Die täglichen Mitteilungen der UC-Server, Alarmierungen mit den entsprechenden Quittierungen erfolgen über das Alarmierungssystem, und mittels einer Evakuierungsapplikation werden die Personen sicher und zuverlässig über geeignete Fluchtwege geleitet.
>
> **Empfehlung:** In Deutschland sind für Alarmierungsprozesse und Evakuierungssteuerungen eine Zertifizierung und auch staatliche Abnahmen erforderlich. Ein UC-System kann hier durch die tiefe Prozessintegration eine deutliche Unterstützung leisten. Ein Einsatz von UC als Alarmanlage oder Feuermeldeanlage ist aus diesen Gründen noch nicht gestattet.

5.9 Applikationsbearbeitung

In diesen Abschnitten ist viel über die verschiedenen Konferenzfunktionalitäten gesprochen worden: angefangen von der einfachen Audiokonferenz über die Web- und Videokonferenz bis hin zu Sonderkonferenzlösungen wie Alarmierung und Evakuierung. Was noch fehlt, ist die Konferenz mit Anwendungen wie beispielsweise Text- und Tabellenverarbeitung, wobei alle Teilnehmer gemeinsam an einem Dokument arbeiten. Wie oft kommt es vor, dass ein Bericht, eine Abhandlung, ein Vertrag oder eine Statistik von mehreren Anwendern bearbeitet werden muss oder soll? Die Schwierigkeiten fangen schon damit an, dass ein zweiter Anwender ein und dieselbe Datei nicht zum Bearbeiten öffnen kann, wenn diese bereits von einem anderen Anwender im Bearbeitungsmodus geöffnet wurde. Die Lösung sieht dann entweder so aus, dass sich jeder Anwender sein eigenes Dokument anlegt, jeder Anwender sein eigenes Dokument bearbeitet und man dann beide Dokumente mühsam zusammenfügt. Oder die Anwender arbeiten wechselseitig an dem Dokument und benutzen für die Markierung ihrer Änderungen z.B. jeweils andere Farben oder Schriftformate. Beide Varianten sind zum einen asynchron und schon deshalb sehr unkomfortabel. Neben Dateipräsenzinformationen kann hier auch die Möglichkeit der Applikationsteilung Abhilfe schaffen. Ähnlich wie bei einer Web-Konferenz schalten sich die Teilnehmer, die gemeinsam an einem Dokument arbeiten wollen, in einen Kollaborationsbereich. Einer der Teilnehmer startet auf seinem PC die für die Bearbeitung des Dokuments benötigte Applikation und öffnet das Dokument. Im UC-System schaltet er auf den Kollaborationsmodus um. In proprietären Systemen wie beispielsweise Microsoft Office Communicator 2007 muss noch nicht mal das zum Bearbeiten des Dokuments notwendige Programm geöffnet werden, da das Bearbeitungsprogramm wie Excel oder Word bereits Bestandteil des Betriebssystems ist. So verhält es sich bei vielen Herstellern spezifischer UC-Systeme mit Kollaborationsmodus.

Der Moderator kann gezielt einem anderen Teilnehmer die Steuerung über die Anwendung auf seinem PC und damit die Änderungsmöglichkeit an dem Dokument geben. Um die Kontrolle über die Anwendung wieder zurückzunehmen, braucht der Moderator lediglich eine Aktivität auf seinem PC auszuführen, einen Tastendruck auf der Tastatur oder eine Bewegung mit seinem Zeigergerät (Maus). Wie bei jeder Konferenz erfordert auch die Kollaboration eine gewisse Disziplin von allen Beteiligten. Nach Abschluss der Arbeiten an dem Dokument speichert es der Moderator auf seinem PC oder auf einem anderen Speichermedium, auf das alle anderen Teilnehmer der Kollaborationssitzung zugreifen können. Auch hier kann die Präsenzinformation wiederum helfen, einen Hinweis auf den Bearbeiter zu geben.

Da die Bildschirmänderungen simultan an jeden Teilnehmer übertragen werden, sind für eine komfortable Kollaborationssitzung, insbesondere mit mehreren Teilnehmern, die Anforderungen an die Übertragungsbandbreite und die Leistungsfähigkeit des PCs recht hoch. Andererseits benötigt nur der Moderator die zur Bearbeitung des Dokuments benutzte Anwendung selber auf seinem PC, die anderen Teilnehmer nicht, denn sie steuern über ihren eigenen Oberflächen (Web-Browser) den PC des Moderators fern. Das wiederum bedeutet jedoch, dass es in den meisten Fällen erforderlich ist, den Web-Browser durch Zusatzmodule wie Java, ActiveX oder andere spezielle Steuerfunktionen zu erweitern. Dies macht den Umgang mit solchen Systemen in der Praxis nicht einfach. Häufig sind diese Zusatzmodule und -funktionen ein Graus für die IT-Sicherheit, denn der Web-Browser ist quasi das Tor des PCs zum großen, weiten Internet. Hacker sowie Computerviren und -würmer bedienen sich gerne solcher Steuerelemente. Dagegen schützen nur eine sehr restriktive Administration dieser Steuerfunktionen und natürlich eine möglichst verantwortungsbewusste Benutzung des Web-Browsers. So dürfen beispielsweise derartige Steuerfunktionen nur von Administratoren implementiert und gewartet werden. Es ist weiterhin zwingend anzuraten, die Anwender auf die Gefahren hinzuweisen und ihnen aufzuzeigen, wie man durch einfache Bedienungsschritte eine hohe Sicherheit bei der Benutzung des Web-Browsers erreicht. Alle herkömmlichen Web-Browser bieten umfängliche Einstellmöglichkeiten für die Sicherheit – man sollte sie auch nutzen. Ein schönes Beispiel ist die UC-Plattform Google Wave. Google ist einer der ersten Vorreiter, die eine webbasierte Kollaborationsanwendung im Internet geschaffen haben. Es bleibt abzuwarten, wie sich diese Systeme durchsetzen, da alle Applikationen wie Chat, Text- und Tabellenverarbeitung im Internet stattfinden. Die Bearbeitungsmöglichkeiten sind aber gegenüber UC-Systemen, die auf einem Standardbetriebssystem basieren, erheblich erweitert.

> **Praxistipp:**
> Der Gebrauch von Kollaborationsanwendungen ist den Benutzern sehr geläufig. Die wohl bekannteste Kollaborationsanwendung ist NetMeeting vom Microsoft. Mittlerweile enthalten viele Standardapplikationen wie OCS von Microsoft und Sametime von IBM derartige Kollaborationsfunktionen. Google Wave, Salesforce.com oder WebEx sind hier Vorreiter in Sachen Konferenztechnik.
>
> **Empfehlung:** Bevor man sich für eine dieser Applikationen entscheidet, sollte man dringend überprüfen, wie sich diese Applikation in das gesamte UC-Kommunikationsumfeld integriert und einbettet. Unified Communication ist ein ganzheitlicher Ansatz, Unified Collaboration ist nur ein Bestandteil einer UC-Architektur.

5.10 Essenz

Die beschriebenen grundlegenden Kommunikationsdienste (Basisdienste) von Unified Communication sind komplex und beinhalten alle technischen Medien und Informationsquellen. Sie lassen sich in die sieben in Abschnitt 5.1 dargestellten Technologiebereiche unterteilen.

Die computergestützte Telefonie ist genauso ein Basisdienst der Unified Communication wie etwa UMS und Präsenz. Eine UC-Architektur muss nicht zwingend immer alle diese Technologiebereiche und auch nicht alle Funktionen eines solchen Bereiches umfassen und beinhalten.

Viele der UC-Dienste und -Funktionen beruhen auf der Nutzung von Erreichbarkeits- und Präsenzinformationen, sie bilden sozusagen das breite Fundament für alle anderen Kommunikationsdienste. Natürlich ist vor allem die Vereinigung aller Nachrichtenfunktionen auf einen einzigen persönlichen Briefkasten die Paradedisziplin von Unified Communication. Echte, effiziente und effektive Arbeit in Teams, verbunden mit Mobilität und Flexibilität, erfordert den Einsatz moderner Konferenz- und Kollaborationsdienste. Nur so ist der schnelle und zuverlässige Informationsaustausch in der globalisierten Geschäftswelt möglich. Die Generation 2000 geht bereits sehr selbstverständlich mit modernen Formen des multimedialen Lernens wie z.B. Web-Seminare, übertragene Videokonferenzen von Vorlesungen aus anderen Universitäten usw. um. Last but not least ermöglichen Kombinationen moderner UC-Applikationen aus den Bereichen der automatisierten Mitteilungsdienste, Erreichbarkeit, Kollaboration und Konferenz solche hilfreichen und sinnvollen Dienste wie Alarmierung, Benachrichtigung und VIP-Dienste.

6 Protokolle und Sprachen bei UC

6.1 Grundlegende Protokolle, Sprachen und Dienste

In diesem Kapitel geht es darum, die notwendigen und wichtigen Protokolle und Dienste von Unified Communication kennenzulernen und insbesondere hinsichtlich ihres Einsatzes im UC-Umfeld zu diskutieren. Viele davon sind bereits Bestandteil der modernen Netzwerk- und Telekommunikationstechnik. Sie rücken jetzt zusätzlich mehr in das Operationsfeld der Applikationen. Das Zusammenspiel und die Interaktion der Dienste und Protokolle sind bei Unified Communication Herzstück und Architektur zugleich. Das Vorhandensein und die Benutzung einer Vielzahl von Protokollen macht es sehr oft erforderlich, die Protokolle miteinander zu verbinden. Bei Standardprotokollen ist die Interaktion in der Regel über die Definitionen und Normierungen gesichert. Anders hingegen verhält es sich bei Quasi-Standardprotokollen und den proprietären Protokollen der Hersteller. In diesen Fällen, bei denen die Protokolle nicht direkt miteinander interagieren, kommen die entsprechenden Protokollübersetzer, die sogenannten Gateways, zum Einsatz. Doch selbst dann, wenn ein Protokoll an sich standardisiert ist, muss das noch lange nicht bedeuten, dass es sich in allen Funktionen interoperabel zu anderen Diensten und Protokollen verhält. Genau das ist in der Praxis oftmals der Fall.

Die beiden prominentesten Vertreter sind ISDN (Integrated Services Digital Network) in der klassischen Telekommunikationswelt und SIP bei VoIP, respektive UC. Beide beschreiben in ihren Grundstandards einen gewissen Umfang an Basisfunktionen. SIP kennt mit Stand Anfang 2010 gerade einmal 19 zur Standardisierung vorgeschlagene Funktionen, die sogenannten SIPing19. SIPing19 ist jedoch noch im Entwurfsstadium. Bereits heute ist abzusehen, dass einige der darin beschriebenen Funktionen wieder herausfallen und andere ggf. hinzukommen werden. Im Augenblick zeichnet sich eher ein rückläufiger Trend ab, d.h. es werden immer weniger quasi standardisierte Funktionen in SIPing19 enthalten sein.

Die Praxis zeigt, dass sich nicht alle Funktionen und Dienste standardisieren lassen. Daher haben herstellereigene und -spezifische Protokolle bzw. Anpassungen der Protokolle nach

6 Protokolle und Sprachen bei UC

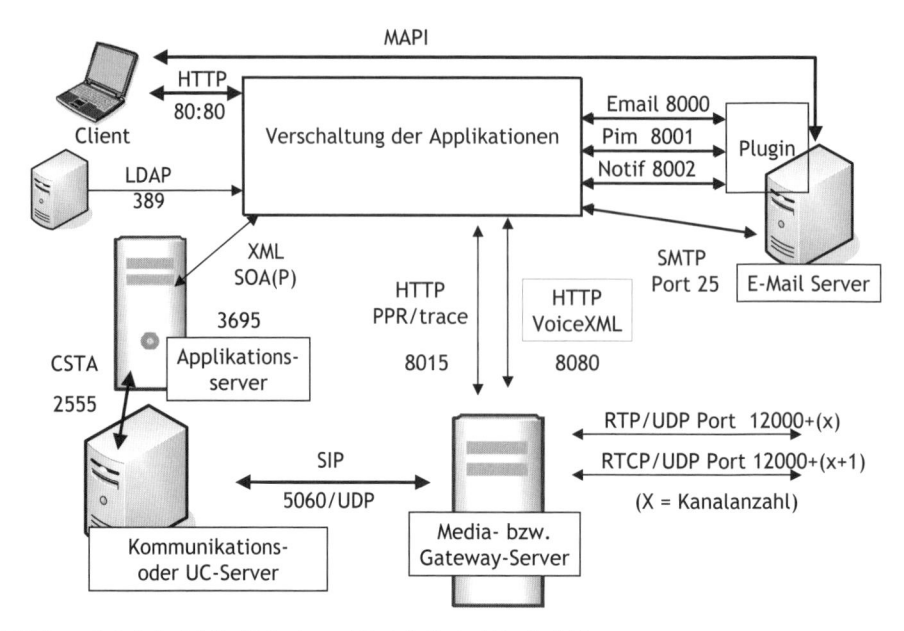

Abbildung 6.1 Beispiel für IP-Ports und Protokolle im UC-Umfeld

wie vor ihre volle Berechtigung. Als Beispiel dafür, wie die Protokolle und Dienste über die jeweiligen Ports interagieren, soll Abbildung 6.1 dienen. Sie zeigt die Interaktion zwischen Kommunikationsservern, Applikationen und verschiedenen Signalisierungsdiensten in einem typischen Applikationsumfeld, wie sie auch in vielen UC-Architekturen vorkommen. Im Prinzip sind sämtliche Protokolle und Ports klar definiert und statisch. Lediglich in einem kleinen Bereich des Medienstroms, der Sprache, die mittels RTP (Real-Time Transport Protocol) übertragen wird, kommen dynamische Portzuordnungen zum Einsatz.

In diesem Kapitel werden die wichtigsten Protokolle und Sprachen mit den darauf aufsetzenden Diensten von UC wie E-Mail, IM, Video, Telefonie usw. erklärt.

> **Praxistipp:**
>
> Wissen bezüglich Ports, Protokolle, Sprachen und Leistungsmerkmale ist für den erfolgreichen Einsatz von Unified Communication in der Praxis unabdingbar. Natürlich sind im Hinblick auf die Interoperabilität zwischen verschiedenen Anwendungen und Diensten die standardisierten Formen dieser genannten Aspekte von Vorteil. Oftmals reichen die Standards nicht aus, um die geforderten Funktionen zu realisieren. In diesem Fall kommen herstellereigene Protokolle zum Einsatz. Beide Formen und Varianten haben ihre Berechtigung.
>
> **Empfehlung:** Überprüfen Sie sehr genau, welche Informationen und Medienströme von, zu und zwischen den Kommunikationssystemen sowie der Applikation übertragen werden. Das ist die wichtigste Voraussetzung für eine detaillierte Planung, wie sie bereits in Kapitel 4 beschrieben wird. Setzen Sie überall dort auf Standardprotokolle, wo es technologisch sinnvoll und machbar ist. Sie ermöglichen eine hohe Interaktions-

> fähigkeit der Applikationen untereinander. Für sehr hohe und breite Funktionalität innerhalb einer Technologie oder Applikation sollten Sie sich nach wie vor am Einsatz herstellereigener Protokolle orientieren.

6.2 SIP – Die Zukunft der Kommunikation

Kaum ein IP-Protokoll sorgt für so viel Beachtung und Aufsehen wie das Session Initiation Protocol (SIP). In diesem Abschnitt steht die praktische Umsetzung und Nutzbarkeit von SIP im UC-Umfeld im Fokus. Mittlerweile wurden durch die International Telecommunication Union (ITU), vor allem die ITU-T, die Standardisierungsorganisation für Telekommunikation, mehr als 150 RFCs (Requests for Comments) bezüglich SIP veröffentlicht. Viele dieser RFCs sind noch im Zustand eines Entwurfs (Drafts). In diesem Abschnitt geht es um die Beantwortung solcher Fragen, die immer wieder von Planern, Installateuren, Betreibern, Administratoren und letztlich Anwendern gestellt werden, z.B.:

- Ist SIP das UC-Protokoll der Zukunft?
- Wozu dient SIP?
- Kann SIP wirklich alle Anforderungen erfüllen oder ist SIP eher „Stupid IP"?
- Was unterscheidet SIP von anderen Protokollen?
- Wie funktioniert SIP?
- Ist SIP = SIP oder kocht doch jeder sein eigenes „SIPchen"?

6.2.1 Ist SIP das UC-Protokoll der Zukunft?

SIP bedeutet in gewisser Weise auch „**S**icht **I**n die **P**erspektive". In Zukunft führt, zumindest was die UC-Welt angeht, nichts an diesem Protokoll vorbei. Aber SIP ist so offen und damit so reizvoll, dass sich schier unendliche Heerscharen von Entwicklern, Herstellern und Standardisierungsgremien mit ihm beschäftigen. Alle interpretieren die offene Funktionsweise so, wie es ihnen sinnvoll und vor allem umsetzbar erscheint. Mit diesem Ansatz versucht fast jeder der genannten Personenkreise, genau seine Meinungen und Positionen zum Standard zu erheben. Die Konsequenz ist eine zunehmende Aufweichung der Standards und Standardisierungsentwürfe.

Antwort: SIP ist die Zukunft. Doch offensichtlich braucht es noch eine ganze Weile, bis alle Hersteller in einer gemeinsamen Zukunft ankommen und sich auf ein standardisiertes SIP einigen werden.

6.2.2 Wozu dient SIP?

SIP ist ein einfach strukturiertes Signalisierungs- und Steuerprotokoll für die Realisierung multimedialer und mobiler Kommunikationsdienste über das IP-Netz. Damit ist klar, dass

SIP sowohl in Richtung der Endgeräte als auch der Netzwerke sowie der Applikationen agiert. Prinzipiell ist es dem SIP egal, welche Dienste damit signalisiert und gesteuert werden. SIP kann Sprachdienste und Videoapplikationen ebenso steuern wie andere Systeme und Dienste; ein gutes Beispiel dafür sind SIP-Firewalls. Natürlich ist es bestens für den Austausch von Mitteilungen wie bei E-Mails und IM geeignet. Damit stimmt die Annahme, dass SIP integrativ und vor allem multimedial ist.

SIP ist von seiner Funktionsweise her vor allem auf Mobilität und multimediale Kommunikationsdienste ausgerichtet. Seine Architektur besteht aus mehreren Instanzen wie Proxies und Lokations- und Registrierungsdiensten, die von den SIP-Clients genutzt werden, um sich an beliebiger Stelle in der „SIP-Wolke" anzumelden und zu registrieren. Der Funktionalität in der SIP-Wolke ist es völlig egal wo sich der SIP-Client anmeldet und wo diese SIP-Instanzen stehen. In diesem Sinne arbeitet SIP ähnlich wie HTTP und XML, bei denen es dem Nutzer ebenfalls völlig egal ist, von wo aus er diese Dienste verwendet und wo die Web-Instanzen stehen, auf denen diese Dienste laufen.

Antwort: SIP unterstützt vor allem Mobilität und Multimedia. Das bedeutet im Gegenzug: Mit aller Macht jedes irgendwo fest stehende Nur-Telefon unbedingt mit SIP betreiben zu wollen, ist eher als technologischer und wirtschaftlicher Unfug zu betrachten. Man hat in der Regel deutlich weniger Funktionen, einen deutlich höheren Administrationsaufwand und spart weder Geld noch Nerven.

6.2.3 Was unterscheidet SIP von anderen Protokollen?

Die Hauptunterschiede von SIP insbesondere gegenüber den etablierten Protokollen sind seine Offenheit, Einfachheit und Flexibilität.

- *Offen:* SIP ist in mehrfacher Hinsicht offen. Natürlich ist es offen gelegt, d.h. jeder kann und darf es benutzen und sogar für seine Zwecke anpassen bzw. modifizieren. Außerdem ist SIP offen im Dienstübergang. Man kann unterschiedliche Kommunikationsdienste mit nahezu identischen SIP-Befehlen (Statements) steuern.
- *Einfach:* Wie einfach SIP ist, zeigt sich allein daran, wie schnell es von wie vielen Anwendern angenommen und akzeptiert wurde. In Abschnitt 6.2.4 wird das noch deutlicher.
- *Flexibel:* Die besondere Stärke von SIP besteht in seiner Flexibilität. Das fängt bereits bei den verwendbaren Transferprotokollen an. SIP unterstützt sowohl TCP (Transmission Control Protocol) als auch UDP (User Datagram Protocol). Das kann bei weitem nicht jedes IP-Protokoll, vor allem nicht bei multimedialer Kommunikation. Flexibilität beweist SIP vor allem auch bei den Einsatzmöglichkeiten gleicher SIP-Funktionen auf unterschiedlichen Endgeräten. Oder auch anders herum betrachtet: Man kann in ein und derselben SIP-Umgebung unterschiedliche SIP-Endgeräte einsetzen.

Antwort: Der größte Unterschied von SIP zu allen anderen Protokollen ist seine Einfachheit und Flexibilität. Beides macht es prädestiniert für Integration und vor allem Vereinigung von Kommunikationsdiensten, also für Unified Communication. SIP steht in diesem Zusammenhang für „**S**impel, **I**ntegrativ, **P**raktisch".

> **Praxistipp:**
> Letzteres sollte man es in der Praxis nicht wirklich so umsetzen. Das liegt daran, dass eben doch nicht jeder SIP-Client an jedem SIP-Server identisch funktioniert. Der immer wieder gern geäußerte Wunsch nach dem Einsatz beliebiger SIP-Endgeräte (quasi aus dem Supermarkt) wird stets ein Wunsch bleiben, wenn damit gleichzeitig die Benutzung von mehr als nur Basiskommunikationsfunktionen artikuliert wird.
>
> **Empfehlung:** Wenn mehrere Endgeräte unterschiedlicher Hersteller am gleichen SIP-Server angeschlossen sind, wird häufig die Funktionalität untereinander eingeschränkt. Benutzen Sie in ähnlich gelagerten Funktionsbereichen möglichst immer gleiche SIP-Clients.

6.2.4 Wie funktioniert SIP?

Das Anliegen und Ziel dieses Buches besteht darin, die praktische Funktionsweise von Unified Communication zu erklären. Wer die tiefen technischen und funktionalen „Geheimnisse" von SIP ergründen möchte, dem sei an dieser Stelle geraten, eines der vielen Lehr- und Fachbücher über SIP zu studieren, z.B. [Trick/Weber 2005] oder [Badach 2007]. SIP ist Bestandteil der Architektur von Unified Communication. Dennoch ist es im Rahmen dieses Praxisleitfadens sinnvoll, einen gewissen Grundeinblick zu vermitteln und einige praxisrelevante Aspekte rund um SIP zu beleuchten.

Zwei wesentliche Aspekte charakterisieren die Funktionsweise von SIP. Das ist zum einen der Fakt, dass SIP eine klassische Client-Server-Architektur darstellt, und zum anderen, dass die SIP-Befehle im Klartext beschrieben und übermittelt werden. Wie immer im Leben hat alles eine positive Vorder- und meist eine weniger angenehme Kehrseite. Was bedeutet dies konkret?

6.2.4.1 Die Client-Server-Architektur von SIP

Was bedeutet Client-Server? Ganz einfach: Auf der einen Seite befindet sich ein Steuersystem, das bestimmte Funktionen bereitstellt: der Server. Dem gegenüber agiert der Client. Er fordert vom Server die Dienste ab und verarbeitet sie quasi „eigenverantwortlich" weiter – ein typisches Zusammenspiel verteilter Intelligenzen. Der Server liefert die funktionalen, der Client die datenverarbeitenden und darstellenden Intelligenzen. Intelligente Clients haben den Vorteil, dass mit und auf ihnen viele Anwendungen laufen können. Andererseits bedürfen die auf den Clients verteilten Intelligenzen einer gewissen Wartung und Pflege. Sicher lässt sich das über entsprechende Softwareverteilungsfunktionen automatisieren. Doch der Aufwand dafür ist da. Aber ein weiterer Aspekt wiegt viel noch schwerer: die Kontrollierbarkeit der UC- und SIP-Clients hinsichtlich ihres Funktions- und Betriebsstatus. Die verschiedenen Betriebs- und Servicevarianten und -modelle wie Client-Server, Host-Terminal usw. werden in Kapitel 10 detailliert besprochen.

> **Praxistipp:**
>
> Ein SIP-Client ist, abgesehen von der Anmeldung am Registrierungsdienst, eine völlig eigenständige Instanz. Sie kann selbstständig Signalisierungen zu verschiedenen anderen SIP-Instanzen absetzen und von ihnen welche empfangen. Letzteres funktioniert auch gänzlich ohne Zutun und Kontrolle des SIP-Servers. Mit einem einfachen vierzeiligen Programm kann man einen SIP-Client derart attackieren, dass er nicht mehr sinnvoll funktioniert – und der einfache SIP-Server merkt nichts davon.
>
> **Empfehlung:** Es sollten nur SIP-Server zum Einsatz kommen, die in der Lage sind, den Status der SIP-Clients zu kontrollieren und zu überwachen. Diese Funktion wird als „Stateful SIP", also den Status erkennendes SIP bezeichnet. Man sollte auf jeden Fall prüfen, wie das UC-System alle Status der gesamten Client-Server-Architektur überwacht. Wenn der SIP-Server dazu selber nicht in der Lage ist, müssen andere Funktionen diese sehr wichtige Aufgabe gewährleisten. Das könnte entweder eine SIP-Kontrollinstanz, ein sogenannter „SIP Session Controller" (SSC), oder der UC-Server sein. Daher rührt oftmals die Anforderung der Betreiber, dass alle Clients mittels SMTP administrierbar sein sollen. Welchen Betriebs- und Administrationsaufwand das nach sich zieht? Diese Frage sollte man bereits im Vorfeld des praktischen Einsatzes von Unified Communication und SIP klar beantwortet haben.

6.2.4.2 Die Klartextdarstellung im SIP

Einer der Hauptvorteile von SIP ist seine simple Art und Weise der Benutzung. SIP kommuniziert im Klartext mit einer starken Anlehnung an HTTP. Jede SIP-Verbindung (SIP-Session) wird in einer Verbindungsbeschreibung (Session Description) dargestellt. Das Protokoll für die Verbindungsbeschreibung heißt SDP (Session Description Protocol). Wenn man sich den Umfang der in diesem Protokoll verwendeten Befehle und Meldungen anschaut, wird ersichtlich, wie einfach SIP aufgebaut und strukturiert ist. SIP ist simpel, integrativ und praktisch. In den folgenden Tabellen 6.1 und 6.2 sind die wichtigsten SDP-Meldungen und SDP-Befehle zusammengefasst.

Tabelle 6.1 Tabelle der SDP-Meldungen

Code	Bedeutung
1xx	Allgemeine Meldung, z.B. über die Ausführung von Befehlen
2xx	Erfolgsmeldung, wenn ein Befehl erfolgreich abgearbeitet wurde
3xx	Nachforderung, für die Ausübung eines Befehles sind weitere Informationen erforderlich.
4xx	Clientfehler, der Befehl kann auf dem Server nicht ausgeführt werden, ggf. weil ein Syntaxfehler vorliegt.
5xx	Serverfehler, Befehl kann auf dem Client nicht ausgeführt werden.
6xx	Allgemeiner oder globaler Fehler, Befehl generell nicht ausführbar

Tabelle 6.2 Tabelle der SDP-Befehle

Befehl/Code	Bedeutung
ACK	Das ist eine Antwort, Bestätigung (Acknowledge).
BYE	Beendigung der Verbindung
CANCEL	Abbruch eines Befehls oder einer Verbindung
INVITE	Ein Anwender oder ein Dienst wird zu einer Verbindung eingeladen.
MESSAGE	Eine Funktion zum Mitteilungsversand, z.B. bei IM
NOTIFY	Informationen über den Status von Clients zum Server oder zu anderen Clients
OPTIONS	Über diese Anfragefunktionen werden z.B. Informationen darüber ausgetauscht, welche Fähigkeiten, Eigenschaften ein Client hat.
REGISTER	Registrierungsnachricht des Clients an den Server
SUBSCRIBE	Anwesenheitsanforderung, Information über Präsenz

SIP ist ein offenes Protokoll. Da es im Klartext und mit nur wenigen Befehlen arbeitet, finden immer mehr Entwickler und Anwender daran Gefallen. Vor allem die Entwickler interpretieren die Offenheit von SIP jeder in einer anderen Art und Weise. Das führt zwangsläufig dazu, dass es immer mehr unterschiedliche Interpretationen darüber gibt, was SIP leisten sollte, kann und muss. Leider resultiert daraus in der Praxis eine ständig fortschreitende Aufweichung des SIP-Standards. Mittlerweile lassen einige SIP-RFCs quasi freie Interpretationen zu. Damit stellen sie es dem Entwickler bzw. Hersteller eines UC-Systems bzw. einer SIP-Applikation frei, wie er vor allem mit den erweiterten Leistungsmerkmalen umgeht. Aus diesem Blickwinkel gesehen ist SIP natürlich ein offenes Protokoll, und standardkonform wäre das in diesem Fall sogar auch. Aber ist es dann noch interoperabel und entspricht das dann noch dem Wunsch der Anwender nach dem Einsatz „beliebiger" Endgeräte? Nein.

> **Praxistipp:**
> Die Offenheit und Einfachheit von SIP bezüglich seiner Protokollstruktur und der genutzten Beschreibungssprache machen es so unwahrscheinlich charmant. Im Prinzip sind die paar einfachen Befehle und Mitteilungen sehr schnell verstanden, und man kann sie für sich interpretieren, sogar vergleichsweise einfach adaptieren.
>
> **Empfehlung:** Die Maxime von SIP lautet: Offenheit *und* Interoperabilität. Fangen Sie als Entwickler nicht an, Ihr eigenes „SIPchen" zu kochen – das tun leider schon zu viele.

6.2.4.3 Ports und Protokolle bei SIP

SIP verwendet standardmäßig den IP-Port 5060 und beim Einsatz von TLS (Transport Layer Security) (RFC 3263) den Port 5061. Diesen Port könnte man theoretisch und praktisch „verbiegen". Vielleicht hat man den Gedanken, auf diese Weise etwas mehr Sicherheit zu erzeugen – das ist jedoch weder sinnvoll noch ratsam, denn es bringt mehr Ärger als Nutzen.

SIP hat den großen Vorteil, dass es sowohl über UDP als auch über TCP arbeiten kann. So kann man je nach Dienst das günstigere und praktikablere Protokoll verwenden: für eine Sprach- oder Videoverbindung über SIP weiterhin UDP und beispielsweise TCP für den Austausch einer Präsenzinformation. Die multimedialen Dienste erfordern ein „Echtzeitübertragungsverhalten". Das kann UDP besser unterstützen. Statusfunktionen wie z.B. Präsenzanzeigen benötigen eine hohe Zuverlässigkeit. Die wiederum kann am besten TCP gewährleisten. Die Flexibilität steckt im SDP. In ihm kann die UC-Applikation mitteilen, über welches Protokoll es mittels SIP kommunizieren möchte.

> **Praxistipp:**
> Eigentlich sieht der RFC 3263 die Verwendung von TLS für SIP vor. Dann jedoch ist konsequenterweise UDP nicht mehr benutzbar. Also muss man sich entscheiden, ob unbedingt TLS gefordert wird und man sich damit auf TCP festlegt, oder ob man es offen lässt.
>
> **Empfehlung:** Für alle normalen Einsatzbereiche sollte man sich besser die Protokollflexibilität erhalten, als auf TLS zu drängen. Dennoch wird TLS von den meisten UC-Lösungen bevorzugt dort eingesetzt, wo die Echtzeitkommunikation auch über TCP gegeben und möglich ist.

In gewisser Weise ist SIP ein protokolltechnischer Alleskönner. Man kann SIP sogar verwenden, um eingepackt darin andere Protokolle zu übertragen. Das wird als „Tunneln" bezeichnet. Spätestens jetzt rufen alle Hersteller: „Hurra, wir machen SIP!" Und in der Tat gehen viele Hersteller genau diesen Weg. Sie packen ihre eigenen proprietären Protokolle in SIP ein und machen auf diese Weise SIP – und das sogar noch standardkonform, denn laut RFC darf man das. Über diesen Weg werden oftmals heute schon standardisierte Protokolle wie z.B. CSTA (Computer Supported Telecommunications Applications) getunnelt in SIP übertragen.

Jeder, der sich mit Protokollen beschäftigt, weiß: Protokoll ist nicht gleich Protokoll. Die Interoperabilität ist selbst bei Standardprotokollen nicht immer gegeben. Nun wird die Welt ganz verrückt, denn jetzt wird sogar Interoperabilität in andere Interoperabilität eingepackt und übertragen. Das bringt die Kommunikationswelt wohl eher nicht weiter.

> **Praxistipp:**
> SIP unterstützt das „Einpacken und Tunneln" sowohl klassischer Protokolle wie ISDN, QSIG usw. als auch herstellereigener Protokolle wie ABC (Alcatel-Lucent), Skinny (Cisco), Cornet (Siemens) usw.
>
> **Empfehlung:** Informieren Sie sich sehr genau, was die SIP-Umgebungen wirklich nutzen. Stellen Sie sicher, dass nur solche SIP-Varianten zum Einsatz kommen, die auch wirklich das leisten, was SIP verspricht: Offenheit *und* Interoperabilität. Getunnelte proprietäre Protokolle leisten genau das nicht.

6.2.5 SIP als Protokoll zu den Endgeräten

SIP für den Anschluss von IP- oder mobilen UC-Clients und anderen IP-Endgeräten wird schon seit mehreren Jahren von einigen Herstellern angeboten. Bereits 2003 zeigten verschiedene Hersteller auf Ausstellungen in einer praktischen Weise die Offenheit von SIP. Sie schlossen an ihre VoIP-Systeme verschiedene SIP-Telefone unterschiedlicher Hersteller an und ließen sie miteinander kommunizieren. Damals fragten die Besucher solcher Ausstellungen im Originaltext: „Was soll das? SIP-Endgeräte unterschiedlicher Hersteller an einer VoIP-Anlage eines wiederum anderen Herstellers? Das ist Blödsinn. Das will keiner haben." Heute sieht das völlig anders aus. Die Anwender wollen am liebsten beliebige SIP-Endgeräte oder SIP-Clients nutzen und diese über eine UC-Plattform an die verschiedenen Kommunikationsdienste schalten. Zwar bleibt in diesem Fall meist nur funktional eine Basistelefonie über IP, denn mehr bieten die einfachen SIP-Endgeräte nicht, doch das kann ggf. bereits ausreichen. Die zusätzlich gewünschten Leistungsmerkmale werden durch die UC-Funktionen erbracht und bereitgestellt.

> **Praxistipp:**
>
> Wenn man sich für SIP entscheidet, dann bestimmt nicht *nur* wegen des Preises für die Endgeräte.
>
> **Empfehlung:** Entscheiden Sie nach den Funktionen, die Ihre Anwender erwarten und bekommen sollten. In der Praxis zeigt sich immer wieder, dass der Wunsch nach hoher Funktionalität auf eine Mischung zwischen herstellereigenem SIP, also „SIPchen", und nativem basisfunktionalen SIP hinausläuft. SIP kann mehr – und zwar durch Nutzung der Funktionen von Unified Communication.

Im Augenblick ist der SIP-Standard für Telefonie bei weitem noch nicht so leistungsfähig wie der Standard für die klassische digitale Telefonie. Doch SIP holt auf, und das deutlich schneller, als es dem einen oder anderen Hersteller der oben genannten herkömmlichen Telekommunikationstechnologien lieb sein wird. Ergo versuchen viele Hersteller, SIP mit erweiterten Funktionen auszustatten. Dazu verwenden sie, die RFCs geben das ja her, unterschiedliche Verfahren und Methoden an:

- Eine sehr plumpe Variante ist das bereits angesprochene „Tunneln" der eigenen Funktionen und Protokolle über SIP. Aber diese Methode ist weder offen und noch interoperabel. Es ist, als würde direkt das herstellereigene Protokoll zum Einsatz kommen. Das wäre dann doch sinnvoller und vor allem keine „Mogelpackung".
- Ganz waghalsige Versuche gehen in die Richtung, SIP mittels erweiterter DTMF-Signalisierungen (Dual-Tone Multi-Frequency) aufzupeppen. Doch zum einen ist die Übertragung von DTMF-Signalen über IP mit sehr viel Vorsicht zu genießen, denn es funktioniert nicht sauber. Zum anderen kann bei dieser Methode von Bedienerfreundlichkeit keine Rede sein. Die Anwender steuern die Funktionen mittels der Eingabe von DTMF-Signalen über die Tastatur. Welcher Anwender soll sich all diese DTMF-Sequenzen merken? Und ist das wirklich handhabbar, immer eine mehr oder weniger

lange DTMF-Folge in die Tastatur des SIP-Endgerätes einzutippen, nur um ein bestimmtes Leistungsmerkmal zu aktivieren? Trotzdem gehen viele Hersteller mobiler UC-Software diesen Weg, da es auf diese Weise wesentlich einfacher ist, den hoch dynamischen Handymarkt in den Griff zu bekommen. Allerdings versuchen diese Hersteller, die Eingaben der DTMF-Sequenzen so weit wie möglich zu automatisieren.

- Einige Hersteller haben bereits die Zeichen der Zeit verstanden. Sie setzen auch bei den erweiterten Funktionen ganz klar auf Offenheit und Standards, indem sie HTTP und XML verwenden. Was bringt das?
    - HTTP ist quasi die Sprache von SIP. Damit bleibt man in derselben, offenen und klartextorientierten Darstellungsform.
    - Sollte sich eine der zusätzlichen Funktionen zu einem Standard entwickeln, dann lässt sich dies viel einfacher umsetzen, denn die Skriptsprache ist ja bereits in der passenden Form verwendet worden.
    - Den Wünschen der Anwender nach offenen und interoperablen Funktionen und der Verwendbarkeit beliebiger Endgeräte kann mittels XML am besten entsprochen werden. XML ermöglicht es, mit gleichen Mitteln dieselben Funktionen auf unterschiedlichen Clients bzw. Endgeräten abzubilden. Jedes UC-Gerät kann die erweiterten Funktionen sofort benutzen – vorausgesetzt, es ist XML-fähig (mehr dazu in Abschnitt 6.11).
    - Last but not least steht auch die Frage nach der Sicherheit bei SIP im Raum. Die Standards beschreiben eine Vielzahl von Sicherheitsfunktionen für SIP. So empfiehlt beispielsweise der RFC 3263 ganz klar die Verwendung von TLS. Nur setzen es die wenigsten Hersteller um. Und über die Verwendung von TLS für erweiterte Leistungsmerkmale steht da schon gar nichts. Die Variante mit HTTP könnte ebenso auch gesichert mit HTTPS (HyperText Transfer Protocol Secure) zum Einsatz kommen. Schon wäre eine gewisse Sicherheit gegeben.

> **Praxistipp:**
>
> In der Praxis wollen und brauchen die Anwender sehr oft einiges an Funktionen und Leistungsmerkmalen mehr, als das Standard-SIP hergibt. Wenn dies der Fall ist, sollte man auch hierfür auf Standards setzen.
>
> **Empfehlung:** Verwenden Sie für diese Situationen und Anforderungen XML. Das ist der einzig gangbare Weg: XML direkt im UC-Server, also auf Web-Services basierende UC-Applikationen. XML versetzt die Anwender tatsächlich in die Lage, unterschiedliche Endgeräte wie z.B. PCs, Smartphones, PDAs und XML-fähige Endgeräte für ein und dieselbe Anwendung und Funktion benutzen zu können.

6.2.6 SIP als Trunk-Anschluss (Privat/Public)

Das Thema Netz- bzw. Vernetzungsanschluss (engl. *trunk*) ist noch einen Tick spannender und zugleich verwirrender als das über SIP für Endgeräte. Was unterscheidet Netzanschlüsse von Nutzeranschlüssen? Was leisten SIP-Netzanschlüsse? Fragen, die sich hier förmlich aufdrängen.

6.2.6.1 SIP-Netzanschlüsse

Die Trunks dienen dazu, die verschiedenen Kommunikationsdienste und Vermittlungsfunktionen mit- und untereinander zu vernetzen. Die UC-Architektur kann über diesen Weg auf öffentliche und private Netzwerke und Verbindungen zugreifen. Das betrifft vor allem die folgenden Bereiche:

- Die Vernetzung mehrerer UC- und Kommunikationsserver zu einem leistungsstarken Verbund. Das Ziel besteht darin, die Kommunikationslast auf mehrere Systeme zu verteilen, aber dennoch soll sich der Verbund für Anwender wie ein homogenes System darstellen.
- Das Zusammenschalten von Kommunikationssystemen mit den Applikationen, wie es beispielsweise bei Unified Communication notwendige Voraussetzung ist.
- Die Steuerung von UC-Applikationen.
- Die funktionale Integration von Verwaltungsdiensten wie Anwenderverzeichnisse und Adressbücher zu einer bedienerfreundlichen Plattform.
- Die Steuerung von statusabhängigen Kommunikations- und Sicherheitsfunktionen wie z.B. VoIP- bzw. Applikations-Firewalls. Diese Firewalls erkennen über das SIP-Protokoll entsprechende Aktivitäten von Diensten, die z.B. ein dynamisches Öffnen und Schließen von IP-Ports erfordern. Über die ständige Kontrolle des Status der SIP-Verbindungen können derartige Firewalls die IP-Portressourcen optimal und sehr sicher verwalten.

Über ihre funktionale Definition werden drei Arten von SIP-Trunks unterschieden:

- *Öffentliche SIP-Trunks:* Sie bilden den Anschluss eines privaten Kommunikationsnetzes an ein öffentliches Netz und werden auch als „Public SIP-Trunks" bezeichnet.
- *Private SIP-Trunks:* Das sind Anschlüsse und Verbindungen zwischen privaten Netzen, z.B. zwischen unterschiedlichen Standorten eines Unternehmens.
- *SIP-Trunks für Vernetzung:* Sie dienen zur Vernetzung der UC-Systeme und -Komponenten innerhalb eines privaten IP-Netzes, z.B. die Anschlüsse zwischen Kommunikations- und UC-Servern. Das sind die sogenannten „Peering SIP-Trunks".

Solange diese SIP-Trunks dazu verwendet werden, die Technologien eines Herstellers zu verbinden, ist die Interoperabilität in der Regel vollends abgesichert. Da jedoch oftmals auch Kommunikationssysteme und UC-Applikationen unterschiedlicher Hersteller miteinander vernetzt werden, spielen Interaktionsfähigkeit und Interoperabilität eine sehr große Rolle. Die meisten Hersteller aus der klassischen Telekommunikationstechnik wie beispielsweise Alcatel-Lucent, Avaya, Cisco, Nortel oder Siemens usw. stellten die Schnittstellen ihrer Plattformen und -Applikationen mehr und mehr auf SIP-Trunk-Verbindungen um. Andere Hersteller wiederum, die aus der Richtung der Geschäfts- und Büroapplikationen kommen, z.B. Microsoft, Oracle, SAP, setzten direkt auf SIP als Interaktionsprotokoll. Leider ist es in beiden Fällen oftmals so, dass die Hersteller nach wie vor ihr eigenes „SIPchen" kochen. Das bedeutet, es müssen immer wieder Interaktions- und Interoperabilitätschecks durchgeführt werden. Teilweise müssen sogar spezielle Systeme zum Einsatz kommen, die eine entsprechende Interoperabilität sicherstellen – die sogenannten „Mediationssysteme".

> **Praxistipp:**
> SIP ist nicht gleich SIP. Dies trifft insbesondere auf die unterschiedlichen SIP-Trunks zu.
>
> **Empfehlung:** Lassen Sie sich von den Herstellern der UC-Komponenten und Kommunikationsdienste die Funktionsweise der von ihnen verwendeten SIP-Trunks aufzeigen und vor allem nachweisen, dass die Interoperabilität dieser SIP-Trunks mit anderen SIP-Systemen gegeben ist.

6.2.6.2 SIP-Interoperabilität und Mediationsdienste

Das wohl am meisten diskutierte Beispiel, wenn es um das Thema Mediationsdienste geht, ist die Plattform des Office Communication Server 2007 von Microsoft (OCS). Diese Plattform verwendet eine eigene Interpretation des SIP-Trunks. Dieser SIP-Trunk basiert im Grunde auf CSTA-Funktionen (Computer Supported Telecommunications Applications) mit einigen herstellerspezifischen Adaptionen. Wenn man also einen OCS und ein anderes Kommunikationssystem über SIP zusammenschalten möchte, ist in der Regel dazwischen eine Mediationsinstanz notwendig, d.h. ein Protokollübersetzer oder -vermittler. Der OCS braucht den Status der Endgeräte und Systeme an der Vermittlungseinheit. Umgekehrt nutzt die UC-Vermittlungseinheit die anwenderorientierten Präsenzinformationen aus dem OCS. Beide zusammen bilden das übergreifende Präsenz- und Interaktionssystem. Doch was macht man in einem heterogenen, gewachsenen Umfeld, bestehend aus unterschiedlichen VoIP- und UC-Systemen? Hier kann nur eine Mediationsinstanz helfen, die in beide Richtungen offen ist. Mehr und mehr Hersteller von Kommunikationssystemen haben diese Mediationsinstanz bereits implementiert.

> **Praxistipp:**
> Solange es keine hochwertige und funktional vollständige Interoperabilität zwischen SIP-Kommunikationssystemen und UC-Applikationsplattformen gibt, muss man auf Mediationsdienste zurückgreifen.
>
> **Empfehlung:** Um sich in diesen Fällen nicht das Tor der Offenheit komplett zu verschließen, sollte man immer auf einen allseits offenen Mediationsserver zurückgreifen.

> Diesen gibt es in Hardwarebauformen als sogenannte „Appliance" wie z.B. bei der Firma Audiocodes oder als reine Softwarevariante wie etwa den „GETS"-Server der Firma Alcatel-Lucent.

6.2.7 SIP und Sicherheit

Obwohl es in diesem Buch in Kapitel 9 speziell ums Thema Sicherheit geht, ist es für das bessere Verständnis von SIP sinnvoll, seine sicherheitsrelevanten Aspekte etwas näher zu beleuchten. Im Mittelpunkt steht die Beantwortung der Frage: Was kann man für eine gute und zuverlässige Verfügbarkeit, Vertraulichkeit und Integrität in SIP-Umgebungen tun?

6.2.7.1 Verfügbarkeit für SIP

Eines der Hauptprobleme der Verfügbarkeit ist die Redundanz. SIP baut, wie beschrieben, auf mehrere Instanzen und Funktionen auf. Dazu gehören auf der einen Seite verschiedene SIP-Server mit den Funktionen Registrierung, Lokalisierung, Vermittlung (Proxy) und Protokollumsetzung (Gateway) und auf der anderen der SIP-Client. Hinzu kommen in den meisten SIP-Architekturen noch diverse Zusatzdienste wie der SSC (SIP Session Controller), SBC (Session Border Controller), verschiedene SIP-Firewalls usw. Da stellen sich sofort Fragen wie: Was passiert, wenn der SIP-Client die Verbindung zu einer dieser Instanzen verliert? Was passiert, wenn das während einer aufgebauten Verbindung geschieht? Wie lassen sich Redundanzen im SIP aufbauen? Welche Instanzen sollten sinnvollerweise redundant ausgelegt sein, bei welchen kann man ggf. darauf verzichten?

Die folgenden SIP-Instanzen und -Funktionen sind für die Verfügbarkeit einer SIP-Architektur nötig:

- **Registrierung:** Die erste und damit wichtigste Instanz, mit der sich der Client verständigen muss, ist der Registrierungsserver. Damit der SIP-Client im Redundanzfall den anderen Server findet, muss zum einen mindestens ein weiterer Registrierungsserver verfügbar und auf dem SIP-Client als zweiter oder dritter Registrierungseintrag hinterlegt sein. Im Grunde ist das eine Funktionsweise, bei dem jeder SIP-Client mehrere „Anschaltungen" erhält. In der klassischen Kommunikationswelt waren das die sogenannten „Multiline-Apparate". Sie hatten mehrere „Amtsknöpfe". Ähnlich ist das hier: Entweder sorgt der SIP-Client selber für das Umschalten auf einen anderen Registrierungsverweis oder der Anwender wählt einen anderen „Anschluss". Ein anderer Weg der Serverredundanz ist der, dass die redundanten SIP-Server die SIP-Clients über eine Art virtuelle IP-Adressierung bedienen oder die SIP-Server als sogenannte „Cluster" ausgelegt sind. Die nächste Stufe der Redundanz ist mit der Virtualisierung von UC- und SIP-Servern zu erwarten. Bei virtualisierten Plattformen verbindet sich der SIP-Client lediglich in die „virtuelle Wolke", was in Kapitel 10 näher beleuchtet wird. Welcher Server ihn dann konkret bedient, ist unerheblich. Alle SIP-Kommunikationsdienste sind in einer Wolke vereinigt. Registrierungsserver müssen redundant sein, denn ohne Registrierung kann der SIP-Client nicht mit den anderen SIP-Clients verschaltet werden. Der SIP-Client müsste dann jeden anderen SIP-Client direkt und einzeln ansprechen – das ist ziemlich sinnlos und unbrauchbar.

- **Lokalisierung:** Natürlich kann auch der Lokalisierungsserver defekt sein. Dann erfolgt zwar keine Lokalisierung mehr, was allerdings nur bei mobilen Teilnehmern oder solchen, die sich neu registrieren, entsprechende Konsequenzen hätte (sie könnten nicht lokalisiert werden). Wechselt ein Teilnehmer seine Lokation nicht und ist den anderen Lokalisierungsservern die Lokation des Teilnehmers noch bekannt, dann würde der Teilnehmer auch so gefunden werden, weil das System davon ausgeht, dass er seine Lokation beibehielt. Temporär und unter den genannten Bedingungen kann eine SIP-Umgebung ohne Lokationsserver auskommen, dennoch empfiehlt sich auch hierfür eine Redundanz.

- **Gateway:** Die Nichtfunktion eines Gateways würde unter Umständen bedeuten, dass die Teilnehmer entweder nicht aus der SIP- in die TDM-Welt oder auch aus dem einen SIP-Netz in ein anderes kommunizieren können. Hier hilft nur eine adäquate Redundanz des SIP-Gateways. Im Prinzip stellen die Gateways eine Art „Amtsanschluss" dar.

- **Proxy:** Wenn die von einem SIP-Client gesendeten Befehle und Signalisierungen nicht weitervermittelt werden, kann der SIP-Client keine Verbindungen aufbauen. Die Verfügbarkeit eines SIP-Proxys muss man genauso sehen wie die eines jeden Proxy-Servers. Um diese Funktion gegen Ausfall zu sichern, helfen nur mehrere Proxy-Server. Außerdem gilt hier dasselbe wie beim Registrierungsserver: Der SIP-Client muss einen alternativen Proxy-Server kennen und erreichen können.

- **Client:** Die Verfügbarkeit des SIP-Clients ist vor allem eine Frage seiner Robustheit gegenüber DoS-Attacken (Denial of Service). Leider ist SIP von Hause her keine statusbasierte Architektur. Der Server bekommt nicht unbedingt mit, wenn ein Client attackiert wird. Dazu müsste er eine ständige Statuskontrolle über den Client haben. Abhilfe schaffen in diesem Fall die SSC. Im Normalbetrieb sorgt der SSC für die Statusüberwachung aller SIP-Instanzen. Fällt die Überwachungsfunktion aus, arbeitet die SIP-Umgebung dennoch weiter, allerdings ohne Statuskontrolle.

  Einige SSC ermöglichen den SIP-Clients zusätzliche Funktionen, diese würden den SIP-Clients bei Ausfall des SSC nicht mehr zur Verfügung stehen. Ergo fallen die SIP-Clients dann auf die SIP-Basisfunktionalität zurück. Da sehr viele UC-Komponenten auf zusätzliche Funktionen und vor allem auf Statusinformationen der SIP-Clients angewiesen sind, sollte auch die SSC-Instanz redundant ausgelegt werden. In den meisten Fällen ist das dadurch gegeben, dass der Registrierungsserver und der SSC gemeinsam auf einem physikalischen Server bzw. in einem SIP-System installiert sind.

- **Adressierung:** Die SIP-Adressierung gleicht in vielen Aspekten der von E-Mail. Sie ist genauso aufgebaut und ebenso einfach. Da liegt es nahe, dass unerwünschte Anfragen und Benachrichtigungen nach Spam-Manier auch Einzug in die UC-Welt halten. Als Spam werden unerwünschte, meist störende Kommunikationsvorgänge bezeichnet, typischerweise handelt es sich dabei um unwillkommene E-Mails. Das gibt es jetzt auch mit SIP: Man verwendet einfach die E-Mail-Adresse und initiiert darüber ungewollte und störende SIP-Verbindungen. Diese Form des Angriffs auf die Verfügbarkeit der SIP-Telefonie wird als SPIT (Spam over Internet Telephony) bezeichnet. Einen Schutz dagegen bieten entsprechende SPIT-Filter, d.h. Funktionen, die massenhafte Anfragen von einem bestimmten Absender erkennen und ggf. abblocken. Besonders interessant sind hierfür intelligente und selbstlernende SIP-Schutzfunktionen. Sie bauen sich selbst (selbst lernend) Validierungssphären und erkennen darin SIP-Anomalien.

- **DNS und ENUM:** SIP setzt in den meisten Fällen das Vorhandensein von DNS oder ENUM voraus, denn die SIP-Signalisierung erfolgt in der Regel über Namens- oder Nummernauflösungen. Ergo funktioniert SIP nicht, wenn dieser Dienst nicht verfügbar ist. Um an dieser Stelle Störungen der Verfügbarkeit zu vermeiden, bleibt auch nur die Installation redundanter DNS- und ENUM-Funktionen in Kombination mit der Möglichkeit des Clients, mehrfache DNS-Anfragen zu unterschiedlichen Servern absetzen zu können.

- **Systemarchitektur:** Die Sicherstellung der Verfügbarkeit eines Systems hat immer etwas mit Spiegelung oder Clusterbildung zu tun. Welches dieser Verfahren zum Einsatz kommt, ist bei den diversen Herstellern unterschiedlich. Aus Sicht der Funktionsweise sind Spiegelungen einfacher und effizienter. Sie brauchen vor allem keine zusätzlichen Prozesse für die Steuerung der Redundanz – also keine Clusterprotokolle und -steuerungen. In Zukunft werden UC-Architekturen auf virtuellen Maschinen (VM) aufsetzen, womit völlig neue Möglichkeiten der Hochverfügbarkeit gegeben sind. Das reicht bis hin zum automatischen, z.B. lastabhängigen Verschieben von SIP-Applikationen zwischen einzelnen VM und das sogar im laufenden Betrieb und unterbrechungsfrei bei aufgebauten Verbindungen – also absolut benutzertransparent.

> **Praxistipp:**
> Beim Einsatz von Redundanzen muss man immer genau hinterfragen, wie solche Funktionen arbeiten: als eine ständig mitlaufende Reserve (Hot-Standby), eine Reserve, die bereits läuft, aber nicht aktiv ist, und bei Bedarf einen Warmstart durchführt (Warm-Standby), oder aber eine Reserve, die bei Ausfall der Hauptinstanz erst extra in Betrieb genommen werden muss (Cold-Standby).
>
> **Empfehlung:** Die Praxis zeigt, je „heißer" die Redundanz bzw. das Standby, desto aufwendiger und kostenintensiver ist sie. Für sehr wichtige Systeme wie z.B. zentrale Steuerungen sind immer unterbrechungsfrei arbeitende Hot-Standby-Lösungen zu empfehlen. Kann der Funktionsbereich mit einer gewissen Unterbrechungszeit leben (3-10 Minuten), dann sind Warm- oder Cold-Standby-Lösungen die richtige Wahl. Suchen Sie also immer einen gewichteten Weg zwischen Verfügbarkeit und Kosten.

6.2.7.2 Vertraulichkeit und Identität im SIP

Seine Identität erwirbt der SIP-Client mit seiner Registrierung am Registrierungsserver. Die Frage ist nur: Erkennt der Registrierungsserver den Client tatsächlich, und ist andererseits der Registrierungsserver derjenige, für den er sich ausgibt? Natürlich muss ein SIP-

Client grundsätzlich auf einem Registrierungsserver eingetragen sein, damit er sich dort anmelden kann. Doch leider das ist schon alles, was SIP als Identitätssicherung mitbringt. Aus diesem Grund müssen für einen Schutz in Richtung Vertraulichkeit bestimmte Funktionen der Netzzugangssicherheit zum Einsatz kommen, also beispielsweise IEEE 802.1x. SIP-Nutzer dürfen nur solche Netze – und damit Dienste in diesen Netzen – verwenden, für die sie eine Identifizierung besitzen.

Ein anderes Problem der Identität ist die Übersetzung der IP-Adressen an Netzwerkübergängen (NAT, Network Address Translation). In der Regel sind bei den meisten klassischen IP-Protokollen die IP-Adressen lediglich im Kopf der Pakete hinterlegt. Das ist bei SIP anders. Hier können die IP-Adressen an mehreren Stellen der Befehlsbeschreibung des SDP stehen. Das bedeutet, man benötigt eine Adressübersetzung, die tief in das SDP schaut und alle IP-Adressen entsprechend bearbeitet und übersetzt. Genau dafür gibt es eine besondere Form der NAT, das sogenannte STUN (Simple Traversal of User Datagram Protocol [UDP] Through Network Address Translators), eine einfachere Übersetzung von UDP-Paketen über NAT.

Doch bereits in der Beschreibung des Namens wird eine wichtige Einschränkung deutlich: STUN funktioniert nur mit UDP, nicht aber mit TCP. STUN ist im RFC 3489 spezifiziert. Danach darf und kann STUN unterschiedliche IP-Ports benutzen. Lediglich die Anfrage an den STUN-Server ist in der Regel auf dem IP-Port 3478 definiert.

Mit der richtigen Integrität im SIP zu arbeiten, ist die eine Seite. Die andere Seite ist die, seine SIP-Integrität zu schützen. Die einzig sinnvolle Vorgehensweise dafür ist die bereits genannte Verwendung von TLS (Transport Layer Security). TLS ermöglicht die verschlüsselte Kommunikation und stellt so die Vertraulichkeit sicher. TLS wiederum funktioniert nur mit TCP. Leider gibt es keine Lösung für STUN und TLS gleichzeitig.

> **Praxistipp:**
> Der Identitätsschutz und Vertraulichkeit sind ein generelles Muss. Im IP-Netz laufen letztlich alle Kommunikationsdienste und -beziehungen über IP-Adressen, und dort braucht man einen Schutz der Informationen gegen unbefugte Preisgabe.
>
> **Empfehlung:** Sorgen Sie für eine stringente Authentisierung sowohl an den SIP-Diensten als auch in das IP-Netz. Verwenden Sie dazu die entsprechenden Sicherheitsfunktionen im SIP selbst wie z.B. TLS, und kombinieren Sie diese mit den Funktionen der Netzwerksicherheit wie z.B. IEEE 802.1x.

6.2.7.3 Integrität bei SIP

SIP ist ein wunderschön einfaches Klartextprotokoll, doch genau das ruft sofort die Datenschützer und Sicherheitsbeauftragten aufs Parkett: Jeder kann alles mitlesen. Dem lässt sich wiederum mit TLS entgegenwirken. Gerne wird diese Variante auch als „sicheres SIP" (Secure SIP) bezeichnet. Im Grunde verbirgt sich dahinter nichts anderes als ein ganz normaler Verbindungsaufbau in Kombination mit einem Schlüsselaustausch für die Verschlüsselung. Der Sender sendet mit seinem INVITE (Einladung) zusätzlich sein Zertifikat. Der Empfänger übermittelt in seiner OK-Mitteilung einen gemeinschaftlichen Schlüssel und sein Zertifikat zurück.

Aber die Verschlüsselung über TLS erzeugt ein Problem: Wenn SIP-Nachrichten komplett verschlüsselt sind, können sie an Netzübergängen nicht kontrolliert und hinsichtlich der IP-Adressen bearbeitet werden. Aus diesem Grund benötigen alle Instanzen, die SIP-Nachrichten bearbeiten und weiterleiten müssen, einen sogenannten TLS-Proxy. Das ist eine Funktion, die den verschlüsselten Datenstrom aufnimmt, ihn entschlüsselt, bearbeitet, wieder verschlüsselt und dann erst weiterleitet. Dass dieser ganze Prozess wiederum Auswirkungen auf die Laufzeiten und damit das Echtzeitverhalten von Kommunikationsdiensten hat, dürfte klar sein.

> **Praxistipp:**
> Es gibt bereits einige Hersteller, die TLS im SIP-Umfeld einsetzen. Doch ist auch hier genaues Hinsehen gefragt: Was nützt TLS, wenn die Schlüssel im Klartext übermittelt und erst dann verschlüsselt werden, wenn beide Seiten ihre Schlüssel haben?
>
> **Empfehlung:** Wenn also TLS und Verschlüsselung, dann bitte richtig. Lassen Sie sich vom jeweiligen Hersteller genau aufzeigen und garantieren, dass die Verschlüsselung vollständig erfolgt. Überlegen Sie genau, an welchen Stellen wirklich mit TLS gearbeitet werden muss, denn der Administrationsaufwand wird größer.

6.3 H.xxx-Steuerung und Signalisierung

Gegenstand dieses Abschnittes sind die IP-Protokolle, die neben SIP im VoIP- und UC-Umfeld eingesetzt werden, vor allem die sogenannten „H.xxx"-Protokolle, die von der ITU-T als übergeordnete Protokollfamilien bzw. -gruppen empfohlen und standardisiert wurden. Das Kürzel „H." steht für die Gruppe der Normierung audiovisueller und multimedialer Anwendungen. Diese Gruppen der H.-Normen wurden bisher von ITU-T eingeführt:

- H.100 bis H.199 – Beschreibung von Eigenschaften der Telefonsysteme
- H.200 bis H.369 – benötigte Infrastrukturen für Dienste wie Audio und Video
- H.500 bis H.569 – Verfahren und Möglichkeiten der Mobilität und Konferenz
- H.610 bis H.619 – Multimedia-Möglichkeiten, Verfahren und Bandbreiten von Triple-Play-Diensten

Einige H.-Normen gelten im Zusammenhang mit Unified Communication als besonders relevant. Sie umfassen noch weitere Unternormen und werden daher als „Dachnormen" bezeichnet. Das sind die wichtigsten Dachnormen für Multimedia-Kommunikation:

- H.320 für ISDN
- H.323 für paketbasierte Netzwerke

- H.324 für Telefonverbindungen. Dieser wurde von 3G aufgegriffen, um 3G-324M zu erstellen, welcher für Videokonferenzen in 3G-Netzwerken angewendet wird, also für Video auf GSM-Handys.

Diese H.3xx-Dachnormen verweisen auf weitere Normierungen sowohl innerhalb der H.-Serie (z.B. H.264 zur Videokompression) als auch außerhalb der H.-Serie, z.B. die G.xxx-Normen zur Codierung von Audio. Codierung, Codecs für Audio und Video sowie Übertragungsverfahren werden in Abschnitt 6.9 noch ausführlicher behandelt. Vor allem H.323 wird immer wieder im Zusammenhang mit UC-Plattformen genannt. Es wurde ursprünglich für die Signalisierung und Übertragung von ISDN- und QSIG-Funktionen (Q-Reference Point SIGnalling) im IP-Netz entwickelt. Diese Norm war der erste Rahmenstandard für IP-Telefonie. Doch als das Thema Unified Communication sich zu entwickeln anfing, adaptierte man dieses Protokoll zum Multimediaprotokoll für die Sprach- und UC-Welt. Eine Stärke von H.323 war die relativ frühe Verfügbarkeit und das schon zu einem Zeitpunkt, als eine Menge der heutigen Standards noch gar nicht entwickelt worden waren. H.323 definiert nicht nur die Möglichkeiten der eigentlichen Kommunikation im IP-Netz, sondern auch die zusätzlichen Leistungsmerkmale für IP-Telefonie. Die Audiokommunikation gehört zu den wichtigen Diensten in einer UC-Lösung und zu einem erheblichen Maße auch die Videokommunikation. Hier eine kleine Auswahl der wesentlichsten Protokolle für die Videokommunikation:

- H.239 definiert das Verfahren, mit dem über einen zweiten Videokanal eine Präsentation als Video oder das Bild der zweiten Kamera in einem Videostream gezeigt werden kann. Eine klassische Videokonferenz hat im Normalfall nur einen Audio-, einen Video- und optional einen Datenkanal, welche mit den Protokollen H.320 und H.323 realisiert werden.

- H.261 oder MPEG-1(Moving Picture Experts Group) ist ein 1990 von ITU-T standardisiertes Verfahren zur digitalen Kompression bzw. Dekompression von analogen Videosignalen. Dieses Verfahren hatte das Ziel, über ISDN-Leitungen mit mehreren gebündelten B-Kanälen Videotelefonie oder Videokonferenz betreiben zu können.

- H.263 bzw. MPEG-3 ist bestens für niedrige Datenübertragungsraten geeignet. H.263 ist eine Weiterentwicklung des H.261-Standards und enthält eine Komponente, um die Datenübertragung der Videokommunikation stark zu reduzieren. Die Sequenzen der Videoübertragungen, die nur wenige Veränderungen zwischen den einzelnen Bildern aufweisen, werden einfach stärker komprimiert. Ein wesentlicher Anwendungsbereich sind Videoüberwachungen in relativ statischen Umgebungen.

- H.264 oder MPEG-4 ist ein Standard zur hocheffizienten Videokompression. Die Form wurde ursprünglich mit dem Ziel entwickelt, ein neues Kompressionsverfahren zu entwerfen. Es sollte die benötigte Datenrate bei gleicher Qualität sowohl für mobile Anwendungen als auch im TV- und HD-Bereich mindestens um die Hälfte reduzieren.

> **Praxistipp:**
> Viele Hersteller implementierten bereits einen Großteil der H.-Normen in ihren UC-Lösungen. Dennoch ist ein Blick auf die Details lohnenswert. In einer UC-Architektur müssen nicht alle H.-Normen vorhanden sein. So ermöglicht beispielsweise H.239 vor allem bei häufigen Präsentationen eine bessere Darstellung der Inhalte durch eine Bildschirmteilung. Dennoch gehört es nicht zwingend zu einer guten UC-Plattform.
> **Empfehlung:** Vergleichen Sie die Systeme miteinander, welche H.-Standards sie unterstützen. H.264 beispielsweise gehört für eine gute Videoübertragung zwingend in eine UC-Architektur.

6.3.1 H.323 zum Teilnehmer

Die meisten Hersteller setzen auch heute noch in vielen Bereichen H.323-Signalisierungen ein. Viele der herstellereigenen Signalisierungsprotokolle beruhen auf H.323, vor allem dann, wenn die jeweiligen Hersteller eine klassische ISDN-Historie haben. Dieser Fakt alleine ist nicht weiter tragisch – nur dass die herstellereigenen Adaptionen natürlich in keiner Weise untereinander kompatibel sind. H.323 kann sowohl für den Anschluss von Endgeräten als auch zur Vernetzung von UC-Systemen zum Einsatz kommen.

Als Endgeräteprotokoll findet H.323 bei vielen Herstellern noch heute seine Verwendung, insbesondere um die ISDN-Funktionen im VoIP zu signalisieren. In den meisten Fällen dient es als Trägerprotokoll für die darauf aufsetzenden Zusatzfunktionen. Entweder werden die speziellen Herstellerfunktionen in das Protokoll eingepackt oder über das Protokoll sozusagen „getunnelt". Die Funktionsweise von H.323 ist in vielen Fachbüchern ([Badach], [Fischer]) nachzulesen. Wir möchten hier nur einen Überblick liefern, welche Aspekte aus praktischer Sicht für den Einsatz von H.323 im UC-Umfeld notwendig und sinnvoll sind.

Auch H.323 benötigt eine Instanz, an der sich die Teilnehmer anmelden und registrieren. Das ist der sogenannte „H.323-Gatekeeper" (übersetzt so etwas wie ein „Übergangswächter"). Er steuert ebenfalls, in einer Art Gateway-Funktion, die Übergänge vom ISDN ins IP-Netz. Dabei übersetzt er gleichzeitig die Telefonnummern in IP-Adressen. Der H.323-Gatekeeper kann sowohl im IP-Kommunikationssystem als auch im UC-System realisiert und integriert sein.

Natürlich gibt es auch im H.323 reine Gateways, also Schnittstellensysteme von einer Netzwelt in die andere. Solche Gateways haben im Wesentlichen die Aufgabe, zwischen dem IP-Netz und ISDN zu verschalten. Da Gateways auch eine Protokollumsetzung vornehmen, gibt es natürlich ebenfalls Gateways, die zwischen H.323 und SIP vermitteln. Das H.323-Gateway hat mehrere Aufgaben und Funktionen:

- Umsetzung der im H.323-Rahmenstandard definierten Schnittstellenfunktionen
- Emulation des ISDN-Verbindungsaufbaus über das IP-Netz
- Anpassung der Datenströme an das jeweils genutzte Protokoll

- Durchführung der für die Signalisierung notwendigen Übersetzung von Telefonnummern in IP-Adressen und umgekehrt
- Paketierung des synchronen Datenstroms aus dem Telefonnetz in IP-Pakete nach dem H.225-Standard
- Verwaltung von sogenannten „Zonen", also geschlossenen Bereichen, welche die H.323-Terminals, -Gateways und MCUs (Multipoint Control Unit) beinhalten.

Innerhalb einer Kommunikation zwischen zwei H.323-Anwendern werden noch weitere Protokolle benötigt:

- H.225 beschreibt die Rufsignalisierung, die Medien (Audio und Video), die Umwandlung des Datenstroms in Pakete, die Synchronisierung des Datenstroms und die Kontrolle des Nachrichtenformats.
- H.245 definiert die Signalisierungen und Verfahrensweisen für das Öffnen und Schließen logischer Kanäle, die zur Übertragung von Audio, Video und Daten dienen, sowie den Austausch, die Kontrolle und Anzeige der Übertragungskapazitäten.
- H.450 ist ein Standard für zusätzliche Telefoniefunktionen (die sogenannten „Supplementary Services"), um beispielsweise die Leistungsmerkmale von ISDN auf IP abzubilden.
- H.235 ist für Sicherung und Authentifizierung zuständig.

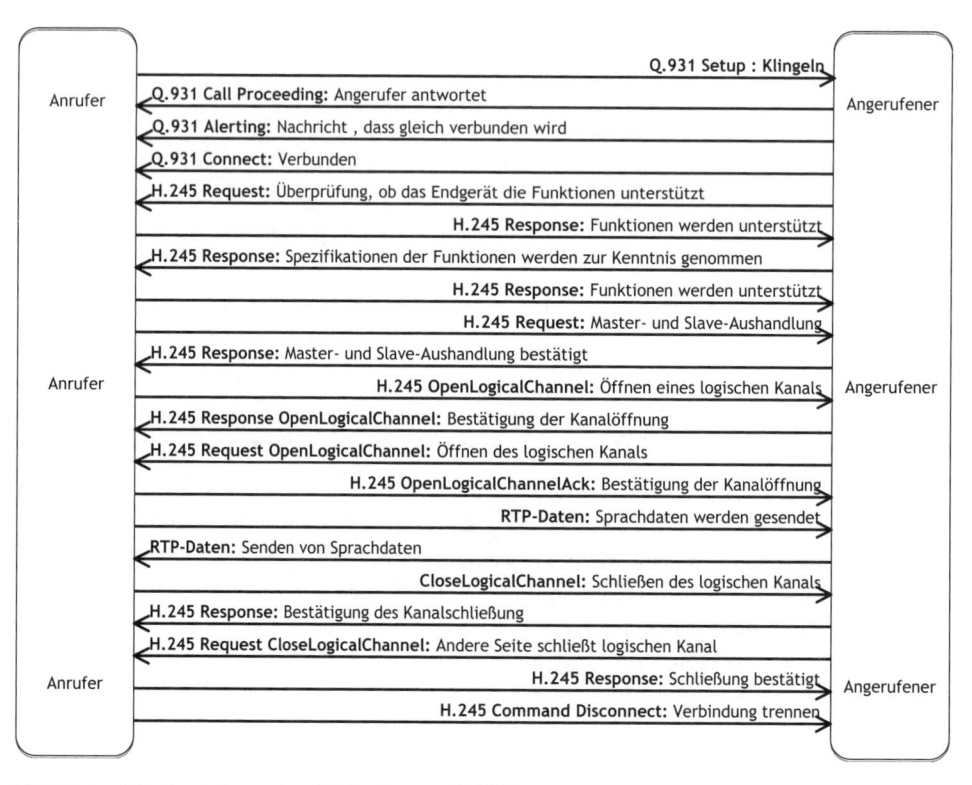

```
Anrufer                                                                    Angerufener
         Q.931 Setup : Klingeln                                →
    ←    Q.931 Call Proceeding: Angerufer antwortet
    ←    Q.931 Alerting: Nachricht, dass gleich verbunden wird
    ←    Q.931 Connect: Verbunden
         H.245 Request: Überprüfung, ob das Endgerät die Funktionen unterstützt →
    ←    H.245 Response: Funktionen werden unterstützt
    ←    H.245 Response: Spezifikationen der Funktionen werden zur Kenntnis genommen
         H.245 Response: Funktionen werden unterstützt →
         H.245 Request: Master- und Slave-Aushandlung →
    ←    H.245 Response: Master- und Slave-Aushandlung bestätigt
         H.245 OpenLogicalChannel: Öffnen eines logischen Kanals →
    ←    H.245 Response OpenLogicalChannel: Bestätigung der Kanalöffnung
         H.245 Request OpenLogicalChannel: Öffnen des logischen Kanals →
         H.245 OpenLogicalChannelAck: Bestätigung der Kanalöffnung →
         RTP-Daten: Sprachdaten werden gesendet →
    ←    RTP-Daten: Senden von Sprachdaten
         CloseLogicalChannel: Schließen des logischen Kanals →
    ←    H.245 Response: Bestätigung des Kanalschließung
         H.245 Request CloseLogicalChannel: Andere Seite schließt logischen Kanal →
         H.245 Response: Schließung bestätigt →
         H.245 Command Disconnect: Verbindung trennen →
```

Abbildung 6.2 Darstellung eines Rufaufbaus mit H.323

Abbildung 6.2 zeigt den strukturellen Ablauf eines Rufaufbaus mittels H.323. In dieser schematischen Darstellung wird die Komplexität von H.323 deutlich.

> **Praxistipp:**
> H.323 bietet im Vergleich zu SIP einen deutlich geringeren Funktionsumfang und ist noch dazu wesentlich komplexer und komplizierter in seinem Aufbau sowie seiner Wirkungsweise. H.323 ist von seiner Handhabung her derart komplex, dass es kaum möglich ist, irgendwelche Übersetzer zwischen den herstellerspezifischen H.323-Protokollvarianten zu entwickeln.
> **Empfehlung:** Verwenden Sie für den Anschluss von IP-Teilnehmern besser SIP.

6.3.2 H.323 zur UC-Vernetzung

H.323 kann auch für die Vernetzung von UC-Komponenten und -Diensten eingesetzt werden. H.323 benötigt immer eine Registrierungsinstanz, den sogenannten „Gatekeeper". Auf dieser Instanz werden alle Teilnehmer der gesamten H.323-Umgebung angemeldet. Bei einer Vernetzung von mehreren Systemen können das recht schnell sehr viele Anwender werden. Genau an diesem Punkt zeigt H.323 seine größte Schwäche: die Begrenzung der maximalen Anzahl von Teilnehmerregistrierungen auf einem Gatekeeper. Da H.323 nicht für hohe Anwenderzahlen konzipiert wurde, braucht man unter Umständen mehrere solcher Gatekeeper. Um Synchronität und Konsistenz der Teilnehmerregistrierungen über alle Gatekeeper hinweg zu gewährleisten, kommt ab einer bestimmten Größe der H.323-Umgebung sogar noch ein übergeordneter Haupt-Gatekeeper (Master Gatekeeper) hinzu. Dieser kontrolliert und steuert dann die darunterliegenden Gatekeeper. Dazu verwendet er ein spezielles Intergatekeeper-Steuerungsprotokoll. Das wiederum führt unvermeidlich zu einem Skalierungsproblem. Ein solcher Master Gatekeeper kann nur maximal acht Gatekeeper steuern. Wenn auch das nicht ausreicht, müssen Gruppen von Gatekeepern implementiert werden, die dann wiederum eine Synchronisierung untereinander benötigen. Der Komplexität sind keine Grenzen gesetzt.

Ein weiteres Problem bei der Vernetzung über H.323 ist die Synchronisierung zwischen den UC-Systemen. Jedes dieser Systeme hat eine Gatekeeper-Funktion. Ergo muss in solchen Konstrukten, wie eben beschrieben, einer dieser Gatekeeper als sogenannter „Master" (Hauptsteuereinheit) fungieren. Alle anderen mit ihm vernetzten H.323-Systeme benehmen sich als „Slaves" (Sklaven). Ein Master kann als dezidierter Master oder in einer Art Doppelfunktion als Master/Slave agieren. Alle Slaves müssen sich ständig mit dem Master synchronisieren. Leider sind diese Prozesse technologisch sehr komplex und daher recht störanfällig. Eine Unterbrechung dieser Synchronisation führt zur Störung im gesamten UC-Konstrukt.

> **Praxistipp:**
>
> Im Zeitalter der Konsolidierung und Zentralisierung sehr großer Teilnehmerzahlen dürfte für UC-Vernetzungen das Ende der Ära für H.323 längst eingeläutet sein.
>
> **Empfehlung:** Heutzutage sollte man keine UC-Vernetzungen mit H.323 mehr planen und/oder implementieren. Entweder ist man konsequent und holt aus der UC-Vernetzung das Beste an Leistungsmerkmalen heraus, dann fällt die Wahl auf herstellereigene Protokolle, oder man geht den Weg in Richtung Standardisierung, dann heißt die Zukunft ganz eindeutig SIP.

6.4 Weitere Steuerungs- und Signalisierungsprotokolle

6.4.1 Synchronisierungsprotokolle

Bisher wurde viel über die Steuerung und Signalisierung der Kommunikationsdienste an sich gesprochen. Doch wie steht es um Dinge wie die Synchronisation zwischen den UC-Systemen? Was muss alles synchronisiert werden? Wie funktioniert die Synchronisierung?

Der erste Blick fällt meistens auf die Synchronität der Konfigurationsdaten. Der einfachste Weg zur Datensynchronisierung besteht darin, den aktuellen Stand immer wieder neu auf die anderen Systeme und Geräte zu übertragen. Das kann FTP (File Transfer Protocol) oder ein ähnliches Protokoll leisten. Doch wenn die Systeme die Daten ständig gegenseitig aktualisieren oder wenn von einem System aus die Daten automatisch auf alle anderen Systeme verteilt werden sollen, bedarf es spezieller Verteilprotokolle, sogenannter „Broadcast-Protokolle". Moderne UC-Systeme regeln diesen Punkt über interne und oftmals herstellereigene Protokolle und Dienste. Ein sehr einfaches und sehr oft verwendetes Protokoll zur synchronen Steuerung von Gateways ist das MGCP (Media Gateway Control Protocol). Es ist ähnlich wie SIP ein Klartextprotokoll.

> **Praxistipp:**
>
> FTP und MGCP sind sehr einfache Protokolle. Man kann beide mit einer Vielzahl von Attacken sehr leicht kompromittieren. Daher bedarf vor allem der Startprozess einer UC-Komponente besonderer Aufmerksamkeit und Sicherheit. Denn in dieser Phase werden häufig auch die Konfigurationen synchronisiert. Erst wenn alle Konfigurationsdaten ordnungsgemäß auf dem UC-Server installiert sind und der Startprozess abgeschlossen ist, schaltet die Netzwerkkomponente den IP-Anschluss direkt zum IP-Netz durch.
>
> **Empfehlung:** Moderne UC-Systeme sollten vor allem für den Austausch der Konfigurations- und Managementdaten ausschließlich gesicherte Protokolle und Dienste verwenden. Also setzen Sie auf Protokolle wie SFTP (Secure FTP). Mehr dazu in Abschnitt 6.10.2.

Leider fällt den wenigsten Personen ein viel wichtigerer Punkt ein, nämlich die Zeitsynchronisation zwischen allen UC-Instanzen. Was geschieht, wenn eine Telefonanlage zu einem bestimmten Zeitpunkt einen Anruf entgegennimmt, ihn auf ein UMS (Unified Messaging System) weiterleitet und das UMS eine andere Systemzeit hat als die Telefonanlage? Dann findet die Aufzeichnung einer Sprachnachricht zu einem anderen Zeitpunkt statt als das Telefonat. Noch dramatischer würde sich eine solche zeitliche Dissonanz bei Mitschnittsystemen auswirken, z.B. in Banken, an Börsen und bei Versicherungen. Um das zu verhindern, gibt es ein spezielles netzwerkweites Zeitkontrollprotokoll NTP (Network Time Protocol). Die aktuelle NTP-Version wird von nahezu allen gängigen Betriebssystemen unterstützt. NTP benötigt natürlich eine Basiszeit. Für diesen Zweck braucht man entweder eine Verbindung zu einem im Internet aufgestellten NTP-Server oder man setzt eine Funkzeituhr ein. Letztere bekommt die genaue Uhrzeit mittels eines Zeitsignalsenders. In Deutschland gibt es dafür den speziellen Sender DCF77. Dieser Sender wird über eine Atomzeituhr synchronisiert. Daher ist das die genaueste Zeitangabe, die man in Deutschland bekommen kann. Andere Länder wie Russland, USA und England betreiben ebenfalls eigene Zeitsender. Da alle mit der Atomzeit arbeiten, besteht eine sehr hohe Synchronität zwischen ihnen. NTP benutzt den Port 123, der für diesen Dienst reserviert ist.

> **(KEIN) Praxistipp:**
>
> Die böswilligste Variante, ein UC-Netz zu stören, liegt so nah: die Störung der Zeiteinstellungen und -synchronisation. Man stelle sich vor, es gelänge, die Uhrzeit eines UC-Systems um genau 12 Stunden zu verstellen. Vielleicht auch nur, weil sich ein Administrator nicht ganz sicher war, was die Abkürzungen AM (ante meridiem, „vor dem Mittag") und PM (post meridiem, „nach dem Mittag") bei einer 12-Stunden-Darstellung bedeuten. Die Anwender fänden das nicht lustig, wenn beispielsweise das UC-System morgens um 8:00 Uhr pünktlich zum Arbeitsbeginn in den Nachtbetrieb umschaltet, weil die Systemzeit auf 8:00 PM, also 20:00 Uhr steht. Ebenso wenig begeistert dürften die Anwender sein, wenn die Sprachnachrichten und Sendezeiten von Faxen mit einem falschen Zeitstempel versehen werden.
>
> **Empfehlung:** Die Zeiteinstellungen und damit die NTP-Funktionen benötigen eine ganz besondere Sorgfalt und Umsicht. Die Verwendung der älteren Variante, das einfache SNTP (Simple NTP), gehört eindeutig unterbunden.

6.4.2 MGCP und Megaco

Das MGCP (Media Gateway Control Protocol) und Megaco finden hauptsächlich in der Welt der Carrier Verwendung und nur selten in privaten Netzen. Sie dienen zur Steuerung der verschiedenen Mediagateways durch den zentralen Steuerserver. Es sind sehr komplexe, nicht im Klartext dargestellte Protokolle. MGCP und Megaco haben zwar die gleiche Aufgabe zu erfüllen, unterscheiden sich jedoch in ihrer Funktionsweise erheblich.

- MGCP findet seinen Einsatz bei der Steuerung von Media Gateways. Damit ist es möglich, eine Verbindung zwischen zwei unterschiedlichen Medien wie z.B. analoges Netz oder ISDN und einem VoIP-Netz herzustellen. Das Mediagateway bildet dabei die Schnittstelle, besitzt aber keine eigene Intelligenz. Deswegen ist es notwendig, die Medienumsetzung von einem Media Gateway Controller steuern zu lassen. Dieser Controller kann natürlich auch Bestandteil einer UC-Architektur sein. Die Familie der MGCP stellt damit einen Baustein zur Realisierung von Anrufen aus dem VoIP-Netz in das PSTN dar. Wenn das UC-System nicht direkt in Lage ist, z.B. per SIP mit der Außenwelt zu kommunizieren, dann kommen diese Mediagateways zum Einsatz. Das MGCP eignet sich grundsätzlich auch für den Einsatz im privaten Netzumfeld, da es nicht so umfangreich und komplex ist wie Megaco.

- Megaco ist sowohl in der Funktion als auch in der Struktur komplexer, aber auch leistungsfähiger als MGCP. Es stellt eine besondere Form der Implementierung von MGCP dar. Häufig wird Megaco bei Gateways zur Integration des Internets mit dem PSTN/ISDN bevorzugt. Heutzutage findet man für das Megaco-Protokoll auch noch die Bezeichnung „H.248". H.248 ist das gleiche Protokoll wie Megaco. Die unterschiedlichen Namen stammen von zwei unterschiedlichen Standardisierungsgremien. H.248 ist die Bezeichnung bei der ITU-T, während die IETF von Megaco spricht.

Die Signalisierung erfolgt über das SS7-Protokoll, d.h. über ein Protokoll, welches eigentlich den Carriern vorbehalten ist und in der „normalen" Firmenumgebung nicht verwendet wird. Die Übertragung der Sprachdaten dagegen wird unter Verwendung des RTP (Real-Time Transport Protocol) realisiert. Nach der Signalisierung wird eine direkte Verbindung zwischen den beiden Endpunkten aufgebaut, die dann alle Mediendaten überträgt.

Praxistipp:
MGCP und Megaco werden nahezu ausschließlich bei Carrier verwendet. Da diese in der Regel eine sehr hohe Sicherheit in ihren Architekturen implementiert haben, geht von diesen Protokollen für die herkömmlichen UC-Nutzer eher keine Gefahr aus. Bemerkenswert ist jedoch, dass man sich auf keinen gemeinsamen Standard für MGCP und Megaco einigen konnte. So ist es bis heute ein offenes Protokoll, das keine klaren Vorgaben macht, sondern nur Empfehlungen für die Umsetzung bietet.

Empfehlung: Wenn das UC-System die Möglichkeit bietet, direkt mit Mediagateways der Carrier über MGCP oder Megaco zu kommunizieren, ist das ein nicht zu unterschätzender Vorteil, den Sie durchaus nutzen sollten. Auch bei FMC (Fixed Mobile Communication) und der Integration von mobilen Endgeräten in die UC-Architektur kommen Lösungen mit diesen Protokollen in Betracht, da hierfür oftmals die Anschaltung zu Carrier-Netzen erforderlich ist.

6.4.3 CSTA und Unified Communication

Wenn man ganz ehrlich ist, dann gab es CSTA (Computer Supported Telecommunications Applications) bereits vor Unified Communication. Vielleicht sind Protokolle wie CSTA schon aus vielen Köpfen der IP-Weltler verschwunden, doch noch gibt es sie und viele andere klassische Protokolle auch in Zeiten von Unified Communication. CSTA funktioniert natürlich auch ohne Unified Communication, und das schon über viele Jahre. Bei CSTA handelt es sich um ein Protokoll zur Kommunikation zwischen dem Kommunikationssystem wie etwa einer Telefonanlage und einer Applikation auf einem Rechner oder Server. Oftmals spricht man auch von einer sogenannten CSTA-Schnittstelle. Damit ist dann genau die eben genannte Verbindung gemeint, die als Protokoll CSTA verwendet. Per CSTA kann jedoch keine Sprache übertragen werden, es ist eine reine Schnittstelle zur Steuerung.

CSTA ist eine von der ECMA (Internationales Gremium für Standardisierung in der Informations- und Kommunikationstechnologie sowie der Verbraucherelektronik, www.ecma-international.org) standardisierte Protokollspezifikation. Phase 1 von CSTA wurde bereits 1992 entwickelt und in den Standards ECMA-179 und -180 veröffentlicht. 1994 kam mit ECMA-217 und -218 die Phase 2. Die 3. Phase von CSTA durchlief mehrere Stadien und Editionen, die in den ECMA-269 (2006), -285, -323 (XML für CSTA) beschrieben sind. In diesen Spezifikationen beschreibt die ECMA einen Umfang von Funktionen und Diensten, die Anwendungsprogrammierer verwenden können. Obwohl CSTA sehr aufwendig und umständlich zu programmieren ist, wird dieses Protokoll immer noch für eine Vielzahl von Anwendungen verwendet. Hauptanwendungsgebiet sind Überwachungs- und Steuerfunktionen von Kommunikationsapplikationen. Das liegt vor allem an der Nähe zwischen CSTA und XML. Viele moderne UC-Systeme und -Applikationen verwenden XML für die Steuerung und Interaktion; hierzu passt CSTA sehr gut. In modernen UC-Umgebungen werden immer häufiger XML-Anwendungen (ECMA-323, 2006) auf Basis von CSTA-Funktionen implementiert.

Das CSTA-Protokoll kann sowohl über die klassischen Übertragungsdienste ISDN und seriell übertragen werden als auch über IP. Selbst über SIP wird CSTA übertragen oder besser gesagt „getunnelt". Beispielsweise wird bei der UC-Plattform von Microsoft per „CSTA over SIP" ein Gateway angeschlossen, um Steuerungsfunktionen an den Microsoft-Clients zu initiieren. Warum verwendet Microsoft für das eigene SIP ein eingepacktes CSTA? Unter anderem, weil nur so eine gewisse Statuskontrolle der SIP-Endgeräte möglich wird. Das ist zwar SIP, aber leider so nicht standardisiert.

> **Praxistipp:**
> CSTA ist ein Protokoll, das seinen bezeichnenden Zweck sehr genau erfüllt – „sehen, steuern, beobachten, überwachen". Mit CSTA lassen sich die verschiedenen Zustände der Kommunikationssysteme und der daran angeschlossenen Endgeräte überwachen und steuern. Das Hauptanwendungsgebiet von CSTA-Funktionen sind Anrufverteil- und Überwachungsanwendungen, die sogenannte Automatic Call Distribution

> (ACD). Allerdings ist der Befehlsumfang von CSTA mit den 36 im Standard definierten Funktionen nicht sehr üppig. Darum haben einige Hersteller ihre eigenen Interpretationen von CSTA auf den Markt gebracht.
>
> **Empfehlung:** Informieren Sie sich genau, was der jeweilige Hersteller unter CSTA versteht und vor allem darüber, wie kompatibel und interoperabel seine CSTA-Implementierung mit anderen Applikationen und Systemen ist.

6.4.4 TAPI

TAPI (Telephony Application Programming Interface) ist gleich nach CSTA das wohl bekannteste Protokoll oder besser gesagt: die meistverwendete Programmierschnittstelle. Wie viele der anderen Schnittstellen und Protokolle zwischen der Computer- und der Telefoniewelt ist TAPI schon fast ein „Urgestein". Es wurde bereits 1993 von Intel und Microsoft entwickelt und eingeführt. Anfänglich nutzten Programmierer diese Schnittstelle für ihre eigenen Applikationen, und später wurden viele der TAPI-Funktionen feste Bestandteile der Betriebssysteme wie z.B. bei Microsoft Windows. Allerdings nur bis zu einer bestimmten Version: Bei Windows Vista hatte Microsoft die TAPI-Funktionen aus dem Betriebssystem entfernt. Das führte bei vielen Nutzern nach dem Umstieg von Vorgängerversionen des Betriebssystems auf Vista zu Frustrationen. Viele dieser Nutzer verwendeten Applikationen, die mit TAPI arbeiteten – nun leider nicht mehr. Sie warteten auf den jetzt aktuellen Nachfolger Windows 7, in dem wieder ein TAPI enthalten ist.

Natürlich ist Microsoft nicht allein auf dem Markt. So lag es nahe, dass sich die Wettbewerber (wie z.B. Sun, Solaris und andere Softwarehersteller) ebenfalls mit der Entwicklung eigener TAPIs beschäftigten. So entstanden sehr schnell die verschiedenen TAPI-Varianten, die heute als JTAPI (JAVA-TAPI), MS-TAPI (Microsoft-TAPI) usw. ihre Verbreitung finden.

TAPIs sind die meistverwendeten Schnittstellen für die Integration von Computern und Telefonie. Bei TAPI geht es vorrangig um die tatsächliche Steuerung von Telekommunikationssystemen und -endgeräten über eine Computerapplikation und umgekehrt. Der wohl bekannteste Anwendungsfall ist das Initiieren eines Wählprozesses über eine Computeranwendung. Im umgekehrten Fall möchte man die an einem Telekommunikationssystem ankommenden Signalisierungen dafür benutzen, in einer Computeranwendung bestimmte Aktivitäten auszulösen, z.B. in einer Datenbank einen bestimmten Datensatz auffinden, in dem die übermittelte Rufnummer des Anrufenden steht. In dieser Steuerfunktion unterscheiden die TAPIs sich maßgeblich von CSTA.,

TAPI ist jedoch nicht mehr, aber auch nicht weniger als eine reine Programmierschnittstelle. Diese Schnittstelle ist meist nicht in der Lage, das entsprechende Gerät selbst und direkt zu steuern. Damit eine Applikation mittels TAPI tatsächlich ein Telekommunikationsgerät steuern kann, bedarf es in der Regel zusätzlicher Softwarepakete, die genau dieses Gerät steuern können – sogenannte Treibersoftware. In der Praxis spricht man dann von TAPI-Treibern. Spätestens an dieser Stelle wird die Benutzung von TAPI kompliziert, denn oftmals sind die TAPI-Treiber untereinander nicht kompatibel. Viele UC-Software-Clients haben noch die TAPI-Funktionen implementiert und arbeiten damit. Ein weiterer Punkt ist, dass sich der TAPI-Treiber in den meisten Fällen immer direkt auf dem Computer befinden muss. Alleine das schreckt viele Administratoren auf, denen sofort das Thema Softwareverteilung und -pflege in den Sinn kommt.

Aufgrund dieser Tatsachen ist die Verwendung von TAPI und TAPI-Treibern in jüngster Zeit rückläufig. Vielmehr setzt man für die Steuerung von Kommunikationssystemen und -geräten zunehmend auf webbasierte Anwendungen. Wenn man in diesem Zusammenhang über Web-Applikationen spricht, ist sehr schnell die Rede von XML und SOAP (Simple Object Access Protocol).

In den vielen Betriebssystemen wird TAPI schon überhaupt nicht mehr unterstützt. Mit dem im Jahr 2007 eingeführten Betriebssystem Vista hatte Microsoft, wie bereits angeführt, TAPI sogar komplett den Rücken gekehrt. Das wiederum bedeutet, dass man sich bei der Einführung von neuen Betriebssystemen genau darüber informieren muss, welche Schnittstellen und Protokolle zu den vorhandenen Kommunikationssystemen noch unterstützt werden. Alternativ wäre zu hinterfragen, inwieweit die Kommunikationssysteme neue Schnittstellen zu den modernen Betriebssystemen bereitstellen. Es verwundert nicht, dass Microsoft in Windows 7 doch wieder eine TAPI-Schnittstelle zur Verfügung stellt. Die Zahl der bereits installierten TAPI-basierten Anwendungen ist einfach noch zu groß, genau wie der Bedarf der Nutzer nach der weiteren Verwendung von TAPI.

Praxistipp:
TAPI ist eine weit verbreitete Schnittstelle für die Abbildung von Steuerfunktionen. Sehr lange Zeit fanden die xTAPIs eine breite Anwendung, doch das Ende ihrer Tage scheint absehbar. Der wesentliche Nachteil von TAPI ist, dass die meisten TAPI-Anwendungen direkt auf dem PC des Nutzers zu installieren sind und so großen Administrationsaufwand erzeugen. JTAPI begann die Richtung vorzugeben, nämlich die des Web.

Empfehlung: Gehen Sie mit dem Trend moderner UC-Lösungen. Diese setzen auf webbasierte Applikationsschnittstellen und nicht auf TAPI.

6.4.5 Das Open Source-Protokoll IAX

Ein weiteres interessantes UC-Protokoll, das großes Potential birgt, ist IAX (InterAsterisk eXchange) Version 2 nach RFC 5456. Dieses Protokoll hat in erster Linie eine Anhängerschaft in der Open Source-Gemeinde, da viele freie Programmierer dieses Protokoll und die Ausprägungen einfacher anwenden können. Genutzt wird dieses Protokoll in der Open Source-Telefonanlage Asterisk. Der Asterisk-Server verbindet und überwacht die einzelnen Kommunikationen zwischen VoIP-Endgeräten. IAX2 ist im Gegensatz zu SIP oder H.323 als reines UDP-Protokoll weniger kompliziert, da die Signalisierung und die Sprachübertragung nur über einen IP-Port geführt wird. Die angeschlossenen VoIP-Clients „lauschen" auf diesem Port und verarbeiten hiernach die Signalisierung und die Sprache.

Durch diesen einen Port des IAX-Protokolls ist die Administration in der Regel erleichtert, da keine NAT (Network Address Translation) benötigt wird. Auch die Firewall-Einstellungen sind dadurch deutlich vereinfacht. Die größten Vorteile zusammengefasst:

- Wesentlich geringer Overhead als bei SIP mit RTP, da es nur mit UDP arbeitet.
- NAT/Firewall-Administration ist erleichtert. Es muss nur ein Port freigegeben werden.
- Durch das einfache Protokoll müssen keine Strings o.Ä. kompiliert werden. Dadurch ist IAX weniger anfällig für Speicherüberläufe bei der Verarbeitung der Daten. IAX ist nicht ASCII-, sondern datenelementkodiert. Es ist kein Klartext, wodurch die Übertragung weniger anfällig gegen Störungen oder Attacken wird.
- Ein VoIP-Gespräch kann sowohl über den IAX-Server als auch direkt zwischen zwei Teilnehmern laufen. Durch die Gleichzeitigkeit von Signalisierung und Sprache kann ein IAX-Trunking wesentlich effektiver sein.
- IAX ermöglicht es, eine Gültigkeitsüberprüfung der Telefonnummer durchzuführen. Ein IAX-Client ist hierdurch besser geschützt. Das gibt es bei SIP nicht.
- DTMF-Töne werden immer über eine separate Verbindung geleitet und nicht im gleichem Verbindungsstrom wie bei SIP. Auch Instant-Messaging-Funktionen werden im IAX so abgewickelt.

> **Praxistipp:**
> Viele Codecs, die als Standard in SIP oder H.323 implementiert sind, finden bei IAX keine Anwendung.
>
> **Empfehlung:** Nutzen Sie IAX, wenn es möglich ist. Die Architektur von IAX mit ihrer „Ein-Port"-Strategie erleichtert die Administration deutlich. Achten Sie darauf, dass auch die Clients IAX sprechen müssen. Eine Kombination von IAX und SIP in einer UC-Plattform ist eine gute Variante.

6.5 SMTP, IMAP und POP3

Alle folgenden Protokolle haben in ihrem Ursprung etwas mit der Versendung bzw. dem Abholen einer E-Mail zu tun. In den meisten UC-Systemen wird die E-Mail als Transportmedium benutzt, um darauf weitere Funktionen wie z.B. das Versenden von Sprach- oder Fax-Nachrichten abzubilden. Je nach verwendetem System kommen dafür SMTP (Simple Mail Transfer Protocol), das „Postbüroprotokoll" POP3 (Post Office Protocol Version 3) und IMAPv4 (Internet Message Access Protocol in der aktuellen Version 4) zum Einsatz.

Ein typisches Beispiel für die Verwendung von SMTP in UC-Architekturen ist sein Einsatz im UMS (Unified Messaging Service). Beispielsweise wird die Sprachnachricht vom UMS in eine Audiodatei (WAV oder MP3) umgewandelt und dann via SMTP als Anhang in einer E-Mail an den Empfänger versandt. IMAP und POP3 dienen als Protokoll wiederum mehr dafür, auf den Speicherplatz der Sprachnachricht zuzugreifen.

6.5 SMTP, IMAP und POP3

- Normalerweise wird *SMTP* „unsichtbar" durch das E-Mail- oder UC-Programm verwendet. Das geschieht durch den sogenannten Mail User Agent (MUA). Dieses Programm verbindet sich mit dem E-Mail- bzw. SMTP-Server, dem Mail Submission Agent (MSA), der dann die E-Mail ggf. über weitere SMTP-Server, sogenannte Mail Transfer Agents (MTA), zum Ziel transportiert. SMTP wurde entwickelt, um E-Mails lokal von einem Server auf einen anderen zu übertragen. Die Rolle von MSA und MTA kann von einem oder mehreren Servern übernommen werden. In Abbildung 6.3 ist diese Rolle beim E-Mail-Server angesiedelt. Ein Transfer-Server akzeptiert nur Nachrichten berechtigter Nutzer und bereitet sie zum Weiterversand vor. Entweder wird die E-Mail an den eigentlichen E-Mail-Server weitergeleitet oder verworfen. Die Dienste von MSA und MTA sind üblicherweise in einem Programm implementiert.

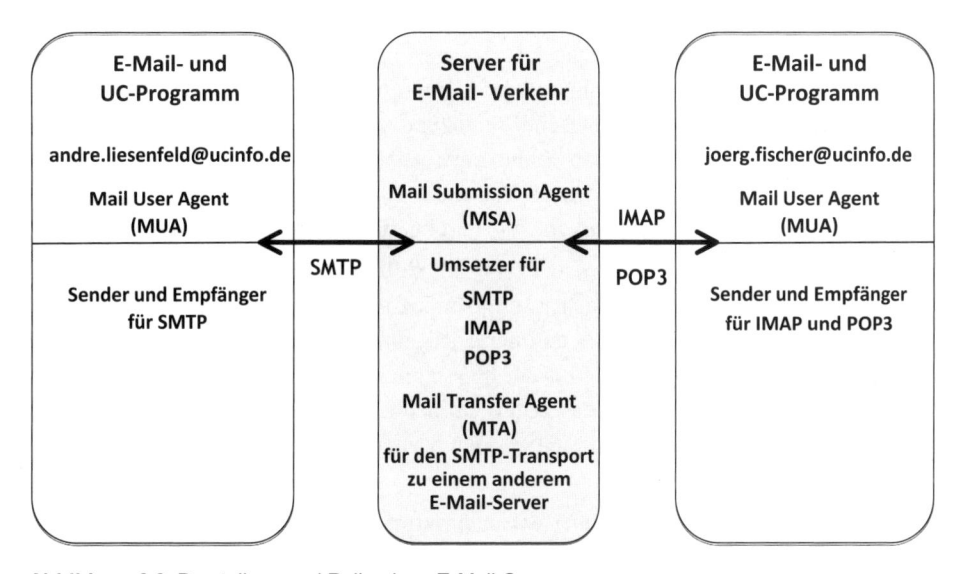

E-Mail- und UC-Programm	Server für E-Mail-Verkehr	E-Mail- und UC-Programm
andre.liesenfeld@ucinfo.de	Mail Submission Agent (MSA)	joerg.fischer@ucinfo.de
Mail User Agent (MUA)	Umsetzer für SMTP IMAP POP3	Mail User Agent (MUA)
Sender und Empfänger für SMTP	Mail Transfer Agent (MTA) für den SMTP-Transport zu einem anderem E-Mail-Server	Sender und Empfänger für IMAP und POP3

Verbindungen: SMTP (links), IMAP und POP3 (rechts)

Abbildung 6.3 Darstellung und Rolle eines E-Mail-Servers

- *POP3* ist ein reines Übertragungsprotokoll. Hierüber kann der Anwender seine Nachrichten bzw. E-Mails von einem „Postbüro" (Post Office) abholen. Eine ständige Verbindung zum E-Mail-Server ist bei POP3 nicht notwendig. Sie kann je nach Bedarf auf- und abgebaut werden. Genau wie SMTP ist POP3 recht simpel. Um die Authentifizierung seines Postfaches abzusichern, wird häufig auf Standardmechanismen wie Log-in und Passwort im UC-Server zurückgegriffen. POP3 ist in der Funktionalität sehr beschränkt und erlaubt lediglich das Auflisten, Abholen und Löschen von E-Mails am E-Mail-Server bzw. UC-Server. POP3 holt die E-Mails vom E-Mail-Server ab, danach sind sie dort nicht mehr vorhanden. Eine Verwendung eines E-Mail-Speichers mit mehreren E-Mail-Clients ist daher ausgeschlossen. Aus diesem Grund eignet sich POP3 für viele UC-Applikationen nicht.

- *IMAP* ist deutlich flexibler und funktionsreicher als POP3. IMAP ist ein textbasiertes Protokoll zum Zugriff auf E-Mails, die sich auf einem E-Mail-Server befinden. Der

Anwender kann beispielsweise entscheiden, ob er die Nachrichten vom E-Mail-Speicher herunterladen möchte oder nicht. Weitere Funktionalitäten sind:

- Hierarchische Mailboxen direkt am Mailserver ansehen
- Zugriff auf mehrere Mailboxen während einer Sitzung
- Vorselektion der E-Mails zur Ansicht
- Gezieltes Herunterladen nach Selektion

Hauptsächlich unterscheidet sich IMAP von POP3 durch diese Funktionen. IMAP funktioniert im Grunde wie eine Zugangskarte. Mit diesem Zugang kann man sich die Inhalte einer bestimmten Nachricht anschauen und gezielt Nachrichten herunterladen.

Ein UC-Anwender stellt eine Anfrage an den Server nach aktuell benötigten Informationen. Es besteht die Möglichkeit, den Inhalt des Nachrichtenordners zu lesen. Soll der Inhalt einer Mail- bzw. Sprachnachricht angezeigt werden, wird dieser vom Server geladen. Da alle Daten weiterhin auf dem Server verbleiben und keine Veränderungen stattfinden, ist auch eine mehrfache Benutzung von UC-Clients möglich. Alle Clients zeigen den gleichen, aktuellen Stand einer E-Mailbox an. Zudem wird eine lokale Speicherung der Daten unnötig. Die erweiterten Funktionen wie das Durchsuchen von Sprachnachrichten werden serverseitig durchgeführt, was zu einer schnelleren Verarbeitung der Nachrichten auf der Anwenderseite führt.

Viele UC-Server können eingehende E-Mails auch direkt in verschiedene Ordner einsortieren. Dazu verwenden sie definierte Regeln, z.B. alle E-Mails vom Typ Sprachnachricht in einen Ordner, alle Instant Messagings in einen anderen Ordner usw. Durch das Setzen von Zugriffsrechten für die Ordner einer E-Mailbox können auch mehrere Anwender gleichzeitig auf dieselben Daten zugreifen. Das kann besonders für eine Gruppenmailbox nützlich sein.

IMAP ist auch in der Lage, über die integrierten IDLE-Funktionen eine sofortige Benachrichtigung an den Anwender zu versenden, wenn eine neue E-Mail eintrifft. Der Anwender bzw. das E-Mail-Programm muss nicht ständig anfragen, ob eine neue Nachricht vorliegt. Wenn keine Verbindung zum UC-System besteht, ist es möglich, auch lokale Kopien der E-Mails beim Anwender zu belassen, um diese im sogenannten „Offline-Modus" im Zugriff zu haben.

Zur Verschlüsselung der Verbindung wird heute TTLS (Tunneled Transport Layer Security) oder IMAPS (Sicheres IMAP) verwendet. Um den Verbindungsaufbau zu schützen, kommt SSL (Secure Sockets Layer) zum Einsatz.

Praxistipp:
SMTP, POP3 und IMAP gehören in jede UC-Architektur, entweder als Verbindungsprotokolle oder als eigenständige Dienste. Die Praxis zeigt, dass IMAP vielfach unterschätzt und nicht unbedingt beachtet wird. In vielen Sprachspeichersystemen ist IMAP bereits vorhanden. In diesen Situationen ist IMAPv4 wegen der verbesserten Sicherheit und Funktionalität das Mittel der Wahl. Dazu muss der vorhandene E-Mail-Dienst

> die IMAPv4-Funktionen unterstützen. Zusätzlich bietet IMAP einen sehr einfachen Migrationsweg in Richtung Unified Communication. Es setzt die Authentifizierung des Anwenders über einen Nutzernamen und ein Passwort voraus. Beides wird jedoch ungeschützt als Klartext übertragen. Das ermöglicht Angreifern den unbemerkten Zugriff auf die E-Mailbox und ist eine eklatante Sicherheitslücke.
>
> **Empfehlung:** Sie können die genannten Protokolle sehr gut verwenden. Achten Sie jedoch auf die jeweiligen funktionellen Spezifika und schaffen Sie vor allem die geeigneten Sicherheitsszenarien.

6.6 Jabber/XMPP – Instant Messaging netzübergreifend

1998 wurde ein Projekt ins Leben gerufen, das bis heute *der* Standard für Instant Messaging ist: das sogenannte „Jabber-Projekt". Das Wort „Jabber" bedeutet frei übersetzt „Labern" oder „Plappern", was die Funktionsweise von Jabber auch sehr gut beschreibt. Er ist einer der meistbenutzten, aber dennoch unbeachteten Dienste. Mittlerweile existiert das „Jabber-Projekt" nicht mehr, doch die Idee wird durch eine Standardisierungsstiftung (Standard Foundation) für XMPP (EXtensible Messaging and Presence Protocol) weitergeführt. XMPP ist nichts anderes als das Protokoll von Jabber – und ein Internetstandard.

Das von der IETF als RFC 3920-3923 veröffentlichte Protokoll wurde später mit sogenannten „XMPP Extension Protocols" (XEP) erweitert. Diese XEP-Erweiterungen gehen mittlerweile in das Hundertfache. Sie beschreiben Funktionen und Funktionsweisen wie Chat, Browsersteuerung, Filetransfer o.Ä., aber auch Bedienmöglichkeiten wie die bekannten Smileys oder Avatare einer Instant-Messaging-Sitzung. Viele IM-Programme arbeiten mit XMPP, von denen GoogleTalk und GoogleChat die bekanntesten sind. Durch die Einfachheit der Schnittstellen und der Schnittstellendefinitionen findet dieses Protokoll immer mehr Anhänger.

So gesehen ist Jabber eine Sammlung XML-basierter Netzwerkprotokolle. Es gehört zu den IM-Plattformen, die als Kern XMPP und XEP beinhalten. Jabber ist heute der Internetstandard für alle gängigen Bereiche und Funktionen wie Nachrichtenübermittlung, Konferenzen mit mehreren Anwendern, Anzeigen des Online-Status, Dateiübertragungen und viele weitere Dienste. Das wesentlichste Merkmal von Jabber ist die offene Standardisierung. Außerdem erlaubt und unterstützt Jabber über sogenannte „Jabber-Transports" (Abschnitt 6.6.2) die Kommunikation mit Anwendern, die in anderen proprietären Systemen angemeldet sind, wie z.B. ICQ, MSN oder Yahoo!Messenger.

6.6.1 Jabber – Funktionen und Anwendungen

Die Jabber-Architektur erinnert an SMTP (Simple Mail Transfer Protocol) und ähnelt dem eines E-Mail-Netzwerkes. Sowohl der Sender als auch der Empfänger sind nicht direkt miteinander, sondern immer über einen Provider bzw. internen, eigenen Jabber-Server verbunden. Die Jabber-Server können Nachrichten und Verfügbarkeiten von Anwendern miteinander austauschen. Im Gegensatz zu seinen bereits kurz angeführten Pendants wie ICQ und MSN ist Jabber eine Ansammlung quelloffener Netzwerkprotokolle. Das öffentliche Jabber-Netzwerk ist dezentral organisiert und besteht mittlerweile aus Dutzenden von unabhängigen Servern im Internet. Alle diese Server sind in der Regel untereinander so vernetzt, dass es für den Anwender keine Rolle spielt, ob sein Gesprächspartner sich auf demselben oder einem anderen Server befindet. Die Übertragung von Informationen erfolgt normalerweise sofort nach der Eingabe. Es besteht aber auch die Möglichkeit, die IM-Nachricht wie bei einem E-Mail-Server zwischenzuspeichern, wenn der Empfänger nicht online sein sollte. Diese wird dann erst nach Anforderung des Anwenders weitergegeben. Auch Mehrfachanmeldungen am Jabber-Netzwerk bzw. das gleichzeitige Einloggen auf unterschiedlichen Jabber-Servern sind möglich. Ein typisches Log-in kann wie eine E-Mail-Adresse aussehen:

z.B. andre.liesenfeld@ucinfo.de/notebook oder *andre.liesenfeld@ucinfo.de/mobil*

Diese Anmeldung setzt sich aus dem Nutzernamen, einem „@" und der Domain des Anmeldeservers zusammen. Alternativ kann noch eine sogenannte Ressource folgen, die durch ein „/" von der Domain getrennt wird. Nach dem „/"-Zeichen können Angaben zum verwendeten Client oder dem momentanen Aufenthaltsort des Anwenders gemacht werden. Ähnlich wie bei anderen IM-Plattformen hat auch jeder Jabber-Anwender eine Kennung: den Jabber-Identifier (kurz JID, auch Jabber-ID), mit der er im gesamten Netzwerk für andere Anwender erreichbar ist. Da man sich mit seiner Kennung auf mehreren Computern gleichzeitig anmelden kann, ist mit der Ressourcenangabe auch eine Priorität verknüpft. Es ist z.B. möglich anzugeben, an welchen Computer eine Nachricht zuerst bzw. in welcher Reihenfolge geschickt werden soll. Der Prioritätswert kann zwischen -128 und +127 liegen. Clients, die eine negative Priorität zugewiesen bekommen haben, können nur Nachrichten empfangen, die explizit über die Ressourcenkennung an sie adressiert sind. Beispiele dafür wären:

andre.liesenfeld@ucinfo.de/notebook (Priorität:5) bzw.

andre.liesenfeld@ucinfo.de/mobil (Priorität:2)

Das Beispiel bewirkt, dass alle Nachrichten zuerst zum Notebook gesendet werden und dann ans mobile Endgerät. Je höher der Prioritätswert liegt, desto höher ist die tatsächliche Priorität.

> **Praxistipp:**
> Eine gute Möglichkeit, um Instant Messaging effektiver zu gestalten, ist die Nutzung von Prioritäten der Anschlüsse und Geräte. Wenn man dem Laptop die höchste Priorität und weiteren Geräten wie Mobiltelefon oder dem PC zu Hause eine niedrigere Priorität zuordnet, ist sichergestellt, dass man die IM-Nachrichten nicht verpasst. Diese Einstellung kann manuell oder automatisch vom UC-Server erledigt werden.

> **Empfehlung:** Auf jeden Fall sollten Sie in Ihrer UC-Architektur einen Jabber-Dienst oder XMPP-Standard implementieren. Hierdurch ist eine Anmeldung Ihrer internen Anwender an öffentliche IM-Plattformen gewährleistet.

6.6.2 Jabber-Transports

Eine weitere Besonderheit von Jabber bzw. XMPP sind die sogenannten „Transports"-Erweiterungen. Dieses XEP (XMPP Extension Protocol) von XMPP ist auf dem Großteil der öffentlichen Jabber-Server im Internet zu finden. Sie dienen dazu, dem Jabber-Anwender die *gleichzeitige* Einwahl in andere IM-Netzwerke wie ICQ, MSN o.Ä. zu ermöglichen. Voraussetzung für die Nutzung dieses Dienstes ist eine vorherige Registrierung am jeweiligen IM-Netzwerk sowie ein entsprechender Client, der diese Funktionen unterstützt. Ein moderner UC-Client sollte diese Anforderungen immer erfüllen. Die „Transports" sind in der Lage, alle Login-Daten und die Instant Message-Nachrichten in ein anderes IM-Netz zu übergeben. Sie werden sprichwörtlich als Transporteur bzw. Schnittstellenkonvertierer benutzt, beispielsweise zwischen ICQ und MSN. Hierzu müssen dem „Transport" entsprechende Login-Daten mitgeteilt werden: Bei ICQ wären dies beispielsweise die UIN (Unique Identification Number) und das Passwort. Danach ist der Anwender in der Lage, über den aufgebauten „Transport" auch mit Personen anderer Netzwerke zu kommunizieren: in diesem Beispiel ICQ.

Jabber bietet darüber hinaus die Möglichkeit, mit anderen Anwendern Dateien auszutauschen. Hierzu kann ein beliebiger freier Port verwendet werden. Der Datenaustausch kann direkt, quasi „Peer-to-Peer" (Direktaustausch) oder über einen Proxy-Server erfolgen. Hierbei wird eine Datei nicht direkt zwischen zwei Clients ausgetauscht, sondern vorher noch über den Proxy-Server gesendet, da ein Jabber-Netzwerk ja keine direkte Kommunikation zulässt. In vielen Fällen erfolgt die Kommunikation über die eigenen Netzwerkgrenzen hinaus, d.h. eine IP-Adress-Umsetzung wird benötigt. Das läuft ähnlich wie bei E-Mail via NAT. Das Jabber-Programm muss die Übersetzung der IP-Adressen unterstützen.

Durch die Transports ist auch ein übergreifender Gruppenchat mit mehreren Teilnehmern gleichzeitig möglich. Gemeinsames IM erfolgt in sogenannten „Chat-Räumen". Diese Chat-Räume werden auf den Jabber-Servern erstellt und dienen als Plattform zum Austausch der Nachrichten. Normalerweise erfolgt die Übertragung der Nachrichten via TCP und unverschlüsselt. In Abbildung 6.4 ist dieses Verfahren dargestellt. Wie die Abbildung zeigt, hat der Anwender *joerg.fischer@ucinfo.de* auch einen IM-Zugang zu Google und ICQ. Dennoch verwendet er nur seine eigene UC-Software und sendet die Anmeldungsdaten und auch die IM via XMPP über die Transports an einen Jabber-Server.

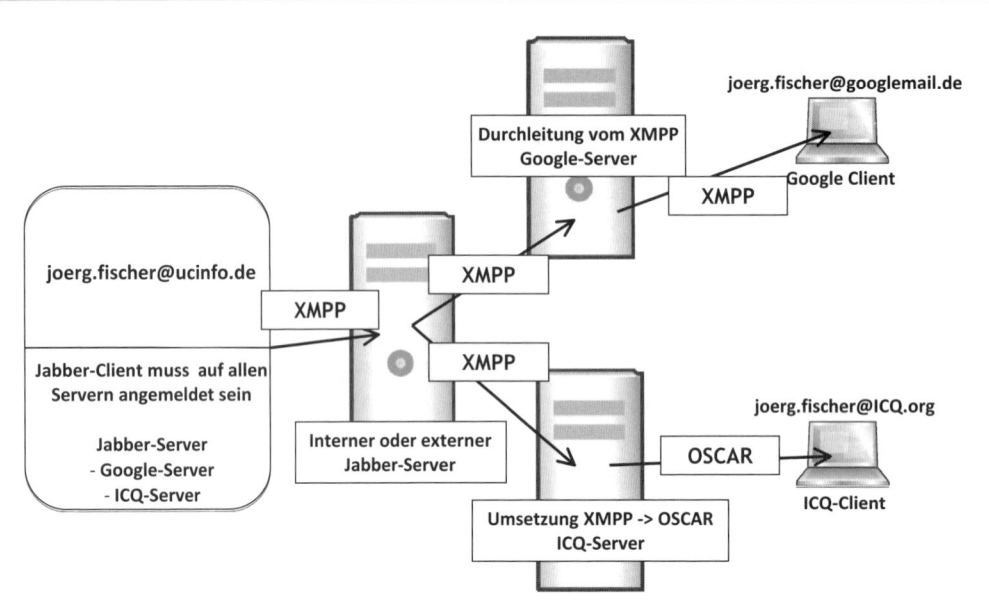

Abbildung 6.4 Darstellung eines Rufaufbaus mit H.323

> **Praxistipp:**
> Jabber bietet deutlich mehr als nur IM, vor allem durch die Erweiterungen im XMPP und die Transporteigenschaften in andere IM-Netze.
>
> **Empfehlung:** Auch Chat-Räume und das gleichzeitige Anmelden an mehreren Jabber-Servern sollten Sie als interne oder externe Dienste in Ihrer UC-Architektur verankern.

6.6.3 Jabber-Sicherheit

Die beiden hauptsächlichen Sicherheitsaspekte bei Mitteilungsdiensten sind Identität und Integrität, d.h. die Sicherstellung der Benutzeridentitäten und der Schutz der Nachrichteninhalte. Diese Aspekte sind auch bei Jabber wichtig, besonders weil Jabber so wunderbar einfach und im Klartext zu verstehen ist.

Bei jeder Kommunikation lassen sich sowohl ID und Passwort als auch die Nachricht selbst ohne Probleme mitschneiden bzw. abhören. Diese Verbindung zwischen Client und Server läuft standardmäßig unverschlüsselt über den Port 5222 (TCP). Unverschlüsselte, im Klartext adressierte Kommunikation, das ist das Schlaraffenland für Angreifer. Ergo muss eine Verschlüsselung her.

TLS wird zur Verschlüsselung von Jabber-Verbindungen eingesetzt, denn diese werden häufig über denselben Port abgewickelt. Bevor XMPP Teil des Jabber-Protokolls wurde, wurden die Verbindungen noch via SSL (Secure Sockets Layer) über Port 5223 (TCP) verschlüsselt. Diese Methode ist auch heute noch häufig aus Gründen der Abwärtskompatibilität verfügbar.

Einen höheren Grad an Sicherheit bietet die Ende-zu-Ende-Verschlüsselung. Alle Daten der Anwender werden direkt im sendenden UC-Client verschlüsselt und im empfangenden UC-Client wieder entschlüsselt. Diese Art der Verbindung ist die sicherste, da jederzeit alles verschlüsselt wird und die Server die von ihnen weitergeleiteten Daten nicht entschlüsseln können. So können die Administratoren und Betreiber des Servers, aber auch potenzielle Angreifer, lediglich Rückschlüsse auf den Zeitpunkt, die Dauer und den ungefähren Umfang einer Nachricht bzw. eines Gesprächs ziehen, nicht jedoch auf deren Inhalt. Ein häufig angewendetes Verfahren für die Ende-zu-Ende-Verschlüsselung ist OpenPGP, Ein offener Standard für PGP („Pretty Good Privacy", sehr gute Privatsphäre). Dieses Verfahren beruht auf dem Prinzip der asymmetrischen Verschlüsselung. Das bedeutet, die Schlüssel werden nur bei Bedarf gegenseitig ausgetauscht, nicht ständig und synchron. Die Schlüssel bleiben auf den verschiedenen Geräten und Systemen über einen längeren Zeitraum unverändert. Jedes Schlüsselpaar kann jedoch eindeutig einem „Schlüsselinhaber" zugeordnet werden. Daher sind nicht nur die Vertraulichkeit und die Integrität einer Datenübertragung gewährleistet, sondern es ist sogar eine Aufzeichnung der verschlüsselten Datenverbindung zum späteren Nachweis möglich.

> **Praxistipp:**
> Abgesehen vom Dateitransfer kommt bei Jabber keine direkte Verbindung zwischen den Anwendern zustande. Der Nachrichtenaustausch findet über mindestens einen, meist jedoch mehrere Server statt. Jeder dieser Server stellt eine Sicherheitslücke dar. Es ist schwer festzustellen, ob die Verbindung Server-to-Server mit SSL oder TLS abgesichert wird.
>
> **Empfehlung:** Verwenden Sie möglichst eine Ende-zu-Ende-Verschlüsselung, bei der die Clients der Anwender ihre Nachrichten selbst verschlüsseln. So verhindern Sie, dass Personen, die Zugriff auf die Server haben, einen unberechtigten Zugang zu Ihren Informationen bekommen.

6.6.4 Spezielle Protokolle und Dienste für IM

Wie schon im vorherigen Abschnitt erläutert, gibt es eine Vielzahl von Protokollen, die zu den unterschiedlichsten Mitteilungs- und Nachrichtendiensten gehören. XMPP wird nach unserer Meinung eine noch größere Rolle spielen, da immer mehr Hersteller XMPP bereits implementieren oder dies planen. Viele der genannten Protokolle können als Standardprotokolle bezeichnet werden. Die von den heutigen UC-Systemen und IM-Anwendungen verwendeten Protokolle lassen sich recht einfach in standardisierte (nächster Abschnitt) und nicht-standardisierte IM-Protokolle unterteilen. Hier einige Beispiele für nicht-standardisierte IM-Protokolle:

- *OSCAR (Open System for Communication in Realtime)*
  OSCAR ist das Hauptprotokoll des AOL Instant Messengers (AIM). Er ist in sich völlig geschlossen. Bis heute existiert keine veröffentlichte Spezifikation des Protokolls.

Die Anwender benötigen einen speziellen Zugang zu AOL sowie einen speziellen Client.

- *MSNP (Mobile Status Notification Protocol)*
  Das von Microsoft entwickelte Protokoll benutzt den sogenannten „.Net(DotNet)-Messenger-Service", der wie OSCAR über TCP arbeitet. Genau wie bei AIM benötigen die Anwender einen speziellen Zugang, in diesem Fall bei Microsoft.

- *Yahoo!Messenger, Skype und andere*
  Im Grunde ließen sich noch viele weitere IM-Protokolle aufzählen, doch diese spielen nur eine sehr untergeordnete Rolle oder kommen ausschließlich in sehr speziellen Nachrichtendiensten zum Einsatz. Dennoch sollen zwei Vertreter dieser speziellen Protokolle erwähnt werden: das von Yahoo! verwendete Yahoo!Messenger-Protokoll (kurz Y!M) und Skype mit einem eigenen Protokoll gleichen Namens. Beide sind in sich abgeschlossen und nicht öffentlich dokumentiert.

> **Praxistipp:**
> Es ist sehr bedenklich, IM-Dienste einzusetzen, die nur auf proprietären Protokollen laufen. Skype ist hier wohl eines der bekanntesten Beispiele. Viele Unternehmen würden gerne den Funktionsumfang von Skype nutzen, werden aber durch die fehlende Dokumentation und durch die sehr geschickte Umschiffung jeglicher Firewall-Mechanismen und anderer Sicherheitsfunktionen abgeschreckt. Weitere Nachteile sind: Bei jedem dieser IM-Dienste muss der Anwender sich dezidiert einloggen und dann auch online bleiben. Nur die Benutzer des gleichen IM-Systems haben den vollen Funktionsumfang. Diese Tatsache schränkt natürlich die Interoperabilität zu anderen IM- und UC-Systemen ein. Standardkonforme Verschlüsselungen, geschützte Zugänge und natürlich hohe Zuverlässigkeit sind ein Muss.
> **Empfehlung:** Nutzen Sie standardisierte IM-Dienste, die standardisierte IM-Protokolle verwenden. Achten Sie vor allem darauf, wie die IM-Dienste mit den verschiedenen Themen rund um die Sicherheit umgehen.

6.7 SIMPLE – Eine Kombination aus SIP und IM

SIMPLE (SIP for Instant Messaging and Presence Leveraging Extensions) ist eine Arbeitsgruppe, die 2001 von der IETF gegründet wurde, um eine Reihe von Standards für Präsenzinformationen und -anzeigen und Instant Messaging unter Nutzung von SIP zu entwickeln. Die wesentliche Arbeit der Gruppe ist die Entwicklung und Standardisierung des nach ihr benannten SIMPLE-Protokolls. Die SIMPLE-Kernfunktionalitäten sind in den RFCs 2778 und 2779 beschrieben. Es geht im Wesentlichen um die Erweiterung des SIP mit weiteren Leistungsmerkmalen wie z.B. Instant Messaging RFC 3428, Chat-Funktionen und Präsenzinformationen. Das Protokoll wurde von einigen großen UC-Herstellern übernommen und bietet durchaus ein großes Potential, ein Standardprotokoll für Unified Communication im Allgemeinen zu werden. 2009 entstanden eine Anzahl wertvoller Erweiterungen vor allem bezüglich der Präsenzinformationen, z.B. zur Unterstützung der Kontrolle der Privatsphäre, sowie zusätzliche Status- und Überwachungsinformationen. SIMPLE ähnelt in seinem Aufbau sehr dem XMPP. Der größte Unterschied liegt allerdings in der Trennung zwischen Präsenzautorisierung, also dem Benutzer-Login, und der eigentlichen IM-Verbindung. Das macht das Protokoll deutlich sicherer, denn das Login lässt sich getrennt von der eigentlichen Übertragung schützen.

In einer SIP-Erweiterung wird beispielsweise eine neue Methode mit der Bezeichnung „MESSAGE" definiert. Hiermit können die Chat-Nachrichten über SIP transportiert werden. Der wesentliche Vorteil dabei ist, dass die vorhandene SIP-Infrastruktur zur Lokalisierung der Anwender und für das Routing der Nachrichten verwendet werden kann. Ebenfalls standardisiert ist der Austausch von Präsenzinformationen. Andere IM-Funktionen wie z.B. die Verwaltung von Kontaktlisten befinden sich noch in der Entwicklung. SIMPLE ist komplexer als XMPP, aber dadurch auch leistungsfähiger und flexibler. Einige UC-Hersteller glauben und befürchten daher, dass SIMPLE große Herausforderungen in Bezug auf Skalierung und Komplexität mit sich bringt. Diese Befürchtung ist absolut gerechtfertigt. Das Problem ist vor allem die Art der Trennung von Präsenzautorisierung und IM-Verbindung. IM wird über SIP geregelt – ohne Authentisierung, da in der Instant Message keine Login-Informationen übertragen werden. Man muss also dafür sorgen, dass die mittels SIP übertragenen Informationen anderweitig geschützt werden, z.B. über eine der in Abschnitt 6.2.7 beschriebenen Sicherheitsfunktionen für SIP.

> **Praxistipp:**
> Viele Hersteller sind sich aufgrund der Komplexität von SIMPLE nicht sicher, wie sie SIMPLE am besten implementieren könnten und müssen. Deshalb hat XMPP momentan noch einen kleinen Vorsprung (Stand Anfang 2010). Dieser wird sich aber mit hoher Wahrscheinlichkeit verringern, da beispielsweise auch Microsoft und IBM sehr stark auf SIMPLE setzen. SIMPLE ist die beste Möglichkeit der Interaktion von SIP und IM.
>
> **Empfehlung:** Setzen Sie auf UC-Architekturen die mit SIMPLE arbeiten oder es zumindest unterstützen. SIMPLE gehört unserer Meinung nach die Zukunft.

6.8 Protokolle für Sprache und Fax über IP

Natürlich übertragen alle Protokolle in gewisser Weise Inhalte. Doch die besonderen Inhalte der Sprachwelt werden mit speziellen Protokollen übertragen. In erster Linie sind das natürlich die Sprachdaten selbst. Dazu kommen immer mehr die Protokolle der Nachrichtendienste wie Fax- und Sprachnachrichten (Voicemails).

6.8.1 Protokolle für Sprache im UC-Umfeld

Das wesentliche Protokoll der Sprach- und Videoübertragung bei Unified Communication ist das Echtzeitübertragungsprotokoll RTP (Real-Time Transport Protocol). Im Normalfall verwendet RTP wiederum das Protokoll UDP (User Datagram Protocol). Das hat den Vorteil einer schnellen Übertragung, allerdings den Nachteil, dass es transporttechnisch nicht gesichert ist. Dieser Punkt ist besonders im UC-Umfeld von Bedeutung, denn vor allem einige der Sicherungsfunktionen im IP-Umfeld greifen nicht für UDP. RTP verwendet nicht nur einen IP-Port, sondern muss für jeden einzelnen VoIP-Datenstrom einen eigenen IP-Port benutzen. Das wiederum hat Auswirkungen auf die Sicherheit, denn beim Einsatz von Firewalls muss man dieses dynamische Verhalten von RTP im Umfeld von Unified Communication und VoIP irgendwie berücksichtigen. Man benötigt sogenannte VoIP- oder SIP-fähige Firewalls, die in der Lage sind, bei Bedarf dynamisch IP-Ports zu öffnen und nach Beendigung der Verbindung wieder zu schließen. Diese Funktion wird als „Dynamic Pinholing" bezeichnet und wurde von den Bell Labs entwickelt.

> **Praxistipp:**
>
> In der Praxis erwies es sich als sinnvoll und vorteilhaft, für die RTP-Datenströme die höherwertigen IP-Ports ab der Portnummer 32.000 zu verwenden. Doch diesen gesamten Bereich wegen der dynamischen Portzuordnung unkontrolliert offen zu lassen, ist gefährlich. Moderne UC-Systeme und Session Border Controller (SBC) bieten die Möglichkeit der Einschränkung des von RTP für die VoIP-Daten zu verwendenden Portbereiches.
>
> **Empfehlung:** Hinterfragen Sie den Umgang der UC-Systeme mit der Portbelegung für RTP und setzen Sie *nur* Systeme ein, die eine Einschränkung der IP-Ports unterstützen. Der umsichtige und vorausschauende UC-Planer und -Installateur berechnet (ERLANG-Betrachtung) und überprüft die Anzahl der zu verwendenden Ports und gibt lediglich einen deutlich begrenzten Portbereich frei. Bringen Sie insbesondere im UC-Umfeld auch entsprechende VoIP- bzw. SIP-Firewalls zum Einsatz.

Die RTP-Pakete transportieren, wie der Name bereits sagt, die Sprache in Echtzeit (Real-Time). Der Aufbau dieses Protokolls ist in Abbildung 6.5 strukturell dargestellt und in der Legende darunter beschrieben. Wenn ein Protokoll eng mit dem Faktor Zeit in Verbindung steht, dann ist klar, dass es eine Menge an Informationen bezüglich der Zeit enthalten muss, wie die sogenannten „Zeitstempel" (Timestamp) und vor allem Informationen über die Zeitsynchronisation.

Das RTP-Paket besteht aus folgenden Bereichen:

- **Version** steht für die Kennung der verwendeten RTP-Version.
- **P** steht für „Padding" und teilt mit, ob das RTP-Paket ein oder mehr Fülloktetts enthält. Diese Information ist bedeutsam, da nicht alle RTP-Pakete komplett gefüllt sind. Steht der Wert auf 1, sind solche Füllinformationen im RTP-Paket enthalten.

6.8 Protokolle für Sprache und Fax über IP

Version	P	X	CC	M	Typ des Inhalts (PT)	Nummer in der Reihenfolge (SN)
Zeitstempel (Timestamp)							
Identifikation der Synchronisationsquelle (SSRC)						
Weitere Identifikationen von Synchronisationsquellen (CSRC)						
....						
Weitere Identifikationen von Synchronisationsquellen (CSRC): Ende						
Daten						

Abbildung 6.5 Aufbau eines RTP-Pakets

- Das **X** symbolisiert ein Erweiterungsbit (Extension Bit). Der Wert steht auf 1, wenn der Kopf einen extra bzw. zusätzlichen Informationsteil enthält, was eher selten der Fall ist.
- **CC** (CSRC Count) bedeutet die Anzahl der CSRC-Bereiche im RTP-Paket.
- Das **M** (Marker) hat unterschiedliche Bedeutungen und kann frei verwendet werden.
- Mit **PT** (Payload Type) ist die Beschreibung des RTP-Inhaltes gemeint. Das RTP-Paket kann neben der Sprache auch andere Echtzeitanwendungen transportieren.
- Bei den meisten Echtzeitanwendungen besteht neben der Anforderung eines schnellstmöglichen Transports in der Regel die Bedingung einer eindeutigen Reihenfolge der Pakete. Genau diesem Zweck dient die Reihenfolgennummer **SN** (Sequence Number). Ein moderner Signalprozessor ist in der Lage, über diese Nummer die Reihenfolge wiederherzustellen, bevor er anfängt, die Signale erneut zu decodieren, z.B. wieder in Sprache zurückzuwandeln.
- **Zeitstempel**, wann das RTP-Paket erzeugt wurde. Mittels dieser Information kann das VoIP- bzw. UC-System die Laufzeitverzögerung eines RTP-Paketes berechnen.
- Dann folgen die Daten der verschiedenen Quellen, mit denen sich das RTP-Paket noch synchronisiert:
  - die Identifikation der Synchronisationsquelle **SSRC** (Synchronization Source) des Senders
  - weitere solcher Identifikationen **CSRC** (Contribution Sources) von SSRC_1 ...

Für den praktischen Einsatz sind der PT und die SN von besonderer Wichtigkeit. Sie enthalten die benötigten Informationen, damit der/die Empfänger das RTP-Paket als Multimediapaket erkennt und es ggf. wieder in der richtigen Reihenfolge des Medienflusses einbauen kann. Natürlich würde der Empfänger über eine Lücke in der Reihenfolgennummer feststellen können, dass Pakete fehlen, doch ist das nicht seine Aufgabe.

> **Praxistipp:**
> Ein RTP-Paket enthält viele Elemente, die für einen sicheren Multimediaverkehr von immenser Bedeutung sind. Gelänge es einem Störer beispielsweise, die Informatio-

nen im Zeitstempel oder gar die Reihenfolgennummer zu manipulieren, hat das einen unbrauchbaren RTP-Paketstrom zur Folge.

Empfehlung: Schützen Sie den RTP-Strom unbedingt gegen Manipulationen, z.B. durch entsprechende Verschlüsslungen und den Einsatz von SRTP (Secure RTP).

Die andere Variante zur Absicherung der RTP-Übertragung besteht darin, die Daten zu verschlüsseln. Welche Daten sollten denn verschlüsselt werden? Den meisten Anwendern fällt spontan die Sprache oder das Video selbst ein. Das ist zwar grundsätzlich richtig, aber weder das Einzige noch das Wichtigste. Nach Meinung der Autoren muss man bei der Verschlüsselung der Management- und Administrationsinformationen anfangen, denn sie sind das Herz der UC-Infrastruktur. Mehr zu diesem Thema finden Sie in Kapitel 11. Außerdem sollte man sich Gedanken zur Verschlüsselung der Steuer- und Signalisierungsinformationen machen, denn die Veränderung von Steuerdaten gefährdet den kompletten Betrieb. Abbildung 6.6 stellt ein typisches Verschlüsselungsszenario im UC-Umfeld dar.

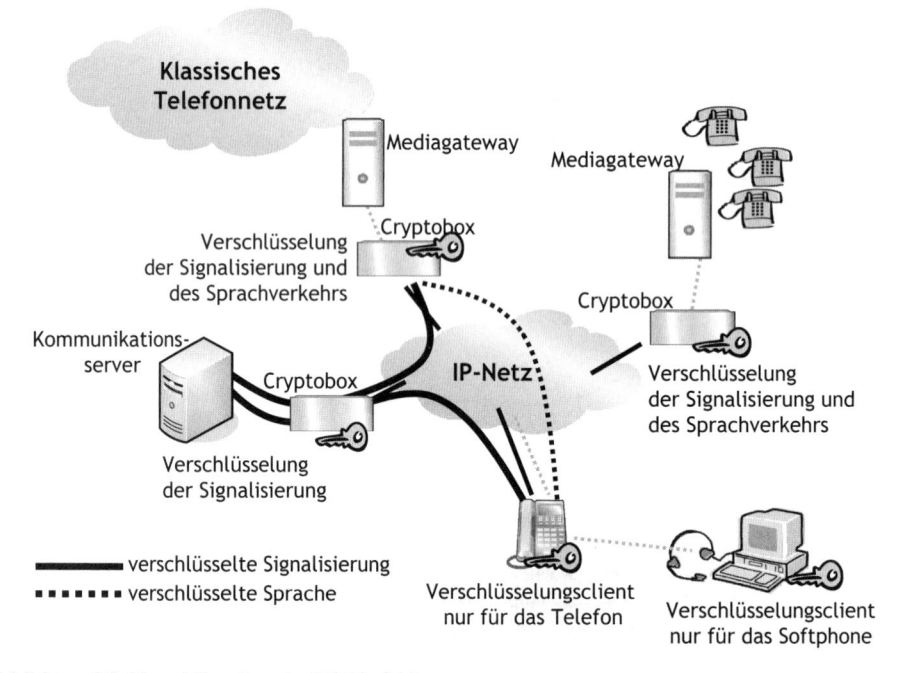

Abbildung 6.6 Verschlüsselung im UC-Umfeld

Die Abbildung zeigt das Szenario einer externen Verschlüsselungslösung, d.h. die Kryptoinstanzen sind von den Kommunikationsservern und Mediagateways getrennt. Das wiederum hat den Vorteil, dass die Sicherheit vor der jeweiligen Komponente stattfindet und nicht darauf. Für jede Kommunikationsbeziehung werden zwei Schlüssel generiert und an die jeweiligen Teilnehmer verteilt. Mit diesen Schlüsseln erfolgt die Verschlüsselung der RTP-Datenströme jeweils getrennt in eine Richtung der Kommunikation. Bei länger andauernden Verbindungen ist sogar eine sequenzielle Erneuerung der Schlüssel während der bestehenden Sitzung möglich. Das erhöht die Sicherheit zusätzlich. Die Tatsache der Verschlüsselung ändert nichts an der direkten RTP-Verbindung. Aus direktem RTP wird direkter sicherer RTP, also SRTP (Secure RTP). Da die Sicherheit eines der wichtigsten Themen im Zusammenhang mit Unified Communication darstellt, wird sie in Kapitel 9 noch detaillierter behandelt.

> **Praxistipp:**
> Verschlüsselung ist vor allem für die Sprache im UC-Umfeld wichtig.
>
> **Empfehlung:** Bei jeder Verschlüsselungstechnologie sollte man darauf achten, dass erstens eine harte Verschlüsselung erfolgt, also wenigstens mit AES (Advanced Encryption Standard) 128 Bit. Bitte nicht mit DES (Data Encryption Standard): Diese Verschlüsselung ist langsam und deutlich unsicherer. Zweitens sollte sich die Verschlüsselung absolut transparent bezüglich der QoS-Funktionen in der Schicht 2 und 3 sowie den IP-Diensten der Schicht 3 wie z.B. Routing darstellen.

6.8.2 Protokolle für Fax- und Modemdienste über IP

Fax-Dienste und noch mehr die klassischen Modemdienste stellen Unified Communication vor die eine oder andere ganz besondere Herausforderung. Da drängen sich sofort einige Fragen auf:

- Welche ganz besonderen Herausforderungen sind das?
- Warum sind Fax- und Modemdienste so besonders, sie existieren und funktionieren doch schon lange?
- Muss oder sollte man Fax- und Modemverbindungen überhaupt mittels IP übertragen?

6.8.2.1 Klassische Faxdienste

Faxdienste haben einige spezielle Eigenschaften, die bei der Versendung über IP, also als „Fax over IP" (FAXoIP), berücksichtigt und eingehalten werden müssen. Sie verwenden spezielle Signalisierungen, damit an den Endgeräten die Kennung „Jetzt kommt ein Fax" aufgenommen werden kann. Dann erfolgt völlig losgelöst von der Signalisierung die eigentliche Faxübertragung. Das Fax wird einfach gesendet.

Faxdienste werden in die Gruppen G2, G3 und G4 unterteilt. Der Unterschied zwischen den Gruppen besteht in der verwendeten Auflösungstiefe (Punkte pro Zoll, *pixel per inch*) und der Übertragungsgeschwindigkeit. Vor allem Letzteres ist ein sehr wichtiger Punkt. Sehr alte Faxgeräte arbeiten oftmals noch mit 4,8 kBit/s (Standard T.3). Nahezu alle modernen analogen Faxgeräte können mit 9,6 kBit/s und/oder mit 14,4 kBit/s interagieren, das ist die sogenannte Faxgruppe 3 (nach der ITU-T Empfehlung T.4). Sie verwenden das Protokoll T.30. Die oft zitierte Faxgruppe 4 (nach der ITU-T Empfehlung T.6) verwendet eine höhere Komprimierung als G3. Die Komprimierung für normale Texte liegt mit G3 etwa bei 1:30 und mit G4 bei bis zu 1:50. G4 ist jedoch nicht für alle Dokumente geeignet, insbesondere nicht für photorealistische Abbildungen. Entweder greifen dafür die Komprimierungsverfahren nicht oder die Qualität des übertragenen Faxes ist inakzeptabel. Außerdem bereitet G4 gerade wegen seiner höheren Komprimierungsrate oftmals deutliche Probleme bei der Verwendung in UC-Systemen, da viele UC-Komponenten, insbesondere einige Fax-Server, diese Funktionsweise nicht unterstützen.

> **Praxistipp:**
>
> Im praktischen Einsatz zeigt sich, dass die Verwendung von G4 mit den hohen Komprimierungsraten bei UC-Systemen mehr Schwierigkeiten und wenig Nutzen brachte.
>
> **Empfehlung:** Da im UC-Umfeld zum einen die Übertragungsgeschwindigkeit kein Problem darstellt und zum anderen auch die Bandbreiten nicht wirklich auf die zusätzliche Komprimierung angewiesen sind, sollte man die G4-Einstellungen der Faxgeräte beim Einsatz im UC-Umfeld abschalten. Verwenden Sie möglichst nur G3-Fax.

Zurück zur Übertragungsgeschwindigkeit: Sie wird im Normalfall in der oben bereits erwähnten Signalisierung zwischen dem sendenden und dem empfangenden Faxgerät ausgehandelt. Dieses Aushandeln der Geschwindigkeit erfolgt auch noch während der Faxübertragung. Wenn sich die Übertragungsbedingungen während des laufenden Versandes ändern, takten die beiden Geräte ihre Sende- bzw. Empfangsgeschwindigkeiten hoch oder herunter. Da die Signalisierung getrennt von der eigentlichen Übertragung erfolgt, bereitet genau dieser Fakt im UC-Umfeld erhebliche Sorgen. Diese Synchronisationsinformationen passen nicht wirklich zur IP-Welt. Gehen diese Informationen in der ungesicherten IP-Übertragung verloren oder werden sie zerstört, dann brechen die Faxgeräte die Verbindung ab. Genau dieses Phänomen ist bei recht vielen FAXoIP-Implementierungen zu beobachten. Leider suchen die Administratoren dann oftmals zuerst in der IP-Umgebung nach den möglichen Störquellen. Das Problem liegt jedoch in den klassischen Kommunikationstechnologien.

> **Praxistipp:**
>
> Es kommt bei ungünstigen Übertragungsbedingungen, also vor allem im IP-WAN, immer wieder vor, dass sich Anwender über Abbrüche von Faxübertragungen oder die schlechte Faxqualität beschweren. Eine der möglichen Ursachen dafür kann das angesprochene Synchronisierungsproblem bei der Übertragungsgeschwindigkeit sein.
>
> **Empfehlung:** Verwenden Sie feste Einstellungen der Übertragungsgeschwindigkeit (am besten auf 9,6 kBit/s) und schalten Sie die dynamischen Geschwindigkeitsanpassungen ab. Leider ist ausgerechnet das nicht bei allen Faxgeräten möglich, vor allem nicht bei den ganz modernen. Also prüfen Sie vor der Beschaffung und Installation von Faxgeräten, die für den Einsatz im UC-Umfeld vorgesehen sind, genau, ob diese auch dafür geeignet sind und die oben beschriebene Anforderungen erfüllen.

6.8.2.2 Faxdienste über IP

Wie im vorherigen Abschnitt dargestellt, ist der Faxdienst eine Herausforderung der ganz besonderen Art. Wie kann man dennoch Faxnachrichten zuverlässig und funktional über das IP-Netz versenden? Dafür gibt es prinzipiell zwei Möglichkeiten:

- Die erste Möglichkeit besteht darin, das Fax wie eine E-Mail zu versenden. Genau das macht das Protokoll T.37. Im sogenannten Modus „Speichern und dann Weiterleiten" (Store and Foreward) wird das Fax erst eingescannt, dann als Bilddatei gespeichert und als Anhang in einer E-Mail versendet. Als Bildformat verwendet man in der Regel TIFF (Tagged Image File Format). Die eigentliche Übertragung erfolgt jedoch meistens mittels des standardisierten Nachrichtenprotokolls SMTP (Simple Mail Transfer Protocol). Irgendwie ist das aber unhandlich, denn dieser Zwischenschritt mit der Umwandlung bedeutet zusätzlichen Aufwand. Außerdem liegt das Fax dann als Bilddatei vor und nicht, wie eigentlich gewünscht, als Text. Einen Vorteil hat diese Variante aber doch: Man kann die E-Mail mit dem angehängten Fax wie jede E-Mail sehr einfach weiterleiten und verteilen.

- Nun kam die Stunde des T.38. Dieses Protokoll ermöglichte die direkte Übertragung von Faxmitteilungen in Echtzeit über das IP-Netz. Das ist dann wirklich „Fax über IP" und nicht mehr „Fax über E-Mail über IP". T.38 stellt natürlich einige Anforderungen an das IP-Netz und die UC-Umgebung. Der Faxdienst muss als solcher von beiden Seiten erkannt werden, d.h. die Faxsignalisierung muss sicher über das IP-Netz übertragen werden. Wenn diese Kennung nicht beim jeweils anderen Faxgerät sauber ankommt, reagiert das Gerät nicht.

Beim Versand von Faxnachrichten muss die vorher besprochene Sprachkomprimierung ausgeschaltet werden, denn „ein schwarzer Adler auf schwarzem Hintergrund" löst beim Empfänger wenig Freude aus. Ebenso problematisch wirken sich Paketverluste aus. Wenn Inhalte verloren gehen, dann wird das auf dem empfangenen Fax deutlich sichtbar. Gehen sehr viele Pakete verloren, kann es sogar zum kompletten Abbruch der Faxverbindung führen. Da Fax eine klar definierte Übertragungsgüte benötigt, dürfen für FAXoIP nur bestimmte IP-Paketgrößen, nämlich Vielfache von 20 ms, verwendet werden.

> **Praxistipp:**
>
> Mit der Verwendung von FAXoIP sind zwar einige Herausforderungen verbunden, die jedoch lösbar sind. Dazu muss man aber eine Analyse der Netzwerkumgebung bezüglich der Nutzbarkeit für FAXoIP durchführen.
>
> **Empfehlung:** Die erste Wahl für FAXoIP ist immer T.38. Sollten die Bedingungen keine Benutzung von T.38 zulassen, kann man immer noch auf T.37 umschwenken. Das IP-Netzwerk muss den Anforderungen für FAXoIP gerecht werden, d.h. entsprechende Bandbreiten zur Verfügung stellen und die geforderten QoS-Parameter einhalten. Diese Informationen sollten von einem UC-Anbieter immer geliefert werden. Fordern Sie den Anbieter auf, hier für absolute Klarheit zu sorgen. Außerdem gehört zu einer UC-Readyness-Analyse (Kapitel 4) selbstverständlich auch die Betrachtung hinsichtlich FAXoIP.

6.8.2.3 Modemdienste über IP

Der Umgang mit Faxdiensten in einer UC-Architektur stellt eine kleine Herausforderung dar. Das war aber noch gar nichts im Vergleich zu Modemdiensten und Unified Communication. Was ist das Spannende und Herausfordernde an Modemdiensten über IP? Zunächst ist das die Vielseitigkeit der möglichen Modemdienste, die sich in folgenden Punkten unterscheiden:

- In der Richtung ihrer Kommunikation, d.h. ob sie uni- oder bidirektional oder ggf. in beide Richtungen mit unterschiedlichen Geschwindigkeiten arbeiten.
- Ob sie eine eigene Fehlerkorrektur mitbringen oder nicht. Denn wenn der Modemdienst selber keine eigene Fehlerkorrektur besitzt, wird die Übertragung über ein noch unsichereres Protokoll im IP-Netz nicht besser oder zuverlässiger, eher ist das Gegenteil der Fall.
- In der Übertragungsgeschwindigkeit. Moderne Modems unterstützen Geschwindigkeiten zwischen 28,8 und 33,6 kBit/s (beides entspricht dem Standard V.34) bis zu 56 kBit/s (nach den beiden Standards V.90 und V. 92). In der Praxis sind noch sehr viele analoge Modems mit unterschiedlicher Übertragungsgeschwindigkeit in Betrieb.
- Manche Modemdienste verwenden zusätzliche Komprimierungsverfahren wie V.42bis oder das neuere Verfahren V.44. Besonders diese Komprimierungen, und darin sind sich Fax- und Modemdienste sehr ähnlich, machen die Übertragung über IP-Protokolle sehr schwierig und teilweise sogar unmöglich.
- Die Robustheit der Anwendung, die mittels der Modemverbindung übertragen wird. Verlangt die Anwendung eine absolute Konstanz der Übertragung und/oder dürfen keine Übertragungsfehler eintreten (wie z.B. bei der Übermittlung von Kontodaten), dann sollte man sich sehr wohl überlegen, ob die Übertragung mittels IP die richtige Wahl ist. Sind es ggf. lediglich Messdaten von Sensoren, bei denen es nicht zwingend darauf ankommt, dass jeder Messwert absolut fehlerfrei übertragen werden muss, könnte VoIP eine Möglichkeit sein.

> **Praxistipp:**
> Aufgrund der wesentlich höheren Übertragungsgeschwindigkeiten bei Modemdiensten werden diese Dienste bei VoIP genau wie ISDN im Sprachumfeld behandelt, d.h. wie ein 64 kBit/s-Datenstrom. Für Modemdienste über VoIP gibt es keine eigenen IP-Protokolle. Ähnlich wie bei Fax darf man keine Komprimierung verwenden.
>
> **Empfehlung:** Die Paketverlustrate sollte möglichst 0 % betragen, was nahezu illusorisch klingt. Anders als FAXoIP dürfen für Modemdienste über IP nur IP-Paketlängen in Mehrfachen von 40 ms verwendet werden.

6.9 Codecs für Audio, Video und Sprache

Video und Audio sind die beiden markantesten Dienste in einer multimedialen UC-Lösung. Dieser Abschnitt gibt einen Überblick über die meistverwendeten und wesentlichen Codecs für Video, Audio sowie Sprache. Die Sprachkodierung verwendet jedoch andere Codecs als Audio.

Das Wort „Codec" ist in keinem Wörterbuch zu finden. Es ist ein Kunstwort und setzt sich zusammen aus den Worten „*Cod*ing" = „Kodieren" und „*Dec*oding" = „Dekodieren". Codecs beschreiben Verfahren, um Daten oder Signale digital zu kodieren oder zu dekodieren und diese ggf. auch in andere Signal- oder Übertragungsformen zu wandeln. Beispiele sind: die Wandlung analoger in digitale Signale (Digitalisierung), die Wandlung digitaler Signale in IP-Pakete oder auch ATM-Zellen. Neben der klassischen Kodierung und Dekodierung gibt es noch die Umwandlung bzw. Transformierung bereits kodierter Informationen. Sie wird als „Transkodierung" bezeichnet und findet beispielsweise beim Umwandeln einer MP3- (MPEG-1 Audio Layer 3; Moving Picture Experts Group) in eine WMA-Datei (Windows Media Audio) statt. In diesem Abschnitt werden die wichtigsten Codecs angesprochen und bewertet. Es wird aber auch dargestellt, welches Verfahren sich besonders oder weniger gut in einer UC-Architektur verwenden lässt. Welcher Codec ist für welche Kodierung einzusetzen und warum? Welche Anforderungen stellen die verschiedenen Codecs an die Übertragungsbedingungen? Welche Rolle spielen die einzelnen Codecs für den Einsatz bei Unified Communication?

6.9.1 Videocodecs

Für eine UC-Architektur sind Videokommunikationsdienste unumgänglich. Die Auswahl des richtigen Codecs ist vor allem bei Video von großer Wichtigkeit, denn die Kompressionsverfahren und Codecs spielen hinsichtlich der Bild- bzw. Videoqualität und der benötigten Bandbreite eine große Rolle.

Die Videokommunikation ist allerdings nicht neu, genauso wenig wie die dazu gehörigen Codecs. So wurde MPEG-1 schon vor gut 25 Jahren entwickelt, um Filme bei normaler Geschwindigkeit auf einem CD-Spieler abzuspielen. Das bedeutet: mit einer vergleichsweise geringen Bandbreite direkt vom CD-Gerät auf einen Bildschirm. Die Bandbreiten von MPEG-1 bzw. H.261 können von 128 kBit/s bis zu 768 kBit/s schwanken, was kein besonders gutes Qualitätsergebnis liefert. Die Videokompression von MPEG-1 wurde 1994 durch MPEG-2 (H.262) abgelöst. MPEG-1 und 2 beruhen auf dem Kompressionsverfahren H.261, das bereits in Abschnitt 6.3 behandelt wurde. H.261 ist noch heute in vielen PC-Brennprogrammen als Video-CD-Verfahren verfügbar. Die wesentlichen Merkmale von MPEG-1 blieben in MPEG-2 erhalten. Der MPEG-2-Standard generiert und überträgt eine deutliche bessere Qualität. Damit verbunden benötigt er jedoch höhere Datenraten als MPEG-1.

MPEG-4 AVC (Advanced Video Coding) oder auch H.264 ist ein Standard zur erweiterten Videokompression. Dies ist der heute am meisten genutzte und weitesten verbreitete Standard zur Videokompression. MPEG-4 erreicht eine etwa dreimal bessere Kodierungseffizienz als H.262 (MPEG-2) und ist daher auch für hoch aufgelöste Bild- und Videodaten, wie etwa HDTV (High Definition TV) ausgelegt. Allerdings ist der Rechenaufwand auch um den Faktor 2 bis 3 höher, und die erforderliche Bandbreite kann bis zu 7 Mbit/s erreichen. Aus diesem Grund sind bei einer Videokommunikation in guter Qualität immer leistungsfähige Rechner notwendig.

> **Praxistipp:**
> Die Kodierverfahren für Bilder und Videos sind in ihrer Qualität sehr unterschiedlich. Sogar das MPEG-1 wurde nicht komplett abgelöst und ist noch in einigen Architekturen vorhanden. Für niedrige Datenraten ist es weiterhin eine bessere Wahl als MPEG-2.
> **Empfehlung:** MPEG-4 liefert die beste Qualität, benötigt hingegen bis zum Dreifachen an Übertragungsbandbreite. Da jedoch die meisten modernen IP-Netze ausreichend Bandbreite zur Verfügung stellen, sollten Sie auf MPEG-4 setzen, wo immer es möglich ist.

6.9.2 Audiocodecs

Zu den Videocodecs gehören selbstverständlich auch Audiocodecs, denn auch in bzw. mit Videos wird Audio übertragen. Diese Audiocodecs sind jedoch nicht gleichzusetzen mit den Codecs zur Echtzeitübertragung von Sprache. Ebenso wie die Sprachkodierung arbeiten auch die Audiokodierungen nicht verlustfrei. Wie diese Verluste entstehen, wird im nächsten Abschnitt genauer beschrieben. Die Audiokodierungen finden z.B. Anwendung bei der Übertragung von Audio innerhalb von Video und beim Umwandeln einer Sprachnachricht in der Unified Communication. Die Sprache der Sprachnachricht wird digital oder über VoIP an das UC-System übertragen und dort in eine Audiodatei umgewandelt. Typischerweise kommen dabei WAV- oder MP3-Formate zum Einsatz.

Die Digitalisierung der Sprache ist immer mit einem gewissen Informations- bzw. Qualitätsverlust verbunden. In der Praxis heißt das, es werden einfach Teile abgeschnitten. Oberwellen werden entfernt und nur der Rest digital gespeichert. In UC-System wird dieses Verfahren eingesetzt, um beispielsweise Sprachnachrichten zu speichern. Analoge Signale werden in ihrer Dynamik beschnitten und digitale Signale einer Kompression unterzogen. Auf diese Weise werden die meisten Signale in einem UC-System gespeichert bzw. verarbeitet. Bei einer Rückumwandlung von einem gespeicherten Ton innerhalb des UC-Systems in einen hörbaren Ton kommt es erneut zu Qualitätsverlusten. Bereits die Speicherung erfolgte mit einer Reduktion der Qualität. Am Ende kommt also eine doppelt reduzierte Qualität heraus. Natürlich gibt es auch Vorteile: Die benötigte Bandbreite der Übertragung wird wesentlich geringer, ebenso wie die für die Speicherung notwendige Speicherkapazität.

Wie die meisten verlustbehafteten Kompressionsvarianten für Audio nutzen auch die bekanntesten Verfahren wie MP3, MPEG-4 und WMA derartige Codecs. Viele Sprachspeichersysteme arbeiten genau so. Dieser Qualitätsverlust hat in den meisten Fällen keine drastischen Auswirkungen. Es ist erst möglich, einen Unterschied zwischen zwei Tönen zu bemerken, wenn die Tonhöhe einen gewissen Mindestabstand voneinander hat. Ebenso kann ein Mensch vor und nach sehr lauten Geräuschen für kurze Zeit leisere Geräusche schlechter oder gar nicht wahrnehmen. Man braucht also das Ursprungssignal nicht exakt abzuspeichern, sondern es reichen die Signalanteile, die das menschliche Gehör auch wahrnehmen kann.

Die wichtigsten Audiokodierverfahren und deren Charakteristika sind:

- Das MP3-Verfahren. Es arbeitet mit festen Bitraten von 8 bis zu 320 kBit/s. Ab einer Bitrate von etwa 160 kBit/s und bei Nutzung eines guten Codec-Verfahrens ist es dem menschlichen Ohr kaum noch möglich, das kodierte Audiosignal vom Ausgangsmaterial zu unterscheiden. Aus diesem Grund eignet sich MP3 besonders gut in einer UC-Architektur, denn sowohl die benötigte Übertragungsbandbreite als auch der für die Speicherung von Sprachnachrichten benötigte Speicherplatz sind recht gering.
- AAC (Advanced Audio Coding) wurde von Apple und RealMedia entwickelt. Es beruht auf dem MPEG-2- und MPEG-4-Verfahren. Viele Audio-Onlinedienste und vor allem tragbare Mediaplayer nutzen dieses Verfahren, da beim direkten Abspielen die erforderliche Bandbreite keine Rolle spielt.
- WMA unterstützt die Komprimierung digitaler Audiodaten bis zu einer Tiefe von 24 Bit. Das entspricht etwa 96 kHz bei einer variablen Bitrate von bis zu 768 kBit/s. Sogar Surround-Sound mit bis zu 7.1 Kanälen wird unterstützt. Daher kommt WMA in vielen UC-Systemen zum Einsatz. Der Qualitätsverlust ist kaum mess- und hörbar.

Praxistipp:

Die Frage nach einer guten Audioqualität hängt vom Hörer ab. Die Qualität vieler Codecs ist zwar messbar, jedoch für den Hörenden meist unerheblich, da seine gefühlte Qualität gleich bleibt.

Empfehlung: Komprimieren Sie nur, was unbedingt komprimiert werden muss, und dann so wenig wie möglich. Setzen Sie vorrangig die Audiocodecs ein, die Ihnen die beste Qualität liefern. Schlechte Qualität führt zu Akzeptanzverlust. Kalkulieren Sie den erforderlichen Speicherplatz für die Sprachspeichersysteme sehr genau, denn in der Praxis benötigt eine Minute Sprache als MP3 mit 128 kBit/s kodiert etwa 1 MB Speicherplatz.

Faustregel bei 128 kBit/s: Eine Minute Sprache benötigt ein MB Speicher.

Haben Sie 5000 Anwender und jeder darf 60 Minuten Sprachspeicher verwenden, dann benötigen Sie dafür rund 300.000 MB!

6.9.3 Sprachcodecs

Es sind die Lautstärke der Sprache, ihr Klang und letztlich sogar der Inhalt des Gesprochenen, woran der Mensch die Güte und Qualität der Sprache bewertet. Einen weiteren Einfluss auf die empfundene Qualität bei der Sprache haben Dinge wie Sprechgeschwindigkeit und Deutlichkeit. So bringen viele Zischlaute in einer Sprache oft eine deutlich schlechtere Verständlichkeit mit sich. Doch wie soll man alle diese Aspekte in einer Qualitätsbewertung umsetzen? Und vor allem: Wie kann man diese menschliche Qualitätsbewertung messbar machen?

6.9.3.1 Was ist MOS?

Das war die Geburtsstunde des sogenannten „Maßes für die ordinäre (allgemein gefühlte) Sprachqualität", abgekürzt MOS (Mean Opinion Score). Eine Bewertungsskala für den MOS-Wert war recht schnell gefunden: Man entlehnte sie einfach aus der Schule und benutzte den Wertebereich von 1 bis 5. Diese Bewertungsmaßstäbe reichten den Entwicklern von MOS dann doch nicht aus, und sie führten die Unterteilung des MOS-Wertes bis auf zwei Stellen hinter dem Komma ein. Allerdings symbolisiert, anders als in den meisten Schulsystemen, die höchste Note den besten Qualitätswert. Dieser Wert wird nur von einem reinen digitalen Signal erreicht.

Doch schon hier wird das erste Grundproblem deutlich. Bereits die Umwandlung der analogen Sprache in digitale Signale und wieder zurück bewirkt einen Qualitätsverlust, denn die Modulation reicht oftmals nicht über das volle Frequenzband des Ursprungssignals. Weitere Qualitätsverluste resultieren entweder aus Störungen im Umfeld des Senders bzw. Empfängers sowie durch Störeinflüsse auf der Übertragungsstrecke. Doch wie kam man nun zu den objektiven Vergleichswerten für das subjektive Qualitätsempfinden der Menschen bezüglich der Sprache? Die Antwort war so simpel wie pragmatisch. Die Menschen selbst sollten das Maß für die MOS-Wertdefinition sein. So wurden gemischte Gruppen aus weiblichen und männlichen Probanden zusammengestellt, die bei unterschiedlichen Sprachverbindungen ihr subjektives Qualitätsempfinden zu beschreiben hatten. Diese Gruppen setzten sich aus Personen unterschiedlichen Alters mit verschiedenen Sprachen zusammen. Von besonderem Interesse für die MOS-Wertbestimmung waren einerseits Personen mit sehr zischlautlastigen Sprachen wie Schweizerisch und Österreichisch und Sprachen mit sehr schnellem Redefluss wie die südeuropäischen Sprachen Spanisch, Italienisch usw.

Von den Probanden wurden Sprachmuster aufgezeichnet und über unterschiedliche Mittel und Wege übertragen. Dann mussten diese Personen angeben, wie sie ihre eigene und auch die Sprache der anderen Personen qualitativ bewerteten. Diese Aussagen fasste man in der MOS-Werttabelle (siehe Tabelle 6.3) zusammen.

Nun dürfte es in der Praxis unmöglich sein, für jede Qualitätsbewertung einer Sprachübertragung dieses Probandenteam zu bemühen. Genau aus diesem Grund erfanden pfiffige Entwickler ein Berechnungsmodell für die MOS-Wertbestimmung. Zur Berechnung des MOS Wertes sei auf [Fischer2008] verwiesen.

Tabelle 6.3 MOS-Werte und ihre subjektive Einstufung

MOS-Wert	Subjektive Einstufung
5	Exzellente Qualität. Ohne jede Beanstandung.
4	Gute Qualität. Hohe Akzeptanz, erfüllt die allgemeinen Qualitätsansprüche der Menschen.
3	Befriedigende Qualität. So wird sie vom Menschen gerade noch akzeptiert. Allerdings strengt eine Kommunikation mit dieser Qualität die Menschen bereits über Gebühr an.
2	Ungenügende Qualität. Die Kommunikation wird derart anstrengend, dass die meisten Menschen sie nur dann hinnehmen (*nicht*: akzeptieren), wenn die Kommunikation auf keinem anderen Wege möglich ist.
1	Inakzeptable Qualität. Verbindungen kommen nicht zustande, Kommunikationsinhalte gehen gänzlich verloren.

Im UC-Umfeld wurde die MOS-Werttabelle noch enger gefasst. In der Praxis verwendet man eher die in Tabelle 6.4 dargestellten rechnerischen Rahmenwerte für MOS.

Tabelle 6.4 Detaillierte Einstufung der MOS-Werte bezüglich der Anwenderzufriedenheit

MOS-Wert von/bis		Subjektive Einstufung durch die Anwender
4,34	5	Alle Anwender sind sehr zufrieden.
4,03	4,34	Nicht mehr jeder Anwender ist sehr zufrieden, die meisten sind es.
3,60	4,03	Einige Anwender sind unzufrieden.
3,10	3,60	Die Mehrheit der Anwender ist unzufrieden.
2,58	3,10	Alle Anwender sind unzufrieden.

6.9.3.2 Digitale Codecs

Ausgehend von der eben getroffenen Feststellung, dass ein rein digitales Signal die beste Qualität aufweist, was gleichbedeutend mit dem MOS-Wert 5 ist, sollte die digitale Sprachübermittlung ebenfalls eine sehr hohe Sprachqualität bieten. In der Tat ist dem so. Der von der ITU-T spezifizierte und standardisierte Codec mit der Bezeichnung G.711 realisiert genau diese Umsetzung von analoger Sprache in digitale Signale *ohne* Komprimierung. Da dieser Codec die Sprache auf eine 64 kBit/s breite Signalisierung umsetzt, benötigt der reine Datenstrom ebenfalls eine Bandbreite von 64 kBit/s. Im Laufe der Zeit wurden in unterschiedlichen Gremien weitere Codecs entwickelt, beschrieben und standardisiert. Stand jahrelang die Komprimierung und die Reduktion der erforderlichen Bandbreite im Fokus der Entwickler, so rückt endlich das eigentliche Ziel wieder nach, nämlich die Erhaltung der Sprachqualität. Ausreichende Bandbreiten stellen kein ernsthaftes Problem mehr dar, die bisher von den Kodierungsverfahren erreichte Sprachqualität schon. Wenn ein Codec mit Modulationsmustern (Abtastraten) bis zu 8 kHz arbeitet, dann bleibt der restliche theoretisch hörbare Bereich der menschlichen Sprache bis 20 kHz außer Acht.

Das rief die Codec-Entwickler erneut auf den Plan. Sie entwickelten die Breitbandcodecs wie den G.722.2. Der G.722.2 wird als adaptiver Breitbandcode mit unterschiedlichen Bitraten mit der Bezeichnung „AMR-WB"-Sprachcodec (Adaptive Multi-Rate Wideband Speech Codec) beschrieben. Er deckt zwar auch nur ein Sprachfrequenzband zwischen 50 und 7000 Hz ab, arbeitet dafür jedoch mit einer Abtastrate von 16 kHz, immerhin doppelt so gut wie bisher. wo immer es möglich ist,

Die folgende Auflistung beschreibt die meistgenutzten Kodierungsverfahren und deren Codecs etwas detaillierter:

- Durch das spezielle Verfahren ACELP (Algebraic Code Excited Linear Prediction) erreicht der G.723 mit einer Bitrate von 5,6 oder 6,3 kBit/s, einer Audiobandbreite von 3,1 kHz und einer Breite von 8 Bit eine etwas geringere Sprachqualität als der G.711. Die erforderliche Rechenleistung ist beim G.723 nicht zu unterschätzen. Das ist der Kompressionsrate geschuldet, die um den Faktor 10 niedriger ist als bei G.711.

- Bei G.729 handelt es sich um eine optimierte Kodierung. Sie verwendet den CS-ACELP-Algorithmus (Conjugate Structure Algebraic Code Excited Linear Prediction). Daher ist G.729 mit G.723 vergleichbar. Den G.729 gibt es in 12 Varianten. Sie unterscheiden sich vor allem in ihrer Komplexität und den Datenraten. Je nach verwendetem Verfahren liegt der Bandbreitenbedarf bei 6,4 bzw. 8 oder 11,8 kBit/s. Der G.729J unterstützt sogar variable Bitraten. Wegen ihrer geringen Komplexität haben sich die beiden Verfahren G.729A und B durchgesetzt. Sie benötigen im Vergleich zum G.723 eine deutlich geringere Rechenleistung. Für viele UC-Anwendungen wird der Codec G.729A verwendet. Er ist die Grundlage für eine gute Sprachqualität in VoIP-Netzen. Unter Berücksichtigung des IP-Overheads, der Sprachkomprimierung und der Sprachpausenunterdrückung wird mit ihm eine Bandbreite von ca. 25 kBit/s (8 kByte/s) pro Sprachverbindung benötigt. Diese Bandbreite muss das Datennetz für jedes Gespräch gewährleisten. Obwohl das Abstriche bei der Sprachqualität bedeutet, ist das deutlich besser als die Sprachqualität im Mobilfunknetz. G.729 ist durch Patente geschützt, und daher musste man lange Zeit Patentgebühren entrichten, um diesen Codec benutzen zu dürfen. Seit 2009 sind der Patentschutz und damit auch die Gebühr dafür weggefallen.

- Linear-PCM 16 (L16) ist die für G.711 verwendete Kodierung (PCM steht für Puls Code Modulation). Sie wurde von der TIA (Telecommunications Industry Association) im Rahmen der Spezifikation TIA 920 für Breitbandkommunikation definiert (Breitband-Internetanschlüsse). Das Sprachsignal wird 16.000 Mal pro Sekunde abgetastet (Sampling). Die Sprachdaten werden mit 16 Bit aufgelöst (Quantisierung). Die Übertragung findet ohne Kompression, ohne Latenz und ohne Umwandlung statt. L16 bietet so die beste Übertragungsqualität.

Einen Überblick über Codecs und Kodierungen gibt Tabelle 6.5.

In der Spalte „Kodierung" der Tabelle 6.5 stehen Abkürzungen wie VAD, CNG und PDC. Dabei handelt es sich um zusätzliche Funktionen der Kodierung:

- VAD steht für Sprechpausenerkennung (Voice Activity Detection). In Sprechpausen werden keine Daten kodiert und damit auch keine übertragen, was dazu führt, dass der

6.9 Codecs für Audio, Video und Sprache

Tabelle 6.5 Codecs und Kodierungen sowie deren Bandbreiten und MOS-Werte

Codecbezeichnung	Kodierung	Bitrate (kBit/s)	Erreichbare MOS-Werte
G.711	PCM	64	bis 4,5
G.722.2 mit VAD und CNG	ADPCM	16, 32, 64	4,0 bis 4,5
G.721(1988), G.726, G.727	ADPCM	32	<3,5
G.723.1	ACELP	5,3	bis 3,8
G.723.1	MP-MLQ	6,3	bis 3,8
G.726, G.727	ADPCM	16, 24, 40	<3,5
G.728	LD-CELP	16, 12,8	<3,8
G.729	CS-ACELP	8	bis 4,3
G.729-A + VAD	CS-ACELP	8	bis 4,1
IS-54	VSELP	8	<3,8
IS-641	ACELP	7,4	<3,8
IS-96a	QCELP	8	<3,8
IS-127	RCELP	8	<3,8
Japanisches PDC	VSELP	6,7	<3,8

Anwender auch keine Signale empfängt. So entsteht bei ihm das Gefühl einer Übertragungsunterbrechung. Dem wirkt die CNG entgegen.

- CNG bedeutet Rauscherzeugung (Comfort Noise Generation). In den Sprachpausen wird beim Empfänger ein leises, „komfortables" Rauschen eingeblendet. Das suggeriert dem Anwender: „Die Verbindung ist noch aktiv."
- Wie nahe Festnetz- und Mobilfunktechnologien beieinanderliegen, zeigt die zunehmende Verwendung derselben Codecs wie z.B. auch der japanische PDC-Codec (Personal Digital Cellular).

Ohne den praxisorientierten Rahmen dieses Buches zu verlassen, sollen an dieser Stelle die Kodierungsverfahren zumindest kurz benannt werden. Für detaillierte und theoretisch umfassendere Informationen wird auf die einschlägige Literatur (z.B. [Badach 2007], [Foth 2001]) und die ITU-T-Standardisierungen hingewiesen. Die oben aufgeführten Kodierungsverfahren bedeuten:

- PCM: Dieses Verfahren funktioniert nach der Pulscodemodulation (Puls Code Modulation). Es moduliert die analogen Signale zeit- und wertmäßig, also sehr diskret und damit qualitativ hochwertig, aber auch bandbreitenintensiv.
- ADPCM: Das Ziel besteht jedoch darin, weniger Bandbreite zu benötigen. Genau dort setzt die adaptive unterschiedsbewertende Pulscodemodulation auf, die ADPCM (Adaptive Difference [seltener auch Delta] Puls Code Modulation). Sie moduliert und kodiert die Unterschiede im Signal. Wie aus der Tabelle ersichtlich wird, unterstützt (adaptiert) diese Kodierung unterschiedliche Bandbreiten.

- CELP und SELP: Bei CELP (Code Excited Linear Prediction) und SELP (Sum Excited Linear Prediction) handelt es sich um ein linear wirkendes Kodierungsverfahren. Es beruht auf einer Art Vorhersagealgorithmus bezüglich der vorangegangenen Amplitudenwerte. ACELP ist die rechnerische Vorhersage (Algebraic Code Excited Linear Prediction). Ein anderer Vertreter ist LD-CELP (Low Delay Code Excited Linear Prediction). Er benutzt kürzere Modulationsmuster (0,625 ms). Das Verfahren VSELP arbeitet mit Vektorsummen (Vector Sum Excited Linear Prediction). Förmlich etwas schlaksig kommt die Kodierung nach RCELP (Relaxed Code Excited Linear Prediction) daher. Sie benutzt einen sehr groben Vorhersagealgorithmus. Der QCELP ist lediglich eine Kodierungssonderform der Firma Qualcomm.

> **Praxistipp:**
>
> In der jüngsten Zeit macht vor allem der Codec G.722 mit seiner Spezifikation G.722.2 von sich reden. Viele namhafte Hersteller verwenden ihn, weil er die Kodierung von Sprachfrequenzen bis zu 8 kHz ermöglicht. Das setzt allerdings, wie vorher beschrieben, eine Modulationsrate von wenigstens 16 kHz voraus. Für die Praxis bedeutet das wiederum den Austausch der DSPs auf den UC-Modulen und eventuell in den UC-Endgeräten, wenn diese nicht erweiterbar sind.
>
> **Empfehlung:** Dennoch ist dieser Codec schon alleine wegen seiner Güte und seines adaptiven Codierungsverhaltens für den Einsatz in modernen UC-Architekturen prädestiniert. Achten Sie darauf, dass Ihre UC-Komponenten diesen Codec unterstützen.

6.9.3.3 RTAudio

Ein viel diskutierter und durchaus kritisch zu betrachtender Codec ist RTAudio. Er kommt bisher fast ausschließlich beim UC-System von Microsoft, dem Microsoft Office Communication Server (OCS) 2007, zum Einsatz. Es besitzt aber durchaus das Potential, sich gegen viele andere Codecs durchzusetzen. Ende 2007 wurde der OCS in einer großen Veranstaltung in München vorgestellt. Microsoft eröffnete die Offensive auf die Telefoniemärkte, und damit begann auch bei vielen Herstellern von UC-Lösungen das Umdenken. Eine der größten Neuerungen von Microsoft war die Sprachverbindung zwischen den einzelnen Microsoft-Clients mit RTAudio. Dieser Codec ist in der Lage, die aktuell zur Verfügung stehende Bandbreite zu „messen" und ggf. dynamisch anzupassen. Der Codec tastet mit 16 kHz ab und stellt so eine Gesamtfrequenzbreite von 50 Hz bis ca. 8000 Hz zur Verfügung. Dadurch ist die „gefühlte" Sprachqualität deutlich besser als die bei VoIP- und sogar ISDN-Gesprächen, die mit einem Frequenzbereich zwischen 300 und 3400 Hz arbeiten. Um auf einen „normalen" Codec zu wechseln, wird ein Umsetzer benötigt. Dieser Umsetzer (Mediationsserver) wird auch von Microsoft geliefert. Viele UC- und VoIP-Hersteller unterstützen RTAudio nicht, da es eine spezielle Freigabe von Microsoft voraussetzt.

> **Praxistipp:**
> Die Qualität der Sprache ist sehr abhängig von der benutzten und verfügbaren Bandbreite. In der Praxis erwies es sich als sinnvoll und vorteilhaft, hierfür das Frequenzband von 50 bis 8000 Hz zu benutzen.
>
> **Empfehlung:** Beim Einsatz dieses Codecs muss darauf geachtet werden, dass auch eine gewisse Übertragungskapazität zur Verfügung steht. Der RTAudio-Codec steht nur unter der Kontrolle des Clients. Aktuell ist keine Netzwerkkomponente in der Lage, diesen Codec zu interpretieren bzw. zu verarbeiten. Daher besteht keine Chance, im Netzwerk für QoS zu sorgen. Aus diesem Grund sollten Sie den Einsatz von RTAudio genauestens prüfen. Durch diese Nicht-Interpretation des Codecs können die Netzwerkkomponenten bzw. QoS-Systeme bei Netzausfällen oder Engpässen keine alternative Route vorschlagen. Es besteht keine Möglichkeit, eine Auswertung von RTAudio vorzunehmen.

6.10 Management und Konfigurationsprotokolle

Irgendwie ist das schon komisch: Wenn man die Menschen auf Unified Communication und die dafür verwendeten Protokolle und Sprachen anspricht, fallen ihnen wie aus der Pistole geschossen Dinge wie SIP, H.323 und manchmal noch XML ein. Sicher, das sind die wichtigsten Protokolle für die Signalisierung bei Unified Communication. Doch kaum einer denkt daran, dass man die UC-Umgebung konfigurieren und managen muss. Was nützen die tollsten UC-Funktionen, wenn sie nicht richtig konfiguriert, administriert und betrieben werden? Auf das Management von UC-Umgebungen selbst geht Kapitel 11 ein. In den folgenden Abschnitten werden jedoch die dafür maßgeblichen Protokolle und deren Verwendung erläutert.

Welche Protokolle spielen in der Praxis für das Management von UC-Systemen eine Rolle? Wie lassen sich diese Protokolle wofür verwenden? Da die beiden Begriffe Management und Protokolle immer mit einem Hauch von Gefahr und Bedrohung assoziiert werden, haben die meisten klassischen Managementprotokolle mittlerweile gesicherte Pendants. Wie sieht das in der Praxis aus?

6.10.1 Ungesicherte Managementprotokolle

Prinzipiell lassen sich zwei Kategorien von Managementprotokollen unterscheiden. Die erste umfasst die Protokolle zur Fernsteuerung und Fernbedienung, die zweite bilden Protokolle für die Übertragung der Managementdaten wie z.B. Konfigurationsdateien usw. Die wichtigsten Managementprotokolle sind:

- *TELNET*. Dieses Protokoll der ersten Gruppe dient dazu, um von einer Managementstation aus direkt aus der Ferne über das IP-Netz auf das UC-System zuzugreifen. Dafür wird eine sogenannte „Terminalemulation" verwendet, die wiederum in der Regel auf das Protokoll TELNET (Teletype Network) aufsetzt. TELNET ist der Urvater der Protokolle für die Fernbedienung von Systemen. Es ist sehr einfach in der Handhabung und stellt nur geringe Anforderungen an die Systeme sowie an das genutzte Übertragungsnetz. TELNET verwendet in der Regel TCP.

> **Praxistipp:**
>
> TELNET ist sehr einfach und nach wie vor eines der beliebtesten kleinen Werkzeuge der Administratoren, doch es hat keinerlei Sicherheitsfunktionen. Ist die IP-Adresse des UC-Kommunikationsservers bekannt, kann man sich sehr einfach mit einer TELNET-Sitzung auf diesem Server anmelden. TELNET kennt keine Verschlüsselung. Alle Eingaben und Rückmeldungen laufen offen über das IP-Netz. In einer gesicherten UC-Umgebung hat TELNET nichts mehr zu suchen.
>
> **Empfehlung:** Am besten schaltet man auf den UC-Systemen alle Dienste ab, die TELNET benutzen. Zusätzlich kann man noch den Kommunikationsport von TELNET – Port 23 – auf allen IP-Komponenten, insbesondere den Firewalls, schließen. Man kann den TELNET-Port auch verbiegen und eine andere Portnummer benutzen. Aber das bringt keinen deutlichen Sicherheitsgewinn.

- *RLOGIN* und *RSH*: RLOGIN (Remote Login) und RSH (Remote Shell) sind zwei ganz alte Fernwartungsprotokolle. Sie liegen hoffentlich schon länger im Kommunikationsmuseum, denn dort gehören sie hin.

- *RCP*. Etwas älter, allerdings durchaus noch hier und da im Einsatz, ist das Protokoll zur Fernwartungskontrolle (Remote Control Protocol). Mittels dieses Protokolls lassen sich entfernte Systeme beobachten und kontrollieren. Allerdings birgt dieses Protokoll massive Gefahren, denn die Übertragung der Kontrollinformationen erfolgt quasi ungeschützt. Da vor allem die Kontrolldaten viele Informationen über das UC-System enthalten, sind an dieser Stelle die Kompromittierungsversuche besonders stark.

- *HTTP*: Eine andere Variante des Fernzugangs erfolgt über eine Web-Applikation. Dazu muss auf dem UC-System ein Web-Server aktiviert sein. Das läuft auf die Verwendung von HTTP (Hypertext Transfer Protocol) hinaus. Diese Art der Administration ist im Vergleich zu TELNET sehr komfortabel. Da die Oberfläche über einen Web-Browser dargestellt und bedient wird, steht sie ohne Installation einer dezidierten Managementsoftware auf nahezu jedem PC zur Verfügung. HTTP selbst wird in Klartext übertragen, daher sollte besser dessen gesichertes Pendant HTTPS eingesetzt werden.

- *FTP*: Mittels des Dateitransferprotokolls FTP (File Transfer Protocol) werden die Daten von und zu einem UC-System übertragen. FTP kann Daten von einem Server holen (Download) und auf den Server senden (Upload). Aus Sicht des OSI-Modells arbeitet FTP auf Schicht 7 und benutzt standardmäßig den Port 21. Die Daten werden bei der Übermittlung durch keine Verschlüsselung oder Ähnliches geschützt. Die einzige Sicherheit, die man hat, ist eine erforderliche Authentisierung auf dem UC-Server. Auch für FTP steht mit SFTP ein sichereres Pendant zur Verfügung.

> **Praxistipp:**
> Um das Austauschen von Konfigurationsdaten zwischen dem UC- und dem Managementsystem kommt man nicht herum. Natürlich steckt genau hier ein großes Gefahrenpotenzial. Wenn es gelänge, ein UC-System mit falschen Konfigurationen zu betanken, oder wenn es möglich wäre, „einfach so" die persönlichen Instant Messaging-Daten der Teilnehmer von einem UC-System herunterzuladen, resultiert daraus schnell sehr großer Schaden.
>
> **Empfehlung:** Nur die Anwender und Administratoren sollten Berechtigungen zur Verwendung von FTP besitzen, um die Aufgaben erfüllen, für die sie FTP zwingend benötigen. Ein Root-Benutzer gehört nicht dazu. Also schalten Sie im Management für alle Root-Benutzer die Verwendung von FTP ab oder unterbinden Sie dessen Verwendung.

- *SNMP*. Das Protokoll für allgemeine und einfache Managementaufgaben (Simple Network Management Protocol). SNMP bot von Haus aus in seiner ersten Version keine Sicherheitsfunktionen. Nicht selten löst man daher das Akronym SNMP mit „Security is Not My Problem" auf. Die Kommunikationsinhalte wurden im Klartext übertragen. Erst die späteren Modifikationen und Varianten von SNMP enthielten zunehmend Sicherheitsfunktionen. Selbst die Datenübertragung erfolgt oftmals mittels des verbindungslosen Protokolls UDP. In der Regel verwendet SNMP für die wechselseitige Kommunikation die Ports 161 und 162.

6.10.2 Gesicherte Managementprotokolle

Mit zunehmender Verbreitung von UC-Systemen werden die Stimmen der Mahner und „Sicherheitsbedenkenträger" immer lauter: „Unified Communication ist unsicher", so ist es immer öfter zu hören. Wie in Kapitel 9 nachzulesen ist, kann man sehr wohl sichere UC-Umgebungen implementieren. Dazu gehört aber auf jeden Fall eine sichere Managementumgebung mit gesicherten Managementprotokollen.

Für drei der oben genannten Protokolle gibt es gesicherte Pendants, die unseres Erachtens im UC-Umfeld zum Einsatz kommen sollten:

- *SSH*. An die Stelle von TELNET tritt eine sichere „Kommunikationsumgebungsschale" SSH (Secure Shell). SSH ist gleichermaßen ein Protokoll wie ein Programm. Der große Vorteil von SSH gegenüber TELNET ist die verschlüsselte Übertragung der Eingabe- und der Ausgabedaten. Ab Version SSHv2 ist sogar eine Funktion für gesicherten Datentransfer enthalten. SSH bietet neben der Verschlüsselung eine gesicherte Authentisierung.

- *SFTP* (1). Wie eben angesprochen, umfasst die Version 2 von SSH auch den gesicherten Datentransfer, was in diesem speziellen Fall einen gesicherten Dateitransfer durch die gesicherte Schale bedeutet. Hier steht SFTP für SSH-FTP und verwendet in der Regel den Port 22.

- *SFTP* (2). SFTP gibt es in einer zweiten Bedeutung: als reinen, gesicherten Dateitransfer, dann bedeutet es „Secure FTP". SFTP ist eine Weiterentwicklung des gesicherten Kopierens SCP (Secure Copy). SFTP kann jedoch wirklich nicht mehr, aber auch nicht weniger als gesicherten Datentransport. SFTP bietet keine Verschlüsselung.

- *FTPS*. Genau an dieser Stelle setzt der verschlüsselte Dateitransfer auf, den FTPS (FTP over SSL) bietet. Hierbei erfolgt eine echte Verschlüsselung der Kontrollinformationen und des Datentransfers mittels Sicherheitsfunktionen auf Transportschicht TLS (Transport Layer Security) und dem SSL (Secure Sockets Layer). Beide Verschlüsselungsverfahren unterstützen die Verschlüsselung mit dem erweiterten Verschlüsselungsstandard AES (Advanced Encryption Standard) bis zu 256 Bit. TLS ist eine der wichtigen Voraussetzungen für gesichertes Web.

- *SNMP*. Weit verbreitet sowohl für das Management als auch in allen anderen Bereichen des UC-Umfeldes ist das SNMP in seinen Versionen 2 und 3. Der erste Schritt zu mehr Sicherheit bei SNMP führte über eine kurze Zwischenstufe namens Secure SNMP im Jahr 1993 direkt zu SNMPv2. Selbst bei der Version 2 gab es verschiedene Entwicklungsphasen mit SNMPv2p, u und c. Sie brachten einige Sicherheitsfunktionen in den Bereichen Schutz für Dateninhalte „p" (Payload) und Anwendersicherheit „u" (User). Die Phase „c" (Content) ging mehr oder weniger bereits in der „p" auf. Doch das Sicherheitsbedürfnis, vor allem für Managementfunktionen und -aufgaben, wuchs derart, dass sehr schnell die SNMPv3 nachrückte. Sie bietet verschlüsselten Austausch der Benutzerdaten und Managementinformationen.

6.11 Protokoll zum Management mobiler Geräte

Immer häufiger kommen mobile Endgeräte zum Einsatz, d.h. sie müssen zum einen in die UC-Architektur und zum anderen in das gesamte Management eingebunden werden. Wie kann man ein Gerät aus der Ferne administrieren und verwalten? Diese Frage beschäftigt viele Administratoren, die für Endgeräte, Terminals und PCs Sorge tragen. Verschärft wird das Ganze auch noch durch die nur temporäre Erreichbarkeit von mobilen Geräten. Hierfür gibt es in den auf dem Markt befindlichen mobilen Endgeräten bereits implementierte Standards für die Administration und das Management. Die Administration von Mobilfunkgeräten wird auch Mobile Device Management (MDM) genannt. Die wichtigsten Aufgaben des MDM sind die Konfiguration, Installation, Aktualisierung und Sperrung von Mobilfunk-Endgeräten über eine Luftschnittstelle.

In einem Zusammenschluss von etwa 350 führenden Herstellern der Mobilfunktechnologie (wie beispielsweise Alcatel-Lucent, IBM, Nokia, Motorola, Microsoft, RIM, Sybase, Vodafone) wurde 2002 die Open Mobile Alliance (OMA) gegründet. Diese Organisation erörtert Standards für den Mobilfunk und legt sie fest. Einer dieser von der OMA entwickelten Standards ist das OMA-DM (Device Management), welches in den meisten MDAs, PDAs und Mobilfunktelefonen integriert ist. Innerhalb des OMA-Standards sind offene Protokolle verabschiedet worden, mit denen es möglich, ist mobile Endgeräte zu managen. Folgende Managementaufgaben können mit diesem Standard auf den Clients ausgeführt werden:

- Konfigurationen für WAP, MMS, E-Mail und andere Dienste
- Überprüfungen der Softwareeinstellungen
- Installation von Applikationen über einen Web-Browser oder VPN-Client
- Aktualisierungen der Firmware eines Gerätes
- Sperrung des Gerätes

Weitere von OMA-DM unterstützte Funktionen sind die Verarbeitung von Fehlermeldungen sowie die Interpretation von Systemmeldungen des Gerätes im OMA-DM. Über ein OMA-DRM (digitales Rechtemanagement) können ca. 460 Multimedia-Handys administriert werden (Stand Anfang 2010).

Innerhalb des OMA-DM werden ca. 20 verschiedene Protokolle benutzt, das wichtigste Protokoll ist SyncML (Synchronization Markup Language). SyncML dient als Basis für alle im OMA-DM definierten Protokolle und Funktionen. Es setzt auf XML auf, d.h. es ist ein Klartextprotokoll. Allerdings wird XML bei SyncML nur als Träger der Nachricht benutzt. Die zu übertragende Datei, Information oder Konfiguration wird sozusagen eingepackt und muss nicht unbedingt ein gültiges XML-Format sein. Für die Verwaltung eines Endgerätes muss allerdings ein sogenannter „Bootstrap" installiert bzw. vorhanden sein. Dieser Bootstrap ist eine spezielle Software, welche auf keinem mobilen Gerät vorinstalliert ist (Ausnahme Blackberry-Geräte). Um es auf das Gerät zu bringen und dort zu installieren sind folgende Vorgehensweisen möglich:

- Der Hersteller hat die benötigten Bootstrap-Informationen per Software vorinstalliert oder per Hardware fest implementiert.
- Der Bootstrap wird dem Gerät über ein anderes externes Gerät (SmartCard, SDKarten, USB) bereitgestellt.
- Ein Bootstrap-Server kopiert den Bootstrap unter Verwendung eines Push-Mechanismus über das Internet bzw. einen Datenkanal auf das Gerät.

Erst nachdem dieser Bootstrap auf dem Gerät implementiert ist, können mithilfe von SyncML Nachrichten und Konfigurationen installiert werden. Das Gerät bzw. der UC-Server kann diese Nachrichten und Konfigurationen auch über eine gesicherte Datenleitung sowie mittels SMS oder per MMS versenden bzw. empfangen.

SyncML arbeitet mit verschiedenen Übertragungsprotokollen:

- HTTP und WSP (Wireless Session Protocol) als Bestandteil von WAP
- OBEX (Object Exchange) für Infrarot und Bluetooth

Sie dienen als Transportmedium für die Nachrichten. Abbildung 6.7 stellt das Szenario dar. Um die Konfigurationsdatei bzw. die SyncML-Datei zu minimieren, wird ein spezielles WAP-Binary-XML-Format (WBXML) eingesetzt. Es ist in der Lage, XML-Dokumente binär darzustellen. Dieses Format verringert die Größe der Daten, was das zu den mobilen Geräten zu transportierende Datenvolumen wesentlich reduziert.

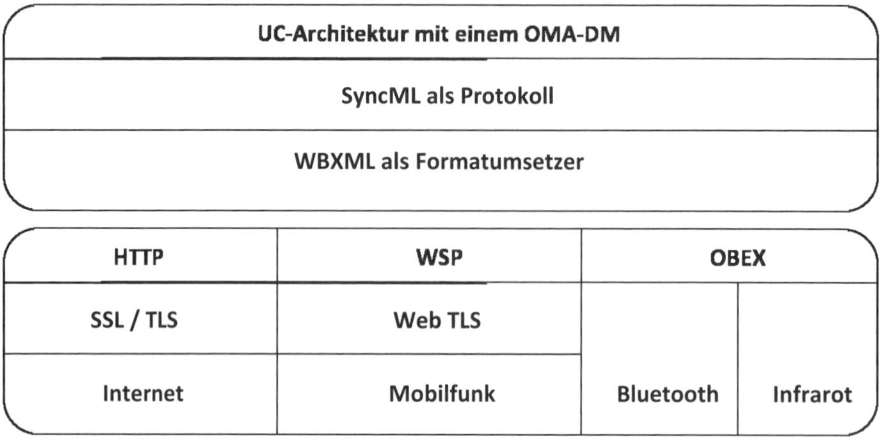

6 Protokolle und Sprachen bei UC

UC-Architektur mit einem OMA-DM				
SyncML als Protokoll				
WBXML als Formatumsetzer				
HTTP	WSP		OBEX	
SSL / TLS	Web TLS			
Internet	Mobilfunk	Bluetooth	Infrarot	

Abbildung 6.7 Struktur des OMA-DM

> **Praxistipp:**
> SyncML ist Bestandteil von OMA-DM und bringt viele Vorteile im Management von mobilen Geräten. Mit ihm lässt sich fast jedes mobile Gerät (Handy, PDA, Smartphone) administrieren. Eines der wichtigsten Einsatzgebiete ist die effektive und effiziente Verteilung, Installation, Konfiguration und Verwaltung von Software, z.B. einer UC-Anwendung, auf mobilen Endgeräten.
>
> **Empfehlung:** Nutzen Sie diesen Vorteil insbesondere für den Betrieb von UC-Systemen in Kombination mit mobilen Endgeräten. Das UC-System sollte in der Lage sein, die mobilen Endgeräte per OMA-DM zu administrieren.

6.12 XML – Für effiziente Adaption

Der Trend geht klar in Richtung webbasierter Applikationen und weg von den aufwendigen, ständig zu pflegenden, dezentralen Softwarekomponenten. Webbasierte Lösungen haben den weiteren Vorteil, dass die Intelligenz der Applikationen aus dem Server kommt. Auf dem Endgerät bedarf es lediglich eines „dummen" Web-Browsers.

6.12.1 Von HTTP zu XML

Die klassische Web-Technologie würde allerdings sehr schnell an ihre Grenzen stoßen. Das liegt vor allem an der starren Darstellung und Interpretation der klassischen Web-Programmierung mittels HTTP. In HTTP sind die Inhalte starr auf eine bestimmte Darstellung programmiert.

Ergo sahen dieselben Inhalte früher auf jedem System anders aus. Das nervte. Der Nutzer setzte sich dann zu Hause an seinen Monitor, der natürlich viel besser war als der am

Arbeitsplatz, und konnte dort die Web-Applikationen in voller Schönheit genießen. Wenn die Grafikausstattung oder die Betriebssystemversion des genutzten Geräts nur eine geringe Leistungsfähigkeit bot, so konnte er die Web-Anwendungen nur schwer nutzen. Hier musste Abhilfe her: Man wollte dieselben Inhalte unabhängig von den Fähigkeiten des Endgerätes darstellen können. Das war die Geburtsstunde von XML (eXtensible Markup Language).

6.12.2 Offene Gestaltung von Web-Inhalten

Die Grundidee von XML besteht darin, die Inhalte einer Webseite getrennt von ihrer Gestaltung zu übertragen. Weiterhin sollte es für jede Variante von Anzeigen eine entsprechende Gestaltungsvorlage geben. Über systeminterne Abfragen der Darstellungsmöglichkeiten des genutzten Endgerätes wird dann zu den jeweiligen Inhalten die passende Gestaltungsinformation übertragen. Der Web-Browser verknüpft dann den Inhalt mit der mitgelieferten Gestaltungsvorgabe und stellt ihn dar. Auf diese Weise kann man „beliebige" Endgeräte für ein und dieselbe Applikation einsetzen. Einen echten Boom erfuhren die XML-Applikationen mit Unified Communication. Hierdurch besteht die Möglichkeit, die UC-Plattform auf die Bedürfnisse des Anwenders zu adaptieren und anzupassen. Vor allem in jüngster Zeit erleben XML-Anwendungen für Präsenz und Lokalisierung ihre Hochkonjunktur.

6.12.3 Unterstützung für XML-Entwickler

Heutzutage gibt es keinen ernst zu nehmenden Hersteller, dessen UC-System nicht in der Lage wäre, per XML Befehle auszuführen. So haben sich in den letzten Jahren viele Foren für XML-Entwickler etabliert. Mittlerweile betreiben und pflegen nahezu alle Hersteller von UC-Systemen eigene XML-Entwicklerforen. In diesen offenen Foren können die Entwickler diskutieren und Erfahrungen austauschen. Viel wichtiger sind den Entwicklern allerdings die über solche Foren von den Herstellern bereitgestellten fertigen XML-APIs. Interessierte XML-Entwickler können sich meist kostenfrei in diesen Foren anmelden und erhalten vielfach eine ganze Palette an XML-Entwicklerwerkzeugen, die zu den UC-Komponenten des jeweiligen Herstellers passen. Damit die Entwickler möglichst viele und für die Anwender interessante Anwendungen entwickeln, stellen die meisten Hersteller selbst die XML-APIs offen und kostenfrei zur Verfügung. In der Regel reicht eine Registrierung auf der Webseite des Herstellers aus. Meist bestehen diese Entwicklerwerkzeuge vor allem aus einer mehr oder weniger umfangreichen Bibliothek fertiger XML-APIs. Doch im Prinzip stecken in diesen XML-APIs wieder die herstellerspezifischen Funktionen. Das bedeutet für die Entwickler keine wirkliche Verbesserung, da die meisten XML-APIs herstellerübergreifend wenig oder gar nicht kompatibel sind.

> **Praxistipp:**
> XML-Entwicklerforen sind sehr wertvolle Institutionen, weil sie oftmals einen leichten und kostengünstigen Einstieg in die XML-Technologie bieten. Doch Achtung! Braucht ein Entwickler technische Unterstützung oder will er seine entwickelte Anwendung vom Hersteller testen oder sogar zertifizieren lassen, so muss er sich dafür meistens als echter Entwicklungspartner anmelden. Partnerschaften sind enger als lockere Foren, kosten aber wie im richtigen Leben oftmals Geld.
>
> **Empfehlung:** Nutzen Sie die Möglichkeiten solcher Foren, aber prüfen Sie, welche XML-APIs kostenfrei und welche nur kostenpflichtig zur Verfügung gestellt werden. Eine Partnerschaft als XML-Entwickler kann durchaus sinnvoll sein, da für einfache und schnelle XML-Programmierung auch tief gehende Kenntnisse des genutzten UC-Systems erforderlich sind.

6.12.4 XML-Applikationen

Auf jeden Fall lohnt sich der Blick in solche XML-Foren. Bereits als einfach nur registrierter Benutzer bekommt man viele Informationen, Entwicklerwerkzeuge, fertige Applikationsschnittstellen und insbesondere jede Menge Inspirationen. Man findet fertige XML-APIs für die UC-Systeme, Dokumentationen zur Steuerung und für Funktionen rings um das Systemmanagement und vieles mehr.

Einige Beispiele für äußerst nützliche XML-Applikationen:

- Die Zeiterfassung für bestimmte Arbeitsprozesse am Arbeitsplatz, z.B. wenn man diese Arbeiten dezidiert abrechnen muss oder will.
- Eine sogenannte „Free Seating"-Funktion. Sie ermöglicht das freizügige Umziehen von Anwendern zwischen den Arbeitsplätzen.
- Zugriff auf Verzeichnisdienste, um beispielsweise darin gleichzeitig nach mehr Feldern suchen zu können als nur nach Namen, Vornamen und Initialen.

Manchmal sind es aber einfach nur die Abbildung und Darstellung der bereits existierenden Funktionen und Applikation in einer komfortableren Weise, die hinter dem Einsatz von XML stehen. Genau da stellt sich die Frage: „Wie macht man herkömmliche Applikationen web- oder besser XML-fähig?" Die Antwort ist so simpel wie pragmatisch. Die vorhandenen UC-Schnittstellen bleiben so, wie sie sind. Man stellt einfach einen Web-Server davor. Abbildung 6.8 macht dieses deutlich Sehr gerne werden dafür kostenfreie Web-Server wie Apache und/oder Tomcat verwendet. Dieser Web-Server stellt dann mittels XML und ggf. SOAP die Funktionen der klassischen Anwendung als Web-Applikation zur Verfügung. Zwischen dem Web-Server und der Applikationen kommen wieder die bekannten Protokolle zum Einsatz wie etwa SOAP. Klingt einfach, ist es aber nicht: Zwischen Theorie und Praxis klafft eine sehr große Lücke.

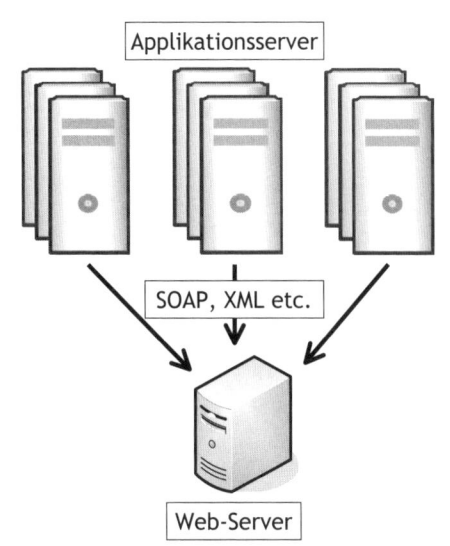

Abbildung 6.8
Web-Server-Struktur mit Applikationsservern

> **Praxistipp:**
> Die oben genannten kostenfreien Web-Server bieten zwar alle Funktionen, die man grundsätzlich benötigt, dennoch bedarf es eines sehr hohen Fachverständnisses in der XML-Programmierung, um sie entsprechend zu adaptieren.
>
> **Empfehlung:** Nutzen Sie die Möglichkeit des Web-Servers, da er am schnellsten, effektivsten und effizientesten die XML-Applikationen mit Prozessen und Verzeichnissen verbindet.

XML kann als VoiceXML auch zur Übertragung von Sprachnachrichten benutzt werden. VoiceXML (Voice Extensible Markup Language) ist eine XML-Applikation, welche die Abläufe in einem Sprachdialog steuert, z.B.: „Drücken Sie die 1, um …". Seit 2004 ist VoiceXML eine Empfehlung des World Wide Web Consortiums (W3C) und wurde ursprünglich für Telefondienste entworfen. VoiceXML oder auch kurz VXML hat den Status eines Web-Standards. Die VXML-Dateien können beispielsweise in automatisierten Sprachansagen verwendet werden. Diese Nachrichtenform ist sehr simpel und muss nicht zwingend von einer Person „aufgesprochen" werden. Man könnte VXML auch als Computersprache verstehen, die dadurch sehr vielschichtig wird. Es ist auch möglich, E-Mails in VXML-Dateien umzuwandeln und in Echtzeit durch eine synthetische Sprachausgabe wiederzugeben. Das wird häufig auch als „Text-To-Speech" bezeichnet. Damit ist eigentlich VXML gemeint. Wenn der Anwender anfängt, mit einem VoiceXML-UC-System zu interagieren, werden XML-Dateien erzeugt bzw. angefordert oder gesendet. VoiceXML-Dateien können hierbei Menüs oder sogar Formulare mit Spracheingabemasken sein.

Ein Menü präsentiert dem Anwender eine Reihe von Optionen sowie die Übergänge zu anderen Dialogen. Man kann sie sich als „Baumstruktur" vorstellen. Eine Aktion des Anwenders verweist in einen Ast, erzeugt sogar einen neuen Ast oder Baum, damit weitere

Menüs verfügbar sind. Nutzereingaben können entweder als gesprochener Text oder als Tonwahl (DTMF) in das UC-System übergeben werden. Die Grammatik spielt natürlich eine entscheidende Rolle, da je nach Landessprache oder Dialekt eine andere Struktur aktiviert werden muss. Weiter werden Ereignisse erzeugt, wenn der Anwender auf eine Eingabeaufforderung nicht antwortet oder die Eingabe nicht verstanden wird. Als Beispiel ist hier eine sehr einfache VoiceXML-Anwendung angefügt. Sie sagt: „Willkommen bei UC-Info" und endet dann.

```
<vxml version="2.0" xml:lang="de">
  <form>
    <block>
     <prompt bargein="false">
       Willkommen bei UC Info
     </prompt>
    </block>
  </form>
</vxml>
```

Das folgende Beispiel bietet ein Menü mit den drei Optionen Sport, Wetter oder Nachrichten:

```
<vxml version="2.0">
  <menu>
    <prompt>
      Bitte wählen Sie aus: <auswahl />
    </prompt>
    <choice next="http://sport.ucinfo.de/sport.vxml">
      Sport
    </choice>
    <choice next="http://wetter.ucinfo.de/wetter.vxml">
      Wetter
    </choice>
    <choice next="http://news.ucinfo.de/nachrichten.vxml">
      Nachrichten
    </choice>
    <noinput>Bitte wählen Sie ein Thema aus: <auswahl/></noinput>
  </menu>
</vxml>
```

Die Spracherkennung lässt sich auswerten und in weiteren Tabellen hinterlegen, womit die Interaktionsdialoge auf sehr einfache Weise verbessert werden können.

> **Praxistipp:**
> VoiceXML ist bei weitem das flexibelste Werkzeug zur Sprachwiedergabe und Interaktion mit einem UC-Anwender. Die Spracherkennung kann auch ausgewertet und in weiteren Tabellen hinterlegt werden. Somit können auf sehr einfache Weise die Interaktionsdialoge verbessert werden. Daher gehört VoiceXML in jedes UC-System.

6.13 AJAX – JavaScript + XML = Web 2.0

XML brachte bereits viele Verbesserungen im Umgang mit Web-Applikationen und in der Integration von UC-Architekturen mit anderen Applikationen. XML ist gleichzusetzen mit dem Begriff „Web 1.0". Doch die IP-Welt drehte sich weiter. Was kommt nach XML und was nach Web 1.0? AJAX und Web 2.0. AJAX steht für „Asynchronous JavaScript And XML". Dieser Abschnitt gibt einen kurzen praktischen Einblick in beide Technologien.

XML bietet eine gewisse Flexibilität, doch können bei weitem nicht alle Sonderfälle mittels solcher Abfragen und zusätzlicher Gestaltungsinformationen abgedeckt und realisiert werden. Auch XML hat Grenzen, die sich aber durch den Einsatz voll dynamischer Webseiten überwinden lassen.

6.13.1 JavaScript für dynamische Webseiten

Ende 1995 wurde von Netscape mit dem Netscape Navigator 2.0 auch die Protokollbeschreibung JavaScript veröffentlicht. Dieser Navigator unterstützte als erster JavaScript 1.0. In der Spezifikation ECMA-262 wurde JavaScript später als ECMAScript zu einem Industriestandard erklärt. JavaScript ist eine spezielle Form der Programmierung von dynamischen Webseiten. Diese Art der Programmierung erlaubt es, vor allem sehr schnelle Webseiten zu programmieren. JavaScript ist nicht mit Java zu verwechseln, wobei der Unterschied in der Programmierung selbst liegt. Java wird in Maschinensprache (Bytecode) programmiert und ist dadurch sehr schnell in der Ausführung, aber auf der anderen Seite sehr schwer zu erlernen bzw. zu lesen. Aus diesem Grunde wird von vielen Programmierern lieber JavaScript eingesetzt, denn es besteht aus Objekten, ähnlich wie sie oft in der Programmiersprache C bzw. C++ verwendet werden. Damit ähnelt es einer Skriptsprache.

JavaScript wird meist direkt auf dem Rechner des Anwenders ausgeführt, das heißt, es ist eine clientseitige Sprache (im Gegensatz dazu ist beispielsweise PHP eine serverseitige Skriptsprache, das heißt PHP-Skripte werden vom Web-Server ausgeführt). Doch wo Licht ist, da ist auch Schatten. Das systembedingte Problem von JavaScript liegt darin, dass die verschiedenen Browser unterschiedliche JavaScript-Versionen unterstützen müssen. JavaScript dient zwar nicht ausschließlich, aber hauptsächlich dazu, HTML- und XHTML-Code zu ergänzen.

6.13.2 AJAX – Die Kombination macht's

AJAX (Asynchronous JavaScript and XML) ist eine der wesentlichen Schlüsseltechnologien zur Realisierung von Web 2.0 und bezeichnet ein Konzept der asynchronen Datenübertragung zwischen einem Web-Server und dem Browser. Aber AJAX kann noch mehr. Die Problematik, dass eine Webseite bei jeder Anfrage des Nutzers erneut komplett geladen werden muss, war der eigentliche Beweggrund zur Entwicklung dieser Technologie. Jeder hat bestimmt schon mal eine mit AJAX programmierte Seite besucht. Die bekanntesten Beispiele hierfür sind „Google Earth" und „Google Maps". AJAX-Anwendungen erwecken den Eindruck, dass sie gänzlich auf dem Computer des Anwenders ausgeführt werden, sie sind schnell. Der Prozessfluss einer traditionellen Web-Anwendung wird hingegen durch die HTTP-Anfrage auf einem Server bestimmt. Damit ist die Geschwindigkeit der Web-Anwendung von der Performanz des Web-Servers und des IP-Netzes abhängig.

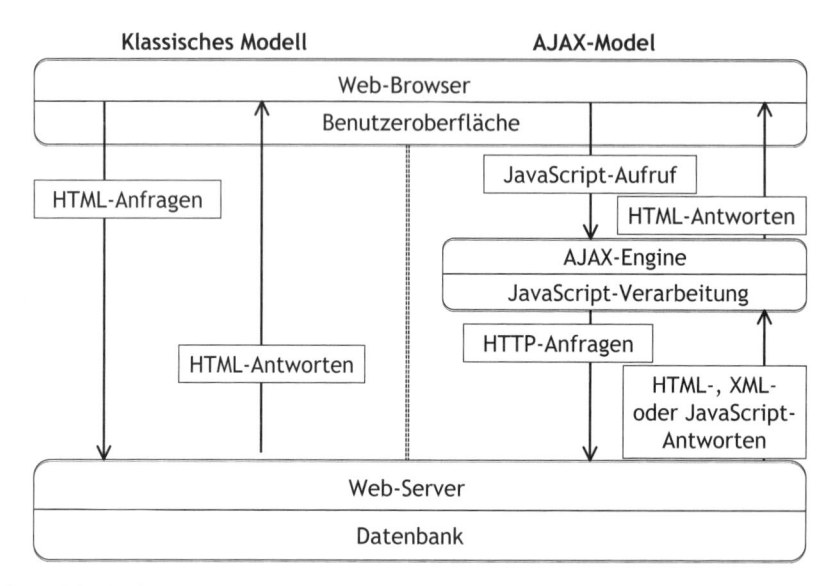

Abbildung 6.9 Abarbeitung einer Web-Anfrage im klassischen und AJAX-Modell

Bei einer traditionell erstellten Webseite wird die komplette Seite bei jeder Anfrage erneut geladen und anzeigt – auch dann, wenn sich nur ein Zeichen oder Symbol verändert hat. Das kostet vor allem Zeit und ist natürlich auch rechner- und bandbreitenintensiv, wie in Abbildung 6.9 auf der linken Seite dargestellt. Verzögert sich die erforderliche Antwort des Servers oder bleibt diese gar aus, so entstehen unweigerlich längere Wartezeiten. Im schlechtesten Fall bricht die gesamte Anwendung ab.

Aufgrund der Tatsache, dass der Web-Server bei jeder Anfrage des Nutzers eine neue Webseite erzeugen und diese übermitteln muss, erscheint dem Anwender die Anwendung insgesamt als träge und wenig intuitiv. Der Nutzer erwartet auch bei Web-Anwendungen ein zügiges Arbeiten. Nur wenn Web-Anwendungen vor allem dem Nutzerbedarf in puncto Anwenderfreundlichkeit und schneller, intuitiver Bedienung gerecht werden, werden sie auch akzeptiert. Das eigentliche Novum bei AJAX besteht in der Tatsache, dass bei Bedarf nur gewisse Teile einer HTML-Seite oder auch reine Nutzdaten lediglich sukzessive nachgeladen werden.

Jesse James Garrett (Mitarbeiter der Agentur Adaptive Path), der als der Erfinder der AJAX-Technologie angesehen wird, beschreibt bereits Anfang 2005 AJAX so (Quelle: www.adaptivepath.com/ideas/essays/archives/000385.php):

„Jede Benutzeraktion, die für gewöhnlich eine HTTP-Anfrage erzeugen würde, erzeugt nun einen JavaScript-Aufruf, der an die Ajax-Engine delegiert wird. Jede Antwort auf eine Aktion des Nutzers, die keine Verbindung zum Server erfordert, – wie beispielsweise das Validieren von Daten, das Verändern von Daten, welche sich im Speicher befinden, und sogar das Navigieren zwischen einzelnen Elementen der Webseite – all dies kann von der Ajax-Engine bewältigt werden. Benötigt die Ajax-Engine Daten vom Server, um eine bestimmte Aktion erfolgreich durchführen zu können – es kann sich hierbei beispielsweise um das Übertragen von Daten, die verarbeitet werden müssen, um das Nachladen einzelner Bausteine der Benutzeroberfläche oder um das Laden neuer Daten handeln –, führt diese eine asynchrone Anfrage, für gewöhnlich in Form eines XML-Dokuments, an den Server durch. Dabei wurde jedoch die Interaktion des Benutzers mit der Anwendung, wie dies bei gewöhnlichen Webanwendungen der Fall ist, nicht unterbrochen."

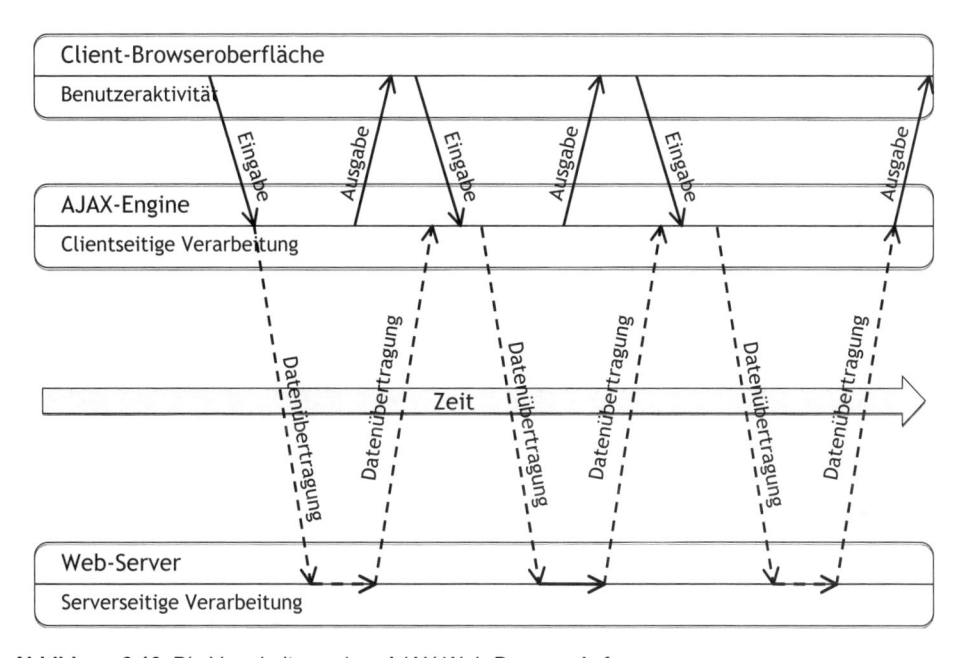

Abbildung 6.10 Die Verarbeitung einer AJAX-Web-Browser-Anfrage

In der Praxis ist dieses sehr einfach und gut anhand eines Warenkorbsystems zu beschreiben:

Bei der Bestellung in einem Internet-Shop ist es möglich, nach dem Anklicken des „Hinzufügen-Buttons" die ausgewählten Waren in den „virtuellen Warenkorb" zu übergeben. Im „Warenkorb" werden direkt alle hinzugefügten Waren angezeigt und aufgelistet. Möchte man eine weitere Ware bestellen, müsste man nun wieder zurück aus dem Warenkorb auf die Bestellseite wechseln. Mit einem AJAX-Warenkorb kann man die Waren in den Warenkorb legen, ohne dass jedes Mal die Warenkorb-Übersichtsseite geladen und angezeigt wird.

AJAX-Anwendungen sind deutlich zeit- und ressourcensparender, da sie immer nur die Daten nachladen, die gerade benötigt, angefordert oder geändert wurden. Es wird nicht jedes Mal die ganze Webseite angezeigt. In Abbildung 6.10 ist diese Abfrage der AJAX-Schnittstelle schematisch dargestellt:

- Die Anfragen werden erst durch eine AJAX-Engine geschickt.
- Diese AJAX-Instanz lädt Daten aus dem eigentlichen Web-Server.
- Der Web-Server gibt diese dann an den Web-Client weiter.

AJAX-Anwendungen sind in der Lage, selbst Anfragen an den Server zu schicken und nur die Daten anzufordern, die tatsächlich benötigt werden. Dies geschieht über den Aufruf eines Web-Services, z.B. mittels SOAP. Diese Datenbereitstellung erfolgt als asynchrone Kommunikation, d.h. während die Daten vom Server geladen werden, kann der Nutzer weiter mit und in der Web-Anwendung interagieren. Sind die Daten fertig geladen, dann wird eine zuvor benannte JavaScript-Funktion aufgerufen, welche die Daten in die Web-Seite einbinden kann.

Im Ergebnis erhält man so eine Web-Applikation, die sehr viel zügiger auf Benutzereingaben reagiert als herkömmliche Webseiten. Das liegt daran, dass wesentlich weniger Daten zwischen Web-Browser und Web-Server ausgetauscht werden müssen, und dass das Laden der Daten asynchron erfolgt. Zudem wird die Web-Server-Last reduziert, da bereits viele Verarbeitungsschritte im Web-Client getätigt werden können.

> **Praxistipp:**
> Nutzen Sie UC-Architekturen, -Systeme und -Applikationen, die mit AJAX arbeiten. Das führt zur deutlichen Steigerung der Nutzerakzeptanz und verringert auf der anderen Seite die Last auf den Web-Servern. Nutzen Sie die Wege zu Web 2.0.

6.13.3 AJAX und kein „Zurück"

Einer der am häufigsten beklagten Nachteile der AJAX-Technologie ist die Tatsache, dass es schwer möglich ist, die Funktionalität einer „Zurück"-Schaltfläche im Browser abzubilden. Bei klassischen Webseiten besteht immer die Möglichkeit, auf die Seite(n) davor zurückzuspringen. Das geht umso schneller, je mehr bereits übertragene Webseiten der Browser lokal auf dem PC zwischengespeichert hat. Bei AJAX werden keine kompletten Webseiten übertragen, daher lassen sich auch keine zwischenspeichern. Aus diesem Grund besteht unter AJAX die Gefahr, dass das Klicken der „Zurück"-Schaltfläche nicht den vorherigen Zustand der Web-Anwendung wiederherstellt, da die Web-Browser für gewöhnlich nur statische Seiten in ihrer Historie abspeichern. Das Ziel von AJAX sind dynamische Webseiten.

Grundsätzlich erwartet ein Anwender, dass ein Klicken der „Zurück"-Schaltfläche die zuletzt getätigte Aktion revidiert. Auch wird oftmals durch das Klicken der „Zurück"-Schaltfläche versucht, eine Seite im Navigationspfad zurückzublättern. Aufgrund des dynamischen Web-Seitenaufbaus vieler AJAX-Anwendungen ist dies nun nicht immer möglich. Die einzelnen Navigationsschritte des Nutzers sind technisch nur sehr schwer reproduzierbar. Softwareentwickler haben verschiedene Lösungen erfunden, um diesem Problem zu begegnen. Die meisten Lösungen basieren auf sogenannten „Inline-Frames": weiteren zusätzlichen HTML-Elementen oder XML-Erweiterungen. Das Inline-Frame-Element ist so gestaltet, dass es für den Nutzer nicht sichtbar ist. Es wird benutzt, um die Browser-Historie des Nutzers auf diesem Umweg zu befüllen. Ein gutes Beispiel dafür ist „Google Maps". Es führt eine Suchanfrage in einem nicht sichtbaren Inline-Frame-Element durch und befüllt mit den daraus resultierenden Ergebnissen das AJAX-Element der sichtbaren Webseite. Durch bestimmte AJAX-Tools ist es möglich, die einzelnen AJAX-Anforderungen mittels einer sogenannten Rückruffunktion zu verfolgen. Der Rückruf wird immer dann ausgelöst, wenn der Nutzer auf die „Zurück"-Schaltfläche des Web-Browsers klickt. Über diesen Umweg ist es möglich, den vorherigen Zustand der Anwendung wiederherzustellen. Das ist zwar komplex, aber eine für die Nutzer akzeptable Lösung.

> **Praxistipp:**
> Die Latenzzeit, also das zeitliche Intervall zwischen einer Web-Anfrage des Browsers und der zugehörigen Antwort vom Web-Server, muss bei der Entwicklung einer AJAX-Anwendung berücksichtigt werden. Ohne eine klar ersichtliche Rückmeldung, z.B. vorausschauendes Laden einzelner Anwendungsdaten, kann sich einem Anwender der Eindruck aufdrängen, dass die gesamte Anwendung nur zähflüssig auf seine Aktionen reagiert.
>
> **Empfehlung:** Es sollten immer visuelle Feedbacks wie beispielsweise das Symbol einer Sanduhr verwendet werden, um den Anwender zu informieren, dass momentan gewisse Hintergrundaktivitäten stattfinden oder Daten bzw. Inhalte geladen werden.

6.13.4 AJAX und kein „Lesezeichen"

Ein ähnlich gelagertes Problem ist die Tatsache, dass es bei dynamisch aktualisierten Webseiten beinahe unmöglich ist, auf einen ganz bestimmten Zustand einer Web-Anwendung ein Lesezeichen zu setzen. Bei statischen Webseiten merkt sich der Web-Browser als Lesezeichen einfach die URL (Uniform Resource Locator) der Webseite.

Auch für dieses Problem von AJAX wurden zwischenzeitlich Lösungen entwickelt. Meistens wird in diesem Zusammenhang ein „Anker" in der gegenwärtigen URL-Adresse verwendet. Dieser ist häufig durch ein Rautesymbol (#) erkennbar. Auf diese Weise kann man den Prozessfluss einer Web-Anwendung verfolgen. Zudem wird es dem Anwender so ermöglicht, über den genannten URL-Teil einen bestimmten Anwendungszustand wiederherzustellen. Viele Web-Browser ermöglichen es, den Anker durch JavaScript dynamisch zu aktualisieren. So kann eine AJAX-Anwendung den Inhalt der dargestellten Webseite parallel zur Verarbeitung aktualisieren. Hiermit wird auch gleichzeitig das Problem behoben, das durch den nicht funktionierenden „Zurück-Knopf" entsteht.

Zusammenfassend ist festzuhalten, dass eine mit AJAX programmierte Webseite einfach besser aussieht und deutlich dynamischer wirkt als statische Webseiten.

> **Praxistipp:**
> Web 2.0 erfährt durch AJAX als eine der wesentlichen Schlüsseltechnologien eine erhebliche Verbesserung. Bei einer UC-Plattform ist es ein Muss, auf diese Form der dynamischen Darstellung zurückzugreifen. Sie bietet wesentlich mehr Möglichkeiten der Interaktion, und vor allem ist der Geschwindigkeitszuwachs deutlich spürbar.
>
> **Empfehlung:** Bei webbasierten UC-Anwendungen, die per Web-Browser bedient werden, sollten Sie immer auf einer AJAX-Steuerung bestehen und diese favorisieren. Web 2.0 ist für den Endnutzer einfach komfortabler und intuitiver erfassbar.

6.14 SOAP – Einfacher Applikationszugang

So schnell, wie SOAP (Simple Object Access Protocol) auf der Bildfläche der Applikationen erschien, so schnell verschwand es wieder fast komplett in der Versenkung. Heutzutage spricht kaum noch jemand über SOAP. Das Ziel von SOAP bestand darin, seinem Namen gerecht zu werden, d.h. eine sehr einfache Programmierumgebung und Protokollimplementierung für eine breite Palette von Applikationsbedürfnissen bereitzustellen. Mit SOAP sollte man alle Applikations- und Schnittstellenprobleme lösen können, angefangen von der einfachen Nachrichtenübermittlung bis hin zu komplexen Steuerprozeduren. Das war wohl doch ein zu großes Ziel. Trotzdem ist SOAP für eine Reihe von Funktionen durchaus sinnvoll und hilfreich und verdient es, hier näher betrachtet zu werden.

6.14.1 SOAP ist XML

Im Prinzip kann man das durchaus behaupten. Es ist ähnlich strukturiert und benutzt XML als Beschreibungsform. SOAP hat drei Bestandteile:

- *Umschlag (Envelope):* Wie im richtigen Leben steht darauf quasi, was in der Nachricht enthalten ist. Das bedeutet auch einen Hinweis, ob darin überhaupt Daten enthalten sind oder sein müssen (Anforderung von Daten). Außerdem ist auf dem Umschlag verzeichnet, wie die Nachrichten weiterbearbeitet werden sollen, und vor allem, welche Instanz das tun soll oder muss. Der Umschlag ist also ein Regelwerk oder die „Arbeitsanweisung" von SOAP.

- *Anordnung (Serialization):* enthält Kodier- und Ordnungsregeln, wie die anwendungsspezifischen Datentypen zu beschreiben sind und welche Instanz diese beschreibt.

- *Vereinbarungen (Conventions):* damit über SOAP Anfragen gestartet werden können und mit allen Instanzen klar vereinbart werden kann, wie die Antworten auszusehen haben.

Das klingt sehr einfach und ist es auch wirklich – aber leider nur so lange, bis die Komplexität der Beschreibungen, die Anzahl und Unterschiedlichkeit der Instanzen und die Vielfalt der möglichen Interaktionen den Begriff „simpel" ad absurdum führen.

> **Praxistipp:**
> Der Ansatz hinter SOAP ist mehr als lobenswert. Es gibt nach wie vor viele Einsatzszenarien, für die SOAP bestens geeignet ist und Verwendung findet. Dennoch sind SOAP deutliche Grenzen gesetzt.
>
> **Empfehlung:** Als Applikationsentwickler und -integrator sollte man wissen, was SOAP zu leisten vermag und was nicht.

6.14.2 Anwendung von SOAP im UC-Umfeld

SOAP setzt man gerne dort ein, wo es darum geht, auf einfachste Weise zwei Welten miteinander zu verbinden, z.B. die klassische Applikationswelt einer vorhandenen Kommunikationsanlage mit modernen Web-Architekturen. Auf der einen Seite beherrschen CSTA und SIP das Geschehen. In der Web-Welt sind es HTTP und vor allem XML.

Warum sollten die Hersteller und vor allem die Anwender beispielsweise ihre lieb gewonnenen klassischen CTI-Applikationen wegwerfen? Wieso müssen wieder komplett neue Applikationsschnittstellen programmiert werden? Dafür gibt es keine sinnvollen Begründungen – aber es gibt SOAP.

SOAP eignet sich beispielsweise hervorragend für die Migration von CSTA-Umgebungen in Richtung Web. Auf der einen Seite befindet sich der Kommunikationsserver, der mit der UC-Architektur nach wie vor über CSTA interagiert. Auf der anderen Seite, in Richtung Anwender, erfolgt die Kommunikation jedoch über Web-Funktionen. Das Endgerät des Anwenders verfügt nur noch über einen Web-Browser und hat keine Programme mehr darauf installiert.

Ein gutes Beispiel für solche Architekturen ist Cloud Computing, wobei die Daten und Applikationen nur noch zentral abgelegt sind. Wie werden diese zentralen Applikationen angesprochen und gesteuert? Der einfachste Weg führt über SOAP. Zwischen dem Applikationsserver und Anwender wird eine Web-Instanz implementiert. Sie stellt dem Anwender die Applikation und die Daten in XML dar. Die Interaktion in Richtung Unified Communication erfolgt über SOAP. Alle anderen bereits existierenden und implementierten Instanzen wie z.B. die Schnittstellen zwischen dem Kommunikations- und Applikationsserver bleiben davon unberührt.

> **Praxistipp:**
> Für eine Phase der Migration kann der Einsatz von SOAP eine sinnvolle effektive und effiziente Lösung sein. Doch auf die Dauer führen diese vielen Schnittstellen und Umsetzungen oftmals zur Unhandlichkeit. Die Applikationen verschmelzen immer stärker

miteinander, und da geht es funktional einfach nicht mehr, dass jede Applikation ihre eigene SOAP-Welt betreibt.

Empfehlung: Moderne, ineinander eingebettete und sehr eng interagierende Applikationssuiten erfordern integrative Schnittstellen und Protokolle – an dieser Stelle sollten Sie immer auf SIP in Kombination mit XML setzen.

6.15 Mobile Mitteilungsdienste (SMS, MMS und EMS)

Es fing so einfach an: Ein PC-Benutzer sandte Mitte der 90er Jahre eine Textnachricht an ein Handy. Seither erfreut sich der Kurznachrichtendienst „SMS" (Short Message Service) höchster Beliebtheit. Ein wesentlicher Grund dafür ist mit hoher Sicherheit die einfache Benutzung dieses Dienstes. Man wählt den/die Empfänger aus, verfasst einen kurzen Text und sendet ihn ab. Die Devise lautet: „Fass dich kurz", denn eine SMS-Nachricht darf nicht länger als 160 Zeichen sein. Überschreitet der Text diese Länge, werden automatisch zwei oder eben mehr, maximal 6, SMS erzeugt und einzeln versandt. Sehr schnell etablierte sich SMS als viel genutzte Kommunikationsform von Handy zu Handy. Anfänglich war das SMSen (gesprochen „simsen") über die numerische Tastatur eines normalen Handys noch etwas unkomfortabel. Heutzutage geht das mit den modernen Handys über deren eingebaute alphanumerische Tastatur wesentlich einfacher.

Da man Texte natürlich noch komfortabler auf einer PC-Tastatur verfassen kann, gewann der Versand von SMS-Nachrichten über den PC zunehmend an Bedeutung. Ähnlich wie beim Fax gibt es einen SMS-Server. Entweder erfolgt der SMS-Versand aus einer eigenen Anwendung heraus oder, und das ist die deutlich komfortablere Variante, direkt aus dem E-Mail-System. Statt der E-Mail-Adresse wird dann die Mobiltelefonnummer, ergänzt durch die Adresse des SMS-Servers, als Versandadresse angegeben. Die E-Mail mit dem SMS-Text gelangt über den E-Mail-Weg zum SMS-Server. Dieser wandelt sie entsprechend um und verschickt die SMS-Nachricht. Auf demselben Wege lassen sich SMS-Nachrichten empfangen, die dann als E-Mails im Mail-System ankommen. Der große Vorteil von SMS-Nachrichten gegenüber Faxnachrichten im UC-Umfeld ist, dass die SMS-Nachricht direkt als Text in der E-Mail erscheint.

Praxistipp:
Am besten und in besonders moderner Weise lassen sich SMS-Lösungen als XML-Applikationen im UC-Umfeld implementieren. Eine solche Lösung in Verbindung mit modernen, XML-fähigen und mit einer alphanumerischen Tastatur ausgestatteten Endgeräten ist bezüglich des Bedienkomforts nahezu unschlagbar.

Empfehlung: SMS ist eine von den meisten Anwendern akzeptierte und viel verwendete Kommunikationsform. Sie bietet sich förmlich dazu an, die Anwender an XML-Applikationen heranzuführen. Nutzen Sie SMS auch im Geschäftsumfeld, es ist ein weit verbreiteter Dienst.

Ein großer und nicht zu unterschätzender Nachteil der SMS-Lösung ist die asynchrone Kommunikation. Viele Provider, die SMS-Nachricht durchleiten, sind nicht an Zeiten gebunden. In Verträgen mit Endkunden wird lediglich eine zeitnahe Übertragung gewährleistet. *Zeitnah* kann aber auch Stunden oder Tage bedeuten, dieser Umstand macht SMS nicht besonders attraktiv für zeitkritische Anwendungen. Allerdings stehen auch die Carrier unter Wettbewerbsdruck. Die Güte und Qualität ihrer Dienste sind ihr wichtigstes Unterscheidungsmerkmal. Das macht den Gebrauch von SMS immer zuverlässiger.

Im Laufe der Weiterentwicklung von SMS wurde noch die Möglichkeit geschaffen, mehr als 160 Zeichen zu senden, und zwar in Form des Enhanced Message Service (EMS). Es werden Formatierungen (*fettgedruckt, schräggestellt usw.*) unterstützt und auch der Versand von kleinen Bildern und Tönen. EMS setzte sich allerdings nicht durch, da der Nachfolger MMS (Multimedia Messaging Service) vor allem durch die Mobilfunkanbieter forciert wurde. MMS erlaubt und unterstützt auch den Versand und Empfang von Videos.

Mit MMS kann man beliebige Nachrichten mit multimedialem Inhalt verschicken. Eine Nachricht kann dabei aus beliebig vielen Anhängen, Bildern oder Videos bestehen. Damit ist es möglich, simple Texte und auch komplexe Dokumente an einen oder mehrere Empfänger zu verschicken. Eine Größenbeschränkung der MMS gibt es nicht. Allerdings können die meisten Endgeräte nur Nachrichten einer bestimmten Größe verarbeiten. Aus diesem Grund versuchen die Netzbetreiber, den Inhalt der zu empfangenden Nachrichten an das empfangende Endgerät anzupassen. Dieses funktioniert über das Verkleinern von Bildern und das Komprimieren von Videos.

> **Praxistipp:**
>
> MMS sind für die Nutzer und für die Provider eine tolle Sache. Letztere können an MMS mehr verdienen als an SMS. Das Geschäftsmodell bei SMS basiert in den meisten Fällen auf der Anzahl der versendeten SMS. Bei MMS gilt die Menge der übertragenen Daten als Abrechnungskriterium. Ein weiterer wichtiger Punkt: MMS sind Datendienste, d.h. sie verwenden die Datentarife des Providers.
>
> **Empfehlung:** Achten Sie bei der Verwendung von MMS auf zwei Dinge: A) Halten Sie die zu übertragende Datenmenge so klein wie möglich. B) Informieren Sie sich genau über Ihren Datentarif, sonst werden Sie schnell ein „Kostenwunder" erleben.

Derzeit haben alle deutschen Netzbetreiber eine maximale Nachrichtengröße von 300 kByte implementiert. Das liegt jedoch weniger an den technischen Möglichkeiten von MMS selbst, sondern an der Beschränkung auf 300 kByte, die einige der verwendeten WAP-Gateways (Wireless Application Protocol) setzen. Als Format wird SMIL (Synchronized Multimedia Integration Language) verwendet. SMIL ist ein XML-Format. Da zeigt sich die Nähe vom MMS zu Datendiensten und vor allem zum Internet mit den Web 2.0-Technologien. In gewisser Weise ist MMS so etwas wie eine Vorhut der mobilen Unified Communication.

MMS ist nicht kompatibel zu SMS oder EMS, und die Endgeräte müssen MMS explizit unterstützen. Technisch baut MMS an vielen Stellen auf bestehende Standards auf:

- Die Übertragung der Daten erfolgt über GPRS (General Packet Radio Service) oder eine andere mobile Datenübertragung wie WLAN oder 3G.
- Zur Kommunikation mit dem Endgerät wird WAP verwendet. Daher auch die Beschränkung in der maximalen MMS-Größe.
- Die Spezifikation beinhaltet Schnittstellen zur Kommunikation mit E-Mail-Gateways, die auf SMTP beruhen.
- Zur Kommunikation mit sogenannten VAS (Value Added Services) wird SOAP benutzt.
- Die Kodierung des Nachrichteninhaltes basiert auf MIME (Multipurpose Internet Mail Extensions).

Im Vergleich zu SMS ist MMS sehr viel stärker an eine E-Mail angelehnt, was schon durch die verwendeten Protokolle klar wird.

> **Praxistipp:**
> Durch die hohe Ähnlichkeit mit einer E-Mail ist MMS zur schnellen und kurzen Kommunikation am besten geeignet. SMS oder EMS werden zukünftig durch mobiles IM ersetzt werden.
>
> **Empfehlung:** Integrieren Sie in Ihre UC-Architektur eine MMS-Lösung. Sie ist besonders für mobile Anwender sinnvoll und nützlich. Sie können auf einfache Weise Texte, Bilder und Videos über einen zentralen MMS/UC-Server bereitstellen, und mobile Anwender können auf diese Inhalte zugreifen. Viele mobile Endgeräte unterstützen MMS, ohne dass dafür eine zusätzliche Software nötig ist.

6.16 Twitter, Yammer und Co.

Sind Protokolle von Twitter, Yammer und Co. als Dienste oder sogar Sprachen im Zusammenhang mit Unified Communication zu sehen? Unserer Meinung nach sind es in jedem Fall Kommunikationsformen, die eine Daseinsberechtigung in einer UC-Architektur haben. Beides kann man durchaus als „Sprache" bezeichnen, denn viele Nutzer sprechen darüber, dass sie „twittern" und „yammern".

6.16.1 Twitter – Das „Zwitschern" im Netz

Alles fing relativ harmlos an. Als Twitter 2006 von der Firma Obvious gegründet wurde, war noch nicht klar, welche Ausdehnungen diese Anwendung je haben sollte. Doch der Twitter-Dienst gewann sehr schnell an Popularität. Twitter wird als herausragende Innovationen am Ende dieses Jahrzehnts gesehen.

Twitter ähnelt sehr einer SMS, allerdings mit dem Unterschied der Zeichenbegrenzung auf 140 Zeichen und der Ablage der „SMS" auf einem sogenannten „Blog" (einer dynamischen Webseite, einem Tagebuch). Daher wird Twitter auch „Micro-Blogging" genannt. Angemeldete Twitter-Anwender können kurze Textnachrichten senden und die Nachrichten anderer Anwender empfangen. Die Nachrichten werden „Updates" oder „Tweets" (engl. *to tweet* = zwitschern) genannt. Weil die Anwender quasi untereinander hin und her „zwitschern", wird diese Form der Kommunikation als „Virtual Social Networking" (virtuelles soziales Netzwerk, VSN) bezeichnet. VSN beruht darauf, dass man die Nachrichten anderer Anwender abonniert, damit man sie besser und leichter „verfolgen" kann. Daher kommt die Bezeichnung der Abonnenten als „Follower" (engl. *to follow* = folgen). Die Nachrichten werden eingegeben und erscheinen automatisch bei den Followern. Der Absender kann entscheiden, ob er seine Nachrichten allen Anwendern zur Verfügung stellen will oder ob er sie auf bestimmte Nutzergruppen beschränkt.

Die Twitter-Technologie basiert auf XMPP (siehe Abschnitt 6.6), was sie dadurch auch für eine UC-Plattform sehr interessant macht. Twitter setzt für die Erzeugung von Benutzer-Webseiten ein Funktionsrahmenwerk namens Ruby on Rails ein. Im Hintergrund wird mit Scala gearbeitet. Das ist eine spezielle Programmiersprache, die in Struktur und Funktionsweise JavaScript und XML sehr stark ähnelt. XML- bzw. JavaScript-Programmierer können sehr schnell UC-Applikationen mit Twitter verknüpfen – vor allem, weil es sich in beiden um Open Source-Technologien handelt. Die kostenlosen Twitter-APIs erlauben auch die recht einfache Integration in andere Web-Services und UC-Anwendungen. Nachrichten und Nachrichtenabfragen können so, außer in einem spezialisierten Twitter-Client, auch in verschiedenen anderen Geschäfts- und Büroapplikationen verwendet werden, beispielsweise in CRM-Applikationen. Ein UC-System benötigt lediglich die Registrierung des Anwenders beim Twitter-Dienst. Wie bei einer E-Mail ist es möglich, Twitter-Beiträge zu schreiben. Der Nutzer erhält nach der Registrierung bei Twitter eine spezielle E-Mail-Adresse für seinen Zugang. Ab diesem Zeitpunkt kann er seine Beiträge per E-Mail senden. Die Versendung der Twitter-Nachrichten per E-Mail hat sich als nützlich erwiesen, da die Beiträge auch mehr als 140 Zeichen beinhalten können. Der restliche Text wird über einen weiterführenden Link angezeigt. Das Schreiben der Beiträge erfolgt aber meistens über das Eingabefenster der Twitter-Startseite.

Einige Fernseh- und Radiosender benutzen diese Kommunikationsform für Konferenzen in der Live-Berichterstattung, denn man benötigt nur ein Notebook oder ein Handy mit einem Online-Zugang, um alle Nachrichten zu verfolgen oder sie mit Texten zu bestücken. Jeder Benutzer kann sogenannte „Tags" bzw. „Hashtags" (Marken oder Hinweise) in seinem „Tweet" setzen. Diese Art der Markierung wird auch bei AJAX verwendet (siehe Abschnitt 6.12.4). Diese Markierungspunkte können von Programmen ausgewertet werden, wodurch es möglich ist, auch nach Schlagworten zu suchen. Ein Hashtag ist somit einem Schlagworthinweis gleichzusetzen. Ein Rautezeichen „#" und der Hinweis „tag", gefolgt von einem Leerzeichen, leiten einen Hashtag ein, z.B. „#ucinfo". Im UC-System kann hierdurch eine sehr schnelle und effektive Suchmaske nach Themen und Themengebieten etabliert werden, da jedes Wort, vor dem ein Rautezeichen steht, als „Tag" verwendet wird.

6.16.2 Yammern statt Zwitschern

Wenn „zwitschern" nicht reicht, wird „geyammert". Twitter ist vollkommen öffentlich, was viele Unternehmen davor zurückschrecken lässt, es geschäftlich zu verwenden. Eine Alternative ist Yammer: Dieser Dienst hat Twitter quasi zu einem Unternehmensdienst ausgeweitet. Der Internetdienst Yammer hat die gleichen Funktionen und Möglichkeiten wie Twitter, nur mit dem Unterschied, dass die maximale Zeichenlänge pro Tweet auf 160 Zeichen heraufgesetzt und eine Benutzeranmeldung immer mit einer Firmen-E-Mail-Adresse verknüpft ist. Diese hat zur Folge hat, dass sich beispielsweise auch nur Mitarbeiter eines Unternehmens gegenseitig Informationen und Tweets übermitteln können. Das Unternehmen ist durch die Domainkennung klar identifiziert – zumindest so klar, wie das Unternehmen seine Domains pflegt.

Die Sicherheit von Twitter oder Yammer ist umstritten. Es besteht die Möglichkeit, mit sehr einfachen Mitteln eine schädliche Software zu verbreiten. Durch das simple Konzept der Nachrichtenverbreitung und der „Follow"-Funktion ist das Verteilen quasi ein „Kinderspiel".

Durch die „Hashtags" ist man in der Lage, ein Meinungsbild der Anwender zu generieren, da man eine Auswertung der Tweets zu einem Schlagwort erhält. Beim „Twitter-Portal" sind bereits Tabellen mit Stimmungsbildern von Anwendern verfügbar. Es ist aber trotz all dieser Wenns und Abers davon auszugehen, dass viele Hersteller von UC-Applikationen die „Twitter-Sprache" implementieren werden, denn sie ist einfach und lehnt sich an die grundsätzlichen Funktionen von Unified Communication an.

> **Praxistipp:**
> Das Micro-Blogging mit Twitter oder Yammer kann durchaus als Sprache in der Unified Communication benutzt und gezielt eingesetzt werden. Man sollte aber immer bedenken, dass der gesendete Text oder Link auch von anderen mitlesbar ist. Der einzige Datenschutz kann nur durch den Versender gewährleistet werden, indem er den Nachrichtenversand kontrolliert und mit Umsicht durchführt.
>
> **Empfehlung:** Um Informationen schnell an Unternehmensmitglieder zu verteilen, eignen sich Twitter und vor allem Yammer sehr gut. Achten Sie jedoch auf den Personenkreis für die Kommunikationsform.

6.17 Essenz

Unified Communication war und ist eine Zusammenstellung unterschiedlicher Protokolle, Dienste und Sprachen. Je mehr Sprachen man sprechen kann, desto besser kann man kommunizieren – das gilt auch für die UC-Architektur. So einfach ist es allerdings aber doch nicht. SIP als Grundlage innerhalb der Struktur von Unified Communication ist ein Muss. Trotzdem sollte man die klassischen und auch bewährten Schnittstellen bzw. Protokolle nicht aus den Augen verlieren. ISDN- bzw. QSIG-Verbindungen sind in der Praxis noch häufig anzutreffen. Eine Verbindung via SIP sollte aber bei Neuanschaffung als Maß der Dinge dienen, wobei der Sicherheitsaspekt nicht unterschätzt werden darf. SIP-Secure gehört zu einer der größten Aufgaben im UC-Umfeld. MPEG-4 für eine Videokommunikation ist ebenso wichtig und relevant wie das richtige Codier- und Decodier-Verfahren bei Audio- und Sprachdaten, die beispielsweise für einen Anrufbeantworter benutzt werden. Steuerungsmechanismen wie CSTA, TAPI oder sogar SOAP sind innerhalb der UC-Landschaft unabdingbar – vor allem, weil Protokolle wie XML, AJAX, XMPP oder SIMPLE darauf aufsetzen und diese erst die wirklichen Mehrwerte und Verknüpfungen zu anderen Applikationen bringen. Diese Applikationen müssen über Standardprotokolle wie IMAP oder SMTP ansprechbar sein. Real-Time-Protokolle und gesicherte SRTP-Verbindungen gehören ebenso dazu wie auch, dass die Managementprotokolle in jedem Fall gesichert sein müssen, sonst währt die Freude an Unified Communication nicht lange.

7 Unified Communication macht mobil

7.1 Mobil oder morbid – Für und Wider der Mobilität

7.1.1 Vorteile der Mobilität

Hauptziel und auch Motivation einer mobilen Unified Communication-Lösung liegt bei Unternehmen und Verwaltungen ganz klar auf Kosteneinsparung. Die Vorteile für eine Privatperson bzw. den Mitarbeiter sind jedoch auch nicht von der Hand zu weisen. Durch eine mobile UC-Lösung können beispielsweise einerseits die täglichen Arbeitswege und Dienstreisen reduziert, auf der anderen Seite die Informationsflüsse optimiert und verkürzt werden. In vielen Unternehmen sind Heim- und Telearbeitsplätze mittlerweile gang und gäbe. Einfach mehr „Flexibilität", mehr echte „Mobilität" (arbeiten, wo und wann man gerade kann und möchte) und sicher auch einfach mehr „Freizeit" können simple und subjektive Gründe sein, um eine mobile UC-Lösung anzunehmen und einzusetzen. Weniger Stress, dafür eine höhere Lebensqualität – das sind deutliche Argumente für solche Lösungen. Beides hat langfristig gesehen sehr positive Auswirkungen auf den Gesundheitszustand eines Mitarbeiters und steigert dessen Effektivität. Selbst monetär ist diese Arbeitsweise, z.B. Arbeiten im eigenen häuslichen Umfeld oder in der nahe gelegenen Niederlassung, recht attraktiv. Auf diese Weise entstehen überhaupt keine oder jedenfalls wesentlich kürzere Arbeitsfahrten, was wiederum deutliche Kosten- und Zeitersparnisse mit sich bringt. Solche Arbeitsweisen mit Gleitzeit und höherer Flexibilität in der normalen Arbeit sind ebenfalls Motivationsfaktoren für den Einsatz einer mobilen UC-Lösung. Bei normaler Arbeitszeiteinteilung sind lediglich andere Beginn- oder Endzeiten wählbar. Vor allem die flexible Arbeitszeitgestaltung ist in der zukünftigen Arbeitswelt ein wesentliches Merkmal für die Attraktivität eines Arbeitsplatzes.

Die Menschen wollen und brauchen Eigenverantwortlichkeit, auch und insbesondere wenn es um deren höchstes Gut geht: ihre Zeit und ihr Lebensgefühl. Heimarbeitsplätze werden immer lukrativer. Wegfall von Pendlerfahrten und der Kosten für Transportmittel, das Essen zu Hause zu genießen – all das sind Dinge, die auch bei Mitarbeitern zu Kosteneinsparungen führen. Ein weiterer wichtiger Aspekt ist die Erleichterung des Wiedereinstiegs in den Beruf, z.B. nach einer Kinderpause oder einer längeren Krankheit. Immer mehr Frauen nutzen solche Arbeitsmöglichkeiten während der Schwangerschaft oder sie arbeiten, wenn die Kinder tagsüber in der Schule sind. Unterbrechungen während der Arbeit können problemlos wieder eingeholt werden, indem man einfach zu anderen Uhrzeiten arbeitet.

Diese Flexibilität bringt auch den Unternehmen einen deutlichen Gewinn und Nutzen, z.B. durch die viel bessere Ausnutzung von Spitzenzeiten sowie die dynamische Anpassung der Mitarbeiterressourcen in Zeiträumen mit geringerem Arbeitsaufkommen. Selbst spezielle Arbeitszeitregelungen, wie sie insbesondere im Dienstleistungsgewerbe mehr und mehr nötig werden, sind mittels moderner mobiler Kommunikationslösungen sehr einfach, effektiv und effizient umsetzbar.

Ein sehr verbreitetes Beispiel flexiblen Arbeitens sind CallCenter-Arbeitsplätze. Statt in Großraumbüros zu sitzen, arbeiten die Mitarbeiter von zu Hause aus und so oftmals in einer für sie deutlich angenehmeren Atmosphäre. Gesundheit, Lebensqualität, Umweltschutz, höhere Arbeitsmotivation usw. sind alles Argumente für eine UC-Lösung im Allgemeinen und mobiles Unified Communication im Besonderen.

7.1.2 „Schattenseiten" der Mobilität

Das klingt wie im Märchen oder Schlaraffenland. Doch wie alles im Leben hat auch das eine Kehrseite. So setzt Selbständigkeit auf der anderen Seite eine wesentlich höhere Selbstdisziplin voraus. Ständiges Arbeiten am Heimarbeitsplatz kann zur sozialen Isolierung führen. Der mobile Mitarbeiter wird des Öfteren das Gefühl haben, quasi selbstständig zu sein, obwohl er bei einem Unternehmen arbeitet. Der direkte soziale Kontakt zu Kollegen ist wesentlich geringer als bei einem festen Arbeitsplatz im Büro. Das kann wiederum negative Auswirkungen auf die Motivation haben. In der Praxis machten die Autoren die ganz persönliche Erfahrung, dass zumindest einmal in der Woche ein sogenannter „Bürotag" eingelegt werden sollte, um die persönliche Kommunikation und die direkten sozialen Kontakte aufrechtzuerhalten.

Mobiles Arbeiten hat viel mit Vertrauen in die Mitarbeiter zu tun. Dadurch, dass man sich nicht mehr im direkten Sichtfeld von Vorgesetzten befindet, kann es dazu kommen, dass Vorgesetzte nicht genau über den Arbeitsfortschritt informiert sind und ggf. mehr Arbeit zuteilen, als in der normalen Arbeitszeit erledigt werden könnte. Die Herstellung der Transparenz in der Arbeitsleistung ist für das Unternehmen und den Mitarbeiter deutlich schwieriger.

> **Praxistipp:**
> Es ist daher sehr wichtig, für übertragene Arbeiten im Vorhinein festzulegen, wie lange diese dauern. Das Arbeitsvolumen in einem vernünftigen Rahmen zu halten, ist besonders bei mobilen Mitarbeitern essenziell wichtig. Da das nicht immer aufs Genaueste möglich ist, erfordert dies eine verbesserte Koordinierung zwischen Angestellten und Vorgesetzten. Auch hier kann mobiles Unified Communication hilfreich sein. Durch multimediale Kollaboration und Konferenzen über einen mobilen PC (z.B. Notebook)

> und mit dem Handy können einfach, effektiv und vor allem sehr effizient aktuelle Daten und Informationen ausgetauscht werden.
>
> **Empfehlung:** Nutzen Sie die Chancen und Potenziale der mobilen Arbeitswelten und bedenken Sie die positiven und nachteiligen Konsequenzen derartiger mobiler Arbeitsweisen für das Unternehmen und die betroffenen Mitarbeiter.

In Erinnerung an das „L" (legal) aus „CLEAR", einer der Zieldefinitionen, ist natürlich auch eine rechtliche Absicherung notwendig. Wird z. B. die Arbeit per E-Mail übertragen, kommt es oft vor, dass auf eine außerhalb der legalen und regulären Arbeitszeit eintreffende E-Mail sofort reagiert wird, obwohl der Mitarbeiter eigentlich Freizeit hätte. Dies erlebt man in der Praxis sehr häufig, obwohl es vom Arbeitgeber ausdrücklich verboten wird. Mal eben schnell in den Posteingang des PC oder auf den Blackberry schauen, „fix" die eine oder andere kleine E-Mail beantworten. Dies scheint „normal" zu sein für den wechselnden Arbeitsplatz und mobiles Unified Communication. *Nein,* das ist es vor allem aus arbeitsrechtlicher Sicht ganz sicher nicht. Einige Unternehmen machen daher den Empfang betrieblicher E-Mails außerhalb der regulären Arbeitszeit technisch unmöglich. Eine andere Möglichkeit, um die Kernarbeitszeit zu steuern, ist die Beschränkung der zeitlichen Zugriffsmöglichkeiten auf zentrale Ressourcen. Die Frage ist nur: „Vielleicht ist diese Arbeitsweise von Mitarbeitern so gewünscht?" Einige Menschen können spät um 22:00 Uhr besser arbeiten als am Tage. Ein Grund dafür könnte der individuelle Kreativitätszyklus von Mitarbeitern sein. Solche Menschen haben durchaus den Wunsch und Bedarf, auch zu eher unüblichen Arbeitszeiten sowie am Wochenende spontane Ideen und Einfälle bezüglich ihrer Arbeit direkt umsetzen zu wollen. Für das Unternehmen kann das sogar vorteilhaft sein.

Dennoch: Der Gesetzgeber erstellt ganz klare Regelungen zum Schutz der Mitarbeiter. Sie dienen vor allem dem Selbstschutz vor dem immer häufiger auftretenden Überlastsyndrom, dem sogenannten „Burnout". Selbstdisziplin ist oftmals recht sehr schwer einzuhalten. Die Menschen arbeiten mehr als gesetzlich zulässig oder sogar gesundheitlich verträglich. Beides ist nicht gewollt.

7.1.3 Alles wird mobiler

„Mobile Unified Communication" ist ein in diesem Zusammenhang immer öfter auf dem Markt zu hörendes Schlagwort. Mobile UC kann dabei sehr gut helfen und unterstützen, die gesetzlichen Regelungen noch besser um- und durchzusetzen. Eine sehr einfache Variante ist die Aktivierung von Nutzungsbeschränkungen für vom Unternehmen bereitgestellte Computer bzw. Telefone außerhalb der regulären Arbeitszeit.

Dieses Kapitel beschäftigt sich mit der doppeldeutigen These: „Unified Communication macht mobil." Zum einen wachsen Unified Communication und Mobilität immer enger zusammen, d.h. es macht die Anwender selbst mobiler. Zum anderen ist Unified Communication eine Triebkraft für die gesamte Branche der Mobilkommunikation, d.h. es mobilisiert die Kräfte der technisch-technologischen Entwicklungen. Vor allem beim erstgenannten Aspekt haben Endgeräte und deren Akzeptanz einen besonders großen Stellenwert. Es klingt zwar banal, aber niemandem nutzt auch nur einen UC-Dienst, wenn die UC-Elemente nicht direkt in der Oberfläche des Endgeräts verankert sind. Die UC-Dienste müssen einfach zugänglich und leicht zu bedienen sein. Das hat natürlich enorme Konsequenzen bei der Auswahl und dem Betrieb einer mobilen UC-Lösung, da nicht jedes Endgerät oder Betriebssystem mit einer UC-Plattform verknüpfbar ist.

Viele Herstellen versuchen massiv, in diesem Bereich Fuß zu fassen, und forcieren ihre Entwicklungen. Sie alle stellen sich eine Frage: Soll die Unified Communication-Plattform mobiler gestaltet werden, um den Mitarbeitern das Arbeiten von unterwegs zu ermöglichen, oder macht erst die Mobilität der Geräte die UC-Architektur interessant? Beides scheint wohl den Tatsachen zu entsprechen. Für den Endbenutzer wird allerdings in erster Linie der Zugriff auf die UC-Schnittstellen bzw. -Funktionen von Interesse sein, z.B. Adressbuchsuche, Präsenzdarstellung, OneNumber-Dienste usw. Aus diesem Grund widmet sich das Kapitel hauptsächlich den Funktionalitäten und vor allem Diensten verschiedener Geräte, Schnittstellen und Übertragungsprotokolle. Grundsätzlich gesehen unterscheiden sich die Lösungen unterschiedlicher Hersteller in ihren mobilen UC-Leistungsmerkmalen kaum voneinander. Im Detail allerdings werden die Stärken und Schwächen recht gut deutlich. Die wesentlichsten Differenzierungsaspekte sind:

- Integrationstiefe der Funktionen und Dienste in die Geräte selbst
- Bedienbarkeit der Funktionen und Dienste sowie schneller Zugriff darauf
- Darstellung der Funktionen und Dienste auf der Bedieneroberfläche, Optik und Haptik
- Individuelle Gestaltbarkeit, d.h. Anpassung auf eigenes individuelles Umfeld
- Möglichkeiten der Selbstadministration der eigenen Funktionen und Dienste
- Effektive und effiziente zentrale Administrierbarkeit der Funktionen und Dienste auf den mobilen Endgeräten

Die mobile Benutzbarkeit einer UC-Lösung lässt sich grob in zwei Funktionsbereiche unterteilen – in Haus (i.H.) und außer Haus (a.H.).

- *Die i.H.-Mobilität:*
  Sie bezieht sich auf den Bereich innerhalb der Firma und der gewohnten Arbeitsumgebung wie etwa auf dem Firmengelände, innerhalb von Firmengebäuden, aber durchaus auch die Niederlassungen, Filialen, Außenbüros bis hin zu Heimarbeitsplätzen. Das wird als firmeninterne mobile Arbeitsplatzumgebung bezeichnet. Für die Kommunikation in diesen Umgebungen kommen firmeneigene Infrastrukturen und Netze (auch eigene virtuelle private Netze, VPNs) zum Einsatz.

- *Die a.H.-Mobilität:*
  Kurz gesagt ist das die Mobilität außerhalb des eigenen Netzwerks. Hier erfolgt die Kommunikation der mobilen Anwender über öffentliche Netze und Plattformen.

Es ist ganz normal, dass in beiden Wirkungsbereichen unterschiedliche Kommunikationsmöglichkeiten und -dienste zur Verfügung stehen. Der folgende Abschnitt beschäftigt sich genau mit diesem Aspekt: Welche Kommunikationsdienste stehen in welchen mobilen Arbeitsumgebungen zur Verfügung oder sollten zur Verfügung stehen?

7.2 Mobile Arbeitsplatzumgebungen

Mobile Arbeitsplatzumgebungen unterscheiden sich vor allem anhand dessen, wo sie wirken und wie sie dort wirken. Wie bereits im vorherigen Abschnitt grob skizziert, kommt es vor allem auf den Standort der Arbeitsplatzumgebung an. In der Praxis bewährten sich folgende Differenzierung der Arbeitsplatzumgebungen und -modelle:

- *Heimarbeitsplätze*
  Das sogenannte „Homeoffice" oder auch „Heimbüro", so man es als echten Arbeitsplatz bezeichnen will, denn die Arbeit erfolgt nicht mehr in den Räumen des Arbeitgebers, sondern in der Wohnung des Mitarbeiters. Die Verlegung der Arbeitsumgebung ist mehr und mehr im Kommen. Allerdings gilt es einige Dinge zu beachten. Es muss ausreichend Platz zur Verfügung stehen, sodass eine wirkliche Arbeitsplatzumgebung mit allen benötigten Arbeitsmitteln vorhanden. Ungestörtes Arbeiten muss möglich sein. Die Transparenz der Arbeitsleistung ist zu gewährleisten. Bezüglich der genutzten Kommunikationsdienste ist sicherzustellen, dass die Daten-, Betriebs- und Informationssicherheit garantiert wird. Üblicherweise kommen z.B. VPNs (Virtual Privat Networks) zum Einsatz. In gewisser Weise lassen sich Heimarbeitsplätze und Heimbüros unterscheiden. Bei Heimbüros wird die „Büroausstattung" wie Telefon, PC usw. durch das Unternehmen gestellt. Beim Heimarbeitsplatz nutzt der Mitarbeiter seine persönliche Ausstattung und erhält dafür (unter Umständen) eine Aufwandsentschädigung. Die kommunikationstechnische Einbindung von Heimarbeitsplätzen ist über unterschiedliche Wege möglich. Die wichtigste Voraussetzung ist jedoch eine entsprechende Datennetzanbindung. Die Praxis zeigt, dass vor allem für solche Arbeitsplätze eine moderne VoIP- und UC-Umgebung sehr attraktiv, effektiv und effizient ist.

- *Kleine Zweig- und Außenstellen*
  Diese sogenannten „Branch Offices" oder „Außenbüros" sind spezielle Funktionsbereiche für die Mitarbeiter. Einige Unternehmen richten solche Zweigstellen ein, um für ihre Kunden direkt vor Ort präsent zu sein. Das ist typischerweise bei Banken und Versicherungen der Fall. Andere Unternehmen wiederum richten solche Außenbüros nur temporär ein. Das typische Anwendungsgebiet sind Bauunternehmen. Der Mitarbeiter hat dort eine Büroumgebung, die der in der Firma ähnelt. Diese Ausstattung, die Telefone, ggf. eine Telefonanlage, die Kommunikationsanschlüsse, PCs, Drucker, Faxgeräte oder auch Videokonferenzsysteme werden in der Regel durch das Unternehmen gestellt. In solchen Arbeitsumgebungen bewährt sich eine dezentrale Kommunikationsarchitektur. Die Außenstelle ist über eine entsprechende Datennetzanschaltung mit der Zentrale verbunden. Alle Kommunikationssysteme, Server, Applikationen usw. stehen in der Zentrale. In der Außenstelle befinden sich nur die Endgeräte. Ob die externen Kommunikationsanschlüsse ebenfalls zentral geschaltet sind oder die Außenstellen eigene Anschlüsse besitzen, kann von Fall zu Fall unterschiedlich sein. Beides ist mit modernen UC-Umgebungen technologisch sehr gut umsetzbar.

- *Gemeinschaftsbüros*
  Sie ähneln einer kleinen Zweigstelle, jedoch sind dort Mitarbeiter mehrerer Firmen untergebracht. Die Kommunikationssysteme, -dienste und -komponenten werden entweder von einer oder allen Firmen der Bürogemeinschaft betrieben und genutzt. Das Hauptproblem besteht darin, die Daten- und Informationsbestände in den Kommunikationsumgebungen des einen Unternehmens gegen die des anderen Unternehmens abzugrenzen. Häufig wird auch nur ein einziges Netzwerk (LAN) benutzt, an das alle Mitarbeiter angeschlossen sind. Dieser Fakt bringt ein weiteres Problem mit sich, nämlich das des Datenschutzes. Aus diesem Grund befinden sich normalerweise keine Konkurrenzbetriebe in einem solchen Gemeinschaftsbüro. Oftmals bilden sich solche Gemeinschaften aus gleichen oder zumindest sich ergänzenden Geschäftsfeldern, Beispiele dafür sind Ärzte- und Gesundheitshäuser, Sozietäten usw.

  Das UC-System, wenn es gemeinschaftlich benutzt wird, muss sich an die Mehrfirmenstruktur anpassen lassen. Das kann technisch und technologisch eine erhebliche Herausforderung darstellen. In diesen Fällen sollte die gesamte UC-Architektur zumindest einen Mandanten- oder noch besser einen Mehrfirmenbetrieb unterstützen. In sozialer Hinsicht ist dieses Konzept besser geeignet als die Zweigstelle, da man an seinem Arbeitsplatz sowohl Leute trifft, die in derselben Firma arbeiten, als auch solche anderer Firmen, was zu verbreiteteren Kontakten führt. Der Vorteil für Firmen ist, dass sowohl die hohen anfänglichen Kosten für die Anschaffung eines UC-Systems als auch die für dessen Pflege und Betreuung auf alle beteiligten Firmen verteilt werden. Das erleichtert den Einstieg in Unified Communication deutlich.

  Einige Unternehmen haben sich auf diese Betriebsmodelle spezialisiert und bieten firmenübergreifend eine UC-Plattform an. Meistens werden dabei sowohl eine hochwertige technische Ausstattung inklusive einer Vielzahl von Standardprogrammen als auch Sicherheitsleistungen wie z.B. Zugangskontrolle, spezielle Datenschutzeinrichtungen oder Sicherheitsexperten angeboten. Außerhalb Deutschlands hat diese Form der Arbeitsplatzumgebungen übrigens bereits eine wesentlich höhere Akzeptanz.

- *Büroparks*
  Sie bestehen in der Regel aus zusammengefassten Gemeinschaftsbüros und unterscheiden sich darin, dass es einen kommerziellen Betreiber der gesamten Arbeitsplatzumgebungen gibt. Er vermietet einzelne Büros oder Gebäudeteile an Firmen, damit deren Mitarbeiter dort arbeiten können. In vielen Fällen stellt dieser Betreiber ebenfalls die gesamte Kommunikationsinfrastruktur und bietet seinen Mietern die Kommunikationsfunktionen als Dienstleistungen an. Das wird meistens mit einer einheitlichen Kommunikationsstruktur gelöst.

- *Externe mobile Arbeitsplätze*
  Unter einem externen mobilen Arbeitsplatz kann man das Arbeiten von vielen verschiedenen Orten innerhalb kurzer Zeiträume bezeichnen. Dabei handelt es sich oftmals um eher „ausgefallene" Orte wie Autos, Hotels, Züge, Flugzeuge und beim Kunden selbst. Das bedarf einer speziellen Ausstattung, da diese nur wenig Raum und Gewicht bei möglichst großer Leistungsfähigkeit einnehmen darf. Oft sind ein Laptop oder Netbook

und neuerdings auch leistungsfähige Smartphones und Handys die erste Wahl. Besonderer Wert ist auf die Vielseitigkeit und Flexibilität in den Möglichkeiten der Kommunikationsverbindungen zu legen, da an vielen Orten keine speziellen Einrichtungen für das Arbeiten vorgesehen sind. Im Prinzip ist diese Arbeitsweise ähnlich wie ein sogenannter „nomadischer Arbeitsplatz". Der Mitarbeiter kann sich an einem beliebigen Ort befinden und benötigt dort lediglich einen gesicherten Datennetzanschluss zu seinem Unternehmen.

- *Interne mobile Arbeitsplätze*
  Eine ganz spezielle Form der mobilen Arbeitsplätze sind die sogenannten „Free Seating"- oder auch „Shared Desk"-Plätze. Das sind Arbeitsplätze in den Räumen des Unternehmens. Allerdings sind die Arbeitsplätze keinem dezidierten Mitarbeiter zugeordnet, sondern die Mitarbeiter können sich an jeden freien Arbeitsplatz setzen und diesen temporär für den Zeitraum ihrer Arbeit zu ihrem machen.

Nachdem Laptops, Netbooks, Tablet-PCs und auch Smartphones immer handlicher und leistungsfähiger und die mobilen Kommunikationstechnologien immer besser und verfügbarer werden, nutzen die Mitarbeiter auch Reisezeiten immer systematischer zu Büroarbeiten. Autos, Flugzeuge, Züge, Warte- und Aufenthaltsräume, Hotelzimmer dienen als mobile Büros bzw. Arbeitsplätze. Doch auch innerhalb der Unternehmen setzt sich flexibles und mobiles Arbeiten immer mehr durch.

7.3 Free Seating und Shared Desk?

Büroräume und -ausstattungen sind wertvolle Güter. Um sie effizienter und effektiver auszulasten, werden immer öfter Arbeitsplätze eingerichtet, die keiner festen Person zugeordnet sind. Die Mitarbeiter teilen sich ihren Arbeitsplatz im sogenannten „Desk-Sharing". Man setzt sich einfach dort hin, wo gerade Platz ist, d.h. eine „freie Platzwahl", also „Free Seating". Nur, was geschieht mit den PC-Anschlüssen, dem Telefonanschluss, den Druckern, die dort stehen, und vielem mehr, was der Mitarbeiter für seine Arbeit benötigt? Ganz einfach: Man schafft „virtuelle Arbeitsumgebungen".

7.3.1 Virtuelle Vernetzung als Grundlage

Grundvoraussetzung dafür ist eine gemeinsame und vereinheitlichte Netzinfrastruktur. Jetzt müssen nur noch die Applikationen und Kommunikationsdienste bereitgestellt werden. Die moderne Netzwerktechnik macht es möglich. Man schafft z.B. für die unterschiedlichen Kommunikationsdienste und Applikationen verschiedene virtuelle Netze, sogenannte VLANs (Virtual Local Area Network). In der Praxis werden den Geräten per DHCP (Dynamic Host Configuration Protocol) nicht nur IP-Adressen mitgegeben, sondern z.B. zusätzlich auch eine Zuordnung von VLAN-IDs. Jedes Gerät bekommt eine Art „Marker", mit dem festgelegt wird, in welches virtuelle Netzwerk es gehört. So erhält es auch eine Zuordnung zu einem Arbeitsplatz (Netzanschluss), einem Raum, einer Etage, einem Gebäude oder sogar einem Unternehmensstandort.

Die Trennung verschiedener IP-Dienste im IP-Netz mittels VLANs ist etabliert und sehr funktional. Natürlich ist es ähnlich wie bei den IP-Adressen selbst möglich, die von den IP-Geräten zu verwendenden VLAN-IDs fest auf den Geräten zu konfigurieren. Der Aufwand dafür wäre ebenso hoch wie die Vergabe fester IP-Adressen. Was liegt also näher als die automatische VLAN-Zuordnung AVLAN (Automatic VLAN Assignment)? Lange Zeit gab es dafür keinen Standard. Die Empfehlung lautete, einen RADIUS-Server (Remote Authentication Dial-In User Service) zu benutzen, was viele Unternehmen auch heute noch so tun. Doch in den seltensten Fällen betreiben kleinere Firmen einen eigenen RADIUS-Server, da der Aufwand erheblich sein kann. Allerdings haben die meisten Firmen einen DHCP-Server im Einsatz. Also wendet man einen Trick an und benutzt zumindest eine Standardfunktion, um die nicht-standardisierte AVLAN-Funktion abzubilden. Dieser Trick besteht auch heute noch einfach darin, nach dem Erhalt der IP-Adresse über die erste DHCP-Anforderung eine zweite DHCP-Anforderung abzusenden. Sie enthält die Anfrage nach einer VLAN-ID. Das funktioniert prima, vor allem weil die MAC-Adressmuster ohnehin schon auf dem DHCP-Server vorhanden sind. Anhand der MAC-Adressmuster lässt sich genau bestimmen, um welche Art Endgerät und damit verbunden welchen Kommunikationsdienst es sich handelt.

Eine neuere Technik der Zuordnung von Geräten zu bestimmten mobilen Festarbeitsplätzen ist LLDP-MED (Link Layer Discovery Protocol-Media Endpoint Discovery) nach dem Standard IEEE 802.1AB, wobei Geräte vollautomatisch Informationen austauschen. Dieser Austausch erfolgt in erster Linie im IP Netzwerk bzw. auf den Switches. Ein Gerät, das sich am IP-Netz anschalten will, sendet eine entsprechende Anfrage für die Zugangsberechtigung ins Netz, z.B. an einen Authentisierungsdienst oder an ein anderes Gerät (Switch, Router usw.). Dabei übermittelt es die Informationen aus seiner eigenen MIB (Management Information Base). So kann eine Anfrage z.B. auch den Typ des Endgeräts und dessen benötigten Betriebsstrom beinhalten. Als Antwort bekommt das Gerät entweder z.B. von einem Datenswitch den erwarteten Betriebsstrom oder auch seine VLAN-ID zurück geliefert.

Praxistipp:

VLANs per automatischer VLAN-Zuordnung oder LLDP-MED erleichtern eine Zuordnung des Arbeitsplatzes zu bestimmten Richtlinien. Diese Funktion eines RADIUS-Dienstes ist sehr hilfreich und sinnvoll, denn sie unterstützt vor allem die Mobilität von Anwendern und Geräten im IP-Netz. Moderne UC-Systeme sollten derartige Funktionen auf jeden Fall unterstützen. Die Variante mit dem RADIUS-Dienst hat den zusätzlichen Vorteil, dass sie mit einer echten Sicherheitsfunktion (Authentisierung) verbunden ist.

Empfehlung: Wann immer die Chance besteht, sollte vor allem für die sensiblen UC-Implementierungen mit „Free Seating" und „Shared Desk" diese Variante mit LLDP zum Einsatz kommen.

7.3.2 Zuordnung der Dienste und Funktionen

Die Geräte haben nun eine eindeutige Zuordnung zum Büro oder Gebäude bekommen. Auf dieselbe Art und Weise lassen sich auch die Dienste und Funktionen wie Druckerdienste und natürlich UC-Anwendungen auf dem Laptop oder PC auch örtlich zuordnen und anbinden. Wenn man über die Variante von Softphones, also softwarebasierte Telefone auf Laptops und PCs nachdenkt, ist das durchaus empfehlenswert.

Problematisch bei Softphones ist allerdings der Benutzer selber, da in der Praxis vor allem diejenigen, die nicht unbedingt absolute Technikliebhaber sind, diese Art der Telefonie durch die fehlende Haptik eines Hörers ablehnen. Auch die Thematik, dass ein Notruf nicht so einfach abgesetzt werden kann, wenn z.B. der Laptop bzw. PC nicht eingeschaltet ist, da schlichtweg das Telefon fehlt, ist schon problematisch genug. Mit geeigneten UC-Funktionen wird das jeweilige Arbeitsplatztelefon dem passenden Mitarbeiter zugeordnet. Faxgeräte oder andere Telekommunikationsanschlüsse (Modem, ISDN usw.) sollten feste Zuordnungen erhalten.

Ein besonderer Fall ist beispielsweise eine Videokonferenz. Für eine Videokonferenzausrüstung ist nicht nur zusätzliche Hardware notwendig (Kamera, Mikrofon, Video- und Soundkarte), sondern auch ein leistungsfähiger Telekommunikationsanschluss, da unter einer Übertragungsrate von 64 kBit/s keine einigermaßen sinnvolle Videoübertragung erfolgen kann. Diese Geräte, Anschlüsse und Funktionen müssen temporär und auf Anforderung zu einem Arbeitsplatz gebracht bzw. geleitet werden. Man bekommt seine Dienste auf die vorhandenen Geräte temporär übertragen. Laptops, aber auch sogenannte Thin Clients (PCs ohne eigene Systemsoftware) eignen sich hierfür besonders. Vor allem ist es für den leichten Wiedereinstieg beim Beginn der Arbeit vorteilhaft, wenn die Betriebssystem- und Bedieneroberfläche immer gleich aussieht, egal ob der Mitarbeiter zu Hause oder an irgendeinem Arbeitsplatz in der Firma arbeitet.

7.3.3 Technische Ausstattung eines Arbeitsplatzes

Aufgrund der persönlichen Konfiguration jedes Anwenders ergeben sich hier insbesondere beim Desk-Sharing spezielle Herausforderungen. Man benötigt zentrale Intelligenzen und verteilte „dumme" Terminals. Diese Funktions- und Arbeitsweise bieten spezielle Betriebssysteme wie z.B. die Terminal-Server von Microsoft oder Citrix-Systeme, die dort am häufigsten anzutreffen sind.

Die entscheidende Frage ist die Ausstattung der Arbeitsstätte außerhalb des Betriebes mit Informations- und Kommunikationstechnik. Was für Geräte stehen vor Ort? Die meisten Applikationen und Dienste verlangen als wesentliches Arbeitsmittel einen PC und dessen zumindest zeitweise Verbindung mit dem UC-Server und dem Datennetz.

Doch sollte man einen Arbeitsplatz nicht nur auf einen PC beschränken. Telefon, Schreibwerkzeuge und Papier gehören in der Regel meistens auch noch dazu. Allerdings ist jedoch die Verwendung eines PC an fast jedem Arbeitsplatz gegeben, da heute fast alle Berufsgruppen neben Kommunikationsmitteln auch mit Applikationen arbeiten. Um mit beidem effektiv und effizient arbeiten zu können, muss eine Vernetzung der PCs mit den Applikationsservern, dem UC-Server und den Kommunikationsdiensten gegeben sein. Wichtig bei fast allen Arbeitsplätzen ist die funktionale Kombination von Rechner und Telefon. Ob die Telefoniefunktion nun als Software (Softphone) auf dem Rechner oder als eigenständige Hardware (Telefone) bereitgestellt wird, ist hierbei unerheblich.

Es ist ein weiterer Trend zu erkennen. Viele Funktionen und echtzeitkritische Kommunikationsformen eines Rechners gelangen neben der klassischen Telefonie zunehmend in das Mobiltelefon wie E-Mail, Instant Messaging, Präsenzinformationen und sogar kleine Videokonferenzen, selbst Büro- und Geschäftsapplikationen sind zunehmend auf mobilen Endgeräten implementiert.

7.3.4 Free Seating – da bin ich …

Ein wichtiger Teil der Free Seating-Applikationen ist die Datenbank, in der die einzelnen Anwender hinterlegt und konfiguriert sind. In dieser Informationsquelle muss nicht nur die Rufnummer des Anwenders hinterlegt sein, sondern natürlich auch alle Informationen, wo und wie (d.h. über welche Geräte und Systeme) sich der Benutzer anmelden kann sowie Profile und Konfigurationsdaten der Endgeräte (Softkeys etc.) . Diese Datenbank kann auf dem eigentlichen UC-System liegen oder als Datenquelle beispielsweise ein Microsoft Active Directory haben. Beides ist im praktischen Einsatz und spielt für die Funktionalität keine Rolle. Wichtig ist einfach nur, dass die Quell- und Zielinformationen bearbeitet und zugeordnet werden können. Die Pflege dieser Informationen übernimmt meistens ein Administrator.

Doch wie gestaltet sich nun ein Ablauf für die Anmeldung am „Free Seating" und die Zuordnung des Standortes? Eine Free Seating-Applikation ist häufig endgerätebasiert, das heißt: Auf dem Endgerät selbst gibt es die Möglichkeit, sich an- und abzumelden. Im Normalfall verwendet ein Anwender ein solches Endgerät, um sich anzumelden. Die Bedienung des Anmeldevorgangs ist häufig menügeführt, um die Eingaben zu erleichtern. Üblicherweise erfolgt eine Abfrage nach dem Benutzernamen und einer PIN. Oftmals werden dafür statt Namen auch Personalnummern oder andere Kennungen verwendet. Das Endgerät übernimmt nun die in der Datenbank hinterlegte Rufnummer, und auf dem Display wird, nachdem der Anwender sich erfolgreich authentisiert hat, sein persönliches Profil angezeigt – also seine persönlichen und individuellen Tastbelegungen, Kurzwahlziele, Teamfunktionen usw. Die ursprüngliche Rufnummer des Endgeräts hat sich geändert und lautet nun bis zum Abmelden auf die persönliche Rufnummer des Anwenders. Einige Hersteller gehen damit soweit, dass sie nicht nur das Endgerät bzw. die Rufnummer aktivieren, sondern damit auch noch einen PC freischalten oder andere Applikationen aktivieren.

Die Abmeldung funktioniert genauso wie die Anmeldung über eine Menüführung. Dabei ist sehr wichtig zu definieren, was nun mit den ankommenden Anrufen geschehen soll. Diese Einstellung muss entweder automatisch oder manuell geschehen. Der Anwender verlässt den Arbeitsplatz. Im Normalfall ist für den Fall der Abwesenheit eine Rufumleitung hinterlegt, das heißt der ankommende Anruf wird vollautomatisiert auf eine bestimmte Nebenstelle (zum Beispiel das Handy) oder die Vermittlung umgeleitet. Nach der aktivierten Umleitung wird das Endgerät abgemeldet und auf eine definierte Rufnummer zurückgesetzt. Der Arbeitsplatz ist wieder frei.

Es ist nur allzu menschlich, auch mal eine Abmeldung zu vergessen. Sehr sinnvoll und hilfreich hierfür ist eine automatisierte Abmeldung, um der Situation vorzubeugen, dass immer noch Anrufe auf dem Terminal oder Endgerät ankommen. Häufig geschieht das nach einer gewissen Zeitspanne des Nichtbenutzens, der Inaktivität oder zu einer bestimmten Uhrzeit. Viele Unternehmen führen beispielsweise irgendwann nachts eine Generalabmeldung aller Endgeräte durch. So ist gewährleistet, dass sich bei Arbeitsbeginn wieder alle Plätze und Endgeräte in einem ursprünglichen Zustand befinden.

Eine schönere, elegantere, modernere und komfortablere Variante ist natürlich eine Web-Oberfläche in einem Mitarbeiterportal für Kommunikationsdienste. Um es dem Anwender so einfach wie möglich zu machen, werden dort die Eingabe des Arbeitsplatzes, also auch die eigene Rufnummer mit Eingabe eines Passwortes oder PIN abgefragt. Nach dieser Eingabe wird auf dem Endgerät wieder das persönliche Profil geladen, und somit hat der Anwender seine individuellen Einstellungen.

Man kann das Free Seating auch auf andere Endgeräte oder Telefonnummern beziehen. Durch die An- und Abmeldung an diesem Arbeitsplatz werden ebenfalls Drucker- und Scannereinstellungen, Rufnummern, Applikationen und Präsenzzustände aktiviert oder deaktiviert. Eine Steigerung des Ganzen wird in Abschnitt 7.7, „Lokalisierung", beschrieben, z.B. die vollautomatisierte An- und Abmeldung mit Free Seating an einem Arbeitsplatz durch die Lokalisierung des Endgeräts. Sie erfolgt über eine WLAN-Infrastruktur, aber auch über schnurlose Chips in Geräten, den sogenannten „Smart Tags", das heißt auf Basis von RFID-Technologie (Radio Frequency Identification).

> **Praxistipp:**
> Es ist durchaus sinnvoll, durch eine einfache Eingabe am Endgerät den Arbeitsplatz zu „starten". Das muss jedoch sehr bedienerfreundlich und einfach möglich sein.
>
> **Empfehlung:** In der Praxis hat sich bewährt, andere Applikationen oder Funktionen gleichzeitig mit der Anmeldung zu aktivieren. Der Arbeitsplatz wird individuell auf den Anwender vorbereitet und eingestellt.

7.4 Grundbausteine der Mobilität

Mobile Kommunikation, das klingt einfach. Warum? Weil es für die meisten Menschen zum normalen Alltag gehört und sie es in der Regel zu allererst mit der Mobiltelefonie in Verbindung bringen. Doch zur Mobilität gehört mehr:

- Die Endgeräte, die in ihrer Leistungsstärke immer größer und ihren Dimensionen immer kleiner werden.

- Die Vielzahl der insbesondere multimedialen Dienste, die mit und auf diesen Endgeräten verfügbar sind.
- Das Thema Sicherheit beim Einsatz solcher mobilen Endgeräte.
- Die unterschiedlichen Netze, Schnittstellen und Übertragungsfunktionen und -medien, die von solchen modernen Endgeräten unterstützt werden.

Es ist schon bemerkenswert, wie schnell sich solche Dinge wie SMS oder Instant Messaging auf mobilen Endgeräten verbreiteten. Die Triebkräfte hierfür sind ganz klar bei der Jugend zu sehen. Man muss schon lange suchen, bis man einen Jugendlichen findet, der kein Handy oder Smartphone besitzt. Der Trend geht eindeutig zum Dritt- oder Vierthandy. Das Handy gehört wie der Personalausweis oder der Haustürschlüssel einfach dazu. Allerdings nur für die Erfüllung der ursprünglichen Aufgabe eines Handys, das „Nur telefonieren", will es heute kaum noch jemand. Endgeräte wie das iPhone von Apple oder der Blackberry von RIM verfolgen einen völlig anderen Ansatz als die klassischen Handys. Diese Geräte zielen sehr stark auf die Nutzung des Internets ab. Damit adressieren und bedienen sie einen völlig anderen Markt von Anwendern. Niemand kauft ein iPhone, einen Blackberry oder ein anderes dieser hochmodernen Handys wegen deren „guter" Sprachqualität. Es geht in erster Linie um die Nutzung von Mehrwertdiensten wie etwa Unified Communication: E-Mails lesen, Chat-Funktionen oder mobile Präsenzdienste nutzen. Das sind die Punkte und Aspekte, die viele Anwender und Firmen im Businessumfeld interessieren und beschäftigen. Bei den jungen Menschen der Internetgeneration (geboren in den 90igern oder danach) machten vor allem kleine Spiele und die Benutzung dieser Geräte als „Walkman-Ersatz" die modernen multimedialen Handys so populär. Ein modernes Handy vereinigt Telefon, MP3-Player, Smartphone, Videocamcorder, Fotoapparat, Fernsehgerät und Navigation u.v.m. in einem Gerät – das sind wahrlich „eierlegende Wollmilchsäue" oder anders ausgedrückt „Unified Communication Handys".

Hiermit schaffte man sich aber erneut Probleme. Die Erwartungshaltung der Nutzer an die Funktionen und Möglichkeiten dieser Geräte steigt ständig. Schneller, bunter, „touchiger" (berührungssensitive Bedienung), „softiger" (weiches Bewegen zwischen und in den Applikationen) und natürlich chicer sollen sie sein. Die modernen Anwender wollen und brauchen auf den Geräten Applikationen. Die Mitarbeiter erwarten die gleichen Applikationen auf ihrem Mobilgerät wie auf einem anderen Terminal oder PC. Den Werbespruch „Es gibt für alles ein App" kennen wohl die meisten Menschen. Dorthin geht der Trend. Das mobile Endgerät verfügt über alle Zugangstechnologien zu den modernen Netzwerken wie WLAN, 3G und 4G sowie Bluetooth. Mittels moderner Betriebssysteme auf diesen Geräten können entweder Applikationen direkt aus dem Netz gestartet und benutzt oder von einem Server heruntergeladen und direkt auf dem Gerät gestartet werden. Was technisch und technologisch wenig Schwierigkeiten bereitet, bringt jedoch für die Nutzer und Unternehmen vor allem in puncto Sicherheit neue Probleme mit sich.

Um eine mobile UC- Lösung zu betreiben, benötigt man zwei Grundbausteine: zum einen das öffentliche Netz, das sogenannte „Carrier-Netz", und zum zweiten das private Netz oder besser das „Unternehmensnetz". Beides ist im Übersichtsbild 7.1 dargestellt und dient in diesem Kapitel als Grundlage für die Erklärungen von Funktionen und Diensten.

7.4 Grundbausteine der Mobilität

Im oberen Teil des Bildes befindet sich das öffentliche Netz. Ein mobiles Gerät im öffentlichen Netz lässt sich auf zwei Arten ansprechen: zum einen über den Teil der Telefonie, der in den meisten Fällen immer noch mit GSM (Global System for Mobile Communications) arbeitet, zum anderen einen Datenaustausch- und Applikationsteil, der über UMTS (Universal Mobile Telecommunications System), EDGE (Enhanced Data Rates for GSM Evolution) oder GPRS (General Package Radio Service) geleitet wird. In der Regel werden beide Teile entweder von einem Carrier, dem Netzeigentümer und Erbringer der Dienste, oder einem sogenannten „Provider", einem reinen Mobilfunkdienstleister, geliefert. Der öffentliche Netzdienstleister muss allerdings nicht zwangsläufig auch gleichzeitig der Lieferant des Datendienstes sein. Es ist durchaus denkbar, einige Applikations- und Datendienste über einen anderen Carrier oder Provider bzw. über ein anderes Netz zu beziehen als die Telefondienste.

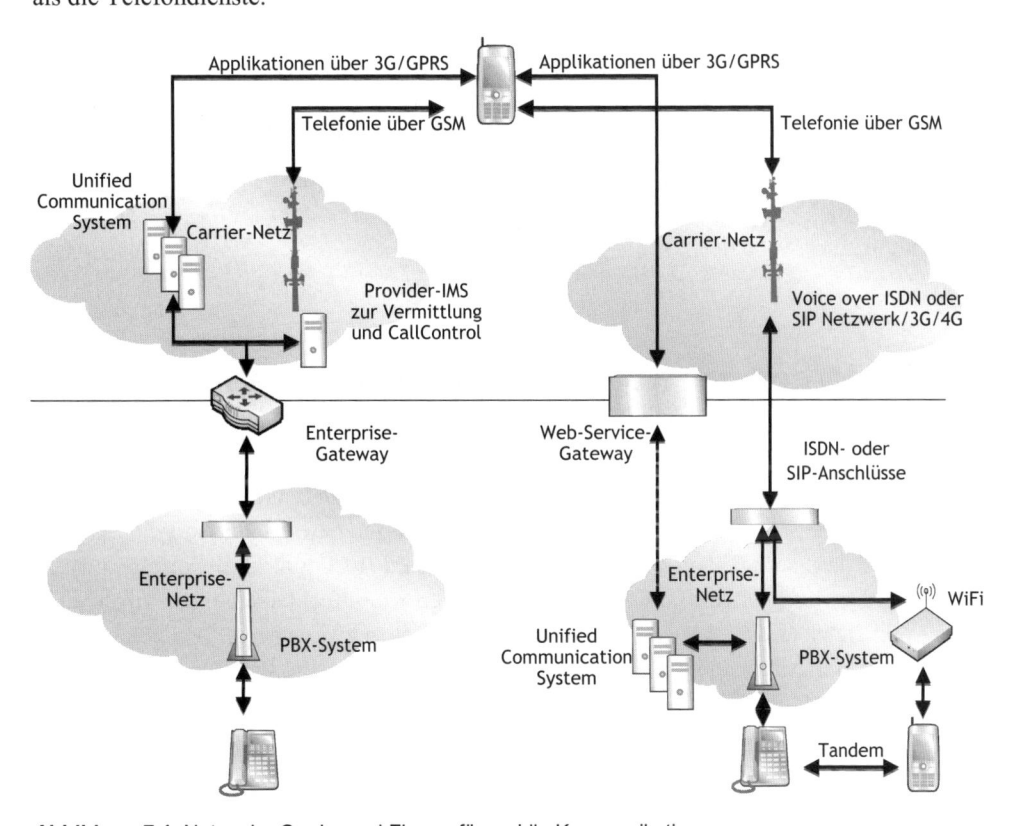

Abbildung 7.1 Netze der Carrier und Firmen für mobile Kommunikation

Unter dem Carrier-Netz liegt das private Unternehmensnetzwerk, das oftmals ein gekauftes oder gemietetes System darstellt. In diesem Unternehmensnetz können ebenfalls schnurlose Komponenten vorhanden sein wie WLAN, DECT oder andere Funktechnologien. Moderne Kommunikationssysteme verschalten dort die Fest- und Mobilnetzfunktionen und bringen so Leistungsmerkmale von Festtelefonen mit schnurlosen Telefonen zusammen, beispielsweise in einer sogenannten „Tandem"- oder „Twinset"-Funktion.

Zwischen dem Unternehmensnetzwerk und dem Carrier-Netz existieren gesicherte Übergänge, um diese gegeneinander zu schützen – sowohl in die eine als auch in die andere Richtung. Je nach den verwendeten Kommunikationsdiensten und -protokollen kommen an den Netzübergängen sogenannte Firewalls, Session Border Controller (SBC) und Web Service Gateways (WSG) zum Einsatz. Diese Sicherheitsthemen an den Netzübergängen werden in Kapitel 9 eingehender erläutert.

> **Praxistipp:**
> Mobilität bestimmt den Geschäftsalltag vieler Menschen. Das bedingt die Verwendung mobiler Kommunikationstechnologien. Jede dieser Technologien hat ihren Einsatzbereich und -zweck. Für den praktischen Einsatz von Unified Communication und vor allem multimediale Dienste sind selbst die breitbandigen GSM- und UMTS-Technologien nur bedingt geeignet. Das mag auch einer der wesentlichen Gründe sein, warum die meisten Betreiber von UMTS-Netzen die Verwendung von VoIP over UMTS funktional unterbinden. Applikationen hingegen lassen sich allerdings auch über schmalbandige Netzwerke nutzen.
>
> **Empfehlung:** Achten Sie bei der Auswahl der zu nutzenden UC-Applikationen darauf, über welche mobilen Netze diese Applikationen in einer akzeptablen Weise zu bedienen und zu verwenden sind.

7.5 Besonderheit der Kommunikation über Mobilfunknetze

Die nachfolgenden Abschnitte beschäftigen sich detailliert mit den Möglichkeiten und Rahmenbedingungen der Kommunikation über Mobilfunknetze, vor allem mit den Aspekten der Echtzeitkommunikation wie Sprache und Video. Zuerst wird kurz auf die Funktionen und die Technologie von WLAN nach dem Standard IEEE 802.11 eingegangen. Nach Meinung der Autoren stellt sie eine der wichtigsten Mobilfunktechnologien im lokalen Netzwerkbereich (LAN) dar. Doch mehr und mehr machen zwei weitere Technologien auf sich aufmerksam. Das sind WiMAX (Worldwide Interoperability for Microwave Access) nach dem Standard IEEE 802.16 und LTE (Long Term Evolution), spezifiziert durch 3GPP (3rd Generation Partnership Project). Dem Grundsatz nach eignen sich alle drei Technologien für den Einsatz von Unified Communication im Bereich lokaler Netzwerke. Entscheidend für die Wahl der Technologie ist vor allem das Nutzerverhalten der Anwender. Einige von ihnen arbeiten und kommunizieren eher „nomadisch", d.h. sie wechseln zwar ihre Standorte, jedoch benötigen sie die Kommunikationsfunktionen lediglich direkt am Standort, nicht jedoch während des Standortwechsels. Andere Nutzer hingegen benötigen echte mobile Kommunikation, d.h. sie kommunizieren, während sie sich bewegen. Die Anforderungen an die Technologien sind daher sehr identisch, deren Architekturen jedoch sehr verschieden. Welche besonderen Anforderungen stellen die multimedialen Echtzeitkommunikationsdienste an die Wireless-Technologien? In der Praxis kristallisierten sich folgende Anforderungen und Charakteristika heraus, die vor allem für den Einsatz von Sprache und Video in Mobilfunknetzen bedeutsam sind:

- Die *gleichzeitige Benutzung* des Übertragungsmediums Luft und die damit im Zusammenhang stehenden Probleme wie Zugriff (Zugang) zum „Netz", intelligente Steuerungen gegen Überlastung und QoS (Quality of Service).

- Das *Bewegen eines Benutzers* von einer Antenne zur anderen im selben Funknetzbereich nennt man „Hand over". Die Anwender erwarten hierbei eine unterbrechungsfreie und übergangslose Kommunikation. Dieses ist in Abbildung 7.2 dargestellt

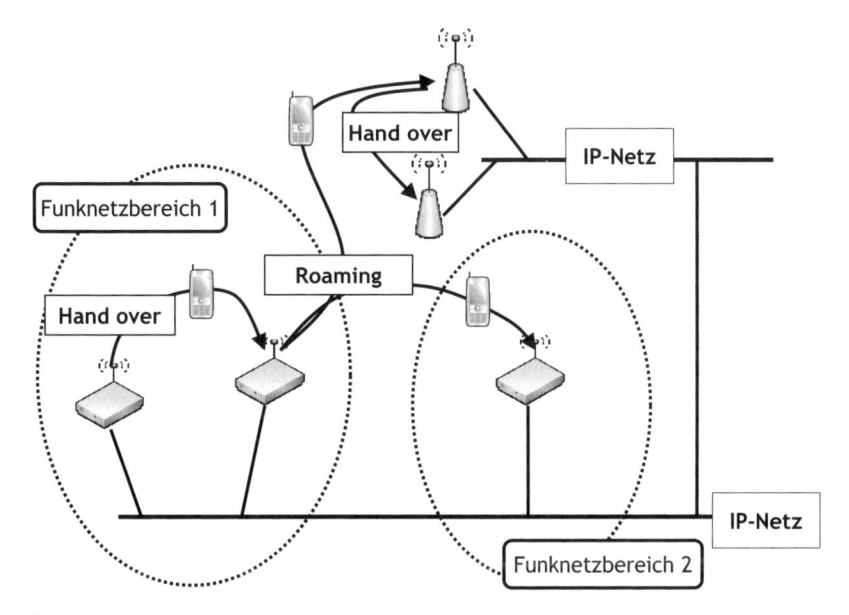

Abbildung 7.2 Schematische Darstellung von Roaming und Hand over

- Die *Übergabe eines Gesprächs* beim Übergang von einem Netzbereich in einen anderen wird als „Roaming" bezeichnet, dieser muss selbst beim Wechsel der Technologie nahtlos gegeben sein.

- Das *Verhalten von Endgeräten bei Unterbrechung* der Netzverbindung sowie beim erneuten Aufbau einer Verbindung.

- Das *Ausbreitungsverhalten der Radiowellen* für eine optimale Ausleuchtung der Netzbereiche – auch dann, wenn sich die Umgebungsbedingungen verändern. Eines der markantesten Beispiele ist das Öffnen und Schließen von dicken Brandschutztüren. Bei einer schlechten Ausleuchtung klappt das mit der Mobilfunkverbindung wie mit dem Klappen der Türen.

- Die *Standzeiten der Akkus* in den Endgeräten. Die meisten dieser Geräte haben deutlich höhere Stromverbräuche als deren Pendants in den klassischen lokalen Mobilkommunikationstechnologien wie beispielsweise DECT (Digital Enhanced Cordless Telecommunications).

> **Praxistipp:**
> Die Wahl der lokal verwendeten Schnurlostechnologie sollte sich am Verhalten der Anwender ausrichten. Echtzeit- und multimediale Kommunikation bedürfen einiger Vorkenntnisse und Regeln der Anordnung von Antennen, z.B. eine stärkere Abdeckung, um möglichen Unterbrechungen der mobilen Kommunikation vorzubeugen. Dennoch sind beim echten mobilen Kommunizieren, also in der Bewegung, Übergänge zwischen Netzen und Funkbereichen und dadurch bedingte Unterbrechungen nicht immer vermeidbar.
>
> **Empfehlung:** Sorgen Sie für eine gute und stabile Ausleuchtung und Vermessung der Funknetzinfrastruktur. Achten Sie auf Veränderungen der Räumlichkeiten und bedenken Sie das charakteristische Verhalten der einzelnen Technologien wie z.B. die Ausbreitung und Verfügbarkeiten der Netze. Die praktischen Erfahrungen der Autoren in der Umsetzung von Projekten zeigen, dass bei einer echten mobilen, bewegten multimedialen Kommunikation bis zu 25 % mehr Antennen zu implementieren sind als bei einem reinen mobilen Datennetz.

7.5.1 Grundlegende Betrachtungen

Eine Technologie, die sich vor allem in den letzten Jahren sehr stark entwickelte und eine zunehmend breite Verwendung findet, ist das drahtlose LAN: das WLAN. WLAN ist in den IEEE 802.11-Empfehlungen spezifiziert und standardisiert.

Mittlerweile gibt es wohl an die 20 Unterspezifikationen. Einige von ihnen haben für den praktischen Einsatz von Sprache und Unified Communication im WLAN eine direkte Relevanz, andere weniger. Echtzeitkommunikation und deren Qualität im WLAN stellen an diese Technologie sehr spezielle Anforderungen. Einige von ihnen wurden bereits in vorherigen Abschnitten angesprochen. Dieser Abschnitt wird klären, was die wichtigsten Grundlagen von WLAN und deren Standards sind. Die Tabelle 7.1 listet die wichtigsten Grundstandards zu IEEE 802.11 auf.

Tabelle 7.1 WLAN IEEE 802.11-Empfehlungen und deren Funktionen

IEEE	Inhalt	Jahr	Status
802.11	Grundlagen von Wireless in LAN und MAN	1999	Standard
802.11a	Übertragung im 5 GHz-Band	1999	Standard
802.11b	Übertragung im 2,4 GHz-Band	1999	Standard
802.11d	Betrieb von WLAN in regulierten/überwachten Bereichen	1999	Standard
802.11e	Benutzung von QoS-Funktionen im WLAN	2005	Standard
802.11g	Höhere Übertragungsgeschwindigkeiten im 2,4 GHz-Band	2003	Standard
802.11h	Spektrum- und Sendeleistungsmanagement im 5 GHz-Band	2003	Standard
802.11i	Sicherheit im WLAN	2004	Standard

IEEE	Inhalt	Jahr	Status
802.11j	4,9 bis 5 GHz Option (nur für Japan)	2004	Standard
802.11n	höhere Geschwindigkeiten mit Brutto 600 MBit/s	2009	Standard
802.11p	Fahrzeug zu Fahrzeug Kommunikation mit 27 MBit/s	2008	D 8.0
802.11r	Schnellere Übergänge zwischen den Basisstationen	2008	Standard
802.11s	Vermaschtes WLAN, Netzwerk von Antennen	2008	D 3.0
802.11v	Einheitliches WLAN Management	2007	D 7.0

> **Praxistipp:**
> Natürlich ist es immer am besten, möglichst viel Bandbreite zur Verfügung zu haben, und daher kommen zunehmend WLAN-Systeme mit IEEE 802.11n zum Einsatz. Doch nur, wenn im selben WLAN alle Geräte mit diesem Standard arbeiten, steht auch die volle Bandbreite von bis zu 600 MBit/s (brutto) zur Verfügung. Sobald auch nur ein Gerät in dieses Netz kommt, das lediglich IEEE 802.11g benutzt, fällt in den meisten Fällen das gesamte WLAN auf diesen Standard zurück, d.h. auf eine Bandbreite von maximal 54 MBit/s.
>
> **Empfehlung:** Achten Sie aus diesem Grund unbedingt darauf, welche WLAN-Geräte in einem WLAN in Betrieb genommen werden. Lassen Sie keine gleichzeitige Verwendung von WLAN-Geräten mit unterschiedlichen Betriebsmodi im selben WLAN-Bereich zu.

Um die Funktionsprinzipien der einzelnen WLAN-Architekturen besser zu verstehen und um einschätzen zu können, warum sich die eine oder andere Variante für den praktischen Einsatz von Unified Communication besser eignet, muss man sich mit den Komponenten eines WLANs vertraut machen. Zu einem WLAN gehören die Empfänger (Receiver), die Sender (Antennen), im englischen „Access Point" genannt, und die WLAN-Steuereinheiten. Je nachdem, wie das Zusammenspiel zwischen den Antennen und den Steuereinheiten funktioniert, werden grundsätzlich zwei Architekturen unterschieden: die „Thin Client"- und die „Fat Client"-Architektur.

7.5.2 Die „Thin Client"-Architektur

Bei dieser Architektur verfügen die Antennen kaum über eigene Intelligenz. Die gesamte Steuerung und Überwachung des WLANs erfolgt in den WLAN-Steuereinheiten, den sogenannten „WLAN-Controllern". Die Vorteile dieser Architektur:

- Geringe Kosten für Antennen (ein wichtiger Punkt vor allem bei vielen Antennen).
- Die Funktionen kommen zentral aus der Steuereinheit, d.h. die Konfiguration wird lediglich an einer Stelle des WLANs durchgeführt.
- Aufbau, Installation und Austausch von Antennen ist recht einfach.

- Da auf den Antennen keinerlei Konfigurations- und Betriebsdaten gespeichert werden, ist die Sicherheit dieser Architektur im Gegensatz zur „Fat Client"-Architektur vor allem bezüglich eines Diebstahls als höher einzuschätzen.
- Einige Hersteller bieten die Möglichkeit von sogenannten „Remote Access Points" (RAP), über ein WAN abgesetzte Antennen. Diese einfache Variante von Antennen wird über das Internet mit der Zentrale verbunden und liefert so am entfernten Standort die gleiche Kommunikationsstruktur wie in der Zentrale. Diese Antennen werden auch häufig, wie in Abschnitt 7.7 beschrieben, zur Lokalisierung verwendet.
- Möglichkeit von schnellem Hand over ohne Gesprächsunterbrechung bei VoWLAN, wenn sich der Teilnehmer innerhalb des Netzes bewegt.

Natürlich hat diese Architektur auch Nachteile:

- Alle Funktionen, Kontroll- und Steuersignale müssen immer durch das gesamte WLAN bzw. LAN.
- Bei Ausfall der zentralen Steuerung fällt ohne vorhandene Redundanzen das gesamte WLAN aus.

Bei genauer Betrachtung überwiegen die Vorteile deutlich, daher setzen sich diese Architekturen am Markt zunehmend durch. In gewisser Weise sind die RAPs als intelligente Antennen zu sehen, denn sie bringen eine Vielzahl von Sonderfunktionen wie VPN-Funktionen, Firewall usw. mit. Moderne WLAN-Systeme ermöglichen und unterstützen die Verwendung von „dummen" und „intelligenten" Antennen. Damit ist die vollkommene Flexibilität in der Benutzung des WLANs gegeben.

In der klassischen Struktur gibt es eine Haupt- und eine Redundanzsteuereinheit. Von dort aus erfolgt die sternförmige Anschaltung der Antennen. Zu jeder Antenne muss eine physikalische LAN-Verkabelung existieren. Ganz anders in der drahtlos vermaschten Struktur.

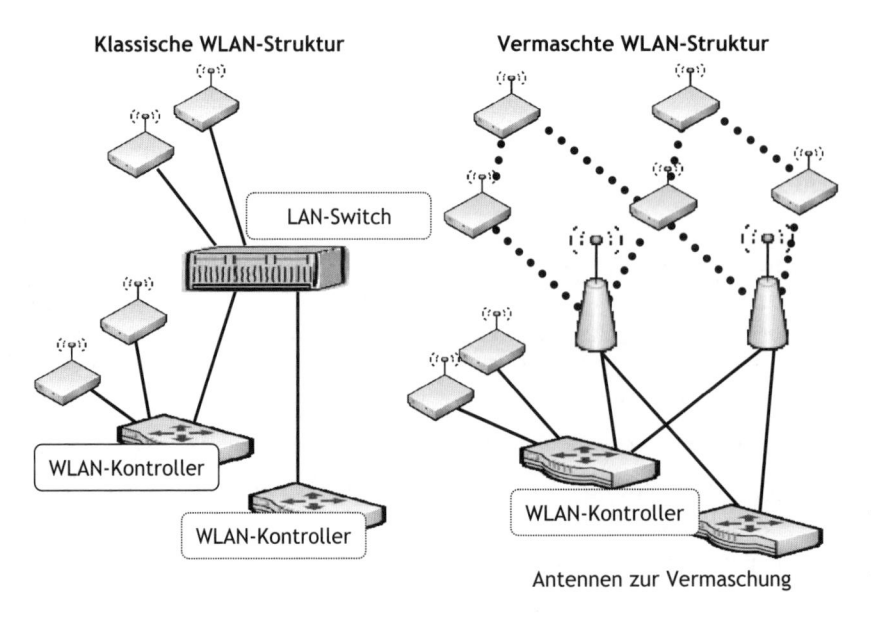

Abbildung 7.3 Die zwei unterschiedlichen WLAN-Strukturen

Nicht überall stehen LAN-Anschlüsse zur Verfügung, z.B. bei großen Außenflächen. Aus diesem Grund machen in jüngster Zeit zunehmend „drahtlos vermaschte" (Wireless Meshed) WLANs von sich reden. Abbildung 7.3 stellt eine klassische und eine vermaschte WLAN-Struktur dar. Hierbei erfolgt der Anschluss der Antennen ebenfalls über WLAN. Es ist zu beachten, dass die Vermaschung zu Lasten der Nutzkapazität des WLANs geht, da ein Teil der Übertragungskapazität des WLANs für die schnurlose Vernetzung verwendet wird.

Hier werden einige Antennen als sogenannte „Vermaschungsportale" konfiguriert. Von diesen Portalen aus bestehen drahtlose Verbindungen zu den anderen Antennen. Selbstverständlich bieten diese Vermaschungen eine sehr gute Redundanz. Doch der größte Vorteil der auf diese Weise drahtlos vermaschten WLANs ist genau diese „Drahtlosigkeit". In vielen Gebäuden (vor allem denkmalgeschützten Bauwerken), auf großen Geländen usw. besteht oftmals keine Möglichkeit der Verkabelung. Um solche Bereiche mit WLAN zu erschließen, ist Wireless Meshing die richtige Technologie.

7.5.3 Die „Fat Client"-Architektur

Im Gegensatz zur „Thin Client"-Architektur ist die Intelligenz zur Kontrolle und Steuerung des WLAN auf die „intelligenten" Antennen (Fat Clients) verteilt. Zwar kommt bei einigen Systemen noch eine gewisse zentrale Steuerfunktion zum Einsatz, doch diese Komponente dient oftmals nur der Verwaltung der Antennen und Teilnehmer im WLAN. Die Funktionalitäten, die Kontroll- und Steuersignalisierungen kommen direkt aus den Antennen. Die wesentlichen Vorteile dieser Architektur bestehen in folgenden Punkten:

- Das WLAN ist sehr robust gegenüber Ausfällen und Störungen von Steuerungen oder einzelnen Antennen.
- Da viele Funktionen direkt auf den intelligenten Antennen realisiert werden, gehen Signalisierungsprozesse schneller, da sie nicht immer durch das gesamte WLAN laufen müssen.
- Man kann sehr gut und einfach kaskadierte und hierarchische Strukturen aufbauen und ist nicht so stringent an eine Sternstruktur gebunden.

Die Nachteile dieser Architektur:

- Die intelligenten Antennen sind oftmals deutlich teurer als deren „dumme" Pendants.
- Gerade bei wirklich mobilen Teilnehmern müssen im Falle von Roaming und Hand over die kompletten Teilnehmerdaten im WLAN weitergereicht werden.

> **Praxistipp:**
> Roaming und Hand over für VoWLAN werden in Architekturen mit zentraler Steuerung deutlich einfacher und weniger komplex realisiert als bei „Fat Client"-Architekturen. Vor allem die Sicherheitsfunktionen, d.h. der gesicherte WLAN-Zugang (IEEE 802.1x usw.), Verschlüsslungen und die QoS-Funktionen arbeiten in zentral gesteuerten

> WLAN-Systemen wesentlich effektiver und effizienter als bei verteilten Intelligenzen. Die Benutzerzahlen mobiler Kommunikationsdienste steigen ständig. Die zentrale Administration und Verwaltung der Benutzerdaten sind markant weniger aufwendig als ein dezentrales Management (siehe Kapitel 11). Das alles macht den Einsatz von „Thin Client"-Architekturen für VoWLAN und mobiles Unified Communication sehr charmant.
>
> **Empfehlung:** Setzen Sie besser auf moderne „Thin Client"-Architekturen, die zudem die genannten RAP-Verfahren unterstützen.

7.5.4 Übertragungsgeschwindigkeiten

Um mit der Firma über das Internet oder mobil multimedial zu kommunizieren, ist vor allem die Übertragungsgeschwindigkeit des verwendeten Datenkanals sehr wichtig. Eine UC-Lösung auf einem mobilen Endgerät setzt immer eine gewisse Übertragungsgeschwindigkeit zwischen der UC-Architektur und dem Anwender voraus. Je nach den Möglichkeiten des Datenkanals eignet sich dieser z.B. bei geringerer Bandbreite nahezu nur für Textnachrichten, bei sehr hohen Übertragungsraten auch für Echtzeitvideokommunikation. Die nachfolgende kleine Übersicht stellt die unterschiedlichen mobilen Kommunikationstechnologien mit deren Geschwindigkeiten und Datenraten vor:

- *GPRS (General Package Radio Service)* ist die Technologie mit der niedrigsten Geschwindigkeit. GPRS unterstützt theoretisch bis zu 171,2 kBit/s. Praktisch ist dieses allerdings abhängig von der Anzahl der verwendeten Zeitschlitze, des Codierungsschemas und der Anzahl der gleichzeitigen Anwender, jedoch höchstens 53,6 kBit/s. Die Informationen werden bei der Datenübertragung in einzelne Datenpakete zerlegt und beim Empfänger wieder zusammengesetzt. Die Vorteile von GPRS liegen in den sehr verbreiteten und flächendeckenden Funknetzen und der durchschnittlich guten Sprachqualität.

- *EDGE (Enhanced Data Rates for GSM Evolution)* ist eine sehr gute Breitbandtechnologie vor allem zum Herunterladen von Bildern und großen Dateien. EDGE arbeitet mit einer Empfangsdatenrate von bis zu 220 kBit/s. Die Sendegeschwindigkeit erreicht immerhin noch um die 110 kBit/s. Mit EDGE ist ein sehr guter und flächendeckender, mobiler Internetzugang möglich.

- *UMTS (Universal Mobile Telecommunications System)* wird auch als Mobilfunkstandard der dritten Generation bezeichnet und bietet meistens in Städten und Ballungsgebieten UMTS-Videos in Echtzeit und Downloads ohne lange Wartezeiten an. Übertragungsgeschwindigkeiten von bis zu 384 kBit/s sind möglich. Diese Technologie findet immer mehr Zugang in die Heimnetzwerke, um ein sogenanntes „lokales UMTS" zu nutzen. Man bezeichnet das auch als Femtozellen-Technologie, die in Abschnitt 7.6 ausführlich beschrieben wird.

- *HSDPA (High Speed Downlink Packet Access)* ist eine UMTS-Weiterentwicklung und ermöglicht eine Datenempfang von maximal 7,2 MBit/s Übertragungsgeschwindigkeit.

Das dazugehörige HSUPA (High Speed Uplink Packet Access) schafft es beim Senden bis auf 3,6 MBit/s und ist bis 13,98 MBit/s spezifiziert.

- *Hotspot-Technologie* basiert heute auf WLAN (WLAN) Technologie. Ob auf Flughäfen, in ICE-Zügen, Hotels oder Restaurants – überall sind Hotspots in unterschiedlichen Varianten verfügbar. Weltweit existieren über 33.800, in Europa mehr als 17.550 und davon allein in Deutschland über 6.320 Hotspots (Stand Dezember 2009). Je nach Netzauslastung werden im WLAN bis zu 11 MBit/s erreicht. Die Installation von immer mehr Hotspots erfolgt in 802.11n-Technologie, sodass auch dort Geschwindigkeiten von bis zu 600 MBit/s (brutto) möglich wären. Der größte Unterschied zwischen einem Hotspot und einem normalen WLAN ist die Verhinderung von direkten Datenübertragungen zwischen den Endgeräten.

- *WiMAX* kann fest montiert oder als mobile Variante einen Versorgungsradius von typischerweise 2 bis 3 Kilometer im Umkreis bedienen. In Labortests von Alcatel-Lucent und Nokia bzw. Ericsson zeigten sich Leistungsgrenze von WiMAX bei 50 km Reichweite und einer Datentransferrate von bis zu 108 MBit/s. Wie bei UMTS müssen sich alle beteiligten Nutzer die zur Verfügung stehende Datenrate teilen.

- *LTE (Long Term Evolution)* ist eine der neuesten und wahrscheinlich auch leistungsstärksten Mobilfunktechnologien. LTE unterstützt Übertragungsgeschwindigkeiten bis zu 300 MBit/s im Empfang von Daten und bis zu 75 MBit/s beim Senden der Daten von einem mobilen Endgerät. Dabei ist die Entfernung zur Antenne die gleiche wie bei der heutigen Mobilfunktechnik. Der entscheidende Unterschied zu UMTS ist die Nutzung von verschiedenen Bandbreiten. Mit Stand Ende 2009 wurden bei verschiedenen Feldtests von Alcatel-Lucent, Nortel Networks und Siemens Geschwindigkeiten von bis zu 100/50MBit/s erreicht. In der Praxis wird LTE wohl der Nachfolger vom UMTS bzw. HSDPA werden. Dieses wird allerdings nur mit neuen Endgeräten funktionieren, da die mobilen Geräte auf dem heutigen Markt mit LTE nicht umgehen können.

- *Bluetooth* ist eines der bekanntesten Übertragungsmedien in der mobilen Technologie. Es gibt fast kein mobiles Endgerät mehr, welches nicht auch eine Bluetooth-Verbindung unterstützt. In der aktuell verabschiedeten Version sind Übertragungsgeschwindigkeiten bis zu 2,1 MBit/s möglich. Allerdings ist in der Praxis die Reichweite auf ca. 10 m beschränkt. Anfang 2009 wurde die nächste Generation von Bluetooth verabschiedet. Dieses Release 3.0 wird eine Geschwindigkeit von bis zu 480 MBit/s zulassen. Ende 2009 waren noch keine Geräte auf dem Markt, die diese Bluetooth-Version unterstützen. Allerdings hat auch Bluetooth eine Tücke. Wie in den anderen Wireless-Architekturen gibt es auch bei Bluetooth Kommunikationskanäle. Dem Standard nach arbeitet Bluetooth mit 79 Kanälen, doch effektiv lassen sich oftmals, bedingt durch das Springen zwischen den Frequenzen, nur partielle Kanalbereiche verwenden. Bei einer großen Anzahl von Bluetooth-Geräten in einer nahen Umgebung sind Störungen vorprogrammiert.

7.6 Femtozellen

Femtozellen stellen eine Art Übergang eines Festnetzes zu einem Mobilfunknetz (UMTS) dar. Die eigentliche Antenne wird mit einer vorhandenen festen Internetverbindung wie etwa einer DSL-Leitung angeschlossen. Das Prinzip ist ähnlich wie bei WLAN-Handys, die sich zu Hause an einem normalen WLAN-Hotspot anmelden, oder auch den beschriebenen RAP. Da die lokale Funkzelle nur ein begrenztes Versorgungsgebiet abdecken muss und sich darin eine nur kleine Zahl von Endgeräten gleichzeitig anmeldet, kann die Technik einer Femtozelle deutlich einfacher ausgelegt sein als die einer Funkzelle im öffentlichen Mobilfunknetz. Tatsächlich sind die dafür notwendigen Funktionen bereits heute auf wenigen, hoch integrierten Chips verfügbar. Gateways mit Femtozellen-Technik sind deshalb kaum größer als heute übliche WLAN-Router. Es ist davon auszugehen, dass zukünftige Router für den Heimbereich auch mit der lokalen UMTS-Technik ausgerüstet werden.

Trotzdem die Femtozellen grundsätzlich mit UMTS-Technologie arbeiten, können diese privaten Funkzellen auch schnellere Datenübertragungen unterstützen. Viele der ersten Produkte mit Femtozellen-Technik stellen sogar schon HSDPA- und teilweise HSUPA-kompatible Luftschnittstellen zur Verfügung. Mobilfunkanbieter binden mit der Femtozelle die Kunden direkt an ihr eigenes UMTS-Kernnetz an. Alle Verbindungen von und zur Femtozelle erfolgen verschlüsselt über das öffentliche Internet.

Die lokale Femtozelle wird als „Home Node B" (HNB) bezeichnet. Der Begriff ist angelehnt an die in UMTS-Netzen übliche Bezeichnung „Node B" für eine Funkstation. Da der Anschluss über das Internet erfolgt, ist die maximal über die Femtozelle nutzbare Bandbreite für Sprach- und Datenübertragungen natürlich von der Bandbreite der verwendeten Internetanbindung abhängig.

Leider gibt es Ende 2009 noch keinen einheitlichen Standard für die Spezifikationen einer Femtozelle. Die Hersteller entwickeln und produzieren noch sehr proprietär und werden ihre Produkte ggf. entsprechend anpassen müssen wenn die Standardisierungen erfolgten. Dies ist jedoch vergleichsweise unproblematisch, zumal ohnehin noch keine Geräte an Privatkunden ausgeliefert wurden (Stand Ende 2009).

Das Geschäftsmodell bzw. die Motivation für einen Mobilfunkprovider zum Einsatz dieser Technologie besteht darin, dass die Kunden auch beim Telefonieren und Surfen zu Hause das Mobilfunknetz des Anbieters nutzen. Wie auch heute schon bei den sogenannten „Homezones" (Heimzonen) üblich, werden die Preise dementsprechend angepasst. Auf diese Weise stellt sich die Verwendung von Femtotechnologien für den Endkunden als ein Preisvorteil dar. Das Telefonieren und Surfen per Femtozelle darf nicht teurer sein als vergleichbare Verbindungen über die Anschlüsse konventioneller fester Telefon- oder IP-Netze. Mobilfunkanbieter werden für ihre Femtozellen daher ähnliche Tarifkonditionen anbieten müssen wie heute für Heimzonen- oder Festnetzkommunikation üblich. Die Femtozellen-Technik ist grundsätzlich nicht nur für Mobilfunkprovider interessant. Auch Internetprovider könnten und werden sie nutzen.

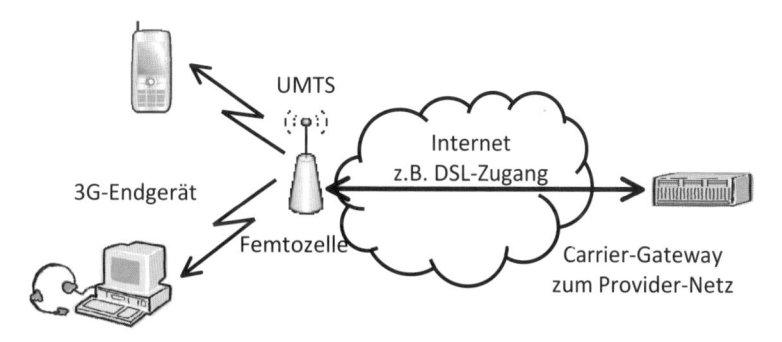

Abbildung 7.4 Femtozelle und Provider-Übergang

> **Praxistipp:**
> Das technische Szenario sieht dann wie in Abbildung 7.4 aus: Zu Hause bucht sich das Handy des Teilnehmers in die Femtozelle ein, die der Internetprovider mit einer von ihm gelieferten Gateway-Box bereitstellt. Die Datenkommunikation läuft dann per Router über den vorhandenen Internetanschluss. Die Sprache kann über das konventionelle Telefonnetz (analog oder ISDN) oder per Voice over IP laufen.
>
> **Empfehlung:** Die Femtozellen-Technologie ist noch sehr jung. Warten Sie am besten erst noch die technisch-technologischen Entwicklungen in den nächsten Jahren ab.

7.7 Lokalisierung

Es ist sehr erstaunlich, inwieweit man die modernen Technologien in sein eigenes Haus lässt. UMTS via Netzwerk, Femtozellen und andere Breitbandverbindungen im eigenen Haushalt zu nutzen, das ist fast schon Normalität. Viele Provider erhoffen sich vor allem mit den Mobilfunktechnologien im Heimbereich einen Aufschwung des stagnierenden Handymarktes. Die Reichweite der Femtozellen beträgt nur ca. 30 m, wodurch man diese Technologie mit einer Art WLAN vergleichen kann. Diese Zellen werden per Kabel, im Normalfall an DSL, angeschlossen und bringen so das UMTS-Netz bis nach Hause.

Jetzt stellt sich Frage nach Sinn einer solchen Lösung. Erstinstanzlich dient sie natürlich als eine sehr performante Lösung für den schnurlosen Breitbandanschlusses ins Internet und für andere Datenkommunikationsdienste. Viel interessanter jedoch ist die Möglichkeit des Einsatzes dieser Technologien für Funktionen, die auf Präsenz, Status und Position basieren. In der heutigen Welt gehören Ortungs- und Positionierungssysteme zum Alltag der meisten Menschen. Die Nachfrage nach den sogenannten „Location Based Services" (LBS), also nach Anwendungen, die auf einem Ortungssystem basieren, ist in den letzten Jahren immens gestiegen. So leiten z.B. GPS-Navigationssysteme (Global Positioning System) Autofahrer zuverlässig zu ihrem Ziel und unterstützen sie beim Umfahren von Staus und Verkehrsbehinderungen. Derartige Navigationsfunktionen sind bereits immer öfter integraler Bestandteil moderner Handys. In einigen (vor allem asiatischen) Ländern müssen Handys mit GPS ausgestattet sein, damit sie lokalisiert werden können. Handys ohne GPS dürfen in diesen Ländern gar nicht mehr verkauft werden. Befindet man sich in einer fremden Umgebung, liefert das Mobiltelefon die gesamten wichtigen und wesentlichen Informationen über alles, was sich in der Nähe des aktuellen Standortes befindet, z.B. nahegelegene Krankenhäuser, Tankstellen, Restaurants und sogar Hinweise auf aktuelle Veranstaltungen. Das sind LBS auf Basis von Ortungs- und Positionierungsdiensten. Sie beziehen sich auf den jeweils aktuellen und momentanen Standort, liefern jedoch keine Positionsverfolgung.

Genau das ist die Aufgabe von LTS (Location Tracking System). Diese Systeme führen kontinuierliche GPS-Standortbestimmungen durch und ermöglichen so eine Verfolgung der Positionsveränderung. Die Anwendungsmöglichkeiten für LTS sind sehr vielfältig.

> **Praxisbeispiele:**
> Ein sehr anschauliches Beispiel ist die Bewegungsverfolgung von Wachschutzpersonal beim nächtlichen Rundgang durch sehr großflächige und unübersichtliche Bereiche.
> Das System verfolgt die Position des Wachpersonals. Sollte dem Personal etwas zustoßen, z.B. die Person wird verletzt und dabei bewegungsunfähig, dann erkennt das System diese Bewegungsunterbrechung und kann ggf. einen automatischen Alarm auslösen.
>
> Ein weiteres Einsatzfeld ist die direkte Verschaltung von Alarmsystemen mit UC-Applikationen. So sind in Krankenhäusern immer öfter Lösungen zu finden, bei denen das Lichtrufsystem mit der VoIP-Anlage und dem WLAN interagiert. Wird ein Lichtrufalarm ausgelöst, dann erfolgt diese Meldung an die VoIP-Anlage. Diese wiederum interagiert mit einer UC-Applikation zur Alarmierung des medizinischen Personals. Damit eine möglichst schnelle medizinische Versorgung stattfinden kann, führt die UC-Umgebung über das WLAN eine Lokalisierung der WLAN-Telefone durch. Die Alarmierung erfolgt dann genau an die WLAN-Telefone, die dem Standort des Lichtrufs am nahesten sind

Unterschiedliche Situationen verlangen allerdings auch nach unterschiedlichen LTS, die einem Lokalisierungsdienst des UC-Systems zugrunde liegen. So ist zum Beispiel GPS in den meisten Fällen sinnvoll nur unter freiem Himmel verfügbar. Eine GSM-Zellortung ist für viele Dienste viel zu ungenau. Um eine Ortung innerhalb eines geschlossenen Raumes wie zum Beispiel in einem Bürogebäude zu ermöglichen, sind heutzutage WLAN und DECT die gebräuchlichsten Technologien. Beide Systeme lassen sich noch durch zusätzliche Ortungs- und Positionierungshilfen wie z.B. spezielle Antennen, Induktionsschleifen usw. verfeinern. Wie sehen die Lokalisierungen in den einzelnen Technologien aus?

7.7.1 Lokalisierung über WLAN

Lokalisierung über WLAN ist eine relativ neue Technik. Sie bringt allerdings viele Vorteile mit sich, denn das WLAN bietet auf einer Plattform alle multimedialen Kommunikationsdienste und diese Zusatzfunktionen für Ortung und Verfolgung. Ein Anwendungsszenario ist bereits dargestellt worden: das im Krankenhaus. Ebenso wäre es in der Zukunft denkbar, die WLAN-Lokalisierung über ein UC-System in den Alltag der Menschen zu integrieren. Beispielsweise könnten GPS-basierte Navigationssysteme in Tunneln auf eine vorhandene WLAN-Technik umschalten, wenn die GPS-Signale nicht mehr zu empfangen sind. Gerade in derartigen Umgebungen stellt ein Service zur Ermittlung des Präsenzstatus eine deutliche Vereinfachung in der Kommunikation dar. Hier einige Beispiele:

- Das bereits dargestellte Beispiel, bei dem im Notfall automatisch der räumlich nächste Arzt alarmiert wird und nicht nur ein Alarmierung in die Leitzentrale erfolgt.
- Das Auslösen eines Alarms, wenn z.B. der Bewohner eines Seniorenheims einen bestimmten Bereich verlässt.
- Eine unterstützende Inhouse-Navigation, um einen bestimmten Raum zu finden, oder in Museen, um einem Museumsbesucher in Abhängigkeit von seiner Position Informationen zu den Ausstellungsstücken zu geben.
- Die „ortsgebundene Erinnerung". Eine UC-Applikation erinnert an bestimmte Aufgaben, wenn man sich an einem definierten Ort befindet.
- Ortsabhängige Bereitstellung von Funktionen. Nachdem das Homeoffice betreten wurde, werden bestimmte Kommunikationsdienste oder auch die Zugänge zu Diensten eingeschränkt bzw. erweitert

Die Einsatzmöglichkeiten von Lokalisierungsdiensten über WLAN sind vielfältig. Bei der Verwendung einer Lokalisierung innerhalb von Gebäuden stellt sich die Frage der Genauigkeit des Systems. Betrachtet man die aufgeführten Anwendungsgebiete, so müssen mindestens die folgenden Punkte gewährleistet sein:

- Bestimmung des entsprechenden Gebäudes.
- Zuordnung einer Etage oder eines Stockwerks.
- Herausfinden des konkreten Raums.
- Position mit einer Genauigkeit von maximal drei bis fünf Metern.
- Zudem muss der Lokalisierungsdienst bei einem Ausfall einer oder mehrerer Systemkomponenten in der Lage sein, dennoch die Lokalisierung zuverlässig fortzusetzen.

Das bedeutet die Planung und Implementierung entsprechender Redundanzen im System selbst, aber auch in der Funkausleuchtung. Weiterhin kann es im Störungsfall notwendig sein, von einer modernen Technologie mit hoher Messgenauigkeit auf eine ältere oder einfachere Technologie mit ggf. geringer Messgenauigkeit zurückzugreifen. In den meisten Fällen reicht bei Störungen vorübergehend auch eine Nachbarschaftserkennung aus. Wenn sich ein Gerät in der direkten Nachbarschaft eines anderen Gerätes oder Antennenpunktes befindet, wird eine Aktion im UC-System ausgelöst.

Um die Ortungsgenauigkeit zu erhöhen, arbeiten die meisten modernen Lokalisierungstechniken in UC-Systemen mit Triangulation. Dieses Verfahren verwendet immer mindestens drei erreichbare Informationsquellen, so wie in Abbildung 7.5 dargestellt. So kann die Position eines Endgerätes über die Distanzen zu mindestens drei Quellen im zweidimensionalen Raum bzw. zu vier Quellen im dreidimensionalen Raum errechnet werden.

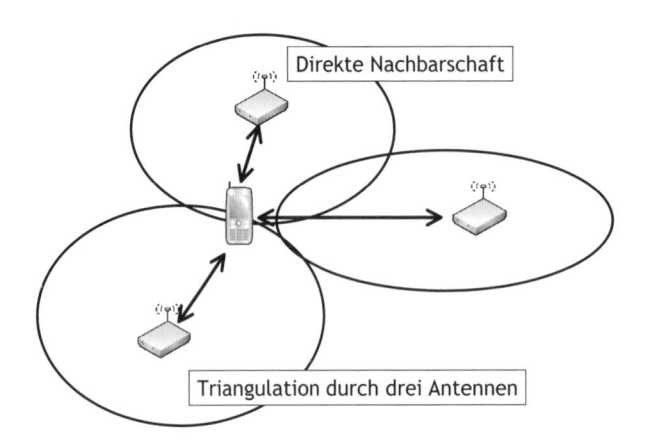

Abbildung 7.5
Schematische Darstellung der Triangulation

Alle Verfahren zur Messung der Entfernung ermitteln jedoch lediglich eine Schätzung der Distanz zwischen Endgerät und der Quelle. Eine Entfernungsmessung (ggf. auch zusätzlich) per Signalstärke ist sinnvoll. Sie bedarf in den meisten Fällen keiner speziellen Hardware und ist mit jedem der heutigen Systeme und Geräte umsetzbar. Die Richtung von der Quelle zum Endgerät kann oftmals nicht direkt errechnet oder gemessen werden. Dazu fehlen den Systemen Funktionen zur Richtungsbestimmung. Die Bestimmung der Richtung zu einem Endgerät ist nur über dessen Lokalisierung möglich. In den meisten Fällen spielt in der Praxis die Richtungsinformation nur eine untergeordnete Rolle. Wichtiger ist die tatsächliche Position des Endgerätes.

Jede Funktechnologie funktioniert nur so gut, wie es die Umgebungsbedingungen zulassen. In der Praxis existieren jedoch viele Störquellen: Personen, Möbel (vor allem Metallregale), glatte Wände (insbesondere Fliesen und Spiegel), die bereits erwähnten Brandschutztüren und vor allem die metallbedampften Fensterscheiben dämpfen Funksignale ab, reflektieren sie oder leiten sie in verfälschender Weise um. Die Lokalisierung über eine reine Triangulation erfordert zwingend eine vorhergehende Kalibrierung der Funkinfrastruktur in der Umgebung. Da sich die Umgebungsbedingungen ändern können, ist die automatische Kalibrierung eine der wichtigsten Methoden zur Verbesserung der Triangulationsmethode. Diese automatische Kalibrierung muss direkt in den Endgeräten vorhanden sein. Sind für ein Endgerät nur weniger als drei Quellen gleichzeitig verfügbar, kann eine Lokalisierung über Triangulation nicht mehr ausgeführt werden. Um in solchen Situationen dennoch weiterhin einen UC-Lokalisierungsdienst nutzen zu können, kann dann wieder die Nachbarschaftserkennung hilfreich sein. Das System schaltet automatisch zwischen den Verfahren um. In Abbildung 7.5 werden die beiden Verfahren schematisch dargestellt.

> **Praxistipp:**
> Das mobile Endgerät ist wie eine Art Zugangskarte zu sehen. Alle Kommunikationsdienste werden hierüber gesteuert. Durch die Veränderung des Standortes werden beispielsweise Rufumleitungen gesetzt, Präsenzdienste wie die E-Mail-Erreichbarkeit verändert und IM-Funktionen ein- oder ausgeschaltet.

> **Empfehlung:** Nutzen Sie die hilfreichen Möglichkeiten der positionsbezogenen Steuerung von UC-Diensten über die Standortinformation. Das erleichtert den Umgang mit neuen UC-Diensten, da die manuelle Umschaltung, Aktivierung oder Deaktivierung von Kommunikationsdiensten und -komponenten komplett entfallen kann.

7.7.2 Dienste per Lokalisierung

In einer UC-Lösung sollte, wie schon beschrieben, in jedem Fall die Möglichkeit der Lokalisierung, bzw. ein Dienst zur Lokalisierung zur Verfügung stehen. Lokalisierung ist im Alltag ein sehr hilfreiches Instrument zur Steuerung von Diensten und Applikationen. Der einfachste Fall ist die Aktivierung bzw. Deaktivierung von UC-Diensten. Sehr anschauliche Praxisbeispiele sind die automatische Übertragung von aktuellen Adressdaten, Umlenkung von Anrufen auf das Festnetz oder die Abschaltung der Funkantenne des Handys beim Betreten des Homeoffice. Die Forschung auf diesem Gebiet geht noch viel weiter. Sie spricht von einer sogenannten „digitalen Blase" (*digital bubble*). Jeder Mensch hat sein persönliches vereinheitlichtes Kommunikationssystem direkt bei sich. Dieses System bildet eine ganz persönliche digitale Aura. Je nach Einstellungen der persönlichen Aura reagiert die Umwelt auf das System oder umgekehrt.

Viele Fahrzeughersteller bedienen sich heute schon dieser Technik, beispielsweise zur Türöffnung bei Annäherung an das Auto. Einige fest eingebaute Navigationsgeräte schalten über spezielle Schnittstellen den Empfang des Handys komplett ab und übernehmen dessen Funktion. Vorher werden die IMEI-Nummer (International Mobile Equipment Identity) und das Telefonbuch vom Handy auf das Navigationsgerät kopiert. Es wird ohne störende Funkwellen im Fahrzeuginneren nur noch das interne Telefon genutzt. Hier noch einmal einige Gedanken und Aspekte, was mit modernen Lokalisierungsdiensten möglich ist:

- Die Aktivierung anderer Dienste per Lokalisierung:
- Die Nutzung des ortsbezogenen Erinnerungsdienstes in einem elektronischen Kalender. Durch eine Termineintragung im Kalender wird ortsabhängig eine Erinnerung gesetzt. Durch die Verbindung zu einem Ort ist nun eine Marke aktiviert. Sobald man mit dem präferierten Gerät in die Nähe des definierten Ortes kommt, erscheint der Termineintrag auf dem mobilen Gerät.
- Eine besonders charmante Lösung ist die Nutzung des Handys als elektronischer Schlüssel. Elektronische Türschlösser sind mit Bluetooth ausgestattet. Das Handy hat eine UC-Applikation und bekommt über eine gesicherte mobile Datenverbindung die elektronischen Schlüssel überspielt. Mit der Applikation und den Schlüsseln ist der Nutzer in der Lage, alle die Türen zu öffnen, für die er (oder besser gesagt: sein Handy) eine Berechtigung besitzt. Gleiches ist auch mit dem Login in PCs oder bei der Anmeldung für spezielle Applikationen und Geräte (z.B. Drucker und Kopierer) einsetzbar.
- Die Lokalisierung von Gegenständen ist nicht unbedingt neu, aber diesen Dienst auf mobilen Endgeräten anzubieten schon. In der Praxis wird bei Besprechungen ein Beamer benötigt. Der Beamer ist mit einem aktiven oder passiven Funksender, z.B. einer

RFID (Radio Frequency Identification), ausgestattet. Von der UC-Applikation auf dem Handy wird der Lokalisierungsdienst im UC-Server angesprochen, der wiederum den Beamer lokalisiert und danach den schnellsten Weg zum lokalisierten Gerät zur Anzeige bringt.

- Beim Betreten eines Raumes werden automatisiert Vorgänge geschaltet wie etwa das Licht und Projektoren oder eine Klimaanlage zur Raumsteuerung.

> **Praxistipp:**
> Durch die steigende Vielfalt der Applikationen werden auch die nutzbaren Möglichkeiten immer unübersichtlicher. Lokalisierungsdienste sind innerhalb und auch außerhalb von Firmengrenzen ein durchaus sinnvolles und einfaches Mittel der Steuerung und Sicherung des Mitarbeitereinsatzes. Man sollte jedoch stets die rechtlichen Aspekte im Auge behalten und beachten, dass vor allem natürlich die Privatsphäre geschützt bleiben muss. Es ist die Frage zu stellen: „Stellt dieser Dienst eine Arbeitserleichterung dar?"
>
> **Empfehlung:** Wenn die Lokalisierungsdaten zur sinnvollen und rechtlich abgesicherten Verfolgung einer Person oder eines Gegenstandes dienen, ist der Mehrwert schnell ersichtlich. Eine sehr frühzeitige Einbindung des Betriebsrates und die ggf. erforderliche Einholung entsprechender Genehmigungen sind naheliegend. Machen Sie den Anwendern den Unterschied zwischen einer Überwachung und einer sinnvollen Arbeitserleichterung sowie der deutlichen Verbesserung der Arbeitssicherheit klar.

7.8 Mobile Sicherheit

Sicherheit bedeutet Vertraulichkeit bzw. Identität (Authentisierung und Autorisierung), Integrität (Richtigkeit der Daten) und Verfügbarkeit (z.B. durch Redundanz, Reserven usw.). Vor allem für mobile Nutzer und die mobilen Kommunikationstechnologien spielt Sicherheit eine essenzielle Rolle. In Kapitel 9 wird das Thema Sicherheit an sich detailliert betrachtet und abgearbeitet. In diesem Abschnitt geht es um die Diskussion einiger grundlegender Aspekte rund um „mobile Sicherheit" (*mobile security*).

7.8.1 Vertraulichkeit, Integrität und Verfügbarkeit

Auf jeden Fall ist es zwingend notwendig, sich mit allen drei Aspekten der Sicherheit zu beschäftigen und diese auch beim praktischen Einsatz von Mobilität anzuwenden. Mobile Sicherheit beziehen die meisten Menschen nur auf die mobilen Inhouse-Lösungen wie z.B. auf das WLAN. An die Sicherheit für und mit Handys denken die wenigsten Anwender. Doch genau der Schutz der GSM- und UMTS-Geräte gegen Angriffe ist notwendig, technologisch sinnvoll und möglich. Doch wie sehen praktische Umsetzungen der einzelnen Sicherheitsaspekte im mobilen UC-Umfeld aus?

- *Zugangssicherheit:* In der Luft gibt es realistisch gesehen keine Zugangsbeschränkungen. Jeder, der möchte und die Technologien sowie die Technik dafür besitzt, kann die Luft als Übertragungsmedium benutzen. Das hat zur Folge, dass es viele Anwender tun – vor allem gleichzeitig. Darum muss man den Zugang zum WLAN und den GSM-Netzen zumindest so weit absichern, wie es die modernen Technologien hergeben. Im WLAN gehören dazu das Verdecken bzw. Ausblenden der SSID (Service Set IDentifier) oder zumindest das Verändern der Standard-SSID. Alleine Letzteres ist, so plakativ es auch klingt, nur in den allerwenigsten Fällen anzutreffen. Sehr viele WLAN-Umgebungen verwenden die allbekannten Standardeinstellungen für SSIDs, Passworte usw. Der Unsicherheit ist quasi Tür und Tor geöffnet – so nach dem Motto: „Immer fleißig dazwischen funken". Eine deutliche Erhöhung der Zugangssicherung erreicht man über zusätzliche Authentisierungsverfahren wie z.B. IEEE 802.1x. mit RADIUS-Server (Remote Authentication Dial In User Service). Der Einsatz von IEEE 802.1x bedingt jedoch die Unterstützung der entsprechenden Funktionen auf den Datennetzkomponenten. Diese müssen z.B. die mehrfache Anmeldung von Anwendern mit unterschiedlichen Authentisierungsverfahren und -diensten pro Anschlussport unterstützen. Eine integrierte, aber leider nur bedingte sichere Zugangssicherheit zum WLAN bieten auch solche Verfahren wie WEP (Wired Equivalent Privacy). Dafür gibt es die deutlich effizienteren und sicheren Weiterentwicklungen WPA (Wi-Fi Protected Access) oder noch besser seinen Nachfolger WPA2. Dieser benutzt unter anderem eine härtere, erweiterte Verschlüsselung der Passworte nach dem AES (Advanced Encryption Standard) mit Schlüssellängen von 128 Bit oder mehr.

Bei GSM- und UMTS-Netzen wird die Zugangssicherheit im Netz des Mobilfunkbetreibers abgebildet und durchgeführt. Dazu wird dem Nutzer ein Schlüssel zugeteilt, der sogenannte „Subscriber Authentication Key" (SAK). Dieser Schlüssel wird sowohl auf der SIM-Karte (Subscriber Identity Module) als auch im Netz der Providers gespeichert. Zur Authentifizierung sendet das Endgerät der Netzantenne eine Zufallszahl mit 128 Bit. Aus dieser Zufallszahl und dem SAK wird mit einem Algorithmus der Authentifizierungsschlüssel berechnet und vom Netz des Providers mit seiner Datenbank verglichen. Stimmen alle Authentifizierungsschlüssel überein, erfolgt die authentisierte Verbindung des Endgerätes mit dem Netz. Der Anwender wiederum muss sich gegenüber der SIM-Karte als berechtigter Nutzer authentisieren. Dies geschieht mittels einer PIN (Personal Identification Number). Auf der SIM-Karte ist festgelegt, ob die PIN-Abfrage aktiviert und deaktiviert werden kann. Wurde die PIN dreimal in Folge falsch eingegeben, wird die SIM-Karte automatisch gesperrt. Um diese Sperrung wieder aufzuheben, ist der sogenannte PUK (Personal Unlocking Key) erforderlich. Der PUK kann zehnmal in Folge falsch eingegeben werden, bevor die SIM-Karte endgültig gesperrt wird. Sie muss danach vom Mobilfunkbetreiber ausgetauscht werden.

- *Datensicherheit und -integrität:* Da alle über dasselbe Medium kommunizieren, nämlich die Luft, kann theoretisch und praktisch jeder erkennen, ob und dass noch andere Kommunikationsdienste und Teilnehmer auf den Schnurlosnetzwerken aktiv sind. Mit vergleichsweise einfachen Mitteln können die Funkwellen der anderen Teilnehmer aufgenommen, mitgeschnitten und sogar verändert werden. So gelangt beispielsweise ein Unbefugter schnell an die per WLAN übertragenen Informationen und ist in der Lage, die Informationen im WLAN unberechtigterweise zu modifizieren. Daher sind bei der WLAN-Benutzung die Verwendung von Funktionen zum Integritätsschutz wie beispielsweise Verschlüsslungen, aber vor allem Checksummenalgorithmen und andere Funktionen zur Erkennung der Validität, ein Muss!

- *Verfügbarkeit:* Ein besonders wichtiger Punkt, vor allem bei zentral gesteuerten UC-Systemen. Die Planung von Redundanzen und Reserven hat mehrere Aspekte:
  - Im Vordergrund steht natürlich die Zuverlässigkeit des Betriebs, d.h. die steuerungstechnische Redundanz. Konkret bedeutet das die Installation redundanter Steuerungen und eine redundante Anschaltung der UC-Komponenten an die darunter liegenden Netzinfrastrukturen.
  - Ein großer Teil der mobilen Unified Communication findet auch über IP-Netze statt. Diese Netze benötigen insbesondere zur Unterstützung der mobilen IP-Kommunikationsdienste eine Reihe von IP-Diensten und -Funktionen wie z.B. DHCP (Dynamic Host Control Protocol), DNS (Domain Name System) usw. Daher müssen vor allen diese IP-Dienste und -Funktionen redundant ausgelegt sein.
  - Weitere wichtige Punkte sind die Planung der Redundanz in der Funkausleuchtung, für den Ausfall einzelner Antennen und den Ausfall oder die Störung zentraler Steuerungsfunktionen. Moderne Funksysteme bieten Funktionen zur automatischen Erkennung von Antennenausfällen. In diesen Fällen passen die anderen umliegenden Antennen automatisch ihre Sende- und Empfangsleistung so an, dass sie den ausgefallenen Bereich mit abdecken. Dieses Bezeichnet man auch als ARM (Adaptive Radio Management, also adaptives Funkfeldmanagement).
  - Ebenso wichtig ist die funktionale Absicherung der benutzten und für die schnurlose Kommunikation erforderlichen UC-Dienste selbst wie OneNumber, zentrales Adressbuch, E-Mail-Push, IM (Instant Messaging) usw.

Praxistipp:

Eine gute Planung und die korrekte Implementierung sind die besten Voraussetzungen für einen sicheren Betrieb von Funknetzwerken. Die Erfahrung aus vielen WLAN-Projekten zeigte, dass in den meisten Fällen sehr viel mehr getan werden sollte und muss, um die Sicherheit der Informationsübertragung durch die Luft zu gewährleisten.

Mit WPA2 steht zumindest ein schon sehr gutes Verfahren zu Absicherung zur Verfügung. Bei Providernetzen steuert der Carrier bzw. Provider die Sicherheitsaspekte. Die Endnutzer selber haben keinen direkten Zugriff auf die Authentifizierungsverfahren.

Empfehlung: Beziehen Sie bei der Planung und im Betrieb von WLANs unbedingt und sehr detailliert die genannten Sicherheitsaspekte ein. Sorgen Sie für die Änderung aller Standardeinstellungen sowie die Verwendung der bestmöglichen Sicherheitsfunktionen für höchst mögliche Vertraulichkeit, Integrität und Zuverlässigkeit Ihrer Informationen in den Funknetzen.

7.8.2 Endgerätesicherheit

Das Thema Endgerätesicherheit betrifft in erster Linie alle Geräte, die tatsächlich mobil sind, also Handys, Notebooks, PDAs usw. Man kann sie schnell verlieren, sie werden entwendet, und sie gehen schneller kaputt, weil sie schlichtweg herunterfallen. In den meisten Fällen geht es weniger um den Verlust der Hardware an sich, sondern vielmehr um das Abhandenkommen der auf dem Gerät gespeicherten Daten. Der Hauptanteil des Verlustes eines mobilen Gerätes bezieht sich auf den Datenverlust. Ergo müssen solche Daten ganz einfach gesichert bzw. geschützt werden. Dieser Abschnitt liefert einen groben Überblick über die verschiedenen Lösungen für die Absicherung der Daten und Applikationen auf mobilen Endgeräten.

Eine Sicherheitssoftware ist schnell und einfach zu integrieren bzw. auf verschiedenen Geräten zu installieren. Der Nachteil liegt jedoch meistens darin, dass sie jeweils nur von nur bestimmten Betriebssystemen wie etwa Windows Mobile unterstützt wird. Eine durchgängige Softwarelösung, um eine Infrastruktur beispielsweise von Nokia, Microsoft und Blackberry zu sichern, ist nur schwer zu finden. Jeder Hersteller vermarktet zu seiner Infrastruktur eigene Softwarelösungen. Auch die Installationsaufwendungen sind nicht zu unterschätzen, da jedes einzelne Gerät mit einer Software versorgt werden muss. In der Regel geschieht das über sogenannte „Stille Installationen". Dabei erfolgt die Installation über eine automatische Softwareverteilung und erfordert keine Interaktion des Anwenders. Noch interessanter sind Softwarelösungen, die gar keine Installation erfordern, um eine Daten- und Informationssicherheit zu gewährleisten. Die hauptsächliche Sicherheitskomponente dabei ist die Verschlüsselung des gesamten Datenverkehrs. Einige Hersteller führen den kompletten Datenverkehr der Geräte über einen zentralen Administrationsserver. Dies ist durchaus sinnvoll, da nur eine Komponente benötigt wird, um die Daten und Informationen zu ver- und entschlüsseln. Hier zwei Beispiele für derartige Sicherheitsarchitekturen:

- Ein sogenanntes VPN (Virtual Private Network) – ein eigenes virtuelles Netz. VPNs gewährleisten, dass ein Endgerät immer sein eigenes geschütztes virtuelles Netz bekommt. Ein VPN wird immer vom Endgerät aufgebaut und ist nicht zwingend Bestandteil des Betriebssystems, dadurch ist es aber erheblich flexibler. Dieses wird in Kapitel 9 genauer erläutert.

- Eine Client-Server-Architektur wie z.B. bei RIM (Research in Motion). Dieses Verfahren kommt bei den Blackberrys zum Einsatz. Die Administratoren haben die Möglichkeit, über sogenannte „Policies" (Richtlinien) mehr als 400 zentrale Einstellungen zu setzen, dezidierte Geräteeigenschaften ein- und auszuschalten oder die Geräte mit speziellen Sicherheitsmerkmalen zu versehen. Einige dieser Möglichkeiten sind:

  - Sichere Passwörter (bis 24 Zeichen) vergeben und erzwingen. Verwendung sehr komplexer Einstellungen für die Passwortstruktur, z.B. Großbuchstaben, Kleinbuchstaben, Sonderzeichen und Zahlen im Passwort. Sperren von bestimmten oder sich wiederholenden Passwörtern. Sperrung des Gerätes nach einer vordefinierten Zeit. Erzwungene Kennworteingabe nach einer gewissen Zeit, auch wenn an dem Gerät gearbeitet wird.

7 Unified Communication macht mobil

- Verbot von SMS, MMS oder anderer E-Mail-Dienste.
- Erzwingen der Verschlüsselung des gesamten Geräts.
- Deaktivierung der Kamera, der Multimediafunktionen sowie von externen Speichern wie z.B. MicroSD-Karten.

Alle diese Richtlinien werden über das Funk(GPRS/UMTS)-Netz übertragen und aktiviert, ohne dass der Nutzer dieses beeinflussen kann. Das ist die eigentliche Stärke einer Richtlinienverwaltung. Der Administrator kann zentral Einstellungen verändern, ohne das Gerät in die Hand nehmen zu müssen. Er kann alle mobilen Geräte des Unternehmens weltweit administrieren. Dazu schafft die zentrale Administration klare Vorgaben, welche der Endbenutzer nicht umgehen kann.

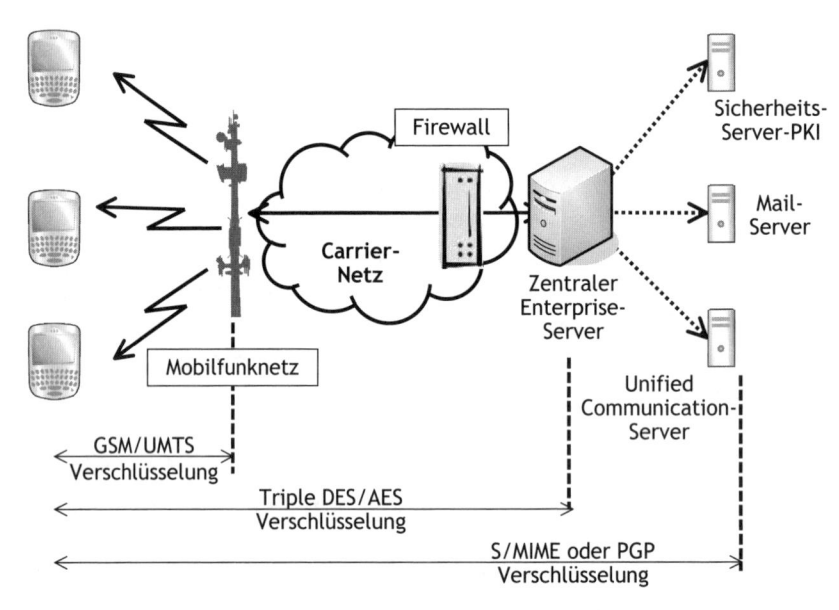

Abbildung 7.6 Zentralisierte Push-Dienste für die mobilen Endgeräte

Wie in der Abbildung 7.6 dargestellt, werden alle Informationen und Nachrichten durch den sogenannten „Zentralen Enterprise-Server" (ZES) geleitet, dazu gehören alle E-Mails und die sogenannten „Push-Dienste", das sind Dienste, bei denen die Informationen von zentraler Stelle auf die Endgeräte verteilt werden. Diese Dienste werden intern mit den E-Mail-Servern oder UC-Systemen verbunden. Natürlich könnte auch der ZES die Dienste eines UC-Servers übernehmen, da bereits alle anderen Mobilitätsfunktionen hierüber abgewickelt werden. Wie schon am Anfang des Kapitels erwähnt, wird die Sprache nicht über den Weg des zentralen Servers geführt, sondern separat abgewickelt. Die Telefonie läuft in der Regel nach wie vor über den GSM-Weg.

> **Praxistipp:**
> Die Mobilitätsfunktionen und Rechte über einen zentralen Server zu vergeben, ist beim heutigen Stand einer der besten Wege, um mehr Sicherheit zu gewährleisten. Die Vorteile liegen in der Administration. Als Endbenutzer ist man jedoch oftmals auf einen Hersteller eingeschränkt, da die zentrale Komponente nicht mit anderen Geräten funktioniert. An dieser Stelle ist deutlich mehr Flexibilität wünschenswert und nur bei der Verwendung einer VPN-Verbindung möglich. Ebenfalls wünschenswert ist die Sprachverbindung über denselben Zugangspunkt und mit derselben Technologie wie beispielsweise UMTS, da durch die vorhandenen Verschlüsselungsoptionen in der Datenübertragung bereits eine gesicherte Leitung existiert.
>
> **Empfehlung:** Setzen Sie auf eine Client-Server-Architektur, wenn Sie ein einheitliches Endgerätekonzept verfolgen. Benötigen Sie Flexibilität in der Verwendung unterschiedlicher mobiler Endgeräte und Betriebssysteme, dann sind VPN-Lösungen eine gute Wahl.

7.9 Notruf und seine praktische Umsetzung

Der Notruf im UC-Umfeld wird hauptsächlich im Zusammenhang mit Telefonie diskutiert. Da zu einem UC-System auch die Telefonie gehört, wird sich dieser Abschnitt mit dem Labyrinth der Notruffunktionen beschäftigen.

Das Thema Notruf ist sehr breit gefächert. In den folgenden Darstellungen werden sowohl die rechtlichen als auch die technologischen Gesichtspunkte rund um den Notruf aufgezeigt. In Deutschland ist die Bundesnetzagentur für Elektrizität, Gas, Telekommunikation, Post und Eisenbahn (BNetzA), speziell das Referat 425, für die Schaffung eines einheitlichen rechtlichen Rahmens bezüglich des öffentlichen Notrufs zuständig. Natürlich machen dieser Behörde einige in den letzten Jahren gerufene „Geister" nun das Leben schwer, z.B. die Deregulierung des Telekommunikationsmarktes und insbesondere die Trennung von Netz und Dienst im öffentlichen Vermittlungsgeschehen. Die Konsequenz daraus ist die offene Frage: „Wer ist an welchen Stellen wofür verantwortlich, damit der Notruf zuverlässig funktioniert?" Welche Daten müssen vom Endanwender vorliegen, damit die Notrufe entsprechend weitergeleitet werden können. Inzwischen brachte die BNetzA mehrere Neuauflagen und Entwürfe für die Regulierung des Notrufes heraus. Eine Einigung unter allen Beteiligten scheint schwer. Die letzten Ansätze zielen vor allem darauf ab, dem Endanwender die Verantwortung zu überstellen, im Falle des Notrufes die korrekten Standortinformationen zu übermitteln. Ein spannender Ansatz: „Muss der Endanwender selber zusehen, wie er damit fertig wird." Doch auch für die Unternehmen, die öffentliche Netze und/oder Kommunikationsdienste anbieten, wirft dieser Zustand einiges an Problemen auf. Sie müssen ihre Endanwender über deren Mitwirkungspflicht informieren, es sogar vertragsrechtlich fixieren. Sollten sich Veränderungen über die Funktionen oder Verfügbarkeiten des Notrufs ergeben, müssen diese Unternehmen ihre Kunden davon informieren. Ob das wohl so gewollt war oder ist???

In speziellen Umgebungen und Bereichen wie Krankenhäusern, Alten- und Pflegeheimen gibt es zusätzliche Anforderungen an den Notruf. Hier muss oftmals der Notruf automatisch eingeleitet werden, wenn beispielsweise das Endgerät aktiviert wird, indem der Hörer von einem Telefon abgehoben oder heruntergestoßen wird.

7.9.1 Rechtliche und regulatorische Aspekte des Notrufs

Man kann das Thema Notruf aus praktischer Sicht betrachten. Der Notruf hat im Grunde die folgenden wesentlichen Aspekte:

- Der Notruf muss laut TKG (Telekommunikationsgesetz) §108 „barrierefrei" sein.
  - Das bedeutet: Ein Nutzer muss von jedem Endgerät aus, das den Eindruck eines Telekommunikationsendgeräts erweckt und sichtbar in Betrieb ist, einen Notruf absetzen können.
  - Der Notruf muss immer kostenfrei möglich sein.
- Der Notruf muss immer und zuverlässig zur zuständigen Notrufzentrale geleitet werden. Dieser Punkt hat mehrere Facetten:
  - Die Notrufzentrale muss immer erreichbar sein.
  - Der Notruf muss zur zuständigen Leitstelle geführt werden.

7.9.2 Notruf und Standortinformationen

Im Zusammenhang mit dem Notruf ist immer eine Standortinformation zu übermitteln. Das wiederum bedingt eine Lokalisierung des Notrufenden. Hier scheiden sich die Geister. Der Grund dafür ist die Trennung des Kommunikationsprozesses in die verschiedenen Bereiche. Die Deregulierung der Telekommunikation ermöglichte die Aufspaltung der Verantwortlichkeiten. So kann der Anschluss von einem anderen Anbieter und Betreiber bereitgestellt sein als das Übertragungsnetz. Und ein weiterer Anbieter und Betreiber liefert die Übertragungsdienste. Das Endgerät bzw. der Client selbst und dessen Betrieb kommen möglicherweise wiederum von einem anderen Lieferanten. Da stellt sich die Frage: „Wer ist für die Lokalisierung verantwortlich?" Derjenige, der das Wissen darüber hat, wo das Endgerät steht, oder aber derjenige, der weiß, wo sich der Anschluss des Endgeräts zum Übertragungsnetz befindet? Ist denn überhaupt anzunehmen, dass der Anschlusspunkt zum Netz mit der tatsächlichen Lokalisierung des Nutzers übereinstimmt? Gerade bei mobilen Anwendern im IP-Netz ist das eine der größten Herausforderungen. Die wichtigste Antwort auf alle oben gestellten Fragen lautet: „Es gibt eine gemeinschaftliche Verantwortlichkeit für die Realisierung eines zuverlässigen Notrufs." Nur wenn alle am Notrufprozess beteiligten Instanzen ihre Aufgaben erfüllen, ist ein verlässlicher Notruf möglich. Welche Aufgaben das sind und welche Funktionalitäten dafür vorausgesetzt werden müssen, beschreiben die nächsten Abschnitte.

7.9.3 Notruf im UC-Umfeld

In diesem Abschnitt geht es darum, wie die Notrufproblematik im UC-Umfeld gelöst wird. Was ist daran so bedeutsam?

- Zuerst einmal gibt es *keine direkte physikalische Verbindung* zwischen einem UC-System und dem Endteilnehmer. Der Vorteil der dynamischen Architektur eines IP-Netzes wird an dieser Stelle in gewisser Weise zu einem Nachteil. Der Notruf funktioniert nur dann, wenn man den genauen Standort, besser gesagt den Anschlusspunkt des Teilnehmers an das IP-Netz kennt. Bei Festnetztelefonen ist das kein Problem, denn die modernen Netzwerkmanagementsysteme für die IP-Infrastruktur ermöglichen eine entsprechende Lokalisierung des Anwenders im Netz. Etwas komplexer ist die Situation in WLANs. Da müssen die WLAN-Infrastruktur und ihr Managementsystem in der Lage sein, ein mobiles Endgerät zu lokalisieren. Über die Lokalisierung ist in Abschnitt 7.7 einiges beschrieben.

- Ein weiterer Punkt ist *die wachsende Zentralisierung*. In einem Unternehmen mit vielen Standorten gibt es dort lediglich nur noch Mediagateways (Anschlusseinheiten) und ggf. einige ausgelagerte Server, ansonsten nur noch ein zentral vereinheitlichtes Kommunikationssystem. Dieses UC-System muss dennoch eine klare und vor allem zuverlässige Zuordnung des Teilnehmers zum jeweiligen Standort gewährleisten. Das erreicht man in der Praxis beispielsweise durch die Definition von standortbezogenen Funktionsbereichen bzw. Benutzerprofilen.

- In vielen Unternehmen kommt noch hinzu, dass die Teilnehmer zwischen den Standorten wechseln. In diesen Situationen muss das System den *Standortwechsel* mit nachvollziehen. Dazu gibt es spezielle Lösungen wie z.B. ein netzwerkweites „Free Seating". Bei dieser Funktionsweise muss sich der Teilnehmer an einem Endpunkt respektive Endgerät anmelden. Über diese Anmeldung kann das System seine Lokalisierungsinformationen aktualisieren und für den Notruf nutzen.

- Das Problem der *Rufnummernübermittlung* bei zentralen Amtsanschlüssen. Immer öfter trifft man vor allem bei Filialkonzepten auf die Situation, dass es in den Außenstellen gar keine Anschlüsse zum öffentlichen Netz gibt. Alle Kommunikationsbeziehungen laufen immer über die zentralen Anschlüsse im Hauptstandort. Zunehmend ist SIP-Trunking hier ein Mittel, um Kosten zu sparen. Alle Kommunikationsbeziehungen werden über einen zentralen Punkt verwaltet. Zwar kennt das UC-System die Lokation des Teilnehmers, doch nun besteht die Herausforderung darin, den Notruf mit der richtigen Anruferkennung zur zuständigen Leitstelle zu vermitteln. In diesem Fall muss man auf die Mitarbeit des Netzanbieters vertrauen. Denn das UC-System kann die korrekte Teilnehmerkennung, d.h. auch die Lokationskennung des Teilnehmers, erzeugen und sie an das Kommunikationssystem übergeben oder so beeinflussen, dass diese Information dem Netzbetreiber übergeben wird. Dieser wiederum muss nun lediglich die mitgegebene Information unberührt lassen und die Weiterleitung auf der im Notruf mitgegebenen Rufnummer ausführen anstatt auf der Rufnummernkennung der Zentrale.

- Ein ähnlich gelagertes Problem liegt dann vor, wenn es nur einen zentralen Kommunikationsserver gibt und *an jedem Standort eine eigene Leitstelle* eingerichtet ist. Dann müssen die Notrufe immer zur lokalen Leitstelle vermittelt werden. Auch für diesen Zweck kommt das bereits genannte Funktionsbereichskonzept zur Anwendung.

7.9.4 Notruf und GSM

Bei GSM-Verbindungen ist es möglich, dass die Leitstellen den ungefähren Standort eines Mobiltelefons mithilfe der Netzbetreiber feststellen. Allerdings ortet man dort nicht den Empfänger selbst, sondern in erster Instanz die GSM-Antennen, über die das Telefon eine Verbindung in das Mobilfunknetz hergestellt hat. Das Problem dabei ist, dass in Städten die Funkmasten Funkzellen mit einem Durchmesser zwischen 100 m und 1600 m bedienen. Auf dem Land hingegen kann der Funkzellendurchmesser allerdings bis zu 24 km groß sein. Die reine GSM-Ortung kann, bedingt durch die Funkradien der Funkzellen, kilometerweit vom geographischen Standort abweichen. Seit Ende 2006 werden die Rettungsleitstellen mit einer Ortungsplattform ausgerüstet. Diese ermöglicht den Rettungsleitstellen eine GPS innerhalb der Netze deutscher Mobilfunkbetreiber. Eine exakte Ortung über diesen Service ist nur mit entsprechenden Endgeräten möglich, die über eine zusätzliche GPS-Unterstützung verfügen. Der Anrufer muss bei einem Notruf zwingend sein Einverständnis zur Ortung abgeben. Eine Registrierung vorab stellt keine automatische Einwilligung dar.

Im deutschen GSM-Netz wird der Anrufer des Notrufes 112 automatisch zur nächstgelegenen Rettungsleitstelle verbunden. Die Weitervermittlung kann regional und je nach Netzbetreiber unterschiedlich erfolgen. Dabei kann es durchaus vorkommen, dass sich bei einem Notruf für die Feuerwehr die Polizei meldet, denn oftmals sind dieses Notrufinstanzen in gemeinsamen Leitstellen zusammengefasst. Der Notruf 112 ist bei dem GSM-Standard entsprechenden Mobiltelefonen auch dann möglich, wenn die Tastensperre aktiv ist. Ist kein Heimatnetz vorhanden, dann bucht sich das Mobiltelefon für den Notruf in ein anderes Netz ein. Für den Notruf entstehen dem Anrufer keine Kosten, auch dann nicht, wenn der Notruf über ein anderes Netz abgesetzt wird.

7.9.5 Notruf mit Rufnummerportabilität

Seit 2003 bemühen sich die Länder der EU um eine EU-weite Regelung der Notrufnummern. Der Vorschlag, einheitlich die Rufnummer 112 zu verwenden, ist bis heute nicht durchgängig umgesetzt. In Deutschland gibt es für den offiziellen Notruf nur diese eine Rufnummer. Nach wie vor gilt jedoch die 110 für den Ruf der Polizei. Das ist jedoch kein dezidierter Notruf und dementsprechend keine Notrufnummer. Die Notrufnummer 112 führt immer zu einer klar definierten Leitstelle. Die Zuordnung der Leitstelle zu einem telefonischen Rufnummernkreis erfolgt über eine bei den Carriern installierte Gebietskennzifferndatenbank. Natürlich bereiten solche komfortablen Funktionen wie die Rufnummernportierung auf der Seite des Notrufes wiederum einige Schwierigkeiten. Viele Nutzer nehmen bei Umzügen, meistens innerhalb desselben Vorwahlgebietes, sehr gerne die eigene Rufnummer mit. In sehr großflächigen Städten wie Berlin ist das schwierig. Berlin hat mehrere Leitstellen. In den lokalen Rufnummern sind geografische Zuordnungen enthalten, z.B. beginnen Rufnummern aus dem Stadtteil Hellersdorf meistens mit 56, die aus Köpenick und Grünau mit 67. Die „Zugezogenen" sind schnell zu erkennen, nämlich an ihrer Rufnummer. Doch was passiert, wenn beispielsweise eine Person mit einer typischen Hellersdorfer Rufnummer von einem Endgerät anruft, das jetzt Grünau steht? In diesem Fall muss der Carrier oder Provider die korrekte Umsetzung des Notrufes abbilden, der die Rufnummernportabilität realisierte. Für diesen Zweck pflegen die meisten Carrier eine spezielle Portabilitätsdatenbank.

7.9.6 Notruf mit einheitlicher Rufnummer – leider nein

In Deutschland werden immer mehr Leitstellen in sogenannte „bunte Leitstellen" umgerüstet. In diesen Leitstellen sitzen also Polizei, Feuerwehr und ärztliche Rettungsstelle gemeinsam. Man erreicht alle Notruffunktionen unter einer Nummer. Diese ist jedoch leider immer noch von Land zu Land unterschiedlich. Die folgende Tabelle 7.2 zeigt die Unterschiedlichkeit der Notrufnummern einiger Länder (Stand Ende 2009), sortiert nach aufsteigender Rufnummer.

Tabelle 7.2 Notrufnummern in einigen Ländern Europas

Land	Notrufnummer
Russland	3
Spanien	61
Montenegro, Serbien	94
Belgien, Dänemark, Deutschland Estland, Finnland, Frankreich, Griechenland, Großbritannien, Irland, Kroatien, Lettland, Litauen, Luxemburg, Malta, Niederlande, Österreich, Polen, Portugal, Rumänien, Schweden, Slowakische Republik, Slowenien, Tschechien, Türkei, Ungarn, Zypern	112
Norwegen	113
Italien	118
Lichtenstein, Schweiz	144
Bulgarien	150
Mazedonien	194

> **Praxistipp:**
> Wahrscheinlich ließen sich unzählige Tipps für das Thema Notruf aufschreiben, da es unzählige Methoden und Verfahren für die Sicherstellung eines zuverlässigen Notrufs gibt. Aus praktischer Sicht zählt nur ein Aspekt: Die Nutzer müssen sicher sein, dass

> der Notruf zuverlässig funktioniert, und vor allem müssen sie wissen, wie die richtigen Notrufnummern lauten. Die Rufnummer 110 ist in Deutschland kein Notruf, das ist lediglich die Polizei. Die einzige deutschlandweit einheitliche Notrufnummer ist die 112.
>
> **Empfehlung:** Stellen Sie ein Notrufkonzept auf. Dieses Konzept muss die Notrufnummern, die Erreichbarkeiten und die Zuständigkeiten, auch die erforderliche Unterstützung durch die Carrier (Rufnummernportierung und Weitergabe zusätzlicher Rufnummerninformationen) regeln.

7.10 Fixed Mobile Convergence

Bei dem Begriff „Fixed Mobile Convergence" (FMC) sind sowohl die gleichzeitige Integration von GSM-Netzen und klassischen Telekommunikationsanlagen als auch die Nutzung von WLAN zur Übertragung von Sprache zusammengefasst. Der Innovationsdruck, unter dem Hersteller von UC-Lösungen stehen, sowie die ständig zunehmende Nutzung von Mobilkommunikationslösungen führten dazu, dass die bisherigen Grenzen zwischen Mobilfunk- und Festnetztelefonie immer weiter verschwimmen. Das Hauptaugenmerk liegt auf der Nutzung von WLANs als Medium zur Sprachübertragung. Interessant wird es, wenn dazu noch die Dienste eines Mobilfunkproviders kommen. So gesehen fasst Fixed Mobile Convergence die Mobilfunk- und Festnetzdienste aller Hersteller und Technologien unter einem Begriff zusammen. Allerdings muss man hierzu eingestehen, dass jeder Hersteller derartiger Lösungen den FMC-Gedanken anders interpretiert. Das macht die Umsetzung von FMC in der Praxis nicht einfacher.

Das Ziel sind jedoch benutzerfreundliche UC-Lösungen, die auf mobilen Geräten ebenso und möglichst gleichzeitig wie auf Festendgeräten verfügbar sind. Eine Integration in das firmeneigene WLAN macht Sinn, da während eines Gesprächs anders als bei einem Mobilfunkbetreiber keine Kosten entstehen. Interessant ist ebenfalls die Möglichkeit, während eines Gesprächs das Medium zu wechseln. Hierbei spielt das sogenannte „netzübergreifende Roaming" eine entscheidende Rolle. Bei laufender Kommunikation zwischen den Funktechnologien, dem eigenen WLAN und dem öffentlichen GSM-Netzen umzuschalten, ist eine technisch-technologische Herausforderung. Die wichtigsten Aspekte hierbei sind vor allem keine Einbußen in der Sprachqualität und eine störungs- oder besser eine unterbrechungsfreie Übergabe der laufenden Gespräche. Häufig geschieht allerdings dieses Umschalten des Funkmediums manuell am Gerät. Der Roaming-Vorgang wird durch den Anwender eingeleitet (spezieller Tastendruck) und bestätigt. Moderne UC-Architekturen übernehmen diesen Roaming-Vorgang automatisch. Der Nutzer oder Administrator einer solchen Lösung muss lediglich bestimmte Schwellenwerte einstellen, wann das „Roaming" stattfinden soll, und den Vorgang so an seine Bedürfnisse anzupassen. Diese Einstellungen und Anpassungen sind von Hersteller zu Hersteller unterschiedlich. Um ein möglichst störungsfreies Roaming zu gewährleisten, sind vor allem die folgenden Aspekte von zentraler Bedeutung:

- Die Minimierung der *Verbindungsaufbauzeiten* zwischen den Antennen und Geräten.
- Die richtigen *Schwellenwerte* für das Auslösen eines Roaming-Vorgangs (wann soll das Gerät das Medium oder die verwendete Antenne wechseln?).
- Die Verhinderung des *„Toggeln"* (dauerhaftes und andauerndes Wechseln zwischen den Funknetzen bzw. Funknetztechnologien).
- Grundvoraussetzung für einen störungsfreien Übergang sind darüber hinaus auch, die richtige *Funkzellenplanung* der Antennen für ein möglichst effizientes und effektives Hand over und Roaming.
- Die Erfüllung dieser Aspekte erfordert *hohes technisches Wissen und praktische Erfahrungen* der Administratoren sowohl bezüglich der UC-Lösung als auch im Hinblick auf die eingesetzten mobilen Kommunikationstechnologien und -dienste.

Der Grundgedanke des FMC oder des mobilen Unified Communication besteht darin, dem Nutzer anstatt wie bisher ein DECT-Telefon, einen Festnetz-Apparat sowie ein Mobilfunk-Handy nur noch ein einziges Gerät zur Benutzung zur Verfügung zu stellen, damit er überall erreichbar ist. Hier kommt der „Always On"-Gedanke zum Tragen: überall erreichbar mit nur einem Gerät. Da drängt sich förmlich die Frage nach den Anforderungen einer FMC-Lösung an die UC-Umgebung und die UC-Endgeräte auf. Dabei sind für eine hohe Akzeptanz der FMC-Lösungen die Benutzbarkeit, Bedienung und Handhabbarkeit genauso wichtig wie eine gute Sprachqualität. Da sich die Nutzer z.B. an die vergleichsweise gute DECT-Qualität gewöhnten, muss eine moderne UC-FMC-Lösung genau dieses ebenso leisten. Eine deutliche Kostenreduzierung bei Unternehmen wäre die Folge, da sich die Endgerätelandschaften reduzieren und eventuell noch vorhandene Schnurlosinfrastrukturen wegfallen würden.

> **Praxistipp:**
>
> Die Kommunikation und das Kommunikationsverhalten werden immer mobiler. Handys, WLAN-Telefone, DECT, Softphone auf PCs und die klassischen Telefone – eine Vielzahl von Endgeräten stehen dem Wunsch nach vereinheitlichter Kommunikation gegenüber. FMC bringt die mobile und festnetzgebundene Kommunikation zusammen.
>
> **Empfehlung:** Untersuchen Sie sehr genau die Anforderungen Ihrer Anwender bezüglich FMC. Hinterfragen Sie bei den Herstellern von UC-Lösungen die Tiefe und Funktionalität, mit denen sie Ihre FMC-Bedürfnisse erfüllen. Betrachten Sie die unterschiedlichen Ansätze der Hersteller auf ihre unterschiedlichen Möglichkeiten und Leistungsmerkmale hin, um sicherzustellen, dass dafür eine ähnlich hohe Akzeptanz wie bei Festendgeräten oder Standard-Handys erreicht wird.

7.11 Funktionen und Möglichkeiten im mobilen UC

7.11.1 Das mobile Internet

Eine der meist genutzten Funktionen ist zweifelsohne das mobile Internet. Es dient vor allem dazu, überall auf schnelle und einfache Weise an wichtige Informationen heranzukommen. Die Verwendung des Internets auf einem mobilen Endgerät ist etwas anderes als an einem PC oder Notebook. Alleine schon die sehr verschiedenen grafischen Darstellungsmöglichkeiten und Bedieneroberflächen zeigen die Unterschiede auf. Viele Unternehmen entwickeln spezielle Internetseiten, um das Handicap der kleinen Displays von Handys auszugleichen. Entweder zeigen sie jeweils nur Teile der normalen Internetseite an und blenden andere Teile aus oder sie verwenden XML als Web-Technologie. XML unterstützt z.B. die Erkennung der Darstellungsmöglichkeiten des Endgerätes und passt die Darstellung der Inhalte dynamisch an. Dies gelingt oftmals nur teilweise, da natürlich einerseits die unterschiedlichen Bauformen der Geräte Einschränkungen mit sich bringen, und andererseits ist es kaum vorstellbar, alle Gerätetypen und deren Darstellungsmöglichkeiten in den eigenen Internetauftritten hinterlegt zu haben. In den meisten Fällen werden plakative Ansätze verfolgt und die Funktionen der Internetseite auf ein Minimum reduziert, da der mobile Anwender meist nur spezifische Informationen sucht.

Aus diesem Grund gehen andere Hersteller nicht den Weg, das Internet auf einer Browseroberfläche als Medium zu verwenden, sondern die Funktionen durch kleine Programme bereitzustellen, sogenannte „Apps" (Abkürzung für Applikationen). Einige Apps werden oftmals kostenlos angeboten, da sie entweder nur mit der anderen Hauptsoftware zusammen funktionieren oder mit Werbung versehen sind. In anderen Fällen handelt es sich häufig um sogenannte „Shareware", d.h. diese Software muss nach einer kostenfreien Testphase gekauft werden, damit sie weiterhin funktioniert. Wieder andere Apps muss der Nutzer käuflich erwerben. Das Geschäft mit Apps entwickelt sich prächtig, denn es gibt quasi „für alles ein App".

Vorreiter dieser Geschäftsmodelle sind die Hersteller von Navigationssystemen wie Garmin oder TomTom. Sie boten schon recht früh Möglichkeiten an, ihre Software auch auf fremden Geräten zu implementieren.

Der Handel mit Applikationen für mobile Endgeräte blühte in den letzten Jahren deutlich auf. Der AppStore von Apple oder der Marketplace von Microsoft sind wohl die zurzeit am häufigsten benutzten Applikationsportale. Mit Stand Ende 2009 stellte Apple das 100.000ste App zur Verfügung. Die größte Menge an Apps bezieht sich auf:

- Spiele
- Info- und Entertainment (Musik, Videos)
- Navigationssoftware mit vielen Sonderfunktionen
- Reisen und Tourismus
- Zusatzoptionen für das Endgerät

- Applikationen zur Unterstützung der multimedialen Kommunikation
- Geschäfts- und Büroprogramme

Bisher stehen die Spiele und die sogenannten „Lifestyle"-Apps im Vordergrund des Geschäftes. Dennoch ist vor allem bei den Geschäfts- und Büroprogrammen ein größerer Zuwachs zu erwarten. Viele Hersteller wie etwa SAP, Salesforce.com oder Oracle haben erkannt, dass die Einbindung mobiler Mitarbeiter nur über die Bereitstellung einer Auswahl an Applikationen für die mobilen Geräte zu bewerkstelligen ist. Aber auch Hersteller von Kommunikationssystemen und -applikationen wie Alcatel-Lucent, Avaya, Cisco oder Siemens setzen auf diese Art der Verbreitung von Applikationen für mobile Kommunikation – auf „Mobile Unified Communication".

> **Praxistipp:**
> Der zentrale Punkt für erweiterte Möglichkeiten mobiler Endgeräte ist das mobile Internet bzw. der Zugang zum mobilen Internet. Alle Applikationen und Datenbestände komplett lokal auf das Endgerät zu bringen, ist technologisch und aus Bedienersicht ungünstig.
>
> **Empfehlung:** Nutzen Sie die Applikationen über Apps. So wird die Benutzung der Programme erleichtert. Nur die wirklich relevanten Informationen kommen zur Anzeige. Die Fehlerquellen, z.B. durch Falscheingaben, werden dadurch deutlich minimiert. Die Einbindung der mobilen Mitarbeiter in den Geschäftsprozess des Unternehmens wird deutlich erleichtert und verbessert.

Den Möglichkeiten der Kommunikationsdienste sind auf den mobilen Geräten eigentlich keine Grenzen gesetzt. Sie reichen von simplen Rufumleitungen und Sprachspeicherfunktionen über einen OneNumber-Dienst, das zentrale Adressbuch mit Anzeige des Erreichbarkeitsstatus bis hin zu komplexen multimedialen Konferenzschaltungen per Sprache, Bild und Video. In Abschnitt 7.12 werden einige dieser Möglichkeiten bezüglich der Integration von Adressbüchern detaillierter dargestellt und erklärt.

7.11.2 Mobiler Sprach- und Nachrichtenspeicher

„Bitte sprechen Sie nach dem Signalton." Wer kennt diesen Satz nicht? Ein klassischer Anrufbeantworter oder auf Neudeutsch eine „Voicemail" oder „Mailbox". Eine solche Funktion zu haben, ist für einen Handybenutzer eine absolute Normalität. Viele Festnetzbetreiber bieten auch heute schon eine Festnetzmailbox. Aber selbst die Kombination oder gar Vereinigung einer Handymailbox mit der Festnetzmailbox gestalten sich heute noch sehr schwierig – es sein denn, man hat seine Anschlüsse beim gleichen Provider. Wenn man jetzt noch weitere Anrufbeantworter in seinem Privat- und/oder Geschäftsumfeld besitzt, ist eine Kombination und Vereinigung aller dieser Sprachspeicher in möglichst nur einem durchaus wünschenswert. Nur noch einen „vereinigten Anrufbeantworter" (Unified Mailbox) zu haben, wäre ein weiteres Ziel der mobilen UC-Plattform.

Doch nicht nur die reine Anrufbeantworterfunktion ist wichtig, sondern auch die Benachrichtigung über den Eingang neuer Nachrichten. Sie muss übergreifend über alle Systeme hinweg verfügbar sein. Die nun zu stellenden Fragen lauten: Woher kommen z.B. die Ansagen für die Sprachspeicher her? Wo werden die Nachrichten gespeichert? Wer übergibt die Signalisierungen an die einzelnen Systeme? Die nachfolgenden Betrachtungen werden Antworten auf diese Fragen liefern.

Beim Festnetzprovider gestalten sich die Antworten darauf sehr schwierig. Kaum ein Provider bietet Schnittstellen, um Informationen über den Zustand bzw. die Nachrichtenanzahl, abgehörte Nachrichten oder andere Informationen für die Weiterverarbeitung an andere Systeme bereitzustellen. Bei Telefonsystemen sieht das anders aus, sie verfügen über diese Schnittstellen. Aber nicht nur Telefonsysteme bieten heute die Möglichkeit der Voicemail, sondern auch einige Hersteller und Anbieter von Applikationen sowie Betriebssystemen und Internetprovider wie z.B. Microsoft, IBM, RedHat oder Skype. Es gibt also prinzipiell zwei Wege für eine vereinheitlichte Sprachspeicher- und Mailfunktion:

- *Einen zentralisierten Ansatz mittels eines Providers.*

  Durch die eingeschränkte Funktionalität beim Provider ist die Nutzung von internen Anrufbeantworter- und Mitteilungsdiensten am effektivsten, da man die Funktionalität „Mailbox" im UC-Server sehr schnell und einfach mit weiteren Kommunikationsdiensten verknüpfen kann. Bei einer gehosteten UC-Plattform, wobei die komplette Plattform beim Provider verbleibt, sollten auch die Nachrichten- und Mitteilungsdienste dort verbleiben.

  Der größte Nachteil der Providerlösung jedoch besteht darin, dass der Anruf schon im Netz abgefangen wird. Daher ist es in der Regel nicht möglich, den Anruf noch nachträglich entgegenzunehmen, nachdem die Mailbox bereits den Anruf übernommen hat. Allerdings ergänzen die Provider ihre Anrufbeantwortermöglichkeiten mit anderen Diensten, z.B. Faxdiensten.

- *Die Nutzung des firmeneigenen Nachrichten- und Mitteilungsdienstes.*

  Verwendung der Sprachspeichersysteme in oder an den Telekommunikationseinrichtungen und der E-Mail-Systeme.

Die Signalisierung einer neuen oder bereits abgehörten Nachricht ist nach Meinung der Autoren der größte Knackpunkt. Wo und wann soll diese Information angezeigt werden? Bei einer klassischen Telefonanlage wird dieses meistens durch ein Symbol im Display oder eine blinkende Taste auf dem Telefon dargestellt. Durch Drücken dieser Taste wird die Nachricht abgehört und dann als „gelesen" markiert oder auch anschließend gelöscht. Nachdem die Nachricht abgehört wurde, ändert sich die Symbolik am Endgerät bzw. das Blinken der Benachrichtigungsanzeige hört auf. Im Festnetz wird der Eingang einer Nachricht meistens durch eine Sprachansage und im Mobilfunknetz durch eine SMS signalisiert. Wünschenswert wäre hier eine Kombination. Dafür müssten aber netzübergreifende Informationen zur Verfügung stehen, welche jedoch nach heutigem Stand nicht verfügbar sind. Einige diese Informationen könnten beispielsweise folgende sein:

- Anzahl der auf dem System hinterlegten Nachrichten
- Art der Nachricht (Fax, E-Mail, SMS, MMS, IM, Video usw.)
- Datum, Uhrzeit
- Priorität
- Absender
- Status der Nachrichten: „abgehört, weitergeleitet, beantwortet, gelöscht" usw.

Also bleibt nur die Möglichkeit, die eine oder andere „VoiceMailbox" abzuschalten und alle Nachrichten auf einem vereinheitlichten Nachrichtenspeicher zu vereinigen, zu konsolidieren. Das führt zu einem vereinheitlichten Mitteilungssystem für mobile und Festnetzdienste, also zu einem UMS (Unified Messaging System).

Eine Kombination der vereinheitlichten Mitteilungsdienste mit den relevanten Kommunikationsdiensten und -applikationen ist zwingend erforderlich. In der Praxis bedeutet dies, dass beispielsweise ein Kunde für einen bestimmten Mitarbeiter auf dessen Sprachbox eine Nachricht hinterlässt. Diese Nachricht wird direkt an die E-Mail-Applikationen übergeben, und gleichzeitig erfolgt eine Information auf dem Handy des Mitarbeiters, zum Beispiel über eine SMS. Auch alle betroffenen Telefone werden ebenfalls mit dieser Information versorgt, damit sich dort die Symbolik ändert. Sobald der Anwender die Nachricht abhört, entweder durch einen Anruf am zentralen UC-System oder die Nachricht einfach im E-Mail-Postfach öffnet, muss das zwingend zwischen allen Systemen und Endgeräten synchronisiert werden. Das „Eine-Nachricht-ist-eingetroffen-Blinken" an den Endgeräten hört auf, und auf den mobilen Geräten wird die E-Mail als gelesen markiert.

> **Praxistipp:**
> Eine mobile UC-Lösung sollte in der Lage sein, alle Funktionalitäten eines Sprachspeichersystems mit denen anderer Mitteilungsdienste zu vereinigen. Eine solche Vereinigung der mobilen Mailboxen gestaltet sich in der Praxis äußerst schwierig, da die dafür von den Providern und Carriern benötigten Schnittstellen häufig nicht verfügbar sind.
>
> **Empfehlung:** Nutzen Sie einen firmeneigenen Nachrichten- und Mitteilungsdienst, der dann wiederum als zentraler Mitteilungsspeicher für alle Applikationen zur Verfügung steht. Häufig sind die internen Mitteilungsdienste leistungsfähiger als die der Carrier. Daher ist die Synchronisation der Geräte meistens einfacher zu realisieren. Implementieren Sie ein Unified Messaging System.

7.12 Adressbücher und Mobilität

7.12.1 Das Adressbuch

Einen anderen Menschen anrufen und noch bevor man mit ihm spricht, Informationen über dessen Erreichbarkeitszustand haben, das sind für Anwender sehr interessante und attraktive Möglichkeiten und Funktionen. So lässt sich eine der attraktivsten Lösungen von Mobile-UC am besten beschreiben: das zentrale Namens- und Adressbuch. Eine Liste oder Datenbank mit Personen und den zugehörigen Rufnummern ist prinzipiell nicht neu, findet aber im Umfeld von Mobilität und Unified Communication völlig neue Möglichkeiten. In beiden Bereichen ist das Adressbuch in einer zentralen Datenbank der Dreh- und Angelpunkt.

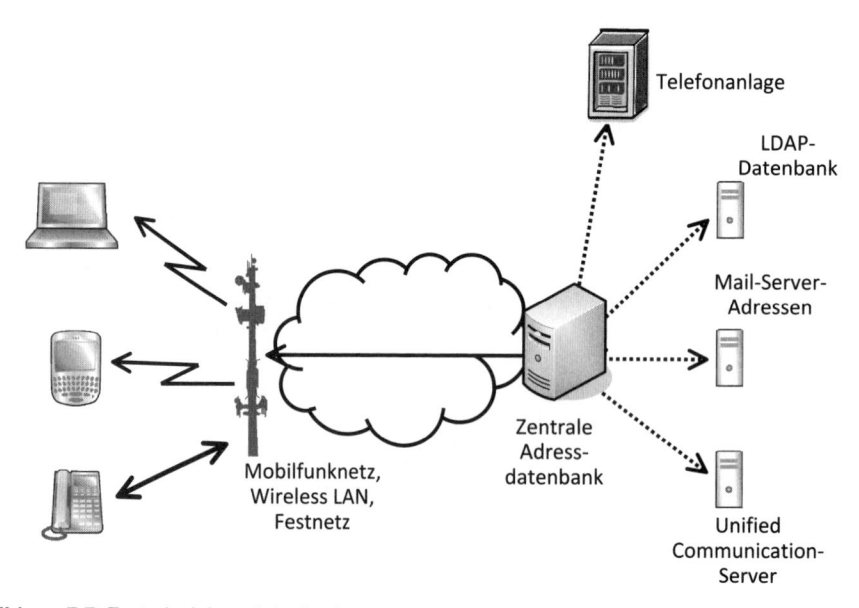

Abbildung 7.7 Zentrale Adressdatenbank

Diese Datenbank (siehe Abbildung 7.7) liegt an zentraler Stelle, z.B. auf einem Rechner (Server) in der Firma. Doch wie kommen die Adressinformationen auf das mobile Endgerät? Im einfachsten Fall werden die kompletten Daten auf Anforderung in das mobile Gerät kopiert. Auf diese Weise stehen sie auch bei unterbrochener Verbindung zum UC-Server im Zugriff. Eine andere Möglichkeit besteht darin, keine kompletten Informationen von Personen, sondern nur Informationsfragmente lokal zu speichern. Zusatzinformationen müssten dann immer wieder erneut geladen werden. Ein schönes Beispiel dafür ist die Statusanzeige eines Anwenders. Sie wird einem Adressbucheintrag erst auf dezidierte Anforderung des Anwenders hinzugefügt.

Viele Hersteller gehen heute genau diesen Weg. Die Grundfunktionen des Adressbuchs stehen ständig und lokal zur Verfügung, und die zusätzlichen Leistungsmerkmale werden

„on demand" (also nach Anforderung) abgerufen. Damit oder mit ähnlichen Funktionen eröffnen sich neue interessante Geschäftsmodelle – soweit das zur Verfügungstellen von Zusatzdiensten. Weitere interessante Möglichkeiten von mobilen Adressbüchern werden im nächsten Abschnitt detailliert besprochen.

7.12.2 Das mobile Adressbuch

Das Adressbuch oder eine persönliche Datenbank mit Kontakten über alle Geräte hinweg, das ist eines der zentralen Schlüsselelemente von Unified Communication und im Besonderen der mobilen Endgeräte. Viele unserer heutigen Lösungen bieten schon eine Vielzahl von Adressbuchfunktion. Jedes Handy bietet heutzutage diese Funktion, aber auch solche Standardapplikationen wie Microsoft Outlook, IBM Lotus Notes, Google Wave oder Skype haben natürlich ein integriertes Adressbuch. Die Kunst von Unified Communication besteht darin, diese Funktionen zu vereinheitlichen und den Nutzern auch mobil zur Verfügung zu stellen. Eine Frage stellt sich allerdings: „Welches Adressbuch ist das führende Adressbuch?" Viele Anwender gehen heute den Weg und tragen ihre Kontakte in eine entsprechende Kontaktdatenbank auf einem PC ein. Meistens werden die Kontakte mit den entsprechenden Tools der Mobilgeräte manuell zwischen PC und Handy synchronisiert. Sinnvoller und effizienter und auch sicherer ist es allerdings, dieses Synchronisieren nicht manuell, sondern serverbasierend zu vollziehen. Hier ist nach heutigem Stand der Blackberry-Dienst von RIM marktführend. Sowohl die Server- als auch die Gerätetechnologie wird von einem Hersteller bedient, hierdurch ist eine Abgleichung der Datenbanken jederzeit gegeben. Ein Trend ist heute allerdings, dass jeder Anwender ein anderes Gerät verwenden möchte und sich nicht auf einen Hersteller festlegen will. Dieses führt natürlich in der Praxis zu erheblichen Problemen. Im Zeitalter von iPhone, Windows Mobile- und Android-Handys möchte jeder Anwender sein eigenes Gerät wählen können.

Die Praxis sieht so aus, dass es in einem Unternehmen sehr häufig mehrere Kontaktdatenbanken gibt. Das sind die zentralen Kundendatenbanken in den Geschäftsapplikationen und CRM-Systemen, das Unternehmen selber hat ein Firmenverzeichnis über alle Mitarbeiter usw. Teilweise führen auch die UC-Applikationen oder deren Komponenten noch zusätzlich eigene Adressbücher. Das Hauptproblem ist die Datenkonsistenz in und zwischen diesen vielen Kontaktdatenbanken und Adressbüchern. Das Problem wird dann besonders markant, wenn mobile Anwender diese Kontaktdatenbanken und Adressbücher verwenden und teilweise lokale Abbilder oder Auszüge von ihnen auf ihren mobilen Geräten mit sich führen.

Zum Abgleich und zur Synchronisation zwischen den Kontaktdatenbanken und Adressbüchern sowie deren Interaktion mit den UC-Architekturen müssen entsprechende Schnittstellen vorhanden sein. Besonders hilfreich ist der Einsatz eines zentralen, übergeordneten Adressbuches.

Eventuell ist auch eine Konsolidierung und Vereinheitlichung einiger dieser Kontaktdatenbanken und Adressbücher in einer UC-Adressdatenbank sinnvoll. Letztlich ist es eine Frage des Blickwinkels. Dem Endanwender wird wahrscheinlich egal sein, woher die Daten bereitgestellt werden. Ihm kommt es im Wesentlichen nur auf die Funktionalitäten an. Beispielsweise möchte der Anwender auf seinem mobilen Endgerät hierfür die endsprechende Taste drücken und so direkt einen Kontakt in der Kontaktdatenbank bzw. dem Adressbuch des zentralen Systems finden.

Es klingt zwar trivial, die Synchronisation des lokalen mit dem zentralen Adressbuch ist jedoch der schwierigste Punkt. Dazu muss das mobile Gerät temporär zu bestimmten Zeiten oder auch dauerhaft ein Teilnehmer des eigenen Netzwerkes werden. Es bedarf einer einheitlichen Synchronisierungsweise und vor allem klarer Regeln für die Synchronisierung. Nach welchen Kriterien wird synchronisiert? Wie wird mit Duplikaten, Löschungen und Modifizierungen verfahren? Welches der Systeme ist das führende oder sind alle Systeme gleichberechtigt? In Kapitel 8 werden die Technologien genauer beschrieben.

Im „Normalfall" überwacht die UC-Plattform alle Adressbucheingaben und Abfragen des Benutzers über die mobilen Geräte. Alle relevanten Eingaben und Informationen werden entweder über einen sogenannten „Mobile Routingservice" an den Mobilfunkbetreiber, bzw. bei direktem Netzanschluss (z.B. im WLAN) auch direkt weitergeleitet. Dieser Routingservice kann sich selbstverständlich auch innerhalb der UC-Lösung befinden oder von einem weiteren Dienstanbieter (in unserem Beispiel die Firma RIM mit Blackberry-Geräten) hinzugenommen werden. Die zurzeit sicherste Variante ist, sowohl den Routingservice als auch die Endgeräte aus einer Hand zu beziehen. Innerhalb des Routingservices kann ein Regelwerk (Policies) hinterlegt werden, sodass niemand anderes auf die relevanten Daten zugreifen kann.

Ein weit verbreiteter Dienst ist die Versendung von vCards, einer Art elektronischer Visitenkarte zur automatischen Aufnahme ins Adressbuch. Viele der auf dem Markt befindlichen Systeme sind heute in der Lage, diese vCard-Adressinformationen mit- und untereinander auszutauschen.

Immer mehr setzen sich allerdings neue digitale Formen von Adressbüchern durch. Interessant sind die im Intranet oder im Internet gespeicherte Adressbücher. Netzwerkplattformen wie z.B. Facebook oder Xing gehen so weit, dass deren Kontaktdatenbanken aufeinander verlinkt werden und somit immer aktuell sind. Innerhalb von Standardgeschäfts- und Büroapplikationen wie z.B. SAP oder anderen CRM-Tools wird meistens auf Datenbanken mit standardisierten LDAP-Funktionen und -Strukturen zurückgegriffen. Somit haben andere Systeme die Möglichkeit, sich daran zu adaptieren und zu verbinden. Diese Vorgehensweise hat den Vorteil, dass sie standardisiert ist.

> **Praxistipp:**
> Die Verfügbarkeit von Adressbuchdaten ist eines der Kernelemente der UC-Lösung.
>
> **Empfehlung:** Achten Sie auf Sicherheit dieser Daten. Beziehen Sie die Geräte und die dazugehörige Netzwerkverbindungen aus einer Hand. Die Firma RIM setzt dies bereits mit Blackberry-Geräten um. Aber auch andere Hersteller wie Apple oder Nokia drängen auf diesen Markt. Beobachten Sie die Möglichkeiten der offerierten mobilen Adressbücher im Internet. Eine Verknüpfung zwischen ihnen und dem lokalen Adress-

> buch kann hier sinnvoll und hilfreich sein, da die Internetdaten meistens aktueller sind. Dennoch steht die Sicherheit, insbesondere persönlicher Daten, an oberster Stelle.

7.12.3 EMUM – Das Adressbuch der Zukunft

Ein wesentlicher Bestandteil von Adressdaten sind Telefonnummern. Telefonnummern sind in ihrer Reinform für die Adressierung in IP-Netzen oder im Internet nicht geeignet. Dafür kommt ENUM zum Einsatz. ENUM wird v.a. in RFC 3761 definiert und ist somit ein Internetdienst. ENUM steht für „E.164 Number Mapping" und ist eine Anwendung des DNS und wurde geschaffen zur Übersetzung von Telefonnummern in Internetadressen. Dessen Ziel ist es, mit einer normalen klassischen Telefonnummer auch im Internet erreichbar zu sein – also genau die Funktionen, die ein Internetadressbuch sonst innehat: eine Zuordnung von Namen zu Nummern. Mittlerweile ist es für jede, auch private Person möglich, z.B. beim deutschen Internetregistrierungsdienst DENIC eG eine ENUM-Registrierung zu beantragen. DENIC steht für „*DE*utschland *N*etwork *I*nformation *C*enter" Diese Registrierung ist völlig kostenlos. Die DENIC eG ist ebenfalls dafür zuständig, die normalen Internetadressen, die Domains zu registrieren und zu verwalten wie beispielsweise www.ucinfo.de. Nun kann dort ebenfalls eine Rufnummer registriert und einer Internetadresse zugeordnet werden. Es ist für eine weltweite Kommunikation wesentlich einfacher und effizienter, mit einem Namen zu agieren statt mit einer Rufnummer. Eine Namenseingabe wird von den meisten mobilen und mittlerweile auch Festnetzendgeräten unterstützt. Hierdurch entstehen wesentliche Vereinfachungen der weltweiten Adressdaten und der Umgang mit ihnen.

Diese beschriebenen Aufgaben eines globalen Adressbuchs könnte das ENUM-Adressbuch leisten. Es bedarf lediglich eines Zugriffs eines jeden UC-Benutzers auf den ENUM-Dienst.

Und so einfach funktioniert ENUM: Eine normale Telefonnummer besteht aus dem Plus-Zeichen, dem Ländercode, der Ortsvorwahl in Klammern und der Rufnummer selbst. Alles ohne weitere Zeichen. So sieht eine normale E.164 Rufnummer aus: +49 (234) 8597800. Wie macht man nun aus einer Rufnummer einen im Internet erreichbaren Namen?

Im ersten Schritt werden bei den internationalen Nummern alle Sonderzeichen entfernt, so wird aus +49 (234) 8597800 die Ziffernfolge „492348597800". Dann wird die Reihenfolge der Ziffern umgedreht und zwischen den einzelnen Ziffern Punkte eingefügt. Damit ergibt sich nun die Zeichenkette „0.0.8.7.9.5.8.4.3.2.9.4". Abschließend wird noch die Kennung „e164.arpa" angehängt, um diese Zeichenkette als eine Rufnummer aus dem offiziellen ENUM-System zu kennzeichnen. Zusammengefasst sieht das wie folgt aus:

+49 (234) 8597800	normale Rufnummer als E.164-Nummer
492348597800	Entfernen aller Zeichen, die keine Ziffern sind
008795843294	Umkehren der Reihenfolge der Ziffern
0.0.8.7.9.5.8..4.3.2.9.4	Einfügen von Punkten
0.0.8.7.9.5.8..4.3.2.9.4.e164.arpa	Anfügen des ENUM-Suffixes.e164.arpa

7 Unified Communication macht mobil

Die so dargestellte Adresse kann im Internet ähnlich wie beim DNS von hinten nach vorne gelesen und aufgelöst werden. Das ginge mit der klassischen E.164-Rufnummer nicht.

Nun ist es mit den Standardtelefonen (nur Tastaturfeld) schlecht möglich, die Ziffernfolge *0.0.8.7.9.5.8.4.3.2.9.4.e164.arpa* inklusive der Buchstaben einzugeben. Mit PC-Programmen oder Softphones ist dies zwar prinzipiell möglich, aber nicht unbedingt praktikabel. Die meisten Softwareprogramme setzen daher die Telefonnummern automatisch in ENUM um. Das bedeutet, ein Anruf kann durch Eingabe eines Namens oder einer normalen Nummer initiiert werden, da die Umsetzung in ENUM durch die Software erfolgt.

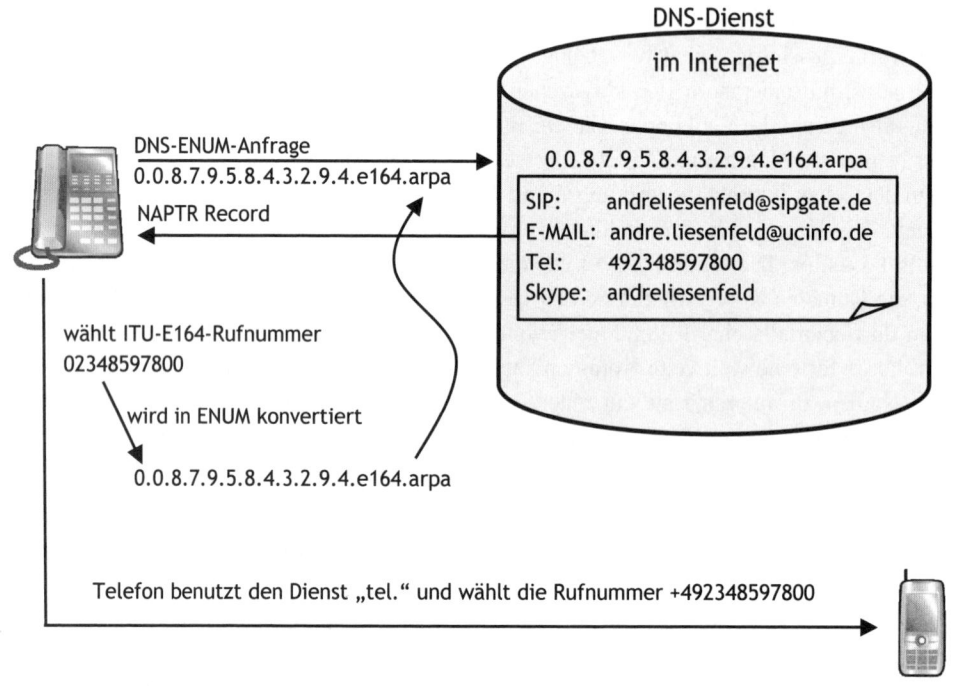

Abbildung 7.8 Abfrage eines ENUM-Eintrags

Praxistipp:

Einen Namen bzw. eine E-Mail-Adresse kann man sich leichter merken als eine Rufnummer. E-Mail-Adressen haben sich durchgesetzt und sind heute weltweit anerkannt. Telefonnummern werden heute durch komplizierte Verfahren umgesetzt. Die Autoren sind der Meinung, dass zukünftig nicht mehr mit klassischen Rufnummern, sondern mehr und mehr durch die Eingabe von Namen gewählt wird. Hierzu wäre die ENUM-Adressdatenbank ideal.

Empfehlung: Legen Sie sich schon frühzeitig eine ENUM-Registrierung Ihrer Telefonnummern bei der DENIC eG zu (www.denic.de). Noch sind diese Registrierungen kostenlos, und ENUM wird sich als Adressierungsformat immer mehr durchsetzen.

7.12.4 ENUM-Umsetzung im UC

Heute (Stand Ende 2009) unterstützt noch kein E-Mail-Client standardmäßig eine ENUM-Abfrage, es ist immer eine separate Software benötigt. Weiterhin fehlt es noch an Kontaktverwaltungsprogrammen, die ENUM grundsätzlich unterstützen und sich durch ENUM-Abfragen automatisch aktuell halten können. Die Benutzersoftware auf den mobilen Geräten muss ebenfalls zunächst einmal lernen, mit ENUM umzugehen.

Dennoch wird zukünftig eine Anwahl und Adressierung mit Namen die klassische Rufnummernwahl ablösen. Hierzu muss der ENUM-Eintrag mit einem Namen verbunden werden – in unserem Beispiel war das die Ziffernfolge *0.0.8.7.9.5.8.4.3.2.9.4.e164.arpa* mit einer Domain (@ucinfo.de). Das entspricht der Verknüpfung einer ENUM-Internetadresse mit einem E-Mail-Namen. Wenn man versucht, mit dem Namen (z.B. andre.liesenfeld@ucinfo.de) anzurufen, also einen Telefondienst verwenden will, wird automatisch ENUM-Dienst aktiviert und nach einem sogenannten NAPTR (Naming Authority PoinTeR Resource Records) gesucht. Man kann sich diesen Datensatz (Record) als „Telefonbucheintrag" in einem ENUM-Verzeichnis vorstellen.

In der Praxis kann im ENUM-Verzeichnis eine normale, wählbare Rufnummer, natürlich auch eine E-Mail-Adresse, eine SIP-Telefonnummer, eine Handy-Rufnummer, eine Softphone-Nummer oder eine andere Business-Applikation hinterlegt sein. Ebenso kann sogar einem Dienst eine dezidierte Rufnummer zugeordnet werden. Beispiele solcher Telefonbucheinträge sind:

- „tel" (Telefonie) wird als Ziel einer Rufnummer vergeben.
- „http" (Webseite) wird eine Internetadresse zugeordnet.
- „mailto" oder „smtp" (E-Mail) wird einer E-Mail-Adresse zugeordnet.
- „sip" kann mit unterschiedlichen Adressen versehen werden wie z.B. E-Mail-Adresse, Rufnummer, IP-Adresse.

Somit ist es möglich, mit nur einem Eintrag wie z.B. joerg.fischer@ucinfo.de über unterschiedliche Dienste wiederum verschiedene Ziele zu adressieren und zuzuordnen. Dieser Eintrag kann dann noch mit einer Priorität versehen werden, um eine schnellere Suche im ENUM-Adressbuch zu gewährleisten.

In der Praxis würde ein Anrufer mit einem Telefonendgerät immer versuchen, jemanden per Telefon zu erreichen. Im ENUM-Dienst wird das genutzte Endgerät zur Nebensache. Automatisch kommt das Gerät zum Einsatz, das den Dienst mit der Kennung „tel" versteht. Schickt man mittels „mailto" eine E-Mail an diese Adresse, reagieren Telefonendgeräte darauf nicht, da sie diesen Dienst in der Regel nicht unterstützen.

Ein ENUM-„Telefonbucheintrag" kann wie folgt aussehen:

9.8.7.6.5.4.3.2.1.4.3.2.9.4.e164.arpa. 14400 IN NAPTR 1 10 "u" "E2U+tel"

Dabei sagen die angehängten Informationen Folgendes aus:

- *14400*

  Hinter dem ENUM-Eintrag wird der Refresh-Wert 14400 eingetragen. Dieser gibt an, wie lange der Eintrag im Zwischenspeicher eines Anwenders oder eines anderen Ser-

vers gehalten werden darf. Es ist möglich und sinnvoll, einen schon mal abgefragten Telefonbucheintrag lokal zu speichern, um diesen nicht wieder erneut zu suchen. Die Suche wird hierdurch beschleunigt.

- *IN NAPTR*

  Diese Information unterscheidet ENUM-Einträge von anderen DNS-Einträgen. Es ist für alle ENUM-Einträge gleich, denn dieses Informationsfeld, diese Funktion existiert nur in ENUM.

- *1*

  Das Order-Feld. Es liefert eine Reihenfolge, in der mehrere NAPTR-Einträge verarbeitet werden müssen.

- *10*

  Das Preference-Feld liefert die gewünschte Reihenfolge der Verarbeitung der einzelnen Einträge.

- *"u"*

  Der Wert „u" steht hier für eine folgende URI (Uniform Resource Identifier), die Bezeichnung für einen einheitlichen Bezeichner einer speziellen Ressource oder eines dezidierten Dienstes. In diesem Fall lautet sie "E2U+tel".

- *"E2U+tel"*

  Das Service-Feld gibt an, um welchen Dienst bzw. welche Ressource es sich handelt. „E2U" steht für „E.164 to URI". Das bedeutet die Adressierung mit einer E.164-Nummer als Bezeichner. Dieser Eintrag ist in NAPTR-Feldern bei ENUM-Antworten immer vorhanden. Nach dem Plus-Zeichen folgt die Dienstkennung. In diesem Beispiel ein. „tel" für klassische Telefonie. Es ist aber auch „sip" für VOIP, „smtp" oder „mailto" für E-Mail usw. möglich. Das adressierte Endgerät oder der angesprochene Server überprüft, ob er den jeweiligen Dienst erkennt und ob er ihn unterstützt. Trifft beides zu, kann der Dienst genutzt werden. Hier eine kleine Liste möglicher NAPTR-Bezeichner:

  E2U+H323; E2U+SIP; E2U+ifax:mailto; E2U+pres; E2U+web:http; E2U+web:https; E2U+ft:ftp; E2U+email:mailto; E2U+fax:tel; E2U+sms:tel; E2U+sms:mailto; E2U+ems:tel; E2U+ems:mailto; E2U+mms:tel; E2U+mms:mailto; E2U+vpim:mailto; E2U+vpim:ldap; E2U+voice:tel

Die ENUM-Anfrage mit dem oberen Telefonbucheintrag liefert die Information zurück:

"!^.$!tel:+491713029209!"* .

Im Dienst „tel" wird wiederum auf eine Rufnummer verwiesen, in dem Fall die Handynummer +49(171)3029209.

Ein weiteres Beispiel wäre der Eintrag:

9.8.7.6.5.4.3.2.1.4.3.2.9.4.e164.arpa. 14400 IN NAPTR 1 20 "u" "E2U+SIP"

Bei einer Anfrage würde dieser Eintrag das folgende Ergebnis liefern:

"!^\\+492348597800$!sip:andreliesenfeld@sipgate.de!".

Hier wurde der zur normalen Rufnummer +49 (234) 8597800 passende e164.arpa-Eintrag abgerufen. Die Antwort enthält einen SIP-Eintrag, den man an der Kennung „E2U+SIP" erkennt. Es gibt also zu dieser Nummer ebenfalls eine Möglichkeit, den Teilnehmer über SIP per VOIP zu erreichen.

Das Ergebnis *"!^\\+492348597800$!sip:andreliesenfeld@sipgate.de!"* gibt an, wie die ursprünglich gewählte Telefonnummer dafür verändert werden muss. Sie wird einfach komplett durch „*sip:andreliesenfeld@sipgate.de*" ersetzt. Hinter einer normalen Rufnummer ist ein Eintrag eines SIP-Providers hinterlegt. Dem Anwender ist es möglich, eine beliebige Anzahl von Zieladressen zu hinterlegen.

Zusammenfassend betrachtet hat man durch den ENUM-Dienst ein universelles Adressbuch geschaffen, um unterschiedliche Kommunikationsformen miteinander zu verbinden. Viele Hersteller versuchen heutzutage, in ihre eigene UC-Plattform ein universelles und vereinigtes Adressbuch zu integrieren. Eine Verknüpfung der Adressdaten eines UC-Servers mit dem ENUM-Dienst ist dort durchaus sinnvoll.

ENUM wird aktuell von den VoIP-Providern nicht sehr intensiv verfolgt. Deutsche VoIP-Anbieter vermeiden ENUM, damit die Kunden kostenpflichtig über ihre Festnetz-Gateways telefonieren. Es ist aber davon auszugehen, dass der ENUM-Dienst zukünftig das Adressbuch für alle Personeneinträge weltweit sein wird. Dies wird durch die Vielfalt der Kommunikationsformen und weitere Dienste forciert. Ein markantes Beispiel sind Verknüpfungen zu Portaldatenbanken im Internet wie die zu Facebook, Xing usw. Dem Thema Sicherheit von Unified Communication im Zusammenhang mit ENUM ist in diesem Buch das Kapitel 9 gewidmet.

> **Praxistipp:**
>
> Bei ENUM können praktisch alle Informationen unterschiedlicher Dienste zur Kommunikation hinterlegt werden. Sie müssen nicht zwingend nur VoIP-bezogene Inhalte haben. Insbesondere wird bereits häufig eine E-Mail-Adresse hinterlegt. So kann man z.B. dem Angerufenen bei Nichterreichen eine Nachricht hinterlassen – sei es als Text oder per Audiodatei als Dateianhang an einer E-Mail. Weitere nützliche Einträge sind der Name der Person, die Anschrift, Firma, Abteilung, Position, Faxnummer, die Instant Messenger-Daten, die Adresse der persönlichen Homepage usw. Möglich wäre auch das Hinterlegen eines Public Key mittels ENUM, um verschlüsselte Kommunikationsdienste zur Verfügung zu stellen.
>
> **Empfehlung:** Setzen Sie bereits heute ENUM ein oder sorgen Sie dafür, dass die von Ihnen eingesetzten Technologien ENUM unterstützen. Die Zahl der verfügbaren ENUM-Dienste und -Teilnehmer wird in den nächsten Jahren noch deutlich ansteigen.

7.13 Mobile Dienste – OneNumber

OneNumber oder SingleNumber-Reach – also die Erreichbarkeit unter nur einer Rufnummer – ist eines der am häufigsten genannten Schlagwörter im Zusammenhang von mobiler Unified Communication. Eigentlich beschreibt die Übersetzung der Bezeichnung des Dienstes schon dessen Inhalte und Ziele: Unter einer zentralen Nummer erreichbar sein, jede abgehende Kommunikation auch nur mit dieser einen Nummer zu führen und so dem Angerufenen auch nur eine Nummer zu übermitteln.

In der Praxis sieht das etwas anders aus. Mit dem Übermitteln der „einen" Rufnummer fängt jedoch das eigentliche Problem an. Wie kann man seine Handynummer verändern, damit man statt seiner Handynummer seine Festnetznummer übertragen kann? Hierzu existieren nur zwei Ansätze:

- Der Provider bzw. Netzdienstleister verändert die Nummer.
- Das Gerät bedient sich eines Hilfsmittels wie etwa eines eigenen Umsetzers (eines Gateways) oder einer Telefonanlage zur Veränderung der übermittelten Rufnummer.

In beiden Fällen ist eine Softwareanpassung des Endgerätes oder eine eigene Software, z.B. eine spezielle UC-Applikation, erforderlich. Letztere Ansätze bieten die Grundfunktionen des OneNumber-Dienstes. Die Möglichkeiten der OneNumber-Dienste unterscheiden sich bei den verschiedenen Herstellern erheblich, vor allem in der Handhabung und den Kosten für diese Dienste. In den folgenden Abschnitten werden die einzelnen Ansätze des OneNumber-Dienstes mit einem Gateway oder per Provider-Zugang und einer Mobile-Client-Software erklärt und erläutert.

7.13.1 OneNumber-Gateways

Ein Gateway bzw. eine Telefonanlage für die Realisierung des OneNumber-Dienstes einzusetzen, ist kein neues Leistungsmerkmal. Bereits Mitte der 90iger Jahre kam diese Technologie auf. Die ersten Implementierungen beruhten auf der Wahl mit DTMF-Tönen (Dual Tone Multiple Frequency, Dualtonmehrfrequenzwahl). Das Gateway wird an eine vorhandene Infrastruktur angeschlossen. In den meisten Fällen geschieht das über einen gewöhnlichen digitalen Amtsanschluss wie z.B. einen ISDN-S2M-Anschluss mit 30 gleichzeitigen Kanälen. Jedes Gespräch des mobilen Gerätes muss zwingend über dieses Gateway geführt werden. In der Praxis heißt das:

- Es wird die Rufnummer des Gateways gewählt,
- das Gateway erkennt das Gerät anhand der Rufnummer,
- eventuell wird dieser Prozess durch eine PIN geschützt,
- danach stellt das Gateway quasi ein „mobiles Amt" zu Verfügung.

Durch diese simple Umlenkung und den Umweg über das Gateway besteht die Möglichkeit, dem Angerufenen statt der Handynummer die „mobile Amtsrufnummer" des Firmenanschlusses zu übermitteln. Die Abbildung 7.9 verdeutlicht das Szenario.

7.13 Mobile Dienste – OneNumber

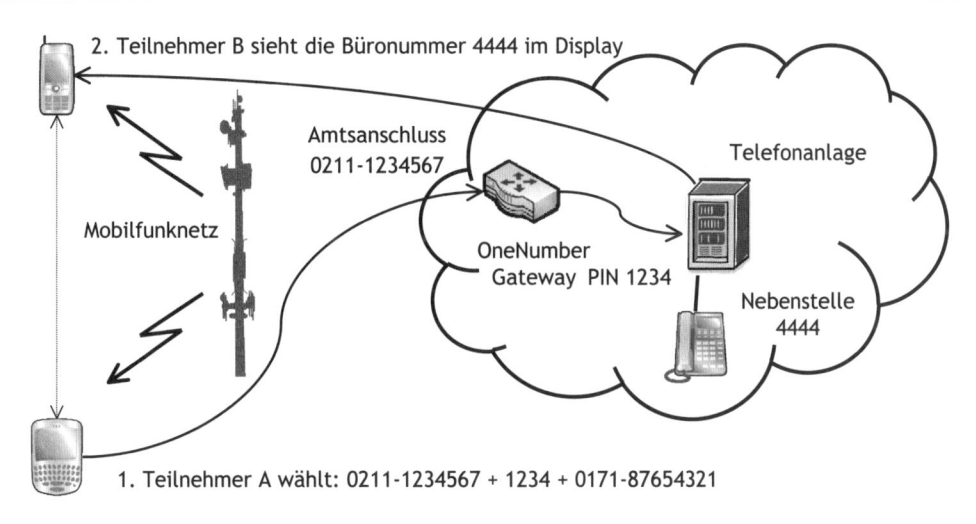

Abbildung 7.9 Szenario einer Gateway-Schaltung

Da man bei dieser Funktionsweise alle Funktionen per DTMF-Nachwahl wählen muss, können der Rufaufbau und die Funktionsbenutzung sehr umständlich, kompliziert und langsam werden. Am Handy wären dafür z.B. folgende Eingaben erforderlich:

- Die Wahl der Gateway-Rufnummer
- Die Eingabe der PIN
- Die Wahl der eigentlichen Nummer

Im ungünstigsten Fall sind das bis zu 25! Ziffern, also über 15 Ziffern mehr als bei einem direkten Anruf. Heutzutage übernimmt eine Software auf dem Handy diese Funktion. So kann man wie gewohnt eine Person direkt aus dem Telefonbuch bzw. durch Direkteingabe ihrer Rufnummer erreichen. Die Anwahl des Gateways, ggf. sogar die PIN-Übermittlung und die Anwahl des Teilnehmers erfolgen automatisiert aus der Software heraus. Nach Zustandekommen der Verbindung besteht in vielen Fällen die Möglichkeit, weitere Funktionen wie etwa Makeln, Dreierkonferenz oder Halten des Gesprächs auszulösen, die ebenfalls per DTMF aktiviert und gesteuert werden. Das Gateway wertet die übermittelten Signalisierungen aus und leitet sie an die Kommunikationsanlage weiter.

Praxistipp:

Bei einfachen OneNumber-Lösungen wird eine Verbindung „on demand", also erst durch direktes Auslösen aufgebaut. Hierdurch stehen die Funktionalitäten aber auch erst dann zur Verfügung, wenn man eine Verbindung aufgebaut hat. Jedes auf dem Markt befindliche Endgerät kann DTMF-Töne versenden. Das macht diese Lösung zu einem universellen Dienst. In den meisten Fällen werden Server mit ISDN-Karten oder SIP-Anschlüsse verwendet. Bei einem bestehenden Gespräch können die DTMF-Töne sehr störend sein, da alle Gesprächspartner diese Töne empfangen. Manche Hersteller unterdrücken hierbei die hörbaren Töne auf dem Gerät durch die mitgelieferte Software.

> **Empfehlung:** Achten Sie auf eine ausreichende Anzahl von Kanälen zwischen dem Gateway und dem Amtsanschluss sowie dem Gateway und dem UC- bzw. Telekommunikationssystem, an dem es betrieben wird. Jedes Gespräch belegt in der Regel auch zwei Kanäle in der Telekommunikationsanlage, was dazu führt, dass wesentlich mehr Anschlüsse benötigt werden.

Einer der größten Nachteile dieser Gateway-Lösung ist die Zeitverzögerung bis zum Rufaufbau. Es können schon mal gut und gerne 45 Sekunden vergehen, bis man den Gesprächspartner quasi am „Ohr" hat. Für viele Handynutzer ist die normale Zeit bis zum Verbindungsaufbau schon zu lang. Aus diesem Grund ist es zwar eine sehr universelle Lösung, die aber bei weitem nicht mehr zeitgemäß ist. In vielen UC-Architekturen ist diese Variante als Backup-Lösung integriert, was wiederum durchaus sinnvoll erscheint.

7.13.2 OneNumber-Dienste vom Provider

Die eigene Rufnummer auf dem mobilen Endgerät zu ändern, grenzt fast an eine Unmöglichkeit, da diese durch die SIM-Karte fest vorgegeben ist. Will man diese Nummer dennoch wechseln, ist der Provider gefragt und natürlich auch der Geldbeutel. Unmöglich ist fast nichts, es ist alles eine Frage des Preises. Die Provider und Dienstanbieter sind heutzutage durchaus in der Lage, diese Funktionalitäten vollkommen zu übernehmen. Hierbei wird die Funktion häufig über ein Web-Portal aktiviert. Dazu sind die Handy- und Festnetzrufnummer anzugeben. Alle Rufe des Handys werden ab diesem Zeitpunkt so geführt, dass der Angerufene anstatt der eigentlichen Handynummer nur noch die hinterlegte Festnetzrufnummer sieht. Einige Carrier verknüpfen dies noch mit sogenannten „Homezone"-Verträgen oder der Möglichkeit, weitere Module des mobilen UC-Systems zu nutzen wie etwa einen E-Mail-Push-Dienst. Zunehmend werden auch UC-Dienste mit Lokalisierung, Positionierung und Ortung angeboten wie etwa die Präsenzerkennung eines Geräts, Dienstes oder Anwenders. Welche Möglichkeiten sich dem Anwender mittels solcher Dienste bieten, wurde bereits in Abschnitt 7.7, „Lokalisierung", erläutert.

Die großen Vorteile der Carrier-Lösung liegen vor allem in der Schnelligkeit des Verbindungsaufbaus sowie der sehr schnellen Änderung auf neue Funktionen wie z.B. eine neue Rufnummer und die Handhabung, da sich der Endbenutzer nicht an die Bedienung des Endgerätes anpassen muss. Als Nachteil sind eventuell anfallende einmalige oder monatliche Kosten des Providers zu nennen.

> **Praxistipp:**
> Durch die „Homezone"-Verträge eines Providers ziehen mehr und mehr Unternehmen die Nutzung der OneNumber-Dienste als Teil der mobilen UC-Lösung in Betracht. Bei dieser im Gegensatz zu einer anderen Infrastruktur wie etwa Voice over WLAN oder DECT eher „kostengünstigen" Lösung wird die bestehende Infrastruktur des Providers verwendet. Die Aufwendungen einer eigenen Installation oder Verkabelung entfallen.

> Man ist allerdings auch auf die vorhandene Funkabdeckung angewiesen, die in vielen Regionen sehr unterschiedlich sein kann.
>
> **Empfehlung:** Prüfen Sie die Möglichkeiten des Einsatzes von mobilen UC-Funktionen über den Carrier, das erspart Aufwendungen für die Implementierung. Dem stehen allerdings die Bereitstellungs- und Betriebskosten des Carriers gegenüber.

7.14 UC-Software für mobile Endgeräte

Seit dem Siegeszug des Apple IPhone ist vielen Benutzern mobiler Kommunikationsdienste klar geworden, dass es noch mehr gibt als die reine Telefonie und SMS. Die Zahl neuer sinnvoller und weniger sinnhaltiger Möglichkeiten steigt ständig und findet immer mehr Abnehmer. Mehr und mehr Online-Handy-Portale mit verschiedenen Funktionstools schießen förmlich wie Pilze aus dem Internetboden. Der AppStore von Apple, z.B. mit dem Tool iTunes, ist wohl eines der bekanntesten solcher Portale. Dieser Boom mit den Applikationsportalen erfasste bereits einen Großteil der Gerätehersteller. Auch existiert bereits eine Vielzahl von Softwareentwicklern, die interessante Applikationen mit Funktionen und Diensten für mobile Anwender und Geräte anbieten. Damit jedoch wirklich das volle Leistungsspektrum der Geräte und Applikationen abgerufen werden kann, ist häufig ein Internetzugang nötig. Die Nutzung des mobilen Internets wird zwar von fast jedem Gerät unterstützt, aber viele der Käufer von Business-Telefonen erkennen hingegen sehr schnell die Schwächen in deren Bedienung. Das wesentliche Handicap, die Displaygrößen und Navigationsmöglichkeiten im Browser, wurde schon in Abschnitt 7.11.1 angesprochen. Die heutige Gerätegeneration von Handys und PDAs ist zwar schon sehr leistungsfähig, aber trotzdem noch meilenweit von den funktionalen Möglichkeiten eines Standard-PCs entfernt. Aus diesem Grund forcieren viele Hersteller eine neue Gerätegeneration, die Tablet-PCs und die iPads. Diese werden in den nächsten Jahren den Markt deutlich stärker durchdringen. Geräte mit größerem, berührungsempfindlichem Bildschirm und sprachgesteuerter Bedienerführung werden den zukünftigen Markt beherrschen und die nächste Generation mobiler Endgeräte darstellen.

> **Praxistipp:**
> Ein noch so modernes und funktionales mobiles Endgerät erfährt wenig Nutzerakzeptanz, wenn dessen Bedienbarkeit nicht den Ansprüchen und Anforderungen der Benutzer entspricht.
>
> **Empfehlung:** Achten Sie bei der Auswahl von mobilen Endgeräten vor allem auf deren Möglichkeiten zur Darstellung von Applikationen. Je weniger der Endanwender die funktionalen UC-Möglichkeiten im Blick und Griff hat, desto seltener werden die mobilen Applikationen genutzt. Sorgen Sie für sehr gute Bedienbarkeit der Applikationen auf den mobilen Geräten. Das ist einer der Garanten für hohe Akzeptanz der mobilen Unified Communication.

7.14.1 Bedieneroberflächen und Bedienkomfort

Die bisher vorgestellten OneNumber-Lösungen beruhen fast immer auf fest eingestellten Bedienfunktionen des Anwenders. Komfortabler wird die Lösung aber erst durch eine „native" (direkte) Integration der OneNumber-Funktionen in die Bedieneroberfläche des Handys. So sind wichtige OneNumber-Funktionen immer im direkten Zugriff, z.B. individuelle Einstellungen der Rufbehandlung, das Ein- und Ausschalten der mobilen UC-Funktionen, die Umschaltung zwischen Privat- und Dienstmodus usw. Es ist, wie bereits angesprochen, deutlich unkomfortabler, wenn man für einen Telefonanruf statt 15 mehr als 25 Ziffern eintippen muss. Diese Funktion kann eine Mobile UC-Software übernehmen, die direkt auf dem mobilen Gerät läuft. Allerdings muss diese Software in den meisten Fällen direkt auf dem Endgerät installiert werden, was einen gewissen Administrationsaufwand bedeutet. Auf die Administration und das Management von UC-Applikationen wird in Kapitel 11 detaillierter eingegangen.

Die Funktionen können mehr oder weniger tief in die Bedieneroberfläche des mobilen Endgeräts integriert sein. Nach der Installation und Aktivierung überwacht die Mobile UC-Software alle Kommunikationsfunktionen, z.B. alle eingehenden und abgehenden Gespräche, die Statusinformationen usw. Darüber hinaus bietet sie noch Zusatzfunktionen, die auf Anforderung oder auch dauerhaft sichtbar sein können. Ausgehende Gespräche werden vollautomatisch mit der richtigen Rufnummer für das Gateway, die PIN und ggf. notwendigen Vorwahlen versehen. Der Anwender muss sich um nichts mehr kümmern. Er kann wie gewohnt einfach aus dem Telefonbuch heraus wählen. In vielen Fällen ist Mobile UC-Software nur noch bei der Anwahl eines Teilnehmers sichtbar. Ggf. wird auf dem Display noch kurz die Gateway-Nummer eingeblendet, die dann beim Aufbau der Verbindung zum gerufenen Teilnehmer verschwindet. Die Anwahl erfolgt weiterhin über mehrere Signalisierungsprozesse. Leider bleibt daher die Verzögerung der Anwahl durch die Signalisierung bestehen, daran ändert sich gegenüber der normalen Variante mit DTMF-Tönen nichts. Allerdings erfolgt die Signalisierung automatisch und direkt hintereinander, was den gesamten Rufprozess deutlich schneller macht als bei der manuellen Bedienung. Auch die Sonderfunktionen wie z.B. das Umschalten des Betriebsmodus erfolgen immer mit der Anwahl des Gateways. Eine Mobile UC-Software stellt eine deutliche Verbesserung in der Bedienerführung dar.

7.14.2 Seamless Roaming

Alle bisher angesprochenen Szenarien beziehen sich immer auf eine Lösung, die mit DTMF-Tönen arbeitet. Eine deutliche Verbesserung bietet die Kombination dieser Dienste und Funktionen mit einer Dateninfrastruktur zum mobilen Gerät, wie in Abbildung 7.10 dargestellt. Der Vorteil liegt in der Geschwindigkeit, mit der vor allem die Signalisierungs- und Steuerdaten zwischen dem UC-System und dem mobilen Endgerät ausgetauscht werden. Es spielt hierbei keine Rolle, ob sich das Gerät innerhalb oder außerhalb der gewohnten Umgebung aufhält, da immer ein Datenkanal von UC-Server zum Endgerät existiert: entweder über die WLAN-Infrastruktur oder, wie in Abbildung 7.10 dargestellt, mit einem

Kanal über das Internet. Alle Leistungsmerkmale werden der mobilen UC-Software über diese Datenverbindung zur Verfügung gestellt. Die eigentliche Sprache kann dann über zwei Wege an das mobile Gerät gelangen: zum einen per normaler GSM-Verbindung und zum anderem mit einem SIP-Client über WLAN.

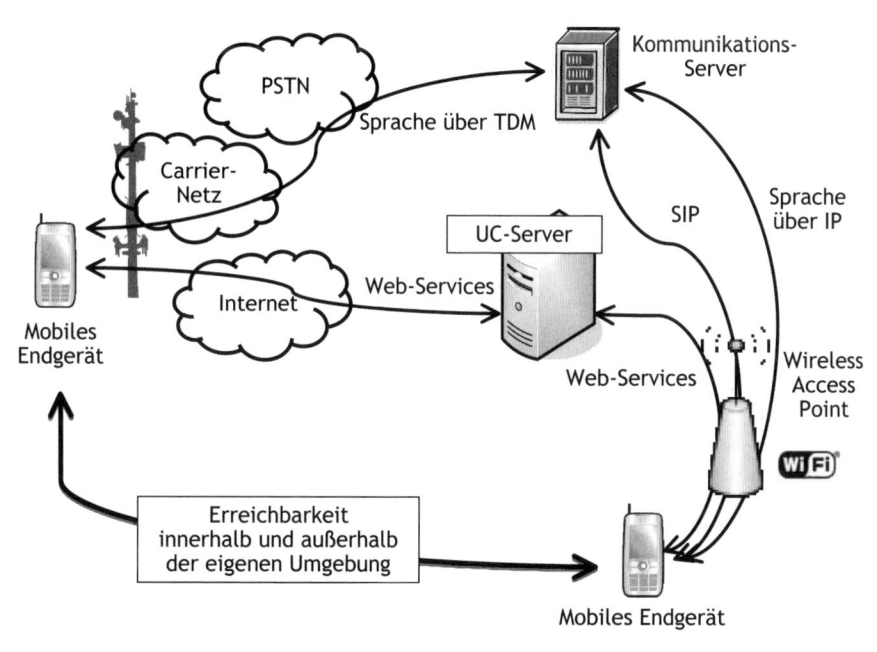

Abbildung 7.10 Infrastruktur für Seamless Roaming

Wenn beide Sprachmöglichkeiten existieren, ist ein Wechsel zwischen beiden Verbindungen und sogar ein sogenanntes „Seamless Roaming" möglich (ein nahtloser Übergang von einem in ein anderes Netz, also z.B. ein Wechsel vom WLAN zum GSM). Dieser Übergang erfolgt ohne Unterbrechung des laufenden Gesprächs und birgt keinerlei Einbußen in der Sprachqualität. Dieses „Seamless Roaming" birgt einige kleine technisch-technologische Herausforderung, denn das Gerät muss ständig beide Netze und deren Verfügbarkeit überwachen. Doch diese Anforderungen können gelöst werden, wenn die Geräte und Netze entsprechend Funktionen für „Seamless Roaming" bereitstellen. Das ist vor allem eine Funkfeldüberwachung durch das Endgerät zur Feststellung des Standortes anhand der Feldstärken des Senders bzw. der Lokalisierungsinformationen und ebenso eine Datenbank innerhalb des UC-Servers, die zum richtigen Zeitpunkt ein „Seamless Roaming" auslöst. Mit Stand Anfang 2010 gibt es nur die Firma Nokia, die derartige Funktionen direkt in der Hardware ihrer Endgeräte unterstützt. Andere Hersteller werden dort aber mit Sicherheit in naher Zukunft ähnliche Möglichkeiten bieten.

> **Praxistipp:**
>
> Das sogenannte „Seamless Roaming", also das nahtlose Wechseln der Netze während einer aktiven Verbindung vom WLAN zum GSM und wieder zurück, stellt an die Technik in der Praxis einige Anforderungen. Die Praxis zeigt aber auch, dass dieses automatische Umschalten kaum genutzt wird, denn die Gefahr des „Toggelns" ist sehr hoch, also des unkontrollierten Wechselns zwischen den Netzen hin und her.
>
> **Empfehlung:** Warten Sie ab, bis die Technik und Technologie für „Seamless Roaming" zwischen WLAN und GSM ausgereifter ist. Sollten Sie den zeitnahen Einsatz von „Seamless Roaming" in Erwägung ziehen, dann überzeugen Sie sich von der Funktionalität, Bedienbarkeit und vor allem Stabilität der offerierten mobilen UC-Lösungen.

In der Regel initiiert das mobile Endgerät die Verbindungen und führt die Gespräche. Die Kommunikation findet vom mobilen Gerät eines Anwenders über das zentrale UC-System zu einem anderen Anwender statt. Dabei entstehen dem anrufenden mobilen Nutzer Kosten. Es besteht aber durchaus die Möglichkeit, sich vom zentralen UC-Server verbinden zu lassen. Diese Funktion hat den Vorteil, dass dem mobilen Benutzer keine Gesprächskosten mehr entstehen, da alle Gespräche zentral vermittelt werden. Der Ablauf einer solchen Kommunikation wäre wie folgt:

- Einen Gesprächspartner aus dem Adressbuch heraus suchen und selektieren.
- Per Datenverbindung (beispielsweise Internet oder WLAN) den Verbindungswunsch an die UC-Architektur übermitteln bzw. signalisieren.
- Der UC-Server ruft das eigene mobile Gerät über die vorhandene Sprachinfrastruktur (Sprache über klassische Leitungen, Sprache über IP) zurück. Dieser Vorgang kommt einem Rückrufgespräch gleich.
- Der Anwender muss das ankommende Gespräch des UC-Servers annehmen. Die Annahme kann je nach Hersteller automatisiert geschehen.
- Steht diese Verbindung, ruft der UC-Server erneut über die Sprachinfrastruktur den gewünschten Gesprächspartner an.
- Beide Gesprächspartner werden durch das UC-System miteinander verbunden.

In der Praxis wird dieses Vorgehen auch mit einem Rückruf verglichen, da das UC-System den Benutzer zurückruft. Der überwiegende Teil der heutigen Hersteller geht diesen Weg. Der UC-Server baut die Sprachverbindungen auf und nicht das Endgerät. Allerdings signalisiert und initiiert das Endgerät den Verbindungsaufbau über die Datenverbindung. Die Software auf dem Endgerät sollte in der Lage sein, das ankommende Gespräch automatisch anzunehmen, damit der Endanwender das „Gefühl" hat, selber einen Anruf ausgeführt zu haben (automatische Annahme). Die Entscheidung über die Auswahl der bestmöglichen Kommunikationsform für beide Benutzer wird vom UC-System getroffen.

Nun stellt sich aber die Frage: Was passiert ohne eine Datenverbindung zum Endgerät? Eigentlich sollte sich das mobile Gerät dann „normal" verhalten. Bei einem Handy sollten beispielsweise normale Anrufe geführt und empfangen werden können. Problematisch ist jedoch die von einigen Herstellern favorisierte Methode, die zwingend eine bestehende Datenverbindung erforderlich machen, auch um ein normales Gespräch zu führen. Somit kann das Gerät nicht mehr telefonieren, wenn die Datenverbindung zum UC-Server fehlt. Eine deutlich höhere Anwenderakzeptanz findet die andere Möglichkeit, alle mobilen UC-Leistungsmerkmale abzuschalten, aber die normale Kommunikation zu gewährleisten. Da der UC-Server in der Regel die „Anrufe" ausführt, muss bei fehlender Datenverbindung das Gerät wieder dazu bewegt werden, einen Anruf von sich aus durchzuführen, ohne im großen Maße die Bedienerfreundlichkeit der Lösung einzuschränken – eine technisch durchaus nicht ganz einfache Lösung. Bei vorhandener Datenverbindung sind mehr Leistungsmerkmale und Funktionen möglich, da z.B. zusätzlich zum Telefonat eine Echtzeitkommunikation wie Instant Messaging genutzt werden kann. Ein weiteres Beispiel wären die Präsenzanzeigen, die ohne Datenverbindung nicht zur Verfügung stehen, was zu weniger Akzeptanz der mobilen UC-Lösung führen kann.

7.14.3 Die Wahl des Kommunikationsmediums

Die Kernkomponente, das UC-System, muss die Information des Standorts bzw. die Möglichkeiten der besten Kommunikationsform der Endgeräte abwägen können. Wird, wie schon beschrieben, ein Anruf vom UC-System zum Endgerät ausgeführt, oder muss das Gerät selbst einen Anruf initiieren? Entscheidungshilfe kann nur die Benutzersoftware des mobilen Gerätes und die vorhandene bzw. nicht vorhandene Datenverbindung liefern.

Hierbei wird auf den ersten Blick deutlich, dass die Lösung mit einer Datenverbindung durchaus komplexer sein kann als eine reine „nur" telefonbasierende Lösung per DTMF. Die größte Rolle hierbei spielt die Software auf dem Gerät. Sie muss in der Lage sein, die Feldstärken der jeweiligen Netze zu messen und an das UC-System zu übermitteln. Um einen ständigen Netzwechsel zu unterbinden, ist eine permanente Überwachung der Feldstärken und die Einstellung von Schwellenwerten am sinnvollsten oder man muss mit einer dauerhaften Datenverbindung arbeiten. Dies ist jedoch die kostspieligste Variante, vor allem wenn die Datenkommunikation über einen Datenkanal des Providers geführt wird. Dieser UC-Dienst wird auch „Polling" genannt. Er prüft eine Reihe von Zuständen und Verbindungswegen, wie etwa:

- Hat sich das Gerät bei der Unified Communication angemeldet?
- Wann wurde es das letzte Mal angesprochen bzw. „gesehen"?
- Welche 3G- oder 4G-Netze sind wie z.B. mit HSDPA erreichbar?
- Welche WLAN-Netze sind aktuell sichtbar und tatsächlich verfügbar, d.h. dürfen auch von diesem Gerät und Dienst verwendet werden?
- Wie „stark" sind diese Netze, d.h. mit welcher Feldstärke sind sie präsent?

Diese Zustandsinformationen sind sehr vielfältig, jedoch durchaus sinnvoll und vor allem notwendig. Nur so kann das UC-System eine Endscheidung treffen, wie und über welches Netz bei welchen Weg sowie mit welchen Mitteln und Funktionen ein Anwender eine Kommunikation mit einem anderen Anwender herstellen kann. Besonders interessant und erweitert wird dieser Dienst durch die Kombination mit anderen mobilen Diensten, z.B. mobiles Video usw.

> **Praxistipp:**
> Eine mobile UC-Software sollte sich möglichst nahtlos in die Oberfläche des Gerätes integrieren und die Informationen über Standardschnittstellen an das übergeordnete UC-System liefern. Eine Erkennung der verfügbaren Netze, Informationen über aktuelle Zustände und Zustandsänderungen bzw. Signalstärken im Netz usw. helfen dem UC-System, eine Entscheidung zu treffen, welche UC-Funktionen an den Anwender gebracht werden können. Durch die zentralisierte Rückruffunktion des UC-Servers lassen sich die Gesprächskosten der einzelnen Benutzers reduzieren.
>
> **Empfehlung:** Achten Sie auf die Leistungsfähigkeit der Mobile UC-Benutzersoftware und insbesondere auf die verbleibenden Merkmale einer solchen Lösung ohne Einsatz einer Datenverbindung. Die Akzeptanz von mobiler Unified Communication ist ganz erheblich von dieser Funktionalität der Software abhängig.

7.14.4 Betriebssysteme für Mobile UC

Ein wichtiger Bestandteil für die Einsetzbarkeit von Benutzersoftware ist natürlich das Betriebssystem des Gerätes. In diesem Abschnitt wird auf die Betriebssysteme der mobilen Endgeräte eingegangen, welche Ende 2009 überwiegend auf den Handys, PDAs und Smartphones zum Einsatz kommen. Doch gerade bei den Betriebssystemen unterscheiden sich die Hersteller der mobilen Endgeräte deutlich. Die meisten Betriebssysteme weisen für den Einsatz von Applikationen noch deutliche Defizite auf. Um auch wirklich von mobiler Unified Communication sprechen zu können, fehlen vor allem Funktionen für die direkte Unterstützung der Geschäftsprozesse. Die wichtigsten und gängigsten Betriebssysteme sind der der folgende Aufzählung beschrieben.

- *Apple – „iPhone-OS" (aktuelle Version 3.0)*
  Das Apple iPhone ist eines der bekanntesten mobilen Geräte auf dem Markt. Es läuft mit einem Linux-Derivat als Betriebssystem, das dem MacOS-Betriebssystem sehr ähnlich ist. Allerdings fehlen dem iPhone z.B. eine Aufgabenliste und andere prozessunterstützende Funktionen. Durch den Apple AppStore im Internet sind zahlreiche zusätzliche Applikationen für das Gerät verfügbar. Nur leider sind darunter nur wenige Geschäfts- und Büroapplikationen zu finden.

- *Google – „Android" (aktuelle Version 2.0)*
  Die neuen Modelle mobiler Endgeräte von Google mit dem Betriebssystem Android punkten mit zahlreichen Verbesserungen und Neuerungen. Für Android gibt es eine riesige Auswahl an Zusatzprogrammen, die aber ebenfalls nicht unbedingt im Geschäftsumfeld benötigt werden. Webgestützte Dienste sowie praktische Erweiterungen wie Internetsuche und Spiele sind hier noch das Maß der Dinge. Interessant ist die bereits von Google vorgestellte Möglichkeit, das Betriebssystem auf Netbooks oder Lap-

tops zu implementieren, und zwar als ein durchgängiges Betriebssystem wie Microsoft Windows. Googles Geschäftsmodell ist das Internet, von daher steht über die Webseiten von Google eine Vielzahl von Applikationen zur Verfügung.

- *Research in Motion (RIM) – Blackberry (aktuelle Version 4.x)*
  Bei den Blackberrys sind bereits umfangreiche Funktionen implementiert, die auch die Geschäftswelt zufriedenstellen. Die Blackberry-Geräte bieten hierfür professionelle Serverunterstützung. Multimedia-Anwendungen spielen hier eher eine geringe Rolle. Sie gelten mehr als mobile E-Mail-Maschinen und waren als erste in der Lage, E-Mails sofort an Server zu versenden und von dort zu empfangen. Der Hauptvorteil dieses Betriebssystems ist seine Abgeschlossenheit. Alle Informationen und Aktionen werden über den zentralen Server geschickt und administriert. Auch Blackberry stellt ein Internetportal für Applikationen zur Verfügung

- *Nokia – „Symbian/Maemo" (in der aktuellen Version 5)*
  In der Praxis zeigt sich, dass Anwender, die auf einen größtmöglichen Funktionsumfang Wert legen, mehr zur Nutzung eines Smartphone mit Symbian-Betriebssystem tendieren. Sie vereinen eine gute Multimediafunktionalität mit einer breiten Applikationsvielfalt und reichhaltigen Zusatzfunktionen. Problemlos können weitere Anwendungen hinzugenommen werden. Bei den meisten Geräten gehören Bluetooth, WLAN und zum Teil sogar integrierte SIP-Telefoniefunktionen zum Standard. Nachteilig ist jedoch die oftmals etwas antiquarisch anmutende bzw. veraltete Bedienung einzelner Anwendungen. Aus diesem Grund kommt von Nokia mit dem neuen Betriebssystem „Maemo 5" auf den Markt. Dieses neue Betriebssystem soll das bisherige System „Symbian" ablösen und ist bereits auf einigen Geräten implementiert.

- *Palm – „WebOS" (in der aktuellen Version 1.3.1)*
  Der neueste Zugang zur Familie der Smartphones stammt vom früheren PDA-Hersteller Palm. WebOS baut auf einer Linux-Multitaskingplattform ähnlich wie „Android" und „Maemo 5" auf. Die Bedienung der Software gleicht der beim iPhone. Ende 2009 existieren nur sehr wenige Applikationen, die auf diesem System arbeiten, und es bleibt abzuwarten, wie sich WebOS durchsetzt.

- *Microsoft – Windows Mobile (aktuelle Version 6.x)*
  Windows Mobile verfügt ebenfalls ähnlich wie Symbian und Blackberry bereits direkt im Betriebssystem über umfangreiche Funktionen. Durch die starke Bindung an das namensgleiche Betriebssystem für PCs ist für die Benutzer kaum eine Umgewöhnung nötig. Mit dem Betriebssystem ist eine schnelle UC-Implementierung gegeben. Selbstverständlich stehen auch für dieses Betriebssystem im Internet sehr viele Applikationen zur Verfügung. Sie kommen sowohl vom Hersteller selbst als auch von einer großen Anzahl von Softwareentwicklern.

> **Praxistipp:**
> Der wichtigste Punkt bei der Auswahl des mobilen Geräts und eines passenden Betriebssystems ist die Art und Weise, wie es mit dem Internet verbunden ist und welche Applikationen es bereitstellt und unterstützt. Natürlich spielen Speicherfunktionen und eingebaute Funktionen wie WLAN auch eine wichtige Rolle. Beispielsweise kann eine Sprachsteuerung sehr nützlich sein. Die Betriebssysteme der Hersteller unterscheiden sich erheblich, und es sollte vermieden werden, dass sich der Benutzer bei einem Betriebssystemwechsel an eine andere UC-Benutzeroberfläche gewöhnen muss.
>
> **Empfehlung:** Prüfen Sie die UC-Möglichkeiten auf dem präferierten Gerät. Wechseln Sie ggf. das Betriebssystem, um festzustellen, wie die Oberflächen bedient werden. Wer auf gute Bürofunktionen und deren Abgleich mit E-Mail-Systemen Wert legt, sollte zu einem Businessmodell wie dem Blackberry, Nokia oder Smartphone mit Windows Mobile zurückgreifen. Viele der neuen Systeme wie Android oder WebOS nutzen dafür Web-Portale. Hier funktioniert der Abgleich automatisch via Internet. Doch nicht jeder will seine Daten auch wirklich dem Internet anvertrauen. Legen Sie ein besonderes Augenmerk auf die Akkustandzeiten der mobilen Endgeräte. Sie unterscheiden sich je nach Betriebssystem und Ausstattung der Geräte selbst deutlich und spürbar.

7.15 Essenz

Mobilität ist eines der Kernthemen im Zusammenhang mit Unified Communication. Es ist davon auszugehen, dass Mobile UC zum größten Treiber von UC-Lösungen wird. Die Vorteile des mobilen Arbeitens sind sowohl für die Mitarbeiter als auch das Unternehmen selbst deutlich spürbar. Vor allem sind es natürlich Einsparpotenziale an Kosten, Ressourcen, Zeit und Nerven. Allerdings sind im Umgang mit mobilen Arbeitsplatzlösungen auch einige Regeln und Regelungen (Gesetze) zu beachten, da durch eine Verlagerung des Arbeitsplatzes in die private Umgebung sowohl positive also auch negative Aspekte entstehen. Hierfür sollte sich die Arbeitsumgebung möglichst dem Endnutzer anpassen. Das gilt für beide Varianten: die festen sowie die mobilen Arbeitsumgebungen. Der Einsatz von Shared Desk oder Free Seating bedarf genauer Planung, damit diese Arbeitsplatzumgebungen und Arbeitsweisen auch angenommen und akzeptiert werden.

Die Technologie eines mobilen UC-Clients beruht heutzutage auf einer Kombination unterschiedlichster Medien, Netze, Dienste und Applikationen wie:

- WLAN
- Festnetze wie ISDN oder IP
- Mobilfunknetze wie GSM, UMTS, WiMAX, LTE oder Femto-Technologien
- Betriebssysteme und Benutzersoftware mit entsprechenden Funktionen

Die Hersteller unterscheiden sich in den Funktionen der mobilen UC-Lösung kaum, sondern mehr in solchen Aspekten wie Bedienbarkeit, Verfügbarkeit bei Ausfall der Datenleitung, Möglichkeiten der Synchronisation usw.

Ausreichende Übertragungsgeschwindigkeiten zum Endgerät sind für die Funktionsweise und Möglichkeiten der mobilen UC-Lösungen maßgeblich. Vor allem solche Zusatzdienste wie Ortung, Präsenz- und Lokalisierungsinformationen können dazu beitragen, eine bessere Funktionsweise und damit Akzeptanz der mobilen UC-Lösung zu etablieren.

Mobile Sicherheit, d.h. Vertraulichkeit, Datenintegrität und Verfügbarkeit sind innerhalb der UC-Lösung besonders wichtige Themen – ebenso wie eine zuverlässige Notruffunktion. Letztere sollte möglichst (besser muss) mit einer Verknüpfung zu einer Standortinformation realisiert werden.

Lösungen wie FMC, OneNumber, Voicemail und ein zentrales Adressbuch sind integraler Bestandteil der UC-Architektur und müssen mit einer mobilen UC-Software auf den Endgeräten interagieren. Es ist von entscheidender Bedeutung, welche Informationen im Gerät und welche im UC-Server vorgehalten werden. Je mehr Daten auf dem Server verbleiben, desto stärker sind die Lösungen von einer Datenverbindung zum Gerät abhängig.

8 UC und Kundeninteraktion

8.1 Wer sind die Kunden?

Wir alle sind jeden Tag Kunden, und das sogar mehrfach. So wie wir gerne behandelt werden wollen, so sollten wir auch unsere Kunden behandeln. Die meisten Menschen sind der Meinung: „Kunden sind Personen, die etwas kaufen." Das ist leider auch deutlich zu eng gefasst. Genau genommen ist der Begriff Kunde so wichtig, dass es sogar einige Normen gibt, die den Begriff „Kunde" definieren. Am häufigsten gebraucht werden die DIN EN ISO 9004 und 8402. Letztere ist die am meisten zitierte und gebrauchte Norm. Sie definiert einen Kunden als „Empfänger eines vom Lieferanten bereitgestellten Produkts". Verschiedene Wirtschaftslexika definieren den Kunden als „tatsächlichen oder potenziellen Nachfrager auf Märkten".

Diese Definitionen lassen allerdings offen, wer denn nun ein Kunde ist. Sie beschreiben lediglich, was einen Kunden ausmacht. Ein Kunde kann sowohl eine Privatperson als auch ein Unternehmen oder eine Organisation sein. Kunden können ebenso extern oder intern sein, d.h. sie haben einen externen oder internen Bezug zu ihrem Lieferanten.

Kunden sind „Nachfrager": Allein in dieser Definition steckt sehr viel Bezug zum Thema Kundeninteraktion. Sie kommunizieren ihre Fragen an den Markt und fragen nach Dingen, die sie interessieren. Sie stellen Anfragen. Doch wo und wie fragen sie an? Was passiert mit einer Anfrage? Wer bekommt und bearbeitet eine Anfrage? Wie, von wem und bis wann bekommt der Kunde eine Antwort auf seine Anfrage? Und nicht zuletzt: Wie zufrieden ist der Kunde mit der Antwort bzw. mit der Art, wie seine Anfrage bearbeitet wurde?

Offensichtlich steckt im Thema Kundeninteraktion eine Menge Zündstoff, und das bereits bei der einseitigen Betrachtung – die Kundeninteraktion geht vom Kunden aus. In der Praxis ist natürlich auch die andere Seite interessant. Die oben beschriebene zunehmende Konkurrenz am Markt zwingt die Unternehmen und Organisationen dazu, die Kundeninteraktion von sich aus zu initiieren. Doch wie erreicht man die Kunden möglichst effektiv und effizient? Was passiert, wenn man einen Kunden erreicht hat? Was ist dabei zu beachten, wenn man direkt mit Kunden in Interaktion gehen möchte?

Das Thema Kundeninteraktion ist komplex und steckt voller technologischer, rechtlicher, kommerzieller und nicht zuletzt menschlicher Tücken. Sicher können im Rahmen dieses Buches nicht alle dieser Tücken und Herausforderungen Beachtung finden. Vielmehr wird vor allem darauf eingegangen, wie man Unified Communication praktisch so einsetzt, dass eine echte vereinheitlichte und vereinigte Kundeninteraktion entsteht.

Fakt ist jedenfalls, dass sich die Märkte in den letzten Jahren deutlich wandelten. Vor allem werden die Kunden globaler. Genau dieser Aspekt stellt natürlich an die Kommunikation und die dafür verwendeten Technologien ganz besondere Herausforderungen. Und hier kommt Unified Communication ins Spiel. Wie kann die moderne IKT dabei helfen, mit den Kunden noch besser zu interagieren und ggf. neue Kunden effizienter und effektiver anzusprechen? Wir werden die folgenden Bereiche und Aspekte betrachten:

- Die einfache Vermittlung von Kundenanfragen
- CallCenter und deren klassische Funktionen
- Integration von UC-Funktionalitäten in die CallCenter
- Effiziente Verteilung von Informationen an Kunden
- Intelligentes Weiterleiten von Kundenanfragen auf der Basis zusätzlicher CRM- und Erreichbarkeitsinformationen
- Automatisierte Kundenkommunikation

8.2 Die Vermittlung

Die Vermittlungsfunktion ist nach wie vor das telekommunikative Eingangstor eines Unternehmens oder einer Behörde. Sehr viele Kunden kommen mit ihrer Anfrage zuerst bei einer zentralen Vermittlungsstelle an. Das sind heutzutage natürlich in erster Linie die klassischen Telefonvermittlungen. Sie leiten im Wesentlichen die per Telekommunikation gestellten Anfragen weiter.

Die Hauptfunktionen eines Vermittlungsplatzes sind:

- Vermittlung eingehender und in speziellen Fällen auch abgehender Anrufe
- Beobachtung des Telefonstatus der Teilnehmer
- Zuteilung von Berechtigungen für Teilnehmer, z.B. temporäre Auslandsberechtigungen oder Querverbindungen zu anderen Systemen, Reservierung bestimmter Kommunikationsressourcen, Prioritätssteuerungen usw.
- Pflege von Datenbeständen und Funktionen wie z.B. der Begrüßungstexte oder des Elektronischen Telefonbuchs (ETB)
- Verwalten und Steuern der Warteschlangen in den Vermittlungsplatzfunktionen
- Servicefunktionen wie Überwachung von Zählern, Grenzwerten (Gebühren und Zeiten), ggf. das Gebührendatenmanagement (Bereiche) usw.

Doch mehr und mehr wandeln sich diese Funktionen in multimediale Vermittlungsinstanzen. Ein Blick auf die Webseiten der meisten Unternehmen und Organisationen zeigt, dass es offensichtlich auch eine „Internet-Vermittlung" gibt (oder geben muss). Sie nehmen die verschiedenen, über das Internet hereinkommenden Anfragen auf und bearbeiten sie bzw. leiten sie weiter. Das sind vor allem E-Mails, typischerweise gesendet an die universelle Adresse „info@Unternehmen/Organisation". Doch auch Chat-Anfragen und Anfragen über die oft verwendeten Kontaktfunktionen laufen häufig in einer Vermittlungsstelle auf.

Nur die wenigsten Menschen wissen, welche komplexen Abläufe und Funktionen eine wirklich gut funktionierende Vermittlung ausmachen. Weil die Vermittlung eine derart wichtige Rolle spielt, ist ihr der Abschnitt 8.2 gewidmet. Ausgehend von einigen geschichtlichen Hintergründen zur Vermittlung geht es über die Vermittlungsfunktionen bis hin zu modernen UC-Vermittlungsplätzen.

8.2.1 Das Fräulein vom Amt

Die Vermittlung ist die Kundeninteraktionsfunktion mit der wohl längsten Historie. Es ist anzunehmen, dass sich heute kaum noch jemand an das „Fräulein vom Amt" erinnert. Zu Beginn der öffentlichen Telefonie ging es gar nicht ohne diese nette Stimme am anderen Ende der Leitung, die einen Anrufer mit einem angenehmen und freundlichen Klang in den Worten „Hier Amt, was kann ich für Sie tun?" begrüßte. Damals nannte man die Telefonanlage einen Vermittlungsschrank. Da es nicht möglich war, eigenständig eine direkte Verbindung zu einem anderen Teilnehmer aufzubauen, hatte das Fräulein vom Amt eine wichtige Aufgabe. Für die Vermittlung war noch echter manueller Aufwand erforderlich, den Verbindungsstecker in die richtigen Leitungen zu stecken und nach Beendigung des Gesprächs wieder herauszuziehen. Die Vermittlung von vor über 100 Jahren hat mit der modernen Vermittlung von heute lediglich noch den Namen und die Grundaufgabe gemein, die Funktionsweise und das Spektrum an Aufgaben hat sich deutlich gewandelt. An die Möglichkeiten multimedialer Vermittlungsfunktionen war damals überhaupt noch nicht zu denken.

8.2.2 Der moderne Vermittlungsplatz

Im Normalfall reicht ein Telefonapparat mit mehreren Tasten für Kurzwahlen und einer Anzeigefunktion zur Überwachung der Apparate der anderen Teilnehmer aus, um eine Vermittlungsfunktion abzubilden. Entweder gehen alle eingehenden Telefonanrufe automatisch immer zum Vermittlungsapparat oder aber es kommen nur die Anrufe dort an, die vom direkt angewählten Teilnehmer nicht angenommen wurden. Am Vermittlungsapparat kann man sehen, welche Endgeräte gerade frei oder belegt sind. Die Vermittlung hat also über die Statusinformation der Endgeräte eine Erreichbarkeitsfunktion, eine Art Präsenzinformation. Auf der Basis dieser Informationen ist die Vermittlung in der Lage, den Anrufer direkt mit dem gewünschten oder einem anderen freien Teilnehmer zu verbinden.

Zu den Aufgaben einer modernen Vermittlung gehören neben dem Verbinden von Teilnehmern insbesondere Auskunftsfunktionen, also eine echte Kundeninteraktion wie z.B. die Suche nach den gewünschten oder ggf. alternativen Ansprechpartnern, die Weitergabe von Adressinformationen bis hin zu Aufenthaltsangaben. Alle diese Informationen bekommt das Vermittlungspersonal in der Regel aus verschiedenen Datenbanken. Je umfangreicher und komplexer die Aufgaben der Vermittlung werden, desto mehr kommen PC-Arbeitsplätze als Vermittlungsstationen zum Einsatz. Die Kombination aus Telefon und PC eröffnet den Weg in Richtung der ersten Ansätze vereinigter Kommunikation, der Computer Telephony Integration (CTI). Verfügt die Vermittlung über einen direkten Zugriff auf Datenbanken, z.B. Firmenverzeichnisse, dann liegt es nahe, diese Funktionen in den Vermittlungsprozess einzubinden. Für die Vermittlung wird die Arbeit deutlich komfortabler, wenn sie z.B. auf dem PC direkt eine Rufnummer aus der Applikation anklicken und so einen Anruf initiieren kann.

Die klassische Telefonvermittlungsfunktion ist bei modernen Vermittlungsplätzen eine PC-Applikation. Über eine sehr komfortable, grafische Bedieneroberfläche kann die Vermittlungsperson schnell und effektiv alle Vermittlungsfunktionen ausführen. Darüber hinaus ist sie bei der Verwendung besonders komfortabler und multifunktionaler Vermittlungsanwendungen in der Lage, z.B. Berechtigungen von Teilnehmern zu ändern oder aus der Ferne Einstellungen an den Endgeräten der Teilnehmer zu aktivieren und zu deaktivieren. Es soll beispielsweise schon vorgekommen sein, dass ein Teilnehmer vergaß, seine Rufumleitung auf das Handy zu aktivieren, bevor er das Büro verließ. Also ruft er die Vermittlung an, und diese schaltet für ihn die Rufumleitung ein.

Die einfachste Variante ist die Schnellvermittlung. Der Anruf kommt an und wird auf dem Bildschirm angezeigt, dann nimmt die Vermittlung ihn entgegen. Der gewünschte Teilnehmer wird im Verzeichnis gesucht, und durch einen Tastendruck ist die Verbindung zwischen den Teilnehmern aufgebaut. Allein an der Vielzahl von Vermittlungsfunktionen lässt sich erkennen, welchen immensen Umfang an Wissen eine Vermittlungsperson heutzutage mitbringen muss. Diese vielen und vielfältigen Aufgaben manuell zu erledigen, stößt schnell an Grenzen. Das war die Geburtsstunde der Automatisierung in der Vermittlung.

8.2.3 Die automatische Vermittlung

Bei allen beschriebenen Funktionen und Aufgaben einer Vermittlung kann man sich leicht vorstellen, dass vor allem in großen Unternehmen alles unternommen wird, um die Vermittlung zu entlasten. Außerdem kann es sehr hilfreich sein, bestimmte ständig wiederkehrende oder routinemäßige Arbeiten durch Automatismen abarbeiten zu lassen. Die automatische Vermittlung hat mehrere Funktionsweisen:

- Die einfachste Form ist ein einfaches Auswahlmenü: „Drücken Sie die 1 für die Weiterleitung zum Rechnungswesen, die 2 für die Weiterleitung in die Auftragsannahme, oder bleiben Sie einfach am Apparat, wir verbinden Sie mit der Vermittlung." Der Anrufer kann sich quasi selbst vermitteln, indem er einfach die entsprechende Ziffer wählt. Diese Variante funktioniert über DTMF. Sie ist funktional recht einfach. Der wesentliche Nachteil liegt in der geringen Flexibilität und der schlechten Nutzerakzeptanz, denn nicht jeder Anwender weiß, wie das mit DTMF zu handhaben ist.

- Der Wunsch nach einer Steuerung der automatischen Vermittlung über die menschliche Sprache wurde immer drängender. Das führte zu den IVR-Systemen (Interactive Voice Response, interaktive Spracheingabe). Sie funktionieren nach dem Prinzip: „Sagen Sie *Bestellung*, und wir verbinden Sie mit einem Auftragsabteilung. Sagen Sie *Rechnung*, wenn Sie Fragen zu Ihrer Rechnung haben" usw. Sicher ist das eine ganz spezielle Form der Interaktion mit Anrufern. Am Anfang waren die IVR-Systeme sehr starr, heute sind sie technisch schon recht ausgereift, d.h. sie erkennen die menschliche Sprache sogar bis in linguale und semantische Zusammenhänge. Doch auch noch so ausgereifte und ausgefeilte IVR-Systeme können eine menschliche Kundeninteraktion nicht ersetzen. Menschen wollen mit Menschen kommunizieren und nicht mit Automaten.

Einige automatische Vermittlungen entscheiden nach verschiedenen Kriterien, wie die automatische Weitervermittlung erfolgt. Doch dann ist der Schritt zu einer ACD (Automatic Call Distribution, automatische Anrufverteilung) nicht mehr weit. Das Thema ACD wird in Abschnitt 8.3 aufgegriffen.

> **Praxistipp:**
> Wenn die Anforderungen an die automatische Vermittlung komplex werden, sollte man sich überlegen, ob an dessen Stelle ein IVR-System hilfreicher ist. Überhaupt ist ein Trend zu erkennen, solche komplexen und multifunktionalen Vermittlungsfunktionen über ACD abzubilden. Die Verteil- und Vermittlungsfunktionen dieser Lösungen sind deutlich weitreichender. Zusätzlich besteht die Möglichkeit, die umfangreichen Statistikfunktionen der ACD für die Auswertung der Leistungsfähigkeit der Vermittlung zu verwenden.
>
> **Empfehlung:** Setzen Sie automatische Vermittlungsfunktionen ein, um die Vermittlung zu entlasten. Beachten Sie dabei jedoch immer, dass am anderen Ende der Leitung Menschen sind, die am liebsten mit Menschen kommunizieren und interagieren.

8.2.4 Vom Belegtlampenfeld zum Präsenzinformationssystem

Früher hatten Vermittlungsplätze noch zusätzliche Funktionen zur Anzeige des Teilnehmerstatus, das sogenannte Belegtlampenfeld (BLF). Das BLF gab dem Vermittlungspersonal die Möglichkeit zu erkennen, welcher Teilnehmer gerade aktiv ist oder ob auf seinem Telefon eine Funktion wie z.B. eine Rufweiterleitung oder „Nicht stören" usw. aktiviert wurde. Diesen Statusinformationen kann der Vermittlungsplatz jedoch nur entnehmen, ob er an einen Teilnehmer einen Ruf weiterleiten kann oder nicht. Natürlich ist gut, wenn er einem Anrufer sagen kann, dass ein Teilnehmer nicht da ist oder ob er eine Rufumleitung auf sein Handy eingelegt hat. Doch ist damit das Problem des Anrufers nicht gelöst. Der

Anrufer möchte einen bestimmten Teilnehmer erreichen oder zumindest erfahren, wann und wo dieser Teilnehmer ggf. erreichbar ist. Diese Information gibt das Vermittlungssystem nicht her.

Das war der entscheidende Grund für die Verknüpfung des Vermittlungsplatzes mit Kalenderfunktionen. Anfänglich waren es proprietäre Kalenderfunktionen, doch in der modernen Praxis sind es die Kalenderfunktionen aus den Standardbüroapplikationen wie Exchange (Microsoft), GroupWise (Novell), Lotus Notes (IBM) usw. Jetzt stehen dem Vermittlungsplatz diese Präsenzinformationen zur Verfügung:

- aus der Vermittlungseinrichtung den Status des Telefonendgerätes;
- aus dem sogenannten „Persönlichen Informationsmanagement" PIM (Personal Information Management) den Status der An- bzw. Abwesenheit;
- aus den Erreichbarkeitseinstellungen des Teilnehmers die Information, wo oder besser gesagt über welche Kommunikationsmöglichkeit der Teilnehmer erreichbar ist.

So ist eine effiziente und effektive Präsenzinformationsplattform entstanden. Dieses Szenario ist ein typischer Anwendungsbereich für Unified Communication. Das Zusammenschalten und Interagieren der Vermittlungstechnik mit den Kommunikations- und Büroapplikationen kann in einer effektiven und effizienten Art und Weise nur über IP erfolgen. Das ist eine echte Unified Communication im Vermittlungsplatzumfeld. Die Erreichbarkeitsinformation ist die eine Seite, die Realisierung und Einstellung der persönlichen Erreichbarkeit die andere. Das führt zum nächsten Aspekt: dem „Persönlichen Assistent".

8.2.5 Persönlicher Assistent

Die meisten Nutzer haben mehr als eine Rufnummer, unter der sie möglicherweise erreichbar sind. Für die Vermittlung ist das ein Graus. Immer wieder hören sie vom Anrufer: „Na, dann versuchen Sie es doch bitte noch unter … ". Letztendlich geht es um die persönliche Erreichbarkeit eines jeden Teilnehmers selber. Also gibt man am besten jedem Teilnehmer die Möglichkeit, seine Erreichbarkeit selbst zu definieren. Dann muss er nur noch sicherstellen, dass die Erreichbarkeitsfunktion korrekt eingestellt ist und arbeitet. Eine der möglichen Lösungen für solche Erreichbarkeitsfunktionen ist der sogenannte „Persönliche Assistent" (PA). Der Nutzer eines PA hinterlegt ähnlich wie bei der automatischen Vermittlung auf der Kommunikationsanlage ein persönliches Steuermenü. Der Anrufer wird, statt direkt zum Teilnehmer, auf dessen PA weitergeleitet. Dort hört er zuerst eine Ansage über die Abwesenheit des Angerufenen. Danach folgt die Ansage dieses Steuermenüs, z.B. „Drücken Sie die 1 für eine Verbindung auf mein Handy, die 2 für eine Weiterleitung Ihres Anrufes in mein Heimbüro, durch Drücken der 3 gelangen Sie zu unserer Vermittlung: Bleiben Sie einfach am Apparat, und wir verbinden Sie mit dem Sprachspeicher." Das ist eine sehr angenehme Funktion. Der Anrufer kann selber entscheiden, ob er eine Weiterleitung wünscht, und wenn ja, wohin. Das Ganze hat jedoch zwei Haken. Auf die Dauer wird diese Ansage für die Anrufer ermüdend. Außerdem muss der PA entsprechend gepflegt werden, wenn sich z.B. einzelne, zur Weiterleitung genutzte Rufnummern ändern.

Jede neue Anwendung beziehungsweise Funktion lebt oder stirbt mit der Akzeptanz durch den Nutzer. Natürlich ist eine Funktion wie der PA sehr hilfreich und komfortabel. Doch wie komfortabel, flexibel und effizient ist die Pflege des persönlichen Assistenten? Hier unterscheiden sich die auf dem Markt eingeführten Lösungen deutlich.

Für die einmalige Einrichtung eines PA ist vor allem bei geringer Komplexität der Steuerstruktur die Administration über das Telefon sicher ausreichend. In der Regel konfiguriert der Administrator der Anlage den Steuerbaum vor, d.h., er verschaltet die internen Verbindungen. Der Anwender muss dann lediglich noch den Ansagetext für die einzelnen Funktionen seines PA aufsprechen. Man kann sich sehr leicht vorstellen, dass diese Arbeitsweise für Nutzer mit stark wechselnden Abwesenheitsbenachrichtigungen und Erreichbarkeitsprofilen recht unkomfortabel ist. Aus diesem Grund bieten einige Hersteller von Kommunikationsapplikationen PC-basierte PA. Bei diesen Lösungen kann der Benutzer regelbasierte Erreichbarkeitsfunktionen verwenden. Am besten lassen sich diese Funktionen als Web-Applikationen realisieren. Eine solche PA-Applikation bietet dem Anwender eine Vielzahl von Einstellungsmöglichkeiten wie

- Erreichbarkeiten nach der Uhrzeit. Diese Funktionen sind teilweise sogar mit den Kalenderapplikationen der Benutzer gekoppelt, also eine echte UC-Funktionsweise.
- Erreichbarkeit für bestimmte wichtige Teilnehmer, sogenannte VIP-Listen.
- Festlegungen, was bei Nichterreichen geschehen so, z.B.
  - Umleitung zu einem anderen Teilnehmer
  - Umleitung auf den Sprachspeicher
  - Umleitung auf die Zentrale usw.

> **Praxistipp:**
> Der PA ist die einfachste funktionale Abbildung des „OneNumber"-Konzeptes. Doch wirklich „OneNumber" ist das noch nicht. Zwar ruft der Anrufer immer nur eine Nummer an, aber er muss sich dann entscheiden, über welchen Weg das System versuchen soll, den Teilnehmer zu erreichen. Das ist unkomfortabel. Richtige „OneNumber"-Konzepte arbeiten automatisch und vor allem in beide Richtungen. Letzteres bedeutet, dass auch bei abgehenden Rufen immer nur ein und dieselbe Rufnummer angezeigt wird.
>
> **Empfehlung:** Geben Sie den Mitarbeitern die Möglichkeit, ihre Erreichbarkeit selbst zu organisieren. PAs sind dafür eine sehr gute Lösung. Beachten Sie jedoch, dass Sie PAs mit einer akzeptablen Bedieneroberfläche einsetzen. Die Mitarbeiter werden nur das einsetzen, was sie auch benutzen können.

Auch der noch so intelligente PA, die noch so ausgeklügelte IVR oder der multifunktionalste Vermittlungsplatz sind keine Funktionen und Applikationen für „echte" Kundeninteraktion. Wirkliche Kundeninteraktion führt in Richtung der CallCenter und ContactCenter bis hin zu geschäftsprozessgestützter Vermittlung von Kundenanfragen, zu den Applikationen für Kundeninteraktion.

8.2.6 Vermittlungsplatz im CallCenter

Der Vermittlungsplatz in einem CallCenter soll auf der Basis von Status- bzw. Präsenzinformationen soll vermitteln. Außerdem hat der Vermittlungsplatz zur Verwaltung der vielen eingehenden Anrufe eine oder mehrere Wartefelder. Das alles klingt stark nach einem CallCenter-Agenten. Im Prinzip ja, in der Praxis besser nein. Wenn es ausschließlich um die Sicherstellung der Erreichbarkeit geht, decken sich die Anforderungen bezüglich der Vermittlung mit denen eines Agenten. Beide unterscheiden sich jedoch in den anschließenden Aufgaben. Eine Vermittlung soll vermitteln, ein Agent soll die Probleme des Anrufers lösen, die in der Regel nicht nur reine Verbindungswünsche sind. Ein Agent vermittelt in den seltensten Fällen Gespräche, und seine Aufgabe besteht nicht darin, irgendwelche Berechtigungen zu vergeben oder gar Datenbestände des Vermittlungssystems zu pflegen.

> **Praxistipp:**
>
> Die Vermittlung als einfache Weiterleitungs- und Auskunftsfunktion in ein CallCenter zu integrieren, ist eine durchaus sinnvolle Überlegung. Moderne Vermittlungsfunktionen dienen dem Zweck der schnellen, sicheren Erreichbarkeit. Aus diesem Blickwinkel ist die Integration der Vermittlung mit PIM-Systemen (Personal Information Management) und Präsenzinformationsplattformen unabdingbar. Das ist der Ansatzpunkt für VoIP und Unified Communication.
>
> **Empfehlung:** Besteht die Aufgabe darin, effiziente Schnellvermittlungen, Prioritätsfunktionen und die beiden oben genannten Dinge unter einen Hut zu bringen, dann sind dezidierte Vermittlungsplätze die richtige Wahl.

8.3 Applikationen für die Kundeninteraktion

8.3.1 Von der Vermittlung zum CallCenter

Schnell werden klassische Vermittlungen dem zunehmenden Kommunikationsbedarf nicht mehr gerecht. Einerseits gehen immer mehr Anfragen von außen ein, andererseits möchte man immer intensiver nach außen informieren. Diese Aufgabenvielfalt wird durch eine Anrufzentrale, auch gerne CallCenter genannt, viel effizienter und effektiver abgedeckt als durch die klassische Vermittlung.

Nun ist das CallCenter keine Erfindung der letzten zwei Jahre. Damit das Unternehmen wirksamer und enger mit seinem Kunden verbunden ist und die Behörde mehr Bürgernähe beweisen kann, richtete man Sammel- bzw. Servicerufnummern ein. Der Vorteil war, dass der Kunde bzw. der Bürger sich nur eine bestimmte Rufnummer zu merken brauchte. Hinter dieser Rufnummer verschaltete man intern mehrere Teilnehmer, die man als Telefonagenten bezeichnete. Dennoch bleiben einige Fragen offen, die in den nächsten Abschnitten zu beantworten sind:

- Was sind die Ziele und Aufgaben der Kundeninteraktionslösungen?
- Was sind Grundprinzipien und -funktionen der ACD?
- Was macht moderne CallCenter aus?
- Wieso braucht man dafür VoIP?
- Wie kommunizieren CallCenter mit anderen internen Teilnehmern?

8.3.2 Das Vier-Phasen-Modell

Beim Aufbau von Kundeninteraktionslösungen bewährte sich in der Praxis eine Vorgehensweise in vier Phasen. Abbildung 8.1 zeigt Inhalte, Aufgaben und Ziele der einzelnen Phasen.

Phase 1 — Steigerung der Wirtschaftlichkeit — Anrufverteilung — Schnelle Antwort

Phase 2 — Erhöhung der Effizienz — Integration von Sprache & Daten (CTI) — Sofortige Lösung

Phase 3 — Verbesserung der Kundenzufriedenheit — Segmentierung und Multi-Service — Individueller Service

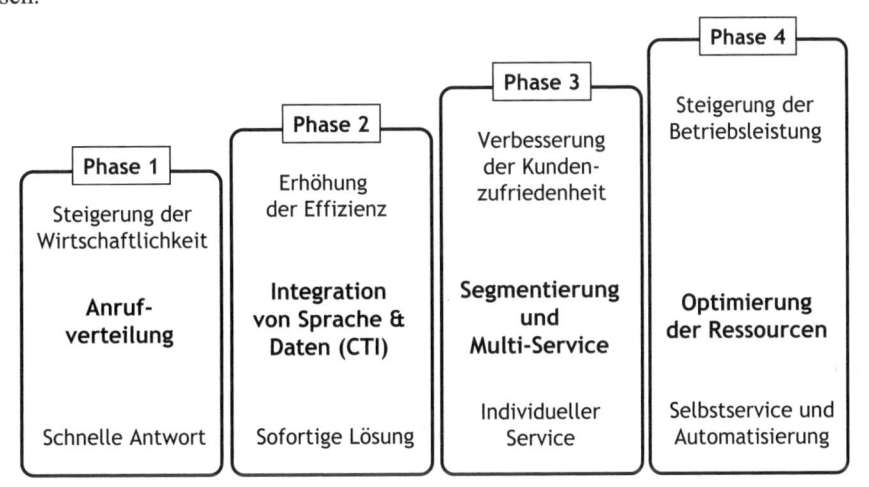

Phase 4 — Steigerung der Betriebsleistung — Optimierung der Ressourcen — Selbstservice und Automatisierung

Abbildung 8.1 Vier-Phasen-Modell für den Aufbau von Kundeninteraktionslösungen

Die vier Säulen bzw. Phasen beinhalten und bedeuten im Einzelnen:

- **Anrufverteilung:** Die Ausrichtung der ersten Phase besteht darin, den Kunden schnellstmöglich bedienen zu können – die Grundfunktion und das Grundanliegen jeglicher Kundeninteraktion. Um das erfüllen zu können, bedarf es einer effizienten und effektiven Verteilung der eingehenden Anrufe. Sie wird als „Inbound"-Funktion bezeichnet. Der Kunde muss schnellstens zu einem Mitarbeiter des Unternehmens durchgestellt werden, der den Kunden mit seinen Wünschen direkt zufriedenstellen kann.

  Indirekt gehört auch das gezielte Anrufen der Kunden durch eine bestimmte Anzahl von Anwendern (so genannten Telefonagenten) zur dieser Phase, da ja eine Aufteilung der zu tätigenden Anrufe auf die entsprechende Agenten erfolgt. Dieses gezielte Anrufen von Kunden und Interessenten bezeichnet man als „Outbound"-Aktionen. In der Praxis wird der Outbound-Betrieb funktional unterschiedlich realisiert. In den meisten Fällen arbeiten die Agenten mit Anruflisten. Diese generieren sich die Agenten entweder selber oder bekommen sie automatisiert zugestellt.

> **Achtung!**
> Gemäß der neuen rechtlichen Grundlagen und gesetzlichen Festlegungen müssen CallCenter im Outbound-Betrieb ihre eigene Rufnummer mitteilen. Das dient dem Schutz der angerufenen Kunden.
>
> **Empfehlung:** Sorgen Sie dafür, dass diese Festlegungen konsequent umgesetzt werden, und setzen Sie nur Technologien ein, die nachweislich eine derartige Funktionsweise unterstützen.

- **Integration von Sprache und Daten:** In der zweiten Phase geht es um eine direkte Bereitstellung von Informationen oder Beantwortung von Fragen, also die Schaffung von sofortigen Lösungen für die Kunden. Für diese Aufgabe muss der Agent in der Regel über einen direkten Zugang zu den Kunden- und Geschäftsdatenbeständen verfügen. Sicher kann man dem Agenten selber die Aufgabe des Heraussuchens der zum Anrufer passenden Daten überlassen. Doch effizienter und effektiver ist der Einsatz einer CTI-Kopplung zwischen der Kundeninteraktionslösung und den Kundendaten der Geschäftsanwendung, z.B. einem CRM-System (Customer Relationship Management). Über diesen Weg hat der Agent neben dem Telefonkontakt des Kunden am Telefon die entsprechenden Informationen über den Kunden aus der Kundendatenbank.

- **Segmentierung und Multi-Service:** Immer öfter nutzen Kunden elektronische und multimediale Kommunikation. Hier setzt die dritte Phase des Modells an. Dem Rechnung tragend, bedarf es multifunktionaler und multimedialer Kundeninteraktionsdienste. Das bedeutet z.B. die Integration von E-Mail, Blogs, IM (Instant Messaging), Twitter, Fax, Brief, SMS, Video usw. in die Verteilungsfunktionen der Lösung sowie das Zusammenführen von Web-, Video- und Sprachkommunikationsdiensten in einer Kundeninteraktionsplattform. Mit solchen Systemen ist der Agent sogar in der Lage, gemeinsam mit dem Kunden die Webseiten des Unternehmens zu durchlaufen – diese Funktionsweise wird „Co-Chatting" genannt.

- **Optimierung der Ressourcen:** Je mehr Interaktionen stattfinden und je mehr Dienste, Funktionen, Informationen, Lösungen und Produkte man den Interessenten und Kunden anbietet, desto mehr An-, Nach- und Rückfragen entstehen. Ein immens großer und wachsender Anteil dieser Fragen wiederum ist allgemeiner Art. In den meisten Fällen geht es um reine Auskünfte, bei denen keine zusätzlichen Aktivitäten eines Agenten benötigt werden. Im Prinzip lassen sich alle diese Fragen quasi standardmäßig, vielleicht sogar mittels automatisierter Funktionen beantworten. Das genau ist hier der Ansatz: automatisierte Selbstinformationsdienste. Durch den Einsatz solcher Funktionalitäten werden einerseits die Kundeninteraktionszentren deutlich entlastet, andererseits wird es so möglich, den Kunden zu Zeitpunkten und in Zeiträumen, in denen das Kundenzentrum gar nicht besetzt ist, Dienste und Informationen anzubieten.

8.3.3 ACD – Automatische Anrufverteilung

Unter allen diesen Phasen arbeitet das Herz eines CallCenters: die ACD (Automatic Call Distribution, automatische Anrufverteilung). Sie bildet die Basisfunktion für CallCenter-Applikationen und damit die Grundlage der modernen Kundeninteraktion. Wie der Name bereits ausdrückt, besteht das Ziel darin, ankommende Anrufe nach bestimmten Sortierungskriterien automatisch an definierte Teilnehmer (bei der ACD werden sie Agenten genannt) bzw. Agentengruppen zu verteilen. Dabei arbeiten die verschiedenen automatischen Anrufverteilungen nach unterschiedlichen Verfahren und Prinzipien. Das eine Verfahren ist die Vektorverteilung, das andere die Verteilungsmatrix. Beide Varianten sind in Abbildung 8.2 dargestellt.

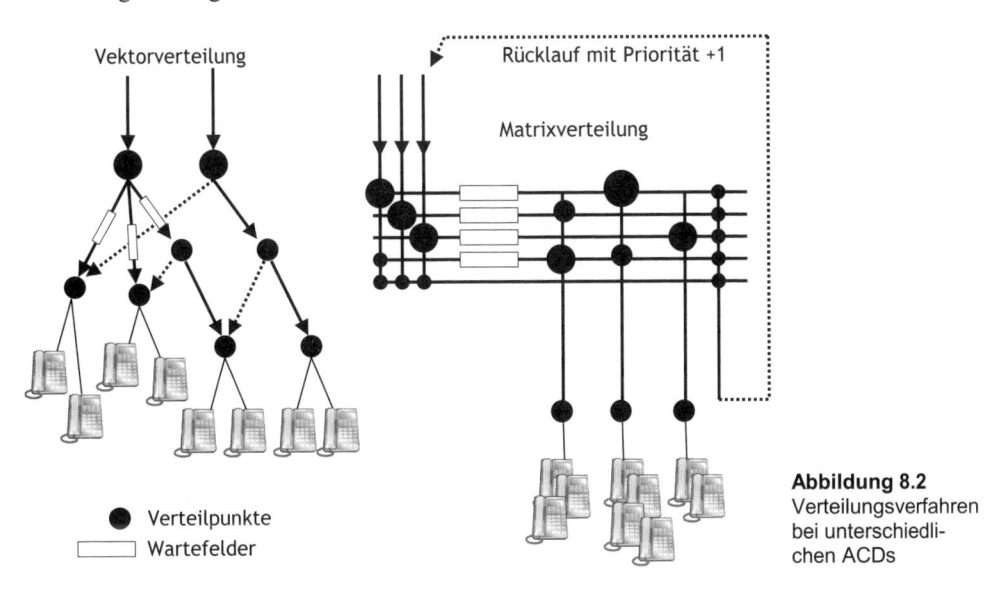

Abbildung 8.2 Verteilungsverfahren bei unterschiedlichen ACDs

8.3.3.1 ACD nach dem Vektorprinzip

Bei der Vektorverteilung erfolgt zuerst an jedem Verteilungspunkt eine Bewertung und danach die entsprechende Weiterverteilung. Überläufe und Prioritäten sind schwierig abzubilden. Je komplexer nun die Verteilungsfunktionen werden, desto schneller kommen die Vektorverteilungen an ihre Skalierbarkeitsgrenzen. Ein weiteres Problem ist die Positionierung der Wartefelder. Sollen sie nun in den Hauptverteilungen oder eher in den Unterverteilungen ihren Platz finden? Noch komplexer wird die Sache bei der Auswertung und Statistik. Im Prinzip muss für jeden Vektor und Verteilungspunkt eine Statistikbetrachtung erfolgen.

8.3.3.2 ACD nach dem Matrixprinzip

Ganz anders ist die Situation beim Matrixprinzip. Die Verteilungsmatrix verfügt über eine mehrdimensionale Skalierbarkeit und dennoch eine einfachere Struktur als das Vektorprinzip. Die Matrix hat, wie das rechte beispielhafte Schema in der Abbildung 8.2 verdeutlicht, drei Bereiche:

- Einen **Eingangsbereich**: Das sind die drei einlaufenden Kanäle links. Darüber laufen die ankommenden Anrufe in die Verteilung ein. Die Anzahl der Eingangskanäle kann nahezu beliebig skaliert werden. Allerdings gilt klar die Prämisse: „So viel wie nötig und so wenig wie möglich." Die ACD soll vor allem funktional sein und nicht mächtig. Nach welchen Kriterien die Verteilung erfolgen kann, wird in Abschnitt 8.3.3.3 besprochen.

- Der zweite Bereich sind die waagerecht gezeichneten **Verteilerebenen**. Hier befinden sich auch die *Wartefelder*. Das sind die symbolisch dargestellten Rechtecke auf den vier waagerechten Linien. Eine Verteilerlinie muss nicht zwingend ein Wartefeld enthalten, so wie auf der fünften Linie dargestellt. Die Verteilung der eingehenden Anrufe auf die Verteilerebenen erfolgt in den markierten *Verteilungspunkten*. Je nachdem, an welcher Verbindungsstelle zwischen einer Eingangslinie und einer Verteilungsebene der Verteilungspunkt gesetzt wird, erfolgt die entsprechende Anrufverteilung. Die unterschiedliche Größe der Verteilungspunkte symbolisiert deren Verteilungspriorität. So werden beispielsweise, wie in der Abbildung 8.2 dargestellt, die eingehenden Anrufe der linken Linie mit drei unterschiedlichen Prioritäten in die drei verschiedenen Verteilungsebenen weitergeleitet (zu erkennen an der Größe der Punkte: je größer der Punkt, desto höher die Verteilungspriorität). Es gibt einen Hauptverteilungspunkt in die erste waagerechte Linie. Die anderen beiden Verteilungspunkte dienen als Überlauf, falls die erste Verteilungsebene zu stark belegt und deren Wartefeld zu voll ist. Verbindungsstellen ohne Verteilungspunkt haben augenblicklich keine Verteilungsfunktion. In den Verteilungsebenen laufen die Anrufe auf die dort eingerichteten Wartefelder oder direkt weiter zum dritten Bereich.

- Der dritte Bereich sind die wiederum senkrecht dargestellten **Abnehmer** zu den Agentengruppen. Genau wie bei der ersten Verteilung erfolgt auch hier eine Weiterleitung nach Prioritäten in den eingerichteten Verteilungspunkten. Ebenso einfach wie bei den Verteilungsebenen lassen sich auch hier verschiedene Überlaufdefinitionen konfigurieren. Wie in Abbildung 8.2 dargestellt, arbeiten die beiden ersten Agentengruppen (von links gesehen) auf jeweils zwei Verteilungsebenen. Ganz rechts kann ein spezieller Abnehmer eingerichtet sein, der alle nicht abgenommenen Anrufe aus allen Verteilerebenen zurück auf die Verteilungsmatrix führt. Dabei kann er die Priorität des Anrufs z.B. um eine Wertigkeit erhöhen, damit dieser Anruf bei erneuter Einstellung in die Verteilungsmatrix automatisch bevorzugt behandelt wird. Er rückt z.B. im Wartefeld immer so weit wie möglich vor, an die Stelle mit der höchsten Priorität.

Der größte Vorteil der Matrixverteilung ist ihre enorme Flexibilität und Skalierbarkeit bei gleichzeitigem Erhalt einer sehr guten Transparenz und Funktionalität. Über die beiden vorgestellten Verfahren hinaus kommen in der Praxis noch viele andere Varianten von Anrufverteilungen vor, z.B. regelbasierte Verteilungen nach dem Prinzip eines Entscheidungsbaumes. Diese Verteilungen laufen in den meisten Fällen auf dezidierten ACD-Plattformen und sollen daher an dieser Stelle nicht detaillierter betrachtet werden.

8.3.3.3 Verteilungskriterien in der ACD

Egal, welches Prinzip der Verteilung zur Anwendung kommt – maßgeblich für die eigentliche Verteilung sind die Verteilungskriterien. Also gilt es, die Frage zu beantworten, nach welchen Kriterien eine Anrufverteilung vor sich gehen kann, sollte oder muss. Die Entscheidungen fallen am Eingang der ACD, und dazu können die folgenden Kriterien herangezogen werden:

- Die ankommende Rufnummer oder Teile von ihr. Der Gedanke dahinter bezieht sich meistens auf besondere Personen oder Personenkreise, sogenannte VIPs (Very Important Persons). Woran könnten diese in der Praxis erkannt werden?
    - Man lässt nach der übermittelten Landeskennung differenzieren. Vielleicht mit dem Hintergrund, den Anrufenden in seiner oder zumindest in einer ihm wahrscheinlich verständlichen Landessprache begrüßen und bedienen zu können.
    - Die Differenzierung erfolgt nach der Regionalkennziffer. Das ist ein häufig verwendetes Unterscheidungsmerkmal, insbesondere bei regional agierenden Unternehmen und Dienstleistern.
    - Auch die Unterscheidung nach der eigentlichen Teilnehmer- bzw. Unternehmensrufnummer findet häufig Anwendung. Hier geht es dann meistens um wirklich dezidierte VIPs.
    - Ein Szenario auf der Basis der ankommenden Rufnummern sind Vertretungs- und Überlaufschaltungen. Wenn eine ACD nicht in Betrieb oder z.B. eine Außenstelle nicht besetzt ist, kann festgelegt werden, dass dieser Ruf auf eine Überlauf-ACD weitergeleitet wird und diese Weiterleitung mittels einer dezidierten Rufnummer erfolgt. In der Zentrale würde man automatisch erkennen, dass der Anruf ein Überlauf einer ganz bestimmten Filiale ist.
- Ein noch öfter anzutreffendes Entscheidungskriterium ist die angerufene Rufnummer. Dahinter steckt eindeutig der Dienstleistungs- bzw. Servicegedanke. Bestimmte Rufnummern werden als dezidierte Dienstleistungs- bzw. Servicerufnummern publiziert. In der ACD ist jeder dieser Rufnummern ein eigener Entscheidungsweg zugeordnet.
- Hin und wieder sind Verteilungen nach Prioritäten bzw. Priorisierungsstufen anzutreffen. Das ist z.B. der Fall, wenn eine Verteilung unterschiedlicher Kommunikationsdienste stattfindet. Faxe werden beispielsweise später oder anders verteilt als Anrufe. In derselben Weise wird auch mit E-Mails verfahren, die man meistens in einer anderen Form verteilt als Anrufe.
- Nutzung einer benutzergesteuerten Entscheidungshilfe.
    - Das kann im einfachsten Fall eine reine ansagengestützte DTMF-Steuerung (Dual Tone Multiple Frequency) sein. Nach dem Motto: „Bitte drücken Sie die 1 für ..., die 2 für ..., die 783 für ..." Dieses Verfahren ist allerdings nicht gerade benutzerfreundlich, es ist unpersönlich und zu guter Letzt altbacken. Die 783 gibt es übrigens wirklich, nicht selten begegnet man dem totalen DTMF-Wahnsinn.

- Deutlich moderner und in der Regel viel benutzerfreundlicher sind die spracherkennenden Auswahlsysteme. Man nennt sie interaktive Sprachsteuerungen (IVR, Interactive Voice Response). Solche Systeme funktionieren nach dem Prinzip: „Wollen Sie mit .... verbunden werden? Bitte sagen Sie ... oder ... ." Das sind einfache IVR-Varianten mit Einzelworterkennungsfunktion. Mittlerweile lassen ganz moderne IVR-Systeme die Steuerung mittels ganzer Sätze bzw. Wortgruppen zu. Diese Systeme basieren auf kognitiven Spracherkennungen.

- Eine besondere Form der Zustellung ist die direkte Adressierung eines Agenten. Diese Variante führt entweder gänzlich an der ACD vorbei oder auf einem speziellen Steuerweg direkt zum Agenten. Das Ziel besteht häufig darin, einen erneuten oder einen speziellen Ruf wieder genau zu dem Agenten zu leiten, der entweder bereits vorher das Gespräch mit dem Anrufenden führte, oder zu einem Agenten, der eine bestimmte Funktion erfüllt. Das erstgenannte Prinzip wird häufig als „Last Called Agent" bezeichnet. Es dient vor allem einer größeren Servicezufriedenheit seitens der Anrufenden, da es sich mit hoher Wahrscheinlichkeit um eine Nachfrage zum eben besprochenen Thema handelt. Da ist der Anrufer natürlich am besten beim selben Agenten aufgehoben. Eines der Szenarien für den zweiten Aspekt ist die Authentisierung, wie sie beispielsweise in Banken üblich ist. Der Anrufer kommt bei einem Agenten an. Im Verlauf des Gespräches äußert er den Wunsch nach einer Transaktion, die einer Authentisierung bedarf. Dann leitet der Agent den Anrufer auf den Authentisierungsdienst weiter. Nach erfolgter Benutzerauthentisierung kommt der Anruf genau zu dem Agenten zurück, bei dem er vorher war.

Praxistipp:

Unternehmen bzw. Behörden, bei denen automatische Anrufverteilungen zum Einsatz kommen, sind natürlicherweise auf die Betriebsstabilität der Telekommunikation insgesamt einschließlich der ACD angewiesen. Wie bei den anderen sehr komplexen Funktionen ist es daher funktional sinnvoller und effektiver, wenn die ACD direkt auf dem VoIP-System anstatt einem externen CallCenter-Server, läuft. So kann eine ACD beispielsweise direkt in die Redundanzfunktionen und -konzepte des Kommunikationssystems einbezogen werden.

Empfehlung: Verwenden Sie ACD-Lösungen, die integraler Bestandteil der Kommunikationsplattform sind. Sie bieten zum einen eine sehr hohe Funktionalität, und zum anderen nutzen sie die hohe Verfügbarkeit des Gesamtsystems. Sollen dennoch externe CallCenter-Server zum Einsatz kommen, dann achten Sie darauf, dass diese über eine hochfunktionale Schnittstelle zur Kommunikationsplattform verfügen. Eine klassische Schnittstelle mit ISDN-, QSIG- oder CSTA-Basisfunktionen bietet diese Funktionalität nicht.

8.3.4 CallCenter auf der Basis von VoIP

Die Praxis zeigt, dass CallCenter sehr dynamisch sind. Sie wachsen sehr schnell. Die Anforderungen an das CallCenter und damit ihre Betriebsweise ändern sich häufig. Zudem sollen CallCenter flexibel sein. Zum einen möchte man die CallCenter, genau wie alle anderen Kommunikationsdienste, möglichst zentralisieren, zum anderen will und muss man so nah wie möglich am Kunden sein. Das bedeutet, dass ein modernes CallCenter beidem gerecht werden muss: auf der einen Seite der zentralen Steuerung, dem zentralen Betrieb und dem zentralen Verschalten mit Applikationen, auf der anderen Seite der Flexibilität, an jedem beliebigen Standort und zu jedem Zeitpunkt einen CallCenter-Arbeitsplatz (Agent) einrichten zu können.

Die Ansprüche an ein modernes CallCenter weisen eindeutig den Weg in Richtung IP-Kommunikation. Da „Calls" (Anrufe) in den meisten Fällen etwas mit Sprache zu tun haben, steht natürlich VoIP im Vordergrund. In Kombination mit anderen Kommunikationsdiensten ist die Orientierung auf Unified Communication vorgezeichnet.

Aus der Historie heraus entwickelten sich die CallCenter sehr dezentral. Jedes etwas größere Unternehmen und auch Behörden installierten und implementierten, vornehmlich an den Hauptstandorten, CallCenter-Funktionen. Doch schon bald kamen weitere Bedürfnisse auf. Plötzlich ging es um Überläufe bei Überlastsituationen, um gegenseitige Vertretbarkeiten usw. Das bedeutete: Man musste die CallCenter-Funktionen miteinander vernetzen. Doch wie sollen die benötigten Statusinformationen und aufwendigen Signalisierungsprozesse aus dem einen in den anderen CallCenter-Bereich kommen? An diesem Punkt erreichte die klassische Kommunikationstechnologie sehr schnell ihre Grenzen. Außerdem ging es ja nicht nur um die reine Sprachkommunikation. Man benötigte an den anderen Standorten auch die entsprechenden Applikationen und dazu passende Daten. Das bedeutete auf jeden Fall den Aufbau einer Datenvernetzung zwischen den Standorten. Wenn schon eine Datenverbindung benötigt wird, dann wohl gleich für Daten und Sprache – was zwangsläufig zu VoIP führt.

Die Vernetzung der VoIP-Systeme brachte einen deutlichen Effizienz- und Effektivitätsgewinn, da die Kunden nahezu standortunabhängig bedient werden konnten. Die Möglichkeiten dieser CallCenter wurden erweitert, das Geschäft boomte, ergo stiegen auch die Anforderungen. Insbesondere der Bedarf an zusätzlichen Schnittstellen zu anderen Applikationen und vor allem an Möglichkeiten der multimedialen Interaktion wurde immer deutlicher spürbar. Schon waren wieder Grenzen erreicht. So viele dezentrale VoIP-Systeme, Schnittstellen, Kommunikations- und Interaktionsprozesse zwischen den CallCenter-Funktionen und den Applikationen waren nicht mehr beherrschbar. Der einzige Ausweg bestand in der Zentralisierung aller CallCenter-Funktionen, natürlich gemeinsam mit allen Applikationen und den anderen Kommunikationsdiensten. Zentralisierung, Vereinigung und Homogenisierung, das klingt nach einem echten Unified Communication CallCenter auf der Basis standardisierter IP-Technologien.

> **Praxistipp:**
>
> Moderne CallCenter basieren auf einer zentralen VoIP-Plattformen und UC-Systemen. Von dort aus werden die komplexen CallCenter-Funktionen gesteuert und überwacht. Für den Aufbau und den effizienten und effektiven Betrieb eines solchen CallCenters muss man zwar den aktuellen Bedarf berücksichtigen, doch ist die Klärung der Frage: „Wo soll das CallCenter in zwei oder drei Jahren stehen?", viel wichtiger. Kaum eine Kommunikationsapplikation ist dermaßen durch Dynamik charakterisiert wie CallCenter.
>
> **Empfehlung:** Begegnen Sie dieser Dynamik proaktiv und antizipierend. Planen Sie vorausschauend, wie sich der Bedarf nach vereinheitlichten CallCentern, vor allem deren Zusammenspiel mit anderen Applikationen, entwickeln soll und wird. Sind die CallCenter einmal in Betrieb, ist es oftmals mit immensem Aufwand verbunden, die aufgebaute CallCenter-Architektur umzustellen.

8.3.5 Multimediale CallCenter

Das Kommunikationsverhalten der Menschen veränderte sich in den letzten Jahren deutlich. Natürlich stehen das Telefonieren und die Dienste der klassischen Telekommunikation immer noch sehr hoch im Kurs, doch gleichzeitig steigt der Bedarf an Integration moderner IP-Dienste wie E-Mail, IM, Chat usw. Vor allem die E-Mail und das WWW (World Wide Web) sind zu einem selbstverständlichen Kommunikationsmedium geworden. Diese Technologien machen auch vor den Toren des CallCenters nicht halt. Immer öfter und intensiver nehmen die Menschen über die oben beschriebenen Kommunikationsdienste Kontakt mit Unternehmen und Behörden auf. Daher müssen sich die modernen CallCenter diesem Trend stellen – und sie tun es. Auf diese Weise werden die klassischen CallCenter zu echten ContactCentern, denn die Form der Kontaktaufnahme bzw. Nach- oder Anfrage ist deutlich vielfältiger als durch einen reinen Anruf (Call). Insbesondere durch die zunehmende Verwendung und Einbindung des Internets ist häufig sogar von sogenannten „Cont@ctCentern" zu lesen und zu hören.

> **Praxistipp:**
>
> Will man sich im CallCenter-Umfeld behaupten, muss man attraktive und multimediale Interaktionsmöglichkeiten bieten, die in der Regel auf IP-Diensten basieren und über IP-Netze transportiert werden. Ergo muss ein modernes CallCenter auch voll in die IP-Welt integriert sein und mit VoIP, E-Mail, Web, IM, Chat und den anderen IP-Kommunikationsdiensten bzw. UC-Applikationen arbeiten können. Das stellt die Planer, Installateure und Betreiber multimedialer Kundeninteraktionszentren, kurz „KIZ" genannt, vor völlig neue Herausforderungen.
>
> **Empfehlung:** Wenn Sie eine solche moderne Call- oder ContactCenter-Architektur aufbauen wollen, informieren Sie sich sehr genau über die Interoperabilität und Integrationsmöglichkeiten der von Ihnen ins Auge gefassten Technologien, insbesondere im Hinblick auf deren Funktionalitäten bezüglich Unified Communication und Web.

8.3.6 Interne Interaktion

Wer da denkt, dass ein KIZ nur in eine Richtung kommuniziert, nämlich in die des Kunden, der irrt gewaltig. Ja, das Ziel eines KIZ besteht darin, das Bedürfnis oder besser das Anliegen des Kontaktaufnehmenden schnellstmöglich zu erfüllen. Das kann das Anliegen eines Bürgers in die Richtung des Amtes, ebenso aber auch der Kommunikationswunsch eines Verkaufsagenten in Richtung seiner Kunden sein. Wie auch immer – in vielen Fällen muss der Agent, z.B. zur endgültigen Klärung von Anfragen, auf interne Informationen, Ressourcen und Prozesse zurückgreifen. Ein klarer Fall für Unified Communication, die wir ja als „das effektive und effiziente Suchen, Finden und Erreichen von Menschen, Informationen und Prozessen" definiert haben. Diese Menschen, Informationen und Prozesse werden zusammenfassend häufig als „Back Office" bezeichnet.

Daher braucht der Agent den Zugang zu entsprechenden Datenbanken und Applikationen *und* die Möglichkeit der kommunikativen Interaktion mit anderen Mitarbeitern. Applikationen und Datenbanken sind (nahezu) immer erreichbar, doch wie ist das mit den internen Mitarbeiterinnen und Mitarbeitern? Vor allem die internen Spezialressourcen sind (oder machen sich) oftmals rar. Eine sehr elegante und wirksame Lösung für dieses Problem ist die Kombination des KIZ mit einem Präsenzinformationssystem, wie in Kapitel 5 beschrieben. Diese Funktion wird oftmals als „CC-Teamer" (CallCenter-Teamfunktion) bezeichnet. Im Grunde ist dieses Präsenzinformationssystem nicht mehr und nicht weniger als eine Erreichbarkeitsunterstützung. Einige Hersteller betten sie direkt in den Bildschirm und die Applikation des Agenten ein, andere wiederum setzen dafür eine extra Applikation ein. Letzteres ist in der Handhabung etwas umständlicher, doch meistens einfacher zu implementieren. Sehr gute Systeme gehen über die einfache Anzeige der Erreichbarkeit hinaus. Sie bieten dem Agenten sogar die Möglichkeit, mit dem Back Office zu interagieren. Es lassen sich z.B. parallel zum bestehenden Gespräch mit dem Kunden IM (Instant Messages) mit dem Back Office austauschen. Ebenso kann der Agent gemeinsame Konferenzen initiieren, d.h. das Back Office mit in das bestehende Gespräch zum Kunden hinein nehmen. Ist der Kunde über eine Datenverbindung, z.B. eine Internetsitzung via Co-Chatting oder Co-Browsing, mit dem ContactCenter-Agent verbunden, dann kann dieser sogar gemeinsame Web-Kollaborationssitzungen eröffnen. Auf diese Weise arbeitet der Call- bzw. ContactCenter-Agent gleichzeitig sehr effizient und effektiv mit den anderen internen Ressourcen zusammen. Das ist die wohl markanteste praktische Anwendung für die Integration von CallCenter und Unified Communication.

> **Praxistipp:**
> Jedes moderne KIZ sollte ein gut funktionierendes und einfach zu bedienendes Präsenzinformationssystem einsetzen. Erst durch extern und intern wirkende, leistungsfähige Kommunikations- und Interaktionsmöglichkeiten wird ein KIZ effizient und effektiv. Dieser Aspekt bringt wieder neue Herausforderungen mit sich, denn die Vielfalt der zu vernetzenden Applikationen und Prozesse potenziert sich. Doch nur wer in der Lage ist, mit seinem KIZ diese Performancewerte zu erreichen, hat in der modernen multimedialen Kommunikationswelt eine Überlebenschance.

> **Empfehlung:** Steigern Sie die Effizienz und Effektivität Ihres CallCenters durch leistungsstarke und hochfunktionale interne Interaktionslösungen.

8.3.7 Vom KIZ zur intelligenten Geschäftsprozessflusssteuerung

In der Regel werden die Ergebnisse eines CallCenters oder KIZ zur Weiterbearbeitung in interne Prozesse übergeleitet, z.B. in die Auftragsabwicklung, zu einer Supportabteilung usw. Da kann das KIZ noch so effektiv und schnell arbeiten, wenn die Kundenanfragen nach der Übergabe in Prozesse irgendwo und irgendwie weiterbehandelt werden, dann kann es zu Verzögerungen und Störungen des Geschäftsprozessflusses kommen. Es gibt dabei häufig keine Kontrolle und Transparenz darüber, welche Wege die Kundenanfragen nehmen, wie lange sie wo für eine Bearbeitung liegen, ob sie vielleicht an irgendeiner Stelle stecken bleiben oder im ungünstigsten Fall sogar verloren gehen.

Für die Messung der Effizienz und Effektivität des KIZ selbst stehen in der Praxis sehr viele Statistiken und Auswertungswerkzeuge zur Verfügung. Alles ist belegbar: Durchlaufzeiten, Bearbeitungszeiten, Verlauf der Anfrage durch das KIZ usw. Doch was passiert dann? Wie lange braucht der Vorgang bis zur völligen Erledigung? Welche Verweildauer hat der Vorgang an den einzelnen internen Stationen? Kurz: Wie effizient und effektiv werden die Vorgänge durch die Geschäftsprozesse geleitet? Eine Antwort darauf gibt das sogenannte Business Process Routing (BPR) oder auch die Intelligent Workload Distribution (IWD). Hinter beiden Bezeichnungen steht dasselbe Konzept: ein intelligentes Verteilen und Weiterleiten von Aufgaben durch Geschäftsprozesse.

Das Prinzip ist so einfach wie genial. Man verwendet dieselben Grundprinzipien, wie sie für das Verteilen und Weiterleiten von Interaktionen zum Einsatz kommen, für die Geschäftsprozesse. Das Weiterleiten („Routing") der Vorgänge durch die Geschäftsprozesse erfolgt mit ähnlichen Funktionen, Mechanismen und Kriterien wie das der ankommenden Kontaktaufnahmen. Die Weiterleitung der Vorgänge durch die Geschäftsprozesse wird genau beschrieben. Jede Station und jeder „Wegabschnitt" ist durch eindeutige Kriterien wie beispielsweise Aufgabeninhalt, erwartete bzw. vorgegebene Bearbeitungszeit, Statuswechsel, Durchlaufvorgaben (Wege durch den Prozess) und vor allem Priorität des Vorganges klar definiert.

> **Beispiel:**
> Ein Unternehmen hat sehr viele Kunden und erzeugt für jeden Kunden individuell eine turnusmäßige Abrechnung. Diese Abrechnungen erfolgen immer an gewissen Tagen und werden auf verschiedene Weise versendet: per E-Mail, Briefpost usw. Nun zieht ein Kunde um (örtlich oder im Internet), hat also eine neue Postanschrift oder er bekommt eine neue E-Mail-Adresse. Er ruft deswegen im ContactCenter des Unternehmens an und sendet zusätzlich eine E-Mail (zur Sicherheit – denn Menschen sind so). Der Agent nimmt die neuen Daten auf und gibt sie in die Kundenbetreuung zur Aktualisierung weiter. Das ist ein normaler Vorgang, solange diese Aktion nicht kurz vor dem Abrechnungslauf stattfindet. Das System kennt also die Anforderungen des Geschäftsprozesses. Der braucht auf jeden Fall die korrekte Anschrift.

Also erhält dieser Vorgang bei der Übergabe in den Aktualisierungsprozess eine höhere Priorität. Der Auftrag wird auf den im Prozess vorgegebenen Weg gegeben – immer weiter von Station zu Station. Doch was nützt die höhere Priorität, wenn eine der Bearbeitungsinstanzen nicht verfügbar ist, z.B. besetzt, abwesend oder technisch nicht erreichbar? Dann greifen zusätzliche Funktionen. Ähnlich wie bei der Erreichbarkeit des Back Office werden hier Erreichbarkeiten von Bearbeitungsinstanzen überwacht. Durch diese Funktion wird der Vorgang entsprechend umgeleitet, auf eine Bearbeitungsinstanz, die zum einen verfügbar (präsent) ist und zum anderen von ihren Voraussetzungen (Skills) her diesen Vorgang auch wirklich bearbeiten kann. Das ist ein wirklich intelligentes Verteilen und Weiterleiten von Vorgängen durch Geschäftsprozesse.

Dadurch wird es möglich, auch die Prozesse nach dem CallCenter bzw. dem KIZ transparent zu steuern, deren Performance zu messen und nachzuweisen sowie ihre Leistungsfähigkeit den sich ändernden Bedingungen effizient und effektiv anzupassen. Man kann dafür dieselben Statistiken verwenden, wie man sie für das KIZ benutzt. Hier schließt sich der Kreis von CallCenter über das ContactCenter zum intelligenten „ProcessCenter".

> **Praxistipp:**
> An den sich ständig ändernden Rahmenbedingungen des Marktes und wachsenden Anforderungen der Kunden bezüglich ihrer Kommunikations- und Interaktionsfähigkeiten wird sich nichts ändern lassen, wohl aber an der Art und Weise, dem zu begegnen. Wenn man sich schon mit der Entgegennahme, Vermittlung und Weiterleitung von multimedialen Kontaktanfragen beschäftigt, dann doch gleich mit dem des gesamten Prozesses.
>
> **Empfehlung:** Nutzen Sie die Chancen und vor allem die Funktionalitäten moderner ContactCenter als Einstieg ins intelligente Vorgangsrouting durch Ihre Geschäftsprozesse.

8.3.8 Der direkte Weg zum Kunden

Eigentlich sind doch nun alle Varianten der Kundeninteraktion betrachtet, oder? Da sind zum einen die hochleistungsfähigen multimedialen Kontaktanfrageverteilungen und zum anderen das intelligente Verteilen und Weiterleiten von Aufgaben durch Geschäftsprozesse. Was gäbe es noch? Die Antwort lautet: intelligente Funktionen zur gezielten Verteilung von Informationen an die Kunden, also einen so genannten AMDS (Automatic Message Delivery Service, automatischer Mitteilungsdistributionsservice). Wie beschrieben sind Unternehmen und Organisationen immer mehr gefordert, aktiv Kundenfragen zu generieren, anstatt darauf zu warten. Denn: „Wer nicht wirbt, der stirbt." Echter Kundenservice bedeutet auch, die Kunden aktiv zu informieren.

Typische Praxisbeispiele:

Eine Bank hat viele VIP-Kunden mit ganz speziellen Anforderungen bezüglich ihrer Finanzaktivitäten. Wenn die Bank nun eine interessante Offerte an diese Kunden herantragen möchte, dann muss sie sie effektiv und effizient informieren. Eine Lösung dafür war das bereits erklärte Outbound-CallCenter. Das bedeutet, die Agenten müssen Kunde für Kunde einzeln anrufen – eine vor allem im schnellen und hoch dynamischen Finanzwesen kaum tragfähige Variante. Die Bank bietet den VIP-Kunden die Möglichkeit, sich an einem AMDS zu registrieren und dort zu hinterlegen, über welche Medien sie im Falle interessanter Offerten erreicht und informiert werden wollen. Sie hinterlegen Festnetz- und Handynummern (auch für SMS), E-Mail-, Twitter- und andere Adressen für Benachrichtigungen. Die Bank ordnet und gruppiert die Kunden nach bestimmten Kriterien für den automatischen Informationsversand. Ähnlich einer Kampagne wird die Offerte auf den AMDS geladen, die entsprechende Kundengruppe selektiert und der automatische Versand aktiviert. Die Kunden bekommen auf allen von ihnen angegebenen Medien die entsprechenden Informationen. Der Clou daran ist, dass der Kunde je nach Medium eine sofortige und gezielte Rückinteraktion – also eine Kundenanfrage – einleiten kann.

Ein zweites Beispiel aus dem öffentlichen Umfeld:

Unsere Kinder gehen in Schulen. Doch was passiert, wenn eine Schule aus irgendeinem Grund plötzlich ganz oder teilweise gesperrt wird, z.B. wegen eines Heizungsausfalls im Winter. Dann heißt es: „Schnell alle Eltern informieren. Kinder zu Hause lassen oder wieder abholen." In der Regel sind die Eltern so und so bei den zuständigen Schulverwaltungen registriert. Wenn die Eltern es möchten, dann hinterlegen sie ebenfalls ihre Erreichbarkeitsinformationen, ähnlich wie im ersten Beispiel aufgezeigt. Über die Zuordnung zur Schule ist die Verwaltung in der Lage, die Eltern sehr schnell, effektiv und effizient zu informieren – das ist echte Bürgernähe.

Ziel und Aufgabe des AMDS besteht darin, möglichst viele Personen unabhängig von ihrer telefonischen Erreichbarkeit über eine beliebige Kommunikationstechnologie zu erreichen. Das System besteht im Wesentlichen aus dem AMDS-Server selber. Er verfügt über entsprechende Anschlüsse an die verschiedensten Systeme der UC-Architektur wie die IP-Vermittlungseinrichtung und die anderen IP-Kommunikationsapplikationen (E-Mail, IM, Twitter usw.). In der Regel erfolgt der Anschluss über einen SIP-Trunk. Das IP-Kommunikationssystem stellt die Verbindungen in die unterschiedlichsten Kommunikationsnetze sicher. Das Prinzip das AMDS ist so einfach wie genial:

- Auf dem AMDS-Server läuft eine Datenbank. In diese Datenbank werden alle Personen mit ihren Erreichbarkeitseigenschaften eingetragen, die im Falle der Benachrichtigung eine Mitteilung bekommen sollen.
- Außerdem lassen sich spezielle Benachrichtigungsgruppen und -profile definieren.
- Der nächste Schritt ist die Konfiguration der Benachrichtigungen an sich. Das können aktive Durchsagen, bereits aufgenommene Mitteilungen, Textnachrichten usw. sein.
- Der automatische Mitteilungsversand kann auf verschiedene Art und Weise ausgelöst bzw. initiiert werden:
  - automatisch, durch das Auslösen eines Vorganges
  - durch manuelles Auslösen
  - automatisch mittels einer Zeitsteuerung

- Das AMDS ist sogar in der Lage, automatische Konferenzschaltungen herzustellen. Denn wenn ein Benachrichtigungsfall vorliegt, besteht häufig auch der Wunsch, parallel zum Benachrichtigungsprozess, z.B. zwischen verschiedenen Personen, eine Telefonkonferenz aufzubauen oder diese sogar über eine Videokonferenz zu verschalten.

Eine Quittierung ist im AMDS nicht vorgesehen. Dafür arbeitet das AMDS dermaßen effizient und effektiv, dass in kürzester Zeit sehr viele Personen eine Benachrichtigung bekommen. Nach dem Auslösen eines Mitteilungsversandes versucht das AMDS, die Personen auf allen hinterlegten Erreichbarkeitswegen zu benachrichtigen.

> **Praxistipp:**
>
> Die praktischen Einsatzmöglichkeiten für AMDS sind ausgesprochen vielfältig, die Beispiele haben es gezeigt. Einige dieser Systeme sind so offen, dass sie in nahezu jeder UC-Umgebung eingesetzt werden können, denn sie verwenden SIP als Steuerungs- und Signalisierungsverbindung (SIP-Trunk) in die IP-Welt und sind als Web-Applikationen sehr effektiv und bedienerfreundlich.
>
> **Empfehlung:** Wenn Sie den Bedarf haben, viele Kunden oder Interessenten auf effektive und effiziente Weise zu informieren, dann sollten Sie über ein AMDS nachdenken.

8.3.9 Schneller zum richtigen Kontakt

Nun sind doch wirklich alle Möglichkeiten der Kundeninteraktion ausgeschöpft – oder? Wie steht es mit VIP-Kunden, die am liebsten immer direkt mit denselben Personen des Unternehmens kommunizieren wollen oder sogar müssen? Helfen an dieser Stelle Vermittlungsplätze, Call- oder ContactCenter wirklich weiter? Nein. Diese VIP-Kunden wollen und erwarten einen direkten „Draht". Was nun?

Die Lösung und Antwort dafür heißt „Business Contact Routing" (BCR). Das klingt wie CallCenter oder BPR, ist es aber nicht. Beim BCR geht es darum, die Kontaktanfrage direkt zu einer der zuständigen *und erreichbaren* Personen zu vermitteln. BPR wird mit Hilfe einer Vielzahl von UC- und Geschäftsapplikationen und -Diensten umgesetzt:

- Das Kommunikationssystem, über das die Kundenanfrage herein kommt, z.B. die Telefonanlage.
- Sie gibt den Ruf weiter an das BCR-System, eine echte UC-Applikation, denn sie vereinigt und steuert alle nachfolgenden Kommunikationsprozesse.
- Zuerst stellt das BCR eine Anfrage an die Kundendatenbank, z.B. ein CRM-System:
  - Die eingehende Kontaktanfrage wird erkannt, z.B. anhand der Rufnummer. Ein deutlicher Vorteil wäre natürlich eine Anfrage mittels Name, z.B. via E-Mail, das ließe eine einfachere und sichere Erkennung zu.
  - Ist der Kunde als VIP-Kunde bekannt, wird nach den hinterlegten zuständigen Personen gesucht.

- Die Angaben zu diesen Personen wie Name, Rufnummern und andere Adressierungsmöglichkeiten werden an das BCR übermittelt.
- Mit diesen Angaben der Personen fragt das BCR bei den verschiedenen UC-Systemen deren Erreichbarkeiten an, z.B. in Kalendarien die persönliche Erreichbarkeit, bei den Telekommunikationen die telefonische Erreichbarkeit usw.
- Je nach Erreichbarkeitsstatus baut das BCR über verschiedene Medien verschiedene Verbindungen zu den zuständigen Personen auf.
- Wird eine der Personen auf einer zur Kontaktanfrage kompatiblen Verbindungsmöglichkeit erreicht, dann verschaltet das BCR den Kunden direkt mit der Person.

Doch was passiert, wenn keine der zuständigen Personen erreichbar ist? Wie lange dauert der oben dargestellte Prozess? Ist das für den Kunden akzeptabel?

Die letzten beiden Fragen sind natürlich essenziell. Wenn dieser Prozess des Suchens, Finden und Erreichens so viel Zeit beansprucht, dass der Kunde entnervt den Kontakt abbricht, dann wurde genau das Gegenteil von dem erzielt, was das eigentliche Anliegen von BCR ist. Also muss oder sollte man:

- etwas implementieren, was dem Kunden seine Wartezeit „verkürzt", also ihm Informationen einspielen usw.
- eine maximale Prozesszeit definieren. Nach deren Ablauf muss der Kunde ein Ergebnis bekommen haben oder bekommen, ggf. die Schritte im nächsten Punkt.
- bei Nichterreichen zuständiger Personen
    - dem Kunden die Information zukommen lassen, welche Personen über seine Kontaktanfrage benachrichtig wurden, ggf. sogar in Verbindung mit einer Information, über welches Medium sie informiert wurden.
    - den Kunden in ein Call- oder ContactCenter weiterleiten.
- Die benachrichtigten Personen erhalten die Information, dass die Kundenanfrage erfolgt ist und niemand erreicht wurde, d.h. einer von ihnen sollte sich umgehend mit dem Kunden in Verbindung setzen. Dazu bekommt er von BCR automatisch alle Kundenkontaktmöglichkeiten zugesendet.

Es sollte also sprichwörtlich „mit dem Teufel zugehen", wenn der Kunde keinen direkten Kontakt zu dem für ihn zuständigen Personenkreis bekommt.

> **Praxistipp:**
> Das klingt komplex und kompliziert, ist es auch. Diese BCR-Systeme sind enorm leistungsstark, zuverlässig und echte UC-Kundeninteraktionslösungen. Die Implementierung solcher Lösungen erfordert breites Wissen über Kommunikationstechnologien, Kundendatenbanken und PIM-Systeme.
>
> **Empfehlung:** Der Einsatz solcher komplexen BCR-Systeme sollte sehr genau geprüft werden, denn der Aufwand dafür ist groß – der Dank der Kunden jedoch noch größer. Auf jeden Fall lohnt eine Betrachtung der BCR-Lösungen.

8.4 Praxisbeispiel

Zum Schluss noch ein Beispiel aus der Praxis, wie es sehr oft anzutreffen ist. Die Märkte werden für alle Unternehmen anstrengender, schneller und härter. Dieses konkrete Beispiel aus der Praxis verdeutlicht, wie sehr Kundennähe, -betreuung, -service und Unified Communication zusammenhängen. Das Beispiel beschreibt die Situation, Problematik und den Lösungsansatz eines sehr großen Handelsunternehmens mit über 130 Filialen alleine in Deutschland.

- **Die Situation:**
    - Die Mitarbeiter sind mit mobilen Endgeräten (DECT) ausgestattet. Weiterhin betreuen die Mitarbeiter die entsprechenden Informationsstände in ihren jeweiligen Abteilungen. Sehr viele Kunden kommen direkt in die Fachabteilungen der Filialen, und ebenso rufen dort sehr viele Kunden direkt an. Beides erfordert von den Mitarbeitern hohen Einsatz, um alle Kundenanfragen schnell, qualifiziert und zufriedenstellend zu bedienen.
    - Jede Filiale besitzt eine eigene Telefonanlage und einen zentralen Infostand, der auch für die Telefonie als Zentrale agiert. Dieser soll jedoch gleichzeitig die Kunden der Filialinformation bedienen – ebenfalls eine schwierige Situation für die Mitarbeiter dort.
    - Ruft ein Kunde in der Filiale an, dann gelangt der Ruf entweder zum Infostand der jeweiligen Abteilung oder der Filialinfo. In beiden Fällen kann es etwas dauern, denn meist haben die Mitarbeiter bereits einen Direktkunden in der Bedienung. Häufig muss der fachlich passende Mitarbeiter erst noch gesucht und ans Telefon geholt werden. In vielen Fällen durchläuft ein Anrufer mehrere Stationen. Fazit: Ein Anrufer beschäftigt mindestens zwei, in den meisten Fällen eher vier bis fünf Mitarbeiter in der Filiale, und es dauert für den Anrufer oftmals unerträglich lange, bis er einen fachlich zuständigen und kompetenten Mitarbeiter am Telefon hat.
    - Die Zentrale hat ein kleines CallCenter, allerdings ohne jede An- und Einbindung in die Filialen. Sie hat vor allem keine Sichtbarkeit, welcher Mitarbeiter in einer bestimmten Filiale gerade frei ist, um einen Kunden gezielt dorthin verbinden zu können. In diesen Fällen geht es dem CallCenter-Agenten wie eben beschrieben wie einem anrufenden Kunden: Er muss den „zuständigen" Mitarbeiter finden … und das kann dauern.
    - Eine erste Analyse zeigt: Monatlich erreichen ca. 300.000 Telefonate die Filialen, das sind bei ca. 130 Filialen und angenommenen 25 Öffnungstagen etwa 100 Anrufe pro Tag. Im Durchschnitt dauert ein Gespräch 3 Minuten, das bedeutet hochgerechnet ca. 300 Minuten, also 5 *Stunden* (!) Telefonie pro Tag und pro Filiale.

Kurzum, eine völlig unzufriedenstellende Lage für alle Beteiligten, die Mitarbeiter in den Filialen, die CallCenter-Agenten und natürlich die Geschäftsführung, denn sie sehen die Ergebnisse und den wachsenden Wettbewerbsdruck.

- **Die Zielsetzung:** Das Unternehmen will die Kundenzufriedenheit steigern, d.h. die Kunden sollen sich wohler fühlen, wenn sie im Laden sind, und ebenso, wenn sie sich per Telefon, Fax, Web, E-Mail oder über andere Kommunikationsmedien bei einer der Filialen melden. Sie sollen vor allem schneller und fachlich noch besser bedient werden. Die Mitarbeiter sollen sowohl im Laden selber als auch am Telefon mehr Zeit haben für die Kundenbetreuung.
- **Die Problemlage:** Die vielen direkten Anrufe in Filialen stören dort sowohl den direkten Kundenbetrieb und nehmen zudem wertvolle Zeit in Anspruch, in der die Mitarbeiter dort besser auf die Wünsche der Direktkunden eingehen könnten.
- **Die Auswirkungen:** Die Kunden fühlen sich nicht hinreichend gut und zeitnah beraten und betreut. Das führt zu Beschwerden und im schlimmsten Fall Kundenabwanderungen.
- **Der Lösungsweg:** Diese Situation und Problemlage führte dazu, dass das Unternehmen folgende Entschlüsse fasste:
  - Ein zentrales CallCenter wird eingerichtet.
  - Die Filialen werden von dieser direkten Telefonie entlastet und alle Telefonate auf das zentrale CallCenter (telefonisches Kundendienstzentrum) geleitet.
  - Die Agenten bekommen eine UC-Applikation, die ihnen entsprechende Erreichbarkeitsinformationen von den Mitarbeitern in der Filiale bereitstellt – also eine firmenweite Back-Office-Lösung. So haben sie direkten Zugriff auf erreichbare Spezialisten in der jeweiligen Filiale.
  - Die Geschäftsführung bekommt eine zentrale Statistik und Transparenz über die Effektivität und Effizienz der Kundeninteraktionstechnologien
  - Die Kunden sind zufriedener, werden schneller und direkter bedient.

8.5 Essenz

Kundeninteraktion ist eines der spannendsten Themen rund um Unified Communication, denn die Zuverlässigkeit, Effektivität und Effizienz im Suchen, Finden und Erreichen von Menschen, Informationen und Prozessen wird nirgendwo deutlicher als hier. Egal ob das Unternehmen mit einfachen Vermittlungsfunktionen beginnt, Call- oder ContactCenter zum Einsatz bringt, automatische Mitteilungsverteilungssystem oder sogar geschäftsprozessorientierte und -gesteuerte UC-Technologien zur Kundeninteraktion implementiert – die Kunden werden es spüren, und wenn man es richtig macht, auch dankbar sein.

Diese Technologien zur Kundeninteraktion setzen sich aus vielen Komponenten, Systemen und Applikationen zusammen. Sie wirken sehr individuell, bedürfen konsistenter Datenbestände, und vor allem setzen sie ein breites Wissen bei den Planern, Installateuren und Betreibern voraus. Sie sind aufwendig, doch der Aufwand dafür lohnt sich. Und das auf jeden Fall noch schneller als bei jeder anderen Unified Communication-Lösung.

9 UC – aber mit Sicherheit

9.1 Verständnis für Sicherheit

Sicherheit ist im Zusammenhang mit dem Thema Unified Communication eines der am häufigsten diskutierten Themen. Es existieren darüber viele verschiedene Meinungen, die hinreichend Anlass zu oft zwiespältigen Diskussionen geben. Ziel dieses Buches ist es, mit einigen dieser Meinungen und Positionen gegenüber allem, was mit Sicherheit zu tun hat, ein wenig aufzuräumen, auch wenn der Titel des Kapitels selbst eine gewisse Doppeldeutigkeit aufweist.

„Unified Communication – aber mit Sicherheit". Natürlich zeigt der Trend der modernen IKT mit Sicherheit in diese Richtung. Selbstverständlich erwarten die Anwender, dass sie Unified Communication mit Sicherheit benutzen können. Zweifelsohne haben die Betreiber und Administratoren einer UC-Architektur mit Sicherheit ein sehr hohes Interesse am zuverlässigen und gesicherten Betrieb der UC-Umgebung. Und mit Sicherheit ist es gut und sinnvoll, sich die Breite des gesamten Themas vor Augen zu führen.

In diesem Kapitel sollen auf wichtige, praxisrelevante Aspekte rund um das Thema Sicherheit aufmerksam gemacht und praktische Hinweise gegeben werden, wie man im UC-Umfeld mit Sicherheitsthemen umgehen sollte und teilweise sogar muss.

Um sich dem Thema „Sicherheit" in strukturierter Weise zu nähern, sollen zu Beginn dieses Kapitels einige grundlegende Begriffe beschrieben und besprochen werden.

- Allein der Begriff *Sicherheit* löst viele Überlegungen aus. Hat Sicherheit etwas Positives oder etwas Negatives an sich? Bedeutet Unsicherheit dasselbe wie Gefahr und ist somit Sicherheit gleichzusetzen mit gefahrlos?
- Auch der Begriff *Gefahr* ist bei den meisten Menschen nicht klar besetzt. Was ist Gefahr? Sind Gefahren immer da? Kann man Gefahren beeinflussen? Birgt jede Gefahr auch immer ein Risiko?
- Woher kommt der Begriff *Risiko*? Wie lässt sich Risiko bewerten? Geht man immer ein Risiko ein oder bedeutet nichts zu tun auch keine Gefahr, somit kein Risiko?

- Was ist der Unterschied zwischen einem Risiko und einer *Bedrohung*? Oftmals wird auch von einer „Bedrohungslage" gesprochen. Bedrohungen beziehen sich immer auf die Gefahren. Konkreter gesagt beschreiben sie die Situationen, welche die Gefahren mit sich bringen. Eine Gefahr wird dann bedrohlich, wenn sie einen Weg findet, wirksam zu werden. Das Vorhandensein dieser Wege wird als „Schwachstelle" bezeichnet.

Zu der Zeit, als die einzelnen Kommunikationstechnologien und -applikationen noch autark existierten und wirkten, machten sich die wenigsten Anwender ernsthaft Gedanken um das Thema Sicherheit. Diese Systeme waren sehr monolithisch und proprietär, daher kaum von Angriffen betroffen. Je mehr allerdings die Standardisierung fortschritt und je offener die Komponenten, Funktionen, Protokolle und Dienste wurden, umso mehr rückte das Thema Sicherheit in den Fokus der Anwender und Betreiber moderner IKT-Umgebungen. Bereits der Einzug von VoIP brachte einige bis dahin völlig neue Sicherheitsaspekte, denn die wichtigste Kommunikationsform der Menschen, die Sprache, fand nun im allseits benutzten IP-Netz statt. Mit Unified Communication wird die nächste Ära der Sicherheitsaspekte und -konzeptionen eingeleitet: die vereinigte Sicherheit für vereinigte Kommunikation.

Fakt ist, dass mit Unified Communication etwas ganz Besonderes stattfindet, und das ist wohl der markanteste Punkt, vor allem für das Thema „Sicherheit". Es verbindet oder besser vereinigt in bisher noch nie da gewesener Form die klassischen Kommunikationstechnologien mit IP – die IP-Transformation – und diese wiederum mit Applikationen. Die Nutzer und Anwender erleben ein rasantes Zusammenwachsen vieler Technologiebereiche – die Konvergenz der Netze, Dienste, Anwendungen, Endgeräte und nicht zuletzt der Nutzeranforderungen selbst. Diese Transformation und die umfängliche Konvergenz in der modernen Kommunikationstechnologie wirft eine breit gefächerte Palette von Fragen bezüglich der Sicherheit auf:

- Was ist Sicherheit?
- Welche Rolle spielen die Begriffe Gefahr, Risiko und Bedrohung?
- Welche Sicherheit erwartet und braucht ein Anwender?
- Was muss und sollte sicher sein bzw. gesichert werden?
- Welche Sicherheitsaspekte sind insbesondere in UC-Architekturen zu betrachten?

Die folgenden Abschnitte gehen detailliert auf diese Fragen ein und liefern ausführliche Antworten.

9.2 Sicherheit

Stellen wir uns gleich der ersten Frage: Was ist Sicherheit? Wenn man sich intensiv mit dem Thema Sicherheit auseinandersetzen will, ist eine Begriffsbestimmung bzw. eine Einigung auf die Verwendung bestimmter Termini hilfreich. So entsteht zumindest eine gemeinsame Sichtweise und Basis für die intensive Betrachtung der Thematik. Zum Thema Sicherheit lassen sich drei Aussagen treffen:

- Sicherheit ist ein Gefühl.
- Sicherheit ist eine Philosophie – die Technik nur das Mittel.
- Sicherheit kennt drei Hauptausrichtungen: Vertraulichkeit, Integrität und Verfügbarkeit.

9.2.1 Das Gefühl von Sicherheit

Hier handelt es sich um eine rein subjektive Betrachtung. Man fühlt sich entweder sicher oder eben unsicher. Diese Gefühle drücken die Menschen in einer Vielzahl von Redewendungen aus, z.B. „Ich bin mir sicher, dass ... " Wie könnte dieser Satz weitergehen? Wie wäre es mit „ ... es so funktioniert, wie wir geplant haben" oder was ist mit „ ... wir so unser blaues Wunder erleben". Dieser einfache Satz macht deutlich, dass Sicherheit ein positives, aber eben auch ein negatives Gefühl darstellen kann.

Die meisten Menschen fühlen sich insbesondere dann unsicher, wenn sie sich etwas Unbekanntem oder Neuem nähern. Das liegt daran, dass sie die möglicherweise in diesem Neuen verborgenen Gefahren weder erkennen noch bewerten können. Im Gegensatz dazu suggerieren bekannte Dinge ein Gefühl von Sicherheit. Das bedeutet: Sicherheit hat immer etwas zu tun mit praktischen Erfahrungen und Erlebnissen, der Möglichkeit, Gefahren zu kennen bzw. sie überhaupt zu erkennen und dem Einschätzen und Bewerten von Risiken und Bedrohungen bzw. Bedrohungslagen.

Das Gefühl für Sicherheit ist ein natürlicher, angeborener Instinkt: der Instinkt zur Selbsterhaltung und zum Selbstschutz. Erst ein Dompteur kann einem Tier die Angst nehmen – ihm also das Gefühl der Sicherheit geben –, wenn es z.B. durch einen mit undurchsichtigem Material bespannten Ring springen soll. Es bedarf also in vielen Fällen äußerer Unterstützung oder Hilfe, sich zum einen der vorhandenen Gefahren bewusst zu werden, sie zu kennen bzw. zu erkennen, und zum anderen, sich damit selbst das Gefühl der Sicherheit zu geben.

Das folgende Beispiel soll das Gesagte untermalen. Kleinkinder gehen von selbst eher nicht über einen Abhang, eine hohe Stufe oder auf einem hohen Absatz – hier greift der Instinkt mit Unterstützung der Fähigkeit des Sehens. Die Gefahr einer heißen Herdplatte hingegen kann es nicht erkennen. Dementsprechend ist es Aufgabe der Eltern, dafür Sorge zu tragen, dass das Kleinkind sich sicher bewegen kann und keinen Gefahren ausgesetzt wird. Das ist verantwortungsbewusster Umgang mit Gefahren.

Bezogen auf das Thema Unified Communication bedeutet, dass man dem Anwender sehr wohl aufzeigen sollte und muss, welche Gefahren im Zusammenführen und der Vereinigung unterschiedlicher Kommunikationsdienste liegen – was es zum Beispiel bedeutet, wenn neben den E-Mails alle Nachrichten, also Faxe, Sprachnachrichten, SMS usw., im E-Mail-Eingang des Anwenders landen. Damit gewinnt der Aspekt des Schutzes der persönlichen Daten und Informationen eine völlig neue Dimension.

9.2.2 Die Technik ist nur das Mittel

Dieser Punkt unterstreicht den zweiten Aspekt: „Sicherheit ist eine Philosophie – die Technik nur das Mittel." Sicherheit muss lebbar und erlebbar sein. Natürlich bedarf es der ein oder anderen Technologie und Technik, aber insbesondere geht es darum, die Gefahren zu erkennen, zu bewerten und zu verringern, letztlich also darum, ihnen auszuweichen.

Bezogen auf Unified Communication setzt man sich selbstverständlich mit der Frage auseinander, welche Gefahren es bei ihrem Einsatz gibt. Und das sind viele, denn Unified Communication vereinigt eine Vielzahl von Kommunikationstechnologien und -diensten zu einer individuellen Architektur, und alle bergen sie Gefahren. Durch die Individualität von Unified Communication sind konsequenterweise auch die Gefahrensituation, die Risiken und Bedrohungen sehr individuell,

Da IKT sehr komplex ist und Gefahren sehr vielfältig sein können, gibt es eine Behörde, die sich mit der Sicherheit in der Informationstechnik beschäftigt: das Bundesamt für Sicherheit in der Informationstechnik (BSI). Vom BSI wurde ein spezieller Katalog mit Empfehlungen zur Verbesserung der Sicherheit im Umgang mit der IKT entwickelt: der sogenannte „IKT-Grundschutzkatalog" (www.bsi.bund.de – Rubrik: Grundschutzkataloge). Außerdem veröffentlich das BSI auf der angegebenen Website dezidierte Sicherheitsempfehlungen und -studien für ausgewählte Technologiebereiche wie z.B. die „Voice over IP IP-Telefonie BSI-Leitlinie zur Internet-Sicherheit" und die „VoIPSEC Studie zur Sicherheit von Voice over Internet Protocol". Nach Kenntnisstand der Autoren gibt noch kein adäquates Dokument des BSI bezüglich Unified Communication. Eigentlich kann es dies auch nicht geben, denn Unified Communication ist, wie gesagt, zu individuell. Was es jedoch gibt, sind Publikationen über Sicherheitsaspekte einzelner Kommunikationsdienste von Unified Communication, z.B. einige rund um mobile Kommunikationsdienste. Generell führen alle diese Dokumente, Publikationen und Empfehlungen immer wieder auf einen Punkt zurück, nämlich die drei Hauptausrichtungen der Sicherheit: Vertraulichkeit, Integrität und Verfügbarkeit.

9.2.3 Die drei Sicherheitsbereiche

Hier passt das alte Sprichwort: „Aller guten Dinge sind drei." In der IKT kennt man im Wesentlichen drei Bereiche, in denen sich die Anwender und Nutzer sicher fühlen sollen, können, wollen und müssen. Das sind die Vertraulichkeit und die Identität, die Integrität und die Richtigkeit sowie die Verfügbarkeit und Zuverlässigkeit. Da man in der IKT gerne englische Begriffe verwendet, lässt sich das besser merken als CIA – Confidentiality, Integrity und Availability. Konkret gesagt bedeutet das für die IKT:

- **Vertraulichkeit** bzw. Identität (Confidentiality)
  Schutz der Informationen vor unbefugter Preisgabe. Nur Personen und Systeme, die zur Verwendung, zum Zugang, zur Weitergabe usw. von Informationen berechtigt sind, haben/bekommen einen Zugang zu den Informationen. Das ist z.B. eine Frage der sicheren Authentisierung.

- Richtigkeit bzw. **Integrität** (Integrity)
  Schutz der Informationen vor unbefugter Veränderung. Hier geht es schlichtweg darum zu verhindern, dass Informationen modifiziert werden. Die Richtigkeit von Informationen sicherzustellen, ist eine der größten Herausforderungen.

- **Verfügbarkeit** (Availability)
  Schutz der Informationen vor unbefugter Vorenthaltung. Das klingt sehr bürokratisch, ist es jedoch nicht. Es geht lediglich darum, immer dafür zu sorgen, dass die Informationen zuverlässig zur Verfügung stehen.

Praxistipps aus drei Blickwinkeln:

- Hinsichtlich der **Vertraulichkeit**:
  Einer der größten Verstöße gegen die Vertraulichkeit ist der oftmals sehr leger gehandhabte Umgang mit Passwörtern. Sie kleben an den unterschiedlichsten Stellen: unter Tastaturen, direkt an den PCs usw. Einen besonders gravierenden Verstoß gegen die Vertraulichkeit erlebten wir in einer Polizeimeldestelle. Dort klebten die IP-Adressen der PCs so groß und deutlich an den Monitoren, dass sie für jeden Besucher klar erkennbar waren. Ein Hacker hat also leichtes Spiel.

- Mit Blick auf die **Integrität**:
  Die Richtigkeit der übermittelten Informationen ist eines der komplexesten und zugleich kompliziertesten Sicherheitsthemen. Die IKT soll immer einfacher werden, also verwenden wir Klartextprotokolle und -sprachen wie SIP, HTTP, XML usw. Es ist sehr einfach, auf dem Weg der Übertragung in diese Informationen etwas anderes hineinzuschreiben. Das ist so, als würde man eine Postkarte versenden: Wer will da sicherstellen, dass am Text auf der Karte nichts modifiziert wurde? Oftmals ist die Integritätsverletzung die Vorstufe für die anderen Sicherheitsaspekte. Ein Angreifer verändert seinen Namen, seine IP-Adresse usw. und gibt sich einfach als regulärer Anwender aus.

- Aus Sicht der **Verfügbarkeit**:
  Hat sich der Angreifer mit einer gültigen IP-Adresse (z.B. des IP-Netzes aus dem obigen Beispiel) den Zugang zum IP-Netz verschafft, also zuerst eine Verletzung der Vertraulichkeit, dann eine der Integrität begangen, stehen ihm jetzt nahezu unendlich viele Möglichkeiten offen, die Verfügbarkeit einzelner Systeme oder auch des gesamten Netzes zu kompromittieren.

Empfehlung: Es ist in der Praxis also häufig so, dass ein Angriffspotential oder eine Sicherheitslücke mehrere Sicherheitsbereiche tangieren. Betrachten Sie das Thema Sicherheit daher immer ganzheitlich, d.h. aus allen drei Blickrichtungen.

9.3 Gefahren kennen und erkennen

All das Gesagte bedeutet natürlich, dass man sich nur dann sicher bzw. sicherer fühlen kann, wenn man sich mit dem, was auf einen zukommt, beschäftigt und es kennenlernt. Denn nur so erfährt man etwas über mögliche Gefahren und kann Überlegungen anstellen, wie man diesen begegnet, um z.B. das Risiko eines Schadens zu verringern.

Sicherheit hängt also immer eng zusammen mit den Begriffen „Gefahr" und „Risiko". Sicherheit bedeutet jedoch nicht a priori die Abwesenheit von Gefahren. Vielmehr könnte man sagen, dass Sicherheit ein Ausdruck dessen ist, dass man die Gefahren kennt. Das Kennen von Gefahren wiederum darf nicht gleichgesetzt werden mit dem nicht Vorhandensein von Risiken. Mehr zum Risikoaspekt in Abschnitt 9.4.

Das folgende Beispiel aus dem Bereich der Seefahrt soll den Begriff „Gefahr" verdeutlichen. Die Klippen im Wasser sind real existent. Für die Existenz der Klippen kann der Seefahrer nichts. Dafür, ob er sie kennt und ob er weiß, welche Risiken sich daraus ergeben, kann er sehr wohl etwas. Das Wissen um die Existenz der Klippen allein ist jedoch nicht ausreichend. Die reine Existenz der Klippen bestimmt nicht die von ihnen ausgehende Größe der Gefahr. So stellt die Größe der Klippen kein Synonym für deren Gefährlichkeit dar. Mögen kleinste Klippen vielleicht keine ernsthafte Gefahr für ein großes Stahlschiff bedeuten, für ein kleines Holz- oder Gummiboot hingegen schon. Ob diese Klippen wirklich eine Gefahr darstellen, hängt vor allem davon ab, inwieweit sie überhaupt wirksam werden können. Liegen die Klippen deutlich tiefer unter Wasser, als der Tiefgang des Schiffes oder Bootes reicht, dann gibt es keinen Gefahrenweg. Nun gibt es Gegenden wie z.B. die um England, wo Veränderungen des Wasserstandpegels zwischen Ebbe und Flut mit einer Höhe von bis zu 8 Metern normal sind. Kommt dann noch wetterbedingter Seegang hinzu, bedeutet das, dass die Klippen durchaus zu einer Gefahr werden können.

Daraus lässt sich erkennen, dass Gefahren in der Regel nicht plötzlich oder unerwartet auftreten. Oftmals hängt das Vorhandensein von Gefahren vor allem von den äußeren Umgebungs- und Rahmenbedingungen ab, wie das Beispiel mit dem wechselnden Wasserstand über Klippen zeigt. Das Problem liegt darin, die Gefahren und die Bedingungen, unter denen sie auftreten können, zu kennen bzw. zu erkennen und zu bewerten, um die eigenen Handlungen darauf abzustimmen.

Es reicht also nicht aus, die reine Existenz von Gefahren zu kennen. Vielmehr bedarf es einer fundierten Analyse, Abschätzung und Bewertung des möglichen Gefahrenpotenzials, also des Risikos. Aus dieser Risikobewertung lässt sich dann ableiten, ob von der Gefahr möglicherweise tatsächliche Bedrohungen ausgehen. Bedrohungen sind das Thema in Abschnitt 9.5.

> **Praxistipp:**
> Merken Sie sich den folgenden Leitsatz: *Gefahren existieren real – sie sind handlungsunabhängig.* Wichtig ist es, sie zu kennen und zu erkennen.

9.4 Risiko – Das „Einhandeln" von Gefahren

Die folgende einleitende These soll die Diskussion zum Thema Risiko begleiten:

Risiken sind immer handlungsabhängig.

Es mag viele Interpretationen des Begriffs „Risiko" geben. Diese hier klingt jedoch am glaubwürdigsten und kommt der Praxis am nächsten. Risiko kommt aus der mittelalterlichen Seefahrt von dem lateinischen Wort *risicare*. Das bedeutet so viel wie „Klippen umschiffen". Die Klippen sind real vorhanden, an denen lässt sich nichts verändern. Das bedeutet: Die Gefahren sind da, aber ob sie ein Risiko darstellen, bleibt offen. Was ist eigentlich das Risiko? Die Antwort lautet: „Die Wahrscheinlichkeit, dass zum einen die Gefahr wirksam werden kann, und zum zweiten, dass sie dabei einen Schaden anrichtet." In die Risikobetrachtung gehen also zwei wesentliche Aspekte ein: die Eintrittswahrscheinlichkeit und die Auswirkung. Risikominimierung bedeutet dementsprechend, die Wahrscheinlichkeit eines Gefahreneintritts zu reduzieren und/oder die Auswirkungen einer Gefahreneinwirkung so klein wie möglich zu halten. Kurzum, man muss handeln, die Gefahren abwehren.

Übertragen auf das Beispiel bedeutet das: Beim Einwirken der Klippen auf das Schiff, dem sogenannten „Auflaufen", kann es zu einer ernsthaften Beschädigung des Schiffes kommen, was ggf. sogar zu dessen Totalverlust, damit natürlich dem „Totalverlust" seiner Besatzung sowie dem wirtschaftlichen Totalverlust seiner Ladung führen könnte.

Die richtige Konsequenz daraus ist Einleitung entsprechender Handlungen, die genau diese Risiken minimieren. Man kann die Ladung festzurren, damit sie beim Aufprall auf die Klippen nicht verrutscht, und die Besatzung vorsorglich mit angelegten Schwimmwesten in die Rettungsboote einsteigen lassen, damit sie sich beim Untergang des Schiffes besser retten können. Das rettet jedoch nicht vor den Klippen. Besser wäre es sicherlich, die Klippen durch Einschlagen eines anderen Kurses zu umschiffen, die Geschwindigkeit zu reduzieren, um noch besser ausweichen oder ggf. aufstoppen zu können.

Dieser kleine Exkurs in die Schifffahrt soll die zweite These einführen und verdeutlichen:

Nicht zu handeln, bedeutet nicht a priori, dass kein Risiko besteht.

Denn es ist natürlich davon abhängig, wie die Umweltsituation, also die äußeren Rahmenbedingungen aussehen. Unter der Annahme, dass die obigen Klippen nur bei geringem Wasserstand eine echte Gefahr darstellen, könnte es sein, dass man bei ausreichendem Wasserstand, z.B. bei Flut, den Kurs nicht wechseln muss. Sicher lässt sich dieses Beispiel trefflich weiter ausbauen. Doch werfen wir einen Blick auf die Praxis, auf ein reales Szenario:

- Ein Unternehmen möchte sicherstellen, dass persönliche Gespräche in der Gebührenerfassung extra dargestellt und dem Mitarbeiter in einer bestimmten Weise berechnet werden. Es besteht das Risiko, dass ein Teilnehmer auf Kosten eines anderen telefoniert, es geht also um die Verhinderung von Gebührenbetrug. Zu diesem Zweck bekommt jeder Mitarbeiter eine persönliche PIN (Persönliche Identifikationsnummer) für private und für dienstliche Gespräche. So muss sich jeder Teilnehmer vor jedem Gespräch beim System identifizieren und dem System mittels der PIN mitgeben, ob die jetzt anfallenden Gebühren seinem Privatgesprächskonto oder dem Konto für Dienstgespräche zuzuordnen sind. Das System verlangt jeweils die Eingabe einer 12-stelligen (!) PIN. Was war die Konsequenz? Die Mitarbeiter wollten sich vor Falscheingaben schützen und programmierten sich zur Risikoverringerung ihre PINs als Kurzwahlziele auf eine Taste des Telefons. Toll, oder?! Aus Gründen der Einheitlichkeit waren es immer die unteren beiden der vier verfügbaren Tasten – was diese Lösung noch mehr ad absurdum führte.

> **Praxistipp:**
> Der Einsatz moderner Techniken und Technologien birgt immer Risiken, ganz einfach weil immer auch Gefahren existieren. Das Vermeiden von Risiken ist allerdings immer mit Handlungen verbunden.
>
> **Empfehlung:** Das wiederum bedeutet, den Einsatz dieser Techniken und Technologien nicht zu verteufeln, sondern sie in ihren Charakteristika so kennenzulernen, dass man als Nutzer, Administrator oder Betreiber ein geringes Risiko hat. Führen Sie eine umfängliche Risikoanalyse durch, in der Sie alle Bereiche der UC-Architektur betrachten. Das ist natürlich in einer derart komplexen und zugleich individuellen Technologie wie Unified Communication sehr aufwendig – aber nötig. Nutzen Sie dafür die vom BSI herausgegebenen Werkzeuge für die Risikobewertung. Diese beziehen sich zumindest auf einzelne Kommunikationsdienste der UC-Architektur.

9.5 Bedrohung

Welche Bedrohung von einer Gefahr wirklich ausgeht, d.h. welche Bedrohungslage vorliegt, kann nur in einer Gefahrenanalyse hinreichend genau geklärt werden. Aus Sicht der möglichen Auswirkungen (die Sichtweise des Anwenders) existieren nur zwei Arten von Bedrohungen: akute und potenzielle.

- Eine **akute Bedrohung** liegt vor, wenn eine **Schwachstelle** vorhanden ist, es einen Angriffs- bzw. **Wirkungspfad** gibt und wenn **das auslösende Moment** gegeben ist. Steckt beispielsweise ein Anwender als Auslöser unachtsam einen USB-Stick in seinen PC und ist dieser PC als Schwachstelle nicht durch einen Virenscanner geschützt, kann der Virus den Angriffsweg über den IP-Anschluss in das IP-Netz benutzen.

- Etwas ist dann einer **potenziellen Bedrohung** ausgesetzt, wenn wenigstens eine der oben genannten Situationen – sprich: Gefahren – gegeben ist. Dann muss man sich darüber Gedanken machen und mithilfe einer Gefahrenanalyse klären, wie hoch die Wahrscheinlichkeit ist, dass alle drei Situationen gemeinsam und zur selben Zeit wirksam werden.

Wie und woher Bedrohungen kommen bzw. mit welchem Hintergrund sie entstanden sind, ist bezüglich der Auswirkungen an sich nebensächlich. Natürlich muss dafür Sorge getragen werden, die Ursachen möglicher Bedrohungen zu kennen – da schließt sich der Kreis, denn das sind die Gefahren. Ebenso müßig ist das Suchen nach Verantwortlichen für Schäden, die durch Gefahreneinwirkungen entstanden sind. Dann ist der Schaden da, das Gejammer groß, die Beschuldigungen vielfältig und letztlich die Schadensbeseitigung oft sehr aufwendig. Hier gilt das altbekannte Sprichwort: „Vor dem Schaden klug sein."

Bezogen auf Unified Communication und die in Abschnitt 9.2.3 bereits angeführten drei Aspekte lassen sich folgende Beispiele möglicher Bedrohungen darstellen:

- Der Einsatz von Unified Communication erfolgt in derselben Infrastruktur, die auch für die Übertragung vieler anderer Informationen genutzt wird. Störungen in der UC-Implementierung können also eine direkte Auswirkung auf die Verfügbarkeit der gesamten Übertragungsinfrastruktur haben Typische Szenarien sind SPAM und SPIT.

- In IP-Infrastrukturen erfolgt die Übertragung der Informationen oft ungeschützt, alle Kommunikationssysteme und -teilnehmer können diese Informationen mitlesen. Es könnte die Gefahr bestehen, dass unberechtigt „mitgehörte" Informationen aufgezeichnet und über Wiedergabesysteme unrechtmäßig ausgegeben werden.

- Mit der Einführung von Unified Communication kommen oftmals eine Vielzahl neuer Komponenten, Dienste und Funktionen in die IP-Netze, neue Server, SSC (SIP Session Controller), Mediagateways und IP-Endgeräte usw. Schafft es ein Angreifer, sich als eine solche UC-Komponente im IP-Netz darzustellen, also eine Identitätsverletzung auszuüben, so hat er die Möglichkeit, an viele weitere Informationen über die gesamte IP-Infrastruktur zu erlangen. Angriffe über die Identität von Nutzern, Systemen und Komponenten sind häufig die Voraussetzung für Attacken gegen die Verfügbarkeit der gesamten IP-Infrastruktur bzw. UC-Architektur oder Teile von ihr.

- Zwischen den einzelnen Komponenten einer UC-Architektur werden ständig viele Informationen ausgetauscht. Das sind z.B. Konfigurationsdaten, Steuer- bzw. Überwachungsinformationen und Administrationskommandos. Gelänge es einem Angreifer, solche Informationen abzufangen, diese zu verändern und in der modifizierten Form an die Zielkomponente weiterzuleiten, kann das zu massiven Störungen der betroffenen Komponente oder ggf. sogar der gesamten UC-Umgebung führen.

Praxistipp:

Wo Gefahren existieren, gibt es auch Bedrohungen, die von diesen Gefahren ausgehen. Das sind die möglichen Wege und Momente, in denen Gefahren wirksam werden können. Die Zusammenfassung aller Bedrohungen wird als Bedrohungslage beschrieben.

Empfehlung: Für die Bedrohung gilt dasselbe wie für die Gefahren: Sie sollten sie kennen. Führen Sie also auf jeden Fall zusätzlich zur Gefahrenanalyse eine sehr genaue Untersuchung der Bedrohungslage durch und beantworten Sie diese Fragen: Wie kann eine Gefahr wirksam werden? Wann kann sie wirken?

9.6 Sicherer Betrieb

In diesem Abschnitt geht es um die Zuverlässigkeit und Stabilität des UC-Betriebs. Gesicherter Betrieb bedeutet die Aufrechterhaltung der Systemverfügbarkeit sowie die Ausnutzung aller Möglichkeiten zur Vermeidung (Prävention) von Störungen. Aus diesem Blickwinkel heraus sind die folgenden Aspekte von Bedeutung und werden in den weiteren Abschnitten diskutiert:

- Steht ein System funktional nicht zur Verfügung, spricht man von einem Ausfall. Wie ist der Begriff *Ausfallzeit* definiert?
- Die Systeme arbeiten zuverlässig. Was versteht man unter Zuverlässigkeit, und wie lässt sie sich bewerten?
- Welche Rollen spielen der Lebenszyklus und die Betriebsdauer von Komponenten eines UC-Systems hinsichtlich der Zuverlässigkeit?
- Wie kann man die Systemverfügbarkeit nach einer Störung effizient, effektiv und zuverlässig wiederherstellen?

9.7 Ausfall und Zuverlässigkeit

Geht es um das Thema Zuverlässigkeit, erwarten viele gerne die sogenannten „fünf Neunen", also 99,999 % Betriebssicherheit. Das bedeutet einen Rest von 0,001 % Betriebsunsicherheit. Gerechnet auf ein Jahr heißt das:

$$0{,}001 * 365 * 24 * 60 = 5{,}256 \text{ Minuten}$$

5,256 Minuten Betriebsausfall im Jahr ist nicht viel.

In den vorherigen Abschnitten erfolgten bereits einige grundsätzliche Betrachtungen zum Thema Verfügbarkeit und Zuverlässigkeit. Eine UC-Architektur ist deutlich komplexer als reine E-Mail- oder VoIP-Systeme. Die Konsequenz daraus – und so funktioniert nun einmal die Wahrscheinlichkeitstheorie – ist eine Verkettung von Systemen und kommt der Multiplikation von Einzelwahrscheinlichkeiten gleich. Das wiederum bedeutet: Eine Kette ist nicht, wie fälschlicherweise gerne angenommen wird, nur so stark wie ihr schwächstes Glied, sondern die gesamte Kette ist so schwach wie die multiplizierte Schwäche eines jeden Einzelgliedes. Denn bei vielen schwachen Gliedern in einer Kette ist die Wahrscheinlichkeit des Kettenrisses um ein Vielfaches größer als bei nur einem Glied.

Aus praktischer Sicht interessieren dementsprechend die Aussagen bezüglich der Einzelwahrscheinlichkeit des Ausfalls und die Gesamtwahrscheinlichkeit, denn es geht um die Zuverlässigkeit des Gesamtsystems. Was bedeutet „ein Ausfall" und wie werden Gesamtwahrscheinlichkeiten bestimmt? Ein Ausfall ist das „Nicht-zur-Verfügung-stehen" (das Versagen, die Nichtverfügbarkeit) eines Systems, einer Komponente bzw. Funktion. Die Ursachen für Ausfälle können sehr verschieden sein, z.B. Fehler, Störungen, Defekte usw.

Das eigentliche Problem eines Ausfalls ist nicht der Fakt an sich, sondern vielmehr die Zeitdauer, über die das betroffene System nicht zur Verfügung steht – die Ausfallzeit, denn in dieser Zeitspanne kann ein Unternehmen unter Umständen nicht produzieren.

9.7.1 Ausfall und Ausfallzeit

An der Tatsache, dass es zu irgendeinem Zeitpunkt mal eine Störung geben kann und ein Fehler auftreten wird, was wiederum eine Unterbrechung des Betriebes zur Folge hat, scheint man nicht vorbeizukommen. Dann jedoch interessieren zwei wesentliche Aspekte:

- *Wie lange dauert es theoretisch, bis ein Fehler eintritt?*
  Das bedeutet: Wann – oder besser – nach welcher Zeit muss man damit rechnen, dass ein bzw. der nächste Fehler auftritt? Das hat etwas mit der Zuverlässigkeit des UC-Systems als Ganzem sowie seiner Elemente und Komponenten zu tun. Um das genau zu analysieren, bedarf es einer Zuverlässigkeitsbetrachtung, die wir im nächsten Abschnitt detaillierter beschreiben.

- *Wie lange dauert es in der Regel, einen Fehler zu finden, zu analysieren und eine Störung zu beseitigen?*
  Diesen Aspekt bezeichnet man als MTTR (Mean Time To Repair, Zeit bis zur Wiederherstellung des Betriebes). Die Dauer hängt natürlich davon ab, welche Fehler auftreten können und wie schwierig bzw. aufwendig es sein wird, sie zu beheben. Den Nutzer interessiert auch lediglich, wann er das jeweilige System wieder betriebsbereit benutzen kann. Dennoch ist die Frage der Reparatur eher ein Prozess- als ein Technikaspekt. Prozesse gehören auch zur Praxis. Dennoch soll im Rahmen dieses Buches das Thema Reparatur an sich nicht in der Tiefe beleuchtet werden.

9.7.2 Zuverlässigkeit

Eigentlich möchte man als Anwender, genau wie als Administrator, am liebsten niemals eine Störung im System, man möchte hundertprozentige Zuverlässigkeit. Leider ist das ebenso irreal wie die Existenz eines Perpetuum Mobiles. Zu irgendeinem Zeitpunkt wird ein System, eine Komponente oder ein Element immer das Ende seiner Lebenszeit erreicht haben und seinen Geist aufgeben. Im Laufe seiner Lebenszeit kann es immer zu einer Störung oder einem Fehler kommen.

Oftmals sind jedoch gar nicht die Systemkomponenten selber schlecht. In der Regel kommt es durch widrige Einsatz- und Umweltbedingungen zu Störungen und Fehlern. Wer kennt nicht den Spruch „Die meisten Fehler sitzen 40 cm vor dem System"! Dahinter verbirgt sich schon ein wenig Wahrheit. Nicht nur sollen die Systeme zuverlässig funktionieren, auch die Nutzer müssen das System entsprechend den Betriebsanweisungen bedienen und nutzen – auch bedienen und benutzen *können*. Die Aussage, dass über 80 % aller Fehler und Störungen vom Nutzer selber verursacht werden, unterstreicht diesen Aspekt. Dies wiederum bedeutet im Umkehrschluss, dass die Systeme und Anwendungen so konzipiert, implementiert, konfiguriert und für die Nutzer bereitgestellt werden müssen, dass sie, umgangssprachlich ausgedrückt, „idiotensicher" zu benutzen sind.

Bisher haben wir im Prinzip lediglich über die Phase des „normalen" Betriebes gesprochen, also die Phase nach der erfolgreichen Implementierung und Einführung bis hin zum allmählichen Wieder-außer-Betrieb-nehmen. Vor allem der Bereich der „Kinderkrankheiten" wird häufig unterschätzt. Es gibt ihn einfach. Abbildung 9.1 zeigt, dass der Betriebsaufwand in dieser Phase besonders hoch ist. Das sollte man akzeptieren und in den Projektverlauf einbeziehen.

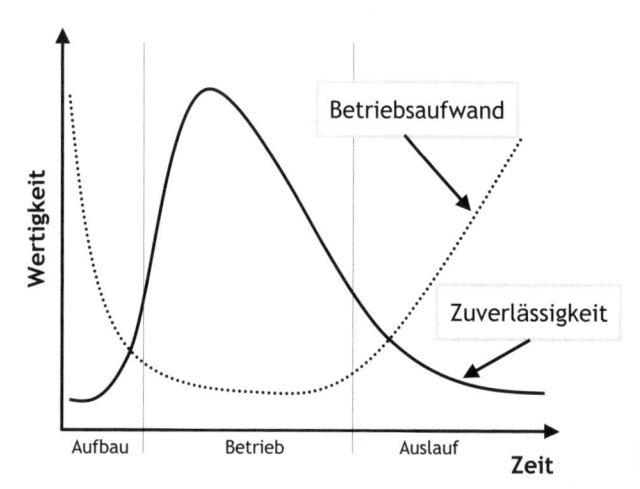

Abbildung 9.1 Markante Zuverlässigkeitsphasen

Nun ist es wünschenswert, dass die Zeitspanne bis zur Außerbetriebnahme möglichst lang ist. In der technischen und technologischen Fachsprache nennt man diese Zeitspannen bezeichnenderweise die Dauer des sicheren Betriebes zwischen zwei Ausfällen (Mean Time Between Failures). MTBF wird manchmal verwechselt mit MTTF (Mean Time To Failures), der Zeitspanne, zwischen denen Fehler an sich auftreten. Aus betrieblicher Sicht ist das ein Unterschied, denn das Auftreten eines Fehlers muss nicht zwangsläufig auch zu einem Betriebsausfall führen.

Die MTBF ist das Maß für die Zuverlässigkeit von Elementen, Komponenten, Systemen und Geräten. Die Norm IEC 60050 (191) (IEC - International Electrotechnical Commission) definiert MTBF als Erwartungswert der Verteilung der Betriebsdauern zwischen zwei aufeinanderfolgenden Ausfällen („The expectation of the operating time between failures").

Es ist völlig klar, dass ein System mit einer MTBF von mehr als 10.000 Stunden deutlich zuverlässiger ist als ein System mit einer MTBF von 1.000 Stunden oder weniger. Den Zeitraum der MTBF stellt man oft als Anzahl von „AN-Stunden" dar, als Power-ON Hours (POH). Verständlicherweise kann man eine solche Zuverlässigkeitsaussage sinnvoll nur über den real konzipierten Nutzungszeitraum hinweg betrachten. Jeder Nutzer wird nachvollziehen können, dass ein System oder eine Komponente, die über ihren tatsächlich konzipierten Nutzungszeitraum hinaus betrieben wird, eine höhere Stör- und Fehleranfälligkeit hat als ein neues System.

Ja, es ist ärgerlich, wenn ein eben installiertes System oder eine in Betrieb genommene Komponente gleich wieder ausfällt. In der Praxis passiert das jedoch mehr als häufig. Teilweise sind Dinge bereits defekt, wenn sie geliefert werden. Das ist dann der etwas makabre und dennoch sogenannte „Death on Arrival" (DoA, tod bei Ankunft). Aus rein praktischer Sicht sei hier der Hinweis gegeben, dass derartige Dinge nun mal passieren, aber dass man dafür vom Hersteller und vom Lieferanten des UC-Systems eine entsprechende Lösung erwartet. Üblich sind durchaus Kulanzzeiten von bis zu 30 Tagen für „Fehler" wie Death on Arrival.

> **Praxistipp:**
> Die in Abbildung 9.1 dargestellte Kurve ist nicht nur ein Indiz dafür, wie oft mit einem Fehler, einer Störung oder gar einem Ausfall zu rechnen ist. Vielmehr ist sie ein Hinweis darauf, wie groß die Betriebsaufwendungen sind. Man muss sich darüber im Klaren sein, dass diese Aufwendungen konsequenterweise am Anfang und am Ende der Betriebsphase einer Komponente oder eines Gerätes am höchsten sind. Bei Unified Communication geht es nicht nur um eine Komponente, sondern um eine komplexe Architektur von Elementen und Komponenten. Es handelt sich um eine Vielzahl solcher Kurven.
>
> **Empfehlungen:** Also ist es wirtschaftlicher und funktionaler Unfug, eine derart komplexe Architektur wie UC einzeln zu betrachten oder sich gar einzeln zu beschaffen. Ist in einem Teil des Systems die Phase der „Kinderkrankheiten" überstanden, dann brechen sie im nächsten Teil wieder aus. Ehe man sich's versieht, ist ein anderer Teil der UC-Architektur so veraltet, dass sich die ersten „Schwächeerscheinungen" zeigen. Ebenso sollte man sich gut überlegen, wann es sich wirklich lohnt, nur Teile oder Bereiche einer UC-Architektur zu erneuern. Ein altes oder gealtertes System bleibt aber ein altes System, auch wenn man einzelne Dinge austauscht. Die Gesamtzuverlässigkeit des Systems wird nicht deutlich verbessert, und die Aufwendungen für die Erhaltung der Betriebsstabilität sind kaum geringer als bisher.

9.7.3 Verfahren zur Zuverlässigkeitsbetrachtung

Für die Berechnung der Zuverlässigkeit gibt es eine Reihe von Handbüchern, Empfehlungen und Richtlinien. Im Folgenden finden Sie eine kleine Liste solcher Handbücher und Verfahrensbeschreibungen für die Zuverlässigkeitsbetrachtung:

- Eines der ältesten Werke: die **MIL-HDBK-217 („Zuverlässigkeitsvorhersage für elektronische Systeme"** – www.sqconline.com/download/). Die Abkürzung MIL deutet bereits an, dass es sich um ein Verfahren militärischen Ursprungs handelt. Alt ist nicht gleichbedeutend mit „veraltet". Nach wie vor wird dieses Verfahren für Zuverlässigkeitsvorhersagen im militärischen wie im zivilen Bereich sehr häufig angewendet.
- Ähnlich wie das vorher genannte Verfahren ist die **Telcordia-Vorhersage SR-332** einzustufen.

- Eine in Europa von der IEC (International Electrotechnical Commission) entwickelte Methode ist die **TR 62380**. Sie ist sehr umfangreich und komplex. Vielleicht liegt es daran, dass sie weder in Europa noch in den USA weite Verbreitung gefunden hat.
- Auch der **IEC 61709** geht es nicht viel anders, sie wird nur als Außenseiter eingestuft.

> **Praxistipp:**
> Auch wenn die MIL-Zuverlässigkeitsvorhersage recht betagt ist, so wird sie dennoch von vielen Herstellern der Kommunikationstechnik und -technologie verwendet. Zieht also ein Hersteller dieses Verfahren in seinen Beschreibungen heran, ist er nicht etwa „old fashioned", sondern eher als hoch akkurat und zuverlässig einzustufen.
>
> **Empfehlung:** Hinterfragen Sie bei den Herstellern der UC-Technologien immer genau, nach welchen Verfahren sie die Zuverlässigkeit ihrer Systeme, Komponenten usw. berechnen und angeben.

Neben diesen Verfahrenshandbüchern existieren noch einige Datenbanken über Fehlerfälle und -situationen, Messdaten, Testergebnisse einer Vielzahl von Geräten. Stellvertretend sei auf die die EPRD-97 (Electronic Part Reliability Data) und die SPIDR (System and Part Integrated Data Resource) verwiesen, die u.a. auf der Website src.alionscience.com zu finden sind.

9.7.4 Berechnung der Zuverlässigkeit

Der Wert der Zuverlässigkeit ist die Ausfallrate. Sie wird in der Regel als λ (Lambda) bezeichnet. Die oben genannten Handbücher gelten als weltweite Standards zur Berechnung von Ausfallraten, anhand derer Modelle und Kennzahlen zur Auswertung von Komponentenausfallraten erstellt werden. Dabei ist jedoch zu beachten, dass sich die theoretischen Berechnungen von den tatsächlichen Ausfallraten in der Praxis stark unterscheiden.

9.7.4.1 Zuverlässigkeits- und Korrekturfaktoren

Daher müssen Korrekturfaktoren definiert werden, anhand derer sich realistischere Ergebnisse erzielen lassen, die den tatsächlichen Ausfalldaten in der Praxis näherkommen. Mithilfe dieser Korrekturfaktoren kann die Ausfallrate für eine Komponente unter bestimmten Umständen berechnet werden. Hierzu wird eine allgemeine Methode zur Berechnung von Zuverlässigkeitsdaten angewandt, die sich auf die Handbücher und Standards stützt.

Eine der möglichen Methoden zu Bestimmung der Ausfallrate ist die Anwendung eines Korrekturfaktors $\pi_{Hersteller}$ auf eine theoretische Referenz-Ausfallrate λ_{ref}, um eine Hersteller-Ausfallrate $\lambda_{Hersteller}$ zu erhalten, die den praktischen Betriebsbedingungen möglichst nahekommt und von stabilen Herstellungsbedingungen ausgeht.

Die Grundformel dafür lautet:

$$\lambda_{Hersteller} = \lambda_{ref} * \pi_{Hersteller}$$

λ_{ref} ist eine theoretische Referenzausfallrate eines bestimmten Komponententyps. Sie stützt sich auf die Angaben in den oben genannten Handbüchern und Verfahrensbeschreibungen.

Um eine theoretische Referenzausfallrate entsprechend dem angeführten Modell zu erhalten, müssen genaue Berechnungsparameter definiert werden. Diese Parameter sind je nach Typ der untersuchten Komponente unterschiedlich. Man definiert und beschreibt die π-Faktoren so, dass sie in unterschiedlichen Umgebungen anwendbar sind. Dazu bedarf es der Betrachtung einer Vielzahl von Betriebsereignissen im realen praktischen Betrieb unter ähnlichen Umgebungsbedingungen sowie im Labor- und Testbetrieb, um das Grenzwertverhalten zu untersuchen.

9.7.4.2 Zuverlässigkeitsklassen

UC-Architekturen sind sehr komplexe Gebilde. Sie bestehen aus einer Vielzahl von Komponenten, Applikationen und Geräten. Es wäre unhandlich, unübersichtlich und letzten Endes unwirtschaftlich, für jedes dieser Elemente eine einzelne Betrachtung mit eigenen Korrekturwerten usw. vorzunehmen. Oftmals ist es zudem schwierig, über einen längeren Zeitraum in der Praxis kontinuierliche Informationen für die einzelnen Komponenten der installierten UC-Architektur zu erhalten. In manchen Fällen ist dies unter normalen Betriebsbedingungen sogar unmöglich.

Aus diesem Grund führt man in diesen Fällen in der Regel Zuverlässigkeitsklassen ein. Die Verwendung von Zuverlässigkeitsklassen erlaubt zudem eine deutlich einfachere Wartung, eine transparentere Überprüfung und letztlich Aktualisierung der Korrekturfaktoren. Die Klassifizierung basiert meistens auf der Funktion der Komponente, ihrer Technologie und der Komplexität des Systems insgesamt, dessen Zuverlässigkeit ausgewertet wird. Alle Komponenten einer bestimmten Zuverlässigkeitsklasse besitzen denselben $\pi_{Hersteller}$-Korrekturfaktor. Die Ausfallraten von Komponenten derselben Zuverlässigkeitsklasse können sich jedoch voneinander unterscheiden, weil ihre theoretischen Konzeptions- und Herstellungsparameter (z.B. Schaltkreistyp, Anzahl der Elemente, Anzahl der Stifte usw.) unterschiedlich sein können.

> **Praxistipp:**
> Die für eine Zuverlässigkeitsbetrachtung herangezogenen Faktoren werden auf Grundlage von Betriebsergebnissen (Beobachtungen in der Praxis) bestimmt. Dabei wird davon ausgegangen, dass die während der Beobachtungsphase auftretenden Ausfälle völlig zufällig sind. Es wird ebenfalls davon ausgegangen, dass alle Systeme unter ähnlichen Bedingungen von gut geschultem technischen Personal hergestellt, installiert und gewartet werden, sodass Probleme aufgrund fehlerhafter Installation oder mangelhafter Wartungsleistungen ausgeschlossen werden können. Im Umkehrschluss ist es wichtig, dass ein Hersteller von Systemen oder Applikationen von den Anwendern und Nutzern des Systems über aufgetretene Fehler und Störungen informiert wird.

> **Empfehlung:** Die Zuverlässigkeitsbetrachtung für eine Technologie ist schon komplex genug. Welchen Sinn sollte es also haben, sich UC-Systeme anzuschaffen oder diese zu betreiben, die aus einem „Zoo" von Komponenten bestehen? In diesem Fall ist eine einheitliche Betrachtung der Zuverlässigkeit des Gesamtsystems nahezu unmöglich. Schaffen Sie sich eine echte vereinheitlichte UC-Architektur an.

9.7.5 Bewertung der Zuverlässigkeit eines Gesamtsystems

Zur Berechnung der MTBF individueller UC-Architekturen kommt sehr häufig die FTAM (Fault Tree Analysis Method) zum Einsatz. Diese Methode verwendet die individuellen Komponentenausfallraten und deren theoretische MTBF-Werte, um eine globale System-MTBF zu berechnen.

In Ergänzung zu diesem berechneten Wert ermitteln viele Hersteller zudem noch eigene, geschätzte Systemverfügbarkeitswerte. Das ist vielfach dann der Fall, wenn es Systeme mit Redundanzmerkmalen wie z.B. duplizierte Steuerungen sind. Dann bezieht man in die Schätzungen für das Gesamtsystem den MTTR-Wert (Mean Time to Repair) für das fehlerhafte, kritische Teil ein, welches redundant ausgelegt ist. Die Ausfallraten und Verfügbarkeit der Geräteeinheiten werden so auf der Grundlage theoretischer Werte geschätzt und stellen jährliche Prognosen dar.

Vor allem für in Netzwerkkonfigurationen vernetzte UC-Architekturen kommen häufig FTAM zum Einsatz. Sie beachten die Ausfallrate der einzelnen UC-Systeme, die Verbindungen der verschiedenen Systeme im Netzwerk sowie die allgemeine Topologie der Netzwerkkonfiguration. Ausfallraten und Verfügbarkeit der Systeme in der Netzwerktopologie werden entweder in komplexen, das Netz einschließenden Gesamtbetrachtungen rechnerisch ermittelt oder in theoretischen Werten geschätzt.

> **Praxistipp:**
> Die UC-Architektur selbst sowie seine Umwelt- und Einsatzbedingungen unterliegen einem steten Wandel. Die letztendlichen Verfügbarkeitsschätzungen hängen von der Komplexität des Netzwerks und der globalen Umgebung ab und können daher nur fallspezifisch berechnet werden.
>
> **Empfehlung:** Für den zuverlässigen Betrieb, vor allem im Hinblick auf eine planbare Zuverlässigkeit, ist eine mindestens jährlich stattfindende Zuverlässigkeitsbetrachtung unabdingbar.

9.8 Betriebsdauer und Lebenszyklus

Die Betriebsdauer und der Lebenszyklus eines einzelnen Elements lassen sich, wie oben dargestellt, recht klar beschreiben. Betrachtet man beides hinsichtlich einer komplexen Architektur wie Unified Communication, dann wird deutlich, dass man genau wissen sollte, wie sich der Lebenszyklus der einzelnen Komponenten und Applikationen des Gesamtsystems verhält. So bestehen moderne UC-Systeme in der Regel aus einem Hard- und einem Softwareanteil, also z.B. Servern und Applikationen. Für beides wird es meistens unterschiedliche Lebenszyklen geben.

Unter dem Aspekt eines langfristig gesicherten und vor allem planbar stabilen Betriebes bedarf es der genauen Kenntnis der Lebenszyklen der Hard- und Software sowie der in den einzelnen Lebensabschnitten bereitgestellten Leistungen für die Absicherung der Zuverlässigkeit der UC-Architektur im Ganzen.

9.8.1 Lebenszyklus der Software

Die wesentlichen Bestandteile von Unified Communication sind die Applikationen. Alle Welt redet bei Unified Communication fast nur noch über SoftSwitches, also rein softwarebasierte VoIP-Systeme, Web- und XML-Applikationen usw. Von daher sollte genau diesem Teil von UC besonderes Augenmerk gewidmet werden. Im Vordergrund stehen dabei Fragen wie:

- Wie oft, also in welchem Rhythmus kommen neue Versionen der Software?
- Welche Zwischenstufen gibt es je Version?
- Wie lange kann man eine bestimmte Version der Software erwerben? (Diese Frage ist vor allem bei größeren UC-Projekten, die einen mehrjährigen Projektverlauf haben, von immenser Bedeutung.)
- Welche Pflege-, Wartungs- und Entwicklungsleistungen gibt es rund um die Software?
- Ab wann wird ein bestimmter Softwarestand nicht mehr unterstützt?

Prinzipiell ist es für die Planbarkeit des Betriebs immer günstig, wenn der Hersteller eine eindeutige Regelung über den Softwarelebenszyklus hat. Am Markt ist zu beobachten, dass viele Hersteller dem Wunsch der Kunden und Nutzer nachgehen und diesbezüglich klare Regelungen einführen. Sie richten jährliche Versionsaktualisierungen ein, die sie dann meistens über einen Zeitraum von 36 Monaten unterstützen. Wie sieht das im Konkreten aus?

Genau wie in Abbildung 9.1 dargestellt, gibt es für Softwarelösungen und Applikationen aufeinanderfolgend die Phase der Markteinführung, die der regulären Vermarktung und die der planbaren Vorabkündigung. Diese Phase geht in die Phase des Marktauslaufes über. Das Ende des Lebenszyklus der Softwareversion ist am Ende dieser Phase erreicht.

Wie so oft in der Technik wird auch der Zeitpunkt des Starts einer Softwareversion als T_0 bezeichnet. Das ist der Beginn der Markteinführung.

> **Praxistipp:**
>
> Man erwirbt ein UC-System in der Regel (abgesehen von Erweiterungen) mit einem bestimmten Softwarestand zum Zeitpunkt T_0. Das bedeutet: Die Version wird voll unterstützt, es gibt Fehlerbehebungen, eine technische Unterstützung usw. Nach Ablauf des Lebenszyklus von 36 Monaten ist diese Softwareversion aus der Softwarepflege raus. Spätestens dann sollte man über einen Versionswechsel nachdenken.
>
> **Empfehlung:** Schließen Sie einen Software-Pflegevertrag ab, in dem sowohl die Fehlerbeseitigung als auch die Weiterentwicklung der Software abgedeckt sind. Versuchen Sie, diese Pflege für mehr als 36 Monate zu vereinbaren, denn es dauert immer eine gewisse Zeit, ehe ein neuer Softwarestand implementiert und erfolgreich in Betrieb genommen ist.

In den meisten Fällen nimmt bei einem 36-monatigen Lebenszyklus die Hauptvermarktungsphase auch den Hauptteil ein. Oft sind es die ersten 18 bis 24 Monate. Nach Ablauf dieses Zeitraumes, also in der Vorauslaufphase, wird die Softwareversion offiziell für den Einsatz in Neuprojekten nicht mehr vertrieben. Nutzer, die eine solche Version erwarben und jetzt noch nachträgliche, ergänzende Implementierungen vornehmen wollen und müssen, können diese Version im Rahmen von Projekterweiterungen beziehen. Das Gleiche gilt in der Regel für Softwareerweiterungen zu dieser Version. Meistens ist diese Phase recht kurz, also 6 oder 12 Monate. Fehlerbehebungen und die technische Unterstützung laufen weiterhin.

Ab dann beginnt der Zeitraum für die Auslaufphase der Softwareversion. Die Softwareversion kann nicht mehr erworben werden. Der Hersteller bietet in dieser Zeitspanne nur noch eingeschränkten technischen Support, meistens lediglich zu Diagnosezwecken. Softwareprobleme werden nicht mehr behoben, und es gibt keine Wartungsversionen mehr. Hat die Softwareversion das Ende ihres Lebenszyklus erreicht, beschränkt sich die Unterstützung ggf. noch auf die eingesetzte Hardware. Für die Software selber wird weder technische Unterstützung noch eine Weiterentwicklung oder Pflege angeboten. Das betrifft in der Regel auch die mit einem bestimmten Softwarestand ausgelieferten Zusatzmodule für die Software.

> **Praxistipp:**
>
> Die Nutzer wollen und brauchen Klarheit und vor allem Planbarkeit bezüglich des Lebenszyklus der von ihnen verwendeten Software. Von den Herstellern werden die entsprechenden Modelle für Softwarelebenszyklen bereitgestellt.
>
> **Empfehlung:** Entweder erwirbt man turnusmäßig eine neue Version der Software, was sich am einfachsten über einen Softwareentwicklungsvertrag realisieren lässt. Oder man erwirbt immer dann eine neue Version, wenn man Bedarf dafür hat. Letzteres kann wirtschaftlich und technologisch gefährlich sein. Oftmals, und vor allem beim Überspringen mehrerer Softwareversionen, bedarf es für die Implementierung der neuen Version auch der Installation neuer Hardware. In einem Softwareentwicklungsvertrag lässt sich genau dieses Risiko deutlich eingrenzen.

9.8.2 Lebenszyklus der Hardware

Der Lebenszyklus von Hardware ist dagegen deutlich einfacher. Einmal eingebaut, wird die Hardware meistens so lange betrieben, bis sie entweder kaputtgeht oder das reguläre Ende des Betriebes erreicht ist. Natürlich gibt es auch bei der Hardware eine Fehlerbeseitigung und ab und zu auch Erweiterungen von Hardwarekomponenten, doch bei Weitem nicht diesen ständigen Versionszyklus.

So ist es in der Praxis eher gang und gäbe, dass man bis zu zehn Jahre nach der Markteinführung einer Hardware- oder einer daran gebundenen Softwareversion technische Unterstützung sowie eine Ersatzteilversorgung für diese Hardware bekommen kann.

> **Praxistipp:**
> In den meisten Fällen bezieht sich der Zeitpunkt T_0 nicht direkt auf die Markteinführung der Hardware selber, sondern auf eine zu diesem Zeitpunkt am Markt eingeführte Softwareversion.
>
> **Empfehlung:** Um zu wissen, wie lange und von wann der Lebenszyklus einer Hardware zählt, sollten Sie sich immer genau informieren, wie der Hersteller diesen Aspekt sieht.

9.9 Warum Sicherheit für UC?

Unified Communication besteht aus modernsten Kommunikationslösungen und -technologien und ist eingebettet in die gesamte IKT eines Unternehmens. Die IKT wiederum ist eines der wichtigsten Produktionsmittel. Nahezu alle Geschäfts- und Büroprozesse laufen IKT-gestützt ab. Die Konsequenz daraus ist, dass die Sicherheit der IKT einen wesentlichen Garanten für die Stabilität, insbesondere die der Geschäftsprozesse, darstellt. Jedes Unternehmen und jede Organisation muss darauf bedacht sein, alle Gefahren abzuwenden und Risiken für das Unternehmen bzw. die Organisation zu minimieren.

Die wirtschaftliche Stabilität und Robustheit einer Institution sind zwei Hauptkriterien, nach denen Finanzinstitute und Versicherungen sie einstufen („Rating"). Darüber hinaus gibt es verschiedene rechtliche Rahmenbedingungen, insbesondere in Bezug auf den sicheren Einsatz der IKT und somit auch von Unified Communication. Das sind zum einen die Gesetze hinsichtlich der Verantwortlichkeiten von Geschäftsführungen und Vorständen in puncto IKT-Sicherheit und Risikominimierung. Zum andern sind es die Themen rund um den IKT-Grundschutzkatalog des BSI sowie dessen zusätzlich publizierte IKT-Sicherheitsempfehlungen.

Nicht zuletzt ergibt sich noch eine Vielzahl von Teilthemen über den gesamten Bereich der Sicherheit aus der Dokumentationspflicht aller IKT-Serviceprozesse, zu denen natürlich auch die IKT-Sicherheit der eingesetzten UC-Implementierungen zählt. Im Laufe der letzten Jahre haben sich verschiedene Methoden zur Dokumentation von IKT-Serviceprozessen etabliert wie z.B. COBITv4 (Control Objectives for Information and related Technology). Weitere Informationen zu COBIT unter www.itgi.org. Im Rahmen dieses Buches wird jedoch auf die nach heutigem Stand meistverwendete Methode ITILv3 (IT Infrastructure Library) Bezug genommen.

> **Praxistipp:**
>
> Es gibt eine Vielzahl von Gründen, warum man sich für die Planung, Implementierung und den Betrieb von UC mit der breiten Palette von Sicherheitsthemen auseinandersetzen muss. In erster Linie sind dies rechtliche Zwänge. Aber auch rein wirtschaftliche Aspekte, insbesondere bezüglich der Bewertung des Kapitalrisikos von Unternehmen (Baseler Beschlüsse), spielen eine gewichtige Rolle. Letzteres wiederum führt zur Notwendigkeit der Beschreibung aller eingesetzten und genutzten IKT-Serviceprozesse – einschließlich der UC-Technologien und deren Sicherheitsanforderungen.
>
> **Empfehlung:** Unified Communication ist eine hervorragende Sache – aber bitte mit Sicherheit. Gehen Sie allen Aspekten der Sicherheit nach und sorgen Sie vor allem für eine normgerechte Dokumentation sowie die Um- und Durchsetzung einer Sicherheitskonzeption.

9.9.1 Baseler Beschlüsse

Mit dem Stichwort „Basel II" wird die Diskussion um die Neugestaltung der Eigenkapitalvorschriften der Kreditinstitute bezeichnet. In Basel wurden und werden viele Beschlüsse gefasst, unter anderem zur Schaffung einheitlicher Wettbewerbsbedingungen für die Ausstattung der Unternehmen mit Eigenkapital und die Kreditvergabe. Bereits die erste Version dieser Beschlüsse – Basel I – verfolgte das Ziel einer Risikoabschätzung hinsichtlich des Eigenkapitals eines Unternehmens. Allerdings machten es sich die Banken danach recht einfach. Existierte in einem Unternehmen ein höheres Risiko für das Eigenkapital, so wurde diesem Unternehmen zwar weiterhin Kredit gewährt, aber natürlich zu erhöhten Zinskonditionen. Solche Vorgehensweisen nutzten nur dem Kreditgeber, aber nicht der Entwicklung eines wettbewerbsfähigen Marktes. Der Kreditnehmer ist dadurch einer Stabilisierung seines Unternehmens in der Regel keinen Schritt näher gekommen. Diese und weitere Schwächen in Basel I sorgten dafür, dass man sich im Baseler Ausschuss für Bankenaufsicht dazu entschloss, Basel II zu verabschieden. Die wesentlichsten Änderungen in Basel II sind:

- Entscheidungen von Kreditvergaben an Unternehmen müssen immer mit einer Risikobewertung einhergehen.
- Es müssen insbesondere operationelle Risiken bewertet werden. Darunter sind Risiken von Verlusten oder Schäden am bzw. für das Unternehmen zu verstehen, die durch Unzulänglichkeiten in internen Prozessen und Systemen bzw. im Handeln von unternehmensnahen Personen entstehen, d.h. vor allem in den IKT- und Serviceprozessen. Die operationellen Risiken sind Bestandteil der ersten Säule von Basel II.

Gemäß der EU-Richtlinie 2006/49/EG müssen die Regeln von Basel II ab dem 1. Januar 2007 in den Ländern der Europäischen Union umgesetzt werden. Im deutschen Recht spiegeln sich die Regelungen aus Basel II unter anderem im Kreditwesengesetz wider. Zwar ist die Umsetzung von Basel II in der EU beschlossene Sache, doch leider droht diese Regelung insbesondere in Ländern wie den USA zu scheitern. Hier wurde die Einführung erneut auf den Beginn des Jahres 2009 verschoben, allerdings wie sich Anfang 2010 zeigte wiederum ohne Erfolg. Wegen der allgemein schwierigen Wirtschaftslage in den letzten Jahren wird seit Ende 2009 an den Nachfolgevereinbarungen Basel III und IV gearbeitet. Zu denen will sich dann auch die USA bekennen.

> **Praxistipp:**
> Das Kredit-Rating von Unternehmen wird sich aufgrund von Basel II und den Nachfolgern künftig verstärkt an operationellen Risiken messen. Aufgrund der immer stärkeren Verknüpfung von Geschäftsprozessen mit der IKT gewinnt die Verminderung von Risiken in ihr besonders an Bedeutung. Verminderung operativer Risiken, z.B. durch gezielte Absicherung und Ausfallsicherheit, kann also im Endeffekt zu einem günstigeren Rating führen. Vor allem im letzten Punkt wird die Rolle der IKT-Sicherheit im Rahmen der Baseler Vereinbarungen deutlich.

9.9.2 Kontroll- und Transparenz-Gesetz

Neben dem genannten Kreditwesengesetz ist es vor allem das Gesetz zur Kontrolle und Transparenz im Unternehmensbereich (KonTraG), nach dem in Deutschland die persönliche Verantwortlichkeit von Vorständen und Geschäftsführern hinsichtlich der Durch- und Umsetzung von IKT-Sicherheit geregelt wurde. So sieht es die Gesetzgebung:

- **§ 43 GmbHG (Haftung der Geschäftsführer)**: Die Geschäftsführer haben in den Angelegenheiten der Gesellschaft die Sorgfalt eines ordentlichen Geschäftsmannes anzuwenden. Geschäftsführer, welche ihre Obliegenheiten verletzen, haften der Gesellschaft solidarisch für den entstandenen Schaden.

- **§ 93 AktG (Risikominimierung und Gefahrenabwehr)** fordert die Vorstände auf, „geeignete Maßnahmen zu treffen, insbesondere ein Überwachungssystem einzurichten, damit den Fortbestand der Gesellschaft gefährdende Entwicklungen früh erkannt werden".

- **§ 93 AktG (Haftung der Vorstände)**: Entsprechend der Regelung haften Geschäftsführer auch bei fehlender Ressortzuständigkeit. Ist nur ein Mitglied der Geschäftsführung für den Bereich EDV zuständig, so haben die anderen Geschäftsführer ihren Kollegen regelmäßig zu überwachen und Bericht erstatten zu lassen. Haben sie keine eigene Sachkenntnis, sind sie verpflichtet, den Rat Dritter einzuholen, wenn sie z.B. den Eindruck gewinnen, dass auch der für EDV zuständige Geschäftsführer nicht die erforderliche Sachkenntnis hat.

> **Praxistipp:**
> Ein Geschäftsführer tut entsprechend gut daran, dass er sich informiert, welche Gefahren und Risiken mit dem Einsatz neuer Kommunikationstechnologien wie Unified Communication verbunden sind.
>
> **Empfehlung:** Tragen Sie dafür Sorge, dass alle Maßnahmen ergriffen werden, um die mit dem Einsatz von Unified Communication verbundenen Risiken zu minimieren. Setzen Sie dafür ggf. Spezialisten ein, die sich mit allen Bereichen Ihrer UC-Architektur auskennen. Sicherheit ist ein ganzheitliches Thema, für „vereinigte Sicherheit" gilt das noch mehr.

9.9.3 Bundesdatenschutzgesetz (BDSG)

Das ist das eigentliche Thema der Sicherheit, der Schutz der Daten und Informationen, vor allem der persönlichen Daten. Laut BDSG sind Unternehmen und Organisationen verpflichtet, die „Grundsätze einer ordnungsgemäßen Datenverarbeitung" einzuhalten. Ein einfaches, sehr praxisnahes Beispiel soll die Brisanz dieses Themas verdeutlichen:

> **Praxisbeispiel:**
> In den meisten Unternehmen, Behörden und Organisationen existieren persönliche „Anrufbeantworter" oder auch Sprachnachrichtenspeicher. Oftmals sind diese Systeme durch PINs geschützt, sodass nur der eigentliche Benutzer selbst an seine eigenen Sprachnachrichten herankommt. Kaum ein Anwender hat es jemals getan oder zumindest versucht, seine gespeicherten Sprachnachrichten an andere Teilnehmer weiterzuleiten. Viele Anwender wissen nicht einmal, dass man so etwas machen kann. Auch wenn man seine eingehenden Rufe umleiten kann, die Sprachnachrichten leitet niemand automatisch weiter.
>
> Jetzt will das Unternehmen ein ganz modernes UMS (Unified Messaging System) zum Einsatz bringen. Die Sprachnachrichten werden automatisch umgewandelt und landen als E-Mail im E-Mail-Konto des Anwenders. Wie gehen die Anwender mit der automatischen Weiterleitung von E-Mails bei Abwesenheit um? Wen lassen die Anwender noch alles in ihre persönlichen E-Mails schauen, wenn man sich gegenseitig vertreten will? Das Thema Datenschutz gewinnt plötzlich einen völlig neuen Stellenwert.

Das ist nur eines der vielen, vielen Beispiele, wie mit persönlichen Daten *nicht* umgegangen werden sollte und darf. Daher ist das BDSG eine sehr wichtige rechtliche Instanz. Sie regelt mittels klarer Grundsätze unter anderem folgende Punkte und Anliegen:

- Das Verbotsprinzip und den Erlaubnisvorbehalt bezüglich der Erhebung und Nutzung persönlicher Daten.
- Den Grundsatz der Datenvermeidung und Datensparsamkeit.
- Der Umgang mit persönlichen Daten. Statt des Namens können auch sachlich-inhaltliche Bezüge als klare und eindeutige Referenz auf Personen herangezogen werden.

9.10 IT-Grundschutzkatalog des BSI

Seit 2005 trägt das ehemalige „IT-Grundschutzhandbuch" die Bezeichnung „IT-Grundschutzkatalog" (GSK). Der GSK ist vom BSI herausgegeben und enthält eine ganze Reihe von Bausteinen. Einige dieser Bausteine wurden in den darauffolgenden Jahren erneut überarbeitet. Der aktuelle Stand ist der von 2008. Um beim Thema Sicherheit auf dem Laufenden zu bleiben, besteht die Möglichkeit, sich den Katalog kostenfrei von der Webseite des BSI (www.bsi.bund.de) herunterzuladen. Nicht alle Bausteine haben direkt etwas mit Unified Communication zu tun. Allerdings existieren für einzelne Themen eigene Bausteine, z.B. der mit der laufenden Nummer 4.7 „Voice over IP".

> „Der Baustein beschäftigt sich mit dem sicheren Einsatz von VoIP in Netzen. Die in dem Baustein betrachteten Empfehlungen wirken den Problemen, die bei der Telephonie über ein Datennetz entstehen können, entgegen. Neben Grundlagen, wie einer Übersicht über die verbreiteten Signalisierungs- und Medientransportprotokolle, werden unter anderem Hinweise zur Integration von VoIP in vorhandene Datennetze sowie zur Administration und Konfiguration von VoIP-Komponenten gegeben."
>
> (Quelle: IT-Grundschutzkatalog – Baustein 4.7; BSI)

Das Grundgerüst der Bausteine im GSK ist immer gleich. Der GSK beschreibt die mit G.nnn bezeichneten Gefahrenlagen bzw. Gefährdungen und gibt mit M.nnn spezifizierte Maßnahmen heraus, diese allerdings in Form von Empfehlungen. Wen die genauen Inhalte dieses Bausteins interessieren, dem sei die bereits genannte Webseite des BSI empfohlen. Um etwas neugierig auf diese Seiten zu machen, hier einige markante Kernpunkte:

- Der Baustein unterteilt folgende Gefährdungen:
  - Organisatorische Mängel
  - Menschliche Fehlhandlungen
  - Technisches Versagen
  - Vorsätzliche Handlungen
- Der Baustein nennt/empfiehlt Maßnahmen zu folgenden Themen:
  - Planung des Einsatzes von VoIP
  - Beschaffung
  - Umsetzung
  - Betrieb
  - Aussonderung
  - Notfallvorsorge

> **Praxistipp:**
> Jedem, der sich ernsthaft mit Planung, Installation, Betrieb und Betreuung einer UC-Architektur beschäftigt, sei an dieser Stelle geraten, sich intensiv mit den Hinweisen und Empfehlungen des GSK auseinanderzusetzen.
>
> **Empfehlung:** Holen Sie sich Unterstützung von BSI-zertifizierten Experten.

9.11 BSI – VoIPSec-Studie

Weil VoIP eine der Basistechnologien von Unified Communication ist, halten wir es für essenziell, sich mit dem Thema VoIP-Sicherheit detaillierter auseinanderzusetzen.

Im Jahr 2006 hat das BSI eine Studie zum Thema VoIP-Sicherheit von einem sehr kompetenten Autorenteam erarbeiten lassen und veröffentlicht. Diese Studie mit dem bezeichnenden Namen „VoIPSec-Studie" stellte auf fast 200 Seiten eine Vielzahl von Bedrohungsszenarien im VoIP-Umfeld dar und gab Empfehlungen, wie man mit diesen Bedrohungen umgeht. Dem aufmerksamen Leser wird sehr schnell deutlich, dass die Autoren oft in die tiefsten Tiefen der IP-Technologie einsteigen und selbst die vermeintlich unwahrscheinlichsten Angriffspunkte auf VoIP-Implementierungen betrachten. Aus dem Blickwinkel der Umfänglichkeit und der Tiefgründigkeit sicher eine richtige Vorgehensweise, doch für die alltägliche Umsetzung von Sicherheitsprozessen beinahe zu komplex und zu ineffizient. Nichtsdestotrotz ist es eines der maßgeblichen Leitwerke für die Planung, Implementierung und den Betrieb sicherer VoIP-Systeme. Da es im Rahmen dieses Buches nicht zielführend wäre, die gesamte Themenbreite der VoIPSec-Studie zu diskutieren, wird in den nächsten Unterpunkten auf einige markante Aussagen hingewiesen, die man in der Praxis im VoIP-Umfeld auf jeden Fall beachten sollte.

Weil die VoIPSec-Studie zwar sehr wichtig, aber auch sehr theoretisch angelegt, ist es sinnvoll, sich ihr mit einigen praktischen Gedanken zu nähern. In den folgenden Punkten werden einige Abschnitte der Studie dahingehend betrachtet, welche Gefahren, Risiken und damit Sicherheitsbedenken hinsichtlich Verfügbarkeit, Vertraulichkeit und Integrität in der Praxis relevant sind.

9.11.1 Zu Grundlagen und Protokollen von VoIP

Die ersten Kapitel der Studie beschäftigen sich mit den Grundlagen von VoIP, mit Protokollen wie H.323, SIP, MEGACO usw. In tieferen technischen und theoretischen Darstellungen wird diskutiert, welche Gefahren und Risiken in diesen Protokollen stecken.

9.11.1.1 H.323

H.323 ist ein sehr komplexes Protokoll, das sowohl für den Anschluss von Endgeräten als auch Applikationen Verwendung findet sowie zum Anschluss von Netzen (Trunks). Es definiert alle Einzelheiten von der Signalisierung über die Paketierung bis zur Kodierung und zum Bandbreitenmanagement.

> **Praxistipp:**
> Die praktischen Gefahren vor allem dieses Aspektes bestehen darin, dass man sich zum einen sehr schnell verkonfiguriert, und zum anderen ist die Herstellung von Kompatibilitäten zwischen Komponenten unterschiedlicher Hersteller bei der Verwendung von H.323 oftmals sehr komplex und aufwendig, ebenso wie die gesamte H.323-Architektur. Diese Aspekte betreffen vor allem die Fehlersuche in H.323-Umgebungen. Die Komplexität ist eine Gefahr für die Verfügbarkeit.
>
> **Empfehlung:** Versuchen Sie aus den eben angeführten Gründen, so weit wie möglich auf die Verwendung von H.323 zu verzichten. Es gibt modernere Protokolle für Unified Communication. Wenn Sie dennoch H.323 einsetzen, dann bauen Sie die Struktur so auf, dass ihre Komplexität möglichst gering gehalten wird.

Die Steuerung im H.323 übernimmt ein Gatekeeper, bei größeren Installationen wird oftmals eine zusätzliche übergeordnete Steuerinstanz für alle Gatekeeper notwendig. Die Skalierung von H.323-Umgebungen ist aufgrund der vielen dafür benötigten Komponenten ebenfalls sehr komplex.

Die Anwender müssen sich an einem Gatekeeper registrieren, denn dieser hat die Steuerung aller H.323-Nutzer in seinem Anschlussbereich. Die Verfügbarkeit und die Betriebsbereitschaft des Gatekeepers sind also für die Anwender überlebensnotwendig. Ebenso könnte ein angegriffener Gatekeeper die auf ihm registrierten Teilnehmer falsch steuern, z.B. falsche Verbindungen oder gar unbemerkte Konferenzschaltungen aufbauen. Daraus resultiert eine deutliche Gefahr hinsichtlich der Verletzung der Vertraulichkeit und Integrität.

> **Praxistipp:**
> Das Thema zuverlässige und gesicherte Registrierung der Teilnehmer auf dem Gatekeeper ist für einen sicheren Betrieb unabdingbar. Das bedeutet aus praktischer Sicht, dass Sie für eine sichere Authentisierung der Teilnehmer am IP-Netz sorgen müssen und die Anmeldedaten entsprechend verschlüsseln. Die Gatekeeper selber sollten über zuverlässige Funktionen, insbesondere zum Schutz gegen Verfügbarkeitsattacken (Denial of Service, DoS) verfügen.

9.11.1.2 SIP

SIP ist ein Klartextprotokoll, was es für die Nutzer besonders attraktiv macht. Es lässt sich sehr einfach verwenden und ggf. für eigene Anwendungen adaptieren bzw. anpassen. Es findet Verwendung sowohl für den Anschluss von Endgeräten als auch Applikationen sowie zum Anschluss von Netzen (Trunks). Der Transport der Nutzdaten liegt allerdings eindeutig außerhalb des Definitionsbereiches der SIP-Standards.

> **Praxistipp:**
> In der Offenheit des SIP-Protokolls liegt auch seine Gefahr. Ein Angreifer kann die in Klartext übermittelten Daten sehr einfach modifizieren. Das bedeutet einen Angriff auf die Integrität der SIP-Umgebung. Im SIP-Protokoll steht außerdem viel Information über den Sender und Empfänger. Auch das kann einem Angreifer sehr gute Angriffspositionen verschaffen – was wiederum eine klare Verletzung der Vertraulichkeit darstellt.
>
> **Empfehlung:** Setzen Sie die bereits an einigen Stellen des Buches angeführten Möglichkeiten zur Verschlüsselung des SIP-Transfers wie SSL/TLS, IPSec usw. ein.

SIP benötigt anders als H.323 wenigstens drei Komponenten, damit es funktionieren kann. Die Registrierung der SIP-Nutzer erfolgt auf den SIP-Registrar. Der SIP-Lokator hält die Informationen, an welchem „Ort" sich der SIP-Nutzer angemeldet hat. Mittels des SIP-Proxys erfolgt die Weiterleitung und Verteilung der SIP-Informationen. Ergo sind mindestens drei Komponenten vor Angriffen zu sichern. In moderneren SIP-Implementierungen kommt noch eine vierte, sehr wichtige Instanz hinzu: der SSC (SIP Session Controller). Diese Dinge sind in Kapitel 5 detaillierter dargestellt und beschrieben.

> **Praxistipp:**
> Da es sich bei SIP um ähnliche Architekturen handelt wie in einer HTTP-Umgebung, kann man hier ähnliche Sicherheitsfunktionen zur Anwendung bringen, z.B. den Einsatz von Firewalls und DMZs (Demilitarized Zone).
>
> **Empfehlung:** Nutzen Sie zusätzlich zu diesen netzbasierten Sicherheitsfunktionen auch die Möglichkeiten der Protokollabsicherung wie TLS, IPSec usw.

9.11.1.3 MGCP und Megaco

Das Media Gateway Control Protocol (MGCP) und Megaco finden nahezu ausschließlich in der Carrierwelt Verwendung. Megaco ist ein Gemisch aus H.323 und MGCP. Beide Protokolle dienen zur Steuerung der verschiedenen Mediagateways durch den zentralen Steuerserver. Es sind sehr komplexe, nicht im Klartext dargestellte Protokolle.

> **Praxistipp:**
> MGCP und Megaco werden nahezu ausschließlich bei Carriern verwendet, die in der Regel eine sehr hohe Sicherheit in ihren Architekturen implementiert haben. Deshalb geht von diesen Protokollen für die herkömmlichen UC-Anwender eher keine Gefahr aus.
>
> **Empfehlung:** Versuchen Sie, den Einsatz dieser beiden Protokollfamilien in Ihrer UC-Architektur zu umgehen. Nutzen Sie die anderen standardisierten und weitaus handhabbareren Protokolle, wie sie in Kapitel 5 beschrieben sind.

9.11.1.4 Herstellereigene Protokolle

Viele Hersteller verwenden nach wie vor eigene Signalisierungsprotokolle, insbesondere zur Abbildung der erweiterten Leistungsmerkmale und Funktionen. Dabei handelt es sich teils um in IP eingepackte herstellerspezifische digitale Protokolle. Teilweise sind es auch abgewandelte H.323 oder SIP-Protokolle, in einigen Fällen sogar ausschließlich eigene Protokolle, die auf keinerlei Standardprotokollen aufsetzen.

Ein weiterer Punkt ist die Tatsache, dass die herstellereigenen Protokolle in der Regel auf speziellen IP-Ports kommunizieren und meist keine Standard-Ports verwenden. Ein Angreifer hat es also doppelt schwer.

> **Praxistipp:**
>
> Hinsichtlich der Komplexität dieser Protokolle gelten die bereits getroffenen Aussagen zu den nicht im Klartext übermittelten Protokollen. Dennoch, und diesen Aspekt räumt auch die BSI-Studie ein, kann man derartige Protokolle im Hinblick auf ihre Robustheit bezüglich der Vertraulichkeit und Integrität höher einstufen als die Standardprotokolle, vor allem weil die Hersteller Funktionsweise und Aufbau dieser Protokolle in den meisten Fällen nicht offenlegen.
>
> **Empfehlung:** Hier haben herstellerspezifische Protokolle also durchaus Vorteile, die Sie nutzen sollten, soweit die notwendige Interoperabilität darunter nicht leidet.

9.11.2 Protokolle zur Medienübertragung

Die Übertragung der eigentlichen VoIP- oder SIP-Inhalte, d.h. die Sprache, Audio, Bilder und Videos, aber auch die klassischen transparenten TDM Modem-/Daten-Dienste werden mittels RTP (Realtime Transfer Protocol) übertragen. Das ist im Grunde eine ungesicherte Übertragung, sowohl weil es UDP verwendet als auch im Hinblick darauf, dass RTP absolut offen ist und sehr einfach „mitgehört" werden kann.

Im Kopf dieser Pakete stehen alle Informationen wie der verwendete Codec, der Zeitstempel, eine Reihenfolgenummer (sequence number) usw. Diese Informationen können ausgelesen und sehr einfach wieder decodiert werden. Man erfährt so die originalen Informationen. Es besteht also die direkte Gefahr des Verlustes der Vertraulichkeit. Darüber hinaus besteht die Gefahr des Integritätsverlustes, denn die übermittelten Daten könnten auch modifiziert werden. Daher sollten Sie SRTP (Secure RTP) einsetzen. Nach diesem Protokoll werden die RTP-Pakete mittels einer Verschlüsselung bearbeitet, in den meisten Fällen nach AES (Advanced Encryption Standard). SRTP bietet:

- Verschlüsselung der Daten (verhindert Integritätsverletzungen hinsichtlich unbefugten Mithörens)
- Authentifizierung des Absenders (verhindert Vertraulichkeits- und Identitätsverletzungen)

- Überprüfung der Integrität des Datenstromes (verhindert Integritätsverletzungen gegenüber unbefugten Veränderungen und Modifikationen)
- Anti-Replay-Schutz (verhindert Integritätsverletzungen in den Zeitstempeln, unterbindet unbefugten Zeitversatz)
- Die Verschlüsselung sollte:
  - wenigstens mit einem 128-Bit-Schlüssel erfolgen,
  - einen möglichst geringen Einfluss auf die Laufzeit haben, d.h. geringe Verschlüsselungszeiten (möglichst eine Hardwareverschlüsselung),
  - in sich extrem sicher sein, d.h. die Verschlüsselungskomponenten müssen über einen sehr hohen Eigenschutz verfügen; keine unbefugten Konfigurationsmöglichkeiten, gegenseitige Authentisierung z.B. mittels Hash-Mechanismen,
  - transparent sein gegenüber den Funktionen auf Schicht 2 (VLAN) und 3 (IP-Informationen, Adresstranslation usw.), was bedeutet, dass nur der Inhalt verschlüsselt werden darf, nicht der IP-Header,
  - keinen Einfluss auf QoS-Funktionen haben, was wiederum stark mit der Forderung davor einhergeht.

> **Praxistipp:**
> Für die sichere Übertragung multimedialer Inhalte gibt es das SRTP (Secure RTP). Nutzen Sie es.

9.11.3 Routing – Wegefindung und Weitervermittlung im IP

Mit Routing ist nicht das Weitervermitteln (Routen) der Sprache an sich gemeint, sondern das Routen der IP-Pakete im UC-Umfeld. In den seltensten Fällen bestehen die UC-Umgebungen aus nur einem IP-Netz. Spätestens an den Übergängen in das IP-WAN erfolgt in der Regel gleichzeitig der Übergang in ein anderes IP-Netz. Zwischen den IP-Netzen wird „geroutet". Sehr häufig werden auch dezidierte IP-Netze für spezielle Funktionen konfiguriert, z.B. ein eigenes Netz für die UC-Server, ein eigenes für das Systemmanagement usw. Bei derartigen Konfigurationen ist es notwendig, den UC-Komponenten die erforderlichen Informationen für das Routing zwischen den Netzen mitzuteilen. Nun stellt sich die Frage: Welches Routing-Verfahren soll man verwenden? Und: Welche Gefahren und Risiken stecken im IP-Routing?

Prinzipiell unterscheidet man zwischen statischen und dynamischen Routing-Verfahren. Beim statischen Routing wird die Wegeschaltung fest in den Komponenten konfiguriert. Das bedeutet, dass die Komponenten nicht nur mit bestimmten klar definierten IP-Netzen kommunizieren dürfen, sondern es gibt auch eindeutige Beschreibungen, welche Wege, d.h. welche Netzübergänge dafür zu benutzen sind. Durch die detaillierte statische Konfiguration des gesamten Routings kann man von einer „gesicherten Wegeschaltung" sprechen. Die Kehrseite ist allerdings, dass diese statischen Routing-Einträge auf allen UC-Komponenten sehr akribisch und meist aufwendig gepflegt werden müssen.

Dynamisches IP-Routing bedeutet, dass sich die Systeme für die Kommunikation jeweils die Kommunikationswege suchen. Dabei erfolgt die Entscheidung, welcher Weg für die Kommunikation geschaltet und benutzt wird, nach unterschiedlichen Kriterien.

Egal, ob statisch oder dynamisch: Damit das Routing effizient und effektiv stattfinden kann, halten und pflegen die meisten UC-Komponenten Tabellen, in denen die Routing-Informationen hinterlegt sind. Diese Tabellen sind ein beliebtes Angriffsziel. Da sie insbesondere bei dynamischen Routing-Verfahren immer wieder modifiziert werden, fallen unberechtigte Modifikationen nur sehr schwer auf. Die Folge: Falsche Routing-Einträge führen zu falschen Weiterleitungen der IP-Pakete.

> **Praxistipp:**
> Statisches Routing ist zwar für die UC-Umgebung aufwendiger zu administrieren und zu betreiben, aus Sicherheitsaspekten jedoch durchaus höher zu bewerten. Dynamisches Routing lässt sich hinsichtlich der Integrität der Routing-Tabellen nur sehr schwer kontrollieren.
>
> **Empfehlung:** Verwenden Sie, wo immer es aus administrativen Gründen sinnvoll und umsetzbar ist, statische Routing-Konfigurationen. Dynamische Funktionen erfordern dynamische Sicherheit, diese ist oftmals gar nicht oder nur mit erheblichen Aufwendungen abzubilden.

Eine weitere Gefahr liegt darin begründet, dass es einem Angreifer gelingt, sich als sogenannter „Man in the middle" in den Routing-Prozess einzuschalten. Dieses Einschalten erfolgt so, dass die anderen Kommunikationsteilnehmer es nicht bemerken. So kann der Angreifer unbemerkt und unberechtigt die Kommunikationsinhalte mithören und sie ggf. sogar aufzeichnen. Beide Formen sind eindeutige Verstöße gegen die Vertraulichkeit.

Das Routing ist für die Kommunikation eine der wichtigsten Funktionen. Viele Kommunikationsprozesse (vor allem die zwischen den Netzen verschiedener Betreiber) zu unterschiedlichen Lokationen kommen ohne Routing überhaupt nicht zustande. Im Umkehrschluss stellt die Verfügbarkeit der Routing-Funktionen ein „lohnendes" Angriffsziel dar.

9.11.4 Angriffe auf Namen und Nummern

In Kapitel 5 wurden DNS als Routing-Verfahren für Namen und ENUM als Routing-Verfahren für Nummern bereits ausführlich diskutiert. Beide Dienste spielen in UC-Architekturen eine sehr wichtige Rolle. Ohne diese beiden Dienste würden die Komponenten und Endgeräte kaum eine Möglichkeit haben, im IP-Netz ihre Adressaten zu finden. DNS löst die Namen in IP-Adressen auf. ENUM wandelt die E.164-Rufnummer ins ENUM-Format und sorgt dann ebenfalls für die Auflösung dieser Nummer in eine IP-Adresse.

Die Gefahr und das Risiko bestehen vor allem darin, dass sich ein Angreifer problemlos unter einem falschen Namen bzw. einer falschen Nummer an der Kommunikation in der UC-Umgebung beteiligen kann.

> **Praxistipp:**
> Das wirksamste Mittel zur Sicherung der Vertraulichkeit bei DNS und ENUM ist eine sichere und zuverlässige Authentisierung der Anwender und der IP-Geräte. Wir empfehlen daher den Einsatz eines sicheren Verfahrens wie z.B. IEEE 802.1x zur Authentisierung für Nutzer und Geräte.

Gelänge es einem Angreifer, die Verfügbarkeit eines DNS- oder eines ENUM-Servers so zu beeinflussen, dass dieser Server nicht mehr in der Lage wäre, den Nutzern seinen Dienst qualitätsgerecht zu liefern, dann fände keine Kommunikation statt. Das ist vergleichbar mit einer Kreuzung, an der aufgrund einer Störung alle Ampeln gleichzeitig auf Rot stünden. Aber auch der umgekehrte Fall ist denkbar. Was passiert, wenn alle Ampeln gleichzeitig statt auf Rot auf Grün schalten? Auch diesen Zustand könnte ein Angreifer auf diese Funktionen herbeiführen. Er sendet die Suchanfragen einfach an alle Nutzer des Systems – also frei nach der Methode „Jeder spricht mit jedem". So herrscht in der einen Situation totale Stille und in der anderen das Chaos. Nur eines ist nicht möglich: problemlos zu kommunizieren. Die Nichtverfügbarkeit einer ordnungsgemäß funktionierenden Adressauflösung stellt eines der größten Risiken für die Kommunikation insbesondere in UC-Architekturen dar.

> **Praxistipp:**
> DNS und ENUM sind Funktionen, die man sowohl in privaten wie in öffentlichen IP-Netzen benötigt. Daher muss es eine der vordringlichsten Aufgaben eines Administrators sein, gerade diese Systeme in besonderer Weise abzusichern. Das kann beispielsweise mittels spezieller Firewall-Konstruktionen geschehen. Sie haben dann die Hauptaufgabe, ausschließlich DNS- bzw. ENUM-Anfragen und diese wiederum nur zu den DNS- bzw. ENUM-Systemen zu gestatten. Sie dienen oft zusätzlich als „Abwehrmauer" gegen die bereits öfter genannten DoS-Attacken.

9.11.5 Sicherung der Kodierung

Über die Notwendigkeit der Verwendung von Codecs für Unified Communication ist in Kapitel 5 ausführlich gesprochen worden. In der Praxis werden für die Kodierung der Sprache die Codecs G.711, G.723 und G.729 eingesetzt. Außerdem macht zusehends der Codec G722.2 von sich reden. Die Codecs sind allerdings keine eigenständigen Komponenten, sondern Funktionen, die von den digitalen Sprachprozessoren (DSP) bereitgestellt werden. Die Auswahl des vom DSP für die jeweilige Kommunikation zu benutzenden Codecs erfolgt bei modernen Systemen dynamisch.

Je Kommunikationsbeziehung sind immer mindestens zwei DSPs an der Kommunikation beteiligt, und ein DSP kann gleichzeitig immer nur eine Kommunikationsbeziehung bedienen. Genau darin liegt eine Gefahr. Die DSP-Ressourcen in einem UC-System sind begrenzt. Hier besteht eine starke Analogie zur klassischen Telephonie. Ein PMX-Anschluss (Primärmultiplex) verfügt über 30 Sprachkanäle. Wenn der 31. Teilnehmer über diesen Anschluss kommunizieren möchte, bekommt er vom System eine Rückmeldung der Art „Kommunikation nicht möglich – Netz belegt".

> **So bitte nicht!**
> Wer seinen Administrator für die Telefonanlage nebst allen daran angeschlossenen Teilnehmern sehr schnell und wirkungsvoll verärgern will, der schaltet von seinem Telefon eine Rufumleitung nach extern auf sein Handy und von dort wieder zurück auf sein Telefon. Ein Anruf von einem anderen Telefon auf die eigene Rufnummer kann so innerhalb weniger Minuten dazu führen, dass sämtliche Sprachkanäle nach außen ausgebucht sind. In diesem Fall ist es der Telefonanlage egal. Sie erfüllt ja nur in zuverlässiger Weise ihren Dienst. Solche Attacken gibt es leider und wider Erwarten nicht nur in der UC-Welt.

Nun besitzen moderne UC-Komponenten oftmals 60, 90, 120 oder sogar mehr DSPs – dennoch ist ihre Zahl endlich. Was liegt also für einen potenziellen Angreifer näher, als die für die Kommunikation überlebensnotwendigen DSP-Ressourcen zu attackieren?

> **Praxistipp:**
> Ein modernes UC-System muss funktional in der Lage sein, derartige Attacken zu erkennen und automatisch entsprechend zu reagieren. Oftmals finden Attacken auf die Verfügbarkeit von Diensten und Systemen gezielt von einem Quellsystem aus dem IP-Netz statt. Dann kann das UC-System die Kommunikation mit dieser Quelle einfach ignorieren und sich so selber schützen.
> **Empfehlung:** Setzen Sie in Ihrer UC-Umgebung ausschließlich UC-Systeme ein, die entweder eine integrierte Funktion zur Abwehr von Attacken besitzen oder mit entsprechenden Funktionen zum Schutz gegen Attacken im UC-Umfeld interagieren.

Ein Angriff auf die Verfügbarkeit der DSP-Ressourcen an sich, d.h. die komplette Auslastung aller DSPs eines UC-Systems, ist die eine Gefahr. Eine weitere Gefahr für die DSP-Ressourcen besteht darin, die DSPs mit defekten, respektive vermeintlich defekten Datenpaketen lahmzulegen. Vermeintlich defekt sind Datenpakete, die sich zwar z.B. als VoIP-Daten präsentieren, aber in Wirklichkeit keine Sprachdaten, sondern irgendeinen Unsinn enthalten.

Moderne DSPs sind in der Lage, Daten aus defekten oder verloren gegangenen Paketen durch Interpolieren aus den Inhalten der Daten vorheriger Pakete zu rekonstruieren. Es ist recht einfach, sich vorzustellen, dass diese Interpolation nur in einem gewissen Rahmen möglich ist. Das zu erzielende Interpolationsergebnis hängt sehr stark von folgenden Parametern ab:

- die Anzahl der defekten Pakete in Relation zum gesamten Datenstrom
- die verwendeten Paketgrößen (große Pakete bedeuten viele defekte Daten)
- die Anzahl der direkt hintereinander ankommenden defekten Datenpakete, was bedeutet, dass der DSP ggf. keine ausreichend korrekten Folgedaten bekommt, um zufriedenstellend interpolieren zu können.

Ein Angreifer könnte das UC-System also ebenso gut dadurch stören, dass er die DSPs mit defekten oder vermeintlich defekten Datenpaketen überflutet.

> **Praxistipp:**
> Gegen die letzte Angriffsform hilft in den meisten Fällen nur das sogenannte „Härten" der DSPs. Darunter versteht man, dass die DSPs mit Funktionen ausgestattet werden, mit denen sie „Datenmüll" erkennen und diesen einfach verwerfen können. Die Systemarchitekturen moderner VoIP-Komponenten sollten über solche Funktionalitäten verfügen.

Selbstverständlich weist die VoIPSec-Studie des BSI auch auf die praktische Notwendigkeit einer Bandbreitenkalkulation hin. Jeder, der sich mit VoIP und Unified Communication beschäftigt, sollte das Thema Bandbreitenplanung und -berechnung sehr ernst nehmen. Wir stellen Ihnen mit diesem Buch einen kleinen VoIP-Bandbreitenkalkulator zur Verfügung, den Sie kostenfrei von http://downloads.hanser.de herunterladen können (Suchbegriff: VoIP Praxisleitfaden, dann auf Daten anzeigen, Register „Dokumente").

9.11.6 Angriffspotentiale auf und im IP-Netz

Genau wie im UC-Umfeld selbst können auch passive oder aktive Angriffe auf, über und im IP-Netz ausgeübt werden. Passive Angriffe werden oft als harmloser eingestuft, da es sich hierbei ja „nur" um ein Mithören – englisch „Sniffen" – handelt. Dagegen verbinden die meisten Nutzer die aktiven Angriffe rein emotional mit großen Gefahren und Bedrohungen. Sie erinnern sich: Gefahren sind immer real vorhanden, sie sind handlungsunabhängig, Risiken sind hingegen handlungsbezogen. Aber auch das Nichthandeln birgt Risiken. Also egal ob passiv oder aktiv – Angriffe auf die Vertraulichkeit, Integrität und/oder Verfügbarkeit stellen immer eine Bedrohung dar. In ihnen stecken die verschiedensten Risiken. Wie groß sie sind und um welche Risiken es sich handelt, ist individuell und situationsbedingt sehr unterschiedlich und bedarf immer einer spezifischen Bedrohungs-, Risiko- und Sicherheitsanalyse.

> **Praxistipp:**
> Die Studie selbst geht nicht detailliert auf die Gefahren in IP-Netzen, VoIP-Systemen, Telefonanlagen, Server, Betriebssystemen usw. sowie den dazu passenden Maßnahmen zur Gefahrenabwehr ein.
>
> **Empfehlung:** Dazu sollten Sie auf jeden Fall einen Blick in den IKT-Grundschutzkatalog werfen. Alleine für VoIP werden fünf Bereiche des GSK tangiert: Telekommunikation, Server, Serverbetriebssysteme, IP-Netze und VoIP an sich.

9.12 Essenz

Alles Neue und Unbekannte wird von den meisten Menschen als gefahrvoll angesehen. Zumindest steht man solchen Dingen skeptisch gegenüber. Selbstverständlich wollen sich die Anwender und die Administratoren im Umgang mit und der Betreuung von modernen UC-Architekturen sicher fühlen. Das setzt voraus, dass man sich mit allen in Unified Communication steckenden Technologien, Diensten und Applikationen bekannt macht, ihre Gefahren erkennt und die Risiken bezüglich der Geschäftsprozesse sowie des Unternehmens selbst sehr genau analysiert und bewertet.

Sicherheit ist ein Gefühl, die Technik nur das Mittel. Sicherheit muss lebbar sein. Risiken und Gefahren sind real. Gefahren existieren unabhängig von den Handlungen der Menschen. Sie können in bestimmten Situationen und Momenten zu einer Bedrohung werden und damit ein Risiko bedeuten, wenn die entsprechenden Voraussetzungen, wie sie in diesem Kapitel beschrieben sind, zu- bzw. eintreffen.

Ein System ist nur so gut, wie es tatsächlich verfügbar ist. Der sichere und zuverlässige Betrieb eines UC-Systems stellt eine Vielzahl von Herausforderungen an die eingesetzten Technologien und das Betriebspersonal. Komponenten und Funktionen mit einer sehr hohen Zuverlässigkeit bilden das Fundament für einen sicheren Betrieb. Die Kenntnis der Zusammenhänge bezüglich der Ausfall- und vor allem Wiederherstellungszeiten sind essenziell, um den Anwendern einen reibungslosen und unterbrechungsfreien Betrieb bereitzustellen. Jede Technologie hat einen Lebenszyklus, der maßgeblich den Verlauf der notwendigen Betriebsaufwendungen bestimmt. Beim gemeinsamen und vereinigten Einsatz vieler Technologien, wie es bei Unified Communication per Definition der Fall ist, muss man immer das Gesamtszenario aller Lebenszyklen betrachten, denn die Systeme, Funktionen, Dienste usw. bedingen einander – „stirbt" eine dieser Instanzen, kann das zum Ende der gesamten UC-Architektur führen.

10 UC – Service und Betrieb

Die bisherigen Kapitel des Buches machten deutlich, welche technologischen Herausforderungen mit Unified Communication verbunden sind. Das begann mit den Voruntersuchungen, der Planung sowie der Konzeption und führte über die Implementierung und Anpassung in die nun folgende Phase, den zuverlässigen Betrieb der UC-Architektur. Um einen zuverlässigen Betriebs zu gewährleisten, bedarf es folgender Voraussetzungen:

- Eine Organisation mit Personal, die den Betrieb als Dienstleistung, also als Service, realisiert. Auf welche Art und Weise dieser Service erbracht wird und wie die Aufgabenteilung zwischen dem Serviceerbringer und dem Serviceauftraggeber erfolgt, das regeln spezielle Service- und Betriebsmodelle (SBM), die zwischen den genannten Servicepartnern zu vereinbaren sind. Die Aspekte, Unterschiede und Möglichkeiten verschiedener SBMs sind Schwerpunkte des Abschnitts 10.1.

- Die technologische Umsetzung des Betriebs, die sogenannten technologischen Betriebsvarianten. Sie beschreiben die technologischen Seiten des Betriebs, d.h. welche Systeme, Komponenten, Dienste usw. werden in welcher Art und Weise betrieben, z.B. als eigenständige Instanzen, oder vernetzt. Mit den technologischen Themen zum Betrieb beschäftigt sich Abschnitt 10.2.

- Die eingehende Analyse, welche Kommunikationsdienste einer UC-Architektur sinnvoll unter den betrachteten Service- und Betriebsmodellen bzw. in den dargestellten technologischen Betriebsvarianten zu realisieren sind. Da Unified Communication per Definition (siehe Kapitel 1) auf modernen Netzen aufsetzt, wird in Abschnitt 10.3 das Thema „Unified Communication aus dem Netz" diskutiert.

Das Kapitel spannt seinen Bogen angefangen von den verschiedenen kommerziellen und organisatorischen Modellen des Betriebs über die technologischen und konzeptionellen Varianten des Betriebs bis hin zur Diskussion über die verschiedenen Betriebsmöglichkeiten der Kommunikationsdienste von Unified Communication.

10.1 Service- und Betriebsmodelle

Im Grunde lassen sich die Service- und Betriebsmodelle in zwei Kategorien unterteilen: den Eigen- und den Fremdbetrieb. Dabei ist noch völlig offen, ob sich die zu betreibende UC-Architektur im Eigentum des Unternehmens selbst oder aber des Serviceanbieters/Betreibers befindet. Ebenso losgelöst von den SBMs sind die unterschiedlichen Finanzierungsmodelle, angefangen von Kauf, über Leasing bis zur Miete, spezielle Portpreismodelle, Modelle wie Preis pro Nutzung (*price per use*), die uneingeschränkte Nutzung für einen gewissen konstanten Grundbetrag (Flatrate) usw. Diese Finanzierungsmodelle sind zwar grundsätzlich für die Auftraggeber interessant, aber nicht Gegenstand eines Praxisleitfadens und der nachfolgen Betrachtungen.

In den folgenden Abschnitten stehen Fragen im Mittelpunkt wie: Wer erbringt die Services und sichert den Betrieb? Welche Aufgabeaufteilungen können zwischen dem Serviceerbringer und Servicenehmer existieren? Die Praxis kennt folgende Modelle:

- *Eigenbetrieb:* Das Unternehmen erbringt alle Betriebsservices mit eigenem Servicepersonal.
- *Hosted Services:* Ein Unternehmen bedient sich verschiedener Kommunikationsdienste, die von einem sogenannten Hosting-Partner (*host*: Englisch für „Gastgeber") bereitgestellt werden. Wesentliche Aufgaben des Betriebes, der Sicherheit und des Managements verbleiben im Verantwortungsbereich des Unternehmens.
- *Managed Services:* Das Unternehmen lässt bestimmte Dienste von einem Serviceerbringer, einem sogenannten Service Provider managen.
- *Outsourcing und Outtasking*: Beide Varianten zielen darauf ab, Aufgaben- und Technologiebereiche aus dem eigenen Unternehmen herauszugeben und von einem Fremddienstleister erbringen zu lassen.
- *Software as a Service (SaaS):* Ein dezidiertes SBM mit dem Fokus auf reine Applikationen, d.h. die Bereitstellung von Applikationen als Service.

Es gibt also nur eine Variante des Eigenbetriebs, jedoch viele Möglichkeiten des Fremdbetriebs. Welche Vor- und Nachteile bieten die unterschiedlichen SBMs und welche sollten wann zum Einsatz kommen?

10.1.1 Eigenbetrieb

Die einfachste Betriebsform ist der klassische Eigenbetrieb. Dabei kann das Unternehmen Eigentümer der UC-Architektur sein, muss es aber nicht zwingend. Das dahinter liegende Finanzierungsmodell kann differieren. Fakt ist, das Unternehmen hat die volle Verfügungsgewalt und trägt daher auch die volle und alleinige Verantwortung für Service und Betrieb. Viele Unternehmen haben auch heute noch ihre gesamte IKT-Landschaft im Eigenbetrieb. Das sind die internen IKT-Dienstleister. Vor allem in jüngster Zeit werden diese internen IKT-Dienstleistungsbereiche immer mehr als eigenständige Kosten- und Profitzentren betrachtet. So gesehen sind sie für die internen Kunden fast wie Fremddienstleister. Leider benehmen sich manche interne IKT-Abteilungen auch so, sie lassen es deutlich an Kundennähe mangeln.

Für den Eigenbetrieb sprechen folgende Aspekte:

- Das Unternehmen hat alles in eigener Verfügungsgewalt, es kann selbst bestimmen, auf welche Art und Weise die Dienstleistungen erbracht werden.
- Vor allem auf die speziellen Anforderungen von Geschäftsprozessen und Organisationen kann man sehr gut mit individuellen Anpassungen der IKT und der Applikationen reagieren. Dieser Vorteil kommt dem Wunsch der Individualisierung von Kommunikationsdiensten (wie in unserer Definition dargestellt) sehr entgegen.
- Das SBM kann individueller an die eigenen internen Organisations- und Prozessstrukturen angepasst werden. Leider wird dieser Vorteil in der Praxis viel zu selten gelebt.
- Da man die Systeme, Komponenten, Funktionen, Dienste und Applikationen vollständig unter eigener Kontrolle und Verantwortung hat, kann man sie selbst auch effizienter, effektiver (einfach besser) vereinigen und vereinheitlichen.
- Firmeninterne Standards wie z.B. Nutzer-, Dienste- und Endgeräteprofile lassen sich besser um- und durchsetzen.

Diesen Vorteilen stehen folgende Nachteile gegenüber:

- Man benötigt eigenes hochqualifiziertes Personal und muss das Know-how im eigenen Hause (be)halten.
- Dieses hochqualifizierte Personal ist oftmals nicht durchgehend ausgelastet, denn die Spezialisten werden nur punktuell benötigt.
- Die Kostenstrukturen sind oft sehr intransparent.
- Das Unternehmen selbst muss für den Nachweis und die Verrechnung der erbrachten Dienstleistungen sorgen. Auch das verursacht wiederum Kosten. Jede Rechnungslegung und -kontrolle schlägt im Schnitt mit 20-25 Euro zu Buche. Die Abrechnung selbst ist ein immenser Kostenblock.
- Je komplexer die IKT-Architekturen werden, desto aufwendiger und ineffizienter ist der Eigenbetrieb.
- Skalierungseffekte, z.B. attraktivere Einkaufskonditionen, lassen sich lediglich bezogen auf den Eigenbedarf des Unternehmens realisieren.
- Saisonale oder andere zyklische Geschäftsschwankungen können nur bedingt im eigenen IKT-Betrieb abgebildet werden. Die IKT-Abteilung muss da sein, auch wenn das Geschäftsaufkommen schwankt.

Bei keinem anderen Service- und Betriebsmodell liegen die Vor- und Nachteile, Chancen und Hemmnisse derart deutlich auf der Hand wie beim Eigenbetrieb. Um die Rentabilität einer eigenen internen IKT-Dienstleistungsorganisation zur erhöhen, gehen immer mehr Unternehmen den Weg, dass sich diese interne Abteilung auch auf dem externen Dienstleistungsmarkt etablieren und vermarkten muss. So gesehen entwickelt sich daraus das zweite grundlegende SBM: der Fremdbetrieb in seinen vielseitigen Facetten. Ein Unternehmen erbringt (produziert) und managt Dienstleistungen (Services) für andere Unternehmen – es ist ein externer Dienstleister. Die folgenden Abschnitte erläutern diese fremderbrachten SBM näher.

> **Praxistipp:**
> Der Eigenbetrieb ist und bleibt eine spannende Form des SBM. Er bietet deutliche Vorteile hinsichtlich der Individualität eines Unternehmens, bringt auf der anderen Seite jedoch erhebliche Nachteile und Einbußen vor allem bezüglich der Rentabilität mit sich.
>
> **Empfehlung:** Der Eigenbetrieb ist für Sie das Richtige, wenn Ihre Geschäftsprozesse und Organisationsstrukturen eine derart individuelle IKT-Umgebung benötigen, dass es kaum möglich ist, die Betriebsdienste dafür an externe Dienstleister zu vergeben. Verdeutlichen Sie sich immer, welche klaren Vor- und Nachteile sich beim Eigenbetrieb gegenüber stehen.

10.1.2 Managed Services

Auch wenn das die wenigsten auf Anhieb glauben, das Service- und Betriebsmodell „Managed Services" ist in der Telekommunikation das mit der längsten Historie. Bei diesem SBM hat ein Dienstleiter eine Kommunikationsarchitektur aufgebaut, die er vollständig alleine betreibt und mit der er seinen Kunden Kommunikationsdienste anbietet. Der erste „Managed Service" war das „Fräulein vom Amt". Die Kunden hatten lediglich ein sehr einfaches Endgerät. Wenn sie kommunizieren wollten, mussten sie zuerst eine Verbindung zur Vermittlung aufnehmen, und dort wurde ihr Vermittlungswunsch durch das physikalische Verbinden (Stecken entsprechender Verbindungsstecker) quasi gemanagt. In der Regel handelt es sich um singuläre Dienste, die vom Dienstleister gemanagt und dem Kunden angeboten werden.

Die Vorteile von Managed Services:

- Der Kunden muss sich um nichts kümmern, er ist lediglich Abnehmer der Dienste.
- Der Dienstleister hat die volle Kontrolle und entscheidet über die Art und Weise, den Umfang und die Dauer der Dienstbereitstellung.
- Der Kunde kann sich die Dienste sehr dezidiert auswählen, da sich typischerweise die Managed Services immer nur auf einzelne Dienste beziehen. Das macht dieses SBM attraktiv, denn es ist rentabel. Man zahlt nur die Dienste, die man wirklich nutzt.
- Volle Kostenkontrolle. Solche Modelle werden oftmals über recht einfache Finanzierungsmodelle angeboten. Früher war es die Entfernung (je weiter, desto teurer), dann kam die auch heute noch zur Berechnung herangezogene Dauer der Dienstbereitstellung.

Die wesentlichen Nachteile dieses SBM:

- Die Kostenmodelle gibt der Dienstleister vor, der Kunde hat keinen oder nur geringen Einfluss darauf.
- Der Anwender muss den Dienst so nehmen, wie er angeboten wird. Es gibt kaum oder keine Flexibilität.
- Der Dienstleister trägt die volle Verantwortung für die Erbringung des Dienstes.
- Die über Managed Services angebotenen Dienste sind singulär, d.h. in der Regel muss für jeden Dienst eine eigene Servicevereinbarung getroffen werden.

Im Grunde ist dieses SBM heute so nicht mehr existent. Zwar betreiben auch heute noch viele Dienstleister verschiedene Kommunikationsarchitekturen, doch haben die Anwender hierbei die Chance, selbst darüber zu entscheiden, auf welche Art und Weise sie die Kommunikationsdienste nutzen. Das führt uns zu den Hosted Services.

> **Praxistipp:**
> Managed Services sind sehr differenzierte und daher rentable SBM mit klaren Vorteilen.
>
> **Empfehlung:** Gehen Sie auf diese Form von Managed Services, wo Sie dezidierte Kommunikationsdienste von Fremdbetreibern nutzen können. Bedenken Sie jedoch die oben beschriebenen Nachteile. Dieses SBM nur für einen dezidierten Dienst recht gut geeignet, jedoch für komplexe UC-Architekturen weniger gut anwendbar.

10.1.3 Hosted Services

Wie es der Begriff dieses Modells schon ausdrückt, basiert dieses Modell auf einem Host (Englisch für *Gastgeber*). Der Gastgeber oder Betreiber stellt die Kommunikationsarchitektur zur Verfügung, betreibt und managt sie. Was unterscheidet nun den Hosted vom Managed Service? Die deutlich höhere Flexibilität und vielfältigeren Möglichkeiten der Anwender selbst. Sie sind, anders als beim Managed Service, in der Lage, die Art und Weise der Nutzung und Anwendung der Kommunikationsdienste selbst zu bestimmen. Das klassische Beispiel eines Hosted Service sind die modernen Telekommunikationsdienste. Die Anwender nutzen zwar die bereitgestellten Übertragungsdienste, können sich hingegen selbst vermitteln und die Vielzahl der Kommunikationsfunktionen eigenständig verwenden. Also liegt die Art und Weise der Dienstverwendung im Verantwortungsbereich des Kunden, die Verantwortung für einen zuverlässigen Betrieb der Kommunikationsdienste liegt beim Host – dem Diensterbringer.

In der Regel gehören dem Bereitsteller und Erbringer der Kommunikationsdienste auch die gesamte Infrastruktur, die Kommunikationsarchitektur und oftmals auch die Endgeräte. In vielen Fällen sind diese Endgeräte direkt auf die Funktions- und Arbeitsweise der bereitgestellten Kommunikationsdienste abgestimmt. Das läuft jedoch konträr zum Wunsch des Kunden nach Flexibilität und Individualität. Daher müssen auch in Hosted Services immer stärker standardisierte Kommunikationsdienste und Endgeräte angeboten werden. Ein oft anzutreffendes Motto von Anbietern dieser Hosted Services lautet: „Unsere Plattform, Ihre Menschen und Ihre Visionen."

Typische Beispiele moderner Hosted Services sind Kommunikationsdienste für Sprache (ISDN, VoIP usw.), E-Mail, Konferenzdienste usw. Ähnlich wie bei den Managed Services beziehen sich die Hosted Services oftmals auf dezidierte und singuläre Kommunikationsdienste. Daher finden sich bei den Host Services einige der Vor- und Nachteile der Managed Services beinahe unverändert wieder.

Die wesentlichen Vorteile von Hosted Services sind:

- Der Anwender muss sich nicht selbst um die benötigte Infrastruktur und Kommunikationsarchitektur kümmern.
- Der Dienstleister hat die Betriebsaufgaben voll unter eigener Obhut und Kontrolle.
- Als Kunde kann man sich die einzelnen angebotenen Hosted Services gezielt auswählen und erhält so seine Individualität und Flexibilität.
- Durch diese gezielte Dienstbereitstellung ist auch eine gezielte Abrechnung und damit Kostenkontrolle und -transparenz gegeben.

Zu den größten Nachteilen zählen:

- Der Dienstleister muss oftmals jeden erbrachten Hosted Service einzeln nachweisen und abrechnen, was einen höheren Aufwand und höhere Kosten bedeutet.
- Auf die für die Produktion und Erbringung der Kommunikationsdienste bereitgestellte Infrastruktur bis hin zu den Endgeräten hat der Kunde oftmals keinen Einfluss. Sicher wird sich dieser Aspekt, bedingt durch die zunehmende Standardisierung, in der nächsten Zeit deutlich ändern.

Das SBM der Hosted Services erfreut sich bei den Dienstleistern und Unternehmen nach wie vor steigender Beliebtheit. Die Vor- und Nachteile wiegen einander in der Praxis nahezu auf, oftmals geht die Tendenz sogar deutlich in Richtung der Vorteile. Insbesondere das Hosting von Applikationen findet immer größere Verbreitung und Akzeptanz. Die Aufwände für den zuverlässigen Betrieb von Applikationen, die Softwarepflege usw. sind recht hoch. Die Rentabilität steigt deutlich, wenn ein Dienstleister diese Aufwendungen bezüglich einer gehosteten Applikation gleichzeitig für mehrere Unternehmen übernimmt. Das Hosted-Services-Modell eignet sich besonders für einzelne, in sich abgeschlossene Kommunikationsdienste und Applikationen. Aus diesem Modell entwickelt sich der Begriff des Application Service Providers (ASP), also ein Anbieter von Applikationen als Service. Die ersten ASP-Modelle (sozusagen ASP 1.0) gab es bereits in den frühen 80iger Jahren. Damals scheiterten diese Modelle jedoch oftmals an der unzureichenden Leistungsstärke und Funktionalität der Übertragungsnetze. Durch die schlechte Performance der erbrachten Applikationsdienste fanden sie wenig Akzeptanz – der Begriff des ASP war verbrannt. Erst jetzt, mit den deutlich leistungsstärkeren und funktionaleren Multiservicenetzen kommt der ASP-Zug wieder ins Rollen. Viele Dienstleister sprechen von einer Renaissance des ASP, von ASP 2.0.

In Bezug auf die Komplexität und die enge Interaktion einer Vielzahl von Systemen, Funktionen, Diensten, Applikationen in einer vereinigten UC-Architektur sind den Hosted Services deutlich Grenzen gesetzt. Bei derart komplexen und ganzheitlichen Aufgaben- und Technologiebereichen wie dem Betrieb einer UC-Architektur sind vereinigte SBMs nötig: Unified Services. Sie führen zur nächsten Stufe, den umfänglichen Outsourcing- und Outtasking-Modellen.

> **Praxistipp:**
> Hosted Services ist ein flexibles und individuelles SBM. Es eignet sich hervorragend für einzelne, in sich abgeschlossene Kommunikationsdienste.
>
> **Empfehlung:** Setzen Sie auf Hosted Services, wenn Sie einen klar definierten Umfang an Kommunikationsdiensten benötigen und diese Dienste kaum oder nur gering miteinander interagieren müssen. Für komplexe und vereinigte Kommunikationsdienste wie bei Unified Communication eignen sich Hosted Services nur bedingt.

10.1.4 Outsourcing

Der Begriff „Outsourcing" wird häufig missverständlich interpretiert. „Source" bedeutet „Quelle", aber Outsourcing hat nichts mit „Quelle" zu tun, sondern ist eine Zusammensetzung aus „*Out*side re*source* us*ing*". Damit wird die Aufgabe deutlich: die Nutzbarmachung von außerhalb befindlichen Ressourcen.

In der Praxis existieren viele verschiedene Definitionen zu Outsourcing, sie unterschieden sich insbesondere in ihrem Fokus. Hier einige der meist verwendeten Varianten:

- Das Ausgliedern von kompletten IT-Infrastrukturen, Prozessen oder Anwendungen zu einem externen Dienstleister.
- Das Verlagern bisher selbst verrichteter Tätigkeiten nach außen (außerhalb des Unternehmens). Die Nutzung von außerhalb des eigenen Unternehmens bestehenden Ressourcen. Diese Begriffsbestimmung ist betriebswirtschaftlich und -organisatorisch orientiert. Stichwort: „Wir lassen es jemand anders machen."
- Die Übertragung kompletter Betriebsbereiche an einen externen Dienstleister, also Serviceerbringer.
- Die Verlagerung bestimmter Unternehmensprozesse in die vollständige Verantwortung Dritter.

Alle genannten Definitionen haben eines gemeinsam: Es geht darum, eigene Service- und Betriebsaufgaben auf einen (oftmals externen) Servicepartner zu übertragen. Damit gewinnt vor allem der letztgenannte Punkt an Bedeutung, die Verlagerung von Service- und Betriebsverantwortung.

Doch warum tut man so etwas? Die Gründe dafür sind sehr vielfältig. Die Verringerung der Service- und Betriebsaufwendungen, vor allem der Kosten, denn es selbst tun ist aufwendiger, als wenn es jemand anderes bereitstellt, der seine Serviceressourcen deutlich effizienter und effektiver auslastet. Dadurch reduzieren sich die eigenen Serviceressourcen, denn das Unternehmen selbst braucht kein qualifiziertes Service- und Betriebspersonal mehr. Die Transparenz und Planbarkeit der Service- und Betriebskosten erhöht sich, man erhält einen klar definierten und überschaubaren Kostenrahmen. Die eigene Fertigungstiefe kann reduziert werden, um sich intensiver mit seinem Kerngeschäft beschäftigen zu können.

Daraus ergeben sich folgende Vorteile:

- *Kosteneinsparungen* von bis zu 25 % sind durchaus realistisch. Je nachdem, wie effizient der Outsourcing-Partner selbst am Markt agiert, ist er in der Lage, einen Teil seines Effizienzvorteils an die Servicekunden weiterzugeben. Mögliche Gründe für Effizienzsteigerungen liegen in Skaleneffekten beim Einkauf oder in der effektiveren Ressourcenauslastung. Nicht selten werden die Kosteneinsparungen jedoch vorrangig durch Fremdvergabe an Servicepartner in Niedriglohnländern erzielt – mit allen daraus entstehenden Konsequenzen und Risiken.

- Auf *spezielle Technologien* spezialisierte Outsourcing-Anbieter haben meist eigens entwickelte Systeme, optimierte Vorgehensweisen und Prozesse, hochspezialisiertes Branchen Know-how und damit exzellentes „Best Practice"-Wissen. Das eigene Unternehmen kann diese Dinge nutzen, ohne in teure Experten investieren zu müssen.

- Der Markt ist dynamisch und erfordert *Flexibilität*. Vor allem Unternehmen, deren Geschäft starken saisonalen oder zyklischen Schwankungen unterworfen ist oder die sich in einer starken Wachstumsphase befinden, brauchen diese Flexibilität. Sie können entsprechend ihres Bedarfs und ihrer Anforderungen auf externe Ressourcenpools zurückgreifen, ohne den eigenen Personalstamm anpassen zu müssen

- Stärkere *Spezialisierung und Fokussierung* auf das eigentliche Kerngeschäft. Durch die Fremdvergabe von Dienstleistungen werden freie Management- und Mitarbeiterkapazitäten geschaffen, die woanders eingesetzt werden können. Kunden können besser bedient werden. Neue Märkte und Kundensegmente lassen sich schneller erschließen.

- Die erhöhte *Transparenz* in der Wertschöpfungskette des Unternehmens steigert die Leistungseffizienz. Durch Outsourcing-Partner erbrachte Dienstleistungen können hinsichtlich ihrer Qualität und Kosteneffizienz sehr einfach und regelmäßig am Markt „gebenchmarkt" werden, was vor allem auch die Wettbewerbsfähigkeit des Unternehmens fördert.

Outsourcing ist nicht für jedes Unternehmen in gleicher Weise gut geeignet. Ebenso lässt sich Outsourcing nicht immer in jedem Unternehmen einfach umsetzen. Schnell holt einen die enttäuschende Realität wieder ein, wenn das Outsourcing zu optimistisch aufgesetzt war. Die Enttäuschung und der Schaden sind dann groß.

Outsourcing bringt einige Nachteile und Risiken mit sich:

- Zu optimistische und ggf. sogar „schöngerechnete" Outsourcing-Modelle berücksichtigen häufig nicht oder nur ungenügend die gesamten Kosten des Outsourcings. Man betrachtet und berücksichtigt oftmals nur die Kosten der externen Leistungserbringung und „unterschlägt" die dennoch die auf der eigenen Unternehmensseite vorhandenen Kosten für Administration, Absprache, Kontrolle, Abrechnung usw.

- Der Umfang des Outsourcings ist zu groß. Es werden auch Aufgaben- und Technologiebereiche vergeben, die zu den Kernprozessen des Unternehmens gehören. Das Unternehmen verliert an Flexibilität und Umsetzungsfähigkeit.
- „Drum prüfe, wer sich ewig bindet ...". Vor allem bei derart wichtigen Entscheidungen wie Outsourcing gilt dieser Spruch mehr denn je. Mangelnde Sorgfalt bei der Auswahl des Dienstleisters können zum Fehlen benötigter Leistungen und Services führen, weil sich herausstellt, dass der Dienstleister diese Leistungen (so) nicht erbringen kann.
- Der Dienstleister ist mit dem Management der Services überfordert. Es mangelt an Know-how für ein effektives Dienstleistermanagement, z.B. wegen fehlender oder unzureichend spezifizierter SLAs und unzureichend besetzter Service-Manager.
- Unterschätzung des Ausmaßes des erforderlichen Change-Managements innerhalb des eigenen Unternehmens.

Beim Outsourcing werden ganze Unternehmensbereiche, Organisationen bzw. Geschäftsprozesse in die vollständige Verantwortung eines Dritten übergeben. Oftmals übernimmt der externe Dienstleister auch das in diesen Bereichen und Prozessen tätige Personal. Damit begibt sich das Unternehmen in eine sehr starke Abhängigkeit von seinem externen Dienstleister. Ein typisches Beispiel für Outsourcing ist z.B. das komplette Heraus- bzw. Abgeben der eigenen IKT-Abteilungen. Da genau diese Art des SBM die Unternehmen in ihrer Flexibilität und Dynamik massiv behindern, ist das partielle Auslagern dezidierter Aufgaben- und Technologiebereiche aus den ganzheitlichen Prozessen mehr und mehr im Kommen. Man kann hier und da durchaus den Trend erkennen, dass Unternehmen wieder dazu übergehen, bereits ausgelagerte Bereiche wieder ins Haus zu holen und somit den Auslagerungsprozess teilweise oder auch ganz rückgängig machen.

Das ist die Überleitung vom Outsourcing zum Outtasking.

> **Praxistipp:**
> In der Praxis hält Outsourcing selten, was es verspricht. Die Komplexität der dafür notwendigen Umstellungen den Betriebsorganisationen und -prozessen sowie die oftmals überzogenen Erwartungen der Unternehmen führen dazu, dass viele Unternehmen doch wieder nach alternativen Möglichkeiten von Service- und Betriebsmodellen suchen.
>
> **Empfehlung:** Bringen Sie Outsourcing dann zum Einsatz, wenn die davon betroffenen Geschäftsbereiche und -prozesse nicht zu den Kernaufgaben des Unternehmens gehören.

10.1.5 Outtasking

An den Stellen, wo Outsourcing nicht möglich, wirtschaftlich wenig sinnvoll oder schlecht umsetzbar ist, kommen andere Service- und Betriebsmodelle wie z.B. das Outtasking zum Tragen. Beim Outtasking besteht das Ziel darin, nur spezielle Aufgaben (Tasks) oder sogar nur Teilaufgaben von Geschäftsprozessen an externe Dienstleister zu vergeben. Die eigentlichen Kernprozesse und -aufgaben bleiben im Unternehmen. So gesehen bietet Outtasking oftmals einen pragmatischen Mittelweg zwischen dem Wunsch nach Kostenreduktion und -transparenz auf der einen und Minimierung des Outtasking-Risikos auf der anderen Seite.

Die Vorteile liegen klar auf der Hand:

- Aufgrund der Vergabe von oftmals nur sehr überschaubaren Aufgabenbereichen lassen sich solche Outtaskings deutlich einfacher und mit geringerem Aufwand administrieren, kontrollieren und letztlich verrechnen.
- Das Outtasking kleinerer Aufgabenbereiche erfordert nur geringere Veränderungen in den eigenen Organisationsstrukturen und Geschäftsprozessen.
- Die Kosten für Outtaskings lassen sich einfacher optimieren.
- Die Kernfunktionen und -aufgaben verbleiben im eigenen Unternehmen.
- Das Unternehmen bewahrt sich seine Flexibilität.
- Man benötigt für die Erfüllung der speziellen Aufgaben kein speziell qualifiziertes Personal, das stellt der Dienstleister.

Doch auch das Outtasking hat Grenzen und Nachteile:

- Auch beim Outtasking muss man seine eigenen Organisationsstrukturen und Prozesse darauf einstellen, dass einige Aufgaben durch externe Dienstleister erbracht werden.
- Auch wenn eine spezielle Aufgabe als Dienstleistung durch einen externen Dienstleister erbracht wird, muss das Unternehmen dennoch dafür sorgen, dass diese Aufgabenerbringung sich nahtlos in die eigenen Prozesse einbindet. Die Verantwortung für die Geschäftsprozesse bleibt beim Unternehmen.

In gewisser Weise hat Outtasking wieder vieles mit Hosted Services gemeinsam. Die von Dienstleistern eingekauften Kommunikationsdienste sind wieder sehr spezifisch und dezidiert. Der wesentliche Unterschied besteht jedoch darin, dass beim Outtasking auch die Verantwortlichkeit für die Aufgabenerbringung und -realisierung selbst an den externen Dienstleister übergeht. Einige typische Beispiele für modernes Outtasking sind sogenannte Help Desks, CallCenter, der Betrieb und die Pflege von Internetauftritten (also der Websites). Der Outtasking-Partner übernimmt die Aufgabe oder den technologischen Teilbereich komplett mit allen seinen Bestandteilen, ggf. sogar mit dem Personal.

> **Praxistipp:**
> Outtasking ist die moderne Variante der Hosted Services. Es ist weitreichender als Hosted Service, dabei dennoch individueller, flexibler und spezifischer als Outsourcing.

> **Empfehlung:** Nutzen Sie Chancen und Möglichkeiten des Herausgebens dezidierter Aufgaben- und Technologiebereiche. Beachten Sie dennoch, dass dieses vollständige Übertragen der Verantwortlichkeit nicht gleichzusetzen ist mit „Ich bin es los". Nach wie vor trägt das Unternehmen die Verantwortung für die Geschäftsprozesse und muss dafür sorgen, dass die mittels Outtasking vergebenen Aufgaben sich nahtlos in die Organisation und die Prozesse einfügen.

10.1.6 Das SaaS-Modell

SaaS steht für „Software as a Service". Das klingt nach ASP (Application Service Provider). Ja, im Grunde genommen ist SaaS gleichzusetzen mit ASP. Da ASP lange Zeit ein ungeliebter Begriff war und noch dazu recht altbacken klingt, musste ein neuer, möglichst modern anmutender Begriff her. Da schufen spitzfindige Marketingabteilungen dieses „neue" SBM. Der SaaS-Anbieter betreibt und unterhält eigene Rechenzentren, auf deren Serverplattformen sich die Applikationen befinden. Über das Internet bietet er den Kunden die Software als Dienst an. Sein Verantwortungsbereich ist lediglich der Betrieb und die Pflege der Applikationen, nicht jedoch die Netze und Infrastrukturen zur Übertragung der Daten. In einigen Fällen bieten die SaaS-Anbieter jedoch erweiterte Sicherheitsfunktionen, um die Applikationen und vor allem die Daten der Applikationen gegen unbefugten Fremdzugriff, unbefugte Veränderung sowie unbefugte Vorenthaltung zu schützen. Oftmals bedienen sich die SaaS-Anbieter zusätzlicher VPN-Funktionen. Sie bauen dezidierte VPNs auf und geben ihren Kunden gesicherte Zugänge zu diesen „quasi privaten" Netzen.

Das SaaS-Modell ist nicht nur in diesen Grundfunktionen anders als das ASP-Modell. Die meisten SaaS-Anbieter setzen auf Web-Technologien. Egal ob für einfache Büroapplikationen oder komplexe Geschäftsanwendungen – die meisten dieser SaaS-Modelle beruhen auf dem Einsatz von Web-Services, Web-Portalen und Web-Funktionen.

Die Vorteile des SaaS-Modells:

- Keine Verteilung von Software auf die PCs nötig. Die Applikationen laufen im Rechenzentrum. Die Anwender benötigen lediglich ein webfähiges Endgerät.
- Mittels moderner Web-Technologien lassen sich diese SaaS-Modelle auf nahezu beliebige Endgeräte bringen, das verschafft dem Anwender deutlich mehr Flexibilität.
- Keine dezentrale Datenhaltung. Alle Applikationsdaten befinden sich ausschließlich im Rechenzentrum des SaaS-Anbieters und werden dort mit hochleistungsfähigen Speichersystemen gesichert. Auch diese Datensicherung ist ein Service, den sich der SaaS-Anbieter bezahlen lässt.
- Für SaaS können sehr harte und entsprechend wirksame Sicherheitsfunktionen implementiert werden. Der SaaS-Anbieter muss sich um solche Dinge wie Abwehr von DoS-Attacken, Einsatz wirksamer Anti-Viren-Lösungen usw. kümmern.
- Der gesamte Aufwand und die Verantwortung für die Softwarepflege (Updates, Patches usw.) liegen beim SaaS-Anbieter.

- Das Unternehmen hat eine einfache und klare Kostenstruktur und -transparenz. Oftmals zahlen die Unternehmen einen festen Kostenblock pro registriertem SaaS-Anwender.
- Eines der wichtigsten Merkmale von SaaS ist die hohe Flexibilität durch schnelle Inbetriebnahme innovativer Kommunikationstechnologien. Da die Applikationen und Funktionen in der Regel bereits beim SaaS-Anbieter im laufenden Betrieb sind, muss er lediglich deren Verwendung für die Anwender freischalten, aber nichts neu installieren oder implementieren.
- SaaS unterstützt vor allem die Mobilitätsanforderungen der Teilnehmer. Mit SaaS können Funktionen ortsunabhängig verteilt werden, ein Internetzugang reicht aus.

Diesen bestechenden Vorteilen stehen auch bei SaaS zu bedenkende Nachteile gegenüber:

- Der markanteste Nachteil von SaaS-Modellen besteht darin, dass die Anwender und Nutzer von SaaS-Diensten in der individuellen Anpassung und Adaption der bereitgestellten Applikationen auf die Bedürfnisse ihrer Geschäftsprozesse oftmals sehr eingeschränkt sind.
- Da sich die Applikationen in den Rechenzentren der SaaS-Anbieter befinden, bestehen kaum oder nur geringe Möglichkeiten der Vernetzung dieser Applikationen mit denen, die das Unternehmen im eigenen Verantwortungs- und Betriebsbereich hält.
- Ähnlich wie bei Hosted Services und ASP-Modellen werden in der Praxis meistens nur singuläre Applikationen über einen SaaS bereitgestellt. Das macht den Einsatz von SaaS-Modellen für komplexe Applikationsverschaltungen, wie sie bei Unified Communication stattfinden, eher unmöglich.

Aus praktischer Sicht ist SaaS besonders für kleine und mittelständische Unternehmen interessant. Sie können sich die Implementierung derart hochleistungsfähiger Applikationsarchitekturen oftmals nicht leisten.

> **Praxistipp:**
> Um einige UC-Kommunikationsdienste zu testen oder sie nur für einen bestimmten Zeitraum zu nutzen, ist das SaaS-Modell perfekt. Andernfalls ist ein Outsourcing oder ein individuell angepasstes Outtasking sinnvoller, da bei diesen Modellen eine tiefere Prozessintegration möglich ist.

10.2 Technologische Betriebsvarianten

10.2.1 Klassische Vernetzung

Die klassische Vernetzung von Rechnern, Servern und Diensten ist Kernbestandteil einer Unified Communication-Achitektur. Die verschiedenen Varianten der klassischen Vernetzung können in drei Kategorien eingeteilt werden:

- Die *Computer-zu-Computer-Vernetzung (Punk zu Punkt)*. Wesentliches Merkmal ist, dass alle im Netzwerk angeschlossenen Geräte eine hohe Eigenintelligenz besitzen. Eigene Rechenleistung, entsprechender Arbeitsspeicher und eine Netzwerkkarte sind Grundvoraussetzungen für diese Vernetzung. Diese Punkt-zu-Punkt-Vernetzung (in Abbildung 10.1 links) wurde erstmalig 1984 von IBM eingeführt und wird noch immer in vielen Privathaushalten eingesetzt, da so sehr schnell und einfach Daten zwischen Geräten und Diensten ausgetauscht werden können. Doch ab einer bestimmten Anzahl von Endgeräten wird diese Variante der Vernetzung unüberschaubar und ist kaum noch zu administrieren. Der Wunsch nach einer zentralen Instanz, einem Hauptrechner, wurde immer deutlicher.

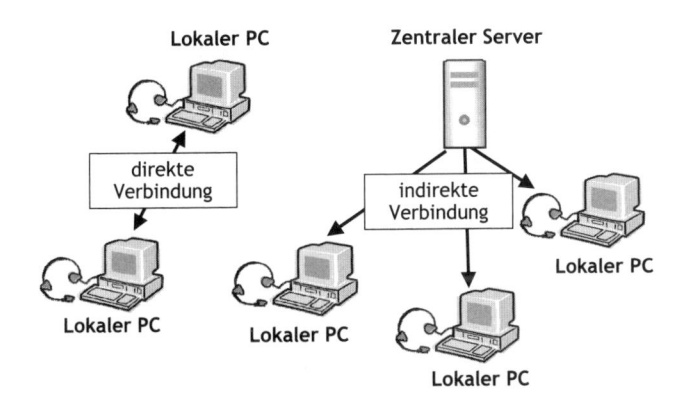

Abbildung 10.1 Vernetzung PC zu PC und Server zu PC

- Das führte zum nächsten Schritt, der *PC-Server-Vernetzung*. Sie beruht auf einem intelligenten Hauptrechner, dem sogenannten Server oder Host, und den als Clients (intelligente Endgeräte) oder Terminals (weniger intelligente Endgeräte) bezeichneten PCs. So entsteht eine Punkt-zu-Mehrpunkt-Vernetzung (in Abbildung 10.1 rechts). Die Endgeräte sind nicht direkt miteinander verbunden, sondern tauschen ihre Informationen über den Zentralrechner aus. Diese sternförmige Vernetzungsvariante von Anwendern zu einem Zentrum (Rechenzentrum) ist heutzutage in den meisten Unternehmen vorzufinden. Der wesentliche Vorteil ist, dass alle wichtigen Dienste, Daten und Informationen zentral im Rechenzentrum abgelegt sind.

Diese Vernetzungsvariante gibt es in zwei unterschiedlichen Betriebsformen: dem Host-Terminal-Betrieb (Abschnitt 10.2.2) und dem Client-Server-Betrieb (Abschnitt 10.2.3). Die erstgenannte Betriebsform verwendet quasi „dumme" Endgeräte. Daten, Informationen und Applikationen befinden sich auf dem Zentralrechner, dem Host. Bei der zweiten Form benötigt man Endgeräte mit einer gewissen Intelligenz, weil lediglich die Daten und Informationen zentral gespeichert sind, aber die Steuer- und Dienstprogramme direkt auf dem Client laufen. Mit der Einführung der Rechenzentren trafen viele Unternehmen eine klare Entscheidung für eine dezentrale Infrastruktur.

Die wesentlichen Vorteile dieser Vernetzungsvariante sind die deutlich einfachere Administration und die bessere Skalierbarkeit. Neue Dienste und Applikationen lassen viel effizienter und effektiver bereitstellen. Der Nachteil: Die gesamte Funktionalität stützt sich auf einen Zentralrechner, was ein deutliches Verfügbarkeitsrisiko darstellt.

- Aus dem eben aufgeführten Beweggrund und der Anforderung, bei Ausfall des einen Rechenzentrums eine Redundanz zu schaffen, entstand die Idee, das Rechenzentrum zu verteilen. Das führte zur *Server-zu-Server-Vernetzung*. Sie war die Geburtsstunde von Unified Communication aus dem Netz, dem sogenannten „Cloud Computing", was in Abschnitt 10.2.4 genauer diskutiert wird.

10.2.2 Host-Terminal-Betrieb

Getrieben durch Kostendruck und die wachsende Zahl unterschiedlicher Endgeräte entwickelte sich die technologische Betriebsvariante mit einem Host und „nicht intelligenten" Terminals. Alle Applikationen sind auf dem Host im Rechenzentrum installiert. Die Terminals sind auf reine Ein- und Ausgabefunktionen reduziert, d.h. sie haben lediglich Bildschirm, Tastatur und Maus. In den meisten Fällen wird auf eigene Speicherfunktionen wie Festplatten o.Ä. gänzlich verzichtet. Dadurch sind diese Endgeräte wesentlich kostengünstiger als „intelligente" PCs mit dezidierter Hardware. Alle Dienste, Funktionen und Applikationen laufen zentral und werden auf dem Terminal lediglich zur Anzeige gebracht. Die Urform dieser Terminals hatte nahezu keine eigene Intelligenz. Doch die Ansprüche der Anwender hinsichtlich Funktionalität und Bedienkomfort stiegen und damit auch die Komplexität und der Umfang der Applikationen. Die Anwender erwarteten grafische Bedieneroberflächen. Damit wurde eine neue Ära von Geräten eingeleitet: Endgeräte mit einer gewissen Basisintelligenz, die die Informationen für die grafischen Bedieneroberflächen selbst erzeugen können. Diese Endgeräte werden als „Thin Clients" bezeichnet. Abbildung 10.2 zeigt das typische Bild eines Host-Terminal-Betriebs.

Die größten Vorteile dieser Lösung sind:

- Thin Clients sind im Vergleich zu voll ausgestatteten PCs deutlich kostengünstiger. Im einfachsten Fall bestehen sie lediglich aus einem Bildschirm mit Eingabegerät.
- Alle Daten und Informationen werden zentral gespeichert und verarbeitet. Man hat sie von jedem Endgerät aus im Zugriff.
- Bei Ausfall oder Diebstahl eines Endgerätes gehen keine Daten verloren, da auf ihm keine Daten gespeichert sind.
- Die Anwendungssoftware muss nur einmal auf dem Host installiert werden. Das verringert den Administrations- und Wartungsaufwand deutlich.
- Die schnelle Austauschbarkeit dieser Geräte.

10.2 Technologische Betriebsvarianten

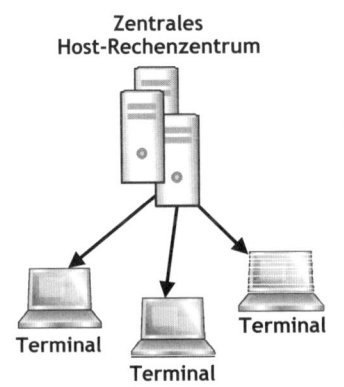

Abbildung 10.2
Schema einer Host-Terminal-Lösung

Die steigenden Anforderungen der Anwender an die Applikationen bringen deutliche Nachteile mit sich:

- Die Netzbelastung zwischen dem Host und dem Terminal steigt, denn alle Informationen, Applikationen und Dienste müssen über das Netz zu den Anwendern gebracht werden.
- Höhere Hardwarekosten im Rechenzentrum. Da alle Dienste dort ablaufen und integriert sind, werden die Hosts immer größer und leistungsstärker.
- Die volle Abhängigkeit vom Netzwerk, da die Terminals ohne eine Netzwerkverbindung zum Host nicht arbeiten können.
- In der Praxis zeigt sich, dass nicht alle Applikationen für diese Host-Terminal-Umgebungen geeignet sind. Das betrifft vor allem Applikationen mit sitzungsbezogenen Steuerungsverbindungen zu anderen Applikationen oder Kommunikationssystemen. Hat z.B. ein Terminal mehrere Bildschirmansichten (Applikationsfenster) aktiv und verwendet es in jedem dieser Fenster eine Kopplung zur Telefonie, dann bedeutet das N gleichzeitig aktive Telefonieanschaltungen. Genau das unterstützen nicht alle UC-Applikationen.

Je komplexer die Applikationen selbst, aber auch die Verschaltungen der Applikationen mit anderen Diensten und Systemen werden, desto schneller stößt der Host-Terminal-Betrieb an seine technologischen Grenzen. Ein effektiver und effizienter Betrieb erfordert die teilweise Dezentralisierung der Intelligenz, also einen Übergang zum Client-Server-Betrieb.

> **Praxistipp:**
>
> Die Kombination Host-Terminal hat sich in der Praxis bewährt. Die sichere Datenintegration der Terminals und auch der geringere Administrationsaufwand zeichnen diese technologische Betriebsvariante aus.
>
> **Empfehlung:** Prüfen Sie die Möglichkeit, Ihre UC-Architektur im Host-Terminal-Betrieb zu nutzen, und achten Sie auf die volle Kompatibilität der UC-Dienste mit dieser Betriebsvariante.

10.2.3 Client-Server-Betrieb

Vor allem bei größeren und komplexeren Implementierungen ist der Client-Server-Betrieb eindeutig die bessere Wahl als der Host-Terminal-Betrieb. Kern dieses Modells ist ein Server, der grundsätzlich dieselben Aufgaben erfüllt wie der Host. Von zentraler Stelle aus stellt er alle Applikationen, Daten und Informationen zur Verfügung. Dennoch besitzen, anders als bei der Host-Terminal-Variante, die am Server angeschlossenen Clients eine gewisse Eigenintelligenz. Daher spricht man bei Client-Server-Modellen von verteilten Intelligenzen. Es hat sich in der Praxis bewährt, die wesentlichen Server-Funktionen redundant auszulegen. Hierbei wird zwischen internen und externen Redundanzen unterschieden:

- Typische interne Redundanzen sind:
    - doppelte Prozessoren
    - doppelte oder mehrfach redundante Festplatten, sogenannte RAID (Redundant Array of Independent Disks)-Systeme
    - redundante Netzteile usw.
- Externe Redundanz ist gleichzusetzen mit einer Redundanz des gesamten Serversystems. Das dient vor allem der räumlichen Trennung, d.h. die redundanten Server befinden sich an anderen Standorten. Typischerweise findet man solche Redundanzen bei Haupt- und Backup-Rechenzentren im Banken- und Versicherungsumfeld. Diese Form der Redundanz wird in der Praxis entweder durch eine 1:1-Serverspiegelung oder durch eine sogenannte Cluster-Bildung mit mehreren Servern realisiert. Moderne UC-Systeme arbeiten für die Redundanz beispielsweise mit einer Verteilung der Intelligenz auf verschiedene Server.

Die Clients sind auch ohne den Server betriebsfähig. Sie verfügen über eigene Arbeits- und Festspeicher, Betriebssysteme, Ein- und Ausgabegeräte usw. Vor allem befinden sich auf ihnen ebenfalls komplette Applikationen oder zumindest wesentliche Bestandteile davon, damit die Clients auch autark arbeiten können. Diese autarke Arbeitsweise wäre allerdings ohne die dafür benötigten Daten und Informationen nutzlos. Daher holen sich in vielen Fällen die Clients temporär Teile der zentral abgespeicherten Daten und Informationen direkt lokal auf das Endgerät.

Das Client-Server-Modell hat im Vergleich zum Host-Terminal-Betrieb deutliche Vorteile:

- Die Anwender arbeiten mit den Daten und Applikationen direkt lokal, daher ist das Arbeiten schneller.
- Die Netzbelastung ist geringer, denn es müssen nicht mehr ständig Daten und Steuerinformationen über das Netz übertragen werden.
- Die Clients können in gewissem Umfang autark arbeiten, sie sind dann nicht von der Verbindung zum Netz und zum Server abhängig.
- Client-Server-Systeme skalieren besser und sind funktional flexibler.
- Redundanzen, vor allem die Cluster, sind leistungsstärker und flexibler.

Natürlich bringt die verteilte Intelligenz auch Nachteile mit sich:

- In den meisten Fällen ist diese Variante teurer, denn die Clients kosten in der Regel mehr als die Terminals. Hinzu kommt noch der Multiplikationsfaktor über die Anzahl der Clients.
- Der Administrations- und Pflegeaufwand für die intelligenten Systeme ist deutlich höher als beim Host-Terminal-Betrieb.
- Auf den Clients laufen Applikationen, d.h. man benötigt ein Applikationsmanagement und ggf. eine effektive und effiziente Softwareverteilung.

Bei einer UC-Lösung ist in vielen Fällen eine Eigenintelligenz der Clients notwendig, z.B. zur Steuerung der lokalen Hardware wie Webkameras, Audioanschlüssen, WLAN, Bluetooth und anderen Schnittstellen zur mobilen Vernetzung usw. Sehr oft benötigen die Kommunikationsdienste der UC-Architektur für das Zusammenspiel mit anderen Applikationen ebenfalls lokal installierte Funktionen und Software.

> **Praxistipp:**
> Der Client-Server-Betrieb ist die meist genutzte Variante für Unified Communication. Durch die verteilten Intelligenzen lassen sich die UC-Dienste sehr flexibel und vor allem mobil einsetzen. Allerdings ist der Pflegeaufwand für die intelligenten Geräte nicht zu unterschätzen.
>
> **Empfehlung:** Zu einem Client-Server-Betrieb gehört eine gute und effiziente Softwareverteilung sowie ein leistungsstarkes Managementsystem, um vor allem eine größere Anzahl intelligenter Clients sicher, effektiv und effizient administrieren zu können.

10.2.4 Vernetzung der Netze – Cloud Computing

Bisher wurden technologische Betriebsvarianten besprochen, bei denen sich die UC-Architektur direkt im Unternehmen selbst befindet. Das war nötig und sinnvoll, denn die modernen Kommunikationsdienste stellen sehr hohe Anforderungen an die Übertragungsnetze. Allerdings nahm die Leistungsfähigkeit der Netze in den letzen Jahren enorm zu. Klassische Kommunikations- und Internetdienste aus dem Netz begleiten uns schon seit vielen Jahren. Die Vision einiger Internetpioniere wird Wirklichkeit: „Wenn die Netze schneller und leistungsstärker werden als unsere Computer, dann wird man die Computer entkernen und die gesamte Intelligenz ins Netz verlagern." Dieser Zeitpunkt scheint gekommen. Mittlerweile stehen im Netz ausreichende Übertragungs-, Speicher- und Rechenkapazitäten, selbst für komplexe, multimediale und anspruchsvolle Kommunikationsdienste bzw. Applikationen, zur Verfügung. Früher wurden nur Computer miteinander vernetzt, heute vernetzt man ganze Computerzentren. Die Applikationen liegen nicht mehr fest installiert auf nur einem Server, sondern werden auf viele Server verteilt. Damit wird aus vielen Computern wieder einer – eine virtuelle Maschine (VM), die in Abschnitt 10.2.5 behandelt wird. Den Anwender wird es aber nicht interessieren, woher er seine Applikation bezieht. Die Applikationen können auf einem, mehreren oder verteilten virtuellen Maschinen sein. Für ihn kommen sie aus dem Netz, zumindest aus dem Anschluss zum Netz. Wohin führt dieser Anschluss im Netz? In ein Netzwerk der Netze – eine Kommunikations-„Wolke". Diese „Wolke" (englisch *cloud*) kann wiederum wie im ersten Abschnitt beschrieben über einen Eigenbetrieb, Managed Service oder auch SaaS betrieben werden. Ein neuer Begriff, der sich in diesem Zusammenhang am Markt immer mehr durchsetzt, ist hierbei „Cloud Computing".

Beim Cloud Computing gehen die Meinungen allerdings weit auseinander. Für die Marktforscher von Gartner ist Cloud Computing einer der heißesten IT-Trends 2010. In der Praxis aber stellte sich bis Anfang 2010 heraus, dass die Unternehmen Cloud Computing kaum annehmen. Die Angst, Informationen des Unternehmens und in Konsequenz auch Kundendaten preiszugeben, ist viel zu groß. Diese Daten stellen das Kapital vieler Firmen dar und dürfen das Unternehmen nicht verlassen, ist eine sehr weithin vertretene Meinung. Aus diesem Ansatz heraus wurde der Gedanke entwickelt, nicht die Daten selber nach außen zu geben, sondern diese mit UC-Merkmalen aus einem anderen Netz (einer Cloud) zu verknüpfen. Eine Vernetzung der Netze entstand. Zukünftig werden viele UC-Dienste und -Funktionen nicht mehr bei Unternehmen selber installiert, administriert und verwaltet, sondern über die „Wolke" gemietet werden, darin sind sich viele Analysten einig.

Die immer schneller wachsende Zahl an Applikationen und Diensten erfordert immer mehr Rechnerleistung und damit Serverplattformen. Das bringt selbst die größten Rechenzentren an ihre Kapazitätsgrenzen. Es ist einfach nicht mehr ausreichend physikalischer Platz vorhanden. Auf der anderen Seite werden die Rechnerplattformen selber immer leistungsstärker. Die Server sind im normalen Betrieb oftmals nur zu wenigen Prozent ausgelastet. Diese beiden Aspekte führten zur Überlegung, einfach mehrere logische Serverinstanzen auf eine physikalische Serverplattform zu implementieren – die nächste technologische Evolutionsstufe ist erreicht: die Virtualisierung.

> **Praxistipp:**
> Eine Vernetzung von Netzen ist sowohl intern als auch extern effektiv und schon aus Redundanzgründen sinnvoll. In der Praxis zeigt sich, dass dies am schnellsten und einfachsten durch „virtuelle Maschinen" erbracht werden kann.
>
> **Empfehlung:** Vernetzen Sie Ihre Netze. Prüfen Sie bei einer UC-Architektur die Machbarkeit des Cloud Computing. Achten Sie aber auf Sicherheitsmechanismen, um Ihre sensiblen Daten zu schützen.

10.2.5 Virtuelle Netze und virtuelle Maschinen

Die Virtualisierung der Systeme und natürlich auch von Unified Communication kann man durchaus als Meilenstein in der jüngsten Entwicklung der IKT-Welt bezeichnen. Immer leistungsstärkere Serverplattformen machen es möglich, viele Dienste und Applikationen auf eine gemeinsame Hardwareplattform aufzubringen. Diese Plattform nutzt ein einfaches

Betriebssystem, um darauf, wie in Abbildung 10.3 dargestellt, eine Virtualisierungssoftware zu betreiben. Diese wiederum ist in der Lage, sogenannte „virtuelle Maschinen" (VM) zu beherbergen. Die Virtualisierungssoftware arbeitet direkt mit den physikalischen Prozessoren und Hauptspeichern der Hardware und simuliert verschiedene Grafik- und Netzwerkkarten, Festplatten-Controller sowie andere Schnittstellen. Dadurch lassen sich die physikalischen Hardwarekomponenten optimal ausnutzen, und dennoch wird Hardwareunabhängigkeit durch die emulierten Geräte erreicht. Je nach Leistungsstärke der verwendeten Hardwareplattform können auf dieser Hardware gleichzeitig eine oder mehrere VMs arbeiten.

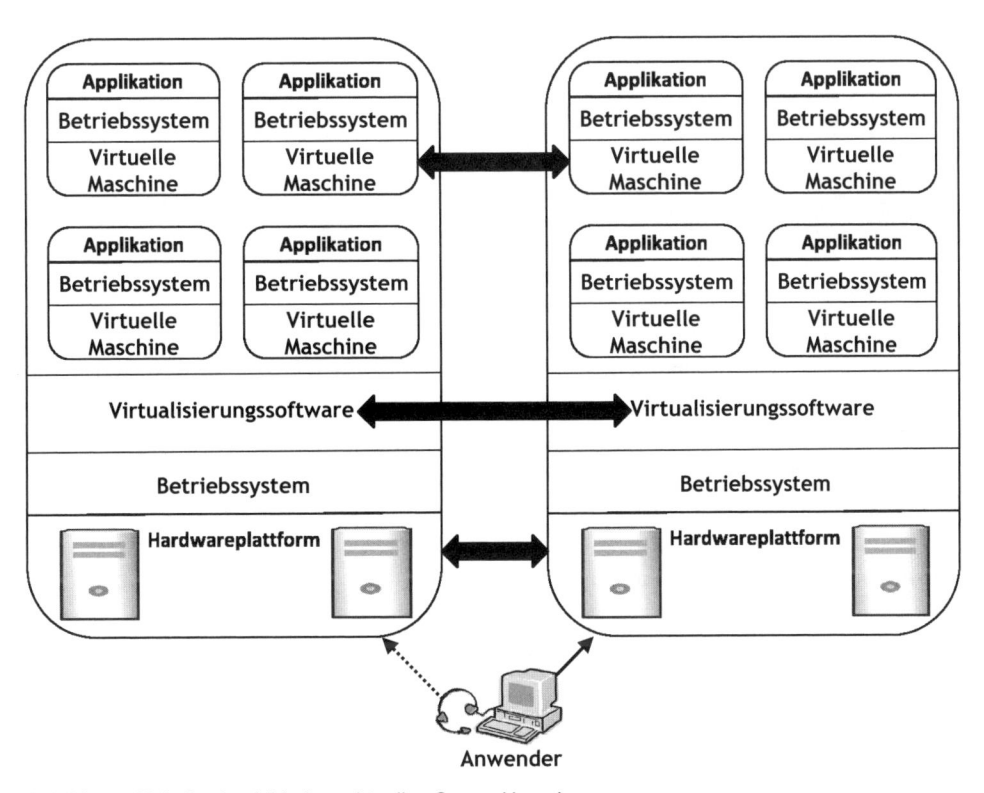

Abbildung 10.3 Strukturbild einer virtuellen Server-Umgebung

Selbst eine Redundanz zwischen den Hardwareplattformen, Virtualisierungsinstanzen und den einzelnen virtuellen Maschinen ist möglich, wie in Abbildung 10.3 schematisch dargestellt. Das ermöglichen die sogenannten „Snapshots" (Schnappschüsse). Hierbei werden Systemstände innerhalb weniger Sekunden quasi „eingefroren", um diese als Sicherung zu speichern oder wieder zu ihnen zurückzukehren. Wird eventuell eine Änderung vorgenommen, lässt sich anhand eines zuvor angelegten Snapshots jederzeit auf den Ursprungszustand zurückkehren. Die Virtualisierungstechnologie ist bereits so weit vorangeschritten, dass man virtualisierte Applikationen im laufenden Betrieb dynamisch (z.B. lastabhängig) zwischen unterschiedlichen Virtualisierungsplattformen verschieben kann, ohne dass die

Anwender diese Verlagerung bemerken. Diese Arten der Redundanz macht die Virtualisierung auch in der UC-Umgebung interessant.

Eine weitere wesentliche Eigenschaft von VMs ist ihre hohe Skalierbarkeit. Droht beispielsweise eine Komplettauslastung der Hardwareplattform durch die VMs, lassen sich neue physikalische Server ohne Störung der bestehenden Systeme in die virtuelle Infrastruktur integrieren.

> **Praxistipp:**
> Die Möglichkeiten der Virtualisierung sind sehr vielfältig, man sollte aber die Komplexität dieser Architektur nicht unterschätzen. Bei ressourcenintensiver Echtzeitkommunikation mit Video- oder Audioströmen kann es zu Laufzeitproblemen zwischen den VMs kommt. Um solche Effekte zu vermeiden, müssen die angesprochenen Funktionen zur dynamischen Steuerung der VM-Instanzen zum Einsatz kommen.
>
> **Empfehlung:** Führen Sie eine UC-Readyness-Analyse durch, wenn Sie eine UC-Architektur auf VMs planen.

Bei der Virtualisierung werden in der Praxis zwei verschiedene Varianten eingesetzt:

- *Komplettvirtualisierung*:

    Sie ist die am häufigsten eingesetzte Variante, da jeder eigenständigen virtuellen Maschine auch dezidiert eine logische Hardware zugeordnet wird. Für beispielsweise vier VMs wird auch viermal ein Hardwareprozessor und viermal ein Hauptspeicher benötigt. Die VM greift hierbei direkt auf die Hardwareplattform zu. Die in den VMs installierten Betriebssysteme wissen nichts von der virtuellen Hardware. Sie arbeiten also wie mit einer physischen Hardware und benötigen daher im normalen Fall keine Anpassungen im Betriebssystem. Bei der Komplettvirtualisierung wird noch weiter zwischen „Hosted" und „Hypervisor"-Virtualisierung unterschieden.

    Eine Hosted Virtualisierung benötigt ein auf der Hardwareplattform installiertes Betriebssystem, wie in Abbildung 10.3 dargestellt. Die Betriebssysteme reichen hierbei von Microsoft Windows Server zu Linux-Distributionen, aber auch Apple-Server-Software.

    Hypervisor-Lösungen werden meistens in Rechenzentren eingesetzt, da diese direkt auf der Hardware aufsetzen und keine vorherige Betriebssysteminstallation bedingen. Allerdings muss die Hardwareplattform eine Hypervisor-Funktion unterstützen, was in der Praxis nicht mit jeder Hardware machbar ist. Bei der Geschwindigkeit ist die Hosted-Virtualisierungslösung dem Hypervisor unterlegen, punktet jedoch bei der Treiberunterstützung.

- *Kernelvirtualisierung*:

    Anders als bei der kompletten Virtualisierung wird bei der Kernelvirtualisierung der Betriebssystemkern (Kernel) der Hardwareplattform angepasst. Dieser Kernel arbeitet somit direkt mit der Virtualisierungssoftware. Die virtuellen Maschinen kommunizieren nicht mit der physikalischen, sondern mit einer virtuellen Hardware. Auf diese

Weise muss die physikalische Hardware nicht für jede einzelne VM gesondert virtualisiert werden. Vielmehr greifen die VM-Betriebssysteme direkt auf eine angepasste Hardwareplattform zu. Um einen Kernel zu verändern, muss man den Quellcode des Betriebssystems kennen, was Windows für eine Nutzung mit Kernelvirtualisierung unmöglich macht. In der Praxis hat sich die Kernelvirtualisierung als effektiver und leistungsstärker als die Komplettvirtualisierung erwiesen. Viele Hardwareprodukte unterstützen allerdings diese Art der Virtualisierung nicht. Die Vorteile einer Virtualisierung überwiegen allerdings eindeutig.

Die größten Vorteile virtueller Architekturen sind:

- Die Einfachheit von Sicherungskopien und Prozessen, da die Möglichkeit geboten wird, die virtuellen Maschinen einzufrieren (Snapshot), damit dieser aktuelle Zustand bei einer Datenrücksicherung wiederhergestellt werden kann.
- Möglichkeiten zur schnellen Überführung einer Test- bzw. Laborumgebung in eine produktive Umgebung.
- Eine deutlich höhere Verfügbarkeit und bessere Lastverteilung.
- Die Kommunikationsdienste für mehrere Firmen lassen sich physikalisch auf einer Plattform betreiben, aber dennoch logisch und funktional klar voneinander trennen. Das ist ein echter Mehrfirmenbetrieb.
- Sie ermöglichen eine Vereinheitlichung der Infrastruktur.

> **Praxistipp:**
> In der Praxis stellte sich heraus, dass eine Virtualisierung bei nur ein oder zwei Systemen nicht besonders interessant ist. Hat ein Unternehmen hingegen mehrere oder sogar Hunderte Server, lassen sich je nach Virtualisierungslösung realistische Hardware-Einsparungen bis zu 1:100 Servern erzielen.
>
> **Empfehlung:** Setzen Sie eine Virtualisierung der UC-Architektur ein. Dadurch sinken die Betriebskosten sowie der Wartungs- und Administrationsaufwand für die Hardware erheblich.

10.3 Unified Communication aus der Cloud

Die „Wolke" ist eines der aktuellsten IT-Themen und steht auf fast jeder Agenda von Unternehmen, die sich mit Unified Communication beschäftigen.

Vielfach ist mit der „Wolke" das klassische Internet gemeint. Es kann sich aber auch durchaus um ein zur Verfügung gestelltes, separates Netzwerk handeln, welches mit dem eigenen Netzwerk „verbunden" wird, wie schon in Abschnitt 10.2.4 diskutiert wurde. Jetzt kann man sich UC-Funktionen und -Dienste für einen definierten Zeitraum von einem Dienstleister liefern lassen. Die UC-Funktionen können vielfältig sein und sind nicht selten für das Unternehmen auch lohnenswert. Interesse wecken vor allem die Basiskommunikationsdienste aus der Wolke, also Funktionen wie Telefonie, E-Mail, Anrufbeantworter, Instant Messaging, RSS-Feeds (Really Simple Syndication), Nachrichtendienste à la Twitter, und Yammer sowie Audio-, Video- und Webkonferenzen. Aber auch Dienste wie ein CRM-System (Customer Relationship Management, die Dokumentation und Verwaltung von Kundenbeziehungen) oder ein ERP-System (Enterprise Resource Planning, Einsatzplanung der in einem Unternehmen vorhandenen Ressourcen) werden zunehmend aus der Wolke bezogen. Nicht nur die UC-Dienste und Funktionen werden beispielsweise angemietet. Das vollumfängliche Konzept, der Betrieb, die Bereitstellung und der Support aus der Wolke werden ebenfalls bezogen. Die technologische Betriebsvariante für Unified Communication aus der Cloud umfasst die Möglichkeit, das komplette Rechenzentrum mit seiner Prozessorleistung, Datenspeicher, Mail- und Kollaborationssoftware, Entwicklungsumgebungen, aber auch Spezialsoftware nicht mehr selbst zu betreiben.

Die zukünftigen Basiskommunikationsdienste und die damit verbundene Unified Communication liegen eindeutig in der Wolke, denn die dafür benötigten Netze sind mittlerweile ausreichend leistungsstark. Der Betrieb und die Administration von Unified Communication im eigenen Rechenzentrum werden abnehmen. Der Evolutionspfad führt dabei von Managed Services zu UC as a Service und Cloud Computing. Unified Communication lässt sich in jeder benötigten Form flexibel in eine vorhandene Infrastruktur integrieren, da sie eine individuelle Basisarchitektur darstellt.

Ein in der Praxis denkbares UC-Cloud-Einstiegsszenario könnte als Erstes in der Integration von Konferenzfunktionen liegen. Das ist eine einfache und effektive Möglichkeit, Reisekosten und Ressourcen mithilfe von Audio-, Video- und Webkonferenzen zu schonen. Des Weiteren wäre eine Ablösung der vorhandenen TK-Anlage durch die Nutzung von UC as a Service machbar. In diesem Fall übernimmt ein Dienstleister z.B. auch die Integration von Unified Communication in eine herkömmliche TK-Infrastruktur, die beispielsweise noch in der Unternehmenszentrale genutzt wird. Dabei ist eine wichtige Voraussetzung die Bewertung der Leitungen für Sprache, aber auch für Daten, da alle Informationen und Steuerungen nicht mehr intern abgewickelt werden, sondern extern ablaufen. Hochverfügbarkeit der Netzinfrastruktur spielt hier eine große Rolle, um auch eine Redundanz zu bieten. Der nächste Schritt ist die Verlagerung der Informationssysteme wie die E-Mail-Architektur in die Wolke. Eine Verbindung zu den eventuell lokal vorhandenen Datenbanken als auch die Integration in die Arbeitsprozesse würde „UC aus der Cloud" komplettieren.

Häufig wird Unified Communication als Ergänzung zu einer bestehenden Infrastruktur gesehen, nicht aber als Basisarchitektur der eigenen Infrastruktur. Für den Nutzer stehen spezielle Leistungsmerkmale der in einer Cloud produzierten UC-Dienste schnell und flexibel zur Verfügung, was diese Variante erst attraktiv macht. UC-Cloud-Lösungen bieten eine flexible und das Budget schonende Alternative. Neben einer monatlichen Grundgebühr, die die komplette Hardware- und Softwarewartung enthält, sind die Kosten lediglich vom benutzten UC-Basisdienst abhängig.

> **Praxistipp:**
> Unified Communication aus der Cloud wird kommen und die vorhandenen Kommunikation, Informationsdienste in sich vereinen. Prüfen Sie die Möglichkeiten der Unified Communication aus der Cloud.
>
> **Empfehlung:** Entscheidend bei der Einführung von UC aus der Cloud ist die richtige Auswahl des Dienstleisters. Beratung, Implementierung, Betrieb und laufende Optimierung der Services sind hierbei besonders wichtig. Denken Sie an die Sicherheit. Der Dienstleister sollte nicht nur das UC-Management und den Betrieb gewährleisten, sondern auch in der Lage sein, gesicherte feste und mobile Endgeräte als Cloud-Dienstleistung anzubieten.

10.4 Essenz

Der zuverlässige Service und gesicherte Betrieb einer UC-Architektur hat mehrere Facetten:

- Die Auswahl eines Service- und Betriebsmodells, das zu den Organisationsstrukturen und Geschäftsprozessen des Unternehmens passt
- Die Entscheidung für eine technologisch sinnvolle Betriebsvariante
- Eine fundierte Betrachtung, welche UC-Dienste man sinnvollerweise aus dem Netz beziehen kann und sollte

Eigenbetrieb fördert die Individualität, ist jedoch vergleichsweise ineffizient und erfordert spezialisiertes Personal. Outsourcing ist kein Allheilmittel und engt die Flexibilität des Unternehmens sehr stark ein. Die Kostentransparenz ist schwierig herzustellen. Egal für welches der Service- und Betriebsmodelle man sich letztlich entscheidet, es bedarf stets einer sehr fundierten Planung und Konzeption. Ebenso ist im Unternehmen ein klar strukturiertes und gut funktionierendes Change Management erforderlich, um die Organisation und die Prozesse auf das zu implementierende SBM einzustellen. In der Praxis hat es sich bewährt, für den gesamten Planungs- und Einführungsvorgang von SBM einen speziell dafür qualifizierten Berater zur Unterstützung hinzuzuziehen.

Für die technische Umsetzung bedarf es einer guten Planung. Alle möglichen technologischen Betriebsvarianten, angefangen von Host-Terminal bis hin zu virtuellen Maschinen, sollten betrachtet werden. Cloud Computing heißt der jüngste Trend in der IKT-Branche. Die modernen multimedialen Netze bilden das Fundament von Unified Communication „aus der Wolke".

11 Management von UC

Die Komplexität einer UC-Architektur übertrifft eindeutig die einer reinen TK-Anlage oder eines modernen VoIP-Systems. Der Grund dafür ist, dass sie ein Konglomerat aus vielen Systemen, Komponenten, Funktionen, Diensten und natürlich Applikationen ist. Bis zu diesem Zeitpunkt handelte das Buch von Dingen wie den Grundlagen von Unified Communication sowie der Vorbereitung, Installation, Implementierung und Adaption von Unified Communication an und in die vorhandene IKT-Umgebung. Diese Schritte sind zeitlich vergleichsweise begrenzt. Nach Abschluss dieser Phasen kommt die deutlich anstrengendere Phase des UC-Einsatzes und -Betriebes. Ab jetzt gilt es für die Administratoren, einen sicheren und zuverlässigen Betrieb der *gesamten* (!) UC-Architektur zu gewährleisten – eine äußerst herausfordernde und anstrengende Aufgabe.

Die wesentlichen Voraussetzungen dafür sind geeignete Werkzeuge und Prozesse für das Management und die Administration der gesamten UC-Architektur. Genau aus diesem Grund bedarf es eines entsprechenden, ebenfalls *vereinheitlichten* Konstrukts aus Managementsystemen, mit dem die gesamte UC-Architektur administriert und gemanagt werden kann. Das bedeutet ein durchgehendes, über alle Bereiche der IKT-Landkarte (Netzwerk, Kommunikation, Applikation und Sicherheit) hinweg interagierendes *vereinheitlichtes* UC-Management, angefangen von den Elementen und Komponenten bis zu den Funktionen und Diensten für Unified Communication. Die Bezeichnung Unified Management Architecture (UMA, Vereinheitlichte (zusammengeführte) Managementarchitektur) trifft diesen Sachverhalt am markantesten. Die aufzubauende und zu betreibende UMA ist in Schichten strukturiert. Die einzelnen Ebenen setzen pyramidenförmig aufeinander auf. So entsteht die im folgenden Abschnitt beschriebene Managementpyramide für UC-Architekturen.

In jeder Schicht bzw. Ebene dieser Pyramide werden verschiedene Managementaufgaben und -funktionen für die UC-Architektur wahrgenommen. Das Spektrum umfasst, beginnend von der unteren Ebene, folgende Aufgaben:

- Infrastruktur-, Verkabelungs-, Seriennummern- und Inventarmanagement
- Management für die Komponenten und Funktionalitäten einzelner Hersteller

- Management für alle Komponenten und Elemente, die SNMP (Simple Network Management Protocol) unterstützen
- Zentralisiertes IP-Ressourcen-, IP-Dienste- und AAA-Management (Authorization, Authentication, Accounting)
- Management für Performance und SLA (Service Level Agreements, Dienstvereinbarungen).

Dieses Kapitel zeigt, in welche Breite und Tiefe die Administrations- und Managementaufgaben für derart umfangreiche und komplexe Implementierungen wie bei UC-Architekturen gehen sollten – und unseres Erachtens sogar müssen.

11.1 Die Managementpyramide

Als Administrator und Betreiber von UC-Umgebungen benötigt man ständig eine aktuelle Sicht auf alle Bereiche, Komponenten, Elemente, Dienste und Funktionen, die eine UC-Architektur in Gänze ausmachen. Das kann nur eine durchgängige, geschichtete und hierarchisch strukturierte, aus mehreren Managementkomponenten bzw. -applikationen bestehende UMA leisten. Vom Aufbau her ähnelt sie, wie Abbildung 11.1 darstellt, einer aus verschiedenen Managementwerkzeugen und -applikationen bestehenden Pyramide mit den folgenden funktionalen Ebenen:

- **Ebene 1: Managementwerkzeuge für einzelne Komponenten**
  Das grundlegende Management – auch als „Basismanagement" bezeichnet – für die herstellerspezifischen Elemente, Komponenten, Dienste und Funktionen sowie Fehler, Alarme usw. In der Praxis bestehen die UC-Architekturen vor allem auf dieser Ebene aus Komponenten, Elementen und Funktionen unterschiedlicher Hersteller. Jeder von ihnen bringt seine eigenen Managementumgebungen für diesen Bereich mit. Da existiert ein Management für die Kommunikationsanlage, eines für Datenkomponenten, wieder eines für das Berechtigungsmanagement usw. Die Herausforderung besteht darin, die Interaktion, Interoperabilität und Schnittstellen zwischen diesen vielen Komponenten, Elementen und Funktionen zu administrieren und zu managen. Das wiederum bedeutet: Je mehr Komponenten, Elemente und Funktionen unterschiedlicher Hersteller zu administrieren sind, desto umfangreicher und vor allem aufwendiger werden die Managementaufgaben. In Abschnitt 11.2 wird diese Ebene noch detaillierter besprochen.

- **Ebene 2: Umbrella Management**
  Hier fassen Hersteller wie beispielsweise Alcatel-Lucent, Avaya, Cisco, Nortel und Siemens ihre einzelnen Managementapplikationen der ersten Ebene unter einer Oberfläche zu sogenannten „Umbrella"(Schirm)-Managementsystemen zusammen. Mittels solcher Systeme lassen sich z.B. die Datennetze, TK- und VoIP-Dienste, Sprachspeicher, Konferenzsysteme, CallCenter usw. funktional einheitlich in einer Oberfläche administrieren. Eine der bekanntesten Administrationsfunktionen dieser Ebene ist beispielsweise der sogenannte „One-Click-QoS". Das ist eine Managementfunktion, die mit

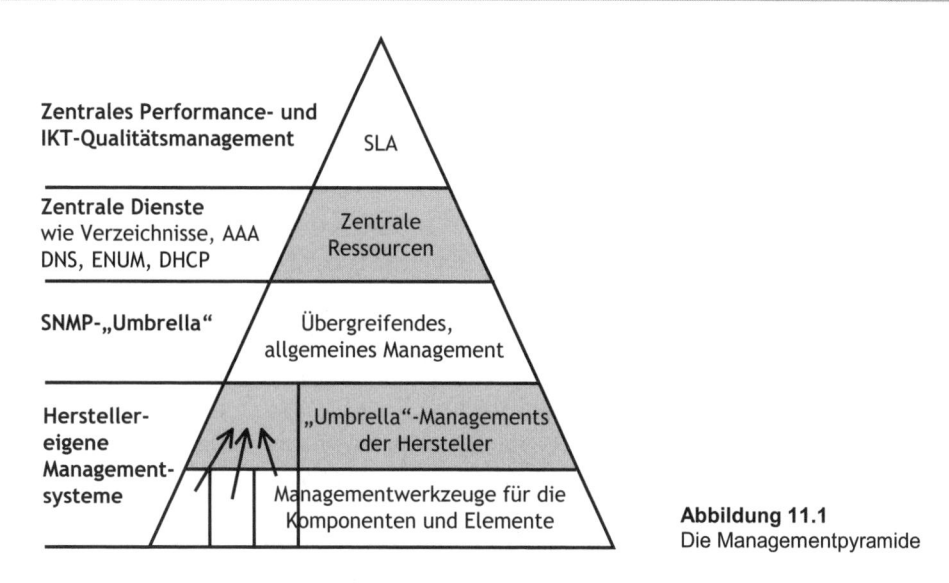

11.1 Die Managementpyramide

Abbildung 11.1 Die Managementpyramide

Pyramidenebenen (von oben nach unten):
- Zentrales Performance- und IKT-Qualitätsmanagement — SLA
- Zentrale Dienste wie Verzeichnisse, AAA DNS, ENUM, DHCP — Zentrale Ressourcen
- SNMP-„Umbrella" — Übergreifendes, allgemeines Management
- Herstellereigene Managementsysteme — „Umbrella"-Managements der Hersteller / Managementwerkzeuge für die Komponenten und Elemente

einem Klick oder Befehl übergreifende QoS-Einstellungen (Quality of Service) sowohl im Datennetz als auch in der darüber liegenden VoIP- und UC-Infrastruktur ermöglicht. Das Hauptanliegen eines herstellereigenen Umbrella-Managements besteht darin, ein technologieübergreifendes Fehler- und Alarmmanagement zu ermöglichen. Warum das? Oft liegt die Ursache für Fehler in Kommunikationssystemen und -diensten in Fehlern oder Störungen in den darunterliegenden Netzen. Mit einem Umbrella-Management kann man solche Situationen besser auflösen, und sie bieten so die Chance einer effektiveren und effizienteren Fehlersuche und Störungsbeseitigung. Umbrella-Management ist Inhalt des Abschnitts 11.3.

■ **Ebene 3: Übergreifendes, allgemeines Management**

Das übergreifende, allgemeine und vereinheitlichende Netzwerkmanagement über alle Hersteller hinweg überspannt alle darunterliegenden Bereiche, wozu es das standardisierte Netzwerkmanagementprotokoll SNMP (Simple Network Management Protocol) verwendet. Die SNMP-Managementplattformen wie beispielsweise die von Hewlett Packard, IBM oder Computer Associates existieren schon deutlich länger als die in Ebene 2 genannten. Zudem überspannen sie die Technologien und Techniken aus den Ebenen 1 und 2 von allen (zumindest den meisten) Herstellern. So gesehen sind sie die eigentlichen Umbrella-Managementsysteme, denn sie vereinigen herstellerübergreifend die Komponenten, Elemente, Dienste und Funktionen. Zur Unterscheidung dieser beiden Management-Ebenen mit Umbrella-Funktion wird die Ebene 3, die das SNMP verwendet, auch als „SNMP-Management" bezeichnet. Das SNMP-Management wird in Abschnitt 11.4 eingehender betrachtet, vor allem im Hinblick auf seine Bedeutung für UC-Architekturen.

■ **Ebene 4: Vereinheitlichtes Ressourcenmanagement**

Allen Bereichen der Ebenen 1 bis 3 ist eines gemein: Sie brauchen und verwenden eine Fülle gemeinsamer Informationen und Konfigurationsdaten über zentralisierte IP-Ressourcen und IP-Dienste. Wir brauchen also ein zentrales IP-Ressourcenmanagement. Zu diesen Ressourcen gehören z.B. IP-Adressen, IP-Domains und Benutzernamen. Zentrale IP-Dienste sind z.B. DNS (Domain Name Services), ENUM (Extended Numbering Plan oder auch Telephone Number Mapping), DHCP (Dynamic Host Control Protocol) usw. Weiterhin gehören in diese Ebene zentrale Verwaltungsdienste sowie Nutzer- und Ressourcenverzeichnisse wie z.B. LDAP (Lightweight Directory Access Protocol), X.500 usw. Eine der wichtigsten, ebenfalls auf dieser Ebene zu managenden Funktionen und Dienste ist der AAA-Dienst (Authorization, Authentication, Accounting), also die zentralisierte Zugangskontrolle, Nachweisführung und Abrechnung. Abschnitt 11.5 gibt weitere Auskünfte zum Thema „Vereinheitlichtes Ressourcemanagement" für alle zentralen IP-Ressourcen und IP-Dienste.

- **Ebene 5: Zentrales Performance- und IKT-Qualitätsmanagement**
An der Spitze – es ist ja nicht wirklich eine Ebene – befinden sich die zentralen Managementapplikationen für die Administration der Güte und Qualität aller über die UC-Architektur bereitgestellten Dienste und Funktionen. Diese Ebene besteht aus den operativen und präventiven IKT-Qualitätsmanagementsystemen mit Analyse- und Managementfunktionen für Performancewerte der Netze, Dienste und Applikationen aller vier darunterliegenden Ebenen. Neben dem reinen Administrieren der Komponenten, Elemente und Funktionen gehören dazu ebenso die Dokumentation und das Management aller IKT-Dienste, z.B. nach ITIL (IT Infrastructure Library), neuer ITSM (IT Service Management), CobiT (Control Objectives for Information and Related Technology) oder ähnlichen Serviceprozessbeschreibungen. Eine weitere typische Aufgabe in dieser Ebene ist das Managen der sogenannten Service Level Agreements (SLA) – also der Dienstleistungsvereinbarungen. Solche Vereinbarungen erlangen durch Unified Communication eine völlig neue Bedeutung, denn auch sie sollten dringend vereinigt und vereinheitlicht werden. Abschnitt 11.6 setzt sich mit dieser Ebene auseinander.

> **Praxistipp:**
> Man kann sich sehr leicht vorstellen, dass der Umfang der Managementanwendungen und -funktionalitäten mit der Anzahl der zu managenden Komponenten, Dienste und Funktionen drastisch zunimmt.
>
> **Empfehlung:** Eine UC-Architektur sollte aus möglichst wenig verschiedenen und möglichst wenig zu administrierenden Komponenten, Diensten und Funktionen bestehen. Am besten eignen sich daher UC-Architekturen mit einer höchstmöglichen Zentralisierung und Skalierbarkeit. Sie bestehen aus wenigen, dafür jedoch hochleistungsfähigen und intelligenten Hosts und ansonsten vielen quasi „dummen" Terminals und Endgeräten. Die Terminals werden direkt über den sie steuernden intelligenten Host überwacht und administriert. Folglich besteht in den einzelnen Ebenen der Managementpyramide lediglich der Bedarf an Administration des jeweiligen Hauptrechners, jedoch nicht der Vielzahl von Endgeräten sowie der wenig intelligenten Komponenten. Der Vorteil liegt auf der Hand: erheblich geringerer Aufwand für Administration und Management.

11.2 Basismanagement

Beim Basismanagement geht es um die Anwendungen für die Administration und das Management von Komponenten, Diensten, Elementen und Funktionen der Netze, Vermittlungsplattformen und Kommunikationssysteme. In der Regel schließen diese Managementapplikationen das Fehler-, Störungs- und Alarmmanagement ein. Praktisch gesehen handelt es sich dabei meist um eigenständige, modular aufgebaute Managementwerkzeuge des jeweiligen Herstellers für seine Komponenten, Dienste, Elemente und Funktionen. Diese Managementanwendungen haben folgende Aufgaben und Funktionsbereiche:

- Die Administration für alle grundlegenden Komponenten, Elemente, Funktionen und Dienste der Netze einer UC-Architektur, insbesondere der IP-Netze, Managementapplikationen für die Switches, Router usw. sowie die speziellen Managementanwendungen für die grundlegenden IP-Funktionen, z.B. die VLAN-Konfiguration, das IP-Routing usw.

- Das Management der Infrastruktur wie z.B. ein Kabelmanagement mit allen Kabelwegen und vor allem den Anschlussdosen und ggf. deren Beschaltung sowie Hinweisen darauf, ob sie mit PoE (Power over Ethernet) versorgt sind.

- Das Alarm- und Fehlermanagement für alle eben aufgeführten Komponenten, Dienste, Elemente und Funktionen, über das die UC-Architektur agiert und arbeitet.

- Das Management der Vermittlungsplattformen, also der Elemente, Dienste, Funktionen und Komponenten der TK- und VoIP-Anlagen. Dazu zählen die Kommunikationsserver, Mediagateways, Kommunikationsendgeräte sowie die Teilnehmer-, Netz- und Vernetzungsanschlüsse usw. Speziell bei Unified Communication kommen noch die Multimedia-Konferenzplattformen dazu, z.B. die sogenannten Multimedia/Multipoint Control Units (MCU). Sie bilden die Plattformen für Sprach-, Daten- und vor allem Videokonferenzen.

- Das Management der Applikationen sowie der Schnittstellen und Übergänge zwischen Applikationen und Netzen. Auch solche Systeme wie ALGs (Application Layer Gateways), SBCs (Session Border Controller) und die modernen WSGs (Web Services Gateways) sind letztlich applikationsnahe Instanzen, sodass deren Administration ebenfalls eine Aufgabe des Basismanagements ist. Mehr zu solchen Sicherheitssystemen und -applikationen in Kapitel 8.

- Das Topologie- und Strukturmanagement, bei dem die Systeme, Elemente und Komponenten auf einer geografischen Karte, einem Lage- bzw. Gebäudeplan hinterlegt sind. Das ermöglicht ein einfaches Zuordnen und Auffinden aller Komponenten im Bezug auf deren Installationsstandort.

- Spezielle Managementaufgaben für das WLAN (Wireless LAN) sind die Planung, Konzeption und Administration der Funkausleuchtung sowie der Belegung für die Funkkanäle. Das Thema WLAN-Ausleuchtung nimmt unter VoIP und UC einen besonderen Stellenwert ein, denn für multimediale Dienste muss oftmals eine deutlich engere Ausleuchtung erfolgen als für reine Datenübertragung und -applikationen. Außerdem erfordern die unterschiedlichen WLAN-Standards wegen ihrer physikalischen Eigenschaften unterschiedliche Ausleuchtungen (siehe Kapitel 4).

- Ein spezifisches Performancemanagement auf Komponentenebene, d.h. beispielsweise auch Überwachungsfunktionen für Geräte- und Umgebungstemperaturen, Prozessorleistung und -auslastung, Belegung der Haupt- und Festplattenspeicher usw.
- Das Benutzermanagement für die Administratoren und Anwender dieser Basistechnologien sowie deren Berechtigungen, beispielsweise zur Administration und Benutzung bestimmter Funktionen (z.B. Berechtigungen für Auslandstelefonie, Konferenzen usw.).
- Das Management von Übertragungseigenschaften der Netzwerke und Infrastrukturen, deren Dienstqualität, also der sogenannte Quality of Service (QoS) sowie Übertragungskapazitäten und deren Aufteilung (Reservierung) für bestimmte Kommunikationsdienste.

Die folgenden Abschnitte beschreiben die Vielfalt und Breite der Administrationsfunktionen, -werkzeuge und -aufgaben des Basismanagements.

11.2.1 Management der Netze

Wieso Management „der Netze"? Ganz einfach: Unified Communications basiert, wie in der Definition dargestellt, auf modernen Netzen. Klar spielen die klassischen Datennetze (beruhend auf IP) die bedeutendste Rolle, doch vor allem im Weiterverkehrsbereich, dem WAN (Wide Are Network) ist die Benutzung von Netzen mit Breitbandtechnologien, d.h. unterschiedlichen DSL-Technologien (Digital Subscriber Line) keine Seltenheit. Andererseits bedeutet Unified Communications vor allem Mobilität und mobile Kommunikation. Diese Mobilität schaffen Funknetze, WLANs, Richt- sowie Betriebsfunknetze und natürlich die Mobilfunknetze der Carrier mit solchen Technologien wie GSM (Global System for Mobile Communications), EDGE (Enhanced Data rates for GSM Evolution), UMTS (Universal Mobile Telecommunications System), WiMAX (Worldwide Interoperability for Microwave Access) und zukünftig LTE (Long Term Evolution) als die sogenannte 4. Generation der Mobilfunktechnologien. Die folgenden Abschnitte beleuchten die im Rahmen von UC-Architekturen notwendigen Administrations- und Managementaufgaben dieser drei Netzbereiche etwas ausführlicher.

11.2.1.1 Management für IP-Netze

Der IP-Backbone ist das Koppelfeld moderner Kommunikationsarchitekturen. Mit Sicherheit bilden die IP-Netze den größten Teil der Kommunikationsinfrastrukturen. Deshalb beschäftigen wir uns zunächst mit dem effektiven, effizienten und sicheren Management dieses Infrastrukturbereiches.

Unter Unified Communication werden die IP-Netze zu echten multimedialen Multiservice-Übertragungsnetzen. Jeder dieser UC-Multimediadienste, allen voran jedoch Sprache und Video, stellt sehr konkrete Ansprüche an den QoS der Übertragungsdienste in den IP-

Netzen. Sprache und Video sind Applikationen, die ein nahezu unterbrechungs- und vor allem verzögerungsfreies Echtzeitübertragungsverhalten der Netze erfordern. In der Praxis sind die QoS-Parameter innerhalb der IP-Netze durch die VoIP- bzw. Video-Anlagen selber kaum zu beeinflussen. Das müssen die IP-Netze leisten. In den genannten Systemen erfolgen lediglich die grundlegenden Einstellungen wie z.B. die zu verwendenden Komprimierungen, IP-Paketgrößen, ggf. auch die Begrenzung der Anzahl gleichzeitiger Verbindungen usw. Die realen QoS-Werte entstehen und wirken in der Regel erst beim Transport der Multimediapakete über das IP-Netz. Ergo müssen vor allem im IP-Netz entsprechende Funktionen für die Steuerung des QoS vorhanden sein. In einem IP-Netz kann der QoS auf unterschiedliche Art und Weisen realisiert werden, hier einige Möglichkeiten:

- Eine der grundsätzlichen Methoden ist die Reservierung von Übertragungsbandbreiten für spezielle Dienste, speziell auf multimediale Datenströme bezogen gibt es dafür das sogenannte RSVP (Resource reSerVation Protocol). Es erlaubt Empfängern, ihre Dienstanforderungen bezüglich der Bandbreite festzulegen. Eine deutlich plakativere Methode ist das konkrete, definierte Reservieren einer dezidierten Bandbreite durch den Administrator selbst. So wird beispielsweise der QoS im ATM-Netzen (Asynchronous Transfer Mode) mittels einer sogenannten Constant Bit Rate (CBR) geregelt. Allerdings ist jeder Administrator gut beraten, neben den Bandbreiten und Ressourcen für Multimedia auch an die Reservierung gewisser Ressourcen zur Administration selbst zu denken. Reservierung von Ressourcen – das klingt einfach. Doch diese simpel anmutende Methode hat es in sich, denn die Kernfragen lauten: „Wie viel Bandbreite ist für was zu reservieren? Für wie lange? Wie oft?" usw. Alleine die Beantwortung dieser Fragen würde den Rahmen sprengen. Natürlich ist in erster Linie das Nutzungsverhalten der Teilnehmer selbst maßgeblich für die benötigten Bandbreiten in den Netzen. Das wiederum heißt: Dieses Nutzungsverhalten ist durch Verkehrsstatistiken zu erfassen, es muss analysiert und bewertet werden, um daraus eine genaue Berechnung, Planung und Administration der Bandbreitenanforderungen für Unified Communication zu ermöglichen. Im Klartext bedeutet das: eine klassische ERLANG-Betrachtung zur konsolidierten Bandbreitenberechnung aller Kommunikations- und Steuerungsströme für und über alle multimedialen Kommunikationsdienste hinweg. Im Grunde ist das so ähnlich, als richtete man auf einer „Datenautobahn" eine spezielle „Busspur" für Multimediadienste ein. Diese darf dann nur von bestimmen Diensten genutzt werden.

- Eine andere Vorgehensweise, die in der Praxis durchaus gemeinsam mit der erstgenannten zum Einsatz kommt, ist die Markierung der multimedialen Datenpakete bzw. -ströme, die eine besondere Übertragungsqualität erwarten und erfordern, damit sie im IP-Netz bevorzugt transportiert und weitervermittelt werden können. Im Gegensatz zur „Busspur" haben diese Pakete eine besondere Kennung, so ähnlich wie bei Feuerwehr oder Polizei mit ihren Blaulichtern und Sirenen. Datenpakete mit solchen Markierungen werden im IP-Netz schneller durchgelassen.

In den Kapiteln 3 und 5 wird das Thema QoS sowie die Bandbreitenanforderungen multimedialer Dienste und deren Notwendigkeit für Unified Communication ausführlich besprochen.

> **Praxistipp:**
> Jeder Kommunikationsdienst benötigt die ihm eigenen, spezifischen Übertragungskapazitäten und -ressourcen. Für das Management dieser Kapazitäten und Ressourcen muss der Administrator genau wissen, welcher Kommunikationsdienst wie viel Bandbreite auf den Übertragungsnetzen benötigt. Die Voraussetzung dafür ist eine genaue Analyse und Bewertung der Auslastung auf den Übertragungsstrecken und vor allem des Nutzungsverhaltens der Anwender: die ERLANG-Betrachtung. Über den ERLANG-Wert kann dann in Verbindung mit den jeweiligen Bandbreitenanforderungen der UC-Dienste die für alle UC-Datenströme benötigte Gesamtkapazität errechnet werden.
>
> **Empfehlung:** Führen Sie immer zuerst eine solide ERLANG-Betrachtung durch und nehmen Sie diese als Grundlage für die vereinheitlichte Bandbreiten-, Ressourcen- und Kapazitätsbetrachtung.

Ein IP-Netz besteht aus vielen und teilweise sehr unterschiedlichen Komponenten, Diensten, Elementen und Funktionen. Sie alle müssen mit denselben QoS-Funktionen arbeiten und gemäß diesen Anforderungen konfiguriert werden.

> **Praxistipp:**
> Datenpakete lassen sich auf unterschiedliche Art und Weise als „priorisiert" kennzeichnen. Die Priorisierung steht entweder im Paket selbst, z.B. im TOS-Feld (Type of Service) oder sie wird als Zusatzinformation an den Kopf des IP-Paketes gestellt wie bei IEEE 802.1p. Letzteres macht das IP-Paket länger, und es basiert auf der Bildung von VLANs. Nicht alle Datennetzkomponenten unterstützen die erforderlichen QoS-Funktionen für beide Markierungsarten.
>
> **Empfehlung:** Überprüfen Sie genau, mit welchen QoS-Funktionalitäten die eingesetzten Komponenten des IP-Netzes durchgängig umgehen können. Nur dann ist ein durchgängiger QoS über die gesamte UC-Architektur möglich.

Das bedeutet für die Administratoren vor allem in komplexen und umfangreichen IP-Netzen einen entsprechend hohen Managementaufwand. Moderne IP-Komponenten bieten daher eine ganz besondere Form des QoS-Managements, den sogenannten „One-Click-QoS". Der Administrator konfiguriert die zu verwendenden QoS-Parameter und funktionalen Einstellungen für komplette Bereiche des IP-Netzes und der IP-Kommunikationsplattformen. Diese Konfiguration erfolgt über das Managementsystem mit quasi nur „einem Klick" und bestenfalls auf nur einer IP-Komponente. Von dort aus werden diese Einstellungen automatisch auf alle anderen IP-Komponenten mittels einer sogenannten „Broadcast"(Rundsendung)-Funktion verteilt. Weiterhin überwacht das QoS-Management die QoS-Parameter des IP-Netzes über das gesamte Netz hinweg und bringt die Ergebnisse an einer zentralen Stelle zur Anzeige. Dezidierte Einstellungen und die Definition von Schwellenwerten für den QoS bilden die Basis für die QoS-Steuerung.

> **Praxistipp:**
> One-Click-QoS ist eine sehr effiziente und effektive Funktionsweise zur netzwerkweiten Einstellung der QoS-Funktionen und -Parameter. Da es dafür jedoch (noch) keinen Standard gibt, obliegt es den Administratoren und Betreibern der IP-Netze, bei der Beschaffung der IP-Komponenten auf das Vorhandensein solcher immens wichtigen Funktionen zu achten. IP-Netze sind durch eine sehr hohe Dynamik charakterisiert, was eine ihrer wesentlichen Stärken und Vorteile gegenüber den klassischen digitalen Vermittlungsnetzen ist. Diese Dynamik erfordert allerdings ständig entsprechende Anpassungen im QoS-Management, die wiederum nur mittels derartiger teilautomatisierter QoS-Managementfunktionen betriebswirtschaftlich sinnvoll und technologisch nachhaltig umgesetzt werden können.
>
> **Empfehlung:** Viele Administrationsschritte bedeuten viele Fehlermöglichkeiten und -quellen. Verwenden Sie, wann immer es geht, Managementfunktionen für das vereinheitlichte Administrieren der QoS-Parameter über die gesamte UC-Architektur hinweg, insbesondere für die Basis der gesamten IP-Kommunikation: die IP-Netze, IP-Kommunikationssysteme und IP-Vermittlungsplattformen. Nutzen Sie die Möglichkeiten und vor allem die Konfigurationssicherheit solch teilautomatisierter Funktionen wie One-Click-QoS.

11.2.1.2 Management für Breitbandnetze

Nicht alle Datennetze basieren auf dem klassischen IP (Internet Protocol). Vor allem im WAN dominieren nach wie vor die Breitbandnetze. In der Hauptsache sind das die xDSL-Netze (x steht für A=Asynchron, S=Synchron oder V=Very High Speed) mit Bandbreiten bis zu 500 und mehr Megabit/s. Doch auch die klassischen Anbieter für Kabelnetzdienste wie TV und Radio unterstützen digitale Datendienste auf ihrer Infrastruktur und ihren Netzen.

In den meisten Fällen werden die Breitbandnetze durch einen Netzanbieter selbst betrieben. Ein Endkunde hat nur bedingt Einfluss darauf, mit welcher Güte und Qualität dieser Betreiber die Übertragung multimedialer Dienste auf seinem Netz bereitstellt. Allerdings sollte man schon wissen, dass eine Vielzahl dieser Netzbetreiber auf Anfrage entsprechende Breitbandanschlüsse mit QoS-Eigenschaften zur Verfügung stellen können. Jedoch sind derartige Anschlüsse oftmals deutlich teurer als die Standardvarianten. Sie erfordern spezielle Netzabschlussgeräte, sogenannte Integrated Access Devices (IAD) und einen höheren Betriebsaufwand für das Bereitstellen und Steuern des QoS. Da das Management dieser Breitbandnetze, wie beschrieben, meistens bei den Netzbetreibern statt in der firmeneigenen Hoheit liegt, wird es im Rahmen dieses Buches nicht weiter vertieft.

Eine Ausnahme bilden die tatsächlich in eigener Betriebshoheit befindlichen Breitbandnetze. Mit dem deutlichen technologischen Fortschreiten der Breitbandtechnologien vor allem in Bezug auf Übertragungsbandbreiten und Reichweiten gibt es immer mehr Anwendungsbereiche und -möglichkeiten in und auf den kundeneigenen IKT-Umgebungen. So besitzen großflächige Firmengelände, Hotels mit vielen Zimmern und, als besondere Spezialität, große Passagierschiffe Verkabelungsstrukturen mit klassischer Zweidrahttechnik –

also klassische Telefonverkabelungen. Diese herauszureißen ist unwirtschaftlich, teilweise sogar unmöglich. Oftmals ist es sinnvoller, wirtschaftlich interessanter und technologisch einfacher umsetzbar, die vorhandenen Kabelinfrastrukturen mit Breitbandtechnologien zu betreiben.

Wie bekommt man dann IP-Dienste auf die Zimmer, in die Schiffskabinen und die entlegenen Bereiche eines Unternehmens? Man baut sich sein eigenes internes Breitbandnetz. Das Herz eines solchen Netzes ist ein DSLAM (Digital Subscriber Line Access Multiplexer). Von ihm aus werden die die DSL-Modems über ein Doppeladerkabel versorgt. Aus dem DSL-Modem kommt dann normales Ethernet mit IP und einer entsprechenden Bandbreite heraus. Die mögliche Bandbreite ist im Wesentlichen abhängig von drei Dingen:

- der verwendeten DSL-Technologie, d.h. z.B. ADSL oder VDSL oder einer erweiterten Version dieser beiden Technologien,
- der Verstärkung und den Dämpfungsgrenzen, mit denen die DSL-Technik arbeitet (die Tabelle 11.1 zeigt Beispielwerte der ADSL-Dienste der Deutschen Telekom AG),

Tabelle 11.1 Bitraten und Dämpfungen bei ADSL

Bitrate [kbit/s]	Dämpfung [dB]
384	55
768	46
1.024	43
1,536	39,5
2.048	36,5
2.304 *	35
3.072	32
6.016	18
16.000 (ADSL2+)	18

(*) nicht für Privatkunden

- der Entfernung zwischen dem DSLAM und dem Modem. Die Dämpfung des Kabels spielt bei DSL eine entscheidende Rolle. Sie hängt neben der Länge, vor allem vom Durchmesser der Adern des Kabels ab. Die Tabelle 11.2 zeigt diese Zusammenhänge.

Tabelle 11.2 Kabeldurchmesser und Dämpfungswerte bei ADSL

Durchmesser [mm]	Dämpfung/km [dB/km]
0,35	14,0
0,4	12,0
0,5	8,5
0,6	7,5
0,8	5,7

Nun, was davon kann ein Administrator wirklich managen? Die vorhandene Verkabelung kann er vermutlich nicht ändern. Dennoch ist es für den Administrator wichtig, diese Grundeigenschaften und Zusammenhänge bei DSL zu kennen und entsprechend zu handeln, z.B. den Nutzern nur Dienste und Bandbreiten zu versprechen, die er auch tatsächlich realisieren kann.

Aber da war doch noch der QoS?! Ja, denn diesen muss der Administrator tatsächlich managen. Wie bereits angedeutet, sind spezielle DSL-Varianten in der Lage, QoS zu realisieren. Sie modulieren bestimmte Dienste auf definierte Frequenzen, und nur diese Frequenzen dürfen von den dafür definierten Diensten verwendet werden. Auf der anderen Seite des DSL-Modems, im IP-Netz, werden QoS-Funktionen in der bereits im Vorabschnitt beschriebenen Weise definiert. Nun besteht die Aufgabe des Administrators darin, auf den DSL-Modems die im IP-Netz definierten QoS-Parameter mit den QoS-Funktionen im DSL zu verschalten. In der Praxis kommen dann keine reinen DSL-Modems als Netzabschlussgeräte mehr zum Einsatz, sondern spezielle IP-Router mit integrierter DSL-Modemfunktion – die bereits genannten IADs (Integrated Access Devices). So lassen sich DSL-Strecken sogar Rücken an Rücken schalten. Auf beiden Seiten kommt ein besonderes DSL-Modem oder IAD zum Einsatz, und man kann auf einer klassischen Doppelader über mehrere Kilometer mehrere Megabit Daten übertragen.

11.2.1.3 Management für Funknetze

Die Carrier managen ihre Funknetze ausschließlich selbst. Dennoch haben sie ein Problem, das sie selbst nur bedingt beeinflussen können: Das Funknetz steht prinzipiell allen Benutzern offen, die eine Zugangsberechtigung besitzen. Das sind bei öffentlichen Funknetzen sehr viele. Theoretisch und praktisch können diese vielen Benutzer die Funknetze durch die gleichzeitige Nutzung quasi lahmlegen. Solche Szenarien kommen zwar selten vor – doch wenn, dann immer zu den unpassendsten Zeitpunkten wie z.B. bei Notfällen und anderen besonderen Ereignissen.

> **Praxistipp:**
> Funknetze unterliegen einer stochastischen und weitestgehend freien Nutzerbelegung, die in besonderen Situationen zu Überlastungen bis hin zu Totalausfällen führen kann.
>
> **Empfehlung:** Planen Sie vor allem bei Funknetzen immer eine Reserve ein, die Sie für die Notfallkommunikation bereitstellen können.

Welche Funknetze kann ein Unternehmen selbst administrieren? Die WLANs und die Funksondernetze (Richt-, Bündel- und Betriebsfunk) und in jüngster Zeit zunehmend auch WiMAX- und LTE-Netze. Im ganz nahen Umfeld zählt natürlich auch Bluetooth dazu, nicht zu vergessen die vielen noch vorhandenen DECT-Netze.

Welche dieser Funknetztechnologien auch immer zum Einsatz kommen, die grundlegenden Administrationsaufgaben sind identisch. Sie betreffen Folgendes:

- **Frequenzplanung und -management:** Die Funktechnologien arbeiten mit dezidierten Funkfrequenzen. Für die Funknetztechnologien der Carrier sind sie zulassungspflichtig und von der Regulierungsbehörde vergeben worden. Die DECT- und WLAN-Netze arbeiten mit zulassungsfreien Frequenzen. WLAN nutzt je nach Standard entweder 2,4 bis 2,4835 GHz oder 5,15 bis 5,725 GHz. Vor allem im erstgenannten Frequenzbereich arbeiten sehr viele Systeme, angefangen von Mikrowellengeräten bis zu funkgesteuerten Lichtschaltern. Die Frequenzbänder und damit die übertragbaren Datenraten sind beschränkt. Also gilt auch hier wieder das alte Sprichwort „Weniger ist mehr": je weniger Nutzer im selben Frequenzbereich kommunizieren, desto mehr Datenrate hat jeder dieser Nutzer zur Verfügung.

> **Praxistipp:**
> Moderne WLAN-Systeme unterstützen beide Frequenzbereiche, viele von ihnen sogar beide gleichzeitig. Verwenden Sie solche WLAN-Systeme, so haben Sie die Möglichkeit, die Kommunikationsdienste sinnvoll zu verteilen, z.B. die weniger anspruchsvollen Applikationen auf den unteren und die anspruchsvolleren auf den oberen Frequenzbereich.

- **Funkausleuchtung:** Jede dieser Technologien hat andere Funkcharakteristiken, sowohl was die Reichweite als auch die Ausbreitungseigenschaften der Funkwellen angeht. Einige Technologien wie z.B. WLANs, die mit den Standards IEEE 802.11 a, b und g arbeiten, sind recht empfindlich für Reflexionen der Funkwellen an Metallgegenständen oder sehr glatten Oberflächen. So stellen beispielsweise Ausleuchtungen von Kliniken mit gekachelten Wänden und Böden oder von Lagerhallen mit vielen Metallregalen echte Herausforderungen dar. Oftmals helfen in diesen Fällen nur Antennen mit speziellen Richtcharakteristiken. Anders bei IEEE 802.11n: Diese Technologie nutzt sogar die Reflexionen für sich selbst aus.

WLAN ist nicht wirklich schnurlos, denn die Antennen brauchen natürlich einen LAN-Anschluss. Was ist, wenn es nicht überall einen LAN-Anschluss gibt? Um die Funkausleuchtung für solche Bereiche (z.B. Außen- und Freiflächen) zu gewährleisten, wurde der Standard IEEE 802.11s entwickelt, die „Vermaschung" und Vernetzung von Antennen über die Luft, wie sind in der Abbildung 7.3 (Kapitel 7) dargestellt ist.

Die Nutzer erwarten von Unified Communication eine sehr gute Verfügbarkeit, auch über Funknetze. Das bedeutet eine Planung und Implementierung von Redundanz im Funknetz. Die Antennen müssen so eng gesetzt sein, dass bei Ausfall einer Antenne die umliegenden Antennen die Funkfeldabdeckung übernehmen können. Dafür müssen die Antennen ihre Sende- und Empfangsleistung automatisch anpassen können.

Auf die strukturellen und funktionalen Grundlagen der WLAN-Architekturen wird in Kapitel 6 detailliert eingegangen.

> **Praxistipp:**
> Die Funkausleuchtung ist eine sehr anspruchsvolle Aufgabe, denn wenn die Antennen einmal installiert sind, dann ist eine nachträgliche Veränderung oftmals nur mit sehr hohem Aufwand möglich.
>
> **Empfehlung:** Führen Sie die Ausleuchtung sehr präzise und vor allem unter den späteren Betriebsbedingungen durch. Planen Sie entsprechende Redundanzen ein.

- **Funkkanalplanung:** Es ist wie im richtigen Leben: Alle nutzen dasselbe Medium für die Kommunikation. Damit darin nicht alles durcheinander geht und man im wahrsten Sinne des Wortes noch seine eigene Kommunikation versteht, nutzen die Technologien Funkkanäle. Jede dieser Technologien hat unterschiedlich viele solcher Funkkanäle. Auf diesen Funkkanälen stehen jeweils klar definierte Übertragungsbandbreiten zur Verfügung. Damit ist eindeutig festgelegt, wie viele Nutzer gleichzeitig in einem Funknetz agieren können. Kommt es zu einer Überlastung des Netzes, können zwei Dinge passieren: Das Netz bricht einfach zusammen – der schlimmste anzunehmende Fall, der in der Praxis immer wieder mal vorkommt. Oder der Nutzer bekommt einfach keinen freien Kanal. Ähnlich wie im Festnetz bekommt der Nutzer vom Funknetz die Rückmeldung „Netz belegt" oder „Netz nicht verfügbar". Das mag zwar in diesem Augenblick für den Nutzer selbst unbefriedigend sein, aber auf der anderen Seite kann er es einfach wenige Momente später erneut versuchen.

> **Praxistipp:**
> Die Funkkanalplanung ist neben der Frequenz- und Ausleuchtungsplanung der dritte wichtige Punkt. Wählen Sie eine Technologie mit möglichst hoher Kanalflexibilität, z.B. IEEE 802.11n. Dieser Standard unterstützt, anders als die anderen WLAN-Standards, auch beide Frequenzbereiche.

- **QoS-Steuerung:** Bis vor wenigen Jahren waren WLAN und QoS zwei Dinge, die sich gegenseitig nahezu ausschlossen. Alle Nutzer verwenden dasselbe Medium, wie sollte da eine Priorisierung erfolgen? Die Firma Spectralink entwickelte einen zusätzlichen Applikationsserver, der in der Lage ist, eine Priorisierung im WLAN zu realisieren. Allerdings hat das zwei Haken. Er unterstützt zum einen nur zwei Priorisierungsbereiche. Zum anderen ist es eine proprietäre Lösung.

> **Praxistipp:**
> Mobilität spielt eine zunehmend wichtige Rolle, ebenso wie mobile multimediale Dienste. Daher ist QoS in mobilen Netzen ist ein Muss.
>
> **Empfehlung:** Bringen Sie Technologien zum Einsatz, die im WLAN entsprechende QoS-Funktionen bereitstellen, z.B. nach dem Standard IEEE 802.11e oder noch besser IEEE 802.16.

- **Sicherheitsfunktionen:** Hierzu zählen die integrierten Sicherheitsfunktionen wie Zugangssicherheit und Verschlüsselungen, aber auch die externen Sicherheitsfunktionen wie z.B. VPN usw. Sicherheit ist eine hoch dynamische Angelegenheit. Vor allem WLANs sind lebendig, dort gibt es ein ständiges Kommen und Gehen. Alle benutzen die Luft als Medium. Der Administrator muss dafür sorgen, dass nur autorisierte Nutzer das Netz verwenden können. Ebenso muss er dafür sorgen, dass das Funknetz nicht kompromittiert, z.B. lahmgelegt werden kann.

> **Praxistipp:**
> Entsprechende Sicherheitsfunktionen gibt es reichlich, insbesondere für WLAN-Implementierungen. Setzen Sie möglichst harte und robuste Sicherheitsfunktionen ein. Die klassischen Sicherheitsfunktionen wie z.B. WEP (Wired Equivalent Privacy) sind eher als „Unsicherheitsfunktionen" zu bezeichnen. Nutzen Sie besser Standardfunktionen wie WPA (Wi-Fi Protected Access) oder IEEE 802.11i.

11.2.2 Management der Vermittlungsplattform

Eine moderne UC-Architektur besteht neben den gerade besprochenen Netzen vor allem aus einer oder mehreren Kommunikations- oder besser Vermittlungsinstanzen. Zu diesen Instanzen zählen auch die klassischen TK-Anlagen, so sie tatsächlich Bestandteil der UC-Architektur sind und mit ihr verbunden sind. In der Praxis werden diese klassischen TK-Anlagen immer mehr durch VoIP-Systeme (teilweise auch Soft-PCXen bzw. SoftSwitches genannt) abgelöst. Selbst reine VoIP-Systeme bekommen zunehmend Konkurrenz von moderneren, multimedialen, vereinheitlichten IP-Vermittlungsplattformen für alle Kommunikationsdienste, den sogenannten Unified Communication-Plattformen. Das sind Plattformen für den Unternehmens- und Behördenbereich. Sie tragen je nach Hersteller Bezeichnungen wie z.B. „Instant Communication Suite" (Alcatel-Lucent), „Unified Communication Manager" (Cisco), „Open Communication Solution" (Siemens) oder Kunstnamen wie z.B. „Aura" (Avaya). In der Welt der Carrier ist der Begriff IMS (IP Multimedia Subsystem) etabliert. Hierbei handelt es sich in der Regel um noch komplexere und aus noch mehr Systemen und Applikationen bestehende IP-Plattformen für Vermittlungs- und Kommunikationsdienste. Entsprechend hochkomplex ist das Management dieser Plattformen.

Je nach dem, aus welchem technologischen Entwicklungsbereich der jeweilige Hersteller kommt, legt er seine Strategie in die Bezeichnung seiner Plattform. Der eine Hersteller betont die Offenheit seiner Plattform, ein anderer die Integration der Komponenten und der nächste die Vereinheitlichung der Kommunikationsdienste. Allen Plattformen ist eines gemeinsam: Auf ihnen laufen alle Funktionen, Signalisierungen und Konfigurationsdaten für die Vermittlung der multimedialen Kommunikationsdienste zusammen. Über eine Plattform werden sowohl Sprache (oft als VoIP) als auch Video und Datendienste vermittelt.

Wie auch immer, die grundlegenden Administrationsaufgaben sind gleich. Der Unterschied zwischen den Unternehmens- und Carrier-Plattformen besteht vor allem in ihrer Skalierung sowie einer echten Mandanten-/Mehrfirmenfähigkeit. Letzteres macht den wesentlichsten Unterschied zwischen einer „privaten" und einer „öffentlichen" Vermittlungsplattform aus. Das bedeutet jedoch nicht, dass solche Carrier-Plattformen ausschließlich den öffentlich agierenden Carriern vorbehalten sind. Immer mehr IKT-Dienstleister großer Industrieunternehmen, von Finanzinstituten und Versicherungen sowie der öffentlichen Verwaltung nehmen quasi eine Carrier-Rolle ein. Sie werden quasi zum „privaten" Carrier: Sie implementieren und betreiben hochskalierbare IMS-ähnliche Vermittlungsplattformen, allerdings nur für ihren „privaten" Kundenkreis. Auch das ist grundsätzlich nicht neu, denn bereits seit einigen Jahren besitzen der Bund, Landesverwaltungen und verschiedene große Städte und Kommunen abgegrenzte, nicht öffentliche, also quasi „private" Behördenvermittlungsnetze mit carrierartigen Vermittlungsplattformen. Ein ganz spezieller Fall solcher Netze sind dedizierte Sondernetze, z.B. Sondernetze der Bahn, der Polizei und natürlich das der Bundeswehr. Neu ist jedoch, dass sich diese Plattformen immer mehr zu IP-Plattformen wandeln. Die IP-Transformation ist in vollem Gange. In der Praxis sind alle diese Plattformen recht komplexe SIP-Architekturen mit verschiedenen Servern und Vermittlungsinstanzen und SIP-Clients. Zusätzlich kommt dies alles oftmals von unterschiedlichen Herstellern.

In der Regel gehört zu jeder Vermittlungsplattform eine oft recht umfangreiche und komplexe Managementplattform. Nun drängen sich einem mehrere Fragen auf. Woraus besteht diese Managementplattform? Wer darf bzw. muss die Managementaufgaben wahrnehmen? Wie müssen solche neuralgischen Plattformen gesichert werden? Welche speziellen Funktionen sind besonders im Umfeld der Vermittlungsplattform zu administrieren? Die folgenden Abschnitte werden diese Fragen detailliert beantworten.

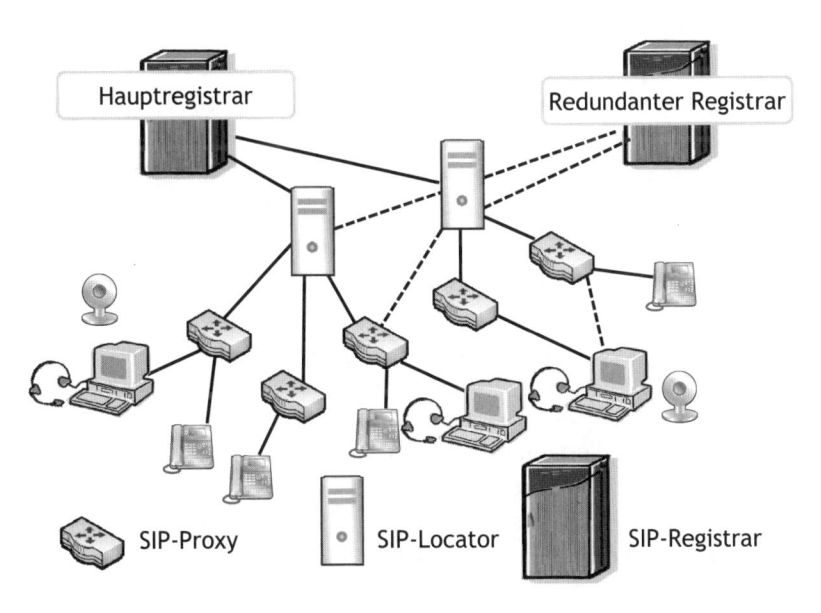

Abbildung 11.2 Strukturbild einer SIP-Architektur

Der Sinn dieses Buches besteht weniger darin, die vielen Managementwerkzeuge und deren Funktionen im Detail zu erläutern. Dafür existieren und dienen entsprechende Bedienerhandbücher und Schulungen für das Administrationspersonal. Vielmehr fokussiert es sich auf die praktischen Seiten der Administration, also vor allem auf das Wie, Was und Wozu des Managements für Vermittlungssysteme.

11.2.2.1 Zentralisiertes Management – (k)ein Zauberwerk

Zweifelsohne ist ein zentrales und möglichst vereinheitlichtes Managementsystem essenziell für die Administration solcher komplexen, ebenfalls zentralisierten und hochskalierbaren Vermittlungsplattformen, wie sie in modernen UC-Architekturen zu finden sind. Dennoch unterscheiden sich die Managementsysteme vor allem in Bezug auf die Bedienbarkeit deutlich voneinander. Die meisten Hersteller passen ihre Managementsysteme an die erforderlichen Fähigkeiten des zu erwartenden Benutzerkreises an. So gibt es auch für sehr anspruchsvolle und hoch funktionale Vermittlungsplattformen mitunter recht einfach und komfortabel zu bedienende Managementsysteme. Viele dieser Systeme bieten dem Anwender sogenannte „Wizards" (auf Deutsch „Zauberer", gemeint sind Assistenten). Dahinter verbergen sich Administrations- und Konfigurations(ge)hilfen, mit deren Hilfe der Administrator in der Lage ist, in einer überschaubaren Bedieneroberfläche schnell die wesentlichen Grundeinstellungen sowie Nutzerkonfigurationen einzurichten. Moderne Vermittlungsplattformen bieten neben oder statt einer eigenen Managementapplikation oftmals Möglichkeiten, die Komponenten, Funktionen und Dienste der Plattform über eine Web-Anwendung bzw. -Oberfläche zu administrieren. Das hat einen großen Vorteil: Man benötigt keine dezidierten Administrationsarbeitsplätze und kann quasi jeden PC oder sogar leistungsstarke mobile Computer zur Administration benutzen.

Je komplexer allerdings die Vermittlungsplattformen werden, desto umfangreicher und aufwendiger gestalten sich die Managementsysteme. Sehr gute Managementsysteme besitzen einen modularen Aufbau. Das bedeutet: Es gibt ein Grundsystem, in das sich je nach Bedarf verschiedene Managementmodule einbinden lassen. Typische Zusatzmodule sind Inventar- und Seriennummernverwaltungen und tiefer gehende Statistikmodule, um nur zwei zu nennen. Ein weiterer Vorteil modularer Systeme ist, dass man für die einzelnen Module individuelle Berechtigungen vergeben kann. Auf diese Weise sind hierarchische Administrations- und Berechtigungsdefinitionen möglich. Der Bedarf an derartigen hierarchisch strukturierten Administrations- und Managementberechtigungen wächst mit der Größe und dem Umfang der Vermittlungsplattformen deutlich. Besonders zeigt sich das bei sogenannten „Betreiber- oder Dienstleistermodellen". Ein Dienstleister stellt die vereinheitlichte Vermittlungsplattform und deren Management zur Verfügung. Über eine hierarchische Vergabe der Administrations- und Benutzerrechte gestattet er jedem der Dienstleistungsabnehmer in gewissem Rahmen, die von ihm genutzten Bereiche der Vermittlungsplattform und vor allem seine eigenen Benutzer selbst zu administrieren.

> **Praxistipp:**
> Vor allem bei sehr großen und komplexen Vermittlungsplattformen und -umgebungen sind oftmals entsprechend umfangreiche Managementsysteme vorzufinden, die durch „Heerscharen" von Administratoren bedient werden (müssen). Klare Definitionen, Kontrollen und eine restriktive Verwaltung der Administratoren mit ihren Berechtigungen sind zwingende Voraussetzungen, um nicht im Managementchaos zu versinken.
>
> **Empfehlung:** Bringen Sie Managementsysteme zum Einsatz, die modular aufgebaut sind und insbesondere eine hierarchische Administration bzw. Berechtigungsstruktur unterstützen – vor allem dann, wenn auch die Kunden der Vermittlungsplattformen bzw. Abnehmer der Kommunikationsdienste in definierten Bereichen selbst Administrationsaufgaben wahrnehmen wollen. Verwenden Sie, wann immer es geht, die Wizards für eine effektive, effiziente und sichere Bedienung des Managementsystems.

11.2.2.2 Elemente- und Inventarmanagement

In vielen Fällen bildet der sogenannte „Elementmanager" den Kern und die Basis eines Managementsystems. Er dient einerseits der Konfiguration aller zur Vermittlungsplattform gehörigen Komponenten, Funktionen und Dienste – kurz Elemente genannt. Andererseits ermöglicht er eine gewisse Art des Bestands- und Inventarmanagements. Mit derartigen Bausteinen werden unter anderem ganze Elemente- und Baugruppen wie z.B. die Kommunikationsserver, IP-Mediagateways mit all ihren Anschaltmodulen sowie die Endgeräte und deren Funktionsweise administriert. In der Regel administriert man darüber auch die elementaren Anwendungen und Funktionen der Vermittlungsplattform wie z.B. Teamschaltungen von Teilnehmern, die Arbeitsweise von Netz- und Teilnehmeranschlüssen, Teilnehmerberechtigungen und grundlegende IP-Einstellungen.

Eng angelehnt an das weiter unten beschriebene Nutzermanagement ist die Administration der Endgeräte. Bei VoIP sowie der klassischen Telefonie ging es im Wesentlichen lediglich um Telefonendgeräte in Form von Hard- und Softphones. Unter Unified Communication kommen Endgeräte für Videokommunikation, sogenannte „Videoclients", Datenaustausch sowie die mobilen Endgeräte wie Handys und PDAs hinzu. Vor allem das Management mobiler Endgeräte stellt ständig größer und umfangreicher werdende Herausforderungen an die Administratoren, denn diese Geräte bekommen immer multifunktionalere, eigene Betriebssysteme. Auf ihnen werden Applikationen installiert, sie sind komplett in die Firmennetze und -kommunikation integriert und müssen daher auch in die Betriebs- und Sicherheitskonzeptionen der Unternehmen und Behörden passen.

Managementsysteme moderner Vermittlungsplattformen lassen es zu, die verschiedenen Endgeräte und Endgerätetypen losgelöst vom eigentlichen Benutzer der Endgeräte zu administrieren. Darunter zählt zum einen die allgemeine Einstellung aller an die Plattform anschließbaren Endgerätetypen, vor allem jedoch geht es hierbei um die Definition von Endgeräteschablonen (englisch *templates*) oder -profilen. Man definiert und erstellt auf der Basis eines bestimmten Endgerätetyps eine den Benutzerbedürfnissen entsprechende Standardkonfiguration – quasi ein Profil. Jedem neu an die Plattform angeschlossenen Endgerät desselben Typs wird dann automatisch diese Standardkonfiguration übertragen. Bestandteile solcher Standardkonfiguration sind beispielsweise:

- Standardmäßig mit Funktionen belegte Tasten. Das geschieht häufig so, dass diese Tastenbelegungen von den Benutzern selber nicht mehr geändert werden können. Ein Beispiel dafür ist eine Taste für den internen Notruf. Sie könnte bei allen Endgeräten an derselben Stelle sein, sodass man sie selbst im Dunklen findet, weil sie immer am gleichen Platz ist.
- Angaben darüber, wie viele gleichzeitige Verbindungen das Endgerät zulassen und bedienen soll. Gerade solche Einstellungen werden bei Einzelinstallationen von Endgeräten gerne mal vergessen. Das ist dumm, denn die Nutzer solcher Endgeräte können z.B. keine Konferenzen aufbauen.
- Bei IP-Telefonen lassen sich Standardeinstellungen für QoS und/oder für VLANs definieren usw.
- Standardmäßig installierte Applikationen, die über eine zentrale Softwareverteilung gemanagt werden. Vor allem bei den immer intelligenter und multifunktionaler werdenden SIP-Endgeräten ist das eine immense Erleichterung für die Administratoren.

> **Praxistipp:**
> Es hat sich in der Praxis bewährt, die sogenannten „Line-Tasten", also die Tasten für die Belegung von Verbindungen, auf die untersten Funktionstasten zu programmieren. Das hat den Vorteil, dass man auf die Tasten mit den öfter benutzten sowie den besonderen Funktionen schneller zugreifen kann, weil es immer die ersten oder die obersten Tasten sind. Bei vielen Installationen, insbesondere im Umfeld von Chemie-, Energie- oder anderen Versorgungsunternehmen, programmiert man beispielsweise die Notruffunktion des jeweiligen Standortes immer auf dieselbe Taste eines jeden Telefonendgerätes.
>
> **Empfehlung:** Entwickeln Sie Schablonen für die Endgerätetypen, die sehr häufig bei Ihnen im Einsatz sind, und sorgen Sie dafür, dass diese Form des standardisierten Managements für alle Endgeräte strikt eingehalten wird.

SIP spielt wie immer auch in diesem Bereich eine Sonderrolle. Mittlerweile wird der Markt von SIP-Endgeräten in unterschiedlichster Gestalt und Funktionalität nahezu überschwemmt. Die Anwender haben also die Wahl zwischen Endgeräten des Herstellers der Vermittlungsplattform oder von Drittanbietern. Letzteres ist grundsätzlich zu befürworten, denn oftmals bieten diese Drittanbieter spezielle Funktionalitäten oder besitzen besondere Eigenschaften, die für die Nutzer von besonderem Interesse sind, z.B. besonders große Tasten, wie es im Altenpflegebereich sinnvoll ist. Dennoch ist das Spektrum der Standardfunktionen und vor allem der Zusatzleistungsmerkmale in der Regel mit herstellereigenen SIP-Endgeräten am höchsten. SIP ist eine Client-Server-Architektur, also intelligente Server und intelligente Clients. Letztere benötigen für den ordnungsgemäßen Betrieb dezidierte Konfigurations- und Managementinformationen, die wiederum einer dezidierten Administration bedürfen.

11.2 Basismanagement

> **Praxistipp:**
>
> Das ist der Augenblick, ein eindringliches und nachdrückliches „Achtung!" in den Raum zu stellen. Immer öfter besteht die klare Anforderung, auch SIP-Endgeräte anderer Hersteller mit einzubinden. SIP-Endgeräte sind echte Clients, d.h. eigenständige Softwareapplikationen. Sie besitzen eine eigene Intelligenz und Konfiguration. Beides hat zur Folge, dass diese Endgeräte sinnvollerweise mit in die Administration der Vermittlungsplattform eingebunden sein müssen. Einige Hersteller von Managementsystemen für Vermittlungsplattformen reagierten bereits auf diese spezielle Anforderung. Sie entwickelten und implementierten Zusatzmodule für das Management der SIP-Endgeräte von Drittherstellern – sogenannte „SIP Device Manager" (SDM).
>
> **Empfehlung:** Achten Sie daher beim Einsatz von SIP-Endgeräten der Drittherstteller darauf, dass sich diese SIP-Clients über das Management Ihrer Vermittlungsplattform konfigurieren, administrieren und managen lassen. In der Regel geben die Hersteller der Managementplattformen Listen über Zertifizierungen heraus, welche SIP-Clients mit ihrem SMD interagieren. Lassen Sie sich diese Listen aushändigen.

Abschließend sei noch angemerkt, dass es für das Management moderner Vermittlungsplattformen wunderbare Zusatzmodule gibt, die dem Administrator das Verwalten der Bestände aller Elemente der UC-Plattform vereinfachen: die Bestands- und Inventurmanagementmodule (Inventory Management). Die wesentlichen Aufgaben dieser Module bestehen darin, automatisch nach allen an der Plattform angeschlossenen Elementen zu suchen, z.B. deren Seriennummern und Konfigurationen auszulesen, diese Informationen für die Bestandsverwaltung aufzubereiten und sie zur Inventarisierung bereitzustellen. Im engen Zusammenwirken mit speziellen Funktionen des IP-Netzwerkmanagements gehen diese Funktionen sogar so weit, dass der Anschlusspunkt an das IP-Netz und damit der physikalische Standort dieser Elemente ermittelt und als zusätzliche Inventarinformation bereitgestellt werden.

> **Praxistipp:**
>
> Wir leben im Zeitalter der Fusionen von Unternehmen, Verwaltungen und Organisationen. Ergo haben auch die meisten modernen Vermittlungsplattformen eines gemeinsam: Sie werden deutlich mehr zentralisiert und vereinheitlicht, sie skalierten immer mehr in Größe, Umfang, Leistungsstärke und Funktionalität. Die so „vereinheitlichte" oder besser zusammengeführte Vermittlungsplattform besteht aus einer Vielzahl von Elementen, teilweise sehr unterschiedlicher Hersteller. Hinzu kommt, dass selbst die Elemente von Systemen eines Herstellers oft unterschiedliche Versionsstände haben. Diese real existierende Komplexität und gewachsene Inhomogenität erfordert ein transparentes Element-, Inventar- und Bestandsmanagement.
>
> **Empfehlung:** Das Schöne an den neuen herstellerunabhängigen SIP-Endgeräten ist, dass sie auch systemunabhängig sind, d.h. sie laufen auch in einer Privatumgebung. Achten Sie auf den Bestand Ihrer plattformunabhängigen SIP-Endgeräte – diese bekommen schneller Beine, als MAN(ager) denkt. Diese Sorgen haben Sie bei platt-

> formabhängigen Endgeräten nur selten, denn diese funktionieren ausschließlich an den Systemen, zu denen sie gehören. Führen Sie vor allem in SIP-Umgebungen ein solches Inventar- und Bestandsmanagement ein, am besten gemeinsam mit einem SDM.

11.2.2.3 Management der Betriebssysteme und Konfigurationen

Natürlich sind nicht nur die Endgeräte, sondern auch die Komponenten, Dienste, Funktionen und Elemente einer Vermittlungsplattform selbst als Ressourcen zu betrachten – genau genommen sind sie sogar die wahren Ressourcen. Sie beherbergen und produzieren letztlich die Funktionen und Leistungsmerkmale der Vermittlungs- und damit im Wesentlichen der UC-Architektur. Daher gibt es in den Managementsystemen meistens einen speziellen Baustein. Er ist nur dafür zuständig, die Betriebssystemsoftware, Konfigurationsdateien und Anwendungen auf der Vermittlungsplattform zu pflegen, diese zuverlässig zu sichern (Backup) und auf Bedarf wieder herzustellen (Restore) – das ist das sogenannte „elementare Ressourcenmanagement". Eine der wichtigsten Funktionen des Ressourcenmanagements ist die turnusmäßige, automatische und zeitgesteuerte Sicherung aller oder bestimmter Bereiche der Plattformsoftware, ihres Betriebssystems und ihrer Konfigurationsdaten. Zu Letzterem gehören vor allem die statischen und insbesondere dynamischen Teilnehmerdaten. Statische Teilnehmerdaten sind Informationen, die sich recht selten ändern, z.B. Rufnummern, Namen usw. Dynamische Daten von Teilnehmern hingegen sind z.B. die Gebührendatensätze, aktivierte oder deaktivierte teilnehmerorientierte Funktionen (Rufumleitungen, Ansagen etc.).

> **Praxistipp:**
>
> Natürlich sollten vor allem die Sicherungen komplexer und großer Vermittlungsplattformen auf speziellen Sicherungsmedien und -systemen erfolgen. Die meisten Unternehmen und Verwaltungen betreiben für diese Zwecke sogenannte Storage-Systeme, oftmals sogar in Verbindung mit speziell dafür ausgelegten Netzen, den sogenannten SANs (Storage Area Networks, Speicherplatznetzwerke).
>
> **Empfehlung:** Achten Sie darauf, dass die Vermittlungsplattform das Auslagern aller Sicherungen auf hochsichere Storage-Systeme unterstützt. Denn nur dann ist z.B. eine schnelle Wiederherstellung dieser Sicherungen auf einer gestörten Vermittlungsplattform sehr effektiv, effizient und vor allem zuverlässig möglich. Außerdem ist das Sichern von Konfigurationen eine der wesentlichsten Aufgaben des IKT-Service- und -Risikomanagements.

In vielen Fällen ist das Ressourcenmanagement deswegen ein quasi eigenständiger Baustein, weil man beispielsweise dezidierte Administratoren dafür einsetzen möchte, sich ausschließlich um die turnusmäßige Sicherung der oben angeführten Informationen und Daten zu kümmern. Diese Administratoren sollen jedoch ansonsten keine administrativen Arbeiten an den Systemen und Komponenten vornehmen können. Da in der Regel auch die

Wiederherstellung vormals gesicherter Softwarestände und Konfigurationen (das sogenannte „Restore") sowie das Einspielen von Softwareaktualisierungen und Fehlerbereinigungen (Updates, Upgrades, Bugfixes, Patches) über das Ressourcenmanagement erfolgen, ist ein sehr sensibler Umgang mit den Berechtigungen bezüglich dieses Bausteins ratsam.

> **Praxistipp:**
> Mittels des Ressourcenmanagements administriert und pflegt man die internen Softwarebestandteile der Kernsysteme einer Vermittlungsplattform wie Betriebssystemsoftware, Vermittlungsapplikationen und Konfigurationsdaten mit den statischen und dynamischen individuellen Teilnehmerdaten. Das Ressourcenmanagement ist ein mächtiges Werkzeug, dessen Verwendung nur entsprechend qualifizierten Administratoren zugänglich sein sollte.
>
> **Empfehlung:** Gehen Sie restriktiv mit den Berechtigungen für das Ressourcenmanagement um. Sorgen Sie vor allem für ein transparentes und revisionssicheres Nachweisverfahren, welcher Administrator wann welche Managementarbeiten durchführte. Ressourcenverwaltung ist eine der revisionspflichtigen Managementaufgaben. Daher nimmt das Ressourcenmanagement eine ganz besondere Rolle im nach ITIL beschriebenen Servicemanagement ein.

11.2.2.4 Nutzermanagement – Mehr als ein Telefonbuch

Hauptnutzer der Vermittlungsplattform sind die Nutzer selbst. Daher ist selbstredend die Administration der Nutzer die wohl wichtigste Grundfunktion des Managementsystems. In der Praxis gibt es eine Vielzahl unterschiedlicher Nutzer einer Vermittlungsplattform. Selbst die Verwendung sogenannter „virtueller Nutzer" ist keine Seltenheit. Das sind keine realen Nutzer, also keine Personen, sondern Rufnummern, die bestimmten Funktionen zugeordnet werden. Um diese Vielfalt von Nutzern besser greifbar zu machen, wird der zusammenfassende Begriff „Teilnehmer" verwendet. Im Prinzip wird alles als Teilnehmer bezeichnet, was auf der Plattform einer Rufnummer, Adresse oder einem Namen zuzuordnen ist. Das können reale Personen sein, aber auch Komponenten, Funktionen, Ressourcen und Systeme. Beispiele dafür sind:

- Ein klassischer Sammelanschluss. Mehrere Teilnehmer sind unter einer Rufnummer erreichbar. Dennoch hat jeder Teilnehmer seine eigene Rufnummer, unter der er auch direkt angerufen werden kann.
- Ein Faxgerät, Notruftelefone in Fahrstühlen, Türsprecheinrichtungen, Schrankenanlagen usw.
- Die meisten UC-Dienste wie z.B. UMS (Unified Messaging System), CTI- und CSTA-Dienste, die sogenannten „Präsenzdienste" usw. Sie werden über einen internen Vernetzungsanschluss mit der Vermittlungsplattform verschaltet. Damit die Vermittlungsplattform diese Dienste ansprechen kann, bekommen solche UC-Dienste ebenfalls Kennungen und auch Rufnummern. Das können interne Rufnummern sein oder auch Namen bzw. Bezeichnungen, unter denen diese Dienste adressiert werden, z.B.

UMS@Domain als Kennung für die Adressierung von vereinheitlichten Mitteilungsdiensten.

- Die virtuellen Teilnehmer. Sie stehen für spezielle Funktionen wie beispielsweise die persönlichen Assistenten (z.B. Auswahlmenüs auf dem System „Drücken Sie die 1 für ... , die 2 für ... usw."), aber auch einfachere Dinge wie „Twin Sets", also Paarschaltungen von Endgeräten zu einem virtuellen Endgerät. Das kommt vor allem bei der Integration von DECT und Festnetz sowie GSM und Festnetz, also für die FMC (Fixed Mobile Convergence) zum Einsatz.

Bei all dem gilt ein wichtiger Grundsatz: Innerhalb einer *homogenen* Vermittlungsplattform muss die zur Signalisierung verwendete Nutzerkennung (entweder die Nummer, der Name oder die Adresse) eineindeutig sein. Das ist eine klare Analogie zur IP-Welt. Auch innerhalb eines IP-Adressbereiches dürfen zwei IP-Endgeräte niemals dieselbe IP-Adresse verwenden. In beiden Fällen wäre keine eineindeutige Vermittlung der Verbindungen möglich. Das bedeutet, man benötigt immer einen eineindeutigen Adressierungsplan.

- **Rufnummernpläne:** In der Telefonie sind das die internen homogenen Rufnummernpläne. Selbst bei vernetzten Vermittlungsplattformen gibt es innerhalb eines homogenen Verbundes eine netzinterne Rufnummer nur ein einziges Mal. Die Frage ist allerdings: Wie groß (lang – Anzahl der Stellen) ist dieser interne Rufnummernplan? Und: Lassen sich damit alle internen Rufnummern einschließlich der Vernetzungs-, Dienste- und Funktionskennungen abbilden? Moderne Vermittlungsplattformen bilden genau das ab.

- **Namensverzeichnisse:** Bei Verwendung des klassischen Nutzernamens, bestehend aus Vor- und Nachname, ist eine Eindeutigkeit kaum erreichbar, vor allem nicht bei Implementierungen mit sehr vielen Teilnehmern. Die Realität belegt, dass es beispielsweise den Namen „Fischer" allein in unserem Unternehmen mit ca. 35.000 Mitarbeitern über 20 Mal gibt. Im Berliner Telefonbuch füllt er mehrere Seiten. Eindeutiger hingegen sind E-Mail-Namen. Sie müssen eindeutig sein, denn sonst wäre eine eindeutige und zielgenaue Zustellung von E-Mails unmöglich. Die Adressen Joerg.Fischer@Alcatel-Lucent.com bzw. DrJFischer@Gmx.de sind weltweit eindeutig, ebenso wie eine E.164-Rufnummer.

- **Pläne für IP-Adressen und deren Übersetzung:** Mit IP-Adressen und Rufnummern wird es hingegen ganz wild. Natürlich müssen z.B. innerhalb eines IP-Netzes die IP-Adressen und innerhalb eines homogenen TK-Verbundes die internen Rufnummern eindeutig sein. Allerdings kann ein IP-Firmennetz aus mehreren IP-Subnetzen oder auch unterschiedlichen TK-Subnetzen bestehen. Um dann eine eindeutige Vermittlung zu gewährleisten, benötigt die Vermittlungsplattform einige Zusatzfunktionen wie das Routing und in einigen Fällen sogar NAT (Network Address Translation) – also die Übersetzung von IP-Adressen aus einem IP-Adressraum in einen anderen. Auch dazu existiert eine Analogie in der TK-Vermittlungswelt: die DDI- (Direct Dial-In) und die NPD-Tabellen (Network Plan Descriptor). Sie dienen ebenfalls zur Übersetzung bzw. gegenseitigen Zuordnung von Rufnummern aus unterschiedlichen Nummernbereichen, z.B. intern nach extern und umgekehrt.

> **Praxistipp:**
> Das Nutzermanagement, die Administration ihrer Namen, Adressen und Rufnummern ist komplex und aufwendig – aber notwendig, vor allem in sehr großen Implementierungen mit mehreren Hundert oder Tausend Teilnehmern.
>
> **Empfehlung:** Nehmen Sie sich Zeit und erstellen Sie einen homogenen Rufnummern-, Namen- und Adressenplan. Erstellen Sie ihn so, dass er noch Platz für Reserven bereitstellt. Je homogener die interne Kennungs- und Adressierungsstruktur ist, desto zuverlässiger wird Ihre Vermittlungsplattform arbeiten.

11.2.2.5 Management der „virtuellen" Teilnehmer und Funktionen

Natürlich sind die meisten und wichtigsten Nutzer einer Vermittlungsplattform in erster Linie die „echten" Teilnehmer, die real existierenden Benutzer. Darüber hinaus gibt es jedoch noch eine nicht zu unterschätzende Anzahl an Teilnehmern, die keinem einzelnen Menschen direkt zugeordnet sind. Die Rede ist von den bereits angeführten „virtuellen" Teilnehmern wie z.B. Sammel- und anderen Gruppenschaltungen oder auch persönliche Assistenten und „Twin Set"-Schaltungen usw. Darüber hinaus gibt es in jeder Telekommunikationsanlage eine ganze Reihe von speziellen, funktionsbezogenen Rufnummern. Dazu zählen die Kurzwahlziele, die Funktionswahlen wie Halten, Heranholen, Übergeben usw. sowie die Rufnummern für die Aktivierung bzw. Anschaltung von Anwendungen. Die meisten FMC-Applikationen für die direkte Integration von Handys in die Vermittlungsfunktionen beruhen auf der Verwendung solcher Funktionsrufnummern und -wahlen. In der Regel sind das Rufnummern, die mit Sonderzeichen, wie „*", „**" oder „#" beginnen.

Alle diese Nummern und Nutzer – im weitesten Sinne sind darunter auch die Benutzer- und Zusatzfunktionen zu verstehen – müssen auf der Kommunikationsanlage konfiguriert und gepflegt werden. Leider gibt es, bezogen auf die firmeninternen, nichtöffentlichen Vermittlungsplattformen, weder für das Anlegen von Benutzern bzw. Teilnehmern noch für die Vergabe der dazugehörigen Rufnummern empfohlene oder gar standardisierte Vorgehensweisen. Das fängt schon damit an, dass man Kommunikationsanlagen mit unterschiedlich langen Rufnummernplänen konfigurieren kann. Da dürfen interne Funktionsaufrufe aus lediglich zwei Ziffern und einem oder mehreren vorangestellten Symbolen wie „*" oder „#" bestehen, obwohl die tatsächlichen Teilnehmer der Anlage Rufnummern haben, die aus vier oder fünf Ziffern bestehen. So kann es vorkommen, dass in einer Installation mit mehreren Anlagen jede Anlage nach einem anderen Nutzeradministrationsmuster konfiguriert worden ist. Die Ursache dafür ist nicht die vermeintliche „Unfähigkeit" der Administratoren, sondern meist organisatorische Unzulänglichkeiten. Denn wenn es beispielsweise keine firmeninternen Festlegungen hinsichtlich der Nutzeradministration gibt, dann ist der „künstlerischen Administrationsfreiheit" Tür und Tor geöffnet. Nur sehr langsam setzen sich hier firmeninterne Ordnungen und Festlegungen durch. Meistens liegen sie im hierarchischen Aufbau des Unternehmens bzw. der Verwaltung begründet. So haben beispielsweise häufig alle Chefs die „0", „00" oder „000" am Ende ihrer Rufnummer und deren Sekretärinnen statt der letzten „0" eine „1". Teilweise finden auch Abteilungs- oder Standortnummern als Bestandteil von Rufnummern Verwendung.

Was bei der Telefonie für die Rufnummern gilt, lässt sich analog in der Namenwelt wiederfinden. Wie eindeutig sind die E-Mailnamen in Ihrem Unternehmen? In der Praxis sind immer wieder äußerst verwirrende Varianten zu finden. Einige Nutzer haben Vorname.Name@Domain, andere wiederum haben statt des ganzen Vornamens nur Anfangsbuchstaben in diesem Adressmuster oder nur die Initialen des Nutzers. Ungeschickt sind auch die E-Mail-Namen mit abgekürzten Vornamen, denn so ist kein Rückschluss auf das Geschlecht der Person hinter dem Namen möglich. Doch was ist, wenn es beispielsweise zwei Personen mit dem Namen Jörg Fischer gibt? So entstehen dann Kombinationen aus Namen und Titel wie diese hier DrJFischer@Gmx.de.

> **Praxistipp:**
> Menschen sind Persönlichkeiten. Machen Sie es sich selbst und Ihren Mitmenschen einfacher. Wählen Sie, wenn immer es geht, Namensdarstellungen, die eine korrekte persönliche Ansprache ermöglichen. Dazu gehört immer der ausgeschriebene Vorname, ggf. noch mit einem Namenszusatz wie z.B. Dr.Joerg.Fischer@T-Online.de.

11.2.2.6 Nutzerprofile machen das Management einfacher

Gerade bei der Vielzahl und der Unterschiedlichkeit der auf einer Vermittlungsplattform zu verwaltenden Nutzer ist eine Nutzerprofilierung mehr als hilfreich und nützlich. Ähnlich wie bereits beim Management der Endgerätetypen beschrieben, sollte man Nutzergruppen bilden, für die sich Nutzerschablonen bzw. Nutzerprofile generieren lassen. So schematisch und unpersönlich das Wort „Schablone" auch klingen mag, aus Sicht der Nutzerverwaltung ist die Nutzerprofilierung sehr sinnvoll. Sie vereinfacht den Verwaltungsprozess und macht ihn sicherer und funktionaler. Es ist zwar einmalig ein höherer Aufwand, diese Nutzerprofile und darauf basierend die Nutzerschablonen zu erstellen, doch dieser Aufwand amortisiert sich in der Regel sehr schnell, denn im weiteren, täglichen Administrationsprozess verringert sich der Aufwand für die Nutzerverwaltung deutlich. Man muss nicht mehr jeden Nutzer einzeln mit seinen kompletten Eigenschaften und Funktionen administrieren, sondern legt ihn nur in der Grundfunktion an und ordnet ihn nun einem bestimmten Profil und damit einer definierten Schablone zu. Der Nutzer „erbt" dann quasi die Funktionen und Eigenschaften seines Nutzerprofiles. Markante Inhalte solcher Profilierungen können sein:

- die Nutzerberechtigungen (z.B. die Berechtigungen für Amtsanschlüsse, Querverbindungen oder die Benutzung von Leistungsmerkmalen und Funktionen)
- definierte QoS-Einstellungen
- Zugehörigkeiten zu Gruppen und/oder logischen Einheiten usw.

Ein sehr praxisnahes Beispiel sind die Teilnehmer eines Krankenhauses. In einem Krankenhaus ließen sich beispielsweise, bedingt durch die Rollen und Aufgaben der Personen, folgende sinnvolle Nutzerprofile definieren:

- Krankenschwestern
- Anderes Pflegepersonal
- Behandelnde Ärzte
- Chef- und Oberärzte
- Büro- und Verwaltungspersonal
- Leiter und Führungspersonal in der Verwaltung
- Technisches Personal
- Transportdienste

Allen diesen Profilen werden dann, entsprechend den Anforderungen der Geschäftsprozesse, in die sie eingebunden sind, bestimmte Kommunikationsdienste und -funktionen zugeordnet, z.B. für mobile Erreichbarkeit in und außer Haus, Konferenzen, Einbindung in Not- bzw. Lichtrufsysteme und vieles mehr.

> **Praxistipp:**
> Dieses Buch beschreibt vereinheitlichte Kommunikation, das bedeutet ein Zusammenwachsen der Kommunikationsdienste und der Plattformen, auf denen diese Dienste laufen. Beide Bereiche haben Anwender, die es gilt, sicher, effektiv und effizient zu administrieren. Was liegt da näher, als in einer vereinheitlichen Kommunikationsarchitektur ein vereinheitlichtes Nutzermanagement zu implementieren. Vereinheitlicht in einer ganz speziellen Weise – nicht einfach nur zusammengeführt. Vereinheitlicht nach geschäftsprozessorientierten Profilen für Kommunikationsdienste. Das bedeutet, die Definition von Nutzerprofilen entspricht dem Kommunikationsbedarf der jeweiligen Rolle, Aufgabe und Funktion.
>
> **Empfehlung:** Nutzen Sie die Möglichkeiten moderner Kommunikations- und Managementsysteme zur Definition, Einrichtung und Administration von Nutzerprofilen. Solche Profile machen das Nutzermanagement um ein Mehrfaches sicherer und zuverlässiger, effektiver und damit natürlich effizienter. Es ermöglicht schnelleres Einrichten, Modifizieren und Löschen von Teilnehmerdaten. Damit spart es Zeit, Geld, Ressourcen und nicht zuletzt Nerven.

11.2.2.7 Nutzermanagement über Verzeichnisdienste

In der Praxis kommt zunehmend der Wunsch auf, die Nutzerverwaltung der Vermittlungsplattform nicht zusätzlich, sondern gemeinsam mit der Administration der vielen anderen Nutzerverwaltungsdienste durchführen, diese sogar synchronisieren zu können. Das ist ein durchaus nachvollziehbarer Wunsch, zumal leider auch der Trend „Hier noch eine Nutzerdatei und dort noch eine Anwenderdatenbank" deutlich erkennbar ist: eine Adressdatenbank in der Firma, ein lokales Verzeichnis auf dem PC, noch eines auf dem Handy. Diese vielen Verzeichnisse konsistent zu halten, ist ein schier aussichtsloses Unterfangen.

Natürlich lassen sich Namen und Rufnummern sowie die eine oder andere Nutzerinformation zwischen den Nutzerverwaltungssystemen austauschen und synchronisieren. Doch ist es wirklich sinnvoll und technologisch ratsam, z.B. die über 1000 unterschiedlichen Berechtigungsklassen und -kategorien der Nutzer einer modernen Vermittlungsplattform auf einen zentralen Verzeichnisdienst des Unternehmens abzubilden? Nein. Sinnvoll ist es jedoch, in dem zentralen, vereinheitlichten Verzeichnisdienst die gleichen Nutzerschablonen zu definieren, wie sie auf der Vermittlungsplattform vorliegen – oder umgekehrt. Dann bietet sich die Möglichkeit, die Benutzer im zentralen, vereinheitlichten Verzeichnisdienst zu verwalten. Dort werden lediglich deren Grundangaben gepflegt. Die Administration aller Sondereinstellungen usw. erfolgt mittels der Nutzerprofile auf der Vermittlungsplattform. Das ist eine sehr effiziente und effektive Form der Nutzerverwaltung.

Diese Art und Weise der Nutzerverwaltung bietet noch einen weiteren, nahezu unschlagbaren Vorteil. Da die Nutzer nicht direkt über das Administrationswerkzeug der Vermittlungsplattform, sondern über die externe Nutzerverwaltung administriert werden, lassen sich beide Aufgaben entkoppeln. So kann eine Personalabteilung beispielsweise bei Einstellungen neue Nutzer anlegen, bei bestehenden Nutzern die Grundangaben (wie Namen und Rufnummern) ändern sowie Nutzer beim Ausscheiden eines Mitarbeiters aus dem Unternehmen löschen. Doch an die Administration für die Berechtigungen zum Benutzen von Funktionen und Leistungsmerkmalen kommen nur die Administratoren der Vermittlungsplattform heran. Abbildung 11.3 zeigt das Schema einer solchen Architektur der Verschaltung eines elektronischen Telefonbuches mit einem Verwaltungsservice. In dieser Abbildung ist der Verzeichnisdienst sogar in der Lage, einen partiellen Auszug aus der eigentlichen Verzeichnisdatenbank zu erstellen und beides zu synchronisieren (z.B. das Lotus Notes Adressbuch „Names.nsf" oder das „Active Directory" von Microsoft). Das Markante an dieser Struktur besteht darin, dass die Endgeräte niemals direkt als LDAP-Agenten auf den Verzeichnisdienst zugreifen, sondern immer über das Vermittlungssystem und das elektronische Telefonbuch (ETB). Damit gibt es nur einen Zugang zum Verzeichnisdienst, was vor allem aus Gründen der Sicherheit zu bevorzugen ist.

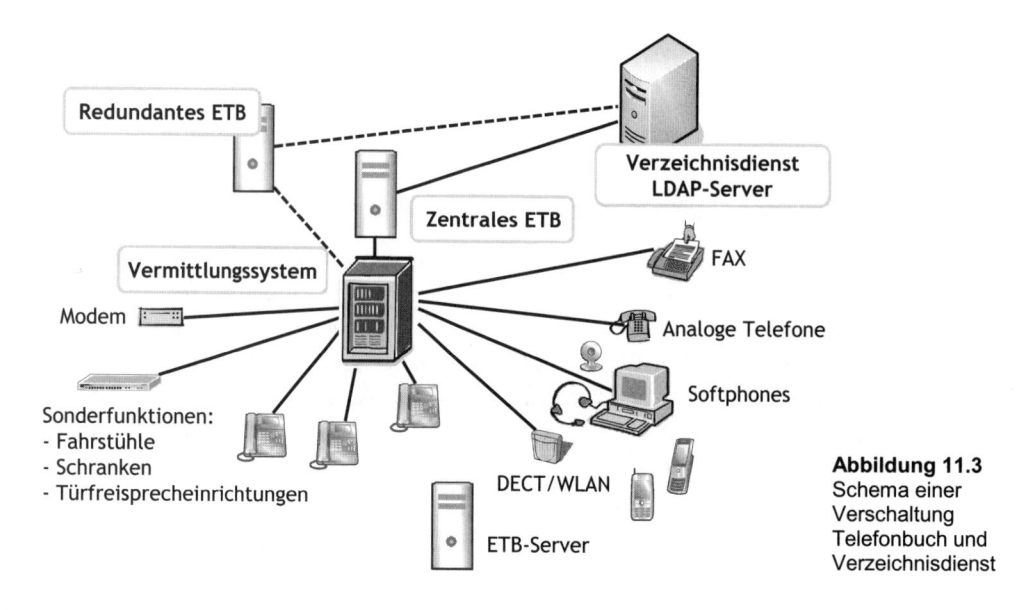

Abbildung 11.3 Schema einer Verschaltung Telefonbuch und Verzeichnisdienst

Noch weiter gedacht, böte diese Vorgehensweise sogar Möglichkeiten der Nutzerselbstadministration. Das sind für den einen oder anderen Administrator völlig neue, manchmal erschreckende Gedanken. Aber das macht die Administrationsabteilung nicht überflüssig, ganz im Gegenteil: Es entlastet und schafft Freiraum für die vielen anderen grundlegenden Administrationsaufgaben, wie sie bereits beschrieben wurden.

Der Anwender darf sich, z.B. bei Umzügen oder anderen Veränderungen, selbst administrieren. Er darf und soll (insgeheim natürlich: muss) einige der Grundinformationen bezüglich seiner Person in der zentralen Nutzerverwaltung eigenständig aktualisieren. Solche Werkzeuge zur sogenannten „Selbstprovisionierung" gibt es bereits recht lange. Oftmals handelt es sich dabei um Web-Applikationen, die auf eine partielle Verzeichnisdatenbank zugreifen. Aus dieser abgeteilten Verzeichnisdatenbank können dann wiederum spezielle Werkzeuge oder bereits systeminhärente Funktionen (z.B. die Replizierung bei Lotus Notes) die Änderungen in den zentralisierten Verzeichnisdienst übertragen bzw. diese beiden Verzeichnisse miteinander synchronisieren.

Die eben beschriebene Form der Vereinheitlichung von Teilnehmerverzeichnissen der Vermittlungsplattformen (Telefonbuch) mit übergeordneten Verzeichnisdiensten ist recht aufwendig und erfordert in der Regel spezielle Adaptionen auf beiden Seiten. Eine deutlich einfachere Variante ist die direkte Synchronisation zwischen Verzeichnisdienst und Telefonbuch. Zu diesem Zweck dient das sogenannte LDIFF-Protokoll (LDAP Data Interchange Format Form). Es ermöglicht die Synchronisierung zwischen standardisierten LDAPv3-Verzeichnissen (Lightweight Directory Access Protocol der Version 3). Da Teilnehmerverzeichnisse der meisten modernen Vermittlungsplattformen auf LDAP basieren und die zentralen Verzeichnisdienste ebenfalls, ist der Einsatz von LDIFF eine prima Sache. Damit solche Synchronisationen funktionieren, muss es auf beiden Seiten mindestens ein gemeinsames Feld geben, das zur eindeutigen Identifikation der Datensätze für die Synchronisation dient.

> **Praxistipp:**
> Nutzen Sie diese beschriebenen Möglichkeiten zur Vereinheitlichung der Verzeichnisse in Richtung eines UDS „Unified Directory Service". Auf welche Art und Weise, in welcher Ebene der Managementpyramide Sie die vielen unterschiedlichen Verzeichnisse vereinheitlichen, liegt bei Ihnen. Verfahren für die Vereinheitlichung gibt es reichlich. In der Praxis erwies sich eine Vereinigung der Verzeichnisse in der 4. Ebene als sinnvoll und wirtschaftlich.

11.2.2.8 Management besonderer Teilnehmer und Funktionen

Bei all diesen effektiven und effizienten Möglichkeiten zum Management der Nutzer einer Vermittlungsplattform sollte man jedoch nicht vergessen, dass es auf einer Vermittlungsplattform noch viele andere Teilnehmer gibt, die höchstwahrscheinlich in keinem zentralen Verzeichnis auftauchen. Das sind „besondere Teilnehmer" wie die Türsprecheinrichtung und Türöffner, die Telefone in Fahrstühlen und Aufzügen, die vielen Telefone in Empfangsbereichen und Konferenzräumen usw. Irgendwie ist das, wenn man es genau nimmt, inkonsequent. Alle diese Endgeräte werden ebenfalls auf der Vermittlungsplattform definiert, verwaltet und gesteuert. Sie haben Rufnummern und in den meisten Fällen sogar klare und begrifflich zugeordnete Namen. Wenn ein Unternehmen den Ansatz für eine zentrale Nutzerverwaltung konsequent verfolgt, sollte es daraus eine zentrale und vereinheitlichte Nutzer- und Ressourcenverwaltung durch- und umsetzen. Dem Verwaltungssystem und der Vermittlungsplattform ist es egal, ob sich hinter einem Eintrag mit einer Rufnummer ein „Herr Jörg Fischer" oder das „Telefon Besprechungszimmer Raum soundso" befindet.

> **Praxistipp:**
> Bis auf die rein funktionalen „virtuellen Teilnehmer" der Vermittlungsplattform – also z.B. die Funktionskurzwahlen – sollten neben den personalisierten Nutzern auch die Einträge der virtuellen Teilnehmer synchronisiert werden. Hier ist eine nahtlose Schnittstelle zum zentralen Bestands- und Inventarmanagement.

11.2.3 Fehler- und Alarmmanagement

Im laufenden Betrieb kann es, vor allem bei komplexen Vermittlungsplattformen, immer wieder zu Störungen und Betriebsfehlern kommen. Sie lassen sich schon aufgrund der natürlichen Alterung der Komponenten, Elemente und Systeme nicht gänzlich ausschließen. Um dennoch einen möglichst stabilen und zuverlässigen Betrieb zu gewährleisten, brauchen die Administratoren dieser Plattform ein sehr leistungsstarkes und tief in die Technik, Funktionen und Dienste eingebettetes Fehler- und Alarmmanagement (FAM).

Bei modernen Vermittlungsanlagen liegt die gesamte Intelligenz möglichst ausschließlich im zentralen vereinheitlichten Vermittlungsrechner – dem sogenannten „Unified" oder „Instant Communication Server". Diese Architektur bringt insbesondere für das Fehler- und Alarmmanagement den deutlichen Vorteil, dass es nur *eine* zentrale Instanz gibt. Dieser vereinheitlichte Vermittlungsrechner ist in der Lage, sämtliche Fehler zu konsolidieren und zum Alarmmanagement durchzustellen. Damit er diese Funktion ausüben kann, kommuniziert er ständig mit allen Elementen, Diensten und Komponenten der gesamten Vermittlungsplattform. Er tauscht mit ihnen sogenannte „Keep alive"-Signalisierungen (also „Lebst du noch?"-Mitteilungen) aus. Da er sie ja selbst steuert und überwacht, ist er in der Lage, deren Signalisierungs- und Betriebsstatus zu erkennen. Im Falle der Unterbrechung dieser nahezu ständigen Kommunikationsbeziehung oder beim Ausbleiben einer Antwort auf die „Lebst du noch?"-Anfrage erkennt der Kommunikationsrechner diese Situation als Betriebsstörung und signalisiert diesen Fakt an das Fehler- und Alarmmanagement. Das Fehler- und Alarmmanagement umfasst sehr viele Bereiche und Themen, die in den folgenden Abschnitten detaillierter erörtert werden:

- Fehler- und Alarmmanagement in intelligenten SIP-Umgebungen
- SIP besser unter Kontrolle mit einem SSC (SIP Session Controller)
- Klassifizierung und Profilierung von Fehlern und Alarmen – als Grundlage für eine effektive und effiziente Fehlersuche, -analyse und -beseitigung
- Das Problem der Folgefehler und -alarme.

11.2.3.1 FAM im intelligenten SIP-Umfeld

Vermittlungsplattformen mit zentraler Intelligenz weisen, wie im vorherigen Abschnitt beschrieben, einige Vorteile auf. Beim Einsatz von SIP ist das völlig anderes: „SIP bedeutet verteilte Intelligenz." Ein Teil der Intelligenz steckt in den verschiedenen intelligenten Serverdiensten wie dem Registrar, Locator, Proxy und den Gateways. Sie bilden die eine Seite der Kommunikationssteuerung. Die andere Seite sind die ebenfalls intelligenten SIP-Clients. Im klassischen SIP ist keiner der Serverdienste dafür vorgesehen, den Status eines SIP-Clients zu überwachen. SIP lässt grundsätzlich sogar die direkte Interaktion zwischen zwei SIP-Clients zu, und zwar ohne dass die SIP-Serverinstanzen etwas davon mitbekommen. Eine solche Arbeitsweise ist für Kommunikationsfunktionen mit Statusüberwachung wie z.B. Teamschaltungen, Sammelgruppen, die an dieser Stelle immer wieder gerne angeführte Chef-/Sekretär-Schaltung, der sogenannten „Präsenzanzeige" usw. unhaltbar.

Bei SIP-basierten wie auch bei anderen Client-Server-Architekturen stellt genau dieser Punkt eine ganz besondere Herausforderung dar. Intelligente Clients sind im Grunde in der Lage, ihren Betriebsstatus auch völlig losgelöst von ihrem Server zu verändern. Noch schlimmer – solche Clients können einen fehlerhaften Betriebsstatus haben oder erhalten, z.B. durch eine DoS-Attacke (Denial of Service), und der Server merkt davon nichts. Das folgende Beispiel beschreibt so ein Szenario.

> **Praxisbeispiel:**
> Um den eben beschriebenen Effekt praxisnah zu verdeutlichen, wurden mehrere SIP-Endgeräte einfach an ein IP-Netz angeschlossen. Die SIP-Endgeräte arbeiteten ganz normal über eine SIP-Telefonanlage und konnten so untereinander, aber auch über ein SIP-ISDN-Gateway ins öffentliche Telefonnetz telefonieren. Nun kam ein PC ins selbe IP-Netz. Von diesem PC aus wurden einzelne SIP-Endgeräte direkt mit einfachen SIP-Einladungsbefehlen (Invites), allerdings ohne Ergänzungen, geflutet; es wurde also eine klassische DoS-Attacke durchgeführt. Auf den attackierten Endgeräten gingen sämtliche Leitungen zu, und die Überwachungs-LEDs leuchteten wie ein Weihnachtsbaum. Die Endgeräte waren nicht mehr für normale Telefondienste zu erreichen. Da die Attacken direkt auf die SIP-Endgeräte zielten, merkte der SIP-Server davon nichts. Das bedeutet für die Telefonie, dass der SIP-Server Vermittlungsanfragen einfach durchstellt, ohne zu kontrollieren oder sicherzustellen, ob die Vermittlung stattfinden kann, denn er nimmt die laufende Attacke nicht wahr – das hat mit zuverlässiger Kommunikation (egal ob Telefonie oder mit anderen Vermittlungsdiensten) wenig zu tun.

Für diese Situation gibt es zwei Lösungswege:

- Der SIP-Server erhält eine zusätzliche Funktion, die alle seine Clients ständig überwacht. Das könnte ein SSC (SIP-Session Controller) sein.
- Man installiert ein Fehler- und Alarmmanagement, das jeden Client überwacht.

Beide Lösungen erzeugen eine deutliche zusätzliche Überwachungslast im Netz.

> **Praxistipp:**
> Fehler- und Alarmmanagement ist einer der wichtigsten Administrationsaufgaben überhaupt. Diese Aufgabe ist bereits für ein einzelnes System komplex, umso komplexer

> wird sie bei vereinheitlichten auf SIP basierenden Kommunikationsarchitekturen.
> Je mehr intelligente Komponenten, desto mehr Überwachungsaufwand.
>
> **Empfehlung:** Setzen Sie weniger intelligente oder zumindest nur solche Clients ein, die sich über einen der beiden beschriebenen Wege auch hinsichtlich des Fehler- und Alarmmanagements managen lassen.

11.2.3.2 SIP unter Kontrolle

In der Carrier-Welt ist SIP schon viel länger im Einsatz als in den PCXen und VoIP-Plattformen für Unternehmen. Ebenso wird dort das Problem der Statusüberwachung im großen Maßstab schon sehr lange und erfolgreich gelöst. Hier kommen sogenannte „Session Controller" zum Einsatz. Genau diese Funktionalität bilden jetzt auch einige Hersteller auf ihren privaten Vermittlungsplattformen und in ihren UC-Architekturen ab. Neben den klassischen Statuskontrollfunktionen für ihre herstellereigenen Protokolle und Dienste lassen sie parallel einen SIP Session Controller (SSC) laufen. Dieser SSC sorgt dafür, dass dem Vermittlungssystem alle Status der SIP-Endgeräte und -Komponenten bekannt sind. So wird das Spektrum der quasi standardisierten SIP-Funktionen (SIPing19) um eine deutliche Anzahl von Funktionen erweitert. Die meisten Hersteller erreichen so eine Funktionalität, die fast 90 % ihres Spektrums an proprietären Leistungsmerkmalen entspricht. Damit diese Funktionen zuverlässig bereitgestellt werden können, muss die Interoperabilität der SIP-Clients mit dem SSC überprüft und nachgewiesen – am besten sogar zertifiziert – sein. Das ist der Grund, warum einige Hersteller verlangen, dass Drittanbieter von SIP-Clients diese gegenüber dem oben genannten SDM (SIP Device Manager) und dem hier beschriebenen SIP Session Controller zertifizieren.

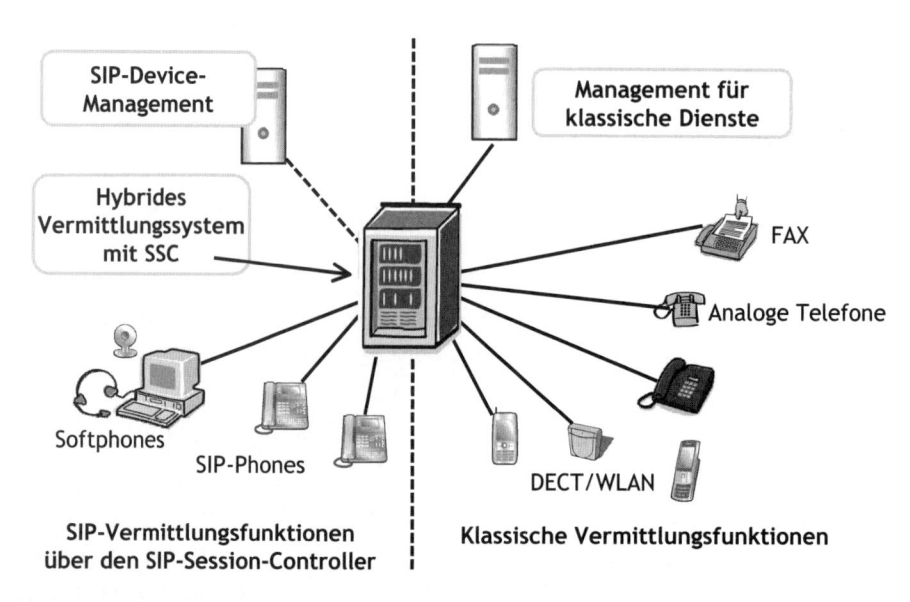

Abbildung 11.4 Schema eines hybriden Vermittlungssystems mit SSC und SDM

Das Ergebnis ist dann zwar wieder kein herstelleroffenes System, doch sei an dieser Stelle ganz klar festgestellt: Den Anwendern ist es wichtiger, eine moderne und zuverlässig funktionierende Vermittlungsplattform mit klar definierten, getesteten und sogar zertifizierten Funktionen zu haben als eine total offene Plattform, in bzw. an der jeder machen kann, was er will – denn dass es dann funktioniert, ist keineswegs garantiert.

> **Praxistipp:**
> SIP könnte auch „Simpel, Integrativ und Praktisch" bedeuten, denn genau das ist es. Das ist wahrscheinlich der Grund, weshalb so viele Hersteller anfangen, SIP-Clients, SIP-Telefone und andere SIP-Applikationen zu entwickeln. Sicher, dafür gibt es ja mittlerweile annähernd 200 SIP-RFCs. Doch ein Blick in diese RFCs macht sehr schnell deutlich: Sie weichen SIP immer weiter auf. Vom eigentlichen Ziel einer klaren und eindeutigen Standardisierung wird offensichtlich immer weiter abgerückt.
>
> **Empfehlung:** Wenn Sie sich mit dem Gedanken der Implementierung einer möglichst offenen SIP-Vermittlungsplattformen tragen, dann versichern Sie sich der Interoperabilität dieser Plattform. Wählen Sie eine Plattform aus, die über ein entsprechendes SIP-Gerätemanagement und einen SIP Session Controller verfügt, also SIP unter Kontrolle hat.

11.2.3.3 Klassifizierung von Fehlern und Alarmen

Das Fehler- und Alarmmanagement (FAM) analysiert die Störungsmeldung. Damit diese Analyse stattfinden kann, muss das FAM zuerst entsprechend konfiguriert werden. Analog zu den Nutzer- und Endgeräteprofilen erstellt man bei der Grundkonfiguration des Fehler- und Alarmmanagements in der Regel ebenfalls bestimmte Profile, sogenannte Fehler- und Alarmklassen. Weiterhin definiert man für die Störungen und Fehler passende Prioritäten und Schweregrade, entsprechend der eigenen Betriebserfordernisse und -bedürfnisse. Für die korrekte Alarmierung von Fehlern werden Alarmmeldungen und Eskalationsprozesse festgelegt. Diese beschreiben sehr genau, was die Störung bzw. der Fehler bedeuten und welche Schritte von wem in welcher Zeit einzuleiten und abzuarbeiten sind, um die Störung bzw. den Fehler zu beseitigen. Vor allem muss jedoch dafür gesorgt werden, dass die Gesamtbetriebsbereitschaft der Vermittlungsplattform und damit der UC-Architektur durch die Störung so wenig wie möglich beeinträchtigt wird.

Fehler- und Alarmmanagement ist ein Serviceprozess, der vor allem auch in ITIL eine ganz besondere Rolle einnimmt. Hier geht es nicht alleine um das Darstellen von Fehlern und Alarmen, sondern um das wirksame Managen von Fehlern. Es gilt schon als „das Dümmste auf der Welt", denselben Fehler zweimal zu machen. Ihn dann auch noch auf dieselbe mühselige Art und Weise das zweite Mal zu suchen, ist dann wohl richtig peinlich. Genau aus diesem Grund gibt es im Fehler- und Alarmmanagementprozess nach ITIL eine sogenannte Known Error Database (KED), also eine Datenbank, in der alle bereits bekannten Fehler, ihre Auswirkungen sowie Möglichkeiten zur Behebung beschrieben werden.

> **Praxistipp:**
> Definieren Sie Fehler- und Alarmklassen. Damit erleichtern Sie sich das Fehler- und Alarmmanagement. Dokumentieren Sie bekannte Fehler, damit die Administratoren bei gleichen oder ähnlichen Fehlerbildern das Rad kein zweites Mal erfinden müssen.

11.2.3.4 Folgefehler und -alarme

Leider hat fast jedes Fehler- und Alarmmanagement hat eine ganz große Tücke: die Folgefehler und damit verbunden die möglichen Folgealarme. Man kann sich sehr einfach den folgenden Fall vorstellen: Ein IP-Endgerät funktioniert nicht bzw. der zentrale Kommunikationsrechner bekommt keine Antworten auf seine ständigen „Lebst Du noch?"-Anfragen. Die eigentliche Ursache für die Störung ist jedoch der Ausfall eines Anschlusses auf der Platine des Mediagateways oder auch in einem Datenswitch. Vielleicht auch einfach nur, dass kein Strom am IP-Telefon ankommt. Dabei handelt es sich um ein klares Folgefehlerbild. Im ungünstigsten Fall erhält der Administrator über das Fehler- und Alarmmanagement eine Folge von mehreren Fehlern, die sich alle ursächlich auf dieselbe Störung reduzieren lassen. Ein gutes Fehler- und Alarmmanagementsystem kann solche Folgefehlerszenarien auflösen und stellt dem Administrator tatsächlich nur den eigentlichen Ursprungs- oder Primärfehler auf dem Alarmbildschirm dar. Auf Wunsch kann sich der Administrator die Folge- oder Sekundärfehler in einer erweiterten Ansicht anzeigen lassen.

Ein anderer Fall wäre gegeben, wenn ein Nutzer sich beispielsweise über die „ab und zu" auftretende schlechte Sprachqualität seines IP-Telefons beschwert. Solche subjektiven Fehlerbilder sind bei Administratoren besonders beliebt. Dennoch müssen sie den Beschwerden des Nutzers nachgehen. Es kann sogar sein, dass in der Alarmanzeige eine QoS-Störung signalisiert worden war. Doch wo soll der Administrator suchen? Jetzt, im aktuellen Augenblick, ist die empfundene Sprachqualität vermeintlich wieder in Ordnung. Die Folge welcher Störung könnte dieses Fehlerbild gewesen sein? Hier hilft ein herkömmliches Managementsystem einer Vermittlungsplattform allein meist nicht weiter. Die Auswirkung zeigte sich zwar in einer schlechten Qualität der VoIP- oder Video-Verbindung, doch die Ursache dafür lag sehr wahrscheinlich im IP-Netz. Also ist ein vereinheitlichtes Fehler- und Alarmmanagement gefragt, das die Infrastrukturen, Netze und Kommunikations- sowie Vermittlungssysteme umfasst.

> **Praxistipp:**
> Ein leistungsstarkes Fehleranalyse- und Alarmierungssystem ist bei Vermittlungsplattformen einer UC-Umgebung unabdingbar. Da jedes System nur so gut funktioniert, wie es vom Administrator konfiguriert und vom Anwender bedient wird, besteht eine der wichtigsten Grundaufgaben des Administrators darin, das Fehler- und Alarmmanagement sehr akribisch zu initialisieren. Nur dann hilft das FAM dem Administrator im laufenden Betrieb wirklich, nicht nur einfache Störungen, sondern vor allem Folgefehlerszenarien eindeutig zu erkennen und zu analysieren. In einer UC-Architektur

reicht der alleinige Einsatz eines Fehler- und Alarmmanagements für die Vermittlungsplattform nicht aus. Oftmals üben erstinstanzlich die Fehler, Störungen und Alarme im IP-Netz negative Wirkungen auf die UC-Umgebung aus. In solchen Fällen benötigt der Administrator neben dem Störungsbild von der Vermittlungsplattform die zu diesem Zeitpunkt beobachtete Betriebssituation in der Infrastruktur und im IP-Netz.

Empfehlung: Eine vereinheitlichte Kommunikationsarchitektur benötigt zwingend ein vereinheitlichtes Fehler- und Alarmmanagement. Beachten Sie diesen Grundsatz bei der Konzeption, Planung, Implementierung und im Betrieb Ihrer UC-Architektur.

11.2.4 Berechtigungen – Wer darf was?

Zum Thema Berechtigungsmanagement fällt den meisten Menschen zuerst die Zugangsberechtigung zur Vermittlungsplattform bzw. zu dessen Managementsystem ein. An die Vielzahl der verschiedenen Nutzerberechtigungen und deren Administration wird häufig erst in der zweiten Stufe gedacht. In den Abschnitten 10.2.2.4 bis 10.2.2.8 zur Administration von Teilnehmern und Funktionen sind bereits Teile des Berechtigungsmanagements angeklungen. In diesem Abschnitt vertiefen wir das Thema „Berechtigungen" weiter.

11.2.4.1 Zugangsberechtigungen

Ohne Frage ist die Zugangsberechtigung zur Vermittlungsplattform selbst ein essenzieller Aspekt der Betriebssicherheit. Letzteres wird in Kapitel 8 eingehend diskutiert. Dieser Abschnitt konzentriert sich auf den Teil der Administration von Zugangsberechtigungen. Die Administration der Zugangsberechtigungen stellt aus Sicht der Sicherheit eine der wichtigsten und wesentlichen Managementaufgaben dar. Zum einen geht es dabei um die unterschiedlichen Berechtigungen bzw. Berechtigungsstufen der einzelnen Administratoren für die Komponenten der Vermittlungsplattform. Zum anderen muss genau definiert werden, welche anderen Systeme, Komponenten, Applikationen usw. mit der Vermittlungsplattform kommunizieren dürfen. Ein Beispiel dafür ist die bereits beschriebene Synchronisation zwischen dem Telefonbuch und anderen Verzeichnisdiensten. Welche Zugangsberechtigungen sind wichtig und wie sehen sie im Detail aus?

- **Hierarchische Zugangsberechtigungen für Administratoren:** Hierarchisch bedeutet: abgestuft in den Rechten bezüglich des Zugangs zur Vermittlungsplattform. In der Unix-Welt sind solche Berechtigungskonzepte schon sehr lange bekannt und verbreitet. Mittlerweile arbeiten die meisten Vermittlungsplattformen auf Unix oder Linux als Betriebssystem. Analog gelten die nachfolgenden Aussagen auch für den aktuellen Trend zur Nutzung von VM-Ware (Virtual Machine) als Betriebsplattform. Da gibt es den sogenannten *Root-User*, den Hauptnutzer des Systems. Er hat im Normalfall keine Einschränkungen im Zugang zum System. Dennoch setzte es sich immer mehr durch, diesem Hauptnutzer keine Berechtigungen für das Transferieren von Dateien vom und zum System – keine FTP-Berechtigungen – einzuräumen. Neben diesem Hauptbenutzer gibt es auf den meisten modernen Vermittlungsplattformen weitere Standardnutzer mit klar definierten Funktionen und entsprechenden Berechtigungen. Zu solchen Nutzern zählen z.B. SWINST (nur für SoftWareINSTallation, -pflege sowie Sicherung und Wiederherstellung), MGR (der klassische SystemManaGeR) usw. Das hierarchische Berechtigungskonzept sollte für alle Administratoren (insbesondere für die, die direkt an der Vermittlungsplattform bzw. über deren Managementsystem arbeiten) sehr gut strukturiert angelegt sein und kontinuierlich gepflegt werden.

- **Funktionale Zugänge für andere Systeme:** Vermittlungsplattformen können, sollen und müssen – vor allem, damit sie zu einer leistungsstarken UC-Architektur werden – mit einer großen Anzahl verschiedener anderer Systeme, Komponenten und Applikationen über das IP-Netz kommunizieren. Betrachtet man speziell die IP-Kommunikation, so muss die Vermittlungsplattform ihre Steuer- und Signalisierungsinformationen, z.B. mit VoIP- und UC-Komponenten in verschiedenen IP-Subnetzen, oftmals über IP-Router austauschen. Da man jedes Unix-System selbst als IP-Router konfigurieren und daher ggf. auch missbrauchen kann, liegt darin eine große Gefahr für die Betriebssicherheit des gesamten Systems. Eine solche auf Unix/Linux basierende Vermittlungsplattform sollte niemals als IP-Router fungieren So lässt sich eine IP-Kommunikations- von der IP-Datenwelt zuverlässiger separieren.

> **Praxisbeispiele:**
>
> Damit eine Sprachnachricht von einer Vermittlungsplattform über ein UMS (Unified Messaging System) z.B. in eine .WAV- oder .MP3-Datei umgewandelt als Anhang einer E-Mail versendet werden kann, muss das UMS zumindest lesend auf den Verzeichnisdienst zugreifen können, denn es benötigt die zur Rufnummer des Teilnehmers passende E-Mail-Adresse, und die bekommt es nur von dort. Dies erfordert die Einrichtung eines Lesezugriffs des UMS auf dem Verzeichnisdienst.
>
> Ein weiteres Beispiel: Oftmals besteht der Wunsch, von den Endgeräten aus über Namenwahl direkt andere Teilnehmer zu erreichen. Das funktioniert natürlich über das ETB der Vermittlungsplattform, doch für die Suche in firmenweiten LDAP-Verzeichnissen geht das nur, wenn es Zugänge dorthin gibt. Einige Hersteller haben dieses Problem in der Weise gelöst, dass jedes Endgerät einen LDAP-Client besitzt, der dann wiederum einen eigenen Zugang auf dem LDAP-Server braucht. Das ist jedoch weder eine effektive noch eine sichere Lösung. Die Endgeräte sollten ausschließlich mit der Vermittlungsplattform und wiederum *nur* diese mit dem LDAP-Dienst kommunizieren. So muss nur ein Zugang zum LDAP-Server gesichert werden. Im anderen Fall brauchen Sie genauso viele, wie Endgeräte vorhanden sind.

Vor allem in der mehr und mehr vereinheitlichten Kommunikationswelt kommunizieren immer mehr Server, Dienste und Systeme mit der IP-Vermittlungsplattform. Das bedeutet, diese ganzen Schnittstellen und Zugänge zur Vermittlungsplattform sind eindeutig zu definieren und insbesondere zu sichern. Dazu stehen z.B. solche Funktionen wie Trusted Host, TCP-Wrapper, ACLs (Access Control List) usw. zur Verfügung. In Kapitel 8 wird auf solche Funktionalitäten ausführlicher eingegangen.

11.2.4.2 Teilnehmerberechtigungen

Leider wird genau diesem Thema vor allem im Vermittlungsumfeld oftmals nicht die nötige Aufmerksamkeit gewidmet. Die Fachleute der klassischen Telefonie wissen, wovon die Rede ist. Zwar kommuniziert fast die gesamte Telekommunikationswelt nahezu nur noch über sogenannte „Flatrates", aber auch diese Dienste kosten letztlich Geld. Gebührenbetrug ist und bleibt ein aktuelles und akutes Thema, vor allem im Hinblick auf die immer breiter werdende „Flutwelle" von Servicerufnummern. Bei Minutenpreisen von bis zu knapp 4 Euro pro Minute sollte jeder Administrator ein wachsames Auge auf die Berechtigungen seiner Teilnehmer zum Benutzen solcher Services haben. Aus der klassischen Telefonwelt kennt man für die Teilnehmer der Telefonanlage eine Vielzahl von Berechtigungen (oftmals weit mehr als 1000), als da sind:

- **Berechtigungen für das Benutzen von Funktionen der Anlage.** Moderne IP-Kommunikationssysteme und IP-Vermittlungsplattformen stellen immer mehr und umfangreichere Teilnehmerfunktionen zur Verfügung. Auch die Endgeräte selber bieten eine Vielzahl von Funktionalitäten für besseren Bedien- und Anwenderkomfort. Jeder Nutzer sollte jedoch nur zu den Funktionen Zugang haben, die er für seinen individuellen Kommunikationsbedarf benötigt. Andererseits möchte man häufig auf allen Endgeräten eines bestimmten Typs immer dieselbe Taste mit immer der gleichen Funktion – z.B. der interne Notruf – hinterlegen. Diese Taste darf und soll dann vom Benutzer selbst nicht umprogrammiert werden können. Über derartige funktionale Nutzerberechtigungen lässt sich ebenfalls steuern, ob die Anwender z.B. Rufumleitungen selbst einlegen, verändern oder löschen dürfen u.v.m.

- **Berechtigungen für den Aufbau von Verbindungen zu anderen Teilnehmern.** Im Normalfall sollen die Teilnehmer untereinander frei kommunizieren können. Dennoch besteht immer wieder die Anforderung zur funktionalen Beschränkung dieser direkten Teilnehmerkommunikation. Das ist sehr häufig der Fall, wenn ein und dieselbe Vermittlungsplattform von mehreren Firmen gleichzeitig benutzt wird – also im sogenannten Mehrfirmen- oder Mandantenbetrieb. Hier will man oftmals nicht, dass die Teilnehmer der einen Firma direkt mit denen der anderen Firma über interne Gespräche miteinander telefonieren. Auch wenn die Teilnehmer am selben System hängen, sollen sie immer über einen Amtsanschluss miteinander kommunizieren, z.B. um eine mandantenfähige Gebührenerfassung zu ermöglichen. In einem anderen Szenario möchte man unterbinden, dass bestimmte interne Teilnehmer direkt von externen Anrufern angewählt werden können. Das ist z.B. der Fall, wenn eine Firma ein Servicetelefon eingerichtet hat. Alle Anrufer sollen dort auflaufen statt direkt bei den einzelnen Mitarbeitern.

- **Berechtigungen für die Kommunikation über interne und externe Netzanschlüsse.** Diese Berechtigungen sind auch als „Amtsberechtigungen" bekannt. Da bei einer modernen IP-Vermittlungsplattform die Netzanschlüsse, insbesondere die Anschlüsse für die interne Vernetzung dieser Plattform, als IP-Anschlüsse ausgelegt sind, sollten auch dafür die entsprechenden Benutzerberechtigungen definiert werden.

Egal ob diese vielen Berechtigungen in verschiedenen Klassen, in Kategorien, als Tabellen oder als Kreuzmatrizen auf der Vermittlungsplattform zu konfigurieren sind – die Berechtigungsadministration ist immer ein sehr komplexes Thema.

> **Praxistipp:**
> Bei der Auswahl einer Vermittlungsplattform sollte man sich genauestens darüber informieren, welche Möglichkeiten des Berechtigungsmanagements die Anlage und das Managementsystem bieten und wie komfortabel das Berechtigungsmanagement zu bedienen ist. Oftmals wird dem Thema Berechtigungsmanagement bei der Planung und Konzeption von Vermittlungsplattformen zu wenig Aufmerksamkeit gewidmet. Daraus folgt dann, dass die Plattform entweder nicht sicher und stabil betrieben und/ oder die abzubildenden Nutzerberechtigungen nicht anforderungsgerecht definiert werden können – Dinge wie bewusster oder unbewusster Gebührenbetrug können die Folge sein.
>
> **Empfehlung:** Führen Sie im Vorfeld einer jeden Planung eine genaue Analyse der Zugangs- und Nutzerberechtigungen durch – das ist ein Muss! Damit nicht genug: Diese Berechtigungen müssen ständig überwacht, überprüft und ggf. angepasst werden. Planen Sie von vornherein entsprechende Managementressourcen (Personal) für diese Aufgaben ein. Beugen Sie durch eine restriktive Administration der Teilnehmerberechtigungen dem Gebührenbetrug vor.

11.2.4.3 Selbstadministration

Genau an diesem Punkt, dem der Teilnehmerberechtigungen und dem Widerspruch Eigenverantwortlichkeit vs. Restriktion, scheiden sich bei den Administratoren die Geister. Auf der einen Seite sollen die Anwender möglichst viele und komfortable Funktionen benutzen und selbst administrieren können, andererseits widerspricht das dem Grundsatz einer Standardisierung und Vereinheitlichung aller Teilnehmerberechtigungen zur Einhaltung und Bewahrung einer bestmöglichen Betriebs- und Benutzersicherheit. Die Anwender erwarten Individualität. Sie wollen und sollen ihre Kommunikationsumgebung selbst gestalten können. Die geringste Freiheit ist das Verwenden von Standardfunktionen wie Tastenbelegungen, Rufumleitungen und -weiterschaltungen, individuelle Kurzwahlziele, das Zusammenstellen von Sammelgruppen und Teamschaltungen sowie die An- und Abmeldung in solchen Funktionen. Bei Softphones und anderen Kommunikationsapplikationen sind es vor allem das Erscheinungsbild (Farben, Funktionsgestaltungen usw.), die Einbindung und Benutzung bestimmter Funktionen (z.B. das sogenannte „Click-to-Dial") in andere Applikationen. Besonders „beliebt" ist die Modifizierung der eigenen Passworte und PINs. Schnell ist dabei etwas verstellt oder verdreht, sind Passworte oder PINs vergessen usw. Dann hilft oftmals nur noch ein Anruf beim Administrator, der es dann wieder „geradebiegen" muss. Dennoch zeigt sich in der Praxis, dass der Aufwand fürs „Wieder-geradebiegen" geringer ist als das ständige Nachpflegen und Administrieren der individuellen Benutzeranforderungen. Besonders komfortabel sind auch hier wieder Nutzer- und Endgeräteprofile. Der Administrator setzt im Fehlerfall beides einfach wieder in den Urzustand zurück und fertig.

> **Praxistipp:**
> Schaffen Sie eine Vermittlungsplattform an, die den Anwendern Möglichkeiten der Selbstadministration bietet. Diese Selbstadministration sollte über eine Web-Oberfläche und auf Basis von XML erfolgen. Damit benötigt die Selbstadministration keine spezielle Softwareinstallation und funktioniert auf nahezu jedem webfähigen Endgerät. Stellen Sie den Anwendern die Selbstadministrationsfunktionen lediglich als Option zur Verfügung. Schalten Sie derartige Funktionen nur für solche Nutzer frei, die sie wirklich benötigen und die sicher damit umgehen können. Schulen Sie die Anwender in der Selbstadministration.

11.2.5 Applikationsmanagement

Erst die Vielzahl der im UC-Umfeld vereinheitlicht agierenden Kommunikations-, Büro- und Geschäftsanwendungen bringen den Anwendern den eigentlichen Nutzen. Dieser liegt begründet im Zusammenspiel der Applikationen mit den Kommunikationssystemen, der UC-Architektur, den VoIP-Systemen, Netzen und einer einheitlichen IP-Infrastruktur. Zu den klassischen Kommunikationsanwendungen zählen beispielsweise die Sprachspeicher und UMS (Unified Messaging Systeme), Vermittlungsplätze, CallCenter usw. Neu hinzu kommen mehr und mehr die Anwendungen für multimediale Kommunikationsdienste wie Kollaboration und Konferenz mittels Sprache, Daten und Video sowie das Thema multimediale Status- und Präsenzinformation, vor allem die Integration von Mobilität und WLAN (GSM, UMTS ...) usw. All diese Applikationen besitzen eigene, teilweise jedoch sehr unterschiedliche Schnittstellen und Kommunikationsanschlüsse untereinander, zu den anderen Komponenten, Funktionen und Elementen der UC-Architektur und den Managementsystemen. Das bedeutet eine große Herausforderung für die Administratoren, die mit all diesen funktionalen Zusammenhängen und Interaktionsweisen umgehen müssen.

Was ist bei diesen Applikationen zu managen? Inwieweit unterscheidet sich dieses Management von der bisher bekannten Art und Weise der Administration? Warum stellt vor allem das Applikationsmanagement eine sehr hohe Anforderung an das Administrations- und Managementpersonal? Antworten auf diese Fragen geben die folgenden Abschnitte.

11.2.5.1 Interoperabilität und Innovation

Der wesentliche Aspekt besteht darin, dass alle diese Applikationen miteinander vernetzt und funktional ineinander eingebettet sind sowie untereinander interagieren. Die Funktionalität der einen Applikation hängt also stark davon ab, wie gut und „nahtlos" sie mit den anderen Applikationen funktioniert und interagiert. Dafür benötigt sie möglichst standardisierte Schnittstellen. Das folgende Beispiel verdeutlicht diesen Aspekt.

11 Management von UC

> **Praxisbeispiel mit Praxistipp:**
> Ein Kunde benutzt schon sehr lange ein firmenweites Sprachspeichersystem. Die Mitarbeiter wissen, dass dieses System sehr persönlich ist, denn hinterlegte Sprachnachrichten können in der Regel nur von jedem einzelnen Nutzer persönlich abgehört, gelöscht oder auch weitergesendet werden. Selbst das Abhören solcher Nachrichten von einem anderen als dem eigenen Telefon ist oftmals nur bedingt möglich – teilweise wissen die Nutzer gar nicht, dass und wie so etwas funktioniert. Nun soll ein neues und modernes UMS die Arbeit der Mitarbeiter vereinfachen und erleichtern. Alle Sprachnachrichten landen in den persönlichen E-Mail-Konten der Mitarbeiter. Die Praxis zeigt, dass der Umgang mit E-Mails deutlich legerer gehandhabt wird als der mit den Sprachspeichersystemen. Da kommen automatische Weiterleitungen der E-Mails zum Einsatz, Dritten wird der Zugang zu den eigenen E-Mail-Konten gewährt usw. Die Persönlichkeitssphäre ist bei weitem nicht mehr so gegeben und geschützt wie vorher beim einem reinen Sprachspeicher. Dieser Aspekt erfordert ein deutliches Umdenken bei Anwendern und Administratoren.
>
> **Empfehlung:** Vereinheitlichte Applikationen bedingen ein vereinheitlichtes Applikationsmanagement. Beispielsweise müssen die Berechtigungen in einer Applikation automatisch in allen anderen Applikationen greifen usw. Sorgen Sie für ein transparentes und applikationsübergreifendes Management.

Das Rad der Innovationen drehte sich noch nie so schnell wie heute. Vor allem die Applikationen erleben immer kürzere Innovationszyklen, sie liegen aktuell zwischen 6 und 18 Monaten. Grundsätzlich gesehen ist dieser Fakt sehr positiv, doch aus der Sicht der Interoperabilität und Interaktion wird er nahezu „tödlich". Jeder Hersteller einer Applikation übernimmt sehr wohl die Garantie für die Funktionsweise und Funktionalität seiner eigenen Wirkungsbereiche. Aber dafür, dass seine Applikationen mit jeder anderen am Markt befindlichen Applikation – noch dazu mit jedem ihrer Versionsstände – interagiert, kann gar keine Garantie mehr übernommen werden. Für die Praxis heißt das: eine ständige und immer wieder notwendige Durchführung von Interoperabilitätstests und damit verbunden das andauernde Leben in Sorge um Inkompatibilitäten und Interaktionsstörungen.

> **Praxistipp:**
> Sicher hat jeder einzelne Hersteller seine speziellen Lösungen mit besonderen Funktionen und Stärken. Rein theoretisch wäre die Kombination der besten Applikationen aus jedem Funktionsbereich die optimale Lösung. Wie gesagt: „theoretisch". Die Praxis braucht Kontinuität und Stabilität – sowohl im Betrieb als auch in der Innovation. Das kann jedoch nur noch durch wirklich vereinheitlichte Applikationsumfelder gewährleistet werden. Am besten ist daher eine Applikationsumgebung aus Anwendungen von möglichst wenigen unterschiedlichen Herstellern.
>
> **Empfehlung:** Achten Sie darauf, dass sich die Hersteller der eingesetzten Applikationen dazu verpflichten, die notwendige Interoperabilität zwischen den Applikationen zu garantieren, auch nach Versionsänderungen sowie dem Einspielen von Modifizierun-

gen (Updates und Upgrades). Auf der anderen Seite trifft wieder der altbewährte Satz zu: „Never touch a running system."

11.2.5.2 Schnittstellen und Mediationsdienste

Im vorherigen Abschnitt wurde das Thema Interaktion und Interoperabilität aus Sicht der Versionsänderungen, also der Applikationen selber, betrachtet. Damit Applikationen unter- und miteinander agieren können, benötigen sie möglichst transparente, ohne Funktionsverluste arbeitende und standardisierte Schnittstellen. Genau an dieser Stelle scheiden sich die Geister: der Geist einer maximalen Funktionalität von dem der hohen Standardkonformität und Standardisierung. Wieder einmal prallen Individualisierung und Standardisierung aufeinander. Standardschnittstellen bieten vereinheitlichte Funktionalitäten – allerdings in der Praxis oftmals auf geringer Leistungs- und Funktionsbreite. Individualisierte (auch herstellerspezifische) Schnittstellen bieten in der Regel optimale Funktionsvielfalt – hier allerdings mit der praktischen Einschränkung der begrenzten Interoperabilität zu anderen Applikationen. Selbst marktführende Applikationshersteller gehen mit den Standardschnittstellen gerne an den Rand der Standardkonformität. Denn sie möchten erreichen, dass die Anwender möglichst viele ihrer Applikationen einsetzen, dann (oftmals *nur* dann) garantieren sie für bestmögliche Interoperabilität. Interoperabilität als Vermarktungsargument – ein immer wieder gerne genommener Geschäftsgedanke.

Praxistipps:
Das Management der Schnittstellen zwischen den Applikationen erfordert beim Personal ein hohes und breites fachliches Wissen sowie umfangreiche praktische Erfahrungen, damit die Applikationen hoch funktional und möglichst störungsfrei interagieren können.

Empfehlung: Je weniger unterschiedliche Applikationen, desto weniger unterschiedliche Schnittstellen, umso effektiver und effizienter die Administration der Applikationen und deren Interaktion.

Eine echte Alternative zur Nutzung herstellereigener Schnittstellen sind die sogenannten Mediationsapplikationen. Wie im echten Leben vermitteln Mediatoren zwischen verschiedenen Parteien. Offene Mediationsplattformen wie beispielsweise GETS (Genesys Enterprise Telephony Software) unterstützen auf der einen Seite die individuellen Schnittstellen zu einer Vielzahl bekannter Applikationen und stellen auf der anderen Seite eine breite Palette von Standardschnittstellen zur Verfügung. In der Praxis spricht man von sogenannten „SOA-Plattformen" (Service Oriented Architecture). Diese Architekturen nehmen über Standardschnittstellen viele Dienste und Applikationen auf, führen sie auf einem gemeinsamen Verschaltungselement – dem sogenannten „SOA-Bus" – zusammen und bringen sie so zum gemeinsamen Agieren.

Empfehlung: Setzen Sie auf solche SOA-Systeme und -Plattformen, denn dann muss nur diese Mediationsplattform gemanagt werden. Was die Applikationen außen

> herum tun, das wird mehr und mehr zur Nebensache. Das Management einer standardisierten Schnittstellenplattform ist deutlich praktikabler, effektiver und effizienter als die Administration vieler einzelner Schnittstellen.

11.2.5.3 Rückwirkungen von Applikationen auf andere Systeme

Primär besteht die Aufgabe der Administratoren darin, die Schnittstellen und die Applikationen so zu administrieren, dass sie rein funktional und betrieblich gesichert sind. Doch in zweiter Linie müssen sie sich vor allem um das Thema Absicherung der Applikationen kümmern: Absicherung gegen mögliche Schadensauswirkungen aus Störungen der vielen Applikationen auf die in der Basisebene der UC-Architektur angesiedelten Systeme. Das bedeutet z.B. den Schutz des Netzes und der Kommunikationssysteme vor unbefugten Zugriffen mittels oder über irgendeine der Applikationen. Die einfachste Variante, eine Infrastruktur lahmzulegen, besteht darin, sie entweder mit Dienstanfragen in „unsinniger" Weise zu überladen oder sie mit sich selbst zu beschäftigen. Letzteres geht am wirkungsvollsten z.B. durch ständiges Initiieren von Wegeneuberechnungen (Spanning Tree) in einem Netz oder durch ununterbrochenes Initiieren von Kommunikationsanforderungen an ein TK- oder VoIP-System bzw. an Kommunikationsapplikationen der UC-Plattform. Gefördert durch die stete Weiterverbreitung solch offener Protokolle wie XML und SIP wird z.B. SPIT (SPAM over Internet Telephony) zu einem deutlich wachsenden Problem.

> **Praxistipp:**
> Die schlimmste anzunehmende Situation für einen Administrator ist, wenn gar nichts mehr geht – selbst die Administration nicht mehr. Solche Fälle können eintreten, wenn nicht dafür gesorgt wurde, dass entweder auf den Komponenten selber und/oder in der Netzinfrastruktur dezidierte Prozessorkapazitäten bzw. Bandbreiten ausschließlich für Managementaufgaben reserviert wurden. Im Umkehrschluss verpflichtet dies dazu, vor allem für das UC-Umfeld, Datennetz- und Kommunikationskomponenten einzusetzen, die genau solche Funktionen bereitstellen. Sie gestatten die Definition reservierter Prozessorleistungen und die Konfiguration von Mindestbandbreiten im Netz als Reserven für Managementaufgaben. Das kann so weit gehen, dass man sogar spezielle logische oder physikalische Netze und dezidierte Anschlüsse ausschließlich für Managementzwecke einrichtet.
> **Empfehlung:** Halten Sie sich den Rücken frei und reservieren Sie ausschließlich für Managementzwecke dezidierte Übertragungs- und Leistungskapazitäten auf allen Komponenten der UC-Architektur und in der Netzinfrastruktur.

11.2.5.4 Management der Applikations- und Netzgrenzen

Wenn die Sicherheit von Applikationen so immens wichtig ist, dann gehören in diesen Bereich auch die auf der Applikationsschicht arbeitenden Firewalls, insbesondere die sogenannten Application Layer Firewalls (ALF), Proxys und Netzübergangskomponenten. Sie

11.2 Basismanagement

tragen Bezeichnungen wie „Border Controller" bzw. „Border Gateways". Diese Komponenten und Funktionalitäten erfüllen mehrere Zwecke. Sie schützen die Applikationen an sich. Außerdem sorgen sie für die Sicherheit zwischen den Applikationen und den Netzen, an denen sie angeschaltet sind. Die Abbildung 11.5 zeigt eine Verschaltung zwischen Unternehmens- und Carrier-Netzen mit SBCs an den Netzübergängen.

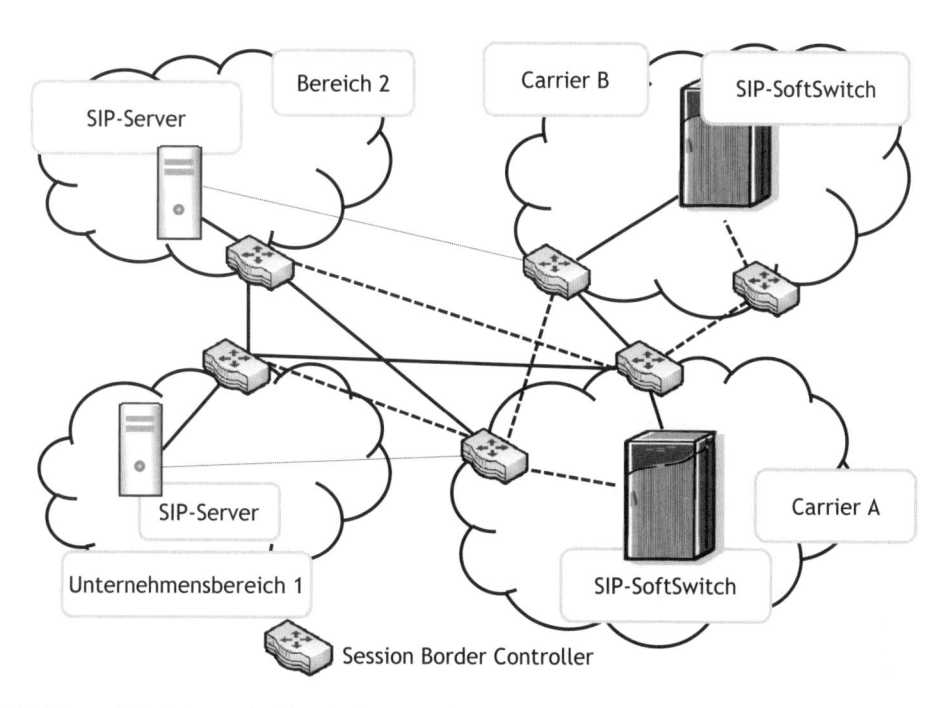

Abbildung 11.5 Schema der Verschaltung von SIP-Netzen mit SBC

Praxistipp:

In der Praxis haben komplexe UC-Architekturen meistens sehr viele Schnittstellen und Netzwerkübergänge. Das wiederum bedeutet, sie sind mit mehreren Firewalls, Border Controllern und Gateways ausgestattet. Oftmals bedeuten genau solche Übergänge sogenannte „Single Points of Failure" – also Punkte mit besonders wichtiger Funktion, jedoch lediglich einfacher Absicherung. Fällt so ein System aus, können die Applikationen nicht mehr interagieren – unter Umständen wird sogar die gesamte UC-Umgebung gestört.

Empfehlung: Statten Sie solche Netz- und Applikationsübergänge mit redundanten Systemen und natürlich einer möglichst zentralisierten und vereinheitlichten Administration aus, um das Ausfall- und Fehlerrisiko der UC-Architektur durch gestörte Übergänge und Schnittstellen deutlich zu reduzieren.

11.2.6 Management der VoIP-Funktionen

Alle bisher beschriebenen Managementfunktionen gelten für alle Bereiche der gesamten UC-Architektur, von den Netzen bis hin zu den Applikationen. Sie gelten für die klassischen Telefonanlagen ebenso wie für moderne VoIP-Systeme. Letztere bilden eine der Kernfunktionen von modernen UC-Architekturen. Aus diesem Grund ist es sinnvoll, sich das Management der VoIP-Funktionen- und Konfigurationen genauer anzusehen, was wir in diesem Abschnitt tun. An vielen Stellen des Buches wurden bereits die speziellen Funktionen und Komponenten von VoIP und den IP-Vermittlungsplattformen grundlegend dargestellt. Nun stellen sich einige Fragen zu den Administrationsmöglichkeiten:

- Welcher administrative Aufwand steckt hinter den VoIP-Funktionen?
- Was muss bei den jeweiligen VoIP-Komponenten und -Funktionen administriert werden?
- Wie und vor allem was ist bezüglich der QoS-Konfigurationen einzustellen, zu definieren und zu überwachen?
- Wie wird die Vergabe der VoIP-Ressourcen, genauer gesagt die der DSPs (Digital Signalling Processor), von der VoIP-Anlage geregelt?
- Welchen Konfigurationsbedarf erfordert die Zuordnung der Codecs für VoIP?
- Wie, warum und wofür sind VoIP-Domains zu konfigurieren?
- Wofür und wie definiert man die Einstellungen für CAC (Call Admission Control)?

Deren Beantwortung steht im Mittelpunkt der Diskussionen in den folgenden Abschnitten. Im Grunde kann alles, was zum Management der VoIP-Funktionen gesagt wird, nahezu unverändert auf den Bereich Video über IP übertragen werden. Daher steht VoIP in den folgenden Abschnitten im übertragenen Sinn sowohl für Voice als auch für Video über IP.

11.2.6.1 QoS-Management auf der VoIP-Plattform

Für den erfolgreichen Einsatz von VoIP ist eine entsprechende Güte der Sprach- bzw. Videoübertragung erforderlich. In diesem Zusammenhang wurde schon viel über Laufzeitverzögerungen, Laufzeitschwankungen, Paketverluste usw. gesprochen. Wie werden diese Parameter in der VoIP-Plattform gemanagt? Welche Steuerungsmöglichkeiten bietet das QoS-Management auf der Plattform für die Absicherung der QoS-Parameter?

Als Erstes sollte eine VoIP-Plattform die Konfiguration von Schwellenwerten für die Einhaltung der QoS-Parameter unterstützen. Moderne Plattformen sind in der Lage, die Güte jeder einzelnen VoIP-Verbindung zu überwachen. Überschreiten die aktuell gemessenen QoS-Werte die vorher definierten Schwellenwerte, erfolgt automatisch eine entsprechende Alarmierungsmeldung im QoS-Managementsystem der Plattform. Dann besteht die Aufgabe der Administratoren darin, nach den Ursachen des Nichteinhaltens der definierten QoS-Schwellenwerte zu suchen und diese zu beseitigen.

Einige VoIP-Plattformen generieren nicht nur eine Alarmmeldung für momentane Schwellenwertüberschreitungen, sondern verwenden ständige QoS-Messungen auch für die dynamische Steuerung des Sprach- und Videoverkehrs. Schlechte QoS-Werte wirken sich bekanntermaßen auf alle laufenden Sprach- und Videoverbindungen aus. Wenn beispielsweise eine weitere Sprach- oder Videoverbindung aufgebaut wird und sich dadurch der QoS verschlechtert, vielleicht weil die Übertragungskapazität des Netzes für eine weitere Verbindung zu gering ist, so verschlechtert sich die Güte und Qualität aller Verbindungen und nicht nur der zuletzt aufgebauten. Um dem entgegenzuwirken, steuern die modernen VoIP-Plattformen die maximale Anzahl gleichzeitig möglicher VoIP-Verbindungen dynamisch. Dazu ist eine kontinuierliche QoS-Messung erforderlich. Allerdings bergen derartige Verfahren die Gefahr des Aufschwingens der automatischen QoS-Steuerung. Die Verwendung von Automatismen in hochdynamischen Umgebungen bedeutet immer eine gewisse Gratwanderung und erfordert ein gewisses Fingerspitzengefühl für eine ausgewogene Balance zwischen gewollter Dynamik und ungewolltem Aufschwingen.

Liegen die QoS-Werte bereits in der Nähe der festgelegten Schwellenwerte oder überschreiten diese sogar, kann Folgendes passieren:

- Die VoIP-Plattform lässt generell keine weiteren Verbindungen zu. Will in diesem Augenblick ein Teilnehmer eine weitere Sprach- oder Videoverbindung aufbauen, bekommt er den Status „Netz belegt" angezeigt. Diese Funktion ist gleichbedeutend mit der Vollauslastung eines traditionellen Amtsanschlusses. Sind bei einem klassischen ISDN-Primärmultiplexanschluss alle 30 Kanäle belegt, bekommt der 31. Teilnehmer beim Versuch des Verbindungsaufbaus ebenfalls den Status „Netz belegt" signalisiert. In diesem Punkt hat VoIP von der klassischen Telekommunikation gelernt, denn das normale IP-Netz kennt kein Besetztzeichen.

- Als Alternative dazu führt eine Überschreitung der QoS-Schwellenwerte automatisch dazu, dass neu aufzubauende Verbindungen über andere Wege geschaltet werden, z.B. über eine alternative IP-Verbindung oder das ISDN. Beim Schwenken auf einen anderen Verbindungsweg ist sicherzustellen, dass die Anzahl der gestatteten gleichzeitigen VoIP-Verbindungen über die Alternativstrecke zu der dort vorhandenen Bandbreite passt. Oftmals verfügen die Alternativ- oder Backup-Strecken nur über eine geringere Bandbreite. Das bedeutet, die Anzahl der gleichzeitigen VoIP-Verbindungen ist mittels der CAC-Steuerung zu reduzieren.

- Eine andere Variante besteht darin, bei Überschreiten der QoS-Schwellenwerte die bestehenden Verbindungen automatisch auf eine höhere Komprimierung, also einen anderen Codec, umzuschalten. Dieses Verfahren hat sich jedoch in der Praxis als unhandlich erwiesen, denn letztlich führt eine solche Steuerung zu noch mehr Dynamik im Netz und damit zu noch höherer Instabilität, zum Aufschwingen der VoIP-Steuerung.

- Eine ganz spezielle Form, mit sinkender Qualität durch Paketverluste umzugehen, besteht darin, einfach die doppelte oder dreifache Menge an VoIP-Paketen zu versenden. Dieses Verfahren wird z.B. bei Fax über IP (FAXoIP) verwendet. Da es bei FAXoIP keine Fehlerkorrektur gibt, ein Paketverlust jedoch den Steuerungsverlust des Fax-Dienstes zur Folge haben kann, werden alle FAXoIP-Pakete doppelt oder dreifach versendet und die zu viel ankommenden Pakete vom Empfänger einfach verworfen. Dieses Verfahren ist Bestandteil des Protokolls T.38.

- Einige Hersteller haben dieses Verfahren übernommen und es für die Sprache adaptiert. Das Verfahren hat den Namen „RTaudio". Wird die Sprachqualität im VoIP schlecht, dann sendet dieses Verfahren die Pakete einfach doppelt oder dreifach. Das mag für einen einzelnen Teilnehmer im Netz eine Lösung sein, doch für viele Teilnehmer im selben Netz ist das schlichtweg Irrsinn. Je schlechter die Qualität wird, z.B. mangels Bandbreite, desto mehr Bandbereite wird durch den Mehrfachversand generiert. Das legt ein Netz erst recht lahm.

Alle hier beschriebenen Verfahren setzen voraus, dass die VoIP-Plattform die QoS-Werte ständig beobachtet und ständig dynamisch ihre Arbeitsweise an die aktuelle QoS-Situation im VoIP und gesamten UC-Umfeld anpasst. Da diese Prozesse sehr aufwendig sind und somit eine erhebliche zusätzliche Prozessorlast auf der Plattform erzeugen, kommen diese Verfahren in der Praxis nur noch selten zum Einsatz. Man verwendet immer öfter einen einfacheren Ansatz.

Werden die QoS-Werte überschritten, erfolgt eine entsprechende Alarmierung. Dann muss der Administrator nach den Ursachen der schlechten QoS-Werte suchen und diese Ursachen beseitigen, statt mit den störenden Auswirkungen neue negative Auswirkungen zu erzeugen – dafür jedoch automatisch. Es bringt die Anwender in der Praxis nicht weiter, wenn die VoIP-Plattform zwar für den Augenblick eine automatische Anpassung realisiert, im nächsten Augenblick die QoS-Werte aber bereits wieder unakzeptabel werden. Die Gefahr des „Aufschwingens" der gesamten Plattform und Netze ist sehr groß.

> **Praxistipp:**
> VoIP-Dienste benötigen QoS, sie stellen ganz spezielle Qualitätsanforderungen an die Übertragung der multimedialen Datenströme. Prinzipiell ist die automatische QoS-Steuerung durch das VoIP-System selbst eine sinnvolle Funktion. Doch im regulären Praxisbetrieb sollte man einige Dinge wissen und beachten: Dieses ständige Messen der QoS-Werte erfordert deutlich mehr Bandbreite auf den IP-Netzen, stellt zusätzliche Performanceanforderungen (z.B. Prozessorlast und Speicherbedarf für die Messungen) an die Komponenten der VoIP-Plattform, und vor allem bergen automatische QoS-Steuerungen die Gefahr des Aufschwingens der VoIP-Umgebung.
>
> **Empfehlung:** Zwar beseitigt das dynamische Um- und Nachsteuern die momentanen Auswirkungen, nicht aber die Ursachen. Verzichten Sie daher besser auf diese automatischen Funktionen. Implementieren Sie eine gute Monitorfunktion, suchen und beseitigen Sie bei Abweichungen der QoS-Werte von den eingestellten Normwerten deren Ursachen.

11.2.6.2 Management der Komprimierung und Kodierung

Das IP-Netz transportiert die VoIP-Pakete, doch die DSPs (Digital Signalling Processor) erzeugen sie. Wie machen sie das? Wo werden die Codec-Einstellungen (Kodierung und Komprimierung der Mediadaten) definiert? Wie lässt sich die Wirksamkeit der Einstellungen kontrollieren und managen?

11.2 Basismanagement

Die Administration der DSP- und Codec-Einstellungen sowie die Konfiguration ihrer Funktionsweisen stehen natürlich sehr eng mit dem eben diskutierten Management der QoS-Werte im Zusammenhang. Beide müssen sehr genau aufeinander abgestimmt sein. Passen beispielsweise die Einstellungen der Codecs nicht zu den gewählten QoS-Einstellungen im IP-Netz, kann man keinen gut funktionierenden QoS erwarten. Nicht jeder Codec unterstützt alle QoS-Funktionen und umgekehrt.

Die Konfiguration der zu verwendenden Codecs und der von ihnen zu benutzenden IP-Paketlängen bildet die Grundlage des QoS-Managements auf der VoIP-Plattform. Moderne Plattformen lassen es zu, für jeden Codec eine eigene IP-Paketlänge (die sogenannte „Frame Size") zu definieren: zum einen, weil nicht jeder Codec mit jeder IP-Paketlänge arbeitet, zum anderen, weil es für jeden Codec optimale IP-Paketlängen gibt. Diese Definitionen erfolgen zwar in der Regel für den Sprach- und Videoverkehr funktional getrennt, doch letztlich mit denselben Ansätzen des QoS-Managements.

Was ist aber mit klassischen Telekommunikationsdiensten wie Fax und Modem? Da die VoIP-Plattform solche klassischen Dienste unterstützt, muss man die oben aufgeführten Codec- und DSP-Einstellungen auch für die Fax- und Modem-over-IP-Dienste definieren. So darf man z.B. bei FAXoIP als IP-Paketlängen lediglich Mehrfache von 30 ms benutzen. Transparente Modem-Dienste hingegen sollten grundsätzlich eine IP-Paketlänge von 40 ms verwenden, denn damit sind die ausgeglichenen Übertragungseigenschaften möglich. Das ergibt eine gute Balance zwischen Laufzeitverzögerung, Resistenz gegen Paketverlust und Laufzeitschwankungen. Leider schließen sich ansonsten diese drei Parameter gegenseitig aus.

> **Praxistipp:**
>
> Noch existieren die verschiedenen klassischen Kommunikationsdienste (Sprache, Fax und Modem), und sie haben ihre Berechtigung. Daher muss die VoIP-Plattform in der Lage sein, diese Dienste zuverlässig zu erkennen und entsprechend zu steuern.
>
> **Empfehlung:** Wählen Sie die VoIP- und UC-Plattformen auch danach aus, ob sie diese Dienste realisieren und eine automatische Diensterkennung unterstützen und zuverlässig umsetzen.

Ein weiterer wichtiger Parameter für die Güte des VoIP-Verkehrs ist die Lautstärke oder besser gesagt: die Signalverstärkung, ggf. auch Abschwächung bei der Digitalisierung bzw. der Paketierung. Aus diesem Grund bedarf es auf der VoIP-Plattform einer entsprechenden Konfiguration des dB-Wertes, mit dem die Codecs arbeiten sollen.

> **Praxistipp:**
>
> Für diesen Dämpfungswert gibt es keine Standardeinstellung. Die Lautstärke und der Verstärkungs- bzw. Dämpfungswert sind von IP-Netz zu IP-Netz unterschiedlich und bedürfen immer einer individuellen Anpassung an die jeweiligen Gegebenheiten in den IP-Netzen. Die Einstellungsmöglichkeiten dieser Parameter sind leider in vielen

> Fällen unbekannt und werden häufig unterschätzt. Ungünstig eingestellte Verstärkungen führen sehr oft zu Echos.
>
> **Empfehlung:** Deshalb sollten Sie sich als Administrator für VoIP und Unified Communications mit diesen Funktionen besonders beschäftigen. Das Managen der Verstärkungs- bzw. Dämpfungswerte in diesem Umfeld erfordert sehr viel Feingefühl, praktische Erfahrung und Wissen um die beschriebenen Zusammenhänge.

11.2.6.3 Administration von VoIP-Domains

Beide vorherigen Abschnitte beschreiben das Management und die Administration der generellen QoS-Einstellungen, völlig unabhängig davon, ob es sich um rein lokale VoIP-Verbindungen oder VoIP-Verbindungen über IP-WANs handelt. Innerhalb des lokalen Netzes selbst stellt heutzutage die Einhaltung des QoS kaum noch ein Problem dar. Hier gibt es genügend Bandbreite, in der Regel kurze Signallaufzeiten und geringe Laufzeitschwankungen der VoIP-Pakete. Anders hingegen sieht es in den Vernetzungen zwischen den Lokationen aus. In vielen Fällen kommt bereits VoIP für die Vernetzungen von Lokationen zum Einsatz. Doch ausgerechnet im IP-WAN sind die QoS-Voraussetzungen meist (noch) nicht gegeben. Selbst bei den so gerne herangezogenen MPLS-Verbindungen (Multi Protocol Label Switching) wird das Thema QoS nicht zwingend umgesetzt. Es ist zwar korrekt, dass MPLS eine dedizierte QoS-Steuerung ermöglicht. Ob allerdings der Bereitsteller von MPLS-Verbindungen tatsächlich die MPLS-Funktionen für die Realisierung von QoS zum Einsatz bringt, liegt in seinem Ermessen – oder besser daran, wie klar die QoS-Anforderungen ihm gegenüber artikuliert werden.

Wie bedient man die unterschiedlichen QoS-Anforderungen im WAN? Wie kann man auf Veränderungen der Übertragungsbedingungen und vor allem die unterschiedlichen Auslastungen im WAN reagieren, um dennoch den QoS zu sichern? Ein guter Lösungsansatz dafür ist das Konzept der VoIP-Domains. Es ist angelehnt an die Funktionsweise der VLANs (Virtuelle LANs). Man definiert dedizierte Funktionsbereiche mit speziellen QoS-Einstellungen – eben diese VoIP-Domains.

Abbildung 11.6 zeigt ein solches VoIP-Domainkonzept. Das Ziel dieses Konzeptes besteht darin, in jedem Bereich die optimalen QoS-Bedingungen herzustellen – sowohl für die jeweiligen inneren Domainbereiche als auch für die Bereiche zwischen den VoIP-Domains.

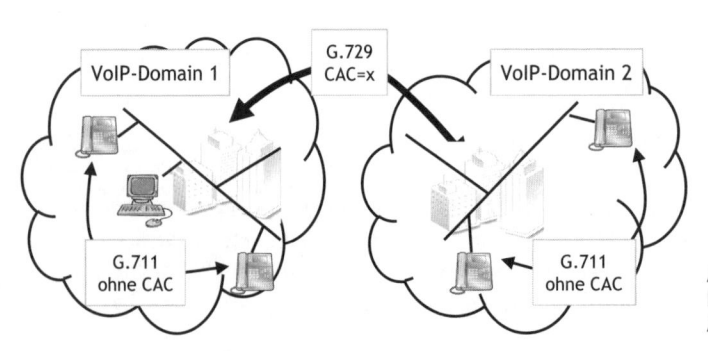

Abbildung 11.6 Domainkonzept mit Call Admission Control (CAC)

So verwenden in der Regel alle VoIP-Verbindungen innerhalb der Domain keine Komprimierung der VoIP-Pakete, sie nutzen z.B. für die Sprache den Codec G.711. Zwischen den VoIP-Domains wiederum kommt automatisch eine Komprimierung zum Einsatz, z.B. mit dem Codec G.729 oder G.723. Innerhalb der VoIP-Domain ist in der Regel keine Begrenzung der gleichzeitigen VoIP-Verbindungen mittels CAC (Call Admission Control) notwendig, zwischen den VoIP-Domains sehr wohl.

Damit solche sinnvollen Funktionalitäten wie VoIP-Domains wirksam werden, müssen die folgenden Voraussetzungen erfüllt sein:

- Man muss auf der VoIP und UC-Plattform solche VoIP-Domains einrichten können.
- Die UC-Plattform muss die Konfiguration externer und interner VoIP-Vernetzungen zulassen, denn nur über die Definition von „IP-Netzanschlüssen" lassen sich CAC-Funktionen einrichten und verwenden.
- Die Codecs müssen eine dynamische Arbeitsweise unterstützen. Je nach Bedarf sollten sie automatisch mal mit dem einen und mal mit einem anderen Komprimierungsverfahren arbeiten und dabei ggf. jeweils andere IP-Paketlängen verwenden können.

Doch was passiert, wenn sich die Übertragungsgegebenheiten im WAN ändern, was leider noch oft vorkommt? Die hauptsächliche WAN-Verbindung wird gestört, es erfolgt die Umschaltung auf eine Backup-Strecke, die allerdings deutlich weniger Bandbreite hat. Jetzt sind zwei Szenarios denkbar: Die Bandbreite auf der Ersatzstrecke ist so gering, dass gar kein VoIP-Verkehr mehr möglich ist, oder sie ist geringer als auf dem Hauptweg, dann wären weniger VoIP-Verbindungen zulässig. In beiden Fällen müssen die Parameter für den Verkehr zwischen den VoIP-Domains möglichst automatisch angepasst werden.

Ändert die Situation etwas am VoIP-Domainkonzept an sich? Nein. Sollten sich die Codec-Einstellungen verändern? In den meisten Fällen auch nicht, denn zuvor wurde zwischen den VoIP-Domains komprimiert, was jetzt auch so bleibt. Ergo gibt es nur die Möglichkeit, die CAC anders einzustellen, d.h. entsprechend der neuen Situation anzupassen. Wie funktioniert das? Dafür gibt es prinzipiell zwei Lösungen:

- Die aktive Lösung beruht darauf, dass die VoIP-Plattform die schlechteren QoS-Bedingungen selbst erkennt und eine entsprechende Anpassung vornimmt. Diese Version wurde bereits im Abschnitt 10.2.6.1 diskutiert.
- Eine andere Variante besteht darin, dass die Anpassung der CAC-Steuerung von dort ausgelöst wird, wo sie ursächlich herkommt. Die erste Instanz, die bemerkt, dass eine WAN-Verbindung nicht mehr funktioniert, ist das IP-Netz selbst. Stellt der WAN-Router eine Störung der WAN-Strecke fest, meldet er das an das IP-Netzwerkmanagement. Ist er selber gestört, erfolgt ebenfalls eine Meldung im Managementsystem des IP-Netzwerks. Diese Fehlermeldungen werden an die SNMP-Managementinstanz weitergereicht. Dort löst ein sogenannter SNMP-Actor einen SNMP-Befehl an die VoIP-Plattform aus. Damit reduziert das System die CAC für die betroffene Verbindung entsprechend der neuen Übertragungsbedingungen. Abbildung 11.7 stellt so ein Szenario schematisch dar. Steht die WAN-Verbindung wieder zur Verfügung, erfolgt mit der Rückschaltung auf den Hauptweg eine automatische Rückschaltung der CAC.

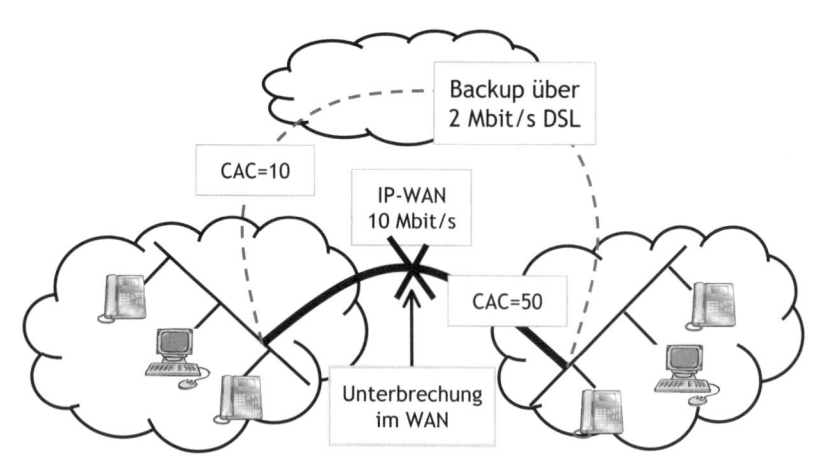

Abbildung 11.7 Dynamische CAC-Anpassung

> **Praxistipp:**
>
> Die automatische Rückschaltung von der Backup- auf die Standardverbindung sollte unbedingt mit einer Pufferzeit versehen sein. In der Praxis zeigte sich immer wieder, dass solche Störungen im WAN zum „Flattern" neigen. Das bedeutet: Die Unterbrechungen selber sind nur vergleichsweise kurz, treten dafür jedoch mehrfach und in kurzen Zeitintervallen auf. Es wäre für die UC-Architektur und die QoS-Steuerung fast „tödlich", dieses Flattern ständig dynamisch nachzusteuern. Man muss eine sinnvolle und handhabbare Einstellung finden, nach welchem Zeitraum der stabilen Funktion einer WAN-Strecke die Rückschaltung in den normalen VoIP-Betrieb erfolgen kann.
>
> **Empfehlung:** Erarbeiten Sie *gemeinsam* mit den Administratoren der IP-Netze und vor allem der WANs ein Konzept für die dynamische Steuerung der QoS, VoIP-Domains und CAC. Betrachten Sie dazu die Umschalt- und Konvergenzzeiten der IP-Netze sowie der IP-WAN-Verbindungen. Stellen Sie die QoS- und CAC-Steuerungen danach ein. Überprüfen Sie sehr detailliert, ob und unter welchen Voraussetzungen in den vorhanden IP-Netzen und der VoIP-Umgebung eine automatische Steuerung des QoS möglich und insbesondere betriebssicher ist.

11.2.7 UC- und VoIP-Statistiken

Bisher lag der Fokus auf dem Management der VoIP- und QoS-Parameter und -Funktionen. Doch was ist mit dem Nachweis der Wirksamkeit und der Einhaltung dieser Parameter? Wie lässt sich nachverfolgen, was wann wo passierte, wenn die Benutzer Beschwerden über schlechte Sprach- oder Videoqualität einreichen? Abhilfe dafür schaffen entsprechende Statistikmonitore. Mittlerweile sind solche Funktionen integraler Bestandteil der meisten Managementsysteme bei nahezu allen Herstellern von UC- und VoIP-Plattformen. Teilweise werden sie als optionale Module in die Managementplattformen integriert, bei anderen Herstellern sind sie fest darin eingebaut. Mit diesen Statistikfunktionen lassen sich alle

11.2 Basismanagement

VoIP-Verbindungen überwachen – vorausgesetzt, die VoIP-Plattform ist die alles kontrollierende und steuernde Instanz. Bei herstellereigenen Implementierungen ist diese Voraussetzung in der Regel gegeben.

Jetzt kommt SIP. Der Trend zu immer mehr Offenheit und der Wunsch, einfach beliebige SIP-Komponenten miteinander zu verschalten, führen zu einer deutlichen Verschlechterung der Überwachungsmöglichkeiten. Auch wenn die SIP-Komponenten dritter Hersteller prinzipiell mit der VoIP-Plattform funktionieren, so muss noch lange nicht feststehen, dass diese sich in ein vereinheitlichtes Monitoring- und Statistikkonzept einbinden lassen. Ähnliche Aussagen gab es bereits bezüglich des SSC (SIP Session Controller) und des SDM (SIP Device Manager). SIP lässt sich eben schlecht kontrollieren – es sei denn, man verfügt über die dafür notwendigen Funktionen und Instanzen.

Das grundlegende Wirk- und Arbeitsprinzip für die Überwachung und Statistik ist bei allen Herstellern nahezu identisch. Allerdings unterscheiden sie sich oftmals deutlich in ihren Auswertungs- und Darstellungsfunktionen. Die meisten dieser Statistikmodule nutzen als Grundlage die gemessenen Parameter der Übertragungsgüte bzw. -qualität von VoIP-Verkehrsströmen und fassen diese in Datensätzen zusammen. Das sind die sogenannten VoIP-CDRs (Call Data Records). Damit ähnelt diese Statistikfunktion der Erfassung und Aufzeichnung von Gebührendaten. Die VoIP-CDRs enthalten folgende Daten:

- Beginn und Ende der Verbindung, die Gesprächsdauer
- Die Identifikation der Teilnehmer bzw. der Endgeräte selbst
- Anzahl der Pakete, die während der Verbindung übertragen wurden, aber auch die nicht übertragenen Pakete, d.h. die Paketverluste
- Die Daten der Verbindungen zwischen Teilenehmern und Gateways sowie zwischen den Gateways und anderen Multimediakomponenten. Aus diesen Datensätzen ist auch ersichtlich, von welcher UC-Komponente die Kommunikationsdaten stammen.
- Die gemessenen und erfassten QoS-Daten wie Laufzeitverzögerung und -unterschiede sowie die Paketverluste nominal und als Raten. Die Basis dafür bilden die Daten aus den RTP- (Real-Time Transport Protocol) und den darin enthaltenen RTCP-Paketen (Real-Time Control Protocol).
- Aus diesen Werten errechnen die Statistikmodule mittels der R-Formel den MOS-Wert (Näheres zum MOS-Wert und seiner Bestimmung finden Sie in Kapitel 6.9.3.1).
- In einigen sehr guten TC- bzw. VoIP-Statistikmodulen ist sogar die Dienstkennung hinterlegt, d.h. ob es sich bei der Verbindung um einen Sprach-, Video, Daten-, Fax- oder Modemdienst handelt.

Wichtig ist, dass diese Daten von allen UC-Komponenten erfasst und mitgeschrieben werden, also nicht nur von den IP-Vermittlungssystemen, sondern ebenso von den UC-Applikationsservern. Es ist für die Anwender äußerst unangenehm, wenn die Qualität von Videos aus einem Videoserver oder die der multimedialen Konferenzen von einer Konferenzplattform nicht ihren Erwartungen und Wünschen entspricht.

> **Praxistipp:**
> Nicht alle VoIP- und UC-Statistikfunktionen arbeiten autark. Einige benötigen spezielle Sonden im IP-Netz, mit denen der multimediale UC-Verkehr gemessen und analysiert wird. Eigentlich ist das nicht mehr wirklich Stand der Technik, denn dafür muss der UC- bzw. VoIP-Verkehr immer zusätzlich über diese Sonden geführt werden.
>
> **Empfehlung:** Entscheiden Sie sich immer für UC- und VoIP-Plattformen, deren Managementsysteme voll integrierte Module für VoIP- und UC-Statistiken mitbringen. Diese wiederum sollten ohne zusätzliche Messsonden im IP-Netz auskommen.

11.3 „Umbrella"-Management

In der Praxis werden die beiden Managementbereiche – Basisfunktionen und Applikationen – oftmals als getrennte Gebiete betrachtet und betrieben. Das ist aus der Sicht der Unified Communication hochgradig ineffizient, uneffektiv und technologisch nicht zu vertreten. Genau aus diesem Grund stellen die meisten der führenden Hersteller eigene technologie- und plattformübergreifende Managementwerkzeuge zur Verfügung. Zwei Beispiele: das System „OmniVista" von Alcatel-Lucent und die Plattform „CiscoWorks" von Cisco. Beide Hersteller bieten so eine vereinheitlichte Managementplattform für ihre Netzwerktechnik (LAN, WAN, WLAN usw.), ihre Kommunikationssysteme (TK und VoIP) sowie Applikationen (UMS, CallCenter, Vermittlungen usw.). So gesehen tragen diese Managementplattformen ihre Bezeichnung „Umbrella"(Schirm)-Management zu Recht. Sie bilden quasi einen Managementschirm über alle zu diesem Hersteller gehörenden Komponenten, Elemente, Funktionen und Dienste. Solche „Umbrella"-Managements bieten mehrere überzeugende Vorteile:

- Mit geringem Aufwand lassen sich übergreifende Einstellungen vornehmen, die sowohl in den Netzen als auch in der Kommunikationsumgebung wirken sollen. Markante Beispiele dafür sind das „One-Click-QoS" und ein vereinheitlichtes Anwender- bzw. Teilnehmer und Berechtigungsmanagement.
- Solche Plattformen bilden ihrerseits wiederum eine Schnittstelle zu höheren Managementinstanzen wie den SNMP- und Verzeichnisdiensten, aber auch den AAA- (Authentication, Authorization, Accounting) und IP-Ressourcenmanagements. Letzteres wird in den Abschnitten 11.4 und 11.5 ausführlicher diskutiert.
- Die Administratoren müssen sich kaum um Schnittstellenprobleme zwischen den Basistechnologien und Applikationen kümmern, denn die Schnittstellenfunktionen sind durch den jeweiligen Hersteller garantiert.
- Umbrella-Managementsysteme sind die am besten geeigneten Plattformen für die Umsetzung von Profilmanagement. Das Management der Detailfunktionen und Grundprofile erfolgt in den jeweiligen Basismanagementplattformen und -systemen. Die Zuordnung der Teilnehmer und Ressourcen zu den definierten Profilen erfolgt vereinheitlicht im übergeordneten Umbrella-Management.

> **Praxistipp:**
> Die meisten komplexen UC-Architekturen basieren auf den Systemen, Komponenten, Funktionen und Applikationen unterschiedlicher Hersteller. In der Regel stellt jeder von ihnen eigene Managementwerkzeuge zur Verfügung.
>
> **Empfehlung:** Wählen Sie Hersteller aus, die zumindest für ihre eigenen Technologiebereiche ein Umbrella-Management bereitstellen. Reduzieren Sie die Anzahl von Herstellern in Ihrer UC-Architektur. Achten Sie bei der Auswahl der Umbrella-Managements darauf, dass die Administration von Profilen für Endgeräte und Teilnehmer unterstützt wird. Nur so haben Sie alle Administrationsaufgaben sehr effektiv und effizient unter einem Hut – oder besser unter einem Schirm.

11.4 SNMP-Management

Je nach Komplexität der gesamten UC-Umgebung und vor allem seiner Architektur (zentrale oder verteilte Intelligenzen) befinden sich in den Ebenen eins und zwei der Managementpyramide mehr oder weniger viele zu administrierende Komponenten und Funktionen sowie deren Managementapplikationen und -werkzeuge. Auch wenn der eine oder andere Hersteller ein Umbrella-Managementsystem bereitstellt, haben die Administratoren bis zu diesem Punkt keine vereinfachte, zentrale und zugleich möglichst komplette, also allgemein vereinheitlichte und herstellerübergreifende Sicht auf die Infrastruktur, das Netzwerk, die Kommunikationsdienste und Applikationen. Dieser Mangel erschwert die Administration der gesamten UC-Architektur deutlich. Ein Fehler, eine Störung in einem der angeführten Bereiche kann Auswirkungen auf alle anderen Systeme haben. In diesem Fall ist ohne eine übergreifende Sicht die Fehlersuche und Störungsbeseitigung sehr umständlich, vor allem jedoch langwierig und damit für die Nutzer unangenehm.

11.4.1 Herstellerübergreifendes Management

Damit eine gemeinsame übergreifende Sicht über die Technologien, Funktionen, Komponenten, Dienste und Systeme aller Hersteller möglich wird, ist die Verwendung eines gemeinsamen Managementprotokolls zwingend vorausgesetzt. Genau dafür entwickelte die IETF (Internet Engineering Task Force) ein einfaches Netzwerkverwaltungs- und Managementprotokoll namens SNMP (Simple Network Management Protocol). Nahezu alle Komponenten, Elemente, Geräte und Systeme in der IKT-Welt sprechen und verstehen das SNMP.

Auf Basis dieses Protokolls entwickelten einige Hersteller übergreifend wirkende SNMP-Managementplattformen und -lösungen. Beispiele für sehr umfängliche SNMP-Managementlösungen kommen von Herstellern wie Computer Associates mit „NetworkIT", Hewlett Packard mit „HP OpenView" und IBM mit „Tivoli". Das ist lediglich eine kleine Auswahl der am Markt bekanntesten Plattformen.

Diese SNMP-Managementsysteme oder besser -suiten verfolgen im Wesentlichen die hier aufgeführten Ziele:

- Die kontinuierliche bzw. situative Abfrage des aktuellen Status aller Komponenten, Dienste und Funktionen der beiden unteren Ebenen
- Auslesen und Einspielen von SNMP-Informationen auf diese Elemente über allgemeine Managementkommandos
- Konsolidierung aller SNMP-Informationen zu einer Gesamtsicht
- Unterstützung der anderen Managementsysteme durch gegenseitiges Bereitstellen von Systeminformationen über entsprechende Schnittstellen
- Die Direktsteuerung anderer Systeme mittels sogenannter „SNMP-Actors"

Dazu müssen die zu managenden Elemente, Dienste, Funktionen, Systeme und Komponenten natürlich SNMP „verstehen". Damit die SNMP-Applikationen den Status und andere Gerätedaten abfragen können, besitzt jedes der angeführten Elemente in seinen Konfigurationsdaten einen Bereich mit grundlegenden SNMP-Informationen, die sogenannte Management Information Base (MIB). Dabei handelt es sich um Basismanagement-Informationen. Diese MIB-Daten enthalten in erster Linie eine Vielzahl von Angaben zur Komponente selbst wie deren Typ, die Seriennummer, ggf. eine Versionsnummer usw. Vor allem enthalten MIBs oftmals dynamische Daten, z.B. über den aktuellen Betriebsstatus des Gerätes, deren Funktion und Funktionsbereitschaft.

Wie jede andere Technologie entwickelte sich auch SNMP im Laufe der Jahre weiter. Die beiden ersten SNMP-Versionen erfüllten zwar den oben beschriebenen Wunsch nach herstellerübergreifenden Managementfunktionen, doch in puncto Sicherheit ließen sie viele Dinge im wahrsten Sinne des Wortes offen. Da sich gerade in jüngster Zeit das Thema Sicherheit als eine der wesentlichsten Anforderungen herauskristallisierte, wurde man dem obigen Anliegen mit der aktuellen Version 3 des SNMP gerecht. Seit der Einführung von SNMPv3 stehen zusätzlich solche neuen Funktionen wie verschlüsselter Datenaustausch und verschlüsselte Authentisierung, d.h. Austausch von Nutzername und Passwort für jeden Managementprozess, zur Verfügung.

> **Praxistipp:**
> Setzen Sie aus Gründen der Sicherheit unbedingt SNMP Version 3 oder nachfolgende ein. Ein nicht oder schlecht gesichertes vereinheitlichtes herstellerübergreifendes Management ist technologisch und wirtschaftlich unvertretbar. Das Management ist das Herz einer IKT-Umgebung. Vermeiden Sie „Herzinfarkte" und vor allem „Herzinfektionen".

11.4.2 SNMP – Ein einfaches Managementprotokoll

Grundsätzlich ist SNMP ein bidirektional wirkendes Protokoll mit drei grundlegenden Befehlen:

- **GET-Befehle** – Abholen von Informationen:
  Die SNMP-Zentrale kann mittels der GET-Befehle (abholen bzw. bekommen) aktiv Informationen bei den zu managenden Komponenten und Funktionen abfragen.

- **TRAP** – Übermittlung von Statusinformationen:
  Andererseits empfängt das SNMP-Management die von den Komponenten und Funktionen via SNMP automatisch generierten und gesendeten Informationen, die sogenannten TRAPs (ein Fachbegriff, der sich nicht sinnvoll übersetzen lässt). TRAPs werden in der Regel immer dann generiert und versandt, wenn eine Störung oder ein Fehler an den Komponenten, Diensten oder Funktionen vorliegt. Genau das kann jedoch auch zu einem Problem werden: Immer dann, wenn ein Fehler eine Kette von Folgefehlern verursacht, werden konsequenterweise viele Folge-TRAPs generiert und versandt. Um das zu verhindern, bieten die meisten Systeme und Komponenten Möglichkeiten, die TRAPs anhand sogenannter TRAP-Filter zu steuern. Damit kann der Administrator sehr genau definieren, welche Informationen er im Fehlerfall bekommen will und welche nicht.

  Die funktional sinnvolle, effektive und effiziente Einstellung der TRAP-Generierung und -Filter stellt eine der wichtigsten Aufgaben des Administrators dar. Das Ziel besteht darin, auf der einen Seite eine optimale SNMP-Administration und umfängliche Sicht zu ermöglichen, andererseits gilt es, eine Informationsüberflutung zu verhindern.

- **SET-Kommandos** – Informationen mit auszuführenden Befehlen zum Einstellen und Setzen von Konfigurationswerten:
  Immer, wenn es nötig ist, von einer zentralen Stelle aus gleichzeitig mehrere und ggf. sogar unterschiedliche Komponenten, Systeme, Dienste und Funktionen mit einer bestimmten Information zu konfigurieren bzw. administrieren, kommen die SET-Kommandos (Auf- bzw. Hineindrücken von Informationen in die Konfiguration) zum Tragen. SET-Kommandos schreiben Informationen in die Konfigurationen und MIBs. Damit sind sie der Gegenpol zu den GET-Befehlen.

Nicht immer unterstützen und akzeptieren alle Komponenten, Dienste und Funktionen, die GET-Befehle verstehen und TRAPs erzeugen können, auch die Verwendung von SET-Kommandos. In manchen Fällen wird deren Verwendung sogar rigoros unterdrückt, z.B. um die Betriebssicherheit des Systems, der Komponenten, Dienste und Funktionen zu erhöhen oder zumindest nicht zu gefährden. Informationen auslesen bzw. von den Elementen zugesandt zu bekommen, ist erwünscht, aber das Verändern von Daten bzw. Konfigurationen und Eingriffe direkt in die Systeme hinein wird hingegen abgelehnt. Doch was dann? Wer oder was übernimmt dann diese Aufgaben, das Verteilen von Informationen, das Schreiben von Daten in Konfigurationen usw.?

An dieser Stelle kommen dann wieder die Umbrella-Managements der Hersteller zum Einsatz. Moderne Umbrella-Managements arbeiten sehr eng mit den SNMP-Managements zusammen. So können von der SNMP-Ebene durchaus SET-Kommandos abgesetzt werden, allerdings nicht direkt auf die Systeme und Komponenten, sondern auf deren Umbrella-Management. Dieses nimmt die SET-Kommandos auf, formt sie in eigene Steuerkommandos um und sendet sie dann an die entsprechenden Systeme, Komponenten und Elemente weiter. Diese Arbeitsweise erleichtert den Administratoren ihre Arbeit enorm. Dazu müssen jedoch alle eingesetzten Umbrella-Managements eine solche Funktionsweise unterstützen und vor allem entsprechende Schnittstellen bereithalten. Dann lassen sich mit einem Administrationsschritt ganze Bereiche der darunterliegenden Architektur managen.

> **Praxistipp:**
> Der effiziente und effektive Umgang mit den drei SNMP-Funktionen GET, TRAPs und SET erfordert viel praktisches Wissen und Erfahrungen. Schnell liegen durch fehlerhafte SNMP-Einstellungen ganze Netze und UC-Architekturen lahm, weil sie nur noch damit beschäftig sind, Managementinformationen zu generieren, bereitzustellen bzw. zu verarbeiten.
>
> **Empfehlung:** Schalten Sie nur die SNMP-Funktionen ein, die für ein zuverlässiges SNMP-Management unbedingt erforderlich sind (das betrifft vor allem TRAPs). In der Praxis bewährte sich der Umgang mit TRAPs-Filtern in der Weise, dass diese entweder nur bei Störungen und zur Fehlersuche aktiviert werden oder nur dann TRAPs generiert werden, wenn massive Beeinträchtigungen der Betriebssicherheit von Systemen, Komponenten bzw. Funktionen vorliegen.

11.4.3 SNMP im UC-Umfeld

Dieser Abschnitt behandelt die praktische Umsetzung von SNMP bei der Administration von UC-Architekturen insbesondere mit der Blickrichtung auf VoIP, denn multimediale Dienste (Sprache, Videos und Bilder) sind das zentrale Thema einer UC-Architektur. Darum folgen an dieser Stelle einige Anmerkungen speziell über den Zusammenhang von SNMP mit UC und VoIP.

SNMP kann viel mehr als bisher beschrieben. Vor allem gestattet es eine übergreifende Sicht auf die gesamte UC-Umgebung. Im SNMP-Management laufen die Meldungen aller darunterliegenden Bereiche auf. Dazu gehören natürlich die Status-, Störungs- und Fehlermeldungen von den UC-Komponenten, den UC-Kommunikationsservern, VoIP-Gateways und vielen VoIP-Endgeräten (Soft- und Hardphones, Video- und anderen multimedialen Applikationen). Das bedeutet vor allem bei großen und komplexen UC-Implementierungen einen deutlich gewachsenen Aufwand. Wie erfolgt das SNMP-Management der UC-Systeme? Das hängt im Wesentlichen von der Architektur des UC-Systems selber ab.

- Wenn die UC-Architektur auf dem Terminal-Host-Prinzip basiert, d.h. es existiert nur eine zentrale Intelligenz und Steuerung und die Endgeräte sowie andere Komponenten sind weitestgehend „dumm", ist der Aufwand für die SNMP-Administration recht gering. Die „dummen" UC-Komponenten werden ständig und kontinuierlich von der zentralen Intelligenz, dem UC-Kommunikationsserver, überwacht. Stellt dieser eine Unregelmäßigkeit fest, kann er eine entsprechende SNMP-Meldung, einen TRAP, generieren und an das SNMP-Managementsystem absetzen.

- Arbeitet das UC-System hingegen nach dem Client-Server-Prinzip, also mit verteilten Intelligenzen, dann verfügt jeder Client über eine eigene Intelligenz, die dann wiederum oftmals auch direkt vom SNMP-Management beobachtet und gesteuert werden muss. Das hat in vielen Fällen zur Folge, dass das Netz und alle anderen Komponenten der UC-Umgebung mit sehr vielen Managementdaten und -prozessen belastet werden.

Abbildung 11.8 zeigt die SNMP-Weiterleitungsfunktion in einer UC-Umgebung. Eine Meldung wird als SNMP-TRAP von einer VoIP-PCX generiert und zuerst an das Managementsystem der VoIP-PCX geleitet. Das UC-Management wertet diese Mitteilung aus, ergänzt die Meldung und reicht sie an das SNMP-Management weiter. Diese Funktionsweise des Weiterleitens von SNMP-Informationen wird SNMP-Proxy genannt. Das SNMP-Management nimmt die Meldung entgegen und reicht sie an den SNMP-Endpunkt weiter.

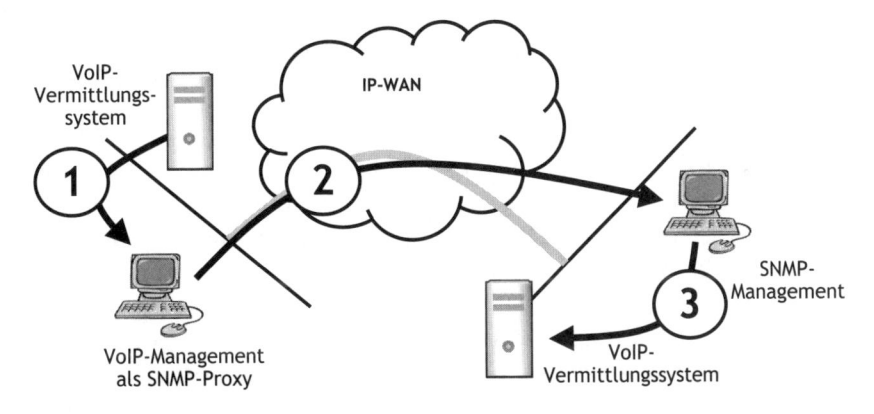

Abbildung 11.8 SNMP-Proxyfunktion

Das VoIP- und UC-Umfeld wird, nicht zuletzt aufgrund des Zusammenwirkens und Interagierens einer Vielzahl von Applikationen, zunehmend komplexer. Die Kommunikationsdienste und -applikationen greifen immer mehr und tiefer ineinander, sie bedingen einander auf funktionaler Ebene.

In der Konsequenz bedeutet das Folgendes: Oftmals führt die Störung einer der Komponenten bzw. von Applikationen der UC-Architektur zu mehr oder weniger massiven Störungen in verschiedenen Kommunikationsdiensten. Daher ist es zwingend notwendig, all diese Komponenten, Funktionen und Applikationen der UC- bzw. VoIP-Umgebung, vor allem wenn diese von unterschiedlichen Herstellern kommen, in einer übergreifenden, vereinheitlichten Managementinstanz zu überwachen – das kann nur ein SNMP-Managementsystem sinnvoll, effizient und effektiv leisten.

> **Praxistipp:**
> Was bereits für die Ebenen eins und zwei in den Abschnitten 11.2 und 11.2.6.3 angemerkt wurde, gilt in gleicher Weise für das allgemeine, das SNMP-Management der Ebene drei. Natürlich ist eine möglichst umfassende und herstellerübergreifende vereinheitlichte Sicht über die gesamte Infrastruktur, die Netze und Vermittlungsplattformen eine tolle Sache. Doch in großen und komplexen UC-Umgebungen kann das schnell zu viel des Guten werden. In der Praxis bewährte sich die bereits beschriebene Herangehensweise mit sehr intelligenten Hauptrechnern und weniger intelligenten, also „dummen" Terminals. Wenn die Hauptrechner ständig den Status aller von ihnen gesteuerten Terminals kennen, ist es völlig ausreichend, dass sie diese Informationen mittels SNMP an das allgemeine Netzwerkmanagement weiterreichen. Alle Endpunkte selber über SNMP zu administrieren, ist wenig effizient und uneffektiv.
>
> **Empfehlung:** Setzen Sie auf eine Architektur, Systeme und Komponenten, bei denen in jedem Funktionsbereich nur eine zentrale Intelligenz dessen Überwachung übernimmt. Die Einzelüberwachung und separate Steuerung einer jeden Komponente, Funktion, jedes Endgerätes usw. ist funktional unsinnig, ineffektiv und ineffizient.

11.5 Vereinheitlichtes Ressourcenmanagement

Eine UC-Architektur besteht aus vielen Komponenten, Endgeräten, Diensten und Funktionen, die alle über das IP-Netz unter- und miteinander vernetzt sind. Sie alle arbeiten mit IP-Adressen, einige von ihnen zusätzlich mit Namen oder auch Nummern. Das alles spielt sich im IP ab. Daher wird der auch Ruf nach vereinheitlichter und übergreifender Sicherheit immer lauter. Die Teilnehmer, Komponenten, Systeme usw. sollen und müssen sich z.B. über eine vereinheitlichte AAA-Plattform (Authentication, Authorization, Accounting) authentisieren. Der Wunsch nach einem sogenannten „Single-Sign-On" (SSO) wird immer deutlicher. SSO bedeutet, dass sich Nutzer mit nur einem Anmeldeprozess automatisch an einer Vielzahl von Komponenten, Diensten und Funktionen anmelden können. Vor allen im Umfeld vereinheitlichter Kommunikationsdienste trägt SSO zur deutlichen Verbesserung der Nutzerfreundlichkeit und damit zur Akzeptanzsteigerung bei. Die Nutzer erwarten, dass sie sich mit einem Arbeitsschritt gleichzeitig am Netz, an den Kommunikationsdiensten und in den Applikationen anmelden können. Ein Nutzer und ein Passwort für alles. Das ist Segen und Fluch zugleich. Diese Arbeitsweise erfordert eine extrem hohe Sicherheit für die Nutzernamen und Passworte.

Wer koordiniert all diese Adressen, Namen, Nummern und die AAA-Prozesse, noch dazu über alle Bereiche der gesamten UC-Architektur hinweg? Aus Sicht der Standardisierung und bezüglich der öffentlichen Registrierung von IP-Adressen und Domainnamen machen das entsprechende internationale und nationale Organisationen, in Deutschland die DENIC e.G. Innerhalb des Unternehmens muss man diese Dinge selbst steuern und administrieren. Der beste Ansatz dafür ist ein zentrales vereinheitlichtes AAA- sowie IP-Ressourcenmanagement. Ein solches System kann vereinheitlicht und von zentraler Stelle aus eine

Vielzahl dezentral verteilter IP-Dienste administrieren und managen, z.B. DHCP (Dynamic Host Control Protocol), DNS (Dynamic Name Service), ENUM (Extended Numbering Plan), AAA usw.

Beispielsweise wird ein Unternehmen mit vielen größeren Standorten in der Regel mehrere DHCP-Server betreiben. Damit auch im übergreifenden IP-Netz absolute Konsistenz bezüglich der vergebenen und noch freien IP-Adressen herrscht, gibt es eine zentrale DCHP-Kontroll- und -Steuerinstanz. Sie verteilt netzwerkweit die DHCP-Informationen. Das Gleiche trifft auf den DNS zu, denn in vielen Fällen betreiben größere Unternehmen deutlich mehr als nur einen IP-Domain- bzw. Adressbereich. Aus diesen Gründen ist eine zentrale Verwaltung der Domain- und Teilnehmernamen sowie IP-Adressen und -Dienste äußerst sinnvoll.

Über den eindeutigen Trend in Richtung ENUM ist schon viel gesprochen worden. Selbstverständlich sollte eine solche zentrale und vereinheitlichte Instanz für das IP-Ressourcenmanagement auch die ENUM-Verwaltung übernehmen können. Der Vorteil solcher Systeme liegt nicht allein in der zentralen, vereinheitlichten Verwaltung und Bereitstellung von IP-Ressourcen und -Diensten. Vielmehr besteht deren Ziel und Hauptaufgabe darin, einen sicheren Betrieb der gesamten UC-Architektur und aller dazugehörigen Managementsysteme bis zur Ebene drei zu gewährleisten. Damit ist klar, dass sich die zentralen und vereinheitlichten Managementsysteme für IP-Ressourcen und AAA auf der 4. Ebene der Managementpyramide wiederfinden.

Mittels eines solchen zentralisierten und vereinheitlichten IP-Ressourcenmanagements lassen sich sehr gut Hochverfügbarkeits-, Redundanz- und Backup-Konzepte entwickeln und umsetzen, da diese zentral vereinigten Managementinstanzen alle im UC-Umfeld genutzten IP-Ressourcen kennen. So sind diese bei Ausfall eines lokalen IP-Dienstes in der Lage, schnell auf entsprechende zentrale oder auch andere dezentrale Redundanzen zuzugreifen. Zwei namhafte Hersteller solcher Systeme sind Aixpertsoft mit „Aixboms" und Alcatel-Lucent mit zwei Lösungen aus der „VITAL"-Produktfamilie, konkret den beiden Applikationen „VITAL-QIP" und „VITAL-AAA".

> **Praxistipps:**
>
> Solche zentralen Managementsysteme für IP-Ressourcen sind besonders bei sehr umfangreichen UC-Implementierungen sehr förderlich für deren Zuverlässigkeit, Stabilität, Robustheit und Sicherheit im kontinuierlichen Betrieb. Derartige Implementierungen bilden oft ein mehr oder weniger homogenes Gesamtkonstrukt aus teilweise recht unterschiedlichen UC-, VoIP- und IP-Umgebungen einzelner Organisationen und Unternehmen. Sie alle müssen zentral gemanagt werden, benötigen IP-Adressen usw. Ein weiterer Trend wird immer deutlicher erkennbar: das Management als Betreiber- und Betriebsmodell, die sogenannten „Managed Services". In beiden Fällen müssen die zentralen und vereinheitlichten IP-Ressourcenmanagementsysteme wirklich mandanten- bzw. mehrfirmenfähig sein. Dazu gehören eine mehrfache, hierarchisch strukturierte Vergabe der Administratorrechte sowie eine klar getrennte Verwaltung und Speicherung der Daten von und über die IP-Ressourcen der verschiedenen Unternehmen bzw. Organisationen.

> **Empfehlung:** Setzen Sie vor allem in komplexen, umfangreichen sowie in mit Mehrfirmenbetrieb arbeitenden UC-Architekturen ein leistungsstarkes, zentralisiertes, vereinheitlichtes und vor allem mandantenfähiges Managementsystem für IP-Ressourcen und AAA ein. Es ermöglicht einen zuverlässigen Betrieb und vor allem einen sparsamen und dennoch effektiven Umgang mit den IP-Ressourcen.
>
> Zentrale und vereinheitlichte IP-Ressourcenverwaltung hat immer etwas mit zentralen Dokumentationsdiensten zu tun. An dieser Stelle tritt erneut das Thema ITIL in den Vordergrund. Das Herzstück des Servicemanagements nach ITIL ist die zentrale Konfigurations- und Managementdatenbank CMDB (Configuration and Management Database). Ergo müssen solche oben beschriebenen, modernen IP-Ressourcenmanagementsysteme zwingend direkte und vor allem standardkonforme Schnittstellen zur CMDB des Servicemanagements zur Verfügung stellen.
>
> **Empfehlung:** Überzeugen Sie sich von der direkten Interaktionsfähigkeit zwischen dem IP-Ressourcen- und AAA-Managementsystem mit der von Ihnen eingesetzten CMDB. Diese Interaktion manuell zu managen, ist bei so komplexen Umgebungen wie UC-Architekturen ein nahezu aussichtsloses Unterfangen.

11.6 IKT-Qualitäts- und Servicemanagement

IKT-Qualitäts- und Servicemanagement bilden zusammen die Spitze der Managementpyramide. Letztlich ist den Anwendern und Nutzern alles, was in den Ebenen 1 bis 4 stattfindet, völlig egal. Sie erwarten einfach, dass es zuverlässig funktioniert und ihnen mit einer hohen Qualität zur Verfügung gestellt wird. Für sie sind all diese Dinge lediglich Funktionen und Dienste, die von irgendeinem Erbringer bzw. Bereitsteller zur Verfügung gestellt, betrieben, gesichert, gemanagt und administriert werden. Unified Communication ist für sie ein Service, verbunden mit Garantien über dessen Güte und Qualität.

Lösungen für das zentralisierte IKT-Qualitätsmanagement von Netzen, Diensten und Applikationen sind für das operative und insbesondere das präventive Qualitätsmanagement der komplexen UC-Architekturen nahezu unabdingbar.

11.6.1 Service als Dienst und Dienstleistung

Leider ist der englische Begriff „Service" in der deutschen Sprache doppelt belegt. Er bedeutet „Dienst" und „Dienstleistung". Im Rahmen des Buches werden diese beiden Begrifflichkeiten getrennt gesehen. *Dienste* sind die Prozesse, Funktionen und Anwendungen. Unter *Dienstleistung* wird das Bereitstellen, Betreiben, Betreuen und Warten dieser Dienste verstanden. Für beides kann und sollte es zwischen dem Benutzer (Kunden) und Bereitsteller entsprechende Vereinbarungen bezüglich einzuhaltender Qualität und Rahmenbedingungen geben. Diese Vereinbarungen werden oft als Service Level Agreements (SLA) bezeichnet. Sie enthalten, wie es ihr Namen bereits verrät, klare Festlegungen und Vereinbarungen über die zu erbringenden Dienstleistungen, oftmals abgebildet in bzw. nach verschiedenen Servicestufen oder -klassen. Darin ist klar definiert und vertraglich festgeschrieben, welche Dienstleistungen wie, wann, von wem und in welchem Umfang zu erfüllen sind. Selbstverständlich muss auch die Einhaltung, Kontrolle sowie letztlich Ab- und Verrechnung der Dienstleistungen geregelt und gemanagt werden. Das bedeutet, man muss ein sogenanntes Service Level Management (SLM) etablieren und betreiben. Beides zusammen, die SLAs und das SLM, bilden das an der Spitze der Managementpyramide stehende IKT-Qualitätsmanagement.

Wie im wirklichen Leben wird es auf dem Berg bekanntlich eng und einsam, aber vor allem anstrengend. In diesem Punkt stellt auch das Management der SLAs und IKT-Qualität für die gesamte UC-Architektur mit all seinen Bestandteilen keine Ausnahme dar. Die Administratoren und Betreiber gehen in der Regel gegenüber ihren Anwendern sehr detaillierte Vereinbarungen (SLAs) über die Güte und Qualität von vielen Kommunikationsdiensten der UC-Architektur ein. Oftmals sind es genau diese Vereinbarungen oder besser gesagt deren Einhaltung, die die Basis der Geschäftsmodelle dieser Bereitsteller und Betreiber der Dienste bilden. Sie sind gezwungen, gegenüber den Benutzern und Anwendern die Einhaltung der SLAs und Qualitäten nachzuweisen, denn nur so können sie ihnen die bereitgestellten Dienste und erbrachten Dienstleistungen in Rechnung stellen.

Darüber hinaus rückt noch ein weiterer, wesentlicher Aspekt des Servicemanagements ins Blickfeld: die strategische Planung der in Zukunft erforderlichen Dienste und Dienstleistungen. Die Anforderungen der Anwender und deren Geschäftsprozesse entwickeln sich ebenso wie die Bestandteile der gesamten UC-Architektur ständig weiter. Daher bedürfen die getroffenen Vereinbarungen einer ständigen Überprüfung und ggf. Anpassung sowie einer proaktiven und präventiven Planung. Im folgenden Abschnitt werden die Themen SLM sowie aktives und proaktives Performance-Management eingehender dargestellt.

> **Praxistipp:**
> Jeder Betreiber einer UC-Architektur sollte oder besser muss den Benutzern und Anwendern nachweisen, wie gut er die Dienste und seine Dienstleistungen zur Verfügung stellt. Das ist seine einzige Legitimation dafür, dass er den Benutzern seine Dienste und Dienstleistungen in Rechnung stellen kann und darf.
>
> **Empfehlung:** Wollen Sie als Betreiber oder Bereitsteller von Unified Communication bei Ihren Anwendern und Benutzern eine sehr hohe Akzeptanz der Dienste und Dienstleistungen erreichen, dann implementieren Sie ein entsprechendes übergreifendes und vereinheitlichtes IKT-Qualitätsmanagement.

11.6.2 Aktives und proaktives Performancemanagement

Die UC-Architektur ist erfolgreich in Betrieb genommen worden, die IP-Infrastruktur und die anderen Netze stellen zuverlässig ihre Übertragungsfunktionen zur Verfügung, die Vermittlungsplattform und die Kommunikationsapplikationen haben die Dienste für die Benutzer aufgenommen. Für die Betreiber und Bereitsteller der IP-Netze sowie die Dienstleister für die Kommunikationsdienste sind die ersten wichtigen Schritte geschafft. Jetzt folgt die Phase des sicheren, zuverlässigen und nachhaltigen Betriebs, denn entscheidend ist, was der Nutzer spürt, was bei ihm ankommt. Es geht um die Performance und Qualität, mit der er die UC-Dienste nutzen kann. Sie sind die wichtigsten Messlatten für seine UC-Akzeptanz. Ab dem Zeitpunkt der Inbetriebnahme spielen die Themen aktive Kontrolle und Administration sowie die präventive, proaktive Planung der Performance aller Systeme, Komponenten, Elemente und Funktionen der UC-Architektur eine enorm wichtige Rolle. Weil das Performancemanagement, genau wie das SLA- und IKT-Qualitätsmanagement, ebenso an der Spitze der Managementpyramide steht, ist klar, dass es mindestens ebenfalls die folgenden Managementbereiche abdecken muss:

- Die Infrastrukturen und Netzwerke
  - Zur Verfügung stehende Bandbreiten auf den Netzen und die Auslastung der einzelnen Verbindungen
  - Arbeitsleistung und Aus-/Belastung aller Netzkomponenten wie der Router, Switches, Gateways, Firewalls usw. – Gleiches gilt für die Komponenten der Vermittlungsplattform wie z.B. die Border Controller und Border Gateways usw.
  - Meldung und Aufzeichnung von Vorkommnissen auf und aus der Infrastruktur wie z.B. Ausfälle usw. und wie lange diese Störungen andauerten
  - Aber ebenso die Klärung der Frage: „Was passiert mit der Performance der Netze, wenn auf noch weitere Dienste darauf gepackt werden?"
- Die Dienste und Applikationen auf der Vermittlungs- und Kommunikationsebene
  - Echtzeitmessungen und -bewertungen für Schwellenwerte der QoS
  - Analyse der Transaktionsperformance: Wie schnell reagieren Systeme, Funktionen und Applikationen auf Benutzeranfragen?
  - Management des Verkehrs zu, mit und zwischen den Diensten und Applikationen
- Analysen und statische Auswertungen, gepaart mit übersichtlichen und einfach zu bedienenden Reporting-Funktionen
- Management der vereinbarten Dienstleistungen und deren Dienstgüte
  - Über die Einhaltung der Bereitstellungszeiten, z.B. wenn ein Benutzer nach der Bereitstellung einer speziellen Funktion fragte
  - Die Dauer von Wiederherstellungszeiten nach Störungen
  - Welche Über- bzw. Unterschreitungen der Vereinbarungen gab es bezüglich der erbrachten Dienstleistungen?
  - Abrechnung, Kontierung und ggf. sogar Verbuchung der Kosten für die Bereitstellung der Kommunikationsdienste usw.

Das Performancemanagement ist nicht nur eine operative Aufgabe. Fast noch wichtiger als die reinen betrieblichen Funktionen ist die strategische Seite des Performancemanagements. Strategisches IKT-Management bedeutet vor allem Kontinuität, bei ITIL wird das als „kontinuierliche Serviceverbesserung" bezeichnet und im 5. Buch „Continual Service Improvement" (CSI) beschrieben. Zwei wesentliche Gründe zwingen den Betreiber und

Bereitsteller von UC-Diensten zu Maßnahmen des kontinuierlichen und nachhaltigen Performancemanagements: zum Ersten die sich ständig verändernden Anforderungen der Benutzer und zum Zweiten die sich fortwährend entwickelnden Rahmenbedingungen und Funktionalitäten in der UC-Architektur und -Umgebung selbst. ITIL hat dazu drei markante und alles umfassende Aussagen getroffen. Sie stellen mehr als einen Praxistipp dar – sie bilden einen Leitgedanken:

- Man kann nur managen, was man kontrollieren kann.
- Man kann nur kontrollieren, was man messen bzw. beobachten kann.
- Man kann nur messen, was man definierte.

> **Praxistipp:**
> Die Beherzigung dieser drei Aussagen ist das Fundament für effizientes und effektives Servicemanagement von komplexen UC-Architekturen.
>
> **Empfehlung:** Managementaufgaben, Betrieb, Services und Dokumentation gehören sehr eng zusammen. Darum dokumentieren Sie alle Managementaufgaben und -vorgänge, also auch die Services ebenso wie die gesamte UC-Architektur. Nehmen Sie sich das Sprichwort „Wer schreibt, der bleibt" zu Herzen, denn eine gute Dokumentation ist bereits das halbe Management. Service bedeutet Dynamik und Veränderung – stellen Sie Ihr IKT-Qualitäts-, Performance- und Servicemanagement immer wieder auf den Prüfstand und passen Sie es ggf. an.

11.7 Essenz

Bereits beim Einsatz der von Kindern gerne verwendeten Kommunikationstechnologie, dem Büchsentelefon, spielte ein gutes Management eine wichtige Rolle. War die Strippe nicht gespannt oder störten Knoten oder andere Einflüsse die Weitergabe der Schwingungen, funktionierte die Kommunikation nicht. Das war früher.

Nach und nach wurden die Kommunikationssysteme komplexer und integraler und mit ihnen auch die dafür benötigten Managementsysteme. Durch die Einführung von Unified Communication hat sich die Wichtigkeit und vor allem Notwendigkeit eines vereinheitlichten Managements deutlich verstärkt.

Das ähnlich einer Pyramide schichtweise aufgebaute Managementmodell reicht vom Basismanagement bis hin zum Management der IKT-Qualität, der Leistungsfähigkeit sowie den Vereinbarungen über Dienste und Dienstleistungen. Die Aufgabe und Herausforderung für Planer, Installateure und Betreiber von UC-Architekturen besteht darin, eine solche durchgängige Managementpyramide zu installieren – oder installieren zu lassen. Zweifelsohne gilt bei der Entscheidung darüber, ob und in welcher Funktionsbreite eine derartige Managementpyramide implementiert wird, das Maß der Wirtschaftlichkeit und Sinnhaltigkeit. In der Praxis kann es außerdem vernünftiger sein, die Betriebs-, Administrations- und Managementaufgaben ganz oder teilweise durch Dritte wahrnehmen zu lassen.

Die IKT ist das Getriebe der Wirtschaft. Von der Betriebsbereitschaft und dem Wirkungsgrad dieses Getriebes hängt in einem hohen Maße ab, welchen Fortschritt und Vortrieb die Motoren der Wirtschaft auf die Straßen des Marktes bringen. Unified Communication stellt, vor allem bezüglich des Betriebes einer ganzheitlichen und vereinheitlichen Kommunikationsarchitektur, völlig neue Anforderungsdimensionen. Es geht um mehr als den Motor und das Getriebe. Bei Unified Communication zählt das ganzheitliche, vereinheitlichte Fortbewegungsmittel – pflegen, administrieren und managen Sie es gut.

12 Dokumentation von UC

12.1 Was man nicht im Kopf hat …

Wie oft im Leben hat man sich das selbst schon gesagt? Dieser und ähnliche mehr oder weniger intelligente Sprüche bringen das Thema auf den Punkt: „Wer schreibt, der bleibt" oder „Wer Ordnung hält, ist nur zu faul zum Suchen". Im Kern geht es immer um das Gleiche: Um mit sich und seiner Umgebung effektiv und effizient umgehen zu können, sollte man sie zum einen in *Ordnung* halten und zum zweiten *dokumentieren*.

Das eigentliche Problem ist also weniger die Unordnung selbst oder das Vergessen, wo sich Dinge befinden, die man gerade benötigt. Vielmehr liegt das Problem oftmals darin, dass diese Situation zur Unzufriedenheit und sogar zu Problemen führen kann. Treten diese Probleme nur für einen selber auf, dann muss man eben selbst damit klarkommen. Ein echtes Problem hat man, wenn von dieser Unordnung und fehlenden bzw. mangelhaften Dokumentation andere Menschen betroffen sind.

Eigentlich klingt das mit dem Dokumentieren recht trivial und einfach. Doch bei näherem Hinsehen drängen sich doch viele Fragen auf: Warum eigentlich dokumentieren? Was ist das Ziel einer Dokumentation? Auf welchen Medien kann eine Dokumentation erstellt werden und welche Eigenschaften sollten diese Medien aufweisen? Welche wichtigen Dokumentationen gibt es im IKT-Umfeld? Was gilt es alles zu dokumentieren? Welche Normen, Empfehlungen, Richtlinien für das Erstellen und Pflegen von Dokumentationen gibt es? Wie ist der Umgang mit Dokumentationen zu regeln?

Die erste Frage ist recht einfach beantwortet … allerdings deutlich schwerer umgesetzt. Eine Dokumentation dient der Nutzbarmachung von Informationen zur weiteren Verwendung. Damit besteht das Ziel einer Dokumentation darin, die Informationen in einer strukturierten Art und Weise abzulegen, damit jederzeit ein einfaches, effektives und effizientes Wiederauffinden möglich ist. In welcher Form, welchem Format und auf welchem Medium die Informationen abgelegt, also dokumentiert werden, ist völlig offen. Es sollten allerdings Medien sein, die eine gewisse Informationssicherheit gewährleisten. Das bedeutet, dass die Informationen vor unberechtigten Zugriffen, Veränderungen und auch Vorenthaltungen geschützt sind. Warum das? Oftmals enthalten vor allem Systemdokumentationen sehr brisante Angaben über die Konfigurationen dieser Systeme, Komponenten, Funktionen und Dienste. Würden diese Daten einem Angreifer zugänglich, könnte er sich so der Systeme bemächtigen und sie kompromitieren. Ebenso sind verfälschte Dokumentationen unbrauchbar. Das bewusste Verfälschen revisionspflichtiger Dokumentationen stellt sogar eine juristische Strafhandlung dar. Last but not least: Was nützt die beste Dokumentation, wenn sich nicht auffindbar ist?

Das Buch handelt von Unified Communication, d.h. von der Zusammenfassung und Vereinigung von Kommunikationsdiensten – ergo müssen entsprechende vereinigte Dokumentationen erstellt und gepflegt werden. Natürlich kann und soll dieses Kapitel niemals den Anspruch einer vollständigen Betrachtung des Themas Dokumentation erfüllen. Das Ziel dieses Kapitels besteht darin, das Thema in möglichst breiter und vor allem praxisbezogener Form dazustellen. Es gibt einen praxisnahen Überblick und kompakten Abriss über folgende Aspekte:

- Grundlagen der Dokumentation, sinnvolle Medien, Strukturen, Formen und Varianten
- Dokumentationsinhalte, betrachtet und beschrieben anhand der IKT-Landkarte
- Konzepte und Konzeptionen für Sicherheit, Betrieb und Services
- Dokumentationsnormen und -empfehlungen, insbesondere ISO/TL und ITIL
- Dokumentationsmanagement wie die dafür einzusetzenden Systeme

12.1.1 Dokumentationsmedien

Die am meisten verbreitete Form der Dokumentation ist die Schriftform. Regale voller Ordner. Sie zu überschauen, ist oftmals fast unmöglich. Dokumentationen in dieser Form hängt ein ewiger Mythos an: „Papier ist geduldig." Oft werden die Informationen einmal erfasst und dokumentiert – eine weitere Pflege und Aktualisierung erfolgt nur sehr sporadisch. Das Ende der Speicherkapazität ist dann deutlich sichtbar, wenn die Regale und der Platz in den Ordnern nicht mehr ausreicht, weitere Dokumentationen aufzunehmen. Das ist der richtige Moment für eine Revision der Dokumentationen. Die Geduld von Papier kommt auch daher, dass dieses Dokumentationsmedium nahezu unbegrenzte Speicherzeiten ermöglicht. Wird Papier trocken und brandsicher gelagert, lassen sich die Informationen auch nach vielen Jahren noch wiederverwenden und nutzen.

Anders hingegen bei elektronischen Dokumentationen: Hier verfallen die Menschen wieder in die Evolutionsstufe der Jäger und Sammler. Es wird alles irgendwo elektronisch erfasst und gespeichert. Die Konsequenz: Der benötigte Speicherplatz für Dokumentationen potenziert sich immer schneller, die sogenannten „Storage Systeme" werden immer überdimensionaler und leistungsstärker. Doch was ist mit den Speichermedien und deren Speichersystemen? Noch vor wenigen Jahren galten Disketten und Magnetbänder als topmoderne, zuverlässige Speichermedien. Sicher liegen noch viele davon in den Schränken oder Tresoren einiger Unternehmen. Da liegen sie sicher, zumindest die Medien. Die Daten und Informationen darauf schweben in höchster Gefahr. Der Magnetismus schwindet deutlich schneller als Tinte auf Papier. Die maximale Haltbarkeit von magnetischen Speichermedien liegt bei 30 Jahren. Das klingt gut, doch was ist mit den Speichersystemen, mit denen diese Medien erstellt wurden? In vielen Fällen existieren diese Geräte nicht mehr oder werden von den aktuellen Betriebssystemen nicht mehr unterstützt. Oftmals wurden damals ganz spezielle Formatierungen verwendet, und teilweise hatte jedes System seine eigenen Datenformate. An diese Daten und Informationen kommen Sie ggf. nie wieder heran. Der wesentliche Vorteil elektronischer Speichersysteme ist, dass man die Dokumentationen sehr einfach, effektiv und effizient aktualisieren und pflegen kann.

In jüngster Zeit werden immer öfter optische Speichermedien wie CDs, DVDs und Blu-ray Discs verwendet. So schön einfach die Handhabung dieser Medien auch ist, ihr wesentlicher Nachteil ist die Anfälligkeit bei mechanischer Beschädigung (Kratzer usw.), Sonneneinstrahlung und Hitze. Solche Medien gehen sehr schnell kaputt, wenn man keine speziellen Vorkehrungen trifft.

> **Praxistipp:**
> Einer der wichtigsten Punkte der Dokumentation ist die Verwendung des passenden Mediums. Welches Medium sinnvoll zu verwenden ist, hängt davon ab, wie lange die Informationen dokumentiert bleiben sollen und wie oft sie aktualisiert werden müssen.
>
> **Empfehlung:** Verwenden Sie immer das passende Medium. Dokumentieren Sie wichtige Informationen mehrfach und auf unterschiedlichen Medien. Reproduzieren Sie die dokumentierten Informationen von Zeit zu Zeit, d.h. bringen Sie sie von einem veralteten Medium bzw. einem veralteten Speichergerät auf ein modernes. Nur so sind Ihre Informationen langfristig gesichert und stehen für die Weiterverwendung bereit.

12.1.2 Dokumentationsstrukturen

In der Praxis nutzen oftmals völlig andere Personen die Dokumentation als diejenigen, von denen sie erstellt wurde. Damit sie auch von allen gut verstanden wird, muss die Dokumentation also am besten in einer normierten und strukturierten Art und Weise erfolgen. Die einfachste Struktur ist eine einfache (eindimensionale) Liste der Informationen. Doch spätestens dann, wenn die Dokumentationen umfangreicher werden und mehrere Informationsbereiche oder -gebiete umfassen, müssen sie mehrdimensional strukturiert werden. Das sind die Kataloge. Auch innerhalb der einzelnen Dokumentationen sind Strukturierungen sowie Strukturierungshilfen wie z.B. Inhalts- und Stichwortverzeichnisse, Register usw. sinnvoll und notwendig. Für die Strukturierung und Katalogisierung von Dokumentationen existieren verschiedene Normen.

Bei einer ganz speziellen Variante der Dokumentationen, den Anwenderhandbüchern bzw. Bedienungsanleitungen, setzten sich vor allem in den letzten Jahren die elektronischen Dokumentationsformen immer mehr durch. In Abhängigkeit davon, wie komplex das dokumentierte System, Gerät bzw. die Applikation sind, ist der Umfang solcher Dokumentationen mehr oder weniger groß. Kommen dann noch verschiedene Fremdsprachen hinzu, dann nehmen sie den Charakter mehrbändiger Ausgaben an. In solchen Fällen ist eine elektronische Dokumentation sehr sinnvoll. Die Anwender haben sich daran gewöhnt, durch Drücken der „F1"-Taste auf dem PC eine Hilfefunktion angeboten zu bekommen. Dahinter liegen genau die angesprochenen Anwenderhandbücher bzw. Bedienungsanleitungen. Intelligente Indizes und semantische Suchfunktionen unterstützen das schnelle Auffinden der gesuchten Informationen.

Weshalb erfüllen gerade diese Dokumentationen oftmals die Erwartungen der Anwender nicht? Warum schauen so wenige Anwender tatsächlich in Bedienungsanleitungen? Wieso ist immer wieder der mahnende Satz genervter Administratoren an die Anwender zu hören: „Wieder ein typischer *Lies-das-verflixte-Handbuch*-Fehler!"? Bedienungsfehler passieren Anwendern am häufigsten aus Unwissenheit. In der individuellen Kommunikationswelt, in der wir leben, nutzt jeder Anwender die Kommunikationssysteme, -dienste und -applikationen auf individuelle Weise. Was nützen ihm da verallgemeinerte Dokumentationen? Sie passen einfach nicht zu dem, was er benötigt. Das ist der Moment für individualisierte Dokumentationen mithilfe von Web-Technologien. Viele Hersteller verwenden für ihre Dokumentationen statt des klassischen Help-Systems mit kryptisch indizierten Hilfetexten immer öfter die Verfahren der Webseitenprogrammierung mittels HTTP oder XML. Der wesentliche Vorteil dabei ist nicht, dass man nur einen Web-Browser benötigt, um sie nutzbar zu machen, sondern dass man diese Dokumentationen individualisieren kann. Immer mehr Unternehmen erwarten von den Installations- und Implementierungspartnern, dass sie die mitgelieferten Dokumentationen, insbesondere die für Anwender, auf die Belange des Unternehmens individualisieren. Ein typisches Beispiel sind Bedienungsanleitungen für Telefonendgeräte. In jedem Unternehmen sind die unternehmensweit definierten Tastenbelegungen anders. Mal ist die Kurzwahltaste zur Vermittlung links unten, die für den Notruf rechts oben oder irgendwie noch anders. Solche Informationen lassen sich in diese Web-Dokumentationen mit vertretbarem Aufwand einpflegen. Werden sie dann noch allen Mitarbeitern im Intranet des Unternehmens frei zur Verfügung gestellt, dann ist ein riesiger Schritt in Richtung Anwenderfreundlichkeit getan. Die Anwender, aber auch die Administratoren und vor allem der sogenannte „Help Desk" werden die Vorteile schnell spüren: weniger Bedienungsfehler, mehr Freude im Umgang mit der modernen Technik, weniger Scheinstörungen bzw. -fehler, weniger Anrufe genervter Anwender usw.

Bisher wurden nur einzelne und autarke Systeme hinsichtlich der Dokumentation betrachtet, jetzt ist die Rede von vereinheitlichten UC-Architekturen und individuell zusammengestellten Kommunikationsdiensten. Nun sind zu vereinigten Kommunikationsdiensten ebenso vereinigte Dokumentationen mit Querverweisen, Kreuzbezügen usw. erforderlich. Eine völlig neue Dimension des Dokumentierens! Klare Kategorieabgrenzungen, wie sie bisher bekannt waren und ausreichten, verwischen und verschwimmen. Das Zeitalter dynamischer, mit kognitiver Arbeitsweise ausgestatteter Dokumentationssysteme ist gekommen.

Die meisten Unternehmen lassen sich nach standardisierten und normierten Qualitätsmaßstäben zertifizieren (ISO900x/TL900x). Diese Familie von Normen sieht grundsätzlich eine revisionssichere Dokumentationspflicht vor, aber dennoch existiert keine direkte generelle Vorgabe, was wie in welcher Struktur zu dokumentieren ist. Das bedeutet: Die passende Dokumentationsstruktur zu finden und festzulegen, ist Sache des Unternehmens selbst. Allerdings muss sie dann wiederum diese Dokumentationsstruktur in ihrem individuellen Qualitätsmanagement-Handbuch dokumentieren, sonst wäre das nicht wirklich revisionsfähig.

> **Praxistipp:**
> Gute Anwenderdokumentationen müssen ihrer Bezeichnung wirklich gerecht werden, sie müssen anwendbar sein und ein effektives und effizientes Nutzbarmachen der darin enthaltenen Informationen gewährleisten. Nur so ist die Akzeptanz solcher Dokumentationen durch die Anwender gegeben.
>
> **Empfehlung:** Setzen Sie vor allem im Anwenderbereich auf individualisierte Dokumentationen. Befragen Sie die Anwender, was sie von der Sinnhaltigkeit, Bedienbarkeit und Nützlichkeit der bereitgestellten Dokumentationen halten.

12.2 Dokumentationsinhalte

Die Inhalte der eben besprochenen Anwenderdokumentationen sind klar: Hinweise für Anwender bezüglich einer sicheren und komfortablen Bedienung. Deutlich anders ist das bei den Dokumentationen über die Konfigurationen der Systeme, Dienste, Applikationen, Funktionen usw. Diese Dokumentationen werden oftmals bereits sehr individuell erstellt und sind von einer hohen Dynamik gekennzeichnet, d.h. jede Konfigurationsänderung muss zwingend auch in die Dokumentation eingehen. Dazu kommt, dass es zwischen den einzelnen Phasen von Projekten oftmals Dokumentationsbrüche gibt (siehe Abbildung 12.1). Das hat verschiedene Ursachen. In jeder der Phasen sind unterschiedliche Personen involviert. Deren Aufgabe besteht lediglich darin, diese eine Phase anzuschließen. Da werden bereits bei der Bedarfserfassung und der UC-Readyness-Betrachtung (siehe Kapitel 4) sehr viele für das Projekt wichtige Informationen gesammelt, doch leider oftmals nur sehr spärlich für die „Nachwelt" dokumentiert. Wie soll dann bereits eine fundierte Planung stattfinden, wenn die Bedürfnisse, Anforderungen, Rahmenbedingungen usw. nicht hinreichend dokumentiert wurden. Also erstellt die Planung und Konzeption wieder Dokumente. Diese Dokumentationen sind in der Regel sehr fundiert und aussagekräftig. Das eigentliche Elend beginnt in der Praxis mit der Implementierung. Die Implementierung,

Bedarf → Planung → Implementierung → Betrieb

Bei jeder Übergabe entstehen Dokumentationsbrüche

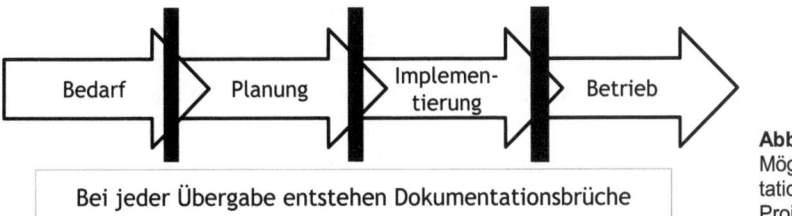

Abbildung 12.1 Mögliche Dokumentationsbrüche in Projekten

Installation und Anpassung machen oftmals Techniker – sie verstehen sich als „Macher" und weniger als „Schreiber".

Diese Einstellung spiegeln dann oftmals die technischen Dokumentationen über die Implementierung wider. Wie aber soll mit einer unvollständigen, ungenauen, inkonsistenten und teilweise manchmal falschen Dokumentation ein zuverlässiger Betrieb erfolgen? Die Kette von Dokumentationsbrüchen muss ein Ende haben.

> **Praxistipp:**
> Nur eine durchgängige und über alle Projektphasen konsistente Dokumentation ist hilfreich – alles andere ist eine Behinderung.
>
> **Empfehlung:** Sorgen Sie für eine durchgängige Dokumentation. Das ist aufwendig. Also kalkulieren Sie diesen Aufwand sowohl aus Sicht der dafür nötigen Ressourcen als auch aus monetärer Sicht ein.

Genau das macht diese Dokumentationen sehr aufwendig. UC-Architekturen bestehen oftmals aus sehr komplexen Zusammenstellungen unterschiedlicher Systeme, Applikationen usw. Sie alle besitzen in der Regel Konfigurationen und benötigen dezidierte Informationen für einen ordnungsgemäßen und sicheren Betrieb. Da stellt sich die Frage: Welche Inhalte und Informationen müssen dokumentiert werden? Um diese Frage strukturiert zu beantworten, greifen wir wieder auf das Modell der IKT-Landkarte (siehe Abbildung 2.1) zurück.

12.2.1 Dokumentation der Netze und Infrastrukturen

Der unterste Bereich der IKT-Landkarte ist zugleich auch der technischste. Hier befinden sich:

- Die gesamten Infrastrukturen, d.h. Verkabelungen, Verteilereinheiten, Datenschränke, Anschlussdosen, Kabelkanäle usw.
- Die vielen physikalischen Systeme wie Server, PCs, Endgeräte, Firewalls oder Mediagateways mit ihren physikalische Identifizierungskennzeichen wie MAC-Adressen, Seriennummern usw.
- Betriebssysteme dieser Basiskomponenten, angefangen von den Standardbetriebssystemen wie Windows, Unix, Linux usw., bis hin zu den speziellen, proprietären Betriebssystemen einzelner Komponenten, wie sie vor allem im Sicherheitsbereich, auf Firewalls, den sogenannten „Kryptoboxen" usw. zu finden sind.
- Protokolle und Grundfunktionen wie die vielen klassischen und IP-Protokolle.

Die Inhalte der Dokumentationen in diesem Bereich zielen vor allem auf die Beschreibung der physikalischen Verschaltung der Infrastrukturen und Netze sowie deren Konfigurationsdaten. Insbesondere für den erstgenannten Teil dienen die sogenannten Facility Management-Systeme (FM), also das Ausstattungsmanagement. Jede Anschlussdose, jedes

Kabel, jeder Verteiler usw. werden akribisch bezeichnet und entsprechend dokumentiert. Diese vergleichsweise festen Installationen zu dokumentieren, ist in der Regel überschaubar. Sicher wird es hier und da immer noch und immer wieder Veränderungen geben, vor allem in den Verteilungen, doch mit dem Verschwinden der klassischen Infrastrukturen der Telekommunikation und dem deutlichen Schwenk in Richtung IP-Netze rückt dieser Aspekt Stück für Stück in den Hintergrund. Damals waren, vor allem bei Umzügen, oftmals sogenannte Patch-Arbeiten nötig, also Veränderungen in den Verteilungen und den Anschlussbelegungen.

Doch was ist mit den direkt an der Infrastruktur angeschlossenen Geräten? Die Erfassung und Dokumentation moderner IP-Geräte bereitet heutzutage kaum noch Schwierigkeiten. Die meisten dieser Geräte haben die bereits in Kapitel 10 beschriebenen MIBs (Management Information Base). In diesen MIBs stehen alle Informationen, die ein FM benötigt: Seriennummer, MAC-Adresse, Hersteller usw. Das FM oder eine entsprechende SNMP-Instanz kann diese MIBs auslesen und dann für das automatische Dokumentieren bereitstellen. Einige sehr moderne FM-Systeme kombinieren beide Informationsbereiche, zum einen die Informationen über Infrastrukturen und Netze und zum anderen die über die Systeme und Endgeräte. Sobald ein IP-Gerät am Netzwerk angeschlossen wird, kann es darüber auch lokalisiert werden, d.h. an welchem Anschluss, welcher Anschlussdose usw. befindet sich das Gerät. Auf diese Weise lassen sich ganze Infrastrukturen und komplette Netze automatisch absuchen und anschließend dokumentieren.

> **Praxistipp:**
>
> Die modernen IP-Infrastrukturen sind in vielen Fällen eher relativ fest, d.h. deren physikalische Verschaltung wird relativ selten verändert. Deutlich öfter hingegen wechseln die an den Netzen angeschalteten IP-Geräte ihren Anschlussstandort. Zudem steigt die Anzahl und auch Vielfalt dieser Geräte ständig. Beides erschwert die Arbeit der Administratoren und Verantwortlichen für die Dokumentationen immer mehr.
>
> **Empfehlung:** Setzen Sie vor allem für diese grundlegenden Dokumentationen automatisierte Verfahren ein. Das erhöht die Transparenz und reduziert die Fehlermöglichkeiten im Dokumentationsprozess deutlich.

Da zu den IP-Netzen auch die grundlegenden IP-Komponenten (Switches, Router usw.), IP-Funktionen (VLAN, IP-Routing usw.), IP-Dienste (DHCP, DNS usw.) und letztlich auch die IP-Protokolle gehören, müssen auch sie mit ihren Konfigurationen in diesem Teil der Dokumentation erfasst werden. Das sind wiederum unzählige Informationen und Daten. Welche dieser Komponenten ist wie mit welcher verschaltet? Welche Übertragungsbandbreiten und -funktionen bieten welche Vernetzungsstrecken? Nicht zu vergessen die vielen Konfigurationsdaten: Auch dafür bieten die meisten Hersteller solcher Systeme und Komponenten in ihren Managementsystemen entsprechende Funktionen zur automatischen Erfassung dieser Informationen. Nun müssen diese Managementsysteme lediglich noch mit dem Facility Management-System interagieren, und schon ist auch dafür eine gute Lösung gefunden.

12.2.2 Dokumentation der Kommunikationssysteme und -dienste

Hier ist bereits der erste Bereich der IKT-Landkarte, in dem sich das Verhältnis von physikalischen und funktionsbezogenen Informationen für die Dokumentation deutlich zugunsten der Funktionen verschiebt. Waren es im Bereich Infrastruktur und Netze nur vergleichsweise wenige Informationen über Benutzer und Teilnehmer, so ist dieser Bereich in der Hauptsache von solchen Informationen gekennzeichnet. Das ist völlig normal, denn hier geht es um Kommunikation: weniger die zwischen Systemen als vielmehr die zwischen den Anwendern. Der Schwerpunkt liegt natürlich auf den Anwendern und Benutzern der Telekommunikationssysteme. Je nach System können das unterschiedlich viele Informationen und Angaben zu den Teilnehmern sein. Das reicht von den Grundangaben wie Namen und Abteilungen bis hin zu Berechtigungen für die vielen Funktionen des Systems. Hinzu kommen dann in der Regel noch mehr oder weniger viele virtuelle und funktionale „Teilnehmer". Hinter diesen Teilnehmerdaten verbergen sich Sammelanschlüsse, Team- und Gruppenschaltungen u.v.m. Vor allem der Bereich der Informationsbestände zu den Anwendern verändert sich sehr häufig. Anwender kommen hinzu, werden modifiziert (Umzüge, Namensänderungen usw.) bzw. gelöscht. In einigen Unternehmen beträgt die Umzugsrate bis zu 200 %, d.h. jeder Mitarbeiter zieht zweimal pro Jahr um. Der Normalfall liegt eher so bei 50 %.

Wenn kommuniziert wird, dann fallen auch Kommunikationskosten an. Das ist ein besonderer Fall für die Dokumentation, denn in sehr vielen Fällen müssen auch die Verbindungsnachweise revisionssicher dokumentiert werden, z.B. wer hat mit wem wie lange kommuniziert.

Selbstredend besitzen auch die Kommunikationssysteme und -dienste eigene Konfigurationen. Die gilt es ebenso zu dokumentieren wie die Netzwerkkomponenten. Auch die meisten Kommunikationssysteme sind letztlich IP-Komponenten, d.h. sie haben MAC-Adressen, IP-Netzanschlüsse usw.

Besonders spannend und notwendig ist die Dokumentation der Kommunikationsdienste. Welcher Teilnehmer ist Mitglied in welcher Teamschaltung? Wer verwendet welche Twinset-Schaltung oder ist in welchen FMC-Diensten (GSM-Integration)? usw. Moderne Kommunikationsplattformen bieten ein sehr umfängliches Portfolio an Kommunikationsdiensten. Sie alle werden dann noch individuell in die UC-Architektur integriert. Hier eine saubere, konsistente und aktuelle Dokumentation zu erstellen und zu pflegen, ist eine echte Herausforderung.

> **Praxistipp:**
>
> Die Kommunikationsdienste und -systeme bilden das Fundament einer UC-Architektur. Vor allem in sehr umfänglichen Implementierungen ist konsequenterweise auch die Anzahl der Teilnehmer sehr hoch.
>
> **Empfehlung:** Viele moderne Managementsysteme von Kommunikationsplattformen und -diensten bieten besondere Funktionen für Massenänderungen, z.B. wenn für alle

> Anwender eine bestimmte Berechtigungen zu vergeben sind usw. Achten Sie zum einen darauf, dass die von Ihnen eingesetzten Systeme entsprechende Funktionen mitbringen, aber legen Sie dann noch ein besonderes Augenmerk darauf, dass diese Funktionen möglichst direkt mit automatisierten Dokumentationssystemen zusammenarbeiten. Ansonsten wächst Ihnen der Dokumentationsaufwand schnell über den Kopf. Die Dokumentationen werden inkonsistent und damit quasi unbrauchbar.

12.2.3 Dokumentation der Applikationen

Eigentlich hat die IKT-Landkarte zwei Applikationsbereiche: den der Applikationen für die Mitarbeiterinteraktion und den für die Kundeninteraktion. Bezüglich der Anwender gilt hier Ähnliches wie im vorherigen Abschnitt. Allerdings ist dieser Bereich noch viel mehr als bei den Kommunikationssystemen und -diensten auf Applikationen bezogen. Das bedeutet, der Fokus in diesem Bereich liegt weniger auf der Dokumentation der Anwenderinformationen als vielmehr der Dokumentation von Versionsständen, Updates, Fehlerkorrekturen (sogenannten „Patches") usw. Ein zuverlässiges Versionsmanagement setzt zwingend eine sehr detaillierte Dokumentation aller Veränderungen in und an den Applikationen voraus.

Das klingt bereits recht anstrengend. Bei Standardapplikationen ist es jedoch weniger komplex und aufwendig, als es im ersten Augenblick den Anschein hat. Deutlich problematischer hingegen gestaltet sich die Dokumentation von Individualapplikationen oder speziellen Anpassungen bzw. Adaptionen von Standardapplikationen. Hier potenziert sich der Dokumentationsaufwand. Jede Anpassung ist zu dokumentieren und muss revisionssicher nachvollzogen werden können. Schleicht sich hier ein Dokumentationsfehler ein, so besteht die Gefahr, dass dieser Fehler eine gesamte Implementierung betriebsunsicher macht.

> **Praxistipp:**
> Vor allem bei Unified Communication wird die Zahl der verwendeten und über entsprechende Schnittstellen miteinander interagierenden Applikationen immer größer. Jede dieser Applikationen muss über ihren gesamten Lebenszyklus hinweg dokumentiert werden. Ein alter Entwicklerspruch sagt: „Eine Software wird niemals fertig." Das bedeutet ständige Anpassung der Dokumentation.
>
> **Empfehlung:** Je individueller und adaptierter die Applikationen werden, desto größer wird der Dokumentationsaufwand für die Applikationen selbst sowie für deren Schnittstellen zu den anderen Applikationen. Ergo verwenden Sie Standardapplikationen, soweit es irgend geht, und reduzieren Sie die Zahl der Individuallösungen.

An dieser Stelle sei vor allem auf die sogenannten Open Source-Applikationen verwiesen. Die Vorteile dieser Applikationen sind bestechend: Sie sind kostenfrei, die Quellcodes der Applikationen sind für alle Entwickler offen, oftmals existiert eine breite Entwicklervereinigung, d.h. man kann auf ein breites Entwickler-Know-how zurückgreifen usw. Jeder kann frei mit den Quellen der Open Source-Applikationen arbeiten und so eigene Applikationen entwickeln. Klingt prima – bis zu dem Zeitpunkt, an dem es darum geht, Open Source-Umgebungen zu dokumentieren. Dann muss man konsequenterweise alle Veränderungen der Open Source-Umgebung auch in seine eigene Dokumentation auf- bzw. übernehmen. Der Aufwand dafür ist immens.

> **Praxistipp:**
> Sollten Sie sich für den Einsatz von Open Source-Applikations- und Entwicklerumgebungen entschließen, so erkundigen Sie sich sehr genau über die Konsequenzen bezüglich der Dokumentation.

12.2.4 Dokumentation der Sicherheit

Sicherheit und Management bilden einen gemeinsamen Rahmen um die vier inneren Bereiche der IKT-Landkarte. Warum wird dann die Dokumentation der Sicherheit vor der des Managements betrachtet? Weil Sicherheit, im technologischen Sinne betrachtet, auch eine Architektur aus verschiedenen Systemen, Komponenten, Funktionen usw. darstellt. Hier gibt es:

- Die Firewalls, insbesondere die intelligenten Firewalls für multimediale Kommunikationsdienste. Sie sind quasi wie Applikationen zu betrachten und analog zu dokumentieren, d.h. mit Versionsständen usw.

- Die verschiedenen Verfahren, Dienste und Protokolle zur Authentisierung und Autorisierung auf den unterschiedlichen funktionalen Ebenen. Vor allem das Thema der Zugangssicherheit, z.B. durch die turnusmäßigen Wechsel der Passworte usw., bringt konsequenterweise eine ständige Aktualisierung der Dokumentation mit sich.

- Die Methoden und Verfahren zur Absicherung von Applikationen, z.B. gegen DoS-Attacken (Denial of Service). Die Hacker werden nicht müde, sich immer wieder neue und aggressivere Methoden auszudenken, mit denen sie einzelne Systeme und ganze IKT-Umgebungen attackieren und lahmlegen wollen. Die Administratoren sind gut beraten, diese Sicherheitsaspekte ständig zu überprüfen, anzupassen und entsprechend zu dokumentieren. Sollte eine DoS-Attacke dennoch wirksam geworden sein, dann muss der Administrator nachweisen können, alles getan zu haben, um diese Attacke abzuwehren. Diese Nachweisführung geht nur mittels einer geeigneten Dokumentation.

- Natürlich gibt es da noch die vielen Instrumente und Instanzen zum Schutz vor IKT-Viren, Würmern usw. Ähnlich wie bei den DoS-Attacken verhält es sich bei den Viren und Würmern. Ihre Zahl steigt nahezu im Minutentakt. Nach Aussagen namhafter Hersteller von Antiviren-Software (Symantec, Kapersky, Avira usw.) überschritt die Anzahl der bekannten IKT-Viren bereits 2006 die Millionengrenze! Aktuell sind ca. 1.500.000 unterschiedliche IKT-Viren bekannt – die Dunkelziffer mag noch deutlich darüberliegen. Ein riesiges Feld und ein immenser Aufwand für die Dokumentation!

Das waren nur vier der vielen Themen rund um die Sicherheit. In der gesamten IKT existiert wohl kaum ein anderer Bereich, der eine derart hohe Dynamik aufweist wie die IKT-Sicherheit – nicht nur aufgrund der Tatsache, dass Sicherheit ein Gefühl ist, das sich so und so ständig verändert. Auch die technologischen Gegebenheiten, das IKT-Umfeld, die rechtlichen Aspekte usw., all das ist ständig in Bewegung und in stetigem Wandel. Daraus resultiert die Notwendigkeit der kontinuierlichen Aktualisierung aller Dokumentationen bezüglich der Vertraulichkeit, Integrität und Verfügbarkeit aller Instanzen der IKT-Landkarte. Um der Dynamik und Größe des Themas Sicherheit dokumentarisch gerecht zu werden, sind die Unternehmen und Organisationen angehalten, sogenannte „IKT-Sicherheitskonzeptionen" zu erstellen. Wie solche Konzepte aussehen und was sie beinhalten, wird in Abschnitt 12.3 vertieft, in dem es um die verschiedenen Konzeptdokumentationen geht.

> **Praxistipp:**
> Kaum ein Bereich ist derart dynamisch wie die IKT-Sicherheit. Täglich, nahezu stündlich verändert sich die Gefahrenlage und kommen neue Bedrohungen hinzu. Das bedeutet für die Administratoren ein ständiges Nachsteuern und erfordert immer wieder die Aktualisierung der Dokumentationen.
>
> **Empfehlung:** Kalkulieren Sie die Aufwendungen in die täglichen Administrations- und Managementaufgaben mit ein. Vor allem im Bereich der Sicherheit dürfen Sie keine Lücken in der Dokumentation aufkommen lassen – das ist der sensibelste Bereich der IKT!

12.2.5 Dokumentation des Managements

In den vorherigen drei Abschnitten wird ein Aspekt immer wieder aufgeführt, da er in jedem dieser Bereiche eine Rolle spielt: die Dokumentation der Konfigurationsinformationen. In erster Linie geht es natürlich um die reinen Konfigurationsdaten an sich, doch mindestens ebenso wichtig ist die Dokumentation der Managementvorgänge. Man muss genauestens und ebenfalls revisionssicher nachvollziehbar dokumentieren, welcher Administrator über welches Managementwerkzeug welche Managementaufgaben durchführte. Das setzt natürlich voraus, dass sich nicht, wie allerdings leider in der Praxis vielfach noch zu beobachten, alle Administratoren mit demselben Administratornamen und -passwort anmelden, am besten noch alle Root-User. Da die meisten Modifikationen an oder auf den Komponenten einer UC-Architektur in der Regel über ein dezidiertes Managementsystem durchgeführt werden, sollte eine durchgehende Dokumentation prinzipiell kein Problem darstellen.

An diesem Punkt ist auch oftmals die Schnittstelle zum IKT-Servicemanagement z.B. nach ITIL ein wichtiges Thema. Eine der Kernkomponenten von ITIL ist die CMDB (Configuration Management Data Base). Genau sie ist das zentrale Dokumentationswerkzeug. Jede Änderung an den in der CMDB erfassten und hinterlegten Systemen und Komponenten muss nach einem klar definierten Prozess dokumentiert werden. Eine detailliertere Erklärung zur Dokumentation mittels ITIL erfolgt im Abschnitt 12.4.

Welche Komplexität die Dokumentation der Managementwerkzeuge und -prozesse sowie natürlich der Managementinformationen selbst annimmt, hängt im Wesentlichen von der Vielfalt der eingesetzten Systeme, Komponenten, Dienste und Funktionen ab. Je mehr Instanzen unterschiedlicher Hersteller implementiert sind, umso aufwendiger wird die Dokumentation der ganzheitlichen Managementumgebung. Kapitel 11 geht detailliert auf die Managementpyramide (siehe Abbildung 11.1) und ihre Bedeutung für UC-Architekturen ein. Ein Blick auf die fünf Ebenen der Pyramide macht die Komplexität des Themas Management deutlich.

> **Praxistipp:**
> Management und Administration betrifft letztlich alle Bereiche der IKT-Landkarte, denn in jedem dieser Bereiche wirken Systeme, Komponenten, Funktionen, Dienste usw., und jede dieser Instanzen muss in die Dokumentation aufgenommen werden, wenn diese den Anspruch der Vollständigkeit erfüllen soll und will.
>
> **Empfehlung:** Achten Sie insbesondere bei den eingesetzten Managementwerkzeugen darauf, dass diese sich ineinander integrieren. Vor allem sollten Sie die Managementinformationen so untereinander austauschen können, dass diese Informationen möglichst effizient, effektiv und sicher (ggf. sogar automatisiert oder teilautomatisiert) in eine vereinigte Dokumentation (Unified Documentation) einfließen können.

12.2.6 Dokumentation des Services und des Betriebs

Eng mit dem Management und der Administration verbunden ist das Thema Betrieb und damit auch Gewährleistung der Betriebsbereitschaft. Das wiederum führt direkt zu den Dienstleistungen (Services), die notwendig und essenziell sind, um einen zuverlässigen Betrieb zu gewährleisten.

Die grundlegenden technologischen Dokumentationen wurden in den bisherigen Abschnitten behandelt, und hier stehen nun die umsetzungsrelevanten im Fokus. Die Frage dazu lautet: „Wer macht was und in welcher Art und Weise, damit ein störungsfreier, kontinuierlicher und zuverlässiger IKT-Betrieb gewährleistet ist?" Klingt recht harmlos und einfach, ist in der Praxis aber oftmals eine der größten Herausforderungen.

Die wohl „älteste" Dokumentation über Service und Betrieb sind die sogenannten Service- und Wartungsverträge. Allein schon diese Verträge können Ordner und Bände füllen, denn der Bereich Service ist sehr weit gefasst. Ebenso bestehen in der Praxis deutlich unterschiedliche Auffassungen über den Begriff „Wartung und Pflege". Da gibt es spezielle Dokumentationen zur Pflege von Software, wieder andere beschreiben dieselben Aspekte bezüglich der Hardware. Die Dokumentationen über Services umfassen Gesichtspunkte wie Schulung, Hotline-Service, Konzeption und Planung, Adaption und Integration, Fernwartung, Instandsetzung und Wiederherstellung u.v.m. Das Spektrum der für einen zuverlässigen Betrieb zu dokumentierenden Services ist enorm breit.

Prinzipiell besteht keine Pflicht zum Abschluss einer Service- und Wartungsvereinbarung. Aber dennoch kommt ein Unternehmen nicht um die Pflicht zur Dokumentation der an der

IKT erbrachten Services herum. Wer diese Dokumentation erstellt, der Eigentümer und Betreiber der IKT oder jemand, der mit Service und Wartung beauftragt wurde, ist grundsätzlich egal – es muss nur eine Dokumentation geben.

Service und insbesondere die Auffassungen und Erwartungen darüber, wie was zu erbringen ist, sind sehr individuell. Ebenso individuell werden in der Praxis oftmals die Dokumentationen dafür erstellt. Natürlich gibt es in solchen Dokumentationen immer eine Art Grundgerüst und grundsätzliche Aspekte, doch eine allgemeingültige Struktur existiert nicht. Im Grunde kann jedes Unternehmen seine eigene Form und Struktur anwenden. Auf dem Markt existieren Unmengen von Vorlagen für EDV- oder IKT-Serviceverträge und -Dokumentationen.

Etwas anders ist die Situation bei öffentlichen Organisationen und Behörden. Um hier eine gewisse Normierung zu schaffen, entwickelten der Kooperationsausschuss ADV Bund/Länder/Kommunaler Bereich (KoopA ADV, ADV steht für Automatische Datenverarbeitung) und die IKT-Herstellerverbände wie z.B. der BITKOM e.V. die sogenannten EVB-IT (Ergänzende Vertragsbedingungen für die Beschaffung von IT-Leistungen). Im Rahmen des EVB-IT sind für die hier diskutierten Themen mehrere konkrete Bereiche relevant, das sind im Einzelnen:

- EVB-IT Dienstvertrag: für klassische Dienstleistungen wie Schulungen und Beratung
- EVB-IT Instandhaltung: alle Wartungs- und Instandhaltungsservices, die ausschließlich die Hardware betreffen
- EVB-IT Pflege für Software: betreffen ausschließlich Software, mit den Aspekten Fehlerbereinigung, neue Softwareversionen usw.
- EVB-IT System: beziehen sich auf ganzheitliche Systeme einschließlich Hard- und Software. So gesehen fallen UC-Architekturen genau unter diesen Bereich.

Leider fehlt neben solchen Punkten wie Planung, Konzeption usw. vor allem der Aspekt der Dokumentation. Nun könnte man sagen, dass die Dokumentationen immer Bestandteil des jeweiligen Bereiches zu sein hat. Doch das ist in der Praxis leider nicht durchgängig so definiert und fixiert. Die Konsequenz daraus ist, dass für viele Bereiche dann doch keine vollständigen und konsistenten Dokumentationen existieren.

Eine spezielle Form der Dokumentationen sind die schon öfter erwähnten Service-Level-Agreements (SLA). Im Grunde sind das moderne Formen von Service- und Wartungsverträgen, klingt aber nicht so altbacken. Oftmals sind sie durchaus moderner angelegt, d.h. sie sind vor allem inhaltlich und umsetzungsbezogen flexibler gestaltet. Insbesondere die letztgenannte Eigenschaft macht sie für viele Unternehmen attraktiv. Auf der anderen Seite bedeutet jedoch diese Flexibilität und Anpassbarkeit an sich ändernde Rahmenbedingungen, dass auch die Dokumentationen zu den SLAs entsprechend zu aktualisieren sind.

> **Praxistipp:**
> In komplexen IKT-Umgebungen sind auch die dafür erforderlichen Services entsprechend komplex und vielschichtig. Grundsätzlich gilt eine Dokumentationspflicht über

> die erbrachten und durchgeführten Services, auch wenn ggf. dafür keine vertragliche Regelung oder Bindung existiert.
>
> **Empfehlung:** Auch wenn Sie keinen Service oder Wartungsvertrag abgeschlossen haben, müssen Sie jeden an oder in der IKT erbrachten Service dokumentieren. Überlegen Sie sich genau, ob Sie selbst in der Lage sind, das zu leisten. Sind andere damit beauftragt, die Services durchzuführen, dann achten Sie darauf, dass von den Auftragnehmern entsprechende Dokumentationen erstellt und gepflegt werden. Auch das bedeutet Aufwand und kostet letztlich Geld – aber es ist es wert.

12.2.7 Dokumentation der Partnerschaften

Die im diesem Abschnitt beleuchteten Dokumentationen betreffen vorrangig die Beschreibung geschäftlicher und strategischer Partnerschaften zwischen Unternehmen und Organisationen. Es gibt eine Vielzahl möglicher Partnerschaftsverhältnisse zwischen Unternehmen und Organisationen. Sicher können Partnerschaften prinzipiell auch ohne dokumentierte Vereinbarungen erfolgreich leben und existieren, doch vor allem im geschäftlichen Alltag ist es für die Partner immer sinnvoll, ihre gemeinsamen Ziele und Umsetzungsbündnisse dokumentarisch zu erfassen. Bei solchen Verträgen geht es viel mehr um Beschreibung und Festlegung von Geschäfts- sowie Service- und Betriebsmodellen als um Dinge wie Technik und Funktionen. Sicher bilden letztlich oft die zuletzt genannten Dinge den Inhalt solcher Vereinbarungen, doch das Ziel ist eindeutig prozessorientiert. Die Rede ist von den verschiedenen „OUT-Verträgen", wie sie in Kapitel 10 ausführlich beschrieben sind. Hier schließt sich der Kreis, denn gemeint sind in der Praxis sehr oft die Dienstleistungsressourcen der sogenannten IKT-Serviceunternehmen.

Nun werden solche Partnerschaftsdokumentationen einerseits immer zu einem dezidierten Zeitpunkt erstellt und andererseits in der Regel mit einer bestimmten Laufzeit vereinbart. Während dieser vereinbarten Laufzeit verändern sich die Partner selbst und auch die Rahmenbedingungen. Das bedingt einfach in der Konsequenz, dass auch die Dokumentationen über die Partnerschaft entsprechend zu aktualisieren sind.

> **Praxistipp:**
> Partnerschaften sind in einer modernen und dynamischen Branche wie der IKT (über)- lebensnotwendig. Kaum ein Unternehmen ist in der Lage, alle Belange der IKT selbst zu erfüllen und zu bedienen. Daher ist es normal, bestimmte Dienste von Partnern erbringen zu lassen.
>
> **Empfehlung:** Treffen Sie in Ihren Partnerschaften klare Festlegungen hinsichtlich der Erfüllung der Dokumentationspflichten. Vor allem dann, wenn Sie die Dinge quasi „nicht mehr in den eigenen Händen haben", sind saubere Dokumentationen essenziell. Sie ermöglichen Ihnen die Nutzbarmachung der Informationen rund um Ihre IKT, auch wenn Sie selbst diese Informationen nicht generiert und dokumentiert haben.

12.3 Konzepte

Jetzt sind bereits eine Vielzahl von Dokumentationen besprochen worden. Viele von ihnen betreffen in der Hauptsache dezidierte Fakten, Daten, Eigenschaften usw., also fachliche Informationen. Ein anderer und sehr bedeutsamer Bereich der Dokumentationen sind die sogenannten Konzepte. Beide verfolgen das Ziel der zuverlässigen Planung und gesicherten Umsetzung von Vorhaben. Ergo sind Konzepte Dokumentationen, die einen klar strategischen, operativen oder taktischen Charakter tragen. Sie beantworten Fragen wie: Was ist wie zu tun? Wann ist was zu tun? Wer tut was und wie? In der IKT-Branche wird sehr oft von und über die in den folgenden Abschnitten beschriebenen Konzepte gesprochen.

12.3.1 IKT-Sicherheitskonzept

Das Ziel eines Sicherheitskonzepts ist nachhaltige Planung und Umsetzung aller für die IKT-Sicherheit relevanter Aspekte im IKT-Umfeld. Dazu gehören:

- Bewertungen von Gefahren und Bedrohungslagen
- Risikoanalysen und entsprechende, sich daraus ergebende Umsetzungsrichtlinien
- Feststellungen zum eigentlichen Schutzbedarf über alle Bereiche der IKT-Landkarte hinweg

IKT-Strukturanalyse der gesamten IKT-Umgebung, aller Systeme, Applikationen, Dienste, Netze, Infrastrukturen usw.

Schutzbedarfsfeststellung mit der Identifizierung und Bewertung kritischer IKT-Systeme, aber auch der kritischen Aspekte im IKT-Umfeld und in den Rahmenbedingungen.

IKT-Grundschutzanalyse. Zum einen die Ermittlung aller notwendigen Sicherheitsmaßnahmen und zum zweiten ein erster Basissicherheits-Check mit dem Ziel der Ermittlung des aktuellen Umsetzungsgrades der Sicherheitsmaßnahmen kritischen Aspekte im IKT-Umfeld und in den Rahmenbedingungen.

- Ergänzende Sicherheitsanalyse
- Ergänzende Risikoanalyse
- Weiterer Basissicherheits-Check

Realisierungs- und Umsetzungsplanung

Umsetzung

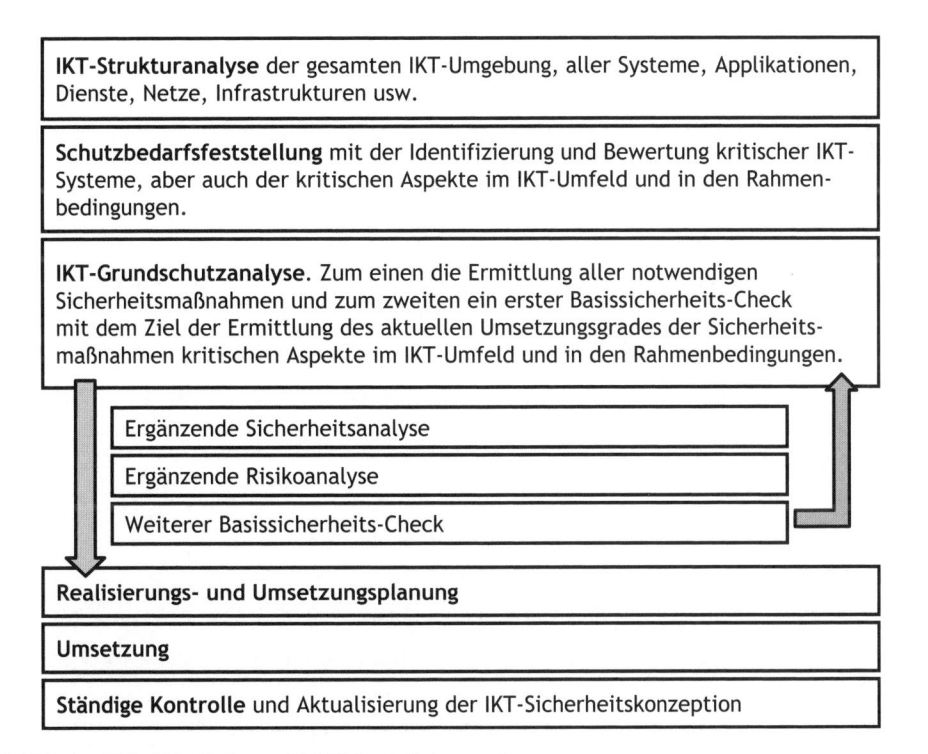

Ständige Kontrolle und Aktualisierung der IKT-Sicherheitskonzeption

Abbildung 12.2 Ablaufschema IKT-Sicherheitskonzeption

- Definition der Sicherheitsziele bezüglich der drei Sicherheitsbereiche Vertraulichkeit, Integrität und Verfügbarkeit
- Organisatorische und personelle Maßnahmen zu Erfüllung der Sicherheitsziele, wie Notfallpläne, Pläne zum Schutz persönlicher Daten usw.
- Das Management der Sicherheit

Vom Bundesamt für Sicherheit in der Informationstechnik (BSI) wurde auf Basis einer Empfehlung ein Musterverfahren für die Erstellung eines IKT-Sicherheitskonzepts herausgegeben. Sie umfasst die in Abbildung 12.2 dargestellten Schritte und Inhalte. Sind die im vierten Schritt der IKT-Grundschutzanalyse festgestellten Sicherheitsmaßnahmen bezüglich des zu erfüllenden Schutzbedarfs ausreichend, dann erfolgt der direkte Übergang zur Realisierungs- und Umsetzungsplanung. Andernfalls sind weitere ergänzende Zwischenschritte erforderlich, wie in den schmalen Rechtecken dargestellt.

Für die Erstellung eines IKT-Sicherheitskonzepts stellt das BSI eine Reihe sehr hilfreicher Werkzeuge zur Verfügung wie z.B. eine spezielle Applikation für Gefahren- und Risikoanalyse, aber vor allem natürlich den GSK (IKT-Grundschutzkatalog), der sich z.B. im Abschnitt M 2.196 mit der „Umsetzung des IKT-Sicherheitskonzepts nach einem Realisierungsplan" beschäftigt. Es ist unbestritten, dass diese ganzen konzeptionellen Dinge und Aspekte zu dokumentieren sind.

12.3.2 IKT-Servicekonzept

Ähnlich wie beim IKT-Sicherheitskonzept ist das Ziel dieses Konzepts die planvolle, kundenorientierte und marktfähige Umsetzung der IKT-Services. Je nachdem, wie umfangreich der zu betrachtende Servicebereich und wie komplex die mit Service zu betreuenden IKT-Umgebungen sind, so umfänglich und komplex wird auch die IKT-Servicekonzeption werden. Typischerweise umfassen solche IKT-Servicekonzeptionen folgende Aspekte, Aufgaben und Schwerpunkte:

- Entwurf von Servicekonzepten, d.h. überhaupt die Definition der Zielstellungen usw.
- Konzeption von IT-Service-Portfolios mit der Findung und Festlegung der zu erbringenden Services. Welche Services können, sollen oder müssen erbracht werden?
- Aufbau- und Ablauforganisation für kundenorientierte und marktfähige IKT-Services. Wer soll die Services erbringen: die eigene Organisation oder werden die Services in ein Outsourcing vergeben?
- Management der Partner, wie bereits in der Einleitung zu Abschnitt 1.5.2.7. beschrieben, wozu vor allem die auch Lieferantensteuerung gehört
- Definition der Service-Vereinbarungen (SLA)
- Aufbau und Gestaltung von Service- und Qualitätsberichten
- Auswahl und Implementierung von Überwachungs-, Berichts- und Risikomanagementsystemen
- Implementierung eines kontinuierlichen Verbesserungsprozesses
- Dokumentation aller erbrachten Services

12.3.3 IKT-Betriebskonzept

Bei genauer Betrachtung ist das IKT-Betriebskonzept das sogenannte „IKT-Masterkonzept", denn es umfasst alle Bereiche der Planung und Umsetzung eines gesicherten IKT-Betriebs. Es ist die ganzheitliche Beschreibung aller Prozesse und Rollen, Aufgaben, Tätigkeiten und Schnittstellen im IKT-Umfeld. Erneut wird der Kernaspekt von Unified Communication als individuelle Basisarchitektur vielfältiger und mehr oder weniger komplex miteinander vereinigter Kommunikationsdienste deutlich. Die Erstellung und ständige Aktualisierung einer Betriebskonzeption für eine UC-Architektur ist eine sehr anspruchsvolle und aufwendige Aufgabe. Eine solche Betriebskonzeption schließt die folgenden Bereiche ein:

- Den technischen Betrieb: die Wartung, Pflege, Erneuerung und Funktionserhaltung aller Komponenten der UC-Architektur.
- Das Change-Management: alle auszuführenden Tätigkeiten, um die in der UC-Architektur enthaltenen Kommunikationsdienste für die Zeit ihres Lebenszyklus betriebsbereit zu halten.
- Das Störungsmanagement: beinhaltet alle Themen von der Störungserfassung bis zur Behebung und Dokumentation.
- Das Sicherheitsmanagement: umfasst die IKT-Sicherheitskonzepte, wie im vorherigen Abschnitt dargestellt.
- Der Bereich Ab- und Verrechnung: betrifft alle Prozesse und Prozeduren, für die ein Entgelt erhoben wird.
- Weitere Aufgaben sind: statistische Bewertung, Qualitätsmanagement, Informationswesen und *Dokumentation*.

> **Praxistipp:**
> Die dargestellten Konzepte bilden den Kern der Planung und Umsetzung eines zuverlässigen, wirtschaftlich und ökologisch sinnvollen Betriebs von UC-Architekturen. Die Vielfältigkeit und vor allem Vielschichtigkeit dieser Konzepte zeigt, dass der Aufwand für ihre Erstellung und Pflege ein beträchtliches Ausmaß annehmen kann.
>
> **Empfehlung:** Solche Konzepte müssen sein, daher ergründen Sie genau den Aufwand für ihre Erstellung und Pflege. Stellen Sie entsprechende personelle und organisatorische Ressourcen zur Verfügung. Ohne Konzept kein Erfolg!

12.4 Dokumentationsnormen und -empfehlungen

Nun stellt sich die Frage: Wer soll bei den individuellen UC-Architekturen und den individuell erstellten Dokumentationen noch durchblicken? Wer soll solche Dokumentationen nutzen, bewerten und auch kontrollieren (Revision)? Das ist doch eigentlich nur dann effektiv, effizient und sinnvoll möglich, wenn sich diese Dokumentationen in ihren Strukturen und Inhalten an gewisse Normen oder zumindest allgemeinverständliche Empfehlungen anlehnen bzw. orientieren.

Entscheidend ist, mit welcher Güte und Qualität

- die Anwender die Kommunikationsdienste einer UC-Architektur nutzen können,
- die Administratoren ihren Management- und Administrationsaufgaben nachkommen,
- die Themen rund um die IKT-Sicherheit eingehalten werden,
- vor allem die Erstellung und Pflege der *Dokumentationen* erfolgt.

Diese Güte und Qualität gilt es zu managen. Das ist die Aufgabe eines Qualitätsmanagements (QM), wie es in der EN ISO9000/TL9000 beschrieben ist. Dabei handelt es sich nicht um *die* Norm, sondern vielmehr um eine Familie von Normen, Regelwerken, Leitlinien und Empfehlungen für das Qualitätsmanagement in einem Unternehmen. Der Kern und das Hauptziel eines QM bestehen darin, eine Organisation bzw. ein Unternehmen zu unterstützen:

- bei der Darlegung seiner Fähigkeiten, Produkte bereitzustellen, welche sowohl die Anforderungen der Kunden als auch die allfälligen behördlichen Anforderungen erfüllen, und
- darzustellen, dass und wie es anstrebt, die Kundenzufriedenheit zu erhöhen.

In allen Punkten passen diese Aussagen auf die IKT und vor allem auf Unified Communication. Die Administratoren von UC-Architekturen sollten sich an den Maßstäben eines guten QM messen lassen.

QM bedeutet Nachweisführung – Nachweisführung bedeutet Dokumentation.

Eine weitere, in der IKT sehr verbreitete Normierung und Zusammenfassung verschiedener Leitlinien für die Beschreibung von IKT-Prozessen ist ITILv3. Vor allem in Abschnitt 11.6 wurde bereits detailliert auf ITILv3, dessen Ziele, Funktionen, Aufgaben und Struktur eingegangen. ITIL ist unbestritten *das* Leitwerk für die Beschreibung und Dokumentation von Prozessen und Services in der ITK. Heute ist ITIL der weltweite De-facto-Standard im Bereich Servicemanagement und beinhaltet eine umfassende und öffentlich verfügbare fachliche Dokumentation zur Planung, Erbringung und Unterstützung von IT-Serviceleistungen. Mittlerweile ist ITIL sogar so weit verbreitet und anerkannt, dass es auch vielfach bereits für die Beschreibung und Dokumentation von Geschäftsprozessen Anwendung findet. Mit ITIL kommt die ISO/IEC 20000. Sie gilt quasi als gemeinsamer Referenzstandard für alle Unternehmen, welche IKT-Services für interne oder externe Kunden erbringen. Referenzstandard bedeutet zugleich auch einheitliche Nomenklaturen und vor allem Terminologien. Daher besteht ein weiteres Ziel dieser Norm in der Förderung einer gemeinsamen Terminologie, womit ein wesentlicher Beitrag in der Kommunikation zwischen Serviceanbietern, Partnern, Lieferanten und Kunden geleistet wird. Sie fördert also eine *einheitliche Sprache* für *einheitliche Dokumentationen*.

> **Praxistipp:**
>
> Die Erstellung und Pflege von Dokumentationen, aber auch deren Revision und Verwendung sind Dinge, die klare Richtlinien, Leitfäden und Normierungen sowie eine möglichst vereinheitlichte Terminologie erfordern. Die EN ISO 9000/TL9000 und ITIL mit der ISO/IEC 20000 stellen genau solche Rahmenwerke zur Verfügung.
>
> **Empfehlung:** Nutzen Sie diese Rahmenwerke und machen Sie sich die ohnehin schon sehr aufwendigen Dokumentationen so einfach wie möglich.
>
> Verbinden Sie Ihre IKT-Dokumentation mit Ihrem Qualitätshandbuch.

12.5 Dokumentationsmanagementsysteme

Dokumentationen über Dokumentationen, Unmengen unterschiedlicher Dokumente, viele verschiedene Verfahren, Formen und Strukturen zur Erstellung und Pflege der Dokumentationen – wer soll da noch den Überblick behalten? Und vor allem: Wer soll das managen, also das Dokumentationsmanagement durchführen? Wie kann man das tun? Was sollte man dafür am besten einsetzen? Das sind einige der Aspekte, mit denen wir nun dieses Kapitel abschließen.

Das Ziel des Dokumentationsmanagements (DM) besteht darin, kontinuierlich für vollständige, aktuelle, konsistente und revisionssichere Dokumentationen zu sorgen. Dabei sind die wesentlichen Aufgaben ein effektives, effizientes und sicheres Ablegen, Speichern, Suchen, Auffinden und wieder Nutzbarmachen von Informationen. Das ist einfacher gesagt als getan. Manuell sind derartige Dokumentationsmanagements kaum noch zu realisieren. Daher ist der Einsatz eines Dokumentationsmanagementsystems (DMS) nützlich und sinnvoll, wenn nicht sogar zwingend erforderlich. Oftmals wird in der Praxis auch nur kurz von sogenannten Dokumentenmanagementsystemen gesprochen. Beides kann so gelten.

Die Dokumentation ist eine sehr verantwortungsvolle Aufgabe. Daher sollten die damit beauftragten Personen sehr gut qualifiziert und vertrauenswürdig sein, aber auch sicher mit modernen DMS umgehen können. Außerdem muss natürlich auch die Arbeitsweise und Funktionalität im und mit dem DMS ganz klar geregelt sein. Hierzu ein kleines Beispiel:

Wenn ein Dokument in Bearbeitung ist, dann muss das gekennzeichnet sein, und es darf ggf. keine weitere gleichzeitige Bearbeitung zugelassen werden. Wird ein bereits existierendes Dokument durch ein aktuelleres ersetzt, ist genau festzulegen, wie dabei zu verfahren ist:

- Darf das neue Dokument das bestehende *ersatzlos* überschreiben?
- Muss immer eine Historie einer bestimmten Anzahl veränderter Dokumentationen nachweislich gesichert abgelegt werden?
- Gilt es dabei, gewisse Nomenklaturen oder Bezeichnungsvorgaben einzuhalten, z.B. muss ein Dateiname immer eine fortlaufende Versionsnummer und das Erstellungsdatum, ggf. sogar das Kürzel des Erstellernamens enthalten?

- Sollen Dokumente eine automatische Gültigkeit erhalten? D.h. sie werden dann nach Ablauf ihrer Gültigkeit automatisch gelöscht oder archiviert.

In den meisten Fällen handelt es sich bei den Dokumenten um elektronische Dokumente, ergo werden dafür vorteilhafter weise elektronische DMS verwendet. Da jedoch die Menschheit offensichtlich weiter vom papierlosen Büro entfernt ist als je zuvor, existieren noch viele Dokumentationen in klassischer Papierform. Leider auch manchmal einfach nur deswegen, weil jemand der Meinung war, die elektronische Form reiche nicht aus, und er müsse alles zusätzlich ausdrucken. Die Papierform hat ihren Charme nicht verloren. Aber auch der andere Weg wird immer häufiger praktisch um- und eingesetzt, d.h. die Umwandlung der Dokumente von der Papierform in elektronische Dokumente. Ob sie dann als echte Textdateien oder als eingescannte Bilder elektronisch gespeichert und dokumentiert werden, ist dem DMS zunächst egal. Die Geister werden dann erst wach, wenn es darum geht, solche Dokumente wieder effektiv und effizient nutzbar und wieder verwertbar zu machen. Echte Textdokumente lassen sich indizieren und daher viel schneller wieder auffinden, Bilddokumente eher weniger.

> **Praxistipp:**
> Schauen Sie sich ganz genau an, was Sie dokumentieren müssen, sollen, können und wollen – und zwar genau in dieser Reihenfolge. Wenn Sie Dinge dokumentieren, dann bringen Sie ein leistungsstarkes DMS zum Einsatz, denn eine Dokumentation ist nur so gut, wie sie funktioniert und ihre Aufgabe der effektiven, effizienten und sicheren Nutzbarmachung von Informationen erfüllt.

12.6 Essenz

Dokumentation ist eine der essenziellen und aus unterschiedlichen Gründen (rechtliche Erfordernisse, Revisionssicherheit usw.) erforderlichen Aufgaben bei Nutzung, Betrieb und Administration von UC-Architekturen. Wie weitreichend das Thema Dokumentation ist, zeigt dieses Kapitel sehr eindrucksvoll. Die einleitend gestellten Fragen nach dem Warum, Wofür, Wer, Was usw. wurden detailliert beantwortet. Eine vereinigte Kommunikationsarchitektur benötigt eine vereinigte und möglichst vereinheitlichte Dokumentationsarchitektur. Mit dem Thema Dokumentation schließt sich der Kreis der praktischen Betrachtungen zu Unified Communication.

Anhang

Verzeichnis der Abkürzungen

Abkürzung	Bedeutung
3DES	Triple-DES, TDES oder 3DES (siehe DES)
3GPP	3rd Generation Partnership Project
3PTY	Three-Party Service
AAA	Authorization, Authentication, Accounting
AAC	Advanced Audio Coding
AAL5	ATM Adaptation Layer 5
ABC	Alcatel Business Communication Protocol
ACD	Automatic Call Distribution
ACELP	Algebraic Code Excited Linear Prediction
ACK	Acknowledge
ACL	Access Control List
AD05	Anschlussdose mit 5 Pins (altes Anschlusssystem)
ADPCM	Adaptive Difference [seltener auch Delta] Puls Code Modulation
ADS	Active Directory Server
ADS	Address Screening
ADSL	Asynchrones DSL
ADV	Automatische Datenverarbeitung
AES	Advanced Encryption Standard
AIM	AOL Instant Messenger
AITSS	Additional Information Transfer Supplementary Service
AJAX	Asynchronous JavaScript And XML

Anhang

Abkürzung	Bedeutung
AKZ	Ausscheidungskennziffer
ALF	Application Layer Firewall
ALG	Application Layer Gateway
AMDS	Automatic Message Delivery Service
AMR-WB	Adaptive Multi-Rate Wideband
AOC-D	Advice of charge: charging information during the call
AOC-E	Advice of charge: charging information at the end of the call
AOC-S	Advice of charge: charging information at call set-up time
AOL	America Online Inc.
API	Application Programming Interface
ARM	Automatic Radio Management bzw. Adaptive Radio Resource Management
ASCII	American Standard Code for Information Interchange
ASP	Application Service Provider
ASP	Application Service Providing
ATM	Asynchronous Transfer Mode
AVC	Advanced Video Coding
BCR	Business Contact Routing
BDSG	Bundesdatenschutzgesetz
BE	Best Effort; die restliche zur Verfügung stehende Bandbreite
BFI	Bad Frames Interpolated
BGP	Border Gateway Protocol
BHCA	Busy Hour Call Attemptions
BHCC	Busy Hour Call Completions
BITKOM	Bundesverband Informationswirtschaft, Telekommunikation und neue Medien e.V.
BLF	Belegtlampenfeld
BMES	Bridged Multipoint Ethernet Service
BNetzA	Bundesnetzagentur für Elektrizität, Gas, Telekommunikation, Post und Eisenbahn
BootP	Bootstrap Protocol
BPCS	Business Profiled Communication Service
BPR	Business Process Routing
BSI	Bundesamt für Sicherheit in der Informationstechnik
CAC	Call Admission Control
CAPI	Common Application Programming Interface
CARP	Common Address Redundancy Protocol
CBR	Constant Bit Rate

Verzeichnis der Abkürzungen

Abkürzung	Bedeutung
CC	CSRC Count
CCBS	Completion of Calls to Busy Subscribers
CCNR	Completion of Calls on No Reply
CCSS	Call Completion Supplementary Service
CD	Call Deflection, aber auch Compact Disc
CDO	Call Diversion Override
CDR	Call Data Record
CEBP	Communication Enabled Business Process
CELP	Code Excited Linear Prediction
CF	Call Forwarding
CFB	Call Forwarding on Busy
CFDDI	Call Forwarding Direct Dial In
CFNR	Call Forwarding on No Reply
CFU	Call Forwarding Unconditional
CFUWA	Call Forwarding Unconditional on directory number Without Access
CFVM	Call Forwarding on Voice Mail
CHAP	Challenge Handshake Authentication Protocol
CIO	Chief Information Officer
CLEAR	Eine Zieldefinition, steht für: Challenging – Legal – Environmentally – Agreed – Recorded
CMDB	Configuration and Management Database
CN	Circuit Noise
CNG	Comfort Noise Generation
COBIT	Control Objectives for Information and Related Technology
COISS	Community of Interest Supplementary Service
CONF	Conference Calling
COO	Chief Organization Officer
CORNET	Digitales Vernetzungsprotokoll der Firma Siemens
CRED	Credit Card Calling
CS-ACELP	Conjugate Structure Algebraic Code Excited Linear Prediction
CSI	Continual Service Improvement
CSRC	Contribution Source
CSS	Charging Supplementary Service
CSTA	Computer Supported Telecommunications Applications
CTI	Computer Telephony Integration

Abkürzung	Bedeutung
CTO	Chief Technical Officer
CUG	Closed User Group
CW	Call Waiting
DDI	Direct Dial-In
DECT	Digital Enhanced Cordless Telecommunications
DENIC	Deutschland Network Information Center
DES	Data Encryption Standard
DHCP	Dynamic Host Configuration Protocol
DIN	Deutsche Industrie-Norm
DISA	Direct Inward System Access
DLL	Dynamic Link Library
DM	Dokumentationsmanagement
DMS	Dokumentationsmanagementsystem
DMZ	Demilitarized Zone; entmilitarisierte Zone
DNS	Dynamic Name Service
DoA	Dead on Arrival
DoS	Denial of Service
DP	Destination Port
DRM	Digitales Rechtemanagement
DSCP	Differentiated Services Code Point
DSL	Digital Subscriber Line
DSLAM	Digital Subscriber Line Access Multiplexer
DSP	Digital Signalling Processor
DTMF	Dual Tone Multiple Frequency; Doppeltonmehrfrequenz
DWDM	Dense Wavelength Division Multiplexing
EAP	Extensible Authentication Protocol
EAPoL	EAP over LAN
ECMA	Internationales Gremium für Standardisierung in der Informations- und Kommunikationstechnologie sowie der Verbraucherelektronik
ECN	Explicit Congestion Notification
ECT	Explicit Call Transfer
EDGE	Enhanced Data Rates for GSM Evolution
EFL	Expedited Flow
EFW	Expedited Forwarding
EIA	Electronic Industries Alliance

Verzeichnis der Abkürzungen

Abkürzung	Bedeutung
EMI	Electro Magnetic Influence
EMS	Enhanced Message Service
EN	Europa Norm
ENUM	Telephone Number Mapping / Extended Numbering Plan
EPRD	Electronic Part Reliability Data
ERP	Enterprise Resource Planning
ESD	Electro Static Discharge
ETB	Elektronisches Telefonbuch
EVB-IT	Ergänzende Vertragsbedingungen für die Beschaffung von IT-Leistungen
EVT	Etagenverteiler
FAM	Fehler- und Alarmmanagement
FCC	Federal Communications Commission
FDDI	Fiber Distributed Data Interface
FEXT	Far End Cross Talk
FIN	Endemarkierung im TCP
FM	Facility Management
FMC	Fixed Mobile Convergence
FoIP	Fax over IP
FTAM	Fault Tree Analysis Method
FTP	File Transfer Protocol
FTPS	FTP over SSL
GAN	Global Area Network; globales Netzwerk
GBit/s	Gigabit pro Sekunde
GETS	Genesys Enterprise Telephony Software
GHz	Gigahertz
GIF	Graphics Interchange Format
GKZ	Gemeindekennziffer
GPRS	General Packet Radio Service
GPS	Global Positioning System
GSK	IT-Grundschutzkatalog
GSM	Global System for Mobile Communication
HDTV	High Definition TV
HDV	High Definition Video
HF	High Frequency
HFT	(Hochfrequenz)-Technik

Anhang

Abkürzung	Bedeutung
HNB	Home Node B
HSDPA	High Speed Downstream Packet Access
HSRP	Hot Standby Router Protocol
HSUPA	High Speed Upstream Packet Access
HTML	Hypertext Markup Language
HTTP	Hypertext Transfer Protocol
HVT	Hauptverteiler
IAD	Integrated Access Device
IAE	ISDN-Anschlusseinheit
IANA	Internet Assigned Numbers Authority
ICMP	Internet Control Message Protocol
ICS	Integrated Communication Solutions
ID	Identifikation
IEC	International Electrotechnical Commission
IEEE	Institute of Electrical and Electronics Engineers
IETF	Internet Engineering Task Force
IHL	IP Header Length
IKT	Informations- und Kommunikationstechnologie
IM	In-call Modification, auch Instant Messaging
IMAP	Internet Message Access Protocol
IMEI	International Mobile Equipment Identity
IMS	IP Multimedia Subsystem
IP	Internet Protocol
IP-PCX	IP-Private Communication Exchange
ISDN	Integrated Services Digital Network
ISO	International Standards Organization
ITIL	IT Infrastructure Library
ITSM	IT Service Management
ITU	International Telecommunication Union
IVR	Interactive Voice Response
IWD	Intelligent Workload Distribution
JID	Jabber Identifier
kBit/s	Kilobit pro Sekunde
KDB	Knowledge Database
KIZ	Kundeninteraktionszentrum

Abkürzung	Bedeutung
KonTraG	Gesetz zur Kontrolle und Transparenz im Unternehmensbereich
KoopA ADV	Kooperationsausschuss Automatisierte Datenverarbeitung Bund/Länder/Kommunaler Bereich
LAN	Local Area Network
LBS	Location Based Services
LCR	Leased Cost Routing
LDAP	Lightweight Directory Access Protocol
LDIFF	LDAP Data Interchange Format
LED	Light Emitting Diode; Leuchtdiode
LH	Line Hunting
LKZ	Länderkennziffer
LLDP-MED	Link Layer Discovery Protocol Media
LSTR	Listener Sidetone Rating
LSW	Low Significant Word
LTE	Long Term Evolution
LTS	Location Tracking System
LWL	Lichtwellenleiter
MAC	Media Access Control
MAN	Metropolitan Area Network
MAPI	Messaging Application Programming Interface
MBit/s	Megabit pro Sekunde
MC	Meet-me Conference
MCS	Managed Communication Services
MCU	Multipoint / Multimedia Control Unit
MD5	Message-Digest Algorithm 5
MDM	Mobile Device Management
MGCP	Media Gateway Control Protocol
MIB	Management Information Base
MIME	Multipurpose Internet Mail Extensions
MLHG	Multi Line Hunting Group
MLPP	Multi Level Precedence and Preemption
MMS	Multimedia Messaging Service
MMSS	Mobility and Modification Supplementary Services
MOH	Music on Hold
MoIP	Mobile over IP

Abkürzung	Bedeutung
MOS	Mean Opinion Score
MPEG	Moving Picture Experts Group
MPLS	Multiprotocol Label Switching
MPSS	MultiParty Supplementary Services
MSA	Mail Submission Agent
MSNP	Mobile Status Notification Protocol
MSW	Most Significant Word
MTA	Mail Transfer Agent
MTBF	Mean Time Between Failure; mittlere Zeit zwischen zwei Ausfällen
MTTF	Mean Time to Failure; mittlere Zeitspanne zwischen zwei Fehlern
MTTR	Mean Time to Repair; mittlere Zeitspanne bis zur Wiederherstellung des Betriebes
MUA	Mail User Agent
MWI	Message Waiting Indicator
NAPTR	Naming Authority Pointer Resource Record
NAT	Network Adress Translation
NDIS	Network Device Interface Specification
NEXT	Near End Cross Talk
NISS	Number Identification Supplementary Services
NMS	Network Management System
NPD	Network Plan Descriptor
NTP	Network Time Protocol
NZK	Nationale Zielkennziffer
OBEX	Object Exchange
OCR	Optical Character Recognition
OCS	Office Communication Server
OLR	Overall Loudness Rating
OMA	Open Mobile Alliance
OSCAR	Open System for Communication in Realtime
OSI	Open System Interconnection
OSPF	Open Shortest Path First
P	Padding
PA	Persönlicher Assistent
PAP	Password Authentication Protocol
PBX	Private Branch Exchange
PCM	Puls Code Modulation

Abkürzung	Bedeutung
PCX	Privat Communication Exchange
PDA	Personal Digital Assistant
PDC	Personal Digital Cellular
PGP	Pretty Good Privacy; sehr gute Privatsphäre
PIM	Personal Information Management
PIN	Persönliche Identifikationsnummer
PKI	Public Key Infrastructure
PMX	Primärmultiplex
PNP	Private Numbering Plan
PoE	Power over Ethernet
POH	Power on Hours
POP3	Post Office Protocol Version 3
PSH	Push
PSTN	Public Switched Telephone Network
PT	Payload Type
PTT	Push-to-Talk
PUK	Personal Unlocking Key
PURE	Eine Zieldefinition: Positiv-Unmissverständlich-Relevant-Ethisch
QCELP	Qualcomm Code Excited Linear Prediction
Qdu	Quantization Distortion Units
QM	Qualitätsmanagement
QoS	Quality of Service
QSIG	Q-Reference point Signalling
RADIUS	Remote Authentication Dial In User Service
RAID	Redundant Array of Independent Disks
RAID	Redundant Array of Independent Disk
RAP	Remote Access Point
RAS	Registration Authentication and Signalling (für H.323 nach ITU-T)
RC	Reception Count
RCELP	Relaxed Code Excited Linear Prediction
REV	Reverse Charge
RFC	Request for Comments
RIP	Routing Information Protocol
RJ	Registered Jack
RLOGIN	Remote Login

Abkürzung	Bedeutung
RLR	Receive Loudness Rating
RNP	Rufnummernplan
RSH	Remote Shell
RSS	Really Simple Syndication
RST	Reset
RSVP	Resource Reservation Protocol
RTCP	Real-Time Control Protocol
RTP	Real-Time Transport Protocol
SaaS	Software as a Service
SaaS	Software as a Service
SAK	Subscriber Authentication Key
SAN	Storage Area Network
SBC	Session Border Controller
SBM	Service- und Betriebsmodell
SCP	Secure Copy
SCT	Single Step Call Transfer
SDH	Synchronous Digital Hierarchy
SDM	SIP Device Manager
SDP	Session Description Protocol
SDSL	Synchrones DSL
SELP	Sum Excited Linear Prediction
SFTP	Secure FTP
SIM	Subscriber Identity Module
SIMPLE	SIP for Instant Messaging and Presence Leveraging Extensions
SIP	Session Initiation Protocol
SLA	Service Level Agreement
SLM	Service Level Management
SLR	Sender Loudness Rating
SMART	Eine Zieldefinition, steht für: Signifikant – Messbar – Attraktiv – Realistisch – Terminiert
SMIL	Synchronized Multimedia Integration Language
SMS	Short Message System
SMTP	Simple Mail Transfer Protocol
SN	Sequence Number
SND	Sprachnachrichtendienst

Verzeichnis der Abkürzungen

Abkürzung	Bedeutung
SNMP	Simple Network Management Protocol
SNTP	Simple NTP
SOA	Service Oriented Architecture
SP	Source Port
SPIDR	System and Part Integrated Data Resource
SPIT	SPAM over Internet Telephony
SRTP	Secure RTP
SSC	SIP-Session Controller
SSH	Secure Shell
SSID	Service Set Identifier
SSIP	Secure SIP
SSL	Secure Sockets Layer
SSO	Single-Sign-On
SSRC	Synchronisation Source
SSS	Screening Supplementary Services
STMR	Sidetone Masking Rate
STUN	Simple Traversal of User Datagram Protocol [UDP] through Network Address Translators
SVP	Spectralink Voice Priority
SYN	Synchronize
SyncML	Synchronization Markup Language
TA	Telefonanschluss
TAE	Telekommunikationsanschlusseinheit
TAPI	Telephony Application Programming Interface; MSTAPI (Microsoft TAPI), JTAPI (Java-TAPI)
TCP	Transmission Control Protocol
TDM	Time Division Multiplexing
Telnet	Teletype Network
TIA	Telecommunications Industry Alliance
TIFF	Tagged Image File Format
TKG	Telekommunikationsgesetz
TLD	Top Level Domain
TLS	Transport Layer Security
TNET	Digitales Vernetzungsprotokoll der Firma AVAYA (ehemals TENOVIS)
TNR	Teilnehmernummer

Abkürzung	Bedeutung
TOS	Type of Service
TP	Terminal Portability
TPK	Twisted Pair Kabel
TTL	Time To Live
TTLS	Tunneled Transport Layer Security
TTS	Text to Speech
U-APSD	Unscheduled Automatic Power Save Delivery
UC	Unified Communication
UC-RA	UC-Readyness-Analyse
UDP	User Datagram Protocol
UDS	Unified Directory Service
UIN	Unique Identification Number
UMA	Unified Management Architecture
UMS	Unified Messaging System
UMTS	Universal Mobile Telecommunications System
URG	Urgent Flag
URI	Uniform Resource Identifier
URL	Uniform Resource Locator
UUS	User-to-User Signalling
VAD	Voice Activity Detection
VAS	Value Added Services
VDSL	Very High Speed Digital Subscriber Line
VIMAP	Virtual domain IMAP (RFC 3501)
VIP	Very Important Person
VLAN	Virtual Local Area Network
VM	Virtual Machine
VMS	Voice Mail System
VoIP	Voice over IP
VoWLAN	Voice over WLAN
VPIM	Voice Profile for Internet Mail (RFC 3804)
VPLS	Virtual Private LAN Service
VPN	Virtual Private Network
VRF	Virtual Routing and Forwarding
VRRP	Virtual Router Redundancy Protocol
VSELP	Vector Sum Excited Linear Prediction

Verzeichnis der Abkürzungen

Abkürzung	Bedeutung
VSN	Virtual Social Networking
VXML	VoiceXML
W3C	World Wide Web Consortium
WAN	Wide Area Network; Weitverkehrsnetzwerk
WAP	Wi-Fi-Protected Access, WAP2 ist die Version 2 von WAP
WBXML	WAP-Binary-XML
WDM	Wavelength Division Multiplexing
WEP	Wired Equivalent Privacy
WiMAX	Worldwide Interoperability for Microwave Access
WLAN	Wireless Local Area Network
WMM	Wi-Fi Multimedia
WPA	Wi-Fi Protected Access
WSG	Web Service Gateway
WSP	Wireless Session Protocol
WWW	World Wide Web
XEP	XMPP Extension Protocol
XHTML	Extensible HyperText Markup Language
XML	eXtensible Markup Language
XMPP	Extensible Messaging and Presence Protocol
Y!M	Yahoo!Messenger-Protokoll
ZES	Zentraler Enterprise Server

Literatur

[Badach]	*Badach, Anatol:* Voice over IP – Die Technik. 3. Auflage. Carl Hanser Verlag, München, 2007
[Fischer]	*Fischer, Jörg:* VoIP-Praxisleitfaden. 1. Auflage. Carl Hanser Verlag, München 2008
[Foth01]	*Foth, Egmont:* Handbuch IP-Telefonie. 1. Auflage. Fossil Verlag, Köln 2001
[Foth02]	*Foth, Egmont:* Internet/Intranet Handbuch. 1. Auflage. Fossil Verlag, Köln 2000
[GSK]	*BSI (Bundesamt für Sicherheit in der Informationstechnik):* IT-Grundschutzkatalog. 8. Ergänzungslieferung, Köln 2006
[Hein/Billo]	*Hein, Mathias / Billo, Marie-Christine:* TCP/IP light. 1. Auflage. Fossil Verlag, Köln 1997
[KonTranG]	*Bund:* Gesetz zur Kontrolle und Transparenz im Unternehmensbereich. Stand 1998, Bonn
[Rackham]	*Rackham, Neil:* The Spin Selling Fieldbook. 1. Auflage. McGraw-Hill Professional, 1996
[Schmidt]	*Schmidt, Klaus:* Der IT Security Manager. 1. Auflage. Carl Hanser Verlag, München, 2006
[Siegmund01]	*Siegmund, Gerd:* Next Generation Networks. 1. Auflage. Hüthig Verlag, Heidelberg 2002
[Siegmund02]	*Siegmund, Gerd:* Intelligente Netze. 2. Auflage. Hüthig Verlag, Heidelberg 2001
[TKG]	*Bund:* Telekommunikationsgesetz. Stand 2004, Bonn
[Trick/Weber]	*Trick, Ulrich / Weber, Frank:* SIP, CP/IP und Telekommunikationsnetze. 2. Auflage. Oldenbourg Verlag, München 2005
[von Thun]	*Schulz von Thun, Friedemann*: Miteinander reden 1-3. Sonderausgabe, Rowohlt Taschenbuch Verlag, Hamburg 2008
[VoIPSEC]	*BSI (Bundesamt für Sicherheit in der Informationstechnik):* Studie zur Sicherheit von Voice over Internet Protocol. 1. Auflage, Köln 2006
[Wischki]	*Wischki, Christian:* ITIL®V2, ITIL®V3 und ISO/IEC 20000: Gegenüberstellung und Praxisleitfaden für die Einführung oder den Umstieg, Carl Hanser Verlag, München, 2009

Register

3
3G 212
3GPP 230
3rd Generation Partnership Project *siehe 3GPP*

8
802.11 230, 232, 374
802.11g 233
802.11n 233
802.16 230
802.1x 156, 235, 245

A
AAA 53, 364, 366, 412, 418, 419
AAC 187
Access Control List *siehe ACL*
ACD 285, 289, 291
ACELP 191
ACL 396
Adaptive Difference Puls Code Modulation *siehe ADPCM*
Adaptive Radio Management *siehe ARM*
Administration 44
ADPCM 191
Adressbuch 261
ADSL 372
Advanced Audio Coding *siehe AAC*
Advanced Encryption Standard *siehe AES*
AES 181, 196, 245, 331
AJAX 203
AJAX-Anwendung 204, 206
Alarmierung 133
ALG 367
Algebraic Code Excited Linear Prediction *siehe ACELP*
AMDS 299
Amtskennung 102
Android 261, 276
Anker 207
Anmeldeseite 131
Anrufbeantworter 122, 257
Antenne 233
AOL Instant Messenger *siehe AIM*
Apache 200
API 63, 199, 213
App 228, 256, 257
Apple 228, 256
Application Layer Firewall *siehe ALF*
Application Layer Gateway *siehe ALG*
Application Programming Interface *siehe API*
Application Service Provider 349
Application Service Providing *siehe ASP*
ARM 246
arpa 263
ASP 3, 54, 344, 349
Asynchrones DSL *siehe ADSL*
Asynchronous JavaScript and XML *siehe AJAX*
Asynchronous Transfer Mode *siehe ATM*
ATM 369
Authentication, Authorization, Accounting *siehe AAA*
Authentifizierung 331

459

Register

Authentisierung 126
Automatic Call Distribution *siehe ACD*
Automatische Datenverarbeitung *siehe ADV*

B

Backup 110
Bandbreite 111, 189
Basel II 324
BDSG 326
Bedienbarkeit 105
Belegtlampenfeld *siehe BLF*
Benachrichtigungsregel 134
Benutzerverhalten 128
Betrieb 43, 46
Betriebsmodell 339
Betriebssicherheit 111
Betriebssystem 276
BITKOM 437
Blackberry 219, 228, 247, 277
BLF 285
Blog 212, 290
Bluetooth 31, 228, 237, 355
Border Controller 402
Border Gateway 402
BPCS 22
BPR 298
Browser 271
BSI 323, 327
Bundesamt für Sicherheit in der Informationstechnik *siehe BSI*
Bundesdatenschutzgesetz *siehe BDSG*
Bundesverband Informationswirtschaft, Telekommunikation und neue Medien e.V. *siehe BITKOM*
Business Process Routing *siehe BPR*
Business Profiled Communication Services *siehe BPCS*

C

CAC 404, 405, 409, 410
Call Admission Control *siehe CAC*
Call Data Record *siehe CDR*
CallCenter 9, 104, 218, 348

CAPI 94
Carrier 26
CBR 369
CDR 411
CEBP 5, 7, 39
CELP 192
Change Management 361
Chat 132, 173, 176, 228, 283, 290, 296, 297
Chief Information Officer *siehe CIO*
Chief Organization Officer *siehe COO*
Chief Technical Officer *siehe CTO*
CIO 37, 42
Citrix 225
Click to dial 101
Client-Server 145, 354
Cloud Computing 209, 352, 356, 360
Cloud Conferencing 129
CMDB 420, 435
CNG 191
CobiT 366
COBIT 324
Code Excited Linear Prediction *siehe CELP*
Codec 66, 185, 334, 404, 405, 406, 407
Comfort Noise Generation *siehe CNG*
Common Application Programming Interface *siehe CAPI*
Communication Enabled Business Process *siehe CEBP*
Computer Supported Telecommunications Application *siehe CSTA*
Computer Telephony Integration *siehe CTI*
Configuration and Management Database *siehe CMDB*
Configuration Management Data Base 435
Conjugate Structure Algebraic Code Excited Linear Prediction *siehe CS-ACELP*
Constant Bit Rate *siehe CBR*
Continual Service Improvement *siehe CSI*
Contribution Sources *siehe CSRC*
Control Objectives for Information and Related Technology *siehe CobiT*
COO 37
CRM 9, 110, 213, 261, 262, 290, 360

CS-ACELP 190, 191
CSI 422
CSRC 179
CSTA 5, 9, 41, 108, 148, 152, 165, 209, 294, 383
CTI 5, 9, 11, 41, 101, 209, 284, 290, 383
CTI-Anwendung 102
CTI-Steuersequenz 110
CTO 37, 42
Customer Relationship Management *siehe CRM*

D

Data Encryption Standard *siehe DES*
Datenbank 260
DCF77 163
DDI 384
Death on Arrival 317 *siehe DoA*
DECT 23, 229, 231, 240, 255, 270, 373, 384
Demilitarized Zone *siehe DMZ*
Denial of Service 329, 434 *siehe DoS*
DENIC 263
DES 181
Deutschland Network Information Center *siehe DENIC*
DHCP 40, 53, 88, 224, 246, 366, 419
Digital Enhanced Cordless TeleCommunication *siehe DECT*
Digital Signalling Processor *siehe DSP*
Digital Subscriber Line *siehe DSL*
Digital Subscriber Line Access Multiplexer *siehe DSLAM*
Direct Dial-In *siehe DDI*
DLL 94, 115
DM 443
DMS 443
DMZ 330
DNS 40, 53, 88, 155, 246, 263, 266, 333, 366, 419
DoA 317
Dokumentationsmanagement *siehe DM*
Dokumentationsmanagementsystem *siehe DMS*
Domain 172, 263
DoS 154, 329, 334, 391, 434

Dreierkonferenz 128
DSL 38, 39, 80, 238, 239, 368, 371, 372, 373
DSLAM 372
DSP 334, 404, 406
DTMF 149, 202, 268, 269, 272, 285, 293
DTMF-Funktion 127
Dual Tone Multiple Frequency *siehe DTMF*
Dynamic Host Control Protocol *siehe DHCP*
Dynamic Link Library *siehe DLL*
Dynamic Name Service *siehe DNS*

E

E.164 11, 263, 384
Echtzeit 49, 178
ECMA 165
ECMAScript 203
EDGE 80, 229, 236, 368
Eigenbetrieb 340
Einladungsliste 131
Einwahlpunkt 129, 131
Electronic Part Reliability Data *siehe EPRD*
Elektronisches Telefonbuch *siehe ETB*
E-Mail 28, 52, 142, 154, 246, 259, 290, 300
Empfänger 15, 17, 233
EMS 211
Enhanced Data Rates for GSM Evolution *siehe EDGE*
Enhanced Message Service *siehe EMS*
Enterprise Resource Planning *siehe ERP*
ENUM 88, 155, 263, 265, 333, 366, 419
EPRD 318
Ergänzende Vertragsbedingungen für die Beschaffung von IT-Leistungen *siehe EVB-IT*
ERLANG 369, 370
Erlang-Berechnung 33
ERP 110, 360
Erreichbarkeit 51
ETB 282, 396
Evakuierungsserver 133
EVB-IT 437
Extensible HyperText Markup Language *siehe XHTML*

eXtensible Markup Language *siehe XML*
EXtensible Messaging and Presence Protocol
    siehe XMPP

F

Facility Management *siehe FM*
FAM   390, 394
Fat Client   235
Fault Tree Analysis Method *siehe FTAM*
Fax   39, 52, 181, 183, 259, 290, 405, 407
FAXoIP   181, 183, 405, 407
Fax-Server   124
Faxversand   125
Fehler- und Alarmmanagement *siehe FAM*
Feldstärke   275
Femto   236, 238
File Transfer Protocol *siehe FTP*
Firewall   151, 230, 234
Fixed Mobile Convergence *siehe FMC*
Flatrate   17, 340
FM   430
FMC   10, 26, 65, 81, 164, 254, 255, 279, 384
Free Seating   52, 226, 251
FTAM   320
FTP   162, 194, 395
FTP over SSL *siehe FTPS*
FTPS   196

G

G.711   189, 190, 334, 409
G.722   192
G.722.2   190, 334
G.723   190, 191, 334, 409
G.729   190, 191, 334, 409
Gastsystem   103
Gatekeeper   161
Gateway   268
Gefahr   33, 44
General Package Radio Service *siehe GPRS*
Genesys Enterprise Telephony Software
    siehe GETS
Geschäftsprozess   276
GET   415, 416

GETS   153, 401
GIF   124
Global Positioning System *siehe GPS*
Global System for Mobile Communication
    siehe GSM
Google   276
    Wave   261
GPRS   212, 229, 236
GPS   239, 240, 241, 252
Graphics Interchange Format *siehe GIF*
GSK   327, 440
GSM   9, 23, 40, 80, 229, 230, 237, 240, 244,
    245, 248, 252, 254, 273, 368, 384, 399

H

H.225   160
H.235   160
H.239   158
H.245   160
H.248   164
H.261   158
H.263   158
H.264   158, 186
H.320   157, 158
H.323   157, 158, 159, 193, 330
H.324   158
H.450   160
Hand over   231, 235, 255
Handy-Portal   271
HDTV   186
HDV   51
Help Desk   348
HFT   39
High Definition TV *siehe HDTV*
High Definition Video *siehe HDV*
High Speed Downstream Packet Access
    siehe HSDPA
High Speed Upstream Packet Access
    siehe HSUPA
HNB   238
(Hochfrequenz)-Technik *siehe HFT*
Home Node B *siehe HNB*
Homeoffice   241, 243

Homeworker 52
Host 352
Hosted Services 340, 348
Hostsystem 103
Host-Terminal 354
Hotspot 237
HSDPA 40, 236, 238, 275
HSUPA 40
HTML 203, 207
HTTP 144, 146, 150, 194, 209, 330
HTTPS 150
Hypertext Markup Language *siehe HTML*
Hypertext Transfer Protocol *siehe HTTP*

I

IAD 371, 373
ICQ 171, 172
ICS 84
Identität 43, 155, 244
IEC 316, 318
IEEE 232
IEEE 802.1p 370
IETF 171, 413
IKT-Grundschutzkatalog 323, 327
IKT-Landkarte 36, 45, 363
IM 9, 28, 51, 52, 53, 82, 122, 132, 142, 144, 171, 173, 176, 226, 228, 246, 259, 290, 296, 297, 300
IMAP 168, 169, 170
IMEI 243
IMS 376
Inbound 289
Informations- und Kommunikations-Technologie *siehe IKT*
Infrastruktur 25, 37
Inline-Frame 207
Instant Messaging *siehe IM*
Institute of Electrical and Electronics Engineers *siehe IEEE*
Integrated Access Device *siehe IAD*
Integrated Communication Solution *siehe ICS*
Integrated Services Digital Network *siehe ISDN*
Integrität 21, 43, 156, 244, 332

Intelligent Workload Distribution *siehe IWD*
Interactive Voice Response *siehe IVR*
International Electrotechnical Commission *siehe IEC*
International Mobile Equipment Identity *siehe IMEI*
International Standards Organization *siehe ISO*
International Telecommunication Union *siehe ITU*
Internationales Gremium für Standardisierung in der Informations- und Kommunikations-technologie sowie der Verbraucherelektronik *siehe ECMA*
Internet Engineering Task Force *siehe IETF*
Internet Message Access Protocol *siehe IMAP*
IP Multimedia Subsystem *siehe IMS*
IPhone 228, 271, 276
IPSec 330
ISDN 9, 39, 80, 141, 158, 215, 294, 405
ISO 46
IT-Grundschutzkatalog *siehe GSK*
IT Infrastructure Library *siehe ITIL*
IT Service Management *siehe ITSM*
ITIL 46, 324, 366, 383, 393, 420, 422, 435
ITILv3 324, 442
ITSM 366
ITU 157
ITU-T 181, 189
IVR 285, 294
IWD 298

J

Jabber 171
Jabber-Identifier *siehe JID*
JavaScript 203, 206, 213
JID 172, 174
JTAPI 166

K

Kalender 131
Kalendersystem 131
Kanonisches Rufnummernformat 102
Klingelton 105

Kollaboration 51
Kollaborationssystem 131
Konferenz 51, 128
Konferenzsystem 128
Konfiguration 43
Konvergenz 10, 23, 26, 30
KoopA ADV 437
Kooperationsausschuss Automatische Datenverarbeitung 437
Koppelfeld 30
Körpersprache 129

L

LAN 28, 38, 222, 412
Ländercode 263
Länderkennung 102
LBS 239
LDAP 262, 366, 389, 396
LDAP Data Interchange Format siehe LDIFF
LDIFF 389
Leistungsmerkmal 31
Lichtwellenleiter siehe LWL
Lightweight Directory Access Protocol siehe LDAP
LINUX 395
Local Area Network siehe LAN
Location Based Service siehe LBS
Location Tracking System siehe LTS
Lokalisierung 242, 243
Lokator 330
Long Term Evolution siehe LTE
LTE 40, 80, 230, 237, 373
LTS 240
LWL 38

M

MAC 32, 224, 430, 431
MacOS 276
Maemo 277
Mail Submission Agent siehe MSA
Mail Transfer Agent siehe MTA
Mail User Agent siehe MUA
MAN 232

Man in the middle 333
Managed Communication Services siehe MCS
Managed Services 340
Management 44
Management Information Base siehe MIB
MCS 36
MCU 66, 84, 160, 367
Mean Opinion Score siehe MOS
Mean Time Between Failure siehe MTBF
Mean Time Between Failure siehe MTBF
Mean Time To Failure siehe MTTF
Mean Time To Repair siehe MTTR
Media Access control siehe MAC
Media Gateway Control Protocol siehe MGCP
Media Player 126
Megaco 163
Mehrfachkonferenz 128
Message Waiting Indicator siehe MWI
Metropolitan Area Network siehe MAN
MGCP 162, 330
MIB 414, 431
Microsoft 152, 247
Microsoft Active Directory 226
Mikrofon 14
MIME 212
MMS 52, 211, 248, 259
Mobile Status Notification Protocol siehe MSNP
Modem 39, 407
MOS 188, 411
Moving Picture Experts Group siehe MPEG
MP3 168, 185, 187, 396
MPEG 185
MPEG-1 158
MPEG-3 158
MPEG-4 158
MPLS 408
MP-MLQ 191
MSA 169
MSN 171, 172
MSNP 176
MS-TAPI 166
MTA 169

MTBF 316, 320
MTTF 316
MTTR 315, 320
MUA 169
Multi Protocol Label Switching *siehe MPLS*
Multimedia Messaging Service *siehe MMS*
Multipoint/Multimedia Control Unit *siehe MCU*
Multipurpose Internet Mail Extensions
 siehe MIME
MWI 126

N

Naming Authority Pointer Recource Record
 siehe NAPTR
NAPTR 266
NAT 156, 173, 384
Navigation 241
Nebenstelle 227
Netbook 222
Network Address Translation *siehe NAT*
Network Plan Descriptor *siehe NPD*
Network Time Protocol *siehe NTP*
Netze 25
Nokia 247
Notruf 225, 249
NPD 384
NTP 163

O

OCR-Software 124
OCS 152
Office Communication Server *siehe OCS*
One-Click-QoS 364, 371
OneNumber 51, 220, 246, 257, 268, 272, 279, 287
Open System for Communication in Realtime
 siehe OSCAR
Open System Interconnection *siehe OSI*
OpenPGP 175
Opensource 213
Optical Character Recognition *siehe OCR*
OSCAR 175
OSI 194
Outbound 289

P

PA 286
Palm 277
PCM 190, 191
PDA 247, 277
PDC 191
Personal Digital Assistant *siehe PDA*
Personal Digital Cellular *siehe PDC*
Personal Information Management *siehe PIM*
Personal Unlocking Key *siehe PUK*
Persönlicher Assistent *siehe PA*
Persönliche Identifikationsnummer *siehe PIN*
PGP 175
PHP 203
PIM 116, 288
PIN 226, 245, 268, 272, 311, 326
PMX 335
PoE 367
Polling 275
POP3 168
Portal 271
Post Office Protocol Version 3 *siehe POP3*
Potenzialfreie Steuereinrichtung 134
Power over Ethernet *siehe PoE*
Präsentationsmodus 132
Präsenz 51, 105, 176, 220, 228, 383, 399
Präsenzdienst 130
price per use 340
Pretty Good Privacy *siehe PGP*
Primärmultiplex *siehe PMX*
Privat Communication eXange *siehe PCX*
Provider 268, 270
Proxy 330, 417
PSTN 164
Public Switched Telephone Network *siehe PSTN*
PUK 245
Puls Code Modulation *siehe PCM*

Q

QCELP 191
QM 442
QoS 231, 232, 235, 365, 368, 369, 370, 371, 373, 380, 386, 394, 404–411, 422

QoS-Parameter 125
QSIG 158, 215, 294
Qualcomm Code Excited Linear Prediction
    siehe QCELP
Qualitätsmanagement siehe QM
Quality of Service siehe QoS

R

Radio Frequency Identification siehe RFID
RADIUS 224, 245
RAID 354
RAP 234, 238
RCELP 191
RCP 194
Reaktionszeit 130
Really Simple Syndication siehe RSS
Real-Time Control Protocol siehe RTCP
Realtime Transfer Protocol 331
Real-Time Transport Protocol siehe RTP
Rechenzentrum 111
Redundant Array of Independent Disk
    siehe RAID
Redundanz 43, 153, 246, 357
Registrar 330
Relaxed Code Excited Linear Prediction
    siehe RCELP
Remote Access Point siehe RAP
Remote Authentication Dial In User Service
    siehe RADIUS
Remote Login siehe RLOGIN
Remote Shell siehe RSH
Request for Comments siehe RFC
Resource reSerVation Protocol siehe RSVP
RFC 143, 147, 150, 156, 171, 263, 393
RFID 227
R-Formel 411
RIM 228, 247, 261, 262
Risiko 44, 324
Risikoabschätzung 324
Risikobewertung 324
RLOGIN 194
RNMP 415
Roaming 231, 235, 254

ROI 45, 69, 93
Root-User 435
Routing 332
RSH 194
RSS 122, 360
RSVP 369
RTaudio 406
RTAudio 192
RTCP 411
RTP 142, 164, 178, 181, 331, 411
Ruby on Rails 213
Rufnummernformat, kanonisches 102
Rufumleitung 226

S

SaaS 54, 340, 349
SAK 245
SAN 39, 382
SBC 153, 230, 367
SBM 339, 361
SCP 196
SDM 381, 382, 392, 411
SDP 146, 148, 156
Seamless Roaming 273
Secure Copy siehe SCP
Secure FTP siehe SFTP
Secure RTP siehe SRTP
Secure Shell siehe SSH
Secure Sockets Layer siehe SSL
SELP 192
Sender 15, 17, 233
sequence number 331
Serverspiegelung 354
Service 21
Service Level Agreement siehe SLA
Service Level Management siehe SLM
Service Oriented Architecture siehe SOA
Service Set Identifier siehe SSID
Service- und Betriebsmodell siehe SBM
Session Border Controller 230 siehe SBC
Session Description Protocol siehe SDP
Session Initialisation Protocol siehe SIP
SET 415, 416

SFTP 162, 195
Shared-Desk 52
Short Message Service *siehe SMS*
Sicherheit 21, 33, 44
Signalisierung 106
SIM-Karte 245, 270
SIMPLE 176
Simple Network Management Protocol
    siehe SNMP
Simple NTP *siehe SNTP*
Simple Traversal of User Datagram Protocol
    (UDP) Through Network Address Translators
    siehe STUN
SingleNumber-Reach 268
Single-Sign-On *siehe SSO*
SIP 5, 21, 28, 30, 34, 41, 122, 141, 165, 176,
    193, 209, 210, 251, 265, 266, 267, 273, 300,
    329, 380, 390, 392
SIP-Client 273
SIP Device Manager *siehe SDM*
SIP for Instant Messaging and Presence
    Leveraging Extensions *siehe SIMPLE*
SIP Session Controller *siehe SSC*
SIP-Trunking 251
SIPing19 141, 392
Skalierbarkeit 20
Skill Based 134
Skype 261
SLA 88, 366, 437
SLM 421
SMIL 211
SMS 52, 122, 210, 228, 248, 258, 259, 271, 290
SMTP 168, 171, 183, 212, 265, 266
SNMP 53, 59, 195, 196, 364, 365, 409,
    412–418, 431
SNTP 163
SOA 5, 41, 401
SOAP 108, 206, 208, 212
SoftSwitch 33
Software as a Service *siehe SaaS*
SPAM 154, 313
SPAM over Internet Telephony *siehe SPIT*
SPIDR 318

SPIT 155, 313, 402
Sprache 188
Sprachnachricht 126
Sprachqualität 192
Sprachspeicher 122
SRTP 180, 181, 331
SS7 Protokoll 164
SSC 146, 153, 313, 330, 390, 391, 392, 411
SSH 195
SSID 245
SSL 170, 174, 196, 330
SSO 418
SSRC 179
Standardkonformität 20
Steuerbandbreite 107
Steuereinrichtung, potenzialfreie 134
Storage Area Network *siehe SAN*
Stromverbrauch 32
STUN 156
Subscriber Authentication Key *siehe SAK*
Subscriber Identity Module *siehe SIM-Karte*
Sum Excited Linear Prediction *siehe SELP*
SWINST 396
Symbian 277
Synchronization Source *siehe SSRC*
Synchronized Multimedia Integration Language
    siehe SMIL
System and Part Integrated Data Resource
    siehe SPIDR

T

T.30 181
T.37 183
T.38 82, 125, 183, 405
Tagged Image File Format *siehe TIFF*
Tandem 229
TAPI 41, 85, 94, 166
TCP 144, 148, 396
TDM 331
Telecommunications Industry Association
    siehe TIA
Telefonie 14
Telekommunikationsgesetz *siehe TKG*

Telephone Number Mapping / Extented
   Numbering Plan *siehe ENUM*
Telephony Application Programming Interface
   siehe TAPI
Telepräsenzsystem 129
Teleworker 52
TELNET 193
Terminal 227, 352
Terminal Server 225
Text-To-Speech *siehe TTS*
Thin Client 233
TIA 190
TIFF 183
Time Division Multiplexing *siehe TDM*
TKG 250
TLS 147, 148, 150, 156, 174, 196, 330
Tomcat 200
TOS 370
Transformation 10, 25
Transmission Control Protocol *siehe TCP*
Transport Layer Security *siehe TLS*
Transports 173
TRAP 415, 416, 417
Triangulation 241
Trunk 151, 329
TTLS 170
TTS 201
TTS-Steuerung 127
TTS-System 127
Tunneled Transport Layer Security *siehe TTLS*
Twinset 229
Twitter 212, 300
Type of Service *siehe TOS*

U

Übertragungsgeschwindigkeit 236
UDP 144, 148, 156, 178, 195
UDS 389
UIN 173
UMA 363, 364
Umbrella 364, 365, 412, 413, 416
UMS 9, 39, 52, 139, 168, 259, 326, 383, 396,
   399, 400, 412

UMTS 9, 40, 80, 81, 229, 230, 236, 237, 238,
   239, 244, 245, 249, 368, 399
Umweltschutz 128
Unified Directory Service *siehe UDS*
Unified Documentation 436
Unified Management Architecture *siehe UMA*
Unified Messaging Services *siehe UMS*
Uniform Resource Identifier *siehe URI*
Uniform Resource Locator *siehe URL*
Unique Identification Number *siehe UIN*
Universal Mobile Telecommunications System
   siehe UMTS
Universal Serial Bus *siehe USB*
UNIX 395
URI 266
URL 207
USB 31
User Datagram Protocol *siehe UDP*

V

VAD 190
Value Added Services *siehe VAS*
VAS 212
VDSL 372
Vector Sum Excited Linear Prediction
   siehe VSELP
Verfügbarkeit 21, 43, 244
Vermaschung 235
Vermittlung 15
Verschlüsselung 331
Vertraulichkeit 21
Very High Speed Digital Subscriber Line
   siehe VDSL
Very Important Person *siehe VIP*
Videokamera 134
Videokonferenz 225
Videokonferenzsystem 129
Videoüberwachungssystem 134
VIP 300
Virtual Local Area Network *siehe VLAN*
Virtual Machine *siehe VM*
Virtual Privat Network *siehe VPN*
Virtual Social Networking *siehe VSN*

Virtualisierung 357
virtuelle Maschine 355, 356
VLAN 223, 332, 367, 370, 408
VM 155, 355, 395
VM-Ware 395
Voice Activity Detection *siehe VAD*
Voice over IP *siehe VoIP*
Voice over WLAN *siehe VoWLAN*
Voicemail 257
VoiceXML 201 *siehe VXML*
VoIP 7, 25, 141, 379, 394, 404, 416
VoIP-Domain 404, 408
VoIP-PCX 39
VoWLAN 40
VPN 221, 234, 247, 249, 349, 376
VSELP 191
VXML 201

W

W3C 201
WAN 38, 234, 368, 371, 408, 409, 410, 412
WAP 211
WAV 168, 396
Wavelength Division Multiplexing *siehe WDM*
WDM 38
Web 7, 53, 290, 389, 399
Web 2.0 41, 203, 211
Web 3.0 41
Web Service Gateway *siehe WSG*
Webinar 131
WebOS 277
Web-Server 206
WEP 245, 376
Wide Area Network *siehe WAN*
Wi-Fi Protected Access *siehe WPA*

WiMAX 39, 40, 230, 237, 368
Windows 7 127
Windows-Mobile 277
Wired Equivalent Privacy *siehe WEP*
Wireless LAN *siehe WLAN*
Wireless Meshed WLAN 235
Wizard 54
WLAN 9, 23, 39, 212, 228–230, 232, 233, 238–241, 244, 245, 251, 254, 255, 272, 273, 355, 367, 399, 412
WMA 185, 187
World Wide Web *siehe WWW*
World Wide Web Consortium *siehe W3C*
Worldwide Interoperability for Microwave Access *siehe WiMAX*
WPA 376
WPA2 245, 246
WSG 230, 367
WWW 296

X

X.500 366
XHTML 203
XML 30, 41, 108, 144, 150, 165, 167, 193, 199, 208–210, 213, 256, 399
XMPP 171, 174, 175, 177
XMPP Extension Protocols *siehe XEP*

Y

Yammer 212, 214

Z

Zentraler Enterprise Server *siehe ZES*
ZES 248

HANSER

Was VoIP alles kann...

Fischer
VoIP-Praxisleitfaden
IP-Kommunikation für Sprache, Daten und Video planen, implementieren und betreiben
494 Seiten.
ISBN 978-3-446-41188-3

Dieser Praxisleitfaden vermittelt Ihnen einen umfassenden Überblick über die praxisrelevanten Aspekte von VoIP-Lösungen: von der Infrastruktur über Nummern, Namen, Adressen und Protokolle, VoIP-Architekturen und Applikationen bis hin zu Sicherheitsaspekten sowie Gedanken bezüglich des Betriebes, der Betriebsmodelle, Fehlerbehebung, VoIP-Analyse und Dokumentation.

Jörg Fischer gibt Ihnen eine Fülle von Tipps aus seiner über 15jährigen Praxiserfahrung mit VoIP. Er beantwortet viele in der Praxis häufig gestellte Fragen wie: Welche VoIP-Lösungen eignen sich für welches Unternehmen? Wo liegen welche Fallstricke bei VoIP-Projekten und wie kann man sie umgehen?

Mehr Informationen zu diesem Buch und zu unserem Programm unter **www.hanser.de/computer**

HANSER

Alles zum Standard im Internet!

Badach/Hoffmann
Technik der IP-Netze
720 Seiten.
ISBN 978-3-446-21935-9

Den Ablauf der Kommunikation in Intranet und Internet regelt die Protokollfamilie TCP/IP. Dieses Buch bietet eine systematische und fundierte Darstellung der Technik der IP-Netze, die auf dieser Protokollfamilie basieren. Es zeigt die Möglichkeiten des IP-Einsatzes auf und geht ausführlich auf IPv6 ein.

Die beiden Autoren vermitteln in diesem umfassenden Handbuch sowohl Grundlagen als auch Praxiswissen. Studenten und Neueinsteiger führen sie anschaulich in das Thema ein. Dem Profi, der für die Planung und Realisierung der Netzwerke verantwortlich ist, dient das Buch als umfassendes Nachschlagewerk.

Mehr Informationen zu diesem Buch und zu unserem Programm unter **www.hanser.de/computer**

HANSER

Stimmen aus dem Internet

Badach
Voice over IP – Die Technik
Grundlagen, Protokolle, Anwendungen,
Migration, Sicherheit
4., überarbeitete u. erweiterte Auflage
542 Seiten
ISBN 978-3-446-41772-4

Voice over IP (VoIP) hat sich etabliert. Inzwischen kann man z.B. sogar mit dem iPhone VoIP nutzen. Nicht nur für Internet-Telefonie, sondern auch für Multimedia-Kommunikation gibt es inzwischen zahlreiche VoIP-Anwendungen, die sowohl Firmen als auch Privatanwender einsetzen können. Lernen Sie mit diesem Buch die Grundlagen, Standards und Protokolle für das Telefonieren und die Multimedia-Kommunikation über das Internet kennen. Hier finden Sie eine umfassende und mit über 350 Abbildungen illustrierte Darstellung von VoIP. Damit werden Sie die Sprachkommunikation über IP-Netze verstehen, diese zu nutzen wissen und selbst neue VoIP-Anwendungen konzipieren und entwickeln können.

Die vollständig überarbeitete 4. Auflage erläutert die aktuellen Entwicklungen – insbesondere neue Anwendungen von VoIP mit SIP – und wurde ergänzt um die Themen VoIP in Netzwerken mit privaten IP-Adressen, Unterstützung der Benutzermobilität, SIP Security und VoIP-Peering.

Mehr Informationen zu diesem Buch und zu unserem Programm
unter **www.hanser.de/computer**

HANSER

Wissen, wie's geht

Schreiner
Computernetzwerke
Von den Grundlagen zur Funktion
und Anwendung
3., überarbeitete Auflage
320 Seiten
ISBN 978-3-446-41922-3

Viele Anwender suchen oft nach einer kompakten Einführung in die Grundlagen moderner Computernetzwerke, die trotzdem alle wesentlichen Aspekte präzise behandelt. Mit diesem Buch endet die Suche. Der Autor liefert darin fundiertes Know-how zu verschiedenen Bereichen des Networkings: vom OSI-Modell über die TCP/IP-Protokollfamilie, VLANs, VPNs und Funknetzen bis hin zu Steckern und Kabeln. Informationen zu Netzzugang, Routing, Sicherheit und Fehlerbehebung kommen ebenfalls nicht zu kurz. Ergänzt wird die Darstellung durch Repetitorien und Übungen, mit denen das Erlernte im Sinne einer Erfolgskontrolle überprüft werden kann. Das Konzept basiert auf jahrelanger Erfahrung des Autors als Netzwerkverantwortlicher: Nur verstandene Grundlagen ermöglichen einen problemlosen Aufbau von Computernetzen. Im Vordergrund steht daher nicht das »So«, sondern das »Wie«. Die Neuauflage wurde komplett durchgesehen und überarbeitet und um neue Abschnitte zu Netzzugang, Standards und Verfahren erweitert.

Mehr Informationen zu diesem Buch und zu unserem Programm
unter **www.hanser.de/computer**

GUT AUFGELEGT
ICH BLEIBE OFFEN LIEGEN ;-) DANK SPEZIAL-
FORMAT UND PATENTIERTER BINDUNG

Kösel FD 351 · Patent-No. 0748702